本书为教育部人文社会科学研究重大项目

"秦汉时期江东地区的文化变迁"课题

（项目批准号：11JJD780005）研究成果

本书出版得到国家重点文物保护专项补助经费资助

浙 江 汉 墓

浙江省文物考古研究所　编著

胡继根　主编

文物出版社

北京·2016

图书在版编目（CIP）数据

浙江汉墓／浙江省文物考古研究所编著；胡继根主编．—北京：文物出版社，2016.9

ISBN 978－7－5010－4760－4

Ⅰ.①浙⋯　Ⅱ.①浙⋯②胡⋯　Ⅲ.①汉墓－研究－浙江　Ⅳ.①K878.84

中国版本图书馆 CIP 数据核字（2016）第 214082 号

浙江汉墓

编　　著：浙江省文物考古研究所

主　　编：胡继根

封面题签：汪济英

责任编辑：陈春婷　谷艳雪

封面设计：程星涛

责任印制：张　丽

出版发行：文物出版社

社　　址：北京市东直门内北小街 2 号楼

邮　　码：100007

网　　址：http：//www.wenwu.com

邮　　箱：web@wenwu.com

经　　销：新华书店

印　　刷：北京鹏润伟业印刷有限公司

开　　本：889mm×1194mm　1/16

印　　张：35.5

版　　次：2016 年 9 月第 1 版

印　　次：2016 年 9 月第 1 次印刷

书　　号：ISBN 978－7－5010－4760－4

定　　价：480.00 元

The Han Dynasty Tombs in Zhejiang Province

(With abstracts in English, Japanese and Korean)

by

Zhejiang Provincial Institute of Cultural Relics and Archaeology

Hu Jigen

Cultural Relics Press

Beijing · 2016

编辑说明

◎ 本书所用墓葬资料主体为浙江地区截至 2013 年 7 月已发表的汉墓资料。

◎ 本书对墓葬编号进行了统一与简化,采用发掘年度—发掘地点所在县市—发掘地点—墓号,如 1992 年发掘的上虞羊山墓地 M3,简称为 92 上·羊 M3。详见表 1 – 1。

◎ 本书所用资料多为已发表资料。写作过程中发现的明显错漏,作者通过查阅原始档案、咨询原作者等,直接进行了修改,未一一注明。

◎ 关于墓葬方向,有墓道的,以墓道方向为墓向;无墓道但有人骨的,以头向为墓向;墓道、人骨均无的,以铜镜所在方向或刀、剑等柄部的朝向为墓向。

序　言

历时四百多年的两汉帝国,是我国历史时期年代最长的帝国皇朝。其时空框架及重大事件,大体有比较清楚的文献记载。今天这里最大的民族即称为汉族,再加上以形、声为特征,用以记录无形的语言和意念的方块文字,在汉代以前已经有很长的发展和壮大的历史,都被名之为汉字,恰好从两个侧面证明汉帝国在中华民族漫长而连绵不断发展历史上的重要地位和作用。那时浙江这块远离京都统治中心的东部滨海地区,好像没有什么显贵的名门望族或达官贵人,当年东瓯王被册封的疆土,也反映其地位的低微。不过,两汉时期的浙江在经济、文化方面则已进入较稳定的发展阶段,如今地面下保留的数量众多的汉代墓葬,即是当时繁荣稳定的证明。

根据浙江境内不少汉墓发现良渚古玉器推测,先民对古器物的喜爱、收藏要比宋代金石学早得多。市场行为的介入,确曾对古器物研究的流程及成果产生一些负面的影响,但是从宋代开始的金石学到清代中、晚期的考据学,都是受到学界普遍关注的一门显学。如若扩大一点视野就会发现,无论秦统一六国或汉代文景之治到清代康雍乾盛世,依赖冷兵器加马蹄的旱地征战建立起皇权政治辉煌时期的背后,恰恰都发生了焚书坑儒、罢黜百家和文字狱等一系列针对知识阶层的冷酷制裁。或许这才是长期将古史研究目标锁定在"证经补史"里的社会政治背景。这柄亦文亦武的双刃剑,使皇权专制及其观念形态,在东亚大地上延绵不断地传承。从虎门焚烟、清王朝覆灭到五四运动,显示着中国知识分子渐渐觉醒。面对着蓝色海洋上列强的坚船利炮和中华民族的生死存亡,前辈学者向前迈开了沉重的脚步。近代考古学就是在这种时代背景下从西方引进的众多科学、技术中的一门。运用科学方法在田野作业中获取可靠的研究对象——遗物、遗迹,是近代考古学最坚实的基础,也是后续探索、解读的可靠立足点。所以早在20世纪50年代的第一个春天,苏秉琦先生指明,"考古学并非金石学的发展,……它们并非是一脉相承的本家,而是两个不同的族类"。优势固然可以互补共享,但负面因素却不会自行消退。时至今日这仍然是一个值得学界关注的重要课题。1936 年良渚遗址的发掘,时间比以黄土为背景的中原地区要晚十五六年,是浙江境内第一次由西湖博物馆主持的考古发掘。发掘主持人及其支持者好像都不应认作考古专业人员。在其后抗日烽火造成的艰难日子里,浙江知识分子队伍中,又兴起了一股以实地古窑址调查为背景的古瓷研究热潮。陈万里先生当年是这支业余爱好者团队的代表性人物,如今已被尊称为"陶瓷考古的先驱学者"。似可说明考古学在近代刚引进的时候,至少在以海洋为背景的江南沿海地区的知识分子群体里,已有相当程度的认同感和吸引力。20 世纪 50 年代,是中国考古学又一个新起点。社科院考古所刚成立时,为新一代考古精英安排的第一场野外作业,是在湖南长沙发掘汉墓,应非偶然。夏鼐先生执教浙江大学人类学系时,在杭州玉泉附近的汉墓发掘,亦应认作浙江境内考古学的重新起步。

浙江的当代考古发掘可分为三个阶段。1953 年,为配合浙江大学玉泉新校区的建设而开展的田野考古工作,在华东文物工作队的主持下进行。在当年殷墟发掘老技师王文林驻守现场下,收集许多史前时期的陶片、石器、玉器的同时,还在现场清理了以高温釉陶为主要随葬品的近百座汉代土坑墓,尽管没有一座墓找到准确的墓边,却标志着第一阶段的开始。1955 年春,配合绍兴漓渚铁矿交通工程,在 45 座土坑墓的发掘工作中,发掘者已能在山前坡地生土中辨认剥剔出墓坑边壁,整理时已按随葬品不同分为两类,并在结论中写明不见高温釉陶的第一类墓葬的年代"可能早到战国",但在报告发表时将两类墓统称为"绍兴漓渚的汉墓"。同年配合宁波火车南站建设时,在特邀来现场的王文林老技师的指导下,掌握了在青灰色海相沉积层中辨认墓口、剥剔墓壁的技能。在发掘的 125 座墓葬中,大多数是汉代土坑墓。其中未见漓渚第一类墓的器物组合,而且可按高温釉陶的演变与消失,分为早晚五期。可惜第二年强台风吹倒了租借的库房,损毁了已经初步整理的发掘品,致使无法编写报告。这几年汉墓发掘的野外成果,诱引我们从 1956 年起将探索的重点转向史前遗址和瓷窑址。1957 年新安江水库考古队的组建,扩大了我省考古工作的阵营。汉墓发掘仍是其后几年野外作业的主体。当年的反右运动并没有影响专业工作,但随着领导层权力的转换及厚今薄古的方向指引,终于导致 1962 年美其名曰"省文管会与省博物馆合署办公",实际上将前者并入后者的历史部,真正在编的考古人员,只剩下一位。为了应对局面,1963 年让一名编外人士操办,成立了有四位地县成员参加的"考古人员培训班"。在完成市内课程后,有三位到德清县政府院内清理了那座保留汉代画像石的残墓,又到余杭安溪苏家村进行良渚遗址的野外实习。虽然在那里发现一件残玉琮,但也实际上宣告浙江当代考古作业第一阶段的结束。

1971 年"九一三"事件后,文物、考古工作开始复苏。次年夏,发掘海宁长安镇汉画像石墓。海宁画像石墓和德清的画像石墓成为浙江考古工作一对兴、停的标志物。同一年的秋天,在上虞百官汉墓发掘现场,举办了一次全省规模的田野考古培训班。参加此次培训班的就有刚成为考古学同行的继根同志。他学习认真努力,待人诚恳,讲究仁义,面对艰苦的野外生活毫无怨言,积极进取。汉墓是浙江境内发现频率最高的考古遗存,而且都是无法推卸的抢救性发掘。回顾当年诸多曾投身浙江考古的同僚,几无一人不曾参与汉墓发掘,汉墓及高温釉陶也是我们大家专业生活的第一层台阶。随着高温釉陶的衰退,在东汉中晚期,浙江地区出现了我国也是全世界最早的瓷器,标志着从制造陶器以后、人类在硅酸盐制品领域的重大突破。考古工作者不但在浙江境内找到了这些瓷品的窑址,并于 1978 年 1 月在奉化白杜发现"熹平四年"的绝对纪年瓷器,应是这一阶段浙江汉墓发掘的重大成果。

浙江省文物考古研究所的成立,意味着考古工作第三阶段的开启。建所之初,承担考古任务的第二研究室就提出把"认土、找边、分层、剥面"八字作为野外职业操守。继根同志自然成为第二研究室的骨干成员。他对工作从不拣三挑四,因而在四十多年考古生涯中,汉墓是他最常见的伙伴。对野外作业技能的执着追求,是他在汉墓探索中得以层层突破深入的一个重要因素。如何将眼睛能分辨的土色、土质极微细的变异和在剥剔等操作过程中通过手铲传递到掌心的感知结合在一起,被我们的行话称作"手感",是很难用简单的文字表达清楚的。在墓坑内的"熟土"中辨认、剥剔并读识出棺、椁等葬具及葬式等一系列古人埋葬时的行为模式,也不是一两天的功夫。考古界同仁都知道,打破关系是判读遗迹年代先后有绝对意义的硬指标,没有足够的学识和智商的研究人员,是不会将两座墓坑有打破关系的墓葬认作异穴合葬墓。这些长期从野外考古作业中凝聚起来的精华,就渗透在这部著作的字里行间。继根同志还将探索视野扩大出单一墓葬——不但从各墓布列状况中读识出家族墓,以及由多个墓区组成的共同墓地,还将研究的层次伸向社会生活的聚落形态;同时,又将浙江境内的汉墓分为三大类,还在占主流地位的二、三类中划分出不同的型和式;在此基础上显现出汉帝国建立前楚、越两支文化在浙江的传承和影响。

更值得我们关注的是,作者指出:汉代土墩墓与江南史前的高台遗址和墓地、先秦土墩墓具有明显的渊源关系。这就提出来江南湿地类型墓葬的兴起与式微,以及与日、韩境内坟丘墓的关系等学术性课题。汉代的高温釉陶确实不是先秦原始瓷的发展和继续,那么东汉时成熟青瓷的烧制成功,就成为需要在硅酸盐化学和工学层面深入测试基础上进行考古学研究的重大课题。这两项以浙江汉墓的发掘为基础提出的考古学课题,恐怕是包括王文林老技师在内的众多在浙江从事过汉墓发掘的考古人士,没有或不敢想象的。

牟永抗

2015 年 3 月 27 日晨毕

目　　录

序　言 ……………………………………………………………（ⅰ）

第一章　前　言 …………………………………………………（1）

　　第一节　地理环境 ……………………………………………（1）

　　第二节　历史沿革 ……………………………………………（2）

　　第三节　既往工作 ……………………………………………（4）

第二章　墓　葬 …………………………………………………（14）

　　第一节　概况 …………………………………………………（14）

　　　　一　墓地类型 ……………………………………………（14）

　　　　二　墓葬朝向 ……………………………………………（21）

　　　　三　墓葬结构 ……………………………………………（21）

　　　　四　葬具 …………………………………………………（24）

　　　　五　葬式 …………………………………………………（25）

　　　　六　葬俗 …………………………………………………（25）

　　第二节　墓葬形制 ……………………………………………（25）

　　　　一　一类墓（竖穴土坑木棺墓） ………………………（26）

　　　　二　二类墓（竖穴土坑棺椁墓） ………………………（30）

　　　　三　三类墓（土圹券顶砖室墓） ………………………（76）

第三章　随葬器物 ………………………………………………（105）

　　第一节　陶瓷器 ………………………………………………（106）

　　　　一　概述 …………………………………………………（106）

　　　　二　礼器 …………………………………………………（109）

　　　　三　日用器 ……………………………………………………………………（127）

　　　　四　明器 ………………………………………………………………………（176）

　　第二节　铜器 ………………………………………………………………………（197）

　　　　一　礼器 ………………………………………………………………………（197）

　　　　二　日用器 ……………………………………………………………………（200）

　　　　三　乐器 ………………………………………………………………………（209）

　　　　四　兵器 ………………………………………………………………………（210）

　　　　五　工具 ………………………………………………………………………（212）

　　　　六　铜镜 ………………………………………………………………………（213）

　　　　七　钱币 ………………………………………………………………………（222）

　　　　八　印章 ………………………………………………………………………（223）

　　　　九　其他 ………………………………………………………………………（223）

　　第三节　铁器 ………………………………………………………………………（224）

　　　　一　炊器 ………………………………………………………………………（224）

　　　　二　工具 ………………………………………………………………………（228）

　　　　三　兵器 ………………………………………………………………………（229）

　　　　四　其他 ………………………………………………………………………（231）

　　第四节　金银器 ……………………………………………………………………（232）

　　第五节　玉料器 ……………………………………………………………………（232）

　　　　一　服饰器 ……………………………………………………………………（232）

　　　　二　兵器附件 …………………………………………………………………（236）

　　　　三　明器 ………………………………………………………………………（236）

　　第六节　石器 ………………………………………………………………………（237）

　　　　一　日用器 ……………………………………………………………………（238）

　　　　二　工具 ………………………………………………………………………（238）

　　　　三　明器 ………………………………………………………………………（240）

　　　　四　其他 ………………………………………………………………………（240）

　　第七节　漆木器 ……………………………………………………………………（241）

　　　　一　日用器 ……………………………………………………………………（242）

　　　　二　娱乐器 ……………………………………………………………………（244）

　　　　三　兵器 ………………………………………………………………………（244）

　　　　四　明器 ………………………………………………………………………（244）

第四章　墓葬分期 ……………………………………………………………………（246）

　　第一节　分期依据 …………………………………………………………………（246）

第二节　期段特征 ……………………………………………………………（247）

第三节　年代推断 ……………………………………………………………（256）

第五章　文化因素与区域类型 ……………………………………………（278）

　　第一节　文化因素 …………………………………………………………（278）

　　　　一　传统的越文化因素 ………………………………………………（278）

　　　　二　东渐的楚文化因素 ………………………………………………（279）

　　　　三　南下的汉文化因素 ………………………………………………（280）

　　第二节　区域类型 …………………………………………………………（280）

　　　　一　湖嘉余地区汉墓 …………………………………………………（281）

　　　　二　宁绍地区汉墓 ……………………………………………………（282）

　　　　三　杭金衢地区汉墓 …………………………………………………（283）

　　　　四　温丽台地区汉墓 …………………………………………………（285）

　　　　五　地域类型的成因 …………………………………………………（285）

　　第三节　与周边地区的关系 ………………………………………………（288）

附　表 …………………………………………………………………………（289）

后　记 …………………………………………………………………………（402）

英文提要 ………………………………………………………………………（404）

日文提要 ………………………………………………………………………（406）

韩文提要 ………………………………………………………………………（407）

插图目录

图 1 – 1　浙江汉墓分布示意图 ·· （ 7 ）

图 2 – 1　土墩（高埠）类型 11 长·夏 D10 ································ （ 17 ）

图 2 – 2　土墩（高埠）类型 10 湖·杨 D69 ································ （ 18 ）

图 2 – 3　土墩（高埠）类型 06 湖·杨 D28 ································ （ 19 ）

图 2 – 4　土墩（高埠）类型 11 湖·杨 D54 ································ （ 20 ）

图 2 – 5　土墩（高埠）类型 10 湖·杨 D58 ································ （ 20 ）

图 2 – 6　一类 A 型墓 82 嵊·剡 M39 ·· （ 27 ）

图 2 – 7　一类 A 型墓 07 余·义 M38 ·· （ 27 ）

图 2 – 8　一类 A 型墓 82 绍·狮 M308 ······································ （ 28 ）

图 2 – 9　一类 A 型墓 87 湖·杨 D3 M14 ···································· （ 28 ）

图 2 – 10　一类 A 型墓 86 杭·老 M165 ····································· （ 29 ）

图 2 – 11　一类 B 型墓 82 嵊·剡 M72 ······································ （ 29 ）

图 2 – 12　二类 A 型 I 式墓 05 奉·南 M174 ······························ （ 31 ）

图 2 – 13　二类 A 型 I 式墓 05 奉·南 M190 ······························ （ 32 ）

图 2 – 14　二类 A 型 I 式墓 98 湖·方 D3 M27 ··························· （ 33 ）

图 2 – 15　二类 A 型 I 式墓 87 龙·东 M12 ······························ （ 34 ）

图 2 – 16　二类 A 型 I 式墓 89 龙·仪 M45 ······························ （ 35 ）

图 2 – 17　二类 A 型 I 式墓 89 安·上 M11 ······························ （ 36 ）

图 2 – 18　二类 A 型 I 式墓 98 湖·方 D3 M26 ··························· （ 36 ）

图 2 – 19　二类 A 型 I 式墓 82 嵊·剡 M118 ····························· （ 37 ）

图 2 – 20　二类 A 型 I 式墓 06 温·塘 M1 ································· （ 38 ）

图 2 – 21　二类 A 型 I 式墓 06 湖·杨 D28 M10 ························· （ 39 ）

图 2 – 22　二类 A 型 I 式墓 98 湖·方 D3 M28 ··························· （ 40 ）

图 2 – 23　二类 A 型 I 式墓 07 余·义 M29 ······························ （ 41 ）

图 2 – 24　二类 A 型 I 式墓 86 杭·老 M148 ····························· （ 41 ）

图 2 – 25　二类 A 型 II 式墓 84 上·严 M91 ······························ （ 42 ）

图 2 – 26　二类 A 型 II 式墓 92 上·羊 M3 ······························· （ 43 ）

图 2－27　二类 A 型 Ⅱ 式墓 08 湖·白 G4M6 ………………………………………（ 44 ）

图 2－28　二类 A 型 Ⅱ 式墓 87 湖·杨 D8M3 ………………………………………（ 44 ）

图 2－29　二类 A 型 Ⅱ 式墓 05 奉·南 M164 ………………………………………（ 45 ）

图 2－30　二类 B 型 Ⅰ 式墓 97 海·龙 M1 …………………………………………（ 46 ）

图 2－31　二类 B 型 Ⅰ 式墓 05 奉·南 M111 ………………………………………（ 47 ）

图 2－32　二类 B 型 Ⅰ 式墓 92 上·后 M51 ………………………………………（ 48 ）

图 2－33　二类 B 型 Ⅰ 式墓 92 上·后 M14 ………………………………………（ 49 ）

图 2－34　二类 B 型 Ⅰ 式墓 87 湖·杨 D13M3 ……………………………………（ 50 ）

图 2－35　二类 B 型 Ⅰ 式墓 79 龙·东 M11 ………………………………………（ 50 ）

图 2－36　二类 B 型 Ⅰ 式墓 89 龙·仪 M21 ………………………………………（ 51 ）

图 2－37　二类 B 型 Ⅰ 式墓 87 湖·杨 D4M5 ……………………………………（ 52 ）

图 2－38　二类 B 型 Ⅰ 式墓 83 鄞·高 M37 ………………………………………（ 53 ）

图 2－39　二类 B 型 Ⅰ 式墓 10 长·七 M4 ………………………………………（ 54 ）

图 2－40　二类 B 型 Ⅰ 式墓 89 龙·仪 M11 ………………………………………（ 55 ）

图 2－41　二类 B 型 Ⅰ 式墓 87 湖·杨 D5M6 ……………………………………（ 56 ）

图 2－42　二类 B 型 Ⅰ 式墓 58 杭·古 M2 ………………………………………（ 57 ）

图 2－43　二类 B 型 Ⅱ 式墓 05 奉·南 M108 ……………………………………（ 58 ）

图 2－44　二类 B 型 Ⅱ 式墓 93 上·驮 M28 ………………………………………（ 59 ）

图 2－45　二类 B 型 Ⅲ 式墓 86 杭·老 M70 ………………………………………（ 60 ）

图 2－46　二类 B 型 Ⅲ 式墓 56 绍·漓 M206 ……………………………………（ 61 ）

图 2－47　二类 B 型 Ⅲ 式墓 93 上·驮 M13 ………………………………………（ 62 ）

图 2－48　二类 C 型墓 89 龙·仪 M49 ……………………………………………（ 64 ）

图 2－49　二类 C 型墓 86 杭·老 M153、M154 …………………………………（ 65 ）

图 2－50　二类 C 型墓 98 湖·方 D3M30、D3M31 ………………………………（ 65 ）

图 2－51　二类 C 型墓 89 龙·仪 M18 ……………………………………………（ 66 ）

图 2－52　二类 C 型墓 02 海·仙 M1、M2 ………………………………………（ 67 ）

图 2－53　二类 C 型墓 86 杭·老 M68、M69 ……………………………………（ 68 ）

图 2－54　二类 C 型墓 07 余·义 M56 ……………………………………………（ 69 ）

图 2－55　二类 C 型墓 86 杭·老 M118、M121 …………………………………（ 70 ）

图 2－56　二类 D 型 Ⅰ 式墓 09 绍·小 M26 ………………………………………（ 72 ）

图 2－57　二类 D 型 Ⅰ 式墓 07 余·义 M46、M47 ………………………………（ 73 ）

图 2－58　二类 D 型 Ⅱ 式墓 87 余·果 M8 ………………………………………（ 74 ）

图 2－59　二类 D 型 Ⅱ 式墓 87 湖·杨 D8M2 ……………………………………（ 75 ）

图 2－60　三类 A 型 Ⅰ 式墓 93 安·天 M1 ………………………………………（ 77 ）

图 2－61　三类 A 型 Ⅰ 式墓 87 龙·东 M2 ………………………………………（ 78 ）

图 2－62　三类 A 型 Ⅰ 式墓 05 奉·南 M133 ……………………………………（ 79 ）

图 2 - 63　　三类 A 型 I 式墓 92 上·后 M17 ···（79）

图 2 - 64　　三类 A 型 I 式墓 84 上·严 M248 ···（80）

图 2 - 65　　三类 A 型 I 式墓 93 上·驮 M30 ··（82）

图 2 - 66　　三类 A 型 I 式墓 92 上·后 M16 ··（83）

图 2 - 67　　三类 A 型 I 式墓 84 上·严 M155 ··（84）

图 2 - 68　　三类 A 型 I 式墓 73 上·蒿 M52 ··（84）

图 2 - 69　　三类 A 型 II 式墓 08 湖·白 G4M11 ··（85）

图 2 - 70　　三类 A 型 II 式墓 05 奉·南 M184 ··（86）

图 2 - 71　　三类 A 型 II 式墓 90 湖·窑 M1 ···（88）

图 2 - 72　　三类 B 型 I 式墓 83 鄞·高 M36 ··（89）

图 2 - 73　　三类 B 型 I 式墓 84 上·严 239 ···（90）

图 2 - 74　　三类 B 型 I 式墓 83 鄞·高 M24 ··（91）

图 2 - 75　　三类 B 型 I 式墓 83 鄞·高 M40 ··（92）

图 2 - 76　　三类 B 型 I 式墓 91 上·联 M301 ··（93）

图 2 - 77　　三类 B 型 I 式墓 10 湖·小 M4 ···（94）

图 2 - 78　　三类 B 型 I 式墓 93 上·驮 M31 ··（95）

图 2 - 79　　三类 B 型 II 式墓 82 嵊·剡 M17 ··（96）

图 2 - 80　　三类 B 型 II 式墓 78 奉·白 M3 ···（97）

图 2 - 81　　三类 B 型 II 式墓 07 余·义 M14 ··（98）

图 2 - 82　　三类 C 型墓 10 湖·小 M2、M3 ··（99）

图 2 - 83　　三类 D 型墓 63 德·凤 M2 ···（101）

图 2 - 84　　三类 D 型墓 06 长·西 M1 ···（102）

图 2 - 85　　三类 D 型墓 73 海·长 M1 ···（103）

图 3 - 1　　陶豆 ···（110）

图 3 - 2　　陶钫 ···（112）

图 3 - 3A　　陶鼎 ··（113）

图 3 - 3B　　陶鼎 ··（115）

图 3 - 4　　陶盒 ···（116）

图 3 - 5A　　陶瓿 ··（118）

图 3 - 5B　　陶瓿 ··（119）

图 3 - 5C　　陶瓿 ··（121）

图 3 - 5D　　陶瓿 ··（122）

图 3 - 6A　　陶敞口壶 ···（123）

图 3 - 6B　　陶敞口壶 ···（125）

图 3 - 6C　　陶敞口壶 ···（126）

图 3 - 7A　　陶盘口壶 ···（128）

图3-7B　陶盘口壶 ································· (129)

图3-7C　陶盘口壶 ································· (131)

图3-7D　陶盘口壶 ································· (133)

图3-8　陶三足壶、小壶、匏壶、长颈壶 ·············· (135)

图3-9　陶瓷罐 ····································· (137)

图3-10A　陶弦纹罐 ······························· (139)

图3-10B　陶弦纹罐 ······························· (141)

图3-11　陶瓿式罐 ································· (143)

图3-12　陶瓷三足罐、小罐 ······················· (144)

图3-13　陶瓷筒形罐 ····························· (146)

图3-14　陶凹肩罐、素面罐、圜底罐 ·············· (148)

图3-15　陶鸮形罐 ································· (149)

图3-16　陶泡菜罐 ································· (151)

图3-17　印纹陶罐 ································· (153)

图3-18　印纹陶坛 ································· (154)

图3-19　印纹陶瓮 ································· (155)

图3-20A　陶瓷罍 ································· (157)

图3-20B　陶瓷罍 ································· (159)

图3-21　陶瓷锺 ··································· (161)

图3-22　陶瓷簋 ··································· (162)

图3-23　陶瓷钵 ··································· (163)

图3-24　陶瓷盆 ··································· (164)

图3-25　陶瓷碗 ··································· (166)

图3-26　陶瓷杯、盖杯、耳杯、托盘 ·············· (167)

图3-27　陶樽、奁、匜、勺 ······················· (169)

图3-28　陶瓷熏 ··································· (172)

图3-29　陶瓷灯盏、虎子、纺轮 ·················· (175)

图3-30　陶瓷五管瓶、四管瓶、堆塑器 ·············· (177)

图3-31　陶瓷火盆、镰斗 ························· (179)

图3-32A　陶瓷灶 ································· (181)

图3-32B　陶瓷灶 ································· (182)

图3-33　陶瓷釜、甑 ····························· (184)

图3-34　陶瓷井 ··································· (187)

图3-35　陶汲水罐 ································· (189)

图3-36　陶俑、镈、錞于、瑟、磬、印章 ·········· (191)

图3-37　陶房屋模型、猪舍 ······················· (193)

图 3 - 38　陶动物模型 ……………………………………………………（195）

图 3 - 39　陶麟趾金及铭文、泥五铢 ……………………………………（196）

图 3 - 40　铜豆、钫、鼎 …………………………………………………（198）

图 3 - 41　铜壶、提梁卣、簋 ……………………………………………（199）

图 3 - 42　铜釜 ……………………………………………………………（201）

图 3 - 43　铜甗、甑 ………………………………………………………（203）

图 3 - 44　铜镳斗、镳盉、碗、杯、勺 …………………………………（204）

图 3 - 45　铜盘、洗 ………………………………………………………（206）

图 3 - 46　铜带钩 …………………………………………………………（207）

图 3 - 47　铜指环、尺、行灯、鸠杖首 …………………………………（208）

图 3 - 48A　铜乐器 ………………………………………………………（209）

图 3 - 48B　铜乐器 ………………………………………………………（209）

图 3 - 49　铜兵器 …………………………………………………………（211）

图 3 - 50　铜工具 …………………………………………………………（212）

图 3 - 51A　铜镜 …………………………………………………………（214）

图 3 - 51B　铜镜 …………………………………………………………（216）

图 3 - 51C　铜镜 …………………………………………………………（217）

图 3 - 51D　铜镜 …………………………………………………………（219）

图 3 - 51E　铜镜 …………………………………………………………（221）

图 3 - 52　铜钱、印章 ……………………………………………………（223）

图 3 - 53　铁鼎 ……………………………………………………………（225）

图 3 - 54　铁镳斗、火盆 …………………………………………………（226）

图 3 - 55　铁釜 ……………………………………………………………（227）

图 3 - 56　铁工具 …………………………………………………………（229）

图 3 - 57　铁兵器 …………………………………………………………（230）

图 3 - 58　玉、琉璃璧 ……………………………………………………（233）

图 3 - 59　水晶环、玉玦、玉璜、玉/玛瑙管 …………………………（234）

图 3 - 60　玉/料珠、玛瑙/玻璃耳珰、玉坠饰、玉衣扣 ………………（235）

图 3 - 61　玉剑首、剑璏、琀、鼻塞 ……………………………………（237）

图 3 - 62　滑石鼎、石砚、石研黛器、石黛板 …………………………（239）

图 3 - 63　砺石、石榻、石榻屏、石榻案、石玩具 ……………………（241）

图 3 - 64　漆器 ……………………………………………………………（243）

图 4 - 1　各期墓葬出土典型器物型式演变图 …………………………（260）

表格目录

表1-1　浙江地区汉墓出土资料一览表　……………………………………（ 8 ）

附表1　浙江汉墓墓葬形制统计表　……………………………………（289）

附表2　浙江各地区汉墓形制统计表　……………………………………（290）

附表3-1　湖（州）嘉（兴）余（杭）地区汉墓形制统计表　……………（291）

附表3-2　湖（州）嘉（兴）余（杭）地区汉墓随葬器物统计表　…………（308）

附表4-1　杭（州）金（华）衢（州）地区汉墓形制统计表　……………（323）

附表4-2　杭（州）金（华）衢（州）地区汉墓随葬器物统计表　…………（338）

附表5-1　宁（波）绍（兴）地区汉墓形制统计表……………………………（352）

附表5-2　宁（波）绍（兴）地区汉墓随葬器物统计表　……………………（374）

附表6-1　温（州）丽（水）台（州）地区汉墓形制统计表　……………（392）

附表6-2　温（州）丽（水）台（州）地区汉墓随葬器物统计表　…………（393）

附表7　浙江汉墓陶瓷器统计表　………………………………………（394）

附表8　浙江汉墓铜器统计表　…………………………………………（395）

附表9　浙江汉墓铁器统计表　…………………………………………（397）

附表10　浙江汉墓玉料器统计表　………………………………………（398）

附表11　浙江汉墓石器统计表　…………………………………………（399）

附表12　浙江汉墓漆木器统计表　………………………………………（400）

附表13　浙江汉墓各地区墓葬形制对比表　……………………………（401）

图版目录

图版一　　土墩（高埠）类型 11 长·夏 D10

图版二　　土墩（高埠）类型 10 湖·杨 D69 全景

图版三　　土墩（高埠）类型 06 湖·杨 D28

图版四　　一类 A 型墓 07 余·义 M38 全景

图版五　　二类 A 型Ⅰ式墓

图版六　　二类 A 型Ⅰ式墓 06 温·塘 M1 全景

图版七　　二类 A 型Ⅰ式墓

图版八　　二类 A 型Ⅰ式墓 06 安·五 M1

图版九　　二类 A 型Ⅰ式墓 06 安·五 M1

图版一〇　二类 A 型Ⅰ式墓

图版一一　二类 A 型Ⅱ式墓

图版一二　二类 B 型Ⅰ式墓

图版一三　二类 B 型Ⅰ式墓

图版一四　二类 B 型Ⅰ式墓

图版一五　二类 B 型Ⅱ式墓 05 奉·南 M108 全景

图版一六　二类 C 型墓

图版一七　二类 C 型墓

图版一八　二类 D 型墓

图版一九　三类 A 型Ⅰ式墓

图版二〇　三类 A 型Ⅰ式墓 03 长·卞 M2

图版二一　三类 A 型Ⅰ式墓 84 上·严 M248

图版二二　三类 A 型Ⅰ式墓 93 上·驮 M30

图版二三　三类 A 型Ⅰ式墓 84 上·严 M155

图版二四　三类 A 型Ⅱ式墓 08 湖·白 G4M11 全景

图版二五　三类 A 型Ⅱ式墓

图版二六　三类 A 型Ⅱ式墓 03 长·卞 M7

图版二七　三类 A 型Ⅱ式墓

图版二八　三类 B 型墓

图版二九　三类 C 型墓 10 湖·小 M2、M3

图版三〇　三类 D 型墓 06 长·西 M1

图版三一　三类 D 型墓 06 长·西 M1

图版三二　三类 D 型墓 73 海·长 M1 部分画像

图版三三　三类 D 型墓 73 海·长 M1 部分画像

图版三四　三类 D 型墓 73 海·长 M1 部分画像

图版三五　陶豆

图版三六　陶钫

图版三七　陶钫、鼎

图版三八　陶鼎

图版三九　陶鼎

图版四〇　陶盒

图版四一　陶瓿

图版四二　陶瓿

图版四三　陶瓿

图版四四　陶瓿

图版四五　陶敞口壶

图版四六　陶敞口壶

图版四七　陶敞口壶

图版四八　陶敞口壶、盘口壶

图版四九　陶盘口壶

图版五〇　陶瓷盘口壶

图版五一　陶盘口壶

图版五二　陶瓷盘口壶

图版五三　陶三足壶、小壶

图版五四　陶长颈壶、匏壶、罐

图版五五　陶瓷罐

图版五六　陶弦纹罐

图版五七　陶弦纹罐、三足罐

图版五八　陶弦纹罐

图版五九　陶弦纹罐、瓿式罐

图版六〇　陶瓷小罐、筒形罐

图版六一　陶筒形罐

图版六二　陶筒形罐、凹肩罐、素面罐

图版六三　陶圜底罐

图版六四　　陶鸮形罐

图版六五　　陶泡菜罐

图版六六　　印纹陶罐

图版六七　　印纹陶坛、瓮

图版六八　　陶瓷罍

图版六九　　陶瓷罍

图版七〇　　陶罍

图版七一　　陶瓷锺、簋

图版七二　　陶瓷钵、盆

图版七三　　陶瓷盆

图版七四　　陶瓷杯、盖杯、耳杯、匜

图版七五　　陶奁、樽

图版七六　　陶勺、纺轮

图版七七　　陶熏

图版七八　　陶瓷熏

图版七九　　陶瓷灯盏、虎子

图版八〇　　陶瓷五管瓶、四管瓶、堆塑器

图版八一　　陶瓷五管瓶

图版八二　　陶案、火盆、镳斗

图版八三　　陶灶

图版八四　　陶灶

图版八五　　陶灶

图版八六　　陶灶

图版八七　　陶灶

图版八八　　陶瓷井

图版八九　　陶井

图版九〇　　陶俑

图版九一　　陶俑

图版九二　　陶乐器模型

图版九三　　陶房屋模型

图版九四　　陶猪舍、鸡舍、狗

图版九五　　陶动物模型

图版九六　　陶麟趾金、钤片，泥五铢

图版九七　　铜豆、钫、鼎

图版九八　　铜壶、提梁卣、簋、甄

图版九九　　铜釜

图版一〇〇　铜镳斗、镳盉、杯、洗

图版一〇一　铜带钩

图版一〇二　铜鸠杖首、鼓、铎、矛

图版一〇三　铜刀、剑、弩机、刷

图版一〇四　铜蟠螭纹镜、草叶纹镜

图版一〇五　铜日光镜

图版一〇六　铜日光镜、昭明镜

图版一〇七　铜星云镜

图版一〇八　铜连弧纹镜

图版一〇九　铜四虺四乳镜

图版一一〇　铜博局镜

图版一一一　铜博局镜

图版一一二　铜博局镜

图版一一三　铜博局镜

图版一一四　铜禽兽纹镜

图版一一五　铜禽兽纹镜、龙虎镜

图版一一六　铜神兽镜

图版一一七　铜神兽镜

图版一一八　铜画像镜

图版一一九　铜画像镜

图版一二〇　铜钱、印章

图版一二一　铁鼎、釜

图版一二二　铁镳斗、釜、锸、矛、刀

图版一二三　玉璧，琉璃璧，滑石璧

图版一二四　水晶环，玉玦、璜、管，玻璃管

图版一二五　玉、料珠，玉坠饰，玛瑙耳珰，玉琀、塞

图版一二六　玉剑首、剑璏

图版一二七　滑石鼎，石砚、黛板、研黛器

图版一二八　砺石，滑石手握，石玩具

图版一二九　漆盒、奁、盘

图版一三〇　漆卮

图版一三一　漆耳杯

图版一三二　漆案

图版一三三　漆木凭几、箧、虎子、瑟

图版一三四　漆木六博、箭杆

图版一三五　漆木俑

第一章 前　言

　　在浙江，两汉时期的墓葬几乎遍及全省各地，是历史时期中保存数量最多、分布最广的古墓葬，因此，汉墓的发掘和清理便成为浙江历史时期考古的主要内容之一。迄今为止，浙江地区已发掘和清理的两汉时期墓葬数以千计，其中已报道的汉墓约 770 座。在"既无千金之家，亦无冻饿之人"的历史背景之下，以平民墓为主流的浙江汉墓虽鲜有闪亮之处，然早期带封土的竖穴土坑墓和以高温釉陶为主的随葬器物、晚期的券顶砖室墓和以青瓷为主的随葬品，仍构成了浙江乃至长江下游地区两汉时期墓葬鲜明而浓郁的地域特色，在我国汉墓的区系类型中占有一席之地。因此，系统而全面地梳理浙江汉墓的发展和演变轨迹，既有助于学术界对浙江汉代墓葬特征乃至丧葬观念、埋葬习俗等方面的了解，亦有利于认识浙江从独立的先秦土著文化逐渐融入汉代华夏文化的过程和节奏。

第一节　地理环境

　　浙江省位于我国东南沿海，北纬 27°01′～31°31′，东经 118°01′～123°10′。东临东海，南接福建，西与江西、安徽为邻，北和江苏、上海接壤。全省面积 101,800 平方千米，是我国面积小、人口密的省份之一。

　　钱塘江是浙江境内的第一大河，因"江有反涛，水势折归，故云浙江"①。根据文献记载，"浙江"一词早在秦汉时期就已出现，如"浙江出三天子都，在蛮东，在闽西北，入海，余暨南"②；"勾践与吴战于浙江之上"③；"秦始皇帝游会稽，渡浙江"④ 等。

　　浙江地势自西南向东北倾斜，全省地形可分为：

　　1) 浙北平原：位于钱塘江口、杭州湾两岸，江北称杭（州）嘉（兴）湖（州）平原，江南称宁（波）绍（兴）平原。由泥沙在滨海和湖沼环境中堆积而成，地势平坦。

　　2) 浙东丘陵：位于宁绍平原以南、括仓山以北，其内有许多小盆地，主要由火山岩组成，土层深厚。

---

① 万历《钱塘县志》，《纪胜·山水二》。
② 《山海经·海内东经》。
③ 《越绝书·越绝外传记地传》。
④ 《史记·项羽本纪》。

3）金（华）衢（州）盆地：位于钱塘江中游，呈浅丘状起伏，山顶较平坦。

4）浙西丘陵：位于杭嘉湖平原和金衢盆地以西，大多由沉积岩组成，呈平行带状分布。

5）浙南山地：位于金衢盆地和浙东丘陵以南，多由坚硬的火山岩组成，山峦起伏，基岩裸露。

6）沿海丘陵、平原：位于浙江最东部，由陆上丘陵深入或浸没海中而形成半岛和岛屿，由浅海沉积物组成的海滨平原主要为温（州）瑞（安）平原、温（州）黄（岩）平原。

境内山脉多呈西南至东北走向，大体可分为北、中、南三支。北支为天目山脉，由江西、安徽交界处进入浙江西北，是长江和钱塘江水系的分水岭。中支为仙霞岭山脉，由福建进入浙江西部，是钱塘江和瓯江的分水岭。南支为雁荡山脉。

主要河流有：

1）钱塘江：源于安徽，流经衢州、金华、杭州，注入杭州湾。

2）瓯江：源于庆元，流经龙泉、云和、丽水、青田、永嘉，注入温州湾。

3）曹娥江：源于磐安，流经新昌、嵊州、上虞、绍兴，注入杭州湾。

4）甬江：源于奉化和嵊州交界处，至镇海口入海。

5）苕溪：源于东、西天目山，分东苕溪和西苕溪，它与京杭大运河构成了杭嘉湖平原的主要河流。

6）飞云江、鳌江：是浙南山区的主要河流。

第二节　历史沿革

浙江历史悠久，考古发掘资料表明，早在距今 100 万年前的旧石器时代，境内的长兴县一带就已有古人类的活动踪迹。[①] 至新石器时代，钱塘江两岸各氏族部落相继涌现，连绵不断，创造出灿烂辉煌的上山、河姆渡、马家浜、崧泽、良渚等史前文化。

文献记载，夏少康中兴，因恐其祖先夏禹陵墓无人祭祀，遂封其子至会稽，其子自号"无余"，建立越国。[②] 东周楚灵王时（前 540 ~ 前 529 年），越为楚的属国。晋楚争霸之时，楚派文种、范蠡助越，以达到制吴击晋之目的。越君允常开始称王，都会稽（今绍兴），并与吴国展开了一系列的战争。前 473 年，越王勾践趁吴王夫差北上论侯、国内空虚之际，攻陷吴国。此后越成为春秋末期的五霸之一，并一度迁都琅琊。前 355 年，楚乘越内乱，派兵灭越。

秦王政二十五年（前 222 年），秦将王翦灭楚降越，在挺进今浙江南部和福建的过程中，将越族中的瓯越首领摇和闽越首领无诸废为君长，以其地为闽中郡。翌年，分全国为三十六郡，今浙江大部属会稽郡，南部属闽中郡，西北部属鄣郡。

---

① 徐新民：《浙江旧石器考古综述》，《东南文化》2008 年第 2 期，6 ~ 10 页。徐新民、梁亦建：《浙江长兴七里亭旧石器时代遗址发掘取得重大成果》，《中国文物报》2006 年 7 月 26 日。

② 《史记·越王勾践世家》："越王勾践，其先禹之苗裔，而夏后帝少康之庶子也。封于会稽，以奉守禹之祀。"

汉高祖元年（前206年），项羽自立为西楚霸王，建都彭城。浙江境域属西楚国。高祖五年（前202年），汉将灌婴渡江破吴，平定会稽、鄣郡。浙江先后成为楚王韩信、荆王刘贾、吴王刘濞的封地，"七国之乱"后又直属汉政府。前192年，惠帝因高祖时越人佐汉反楚有功，立闽君摇为东海王，都东瓯（今温州、台州一带），号东瓯王。汉武帝建元三年（前138年），闽越发兵围东瓯，东瓯向汉朝廷告急。武帝遣会稽人庄助发会稽郡兵浮海救之，汉兵未到，闽越兵已闻风而退。如此数次，东瓯王请举国迁中国，武帝准之。于是东瓯四万余人迁徙至庐江郡（今安徽巢湖周围），部分瓯越人或仍居住故地，或迁徙至周边东海各岛，其地逐渐为闽越所占。汉武帝元狩四年（前119年），关东贫民大迁徙，其中迁至会稽的约有145,000人。元封二年（前109年），鄣郡更名为丹阳郡，郡治从故鄣（今浙江安吉）迁至宛陵（今安徽宣城）。浙江天目山脉以西和新安江流域以北之地属丹阳郡管辖。元封五年（前106年），分全国为十三州刺史部，浙江分属扬州刺史部会稽郡和丹阳郡。浙江境内有二十六县属会稽郡管辖；而于潜、故鄣两县则属丹阳郡管辖。汉昭帝始元二年（前85年）以鄞县（今宁波市鄞州区）、回浦（东瓯国故地）置回浦乡，属会稽郡。

东汉永建四年（129年），阳羡令周嘉上书，分浙江（钱塘江）以西为吴郡，以东为会稽郡，郡治山阴（今绍兴）。故鄣、于潜仍属丹阳郡。至建安十三年（208年），又分丹阳郡置新都郡，在浙江境内的有始新（今淳安）、新定二县。

229年，孙权在建业定都。浙江为三国东吴领地，设有会稽郡（辖十县）、吴兴郡（辖九县）、东阳郡（辖九县）、临海郡（辖六县）、吴郡（辖十一县）、新都郡（浙江境内二县）。

西晋武帝太康元年（280年），东吴孙皓投降归晋。两晋时浙江均属扬州管辖。

南朝宋孝建元年（454年），分扬州的会稽、东阳、新安、永嘉、临海五郡为东扬州，而吴郡、吴兴郡仍属扬州，其后又合。萧梁时一度分开。至陈朝时，浙江设有四州、九郡、五十三县。

隋代，浙江共设七郡二十四县，即会稽郡（辖四县）、余杭郡（辖六县）、东阳郡（辖四县）、永嘉郡（辖四县）、遂安郡（辖三县）、吴郡（浙江境内有二县）、宣城郡（浙江境内一县）。

唐代浙江设有十州，即：湖州（吴兴郡）、杭州（余杭郡）、睦州（新定郡）、越州（会稽郡）、婺州（东阳郡）、衢州（信安郡）、处州（缙云郡）、温州（永嘉郡）、台州（临海郡）、明州（余姚郡）。

五代时，吴越国建都杭州。全国共设两府、十一州，即：杭州（西府，下统十县）、越州（东府，下统八县）、湖州（下统四县）、温州（下统四县）、台州（下统五县）、明州（下统六县）、处州（下统六县）、衢州（下统四县）、婺州（下统七县）、睦州（下统五县）、秀州（下统四县）。

北宋太宗至道三年（997年），全国分为十五路，以后逐步增加，至宣和四年（1122年），增至二十六路，浙江均属两浙路。下设十一州，即：杭州（辖九县）、湖州（辖六县）、秀州

（辖四县，其中一县属今上海）、明州（辖六县）、越州（辖八县）、台州（辖五县）、婺州（辖七县）、衢州（辖五县）、严州（辖六县）、温州（辖四县）、处州（辖六县）。

南宋绍兴八年（1138 年），正式定都临安（今杭州），称"行在所"，分浙江为浙东、浙西两路。其中浙江西路下设三府、一州、二十五县，即临安府（统九县）、嘉兴府（统四县，内有·县属上海）、建德府（统六县）、安吉州（统六县）。浙江东路下设三府、四州、四十二县，即绍兴府（统八县）、庆元府（统六县）、瑞安府（统四县）、婺州（统七县）、衢州（统五县）、台州（统五县）、处州（统七县）。

元代除中书省外，全国共设十一个"行中书省"，简称"行省"或"省"。江浙等处的行中书省，简称"江浙省"，属于浙江省地界的有十一路，路下设州、县。其中杭州路统八县及海宁州，湖州路统五县及长兴州，嘉兴路统一县及海盐州、崇德州，建德路统六县，庆元路统四县及奉化州、昌国州，衢州路统五县，婺州路统六县及兰溪州，绍兴路统六县及余姚州、诸暨州，温州路统两县及瑞安州、平阳州，台州路统四县及黄岩州，处州路统七县。

明初承元制，至洪武十三年（1380 年），废中书省。全国共设十三个布政使司。浙江领府十一，属州一，县七十五。即有：杭州府（领九县）、严州府（领六县）、嘉兴府（领七县）、湖州府（领六县）、绍兴府（领八县）、宁波府（领五县）、台州府（领六县）、金华府（领八县）、衢州府（领五县）、处州府（领十县）、温州府（领五县）。

清朝时为浙江省布政使，下设四道：杭嘉湖道、宁绍台道、金衢严道、温处道；十一府：杭州府、湖州府、嘉兴府、宁波府、绍兴府、台州府、金华府、衢州府、严州府、温州府、处州府；一直隶厅：定海直隶厅；一州：海宁州；一厅：玉环厅；七十六县。

第三节　既往工作

两汉时期的墓葬是新中国成立以来我省考古发掘的首个对象，通过对汉墓的发掘，积累提高了田野考古技能和经验，并将此运用于遗址和窑址的考古发掘之中。因此，浙江汉墓的发掘历程，亦是浙江田野考古技能的提高和积累的过程。

浙江汉墓的发掘和研究，大致可分为发掘方法的探索、墓葬形制和器物的类型学研究、汉墓考古学研究三个阶段。

第一阶段（1953～1963 年）

对墓葬发掘方法的探索，提高了我省的田野考古技能，逐步建立起了一支专业的考古队伍，掀起了我省汉墓发掘的首次高潮。在获取大量实物资料的基础上，确立了浙江汉墓的两大基本类型——土坑墓和砖室墓，并发表了较多的考古发掘简讯和简报。

1953 年杭州老和山（浙江大学建设工地）汉墓的发掘和清理，是我省 1949 年后首次开展的考古工作。在当时，尚无寻找墓坑的意识，对单个墓葬的数量及编号，仅以清理出的器物群作为判定依据。此后，随着参加国家文物局举办的"考古训练班"人员的回归，这种现状逐渐得以改变。在杭州葛岭（西湖国宾馆工地，1954 年），绍兴漓渚三峰尖、中岭、双龙山、鸡笼山（漓渚铁矿工地，1954～1955 年），宁波祖关山、老龙湾（宁波火车站工地，1955 年)①，黄岩秀岭（秀岭水库工地，1956 年），淳安北郊官山、赋溪乡和建德桐溪、芦蒲②（新安江水库工地，1956～1958 年）等大中型墓地的发掘中，对开口于沉积岩或湖沼沉积相中的墓葬，逐渐能够较好地剥剔出墓坑的四壁，划分出墓坑的准确范围。这不仅明确了浙江汉墓的形制、规模、营建方式，亦为古遗址的发掘提供了诸多的田野经验。

在资料的整理和研究方面，及时地发表了较多的发掘通讯和简报，并编写了《绍兴漓渚的汉墓》和《黄岩秀岭水库古墓发掘报告》等专业报告，确定了浙江两汉时期墓葬的基本类型。同时，在《浙江绍兴漓渚东汉墓发掘简报》中，发掘者根据墓口处的板灰层厚度与分布范围、砖壁上端分布规整的凹缺等现象，提出了在土坑墓和砖室墓之间存在着一种四壁用砖、顶部盖木板的过渡型墓葬的观点，使土坑墓和砖室墓之间的变化过程显得更为清晰、合理。

第二阶段（1972～1979 年）

1964～1971 年，由于政治运动的干扰，全省的考古工作基本处于停顿状态。1972 年起才逐渐得以复苏，并先后在德清秋山（1973 年）、上虞蒿坝（1973 年）、海宁长安（1973 年）、奉化白杜（1978 年）、龙游东华山（1979 年）等地发掘了一批零星的汉墓。

在已有汉墓资料积累的基础上，此阶段对汉墓的形制和随葬品作了较为粗浅的类型学比较和分期研究。

第三阶段（1980 年至今）

随着浙江省文物考古研究所的成立和恢复高考后考古专业毕业生的分批进入，地层学和类型学理念逐渐深入到田野考古工作中。在汉墓的发掘中，微观上，注重填土的结构变化和剥剔；宏观上，立足于墓地的布局以及不同地区的地域特征。新的汉墓类型得以发现和确定，家族墓地的特征和表现形式初露端倪。同时，墓葬发掘材料以简报、报告、图录等形式大量发表，各种专题和综合研究的论文纷纷见诸不同刊物。

此阶段发掘的汉墓有：鄞县高钱（南京大学考古专业野外实习，1983 年），杭州秦庭山（杭州联运公司工地，1983 年）③和老和山（浙江大学邵一夫科技馆工地，1986 年），上虞严村凤凰山（浙江卫生陶瓷厂工地，1984 年），湖州杨家埠（湖州钢铁厂扩建工地，1987 年），龙游东华山（各类小型建设工地，1987～1992 年）和仪家山（龙游光华仪器厂工地，1989 年），嵊州剡山（各类小型建设工地，1982～1992 年），安吉上马山（04 省道工地，1989 年），余姚老虎山和上虞羊山、牛头山、周家山、驮山、后头山（杭甬高速公路工地，1992～1993 年），湖州方家山（杭宁高速公路工地，1998 年），湖州杨家埠（经济开发区，2006～2014 年）④，安吉上马山（天子园经济开发区，2007 年至今）⑤，长兴夏家庙（经济开发区，

① 赵人俊：《宁波地区发现的古墓葬和古文化遗址》，《文物资料丛刊》1956 年第 4 期，81～82 页。
② 浙江省文物管理委员会：《浙江瑞安桐溪与芦蒲古墓清理》，《考古》1960 年第 10 期，30～36 页。
③ 浙江省文物考古研究所：《杭州地区汉六朝墓发掘简报》，《东南文化》1989 年第 2 期，111～129 页。
④ 李辉达、刘建安、胡继根：《湖州杨家埠汉代家族土墩墓群及其他墓葬的发掘》，《浙江考古新纪元》，科学出版社，2009 年。
⑤ 田正标、刘建安、程亦胜：《安吉五福战国至西汉初木椁墓的发掘》，《浙江考古新纪元》，科学出版社，2009 年。

2000～2004 年)① 等墓地。

此阶段对汉墓的发掘和认识有了显著提高，所取得的考古学研究成果主要有：

1）对墓内填土的辨认与墓葬类型的界定。发掘者对墓内填土的处理已不再是简单的搬运，而是采用逐层刮面或在墓内留小隔梁的方法进行观察和解剖，由此揭露了土坑木椁墓中因木椁腐朽而造成内外填土不同的"熟土二层台"现象②，为在葬具完全腐朽的情况下正确界定土坑木椁墓提供了可靠的依据，使墓葬类型的划分和数量的统计更为科学、严谨；同时，根据墓内填土左右色泽的不同，发现了新的汉墓类型和埋葬习俗——并列式异穴合葬墓。

2）对丧葬习俗渊源与传播的研究。湖州杨家埠、安吉高禹、长兴夏家庙等汉代土墩墓群的发掘表明，这种人工堆筑的墓地营建方式和具有一定设计的墓坑布局，与江南地区史前高台遗址、墓地以及先秦时期的土墩墓存在渊源关系。这对江南湿地类型墓葬的兴起与式微，越文化的传承与外延，越族人群的流动线路，以及与日、韩境内坟丘墓的关系等学术研究具有不可或缺的作用。

3）对区域类型的认识与划分。龙游仪冢山墓地的发掘表明，所见 42 座汉墓分为明显的三个区域，各区中大墓居中、小墓环绕四周，是有别于湖州、安吉、长兴等地的另一种家族墓地形式。而温岭塘山、元宝山和乐清四房山、平阳风门岭等地所发掘、清理及采集的成组器物，与浙江其他地区汉墓随葬品风格迥异，具有浓郁的于越遗风，为浙江汉墓区域类型的划分提供了有力的佐证。

4）对多种文化因素交融与共存的认识。余姚老虎山一号墩 M1、M2、M10 和 M14 的随葬品中，具有浓郁楚文化特色的泥质彩绘陶钫、壶，越文化特色的印纹陶罐、高温釉陶瓿等，为探索楚文化的渗透和影响、越文化的式微、楚越文化的交融等提供了有益的线索和实物例证。

5）对聚落考古的观注和对社会结构的探索。进入 21 世纪，汉墓的考古工作方式从此前以公路、铁路为主体的线状形式，逐步转向以开发区为主体的点状形式。其中配合湖州杨家埠、安吉高禹、长兴夏家庙等地经济开发区的发掘工作已进行多年，至今尚未结束，在客观上为划分区系类型提供了工作平台。与此同时，随着安吉古城、温岭塘山古城遗址③的发现与揭露，墓葬与城址相结合的聚落考古工作亦逐步展开。

众多的新发现和新资料为浙江汉墓的深入探索奠定了丰厚的基础，各种理论研究成果不断涌现。其中综合性的研究文章有《浙江汉六朝墓概述》、《论长江下游地区两汉吴西晋墓葬的分期》、《浙江两汉墓葬的发展轨迹》等④；专题性研究论著有《浙江出土铜

① 孟国平：《试谈浙江长兴地区秦汉时期土墩遗存的堆积成因——以长兴夏家庙土墩墓为例》，《秦汉土墩墓考古发现与研究——秦汉土墩墓国际学术研讨会论文集》，58～62 页，文物出版社，2013 年。田正标、黄昊德、刘建安：《安吉上马山汉代古墓群的发掘》，《浙江考古新纪元》，204～218 页，科学出版社，2009 年。

② 胡继根：《浙江汉墓中"熟土二层台"现象分析》，《东南文化》1989 年第 2 期，164～165 页。

③ 田正标：《温岭大溪古城考古发掘》，《东瓯国研究》，中华书局，2005 年。

④ 姚仲源：《浙江汉六朝墓概述》，《中国考古学会第三次年会论文集》，250～257 页，文物出版社，1981 年。黎毓馨：《论长江下游地区两汉吴西晋墓葬的分期》，《浙江省文物考古研究所学刊》，259～279 页，长征出版社，1997 年。黎毓馨：《浙江两汉墓葬的发展轨迹》，《东方博物》第九辑，6～17 页。

镜》、《海宁汉画像石墓研究》、《古剡汉六朝画像砖》、《起于累土——土台·土墩·土冢》等等①。

迄今，浙江地区已报道的汉墓总计 770 座。其中湖嘉余地区 203 座，杭金衢地区 203 座，宁绍地区 352 座，温丽台地区 12 座。（图 1-1；表 1-1）

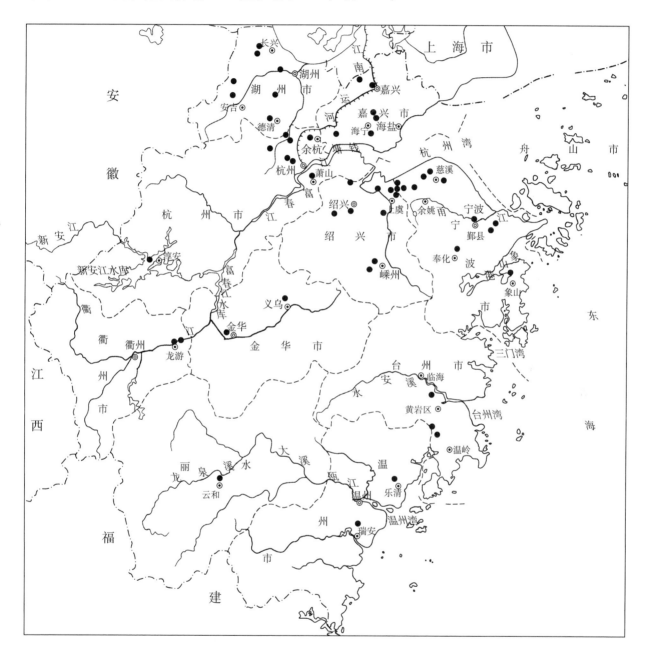

图 1-1　浙江汉墓分布示意图

（●汉墓）

---

① 王士伦、王牧：《浙江出土铜镜》，文物出版社，2006 年。黄雅峰：《海宁汉画像石墓研究》，浙江大学出版社，2008 年。张恒：《古剡汉六朝画像砖》，浙江人民出版社，2010 年。浙江省文物考古研究所：《起于累土——土台·土墩·土冢》，浙江古籍出版社，2012 年。

表 1-1　浙江地区汉墓出土资料一览表

地区	出土地点		墓地类型	数量	本书简称	资料来源
湖嘉余地区	安吉	高禹	土墩（高埠）	2座	06安·高	邱宏亮：《安吉高禹发现东汉熹平五年纪年墓》，《东方博物》第三十八辑，121～124页。
		上马山	土墩（高埠）	8座	89安·上	安吉县博物馆：《浙江安吉县上马山西汉墓的发掘》，《考古》1996年第7期，46～59页。
		上马山	土墩（高埠）	6座	07安·上	浙江省文物考古研究所、安吉县博物馆：《浙江安吉县上马山第49号墩汉墓》，《考古》2014年第1期，14～36页。
		天子岗	山腰	1座	93安·天	安吉县博物馆：《浙江安吉天子岗汉晋墓》，《文物》1995年第6期，28～39页。
		五福	土墩（高埠）	1座	06安·五	浙江省文物考古研究所、安吉县博物馆：《浙江安吉五福楚墓》，《文物》2007年第7期，61～74页。
	德清	凤凰山	山腰	2座	63德·凤	浙江省文物管理委员会：《浙江省德清县凤凰山画像石墓发掘简报》，《浙江省文物考古研究所学刊》第七辑，439～457页，杭州出版社，2005年。
		秋山	山腰	1座	74德·秋	浙江省博物馆：《浙江省德清县秋山画像石墓的发掘》，《浙江省文物考古研究所学刊》第七辑，458～462页，杭州出版社，2005年。
	海宁	龙尾山	山腰	2座	04海·龙	海宁博物馆：《浙江海宁龙尾山汉墓清理》，《东南文化》2006年第5期，25、26页。
		长安镇	土墩（高埠）	1座	73海·长	嘉兴地区文管会、海宁县博物馆：《浙江海宁东汉画像石墓发掘简报》，《文物》1983年第5期，1～20页。
	海盐	龙潭港	土墩（高埠）	8座	97海·龙	浙江省文物考古研究所、海盐县博物馆：《浙江海盐龙潭港遗址汉墓发掘简报》，《东方博物》第十四辑，27、28页。
		南台头	土墩（高埠）	1座	02海·南	海盐县博物馆：《盐邑瑰宝——海盐县博物馆馆藏文物精选》，文物出版社，2012年。
		仙坛庙	土墩（高埠）	2座	02海·仙	浙江省文物考古研究所、海盐县博物馆：《海盐仙坛庙遗址汉墓发掘简报》，《浙江汉六朝墓报告集》，50～55页，科学出版社，2012年。
	湖州	白龙山	山脊（顶）	21座	08湖·白（G4）	浙江省文物考古研究所、湖州市博物馆：《湖州市白龙山汉六朝墓葬发掘报告》，《浙江汉六朝墓报告集》，148～213页，科学出版社，2012年。
		方家山	土墩（高埠）	13座	98湖·方	浙江省文物考古研究所：《浙江湖州市方家山第三号墩汉墓》，《考古》2002年第1期，34～45页。
		金鸡山	山腰	1座	86湖·金	陈兴吾：《湖州金鸡山汉墓》，湖州地区1988年考古工作会议，内部资料，尚未正式发表。
		仁隍山	山腰	1座	11湖·仁	湖州博物馆2011年5月发掘资料。
		小塔山	山腰	3座	10湖·小	湖州市博物馆：《湖州小塔山汉代砖室合葬墓发掘简报》，《浙江汉六朝墓报告集》，134～140页，科学出版社，2012年。

续表 1 - 1

地区	出土地点		墓地类型	数量	本书简称	资料来源
湖嘉余地区	湖州	杨家埠	土墩（高埠）	72 座	87 湖·杨（D1～D15）	浙江省文物考古研究所、湖州市博物馆：《浙江省湖州市杨家埠古墓发掘报告》，《浙江省文物考古研究所学刊》第七辑，142～310 页，杭州出版社，2005 年。
		杨家埠	土墩（高埠）	1 座	06 湖·杨（D21）	浙江省文物考古研究所：《湖州杨家埠》，文物出版社，待刊。
		杨家埠	土墩（高埠）	15 座	06 湖·杨（D28）	浙江省文物考古研究所：《湖州市杨家埠第二十八号墩汉墓》，《浙江汉六朝墓报告集》，10～49 页，科学出版社，2012 年。
		杨家埠	土墩（高埠）	1 座	07 湖·杨（D33～D35）	浙江省文物考古研究所 2007 年湖州杨家埠发掘资料。
		杨家埠	土墩（高埠）	1 座	07 湖·杨（G2）	同上。
		窑墩头	土墩（高埠）	1 座	90 湖·窑	湖州市博物馆：《浙江湖州窑墩头古墓清理简报》，《东南文化》1993 年第 1 期，156～161 页。
	嘉兴	九里汇	土墩（高埠）	1 座	75 嘉·九	嘉兴市文化局：《浙江嘉兴九里汇东汉墓》，《考古》1987 年第 7 期，666～669 页。
		闸前	土墩（高埠）	1 座	55 嘉·闸	汪大铁：《浙江嘉兴发现东汉墓葬》，《文物资料丛刊》1955 年第 10 期，124～126 页。
	余杭	大观山果园	土墩（高埠）	13 座	87 余·果	浙江省文物考古研究所：《杭州大观山果园汉墓发掘简报》，《浙江汉六朝墓报告集》，100～126 页，科学出版社，2012 年。
		姜介山	土墩（高埠）	1 座	90 余·姜	费国平：《浙江余杭姜介山汉墓发掘简报》，《东南文化》1991 年第 5 期，188～190 页。
		石马兜	土墩（高埠）	3 座	04 余·石	浙江省文物考古研究所、良渚管委会：《余杭石马兜汉墓发掘简报》，《浙江汉六朝墓报告集》，56～63 页，科学出版社，2012 年。
	长兴	卞山	山腰	16 座	03 长·卞	浙江省文物考古研究所 2003 年长兴卞山洪桥镇碧岩村墓地发掘资料。
		七女墩	土墩（高埠）	6 座	10 长·七	胡秋凉：《长兴七女墩墓葬群清理简报》，《东方博物》第四十三辑，25～36 页。
		西峰坝	土墩（高埠）	1 座	06 长·西	长兴县博物馆：《长兴县西峰坝汉画像石墓清理简报》，《浙江汉六朝墓报告集》，141～147 页，科学出版社，2012 年。

续表 1 - 1

地区	出土地点		墓地类型	数量	本书简称	资料来源
杭金衢地区	淳安	赋溪	山腰	1 座	57 淳·赋	新安江水库考古工作队：《浙江淳安县赋溪乡文物清理简报》，《文物资料丛刊》1958 年第 10 期，46~47 页。
		官山	山腰	15 座	57 淳·官	新安江水库考古工作队：《浙江淳安古墓发掘》，《考古》1959 年第 9 期，464~468 页。
	杭州	葛岭	山腰	7 座	54 杭·葛	金祖明：《浙江省文管会清理了杭州的十几座汉墓》，《文物参考资料》1955 年第 2 期，151 页。
		古荡	山腰	1 座	58 杭·古	浙江省文物管理委员会：《杭州古荡朱乐昌墓清理简报》，《考古》1959 年第 3 期，150~152 页。
		古荡	山腰	10 座	83 杭·古	浙江省文物考古研究所：《杭州地区汉六朝墓发掘简报》，《东南文化》1989 年第 2 期，111~129 页。
		老和山	山腰	60 座	86 杭·老	浙江省文物考古研究所：《浙江省杭州市老和山汉墓发掘报告》，《浙江省文物考古研究所学刊》第七辑，311~413 页，杭州出版社，2005 年。
		铁佛寺	山腰	1 座	55 杭·铁	王士伦：《杭州铁佛寺清理了一座东汉墓》，《文物资料丛刊》1955 年第 6 期，123 页。
	金华	马铺岭	山腰	2 座	80 金·马	金华地区文管会：《浙江省金华马铺岭汉墓》，《考古》1982 年第 3 期，327 页。
	龙游	东华山	山腰	10 座	79 龙·东	朱土生：《浙江龙游县东华山汉墓》，《考古》1993 年第 4 期，330~343 页。崔成实：《衢州市东华山汉墓发掘简报》，《浙江省文物考古所学刊》，85~93 页，文物出版社，1981 年。衢州博物馆：《衢州汉墓》，文物出版社，2015 年。
		东华山	山腰	12 座	87 龙·东	龙游县文物管理委员会：《浙江龙游县东华山 12 号汉墓》，《考古》1990 年第 4 期，329~321 页。朱土生：《浙江龙游东华山汉墓》，《考古》1993 年第 4 期，330~343 页。衢州博物馆：《衢州汉墓》，文物出版社，2015 年。
		东华山	山腰	3 座	88 龙·东	衢州博物馆：《衢州汉墓》，文物出版社，2015 年。
		东华山	山腰	3 座	89 龙·东	朱土生：《浙江龙游东华山汉墓》，《考古》1993 年第 4 期，330~343 页。衢州博物馆：《衢州汉墓》，文物出版社，2015 年。
		方家山	山腰	1 座	10 龙·方	朱土生：《浙江龙游县方家山东汉新安长墓》，《考古》2016 年第 3 期，116~120 页。
		仪冢山	山脊（顶）	42 座	89 龙·仪	浙江省文物考古研究所、龙游县博物馆：《龙游仪冢山汉墓发掘简报》，《浙江汉六朝墓报告集》，78~99 页，科学出版社，2012 年。衢州博物馆：《衢州汉墓》，191~289 页，文物出版社，2015 年。
	武义	后金山	山腰	1 座	78 武·后	金华地区文管会：《浙江武义东汉墓》，《考古》1981 年第 2 期，191 页。

续表 1 - 1

地区	出土地点		墓地类型	数量	本书简称	资料来源
	义乌	北郊	山腰	1 座	64 义·北	浙江省文物管理委员会:《浙江义乌发现西汉墓》,《考古》1965 年第 3 期,152 ~ 154 页。
	余杭	义桥	山腰	46 座	07 余·义	杭州市文物考古所、余杭区博物馆:《余杭义桥汉六朝墓》,文物出版社,2010 年。
宁绍地区	慈溪	陈山	山脊(顶)	4 座	86 慈·陈	浙江省第二届文物考古培训班考古实习组:《慈溪陈山汉墓发掘简报》,《浙江汉六朝墓报告集》,64 ~ 77 页,科学出版社,2012 年。
		担山	山腰	2 座	58 慈·担	浙江省文物管理委员会:《浙江慈溪发现东汉墓》,《考古》1962 年第 12 期,651 页。
	奉化	白杜	山腰	1 座	78 奉·白	宁波市文管会、奉化县文管会:《奉化白杜汉熹平四年墓清理简报》,《浙江省文物考古所学刊》,208 ~ 211 页,文物出版社,1981 年。
		南岙	山腰	43 座	05 奉·南	浙江省文物考古研究所、宁波市文物考古研究所、奉化市文物保护管理所:《奉化白杜南岙林场汉六朝墓葬》,《浙江汉六朝墓报告集》,214 ~ 337 页,科学出版社,2012 年。
		石菊花地	山腰	14 座	06 奉·石	宁波市文物考古研究所、奉化市文物保护管理所:《浙江奉化南岙石菊花地墓群发掘简报》,《南方文物》2011 年第 4 期,48 ~ 53 页。
	上虞	蒿坝	山腰	7 座	73 上·蒿	吴玉贤:《浙江上虞蒿坝东汉永初三年墓》,《文物》1983 年第 6 期,40 ~ 44 页。浙江省博物馆:《浙江省上虞县蒿坝汉墓发掘简报》,《浙江省文物考古研究所学刊》第七辑,414 ~ 422 页,杭州出版社,2005 年。
		后头山	山腰	27 座	92 上·后	王海明:《上虞驿亭谢家岸后头山古墓葬发掘》,《沪杭甬高速公路考古报告》,266 ~ 308 页,文物出版社,2002 年。
		联江	山腰	1 座	91 上·联	上虞县文物管理所:《浙江上虞联江鞍山东汉墓》,《东南文化》1992 年第 5 期,103 ~ 106 页。
		牛头山	山腰	39 座	92 上·牛	蒋乐平:《上虞牛头山古墓葬发掘》,《沪杭甬高速公路考古报告》,127 ~ 177 页,文物出版社,2002 年。
		驮山	山腰	25 座	93 上·驮	黎毓馨:《上虞驮山古墓葬发掘》,《沪杭甬高速公路考古报告》,225 ~ 265 页,文物出版社,2002 年。
		严村凤凰山	山腰	49 座	84 上·严	浙江省文物考古研究所、上虞县文物管理所:《浙江上虞凤凰山古墓葬发掘报告》,《浙江省文物考古研究所学刊——建所十周年纪念(1980 ~ 1990)》,206 ~ 257 页,科学出版社,1993 年。

续表 1-1

地区	出土地点		墓地类型	数量	本书简称	资料来源
宁绍地区	上虞	羊山	山脊（顶）	3座	92上·羊	彭云：《上虞羊山古墓群发掘》，《沪杭甬高速公路考古报告》，96～126页，文物出版社，2002年。
		周家山	山腰	17座	92上·周	胡继根：《上虞周家山古墓葬发掘》，《沪杭甬高速公路考古报告》，178～224页，文物出版社，2002年。
	绍兴	大龙山	山腰	5座	09绍·大	浙江省文物考古研究所、绍兴县文物保护管理所：《绍兴平水会稽村汉六朝墓发掘简报》，《浙江汉六朝墓报告集》，338～360页，科学出版社，2012年。
		漓渚	山腰		54绍·漓	王士伦、朱伯谦：《浙江绍兴漓渚考古简报》，《考古通讯》1955年第5期，33～36页。
		漓渚	山腰		55绍·漓	浙江省文物管理委员会：《绍兴漓渚的汉墓》，《考古学报》1957年第1期，133～140页。
		漓渚	山腰	1座	56绍·漓	浙江省文物管理委员会：《浙江绍兴漓渚东汉墓发掘简报》，《考古通讯》1957年第2期，6～12页。
		马鞍	山腰	2座	85绍·马	浙江省文物考古研究所：《绍兴马鞍汉墓发掘简报》，《浙江汉六朝墓报告集》，127～133页，科学出版社，2012年。
		南山	山腰	3座	09绍·南	浙江省文物考古研究所、绍兴县文物保护管理所：《绍兴平水会稽村汉六朝墓发掘简报》，《浙江汉六朝墓报告集》，338～360页，科学出版社，2012年。
		狮子山	山腰	3座	82绍·狮	绍兴市文物管理委员会：《绍兴狮子山东汉墓》，《考古》1984年第9期，813～815页。绍兴市文物管理处：《绍兴狮子山西汉墓》，《考古》1988年第9期，853～855页。
		小龙斗	山腰	20座	09绍·小	浙江省文物考古研究所、绍兴县文物保护管理所：《绍兴平水会稽村汉六朝墓发掘简报》，《浙江汉六朝墓报告集》，338～360页，科学出版社，2012年。
	嵊州	剡山	山腰	58座	82嵊·剡	张恒：《浙江嵊州市剡山汉墓》，《东南文化》2004年第2期，49～59页。
	萧山	城南溪头黄	山腰	7座	83萧·城	浙江省文物考古研究所：《杭州地区汉六朝墓发掘简报》，《东南文化》1989年第2期，111～129页。
	鄞县	宝幢	山腰	9座	84鄞·宝	施祖青：《鄞县宝幢乡沙堰村几座东汉、晋墓》，《东南文化》1993年第2期，85～89页。
		高钱	山腰	15座	83鄞·高	浙江省文物考古研究所、南京大学历史系考古学专业：《浙江省鄞县高钱古墓发掘报告》，《浙江省文物考古研究所学刊》第七辑，423～438页，杭州出版社，2005年。
	余姚	老虎山	山脊（顶）	6座	92余·老	陈元甫：《余姚老虎山一号墩发掘》，《沪杭甬高速公路考古报告》，51～95页，文物出版社，2002年。

续表 1 - 1

地区	出土地点		墓地类型	数量	本书简称	资料来源
温丽台地区	黄岩	秀岭	山腰	3座	56黄·秀	浙江省文物管理委员会：《黄岩秀岭水库古墓发掘报告》，《考古学报》1958年第1期，111～130页。
	乐清	四房山	山腰	1座	97乐·四	梁岩华、徐青、余群鸣、陈乐敏、叶挺铸：《温州东瓯国文物调查与认识》，《东瓯文化学术讨论会论文集》，276～286页，浙江古籍出版社，2013年。
	临海	黄土岭	山腰	1座	89临·黄	临海市博物馆：《浙江临海黄土岭东汉砖室墓发掘简报》，《东南文化》1991年第5期，191、192页。
	平阳	凤门岭	山腰	1座	94平·凤	梁岩华、徐青、余群鸣、陈乐敏、叶挺铸：《温州东瓯国文物调查与认识》，《东瓯文化学术讨论会论文集》，276～286页，浙江古籍出版社，2013年。
	温岭	塘山	山腰	1座	03温·塘	浙江省文物考古研究所、温岭市文化广电新闻出版局：《浙江温岭塘山发现西汉东瓯国墓葬》，《东南文化》2007年第3期，29～31页。
		塘山	山腰	1座	06温·塘	浙江省文物考古研究所、温岭市文化广电新闻出版局：《浙江温岭市塘山西汉东瓯贵族墓》，《考古》2007年第11期，7～15页。
		元宝山	山腰	2座	09温·元	叶艳莉：《温岭元宝山发现西汉东瓯国墓葬》，《东方博物》第三十六辑，94～98页。
	象山	矮山	山腰	1座	86象·矮	夏乃平：《浙江象山县清理一座东汉墓》，《考古》1997年第7期，86～88页。
	云和	白塔山	山腰	1座	99云·白	崔丽萍：《云和白塔山一号汉墓出土文物》，《东方博物》第四十七辑，86～88页。

第二章　墓　葬

第一节　概　况

一　墓地类型

墓地的选择是时人丧葬观的反映。汉代虽有求择吉地的风气，但当地的地理环境、个人的政治地位和经济基础在一定程度上或多或少地制约了选择墓地的条件。已发掘的墓葬大多分布在城镇附近的山丘阳面这一现象表明，就近、向阳应是平民墓地择葬的基本原则。

浙江两汉时期的墓地可归纳为山脊（顶）、山腰及土墩（高埠）三种类型。其中：

（一）山脊（顶）类型

墓地的选择与墓葬的分布具有明显的于越遗风。分布区域主要在东部的宁绍地区。墓地普遍位于低矮的山顶或山脊分水岭两侧，并往往与先秦时期墓地混杂一处，个别则直接构建在先秦土墩墓之上或一侧。墓葬的分布形式有墩状、线状和散状三种。

墩状分布的墓地仅有余姚老虎山 1 例，在海拔 59.38 米的"山脊和山顶分布有一批大小不一的土墩墓"，其中已发掘的 1 号墩内含有先秦墓葬 14 座，西汉早期墓葬 6 座。

线状分布的有慈溪陈山和湖州长超山 2 处。其中陈山海拔高度 150 米，相对高度约 100米，30 余座墓葬蜿蜒于山脊两侧，各墓间距在 5～10 米，部分已遭破坏的封土堆旁，散落有先秦或两汉时期的器物残片。1986 年浙江省考古训练班在野外实习时，对其中的 M16～M19进行了发掘，墓葬年代均为西汉晚期。长超山海拔近百米，"山脊沿线分布有 27 个清晰可辨的土墩（封土），直径 5～20 米，个别土墩内显露石室。在日常进行的抢救性发掘中，清理有汉六朝墓葬数座"[1]。

散状分布的墓地较多，墓葬散布于低矮的小山之巅。以海拔 49.47 米的上虞羊山墓地为例，1992 年在杭甬高速公路所通过的狭窄范围内清理有先秦墓 5 座，汉墓 3 座。

（二）山腰类型

该类形是浙江汉墓中最为常见的一种。分布区域以宁绍地区为最，湖（州）嘉（兴）余

---

[1]　湖州市博物馆全国第三次文物普查资料。

（杭）地区次之。墓葬分布于高低不等的山腰阳坡，尤以相对高度在5～15米的地带最为集中。以上虞严村凤凰山墓地为例，所清理的58座汉墓，均散布于山腰阳坡，面向开阔地带。

（三）土墩（高埠）类型

墓地普遍选择于低矮的丘陵或平地之上，主要分布于北部天目山余脉形成的丘陵地带，尤以湖州地区的湖州、安吉、长兴三地为最，钱塘江北岸的冲刷平原也有少量分布。此类型墓地的营建传承了先秦遗风，即采用人工堆筑土墩或利用史前或先秦时期的土墩，然后在土墩内挖坑埋墓的方式。墓葬的外观与先秦时期的土墩墓如出一辙，但却是一种新发现的汉墓类型，故目前对其有"汉代土墩墓"[①]、"封土墓"[②]、"汉代土墩遗存"[③] 等不同称谓。其营建方式为：

1）选择位置。有两种：一是，地表略高于周围的地块；二是，现成的史前土台或先秦时期土墩。

2）整理场地。根据选择场地的不同而措施不一：一是，清除空地范围内松散的表土层；二是，对现成的先秦土墩作适当的平整。

3）堆筑土墩。采用就近取土、分组同时逐层向上堆筑的方式进行。有三种方式：一是，直接式，即在平地或先秦土墩上直接堆筑坟丘，是最为普遍的一种堆筑方式；二是，墩基式，这种方式较少，堆筑时先在底部铺垫一层较厚而致密的墩基，墩基表面呈水平状，高0.40～0.80米不等；三是，预留式，即堆筑时在准备安放大墓的位置预先留出相应的空间，下葬前再在该空间处用版筑的方法筑出墓坑四壁，避免了重复劳动。

4）挖建围沟。目前仅有个别发现。

5）挖建墓坑。按一定的设计和布局在堆筑的土墩表面开挖墓坑。

6）覆盖封土。当墓葬布满整个坟丘后再覆盖一层封土，用以掩盖土墩内所有的墓葬。

7）二次扩建。当一个土墩容纳不了所需墓坑时，则对原有土墩进行二次堆筑。其方法有二：一是，竖式增高，即在原土墩的基础上堆筑新的土层，挖建新的墓坑，形成上下两层墓葬；二是，横向扩展，即在原有土墩的一侧扩展后挖建新墓坑。

所堆筑的土墩外观均呈中心高四周低的圜丘状，平面有圆形和长条状椭圆形两种。圆形土墩规模普遍较小，一般底部直径在15～25米，现高1.50～3米。土墩的堆筑以平地起堆为主，少量在先秦土墩墓的基础上扩建而成，个别则直接利用了先秦土墩。土墩内掩埋的墓葬数量多少不等，一般在5～10座，少者仅1座，多者达20余座。其中掩埋墓葬数量较多的土墩往往采用竖式增高法进行二次扩建。长条状椭圆形土墩一般底部长40～60、宽30～40、高2～3米。

根据土墩的堆筑方式和形成时间可分为新筑型和利用型两个大类：

① 胡继根：《浙江两汉、六朝土墩墓的成因与特征》，《韩国湖南文化财研究院学报》，2013年。常德博物馆：《湖南常德南坪长沙国郎中令廖福家族土墩墓群发掘简报》，《湖南省博物馆馆刊》第八辑，121～136页，岳麓书社，2011年。
② 胶州博物馆：《山东胶州赵家庄汉墓群墓主身份考析》，《中国文物报》2008年5月23日第7版。山东省文物考古研究所：《山东日照海曲西汉墓（M106）》，《文物》2010年第1期，4～25页。郑同修：《山东沿海地区汉代墩式封土墓有关问题探讨》，《秦汉土墩墓考古发现与研究——秦汉土墩墓国际学术研讨会论文集》，116～128页，文物出版社，2013年。
③ 李晖达：《试论浙江汉代土墩遗存》，《东南文化》2011年第3期，112～117页。

1）新筑型。整个土墩一次性堆筑于汉代某个时间段，墩内为清一色的汉墓。根据堆筑程度的差异，可细分为全堆式和半堆式两种。全堆式：数量多，是最为普遍的一种形式，土墩表面较为平整，平面以椭圆形为主，部分呈圆形；墩内墓葬规模往往较小，系在已堆筑成型的土墩上再次开挖而成，墓坑壁即为所堆筑的熟土。半堆式：数量较少，平面以椭圆形为主，部分呈圆形；墩内墓葬规模普遍较大，堆筑时在规划安放墓葬的位置均预先留出一定的空间，使土墩表面形成高低不一波形状态；墓坑均是在预留空间范围内用版筑的方式构建而成，四壁留有明显的夯层。

2）利用型。即以现成的先秦时期土墩墓为基础，根据其利用程度分为间接式和直接式两种。间接式：系在小型先秦土墩的基础上扩建而成，数量仅次于新筑型全堆式；土墩形状有圆形和椭圆形两种；墩内由较多的汉墓和零星的先秦墓组成，汉墓的规模和墓坑的形成与新筑型全堆式一致，且普遍打破或叠压先秦墓。直接式：系在较大型的先秦土墩墓上稍作平整后直接挖建墓坑而成，数量较少；平面形状和汉墓的规模与新筑型全堆式基本一致，墩内由多个汉墓和零星的先秦墓、窑址组成。

土墩里的墓葬有土坑木棺墓、土坑木椁墓、土坑砖椁墓、券顶长方形砖室墓等多种类型。墓葬普遍位于同一层面，即开口于①层下，少量分为上下两层，个别分为上、中、下三层。墓坑的方向早晚截然不同，其中土坑类墓葬普遍为东西走向，头向朝东。而砖椁（室）类墓葬则基本呈南北走向，头向朝北。墓坑的排列有着一定的规划，一般为前后两排，少量为三排，其中规模较大的墓葬居中居前，小型墓位于两侧和后排。

属于此类代表性的土墩有：

例1 11长·夏D10[1]。土墩堆筑于低矮的岗地上，土墩外观呈覆斗状，平面呈长条形，现高约3米，底径南北长47.3、东西宽35.8米。土墩内部由三个堆筑时代不同的大小土墩组成，墩内共有墓葬30座，平面均呈东西走向，其中两汉时期墓葬27座，西周至春秋时期墓葬3座。（图2-1；图版一）

例2 10湖·杨D69[2]。土墩堆筑于平地之上，外观呈馒首状，平面呈椭圆形。土墩现高2.70米，底径南北长47.50、东西宽26米。自生土层起向上分四层堆筑，墩内21座汉墓均开口于②层下，平面均呈东西走向，并分三组排列，其中东面一组8座，墓坑普遍较小；中间一组亦为8座，墓坑普遍较大，内有1座带有斜坡式墓道；西面一组5座，该组中间1座墓坑较大，并带有斜坡式墓道，其余墓坑均较小。（图2-2；图版二）

例3 06湖·杨D28。土墩堆筑于平地之上，外观呈圜丘状，平面呈近圆形。土墩现高3米，底径东西长28.6、南北宽24米。自生土层起向上分四层堆筑，内有汉墓15座，其中3座开口于②层下，并位于土墩的中心部位。其余均开口于①层下，其中M2打破M14、M3打破M6和M7、M5打破M15、M6打破M7、M12打破M13。墓葬部分呈南北走向，部分为东西走向。（图2-3；图版三）

---

① 孟国平：《试谈浙江长兴地区秦汉时期土墩遗存的堆积成因——以长兴夏家庙土墩为例》，《秦汉土墩墓考古发现与研究——秦汉土墩墓国际学术研讨会论文集》，59页、图三，文物出版社，2013年。

② 浙江省文物考古研究所：《起于累土——土台·土墩·土冢》，74页，浙江古籍出版社，2012年。

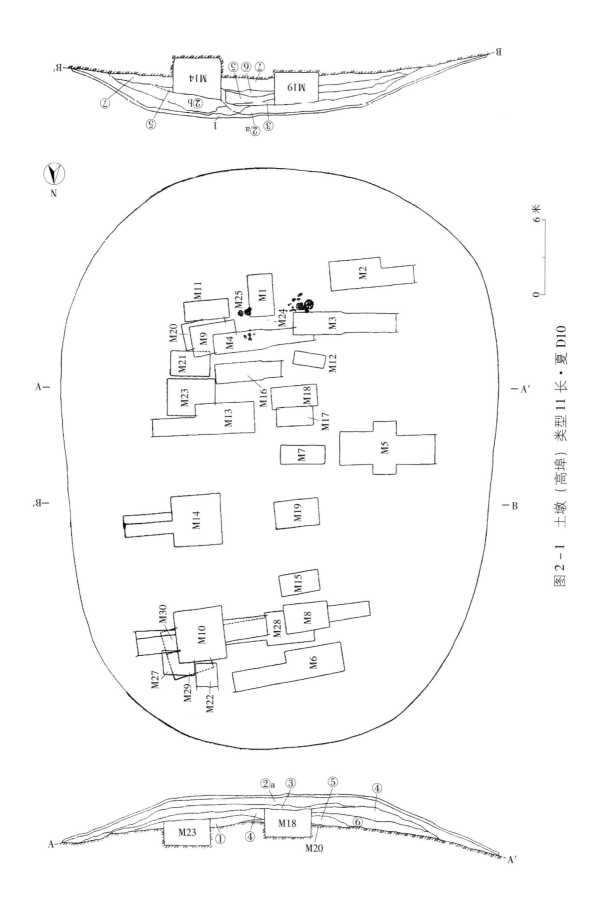

图 2－1　土墩（高墩）类型 11 长·夏 D10

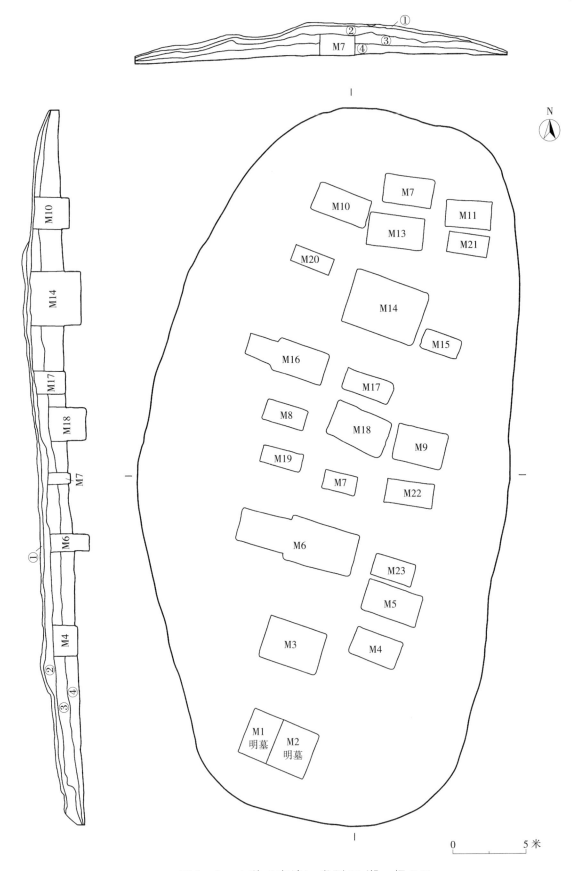

图 2 - 2　土墩（高埠）类型 10 湖·杨 D69

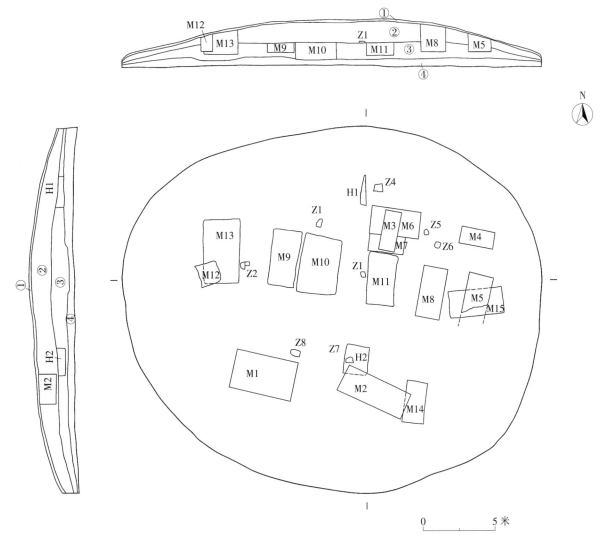

图 2 - 3 土墩（高埠）类型 06 湖·杨 D28

例4 11 湖·杨 D54[1]。土墩堆筑于平地之上，外观呈圜丘状，平面近圆形。土墩现高
3.60 米，底径东西长 20.40、南北宽 16 米。自底向上分三层堆筑，内有汉墓 2 座，平面呈南
北走向，另有汉六朝窑床 3 座。其中 M1 位于土墩中心，野外解剖显示，墓近底部土层呈中心
下凹、四周上翘的圜底状，其上至墓口处的小地层呈外高内低的倾斜向。由此判断，该墩在
堆筑时已预留了 M1 所在位置的空间，待 M1 下葬时再用挡板围出墓坑范围，四周填土形成了
与土墩堆土相反的堆积方向。（图 2 - 4）

例5 10 湖·杨 D58[2]。土墩堆筑于低矮的岗地上，外观呈馒首状，平面呈椭圆形。现高
1.20 米，底径东西长 38、南北宽 26 米。自底向上分两层堆筑，墩内有春秋时期的石室墓 1
座；战国时期的龙窑 1 座；汉墓 4 座，分南北两组错开排列，平面呈南北走向，其中 2 座打破
窑床、1 座打破石室墓。（图 2 - 5）

① 浙江省文物考古研究所：《起于累土——土台·土墩·土冢》，79 页，浙江古籍出版社，2012 年。
② 浙江省文物考古研究所：《起于累土——土台·土墩·土冢》，83 页，浙江古籍出版社，2012 年。

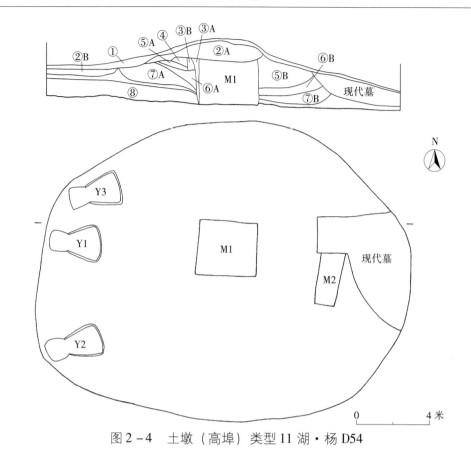

图 2-4 土墩（高埠）类型 11 湖·杨 D54

图 2-5 土墩（高埠）类型 10 湖·杨 D58

二　墓葬朝向

墓葬朝向与墓地类型有着一定的关联，视野和地理方位是浙江汉墓墓葬朝向所遵循的两个主要标准。

以视野为标准是最为常见的一种墓葬朝向，山脊（顶）和山腰类型墓地普遍采用此标准。墓坑与山体的走向往往呈直角相交，即墓葬背靠大山，面朝视野开阔的低谷地带，如上虞严村凤凰山发掘的 58 座汉墓，墓口均朝向山脚。从部分墓内保存的尸骨和随葬品中铜镜的摆放位置、兵器柄部指向等迹象判定，墓主人的头向绝大部分与墓口的朝向一致。

以地理方位为标准的墓葬均见于土墩（高埠）类型墓地。在同一墓地内的墓葬，其走向基本一致。同时，在湖州杨家埠汉代土墩墓中，墓葬朝向具有随时代早晚不同而有所变化的现象，如西汉至东汉早期的土坑类墓葬普遍呈东西走向，东汉时期的砖椁或砖室类墓葬则为南北走向。此外，根据墓内残留的人骨、玉琀、鼻塞、耳珰、铜镜出土位置和兵器柄部朝向等线索判断，土坑类墓葬的头向多朝东面，砖椁或砖室类墓葬则以北面为主。

三　墓葬结构

（一）封土

封土的大小视墓坑的规模而定，一般高 2~3 米，直径 7~10 米。外形多呈圜丘状，个别作长方形覆斗状，如 06 温·塘 M1，封土"隆起明显，顶部比较平整，整体呈长方形覆斗状"。封土的堆筑多采用就地取土、逐层堆高的形式，内部很少进行夯打，个别封土内"拌有少量黄沙"[①]。为防止水土流失，部分封土用石块进行覆盖或圈护，其形式有三种：

1）整体覆盖。如 83 鄞·高 M37、M38，封土表面覆盖一层"护土石"，石块分布疏密不匀，以顶部最为密集，大小多在 0.10~0.30 米，个别达 0.50 米。

2）下部覆压。如 86 慈·陈 M18，封土面下部覆盖一圈石块，中间留有约长 4、宽 3 米的空间（空间下为墓坑），所用石块大小以 0.40 米左右居多，大者达 0.70 米。

3）内部围圈。如 93 上·驮 M28，封土内部用大石块垒筑成圈，中间杂以碎土，石块大者约 1 米见方，石圈外再覆以封土。

（二）墓坑（圹）

墓坑（圹）的形状以长方形为主，个别呈方形或近方形，部分带墓道或甬道者平面呈"凸"字形或刀形。

墓坑为深竖穴式结构，用于采用垂直下葬方式的土坑墓和砖椁墓。挖掘工具以铁锸为主，有的使用完后即弃于填土中。为便于开挖和出土，墓坑口部往往大于坑底，墓壁自上而下略向内斜。坑底平整，其中木椁墓的底面前后两端普遍挖有一条横轴向的浅沟槽，用于摆放和稳固抬高木椁的垫木。部分墓坑底面挖有起到渗水作用的浅沟和坑。

墓圹系前平后高的簸箕式结构，用于采用横向下葬的券顶砖室墓。挖掘时自前向后进行，土圹

---

①　浙江省文物考古研究所、安吉县博物馆：《浙江安吉五福楚墓》，《文物》2007 年第 7 期，61 页。

的前端与地表基本持平，左右和后壁呈陡直状。底面平整，部分挖有用于构建排水沟的沟槽。

（三）墓道

主要用于大、中型墓，以方便施工和埋葬活动时的进出。墓葬平面呈长方形，所处位置以墓坑（圹）前端中央居多，部分位于一侧。其中土坑类墓道的底面以前端高终端低的斜坡式为主，部分作阶梯式，个别为斜坡与阶梯的组合式。墓道终端普遍高于墓坑底面，两者高差一般为 0.20～0.40 米，个别达到 0.60 米以上。砖室类墓道底面平整，终端与砖室底面持平。其中少量墓道的前端用砖石封堵，如 03 长·下 M3、M10 等。墓道内普遍空无一物，个别或摆放随葬器物，如 87 湖·杨 D5M6，随葬陶器均置于墓道内；或作为祭祀的临时场所，如 82 嵊·剡 M118，墓道内散布的小兽骨和较多的铜钱很可能与祭祀活动有关。

（四）填土

墓内填土普遍采用挖掘墓坑产生的原土回填，结构往往较为松散。少量填土经过夯筑，夯层厚约 5 厘米。有些墓内的填土中掺杂有少量的红烧土或木炭颗粒，这种红烧土和木炭颗粒可能产生于针对墓葬的祭祀活动。除原土回填外，在个别墓内铺垫有青膏泥，如 80 金·马 M1、M2，两"墓四周及底垫有青膏泥，厚 0.20 米左右"。此外，在葬具腐坏无存的墓坑内，原椁室位置的填土色泽往往显得偏灰、湿润、松散，而原椁外四周的填土则更接近于山土，干燥而致密，剥剔后形成墓坑四周的"熟土二层台"①。

（五）砖室

1. 甬道

位于墓门与墓室之间，平面呈近方形或横向的长方形，居中或偏于一侧，使墓葬平面呈"凸"字形或刀形。砌筑结构多与墓室相同，券顶高度均低于墓室，一般在 0.40～0.60 米。

2. 墓室

平面有长方形和长条形两种，前者出现时间较早。砖壁结构早期为平砌错缝，晚期为丁顺结构，并具有"三顺一丁"向"四顺"或"五顺一丁"发展的趋势。②

3. 券顶

有券顶、穹隆顶、叠涩顶三种。券顶最为常见，一般在两侧墓壁自底向上 0.80～1.20 米处改用楔形砖逐层内收而成，后壁内侧紧贴券顶终端，并呈阶梯状逐层内缩。券顶的砌筑方法早期采用刀形砖③纵向错缝砌成，晚期改为三层刀形砖之间夹一层斧形砖④的形式，其中刀形砖均为上下相叠的两层，以此与斧形砖高度相等。也有个别墓葬用扇形砖⑤横向环成。由于砌筑技术的差异，部分较为平缓的券顶外缘采用嵌塞陶片或碎砖的方法加固券顶。在部分大、中型墓中，普遍采用双重券顶。此外，在甬道券顶的前端，往往多加一重装饰性的护圈。

---

① 即土坑木椁墓中木椁与墓壁之间的填土。由于墓内棺椁坍塌引起上部填土下落，而棺椁腐朽后的有机物质又改变了填土的色泽，使原木椁范围内的填土变得松软并呈灰色，而椁外填土因不易塌落和变色，由此形成了一周较为明显的分界线。木椁内的填土清除后，椁外剩余的填土便形如二层台，俗称"熟土二层台"。

② 在日常工作中，我们将砖平铺层层上砌，砖与砖的接缝上下层左右错开，称为"平砌错缝"；将在三层平砖中夹杂一层横向侧立砖的砌筑结构称为"三顺一丁"，并按平砖层数的多少依次称为"四顺一丁"、"五顺一丁"，下同。

③ 砖的两个侧面厚薄不同，因截面与厨刀的截面近似而俗称"刀形砖"，下同。

④ 砖的两个端面宽窄不一，因立面与上宽下窄的斧子近似而俗称"斧形砖"，下同。

⑤ 砖的两个侧面均呈弧形，端面自上而下斜收，因形似一把展开的折扇而俗称"扇形砖"，下同。

穹隆顶仅见于较大型的前后室墓。券顶采用四隅券进式构建而成，即用平砖呈水平状层层内收，至顶端中心处嵌入一块楔形砖或块石，起到定心作用。

叠涩顶仅见于个别超小型的墓葬。构建时用平砖上下相叠并逐渐内收而成，横截面呈阶梯状，一般三至五层不等。

4. 封门砖

普遍用平砖封堵，个别砖石混用。封门以单道为主，少量为内外紧贴的双道。封堵结构以平砌错缝形式为主，部分作上下相左的"曲折形"。①

5. 铺底砖

一般为单层平铺，个别双层或三层。铺设方法主要有三种：一是，两横两纵式，即以并列的双砖为一组，各组间纵横相隔；二是，编织纹形，即以两砖直角相交，砖与砖之间近似竹席的编织纹样；三是，"人"字形，即以两砖呈约45°的斜向左右相接平铺，颇似汉字中的"人"字。前两种铺设方法的底砖均位于墓壁之内，墓壁砌筑于地面之上，并与墓坑壁紧贴。而第三种斜向铺设的底砖边缘则形成犬齿状的"牙砖"，只能筑于底砖之上的墓壁，因而与墓坑壁之间形成一定的空隙。

6. 棺床

位于墓室后部，结构与铺底砖相同。高度为一砖的厚度（砖平铺）或宽度（砖侧立），宽度与墓室内宽相等，进深约占墓室长度的五分之三。有的棺床前沿侧立一砖，形似包边，部分棺床面上安放有单块或排状的垫棺砖。

（六）防潮措施

墓葬中的防潮设施主要采用封闭、引流、排泄三种形式，前两种用于土坑类墓中，后一种普遍用于砖室墓内，个别土坑类墓内也有所用。

1）封闭式。以结构致密的青膏泥为原料，或铺垫于墓口封土与填土之间，或包裹于椁室的四周，将渗水尽可能地隔绝于棺椁之外。

2）引流式。采用以垫木或石块抬高葬具的手段，将墓内渗水导入坑底。同时，部分墓坑有的在葬具四周铺设砾石引导渗水；有的底面挖一或两条渗水沟或坑，将墓内渗水导入其内，起到一定的防潮效果。

3）排泄式。采用构建排水沟的方法将渗水排出墓外，是最为行之有效的一种防潮措施。其中土坑类墓中的排水沟有的用陶质水管衔接成引水管道，有的用石块砌成暗沟。砖室类墓则采用在铺底砖下构建排水沟的方法，沟多为单道，自后壁或中部或甬道口通向墓外，有的排水沟长达10余米。也有的沟以辅沟布满整个墓室底部，汇入中间的主沟后将积水排出墓外。排水沟的横截面主要有呈"品"字形、三角形及方形三种。

（七）墓砖

墓砖的形状有长方形、刀形、斧形、扇形和方形等。

1）长方形砖。主要用于砌筑墓壁、铺设底砖、构建排水沟等，是各类砖中用途最为广泛的

---

① 封门砖作斜向侧立放置，因上层与下层的斜角方向相左而呈曲折形，下同。

一种。砖式以四边平直状占主流，部分为前端带凸榫、后端带卯眼的子母砖。其中用于砌筑土坑砖椁墓的砖较小，一般长28、宽18、厚3厘米。砖面普遍留有制作时形成的斜向绳纹。用于砌筑券顶砖室墓的砖大小不等，一般长28～36、宽14～26、厚4.50～7厘米。砖之两面和一侧均模印纹饰，其中砖面的纹饰较为单一，一般为绳纹或叶脉纹。侧面的纹饰则十分丰富，常见的有各种几何纹和古钱纹，部分为纪年铭文和吉祥语，其中纪年铭文以"永元"、"永初"年号占多，个别为"建初"和"永和"年号。吉祥语主要有"万岁"和"万岁不败"等。此外尚有少量的画像砖，画像内容为青龙、白虎、柿蒂、葵花等。子母砖普遍为素面，使用时前后相扣。

2）刀形和斧形砖。均用于砌筑券顶，个别因砖的剩余而用于铺底或砌筑排水沟。砖的规格较为统一，刀形砖背厚5、面厚3厘米，长宽规格、纹饰与长方形砖基本相同。斧形砖一般长38、上端宽18、下端宽14、厚5厘米。砖的窄端面模印几何纹。

3）扇形砖。亦用于砌筑券顶。砖分大小两种，大者上弧面长44、下弧面长34、宽27、厚7.50～8厘米。小者上弧面长32、下弧面长28、宽16、厚6厘米。均为素面。

4）方形砖。仅用于画像石墓的铺底砖，边长16、厚6厘米。近方形砖长35、宽32、厚6厘米。

四　葬具

椁和棺是浙江汉墓中的基本葬具。椁有木椁和砖椁之分，棺有箱式棺和独木棺之别。由于江南雨量充沛、土壤潮湿等原因，能得以完整保存的木质棺椁实属凤毛麟角。

（一）木椁

盛行于西汉初期至东汉早期，有楚式木椁和越式木椁两种。

1）楚式木椁。最为常见，椁的外形呈长方形箱式，采用榫卯结构拼合而成，椁内用挡板分隔出大小不同的空间（箱），并以棺箱加边箱或头箱的组合最为常见，木椁盖板与椁室之间用"S"形铁钉相扣。椁表以素面为主，部分髹漆，色黑。极个别的木椁盖板和侧板上刻有纹饰和铭文，如07湖·杨G2M5，盖板上刻有星云图案，侧板上刻有"广三尺二，厚尺三"等。

2）越式木椁。仅见06温·塘M1（东瓯国墓）一例，且已腐坏无存。只是"根据墓内垫木沟的分布状态和填土的平剖面情况分析，当时木椁应为前、后两室，前室较短而窄，长4.40、宽2.45米；后室较长而宽，长7.10、宽2.90米，椁室高度大致为1.50米左右"。

（二）砖椁

始于王莽时期，盛行于东汉早期，是受中原华夏文化影响的产物。椁的整体由木质盖板和砖砌椁室组成，个体较小。平面呈长方形，一般高1.40～1.60、长2.50～3、宽1.20～2.50米。椁内无箱，底面铺砖，四壁采用平砌错缝方式砌筑。椁上端平铺一层单砖，砖的一半压住椁壁，一半突出椁壁外，使椁室顶部形成母口状，口内覆盖木板，如84上·严M91。个别口部设有一周边框，椁板盖于框内，如08湖·白G4M6。

（三）木棺

有外来的楚式箱式棺和传统的越式独木棺两种。

1）楚式箱式棺。最为普遍，棺的前端略宽而高。06安·五M1木棺"长2.12、宽0.66、通高0.64米，内外髹漆，其色内红外黑。盖与棺以子母口扣合，盖面覆盖一层黑色绢帛，上横缠三道宽 4 厘米的帛束"。棺身与棺盖的扣合方式，西汉早期采用平顶、中间呈三角形细腰的木榫（俗称"元宝榫"）相扣，中期以后采用铁质蚂蟥襻固定，东汉则改用长条状锥形铁钉从棺盖四角向下钉入。

2）越式独木棺。前后大小一致，外壁呈弧形，系用整段的原木刳凿而成。如 10 长·七M4 出土的独木棺，高 0.66、长 2.50、宽 0.80 米。

五 葬式

按残存骨架推测，仰身直肢葬是当时的普遍葬式。如 1982 年嵊州市剡山发掘的 58 座汉墓，其中"43 座能辨认出……仰身直肢葬"，内有"15 具骨架牙齿保存较好，根据牙齿磨损程度判断，属青年 5 人、中年 9 人、老年 1 人"。再如 1997 年海盐县龙潭港发掘的汉墓中，M1 和 M3 内的骨架亦为仰身直肢葬。

六 葬俗

主要有单葬、合葬、族葬等。

1）单葬。最为常见的一种葬俗，流行于整个两汉时期，地域涵盖全省各地。

2）合葬。数量远不及单葬，从棺内的随葬品如兵器、装饰品等判断，合葬双方应属夫妻关系。合葬形式有同穴合葬和异穴合葬两类。同穴合葬双方置于同一墓坑、同一木椁内，且使用同一套随葬品。异穴合葬为双方各自拥有一个墓坑和一套棺椁及随葬品，两墓并列或具有一定的间隔，但覆盖于同一座封土下。如 07 余·义 M46、M47，两墓虽左右相隔 1.3 米，仍共用一座封土。

3）族葬有土墩式和分区式两种。

土墩式是将同一家族成员共葬于一个或多个人工堆筑的土墩内，墓葬排列具有一定的规划，一般大者居中或居前，小者列于左右和后部。如 98 湖·方 D3，规模最大、设有外藏椁的M28 便位居前排中间。

分区式则以分组的形式在同一墓地埋葬不同的家属或家族成员，在布局上也有着一定的规划。如龙游仪冢山墓地，42 座西汉晚期至东汉早期的墓葬，分成相对集中的三个小区，各区墓葬在年代上有重合，"分别代表了不同组织（家族?）单元"，其中"A 区一些墓葬墓主的身份等级最高"，而"M11 位于 A 区墓葬的中部，其他墓葬以它为中心，呈辐射状有序排列"[①]。

第二节 墓葬形制

浙江汉墓的形制，按其下葬方式、墓室结构及葬具材质的不同分为三类，即：1）以单一的木棺为葬具的竖穴土坑木棺墓；2）棺椁配套的竖穴土坑棺椁墓；3）土圹券顶砖室墓。同

---

① 浙江省文物考古研究所、龙游县博物馆：《浙江龙游仪冢山汉墓发掘简报》，《浙江汉六朝墓报告集》，78～99 页，科学出版社，2012 年。

时，根据各类墓葬形制中葬俗的差异进一步可细分出不同的子类（附表1）。由于江南多雨而土壤潮湿，致使墓内的木质葬具普遍腐坏无存，因此，在区分土坑木棺墓和土坑棺椁墓时，我们将具有下列现象之一者划归为土坑棺椁墓：①墓坑内遗留有明显的木椁板灰痕迹；②底部挖有摆放木椁垫木的沟槽；③底部有"熟土二层台"（即木椁外填土）现象；④棺外器物底部压有板灰痕迹者。无此现象的则划归为土坑木棺墓，以求在划分墓葬形制时尽可能地准确。

据统计，在已见诸各类报道的770座汉墓中（附表2），分布于湖州、嘉兴及杭州的余杭地区（以下简称"湖嘉余地区"）203座，占浙江汉墓总数的26.36%（附表3-1、3-2），杭州、金华、衢州地区（以下简称"杭金衢地区"）203座，占26.36%（附表4-1、4-2），宁波、绍兴地区（以下简称"宁绍地区"）352座，占总数的45.72%（附表5-1、5-2），温州、丽水、台州地区（以下简称"温丽台地区"）12座，占总数的1.56%（附表6-1、6-2）。

需要指出的是，其一，由于考古工作多是立足于配合基本建设项目的抢救性发掘和清理，经济建设的不平衡性、当地政府对文物考古的重视程度，在一定程度上影响了浙江境内汉墓分布的真实性；其二，由于报道不详，有20座墓葬未能划出型式；其三，土墩墓是一种特殊的堆筑形式，其内往往掩埋有若干个单体墓葬，在下列分类中我们将其分别归入。

一　一类墓（竖穴土坑木棺墓）

共154座，占墓葬总数的20%。此类墓葬分布于浙江大部地区，其中湖嘉余地区40座，占一类墓的25.97%；杭金衢地区36座，占23.38%；宁绍地区78座，占50.65%。

一类墓的基本特征为：采用垂直下葬的方式；葬具有棺无椁；墓葬结构早晚无明显变化。墓坑规模较小，均为竖穴土坑结构，平面呈长方形，墓内无防潮设施。葬俗有单葬和同穴合葬两种。随葬器物普遍较少，其中合葬墓的随葬品数量与单葬墓差距不甚明显。

根据葬俗的不同可分为A、B两型。

（一）一类A型墓（土坑木棺单葬墓）

共计153座，占一类墓的99.35%。其中湖嘉余地区40座，占一类A型墓的26.14%；杭金衢地区36座，占23.53%；宁绍地区77座，占50.33%。

墓葬的基本特征为：单葬，无椁。

墓坑平面均呈长方形，长1.44~4.40、宽0.60~3.60米。由于自然和人为的损坏，墓坑普遍低于原实际深度，现存最深者为5.10米。葬具均已腐坏无存，部分墓内残留有人骨，其葬式均为仰身直肢葬。

单个墓内的随葬器物普遍在10件以下，最多者27件，最少者仅1件。其中超过10件的有45座，超过20件的仅有6座。随葬品基本呈纵向摆放于棺外一侧，部分作横向置于前端，并往往紧贴或临近墓坑壁。

属于此类型的代表性墓葬有：

例1　82嵊·剡M39。墓向17°。长2.30、宽1.68、深2.20米。墓内东侧残存一具仰身直肢的人骨。随葬品共17件（组）。其中玉佩位于人骨的胸前，蟠螭纹铜镜和半两钱置于足端。其余排列于西侧，计有陶鼎、盒、敞口壶各2件，瓿4件，弦纹罐、印纹罐各1件；铜

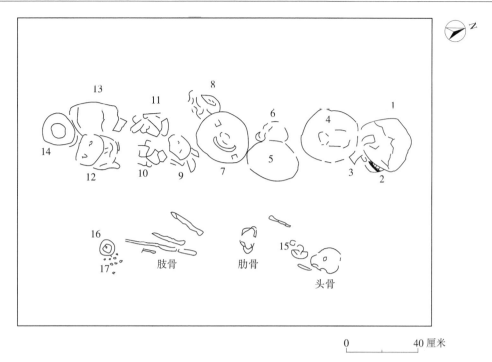

图 2 - 6　一类 A 型墓 82 嵊·剡 M39

1、5、11、13. 高温釉陶瓿　2. 铜洗　3. 铜匜　4、7. 高温釉陶敞口壶　6、8. 高温釉陶盒　9、12. 高温
釉陶鼎　10. 硬陶弦纹罐　14. 印纹陶罐　15. 玉璧　16. 蟠螭纹铜镜　17. 铜半两

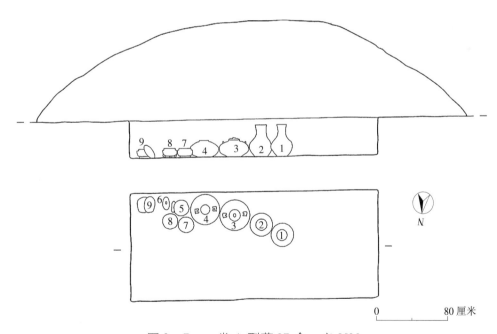

图 2 - 7　一类 A 型墓 07 余·义 M38

1、2. 敞口壶　3、4. 瓿　5、8. 鼎　6. 盒盖　7、9. 盒（均为高温釉陶）

洗、匜各 1 件。（图 2 - 6）

例 2　07 余·义 M38。墓向 265°。保存完好。封土平面略呈圆形，底部直径约 4.70、高约 1.05 米。墓坑长 2.70、宽 1.15、深 0.40 米。四壁较规整。随葬品共 9 件。呈纵向摆放于南侧，计有陶鼎、盒、敞口壶、瓿各 2 件，盒盖 1 件。（图 2 - 7；图版四）

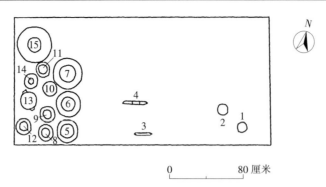

图 2-8　一类 A 型墓 82 绍·狮 M308

1、2. 铜昭明镜　3. 铁剑　4. 铁刀　5、8、9、11、12、14. 硬陶弦纹罐　6. 高温釉
陶敞口壶　7、15. 印纹陶罍　10. 硬陶盒　13. 硬陶鼎

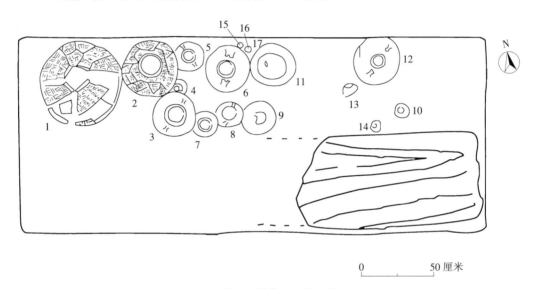

图 2-9　一类 A 型墓 87 湖·杨 D3M14

1、2. 印纹陶罍　3~5、7、8. 硬陶弦纹罐　6、12. 硬陶瓿　9. 高温釉陶盘口壶
10、13、14. 硬陶钵　11. 硬陶盆　15~17. 硬陶纺轮

例 3　82 绍·狮 M308。墓向 87°。长 2.80、宽 1.35、深 1.50 米。填土近底部含有少量炭粒。随葬品共 15 件。其中 2 面铜镜摆于头部；铁剑和铁刀置于腰部；陶器呈横向三排摆放于足端，计有弦纹罐 6 件，罍 2 件，鼎、盒、敞口壶各 1 件。（图 2-8）

例 4　87 湖·杨 D3M14。墓向 99°。长 3.22、宽 1.34、残深 0.92 米。填土内杂有红烧土块和炭灰。底面南侧残留长 1.40、宽 0.70 米的棺木板灰。随葬品共 18 件，均排列于北侧。计有陶瓿和罍各 2 件，钵和纺轮各 3 件，弦纹罐 5 件，盘口壶、盆各 1 件；漆器 1 件。（图 2-9）

例 5　86 杭·老 M165。墓向 200°。长 3.22、宽 1.10、深 0.90 米。随葬品共 21 件（组）。除铁剑位于中部，其余集中于北端，计有陶弦纹罐 5 件，瓿、小罐、小釜各 2 件，敞口壶、盘口壶、泡菜罐、罍、灶、甑、井各 1 件，泥五铢 1 组；石黛板 1 件。（图 2-10）

（二）一类 B 型墓（土坑木棺合葬墓）

1 座，见于宁绍地区，占一类墓的 0.65%。

墓葬的基本特征为：合葬，双棺，无椁。

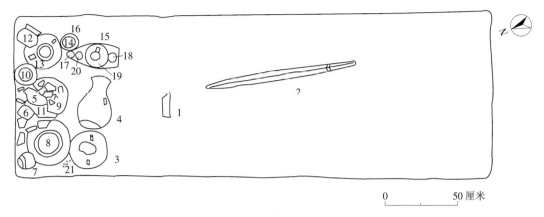

图2-10　一类A型墓86杭·老M165

1. 石黛板　2. 铁剑　3、4. 高温釉陶壶　5~7、10、11. 高温釉陶弦纹罐　8. 高温釉陶罍　9、13. 高温釉陶瓿　12. 硬陶泡菜罐　14、17. 泥质陶罐　15. 高温釉陶灶　16. 泥质陶井　18、20. 泥质陶釜　19. 泥质陶瓿　21. 泥质陶五铢

　　墓坑因需要摆放双棺而规模大于一类A型墓。平面呈长方形，坑壁较为陡直，底面平坦。随葬器物基本呈纵向摆放于棺外一侧或前端。合葬个体为双人。

　　例1　82嵊·剡M72。墓向196°。长2.90、东宽2.80、西宽3、深2米。墓内填土经过夯筑。底面西部留有两具棺木板灰和人骨，葬式为仰身直肢。随葬品共16件，西侧棺内头部右侧铜矛和铁矛相叠，腰部放置五铢钱；东侧棺内未见器物。其余随葬品呈纵向排列于棺外东侧，计有陶弦纹罐、壶、罍各3件，陶瓿和铜洗及铁鼎、铁釜各1件。（图2-11）

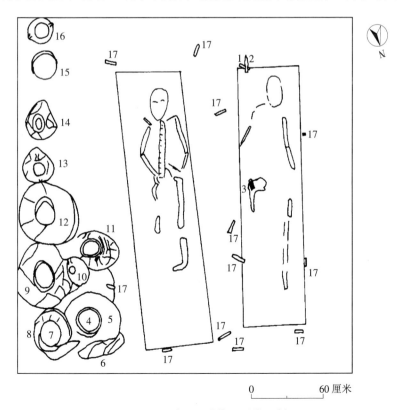

图2-11　一类B型墓82嵊·剡M72

1. 铜矛　2. 铁矛　3. 铜五铢　4. 铜洗　5、9、12. 印纹硬陶罍　6、11、16. 硬陶弦纹罐　7. 铁釜　8. 泥质陶瓿　10、13、14. 高温釉陶壶　15. 铁鼎　17. 铁棺钉

二 二类墓（竖穴土坑棺椁墓）

共计 382 座，是浙江汉墓的主流墓葬型式之一，占墓葬总数的 49.61%。墓葬分布于全省各地，其中湖嘉余地区 109 座，占二类墓的 28.53%；杭金衢地区 138 座，占 36.13%；宁绍地区 134 座，占 35.08%；温丽台地区 1 座，占 0.26%。

二类墓的基本特征为：采用垂直下葬的方式，葬具棺、椁配套，墓葬结构早晚有明显变化。

墓葬规格普遍大于一类墓。椁室的用材有木质和砖质两种。葬俗有单葬、同穴合葬、并列式异穴合葬、间隔式异穴合葬四种形式，据此分为四型。

（一）二类 A 型墓（土坑棺椁单葬墓）

共 263 座，占二类墓的 68.85%。其中湖嘉余地区 85 座，占二类 A 型墓的 32.32%；杭金衢地区 73 座，占 27.76%；宁绍地区 104 座，占 39.54%；温丽台地区 1 座，占 0.38%。

墓葬的基本特征为：单葬，葬具棺椁配套。根据椁室材质的差异分为二式。

1. 二类 A 型 I 式墓（土坑木椁单葬墓）

共 210 座，占二类 A 型墓的 79.85%。墓葬分布于浙江的大部地区，其中湖嘉余地区 78 座，杭金衢地区 68 座，宁绍地区 63 座，温丽台地区 1 座。

墓葬的基本特征为：单葬，木椁，木棺。

墓葬平面有长方形和带墓道的"凸"字形、刀形三种。

长方形墓 160 座。长 2.65~7、宽 1.10~5.20 米，以 3~4 米为多，最大者长 7、宽 3.80、深 3.10 米，最小者长 2.78、宽 1.70 米。墓内随葬品多寡有较明显的区别，一般小型墓 10~15 件，大型墓 15~20 件，最多者达 51 件，最少者仅 5 件。

"凸"字形墓 5 座。总长 5.06~25.50、墓坑长 3.30~13.50、宽 2.04~7 米。最大者总长 25.50、墓坑长 13.50、宽 7 米；最小者总长 5.06、墓坑长 3.74、宽 2.04 米。随葬品普遍在 20 件左右。

刀形墓 2 座。总长 5.90~7.80、墓坑长 4~4.20、宽 2.5~3.90 米。随葬品在 20 件以上。

墓坑均为竖穴式结构，其下部往往打破生土层，个别开凿于基岩层中。墓壁较为陡直，底面平整，并挖有两条放置木椁垫木的浅沟槽，沟槽普遍呈横轴向，宽 0.15~0.25、深 0.10~0.20 米，长与墓坑的宽度相等；个别沟槽呈纵轴向，长与墓坑的长度相等。在少数墓坑底面挖有渗水坑或沟，其内均铺垫砾石。渗水坑一至两个不等，普遍位于墓坑的转角处，个别位居中心处。坑的平面呈圆形，直径 0.30~0.40、深 0.10~0.20 米。坑的一半位于墓坑内，另一半深入墓壁之外，以此将渗水导出墓坑外。渗水沟一或两条不等，宽 0.20~0.30、深 0.10~0.20 米。沟的终端略低，其中单条者呈斜向分别抵达墓坑的两个转角，双条者呈交叉状分布。部分墓葬中渗水沟和坑组合使用，个别墓内设陶质的排水管道。

墓内棺椁普遍腐坏无存。根据大量残存的葬具板灰推测，木椁长 2.30~5.60、宽 1.50~4.70 米。棺木长 1.80~2.50、宽 0.66~1 米，内外髹漆。

随葬品中铜镜、带钩、印章、钱币、小型兵器等随身入棺，陶器普遍置于边箱、头箱内，个别置于椁室外的器物箱内。单个墓内的随葬品数量以"凸"字形和刀形墓为多，一般为 19～30 件，最多者 71 件，最少者 5 件。长方形墓略少，一般为 20～25 件，最少者仅 1 件。

属于此类型式的代表性墓葬有：

例1 05 奉·南 M174。墓向 115°。近方形，长 2.96、宽 2.68、残深 0.36 米。墓底南部有两条纵轴向的垫木沟，北部器物下发现有黑色木炭。随葬品共 18 件，除铜镜随身入棺，其余均摆放于边箱内。计有陶罐 9 件，罍 5 件，瓿 1 件；铜镜、铜钱、砺石各 1 件。（图 2－12；图版五：1）

图 2－12　二类 A 型 I 式墓 05 奉·南 M174

1、3～5. 硬陶弦纹罐　2. 高温釉陶瓿　6～10. 泥质陶罐　11～13. 印纹硬陶罍　14. 砺石　15、16. 泥质陶罍　17. 铜五铢　18. 铜镜

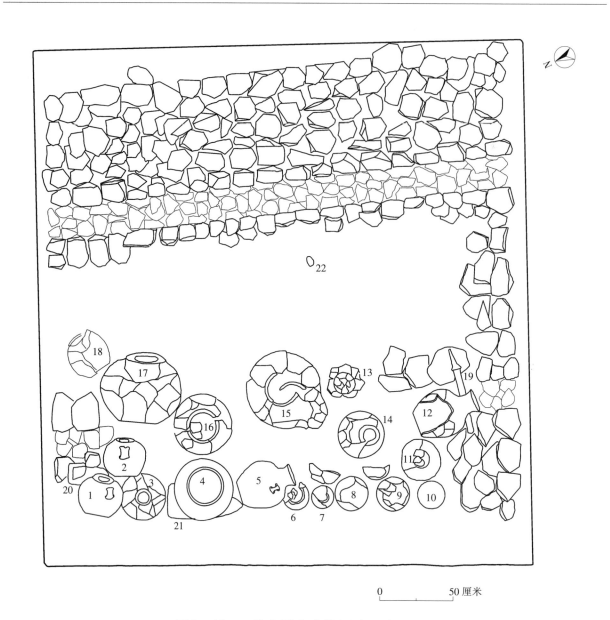

0   50 厘米

图2-13　二类A型I式墓05奉·南M190

1、3. 高温釉陶瓿　2、18. 硬陶瓿　4、8. 铁釜　5、9、11、14. 高温釉陶敞口壶　6、7. 硬陶弦纹罐
10. 泥质陶器盖　12. 硬陶敞口壶　13、15、16. 印纹陶罍　17. 高温釉陶罍　19. 铁刀　20. 泥质陶屋
21. 泥质陶灶　22. 小圆石

例2　05奉·南M190。墓向24°。方形，边长3.40、残深1.10米。墓坑四壁陡直，底面铺有两层渗水的石块。两条垫木沟呈纵轴向，长3.20、宽0.20米。随葬品共21件，均摆放于边箱内。计有陶壶5件，瓿、罍各4件，罐2件，器盖、灶、房屋模型各1件；铁釜2件、刀1件。（图2-13；图版五：2）

例3　98湖·方D3M27。墓内的排水沟被同一土墩中的M25打破。墓向90°。封土残高1.10米，封土底与墓坑口之间铺有一层厚0.40~0.80米的青膏泥。墓坑呈长方形，四壁略向内斜收，深2.60米。坑口长4.10、宽2.90米，坑底长4、宽2.80米。底面挖有两条横轴向的垫木沟，长1.70、宽0.10、深0.05米，前后相距2.10米。葬具已无存。根据

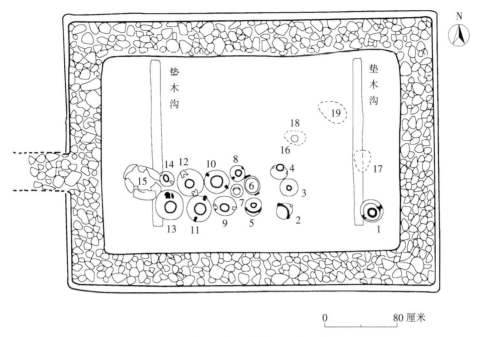

图 2 - 14 二类 A 型 I 式墓 98 湖 · 方 D3 M27

1. 高温釉陶瓿 2、6. 硬陶鼎 3、5. 硬陶盒 4、7、8、14. 硬陶弦纹罐 9、12. 硬陶瓿 10、11. 硬陶敞口壶 13、15. 印纹陶罍 16. 铜日光镜 17～19. 漆器

底部四周的"熟土二层台"现象推测，椁室约长 3.20、宽 2.06 米。原椁外环绕一周宽 0.40、深 0.20 米的渗水沟，通过后壁直径为 0.40 米的排水暗沟排泄渗水。渗水沟和暗沟内均铺垫砾石，厚0.05～0.10 米。随葬品共 19 件，其中铜镜和漆器置于棺内头部，陶器摆放于边箱和头箱内。计有陶罐 4 件，瓿 3 件，鼎、盒、壶、罍各 2 件；铜镜 1 件，漆器 3 件。（图 2 - 14）

例 4 87 龙·东 M12。墓向 240°。方形，边长 3.80、深 3.80 米。墓坑打入基岩内，四壁陡直、规整。填土为土黄色黏土夹粉砂岩块，内含炭粒，下部有"熟土二层台"现象。椁室位于南部，南侧贴近墓壁，另三边与墓坑壁距有一定空隙。底面残留有黑灰色的木椁板灰和朱红色的棺木漆皮及铁棺钉，推测椁约长 3.50、宽 3.30 米，椁内边箱颇为宽大，占椁室的一半。椁底有两条宽 0.40、深 0.16 米的垫木沟，前后相距 1.80 米。棺木约长 2.50、宽 1.30 米。随葬品共 21 件，铜带钩、五铢钱和玻璃珠摆放于棺内腰部，置于边箱内的有陶壶 5 件，罐、鼎、盒、瓿各 2 件，罍 1 件，以及器形无法辨认的铜、铁器各 1 件，铁釜 2 件。（图 2 - 15）

例 5 89 龙·仪 M45。墓已被盗。墓向 85°。长方形，长 4、宽 2、深 2.60 米。底面对角挖有一条斜向渗水沟，墓内部分长 4.40、宽 0.18、深 0.10 米，沟内铺垫砾石。横向挖有两条长 2.00、宽 0.24、深 0.10 米的横轴向垫木沟，前后相距 2.34 米。原椁外四周铺垫一层厚 0.50、宽 0.60 米的砾石。随葬品仅存陶壶类器物的残片和数枚五铢钱。（图2 - 16）

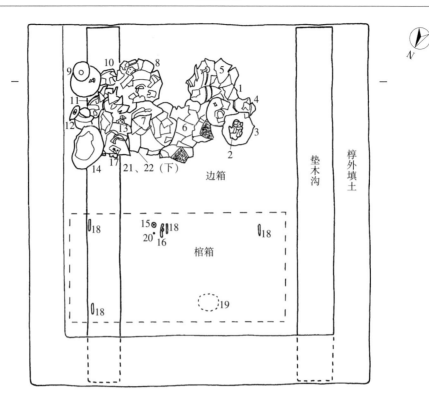

图2-15　二类A型I式墓87龙·东M12

1、4. 硬陶素面罐　2、5、9、10、12. 高温釉陶敞口壶　3、14. 铁釜　6. 印纹陶罍　7、11. 高温釉陶盒　8、13. 高温釉陶瓿　15. 铜五铢　16. 铜带钩　17. 铁器　18. 铁棺钉　19. 铜器　20. 玻璃珠　21、22. 高温釉陶鼎

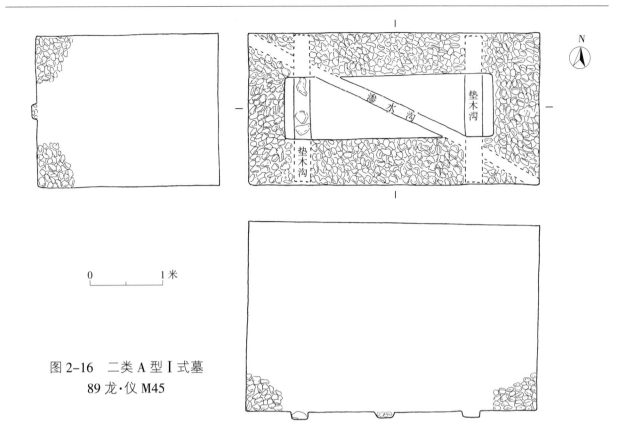

图 2-16 二类 A 型 I 式墓
89 龙·仪 M45

0 1 米

例 6 89 安·上 M11。墓向 275°。"凸"字形，总长 5.80 米。墓道较短，长 0.90、宽 2.85 米。墓坑呈长方形，长 4.90、宽 4.90、深 3.20 米。底面留有葬具板灰，推测椁室约长 4.40、宽 4.35 米，内设棺箱和双边箱。椁底后端有一条宽 0.25、深 0.12 米的横轴向垫木沟。棺木约长 2.70、宽 0.80 米。随葬品共 39 件（组）。棺内头部摆放铜镜 2 面。边箱内摆放有陶壶 9 件，罍 5 件，瓿 4 件，鼎、盒、罐、碗、盆各 2 件，豆、灶、甑、釜、水井各 1 件；铜洗、五铢各一件；铁釜、三足支架各 1 件。（图 2-17）

例 7 98 湖·方 D3M26。墓道被同一土墩中的 M20 和 M21 打破。墓向 90°。"凸"字形，总长 6.65 米。墓道长 3.10、宽 1.80、深 0~1.56 米，底面设有四个台阶，终端高于墓坑底面 1.40 米。墓坑呈长方形，坑壁内收，深 3 米，口部长 3.55、宽 2.95 米，底部长 3.35、宽 2.65 米。底面留有葬具板灰，后端有一条宽 0.10、深 0.05 米的横轴向垫木沟。随葬品共 24 件。摆放于棺内腰部的有铜镜、铁剑、玻璃珠各 1 件。置于边箱内的有陶罐 6 件，壶、罍各 4 件，鼎、盒、瓿各 2 件；漆器 1 件。（图 2-18）

例 8 82 嵊·剡 M118。墓向 4°。"凸"字形，总长 6.70 米。墓道稍偏左侧，长 3.40、深 1.90~2.40 米，中部宽 1.69~1.80 米，终端宽 1.40 米，并高于墓坑底面 0.26 米，两壁不甚规整，底面呈斜坡式，并散布有铜钱、料珠、小兽骨等。墓坑呈方形，边长 3.30、深 3 米。西壁中部铺设有一条通向墓外的横轴向排水暗沟，沟用筒瓦上下复合、前后连接而成，残长 2.52 米。墓底留有排列整齐的棺钉和部分棺木板灰，推测棺木约长 2.30、宽 1.30 米。随葬品共 15 件（组），其中铜钱和料珠随身入棺，其余都置于边箱。计有陶壶、罍各 3 件，泡菜罐 2 件，缸 1 件；铜鐎斗、洗、五铢钱各 1 件；铁釜、玉珠、料珠各 1 件。（图 2-19）

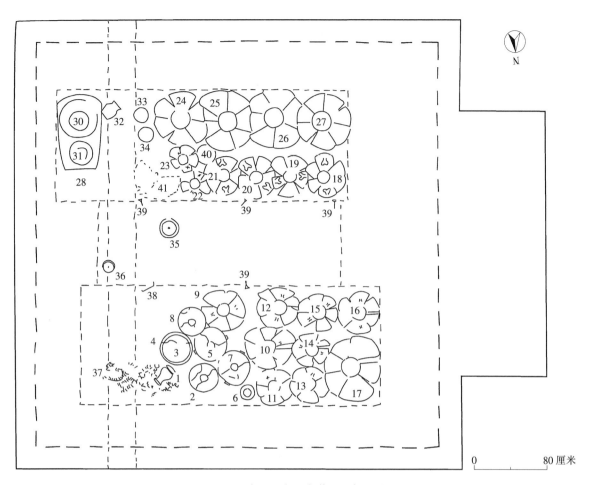

图 2-17　二类 A 型 I 式墓 89 安·上 M11

1. 高温釉陶豆　2、8. 高温釉陶盒　3、4. 高温釉陶盆　5、7. 高温釉陶鼎　6、23. 泥质陶筒形罐　9～15. 高温釉陶敞口壶　16、22. 盘口壶　17、24、25. 高温釉陶罍　18～21. 高温釉陶瓿　26、27. 印纹陶罍　28. 泥质陶灶　29. 铁釜　30. 泥质陶甑　31. 泥质陶釜　32. 泥质陶井　33、34. 泥质陶碗　35、36. 铜连弧纹镜　37. 铜五铢　38、39. 铁棺钉　40. 铜洗　41. 铁支架

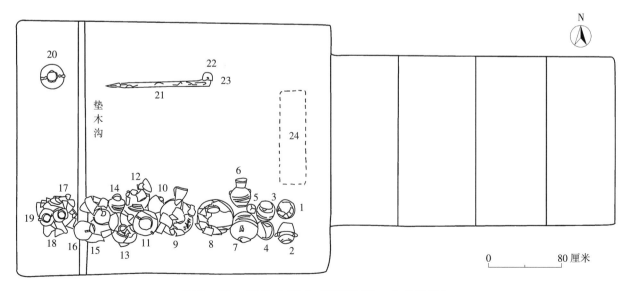

图 2-18　二类 A 型 I 式墓 98 湖·方 D3M26

1、3. 硬陶盒　2、4. 硬陶鼎　5、10、12、14、16、19. 泥质陶弦纹罐　6. 高温釉陶盘口壶　7、13. 硬陶瓿　8、9、15、17. 印纹陶罍　11、18、20. 高温釉陶敞口壶　21. 铁剑　22. 铜昭明镜　23. 玻璃珠　24. 漆器

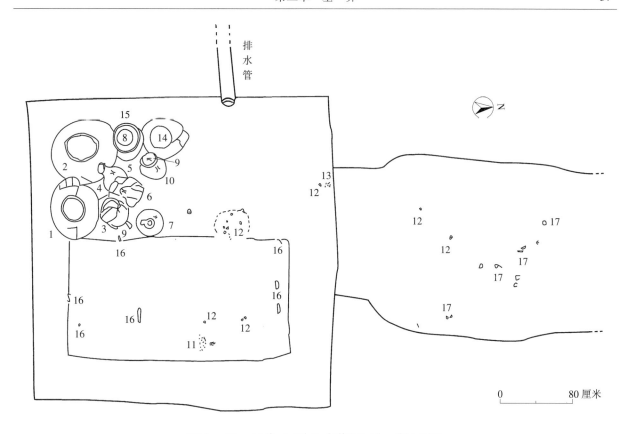

图 2-19 二类 A 型 I 式墓 82 嵊·剡 M118

1、2、9. 印纹陶罍 3. 铜镰斗 4、10. 印纹陶泡菜罐 5～7. 高温釉陶 8. 铜洗 11. 料珠 12. 铜五铢 13. 玉珠 14. 铁釜 15. 陶缸 16. 铁棺钉 17. 兽骨

例9 06 温·塘 M1。墓已被盗。墓向 260°。封土呈长方形覆斗状，东端已被破坏。残长 30、宽约 18、高 2 米。封土南部为较纯净的红土、黄土和红褐色土组成的五花土，结构较为 紧密；北部土色偏灰，内含大量砾石，结构松散。墓坑开凿于基岩中，平面呈 "凸" 字形， 总长 27.5 米。墓道长 12、宽 3～3.8 米，平面略向南偏斜，底面呈斜坡式，终端与墓坑底面 持平。墓坑呈长方形，深 3.70 米。坑壁自上向下内斜，坑口长 15.5、宽 6～7 米，坑底长 13.50、宽 4.50 米。填土普遍采用外来的纯净土，局部用原土回填，结构松散并含有较多的 砾石。坑底两侧各有两条纵轴向的垫木沟，宽 0.20、深 0.10 米。其中前部的两条各长 5、左 右相距 2 米，后部的两条各长 7.60、左右相距 2.60 米。根据垫木沟的分布状态和填土平、剖 面情况，推测当时木椁分为前、后两室，其中前室约长 4.40、宽 2.45 米，后室约长 7.10、宽 2.90 米。椁外铺填砾石。随葬品残存 34 件，主要集中在后椁室的前、后两处。计有陶纺轮 11 件，罐 10 件，匏壶 5 件，瓶式罐 2 件，鼎、瓿、钵、杯各 1 件；玉璧、觿各 1 件。（图 2-20； 图版六）

在墓道南侧 5.50 米处，有一个已遭严重破坏的器物陪葬坑。残长 1.50、残宽 1 米。坑内 残存陶器 28 件，计有陶磬 18 件，镈 5 件，镈于 3 件，残器 2 件。（图版七：1）

例10 06 湖·杨 D28M10。墓向 11°。长方形，长 3.80、宽 2.10、深 1.20 米。填土呈黄 灰色，结构紧密。四壁规整，底面近两端各有一条垫木沟，长 2.01、宽 0.20 米。随葬品共 19

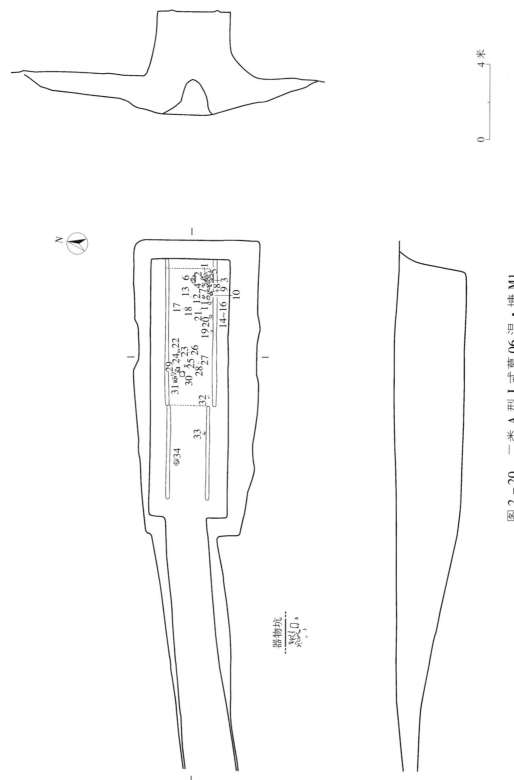

图 2-20　二类 A 型 I 式墓 06 温·塘 M1

1~4、7~12. 印纹陶罐　5. 印纹陶瓮　6. 泥质陶鼎　13~18、23、24、26~28. 硬陶瓿　19. 高温釉陶瓿壶　20、22、29、32. 硬陶瓿壶　21. 玉舞　25. 泥质陶杯　30. 硬陶钵　31、34. 高温釉陶瓿武罐　33. 玉璧

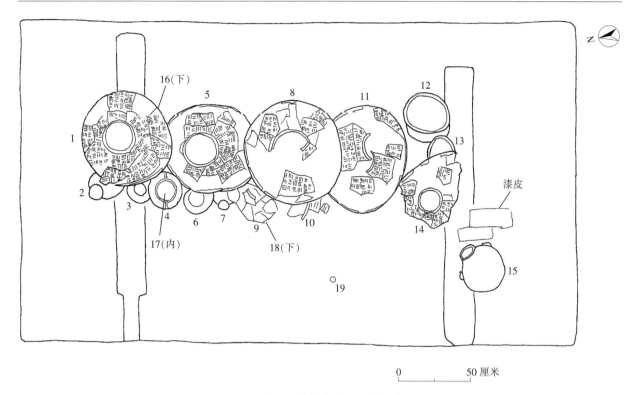

0 ⸻ 50 厘米

图 2 - 21　二类 A 型 I 式墓 06 湖·杨 D28M10

1、5、8、11. 高温釉陶罍　2、3. 高温釉陶敞口壶　4、9、10. 硬陶筒形罐　6. 高温釉陶筒形罐　7. 高温釉陶盘口壶　12、13. 铁釜　14. 硬陶罍　15. 高温釉陶瓿　16、17. 高温釉陶纺轮　18. 高温釉陶麟趾金　19. 铜五铢

件（组），呈内外两排置于东侧的边箱内，计有陶壶 3 件，瓿 1 件，罍 5 件，筒形罐 4 件，纺轮 2 组 4 件，陶麟趾金 1 组 3 件，铜五铢 1 组约 30 枚，铁釜 2 件。（图 2 - 21；图版七：2）

　　例 11　98 湖·方 D3M28。墓向 90°。刀形，总残长 7.94 米。墓道位于墓坑前方左侧，底面呈斜坡式，残长 3.80、宽 3.02 米。墓坑呈长方形，坑壁略内斜，深 2.80 米。口部长 4.14、宽 4 米，底部长 4、宽 3.90 米。底面挖有两条横轴向垫木沟，长 3.50、宽 0.20、深 0.14 米，前后相距 2.40 米。在墓道与墓坑之间设有一个长 3.02、宽 1.20 米的器物箱，内置大件陶器。残存的板灰痕迹表明，椁室由棺箱、头箱和边箱三部分组成。随葬品共 38 件（组）。铜镜、铜钱和玻璃珠依次位于棺内头、腰部，置于器物箱和边箱内的有陶壶 19 件，罍 8 件，瓿 4 件，灶 1 件，陶麟趾金 1 组（装于瓿内），漆器 2 件。（图 2 - 22）

　　例 12　06 安·五 M1。墓已被盗。墓向 273°。封土用黄土掺杂少量黄沙堆筑而成。现高 1.50 米。墓坑平面呈"凸"字形，总长 13.60 米。墓道长 8.30、宽 1.35 米，两壁稍内斜，底面呈 29°斜坡式，终端高于椁室底面。椁室长 5.3、宽 4.6 米。下部四周设有生土二层台。墓内填土上部为五花土，下部为灰色青膏泥。在木椁前端的填土中随葬一个木胎泥塑偶人，呈两手张举的跽坐姿式。

　　木椁长 3.68、宽 2.38 米，椁壁和底板厚 18.2 厘米，整体采用扣接、套榫的形式拼装而成。其中椁盖板之间、壁板及箱间的挡板与底板之间采用高低子母口扣接而成；椁室上层四边所套的罩框，采用边缘扣接并结合套榫组成（即"四边大格角"），用于盖板边框转角处，平面斜线 45°。转角两板的其中一板为榫头，另一板为榫孔，使转角两板互相交叠承托又互相套连紧固。

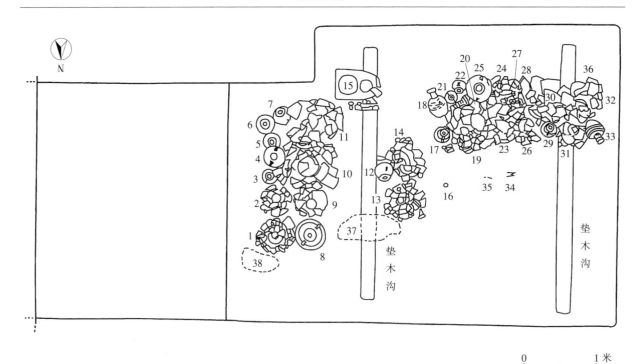

图 2-22 二类 A 型 I 式墓 98 湖·方 D3M28

1、14、23、24. 高温釉陶瓿 2、26、30、32. 高温釉陶罍 3~8、12、13、17、19~22、25、33、36. 高温釉陶敞口壶 9~11、31. 印纹陶罍 18、27、29. 高温釉陶盘口壶 15. 泥质陶灶 16. 铜日光镜 28. 高温釉陶麟趾金 34. 铜五铢 35. 玻璃珠 37、38. 漆器

椁内分隔五箱，棺箱居中，两侧边箱和头、足箱采用上下、前后错开的布局形式。棺箱及边箱面均扣盖有 2 厘米厚的顶板，与椁室壁板和棺箱挡板顶面齐平，再在顶板上的罩框内放椁室盖板，椁室盖板盖好后，与罩框面齐平。椁盖面铺有整张的竹席。棺呈长方形箱式，外高 0.64、长 2.12、宽 0.66 米，内高 0.45、长 1.88、宽 0.45 米，髹漆，外黑内红。外棺盖与棺体用子母口扣合而成，盖面覆盖一层黑色素面绢帛，上横缠三道宽 4 厘米的帛束。（图版八）

随葬器物仅存 10 余件（组）。其中东边箱内出有陶俑 4 件，木俑 3 件，陶钫和漆木虎子各 1 件。北边箱内出有木枓 1 件，已遭折断的铜戈及少量钤印陶片和大量竹编器残片。南边箱内残存泥质陶豆盘、豆把和鼎足。西边箱内有竹编器残片。棺内发现大量的钤印陶片和腐烂的丝织品。此外，在遭盗掘后淤入椁箱内的淤泥中发现六博棋子 9 颗，椁室右后角的青膏泥填土中出有漆木坐便架 1 件。另有经追缴回的器物 59 件，包括彩绘陶豆 6 件，钫 5 件，盒和杯各 4 件，俑 3 件；铜剑、镶盉、镜各 1 件；黑地朱彩漆耳杯 9 件，木俑 4 件，盒 2 件，卮、厄、盘、案、凭几、瑟、箧各 1 件，六博 1 套等。（图版九）

例 13 07 余·义 M29。墓向 76°。封土略呈圆形，高 1.50 米。墓坑呈刀形，总长 5.90 米。墓道位于墓室前方一侧，长 1.70、宽 1.14~1.20、深 0.68~1.04 米。底面呈 14°斜坡式，终端高于墓坑底 0.14 米。墓坑呈长方形，长 4.20、宽 2.50、深 1.22 米。两侧和后壁有高 0.80、宽 0.30~0.45 米的生土二层台。底面留有朱红色的棺木漆痕。随葬品共 49 件（组），其中铜矛 1 件，陶麟趾金 1 组 10 件，钤片 1 组 35 件随身入棺，置于头箱和足箱内的有陶弦纹罐 20 件，瓿 6 件，盒 5 件，鼎、敞口壶各 4 件，耳杯、勺、鸟各 2 件，钵 1 件。（图 2-23；图版一〇：1）

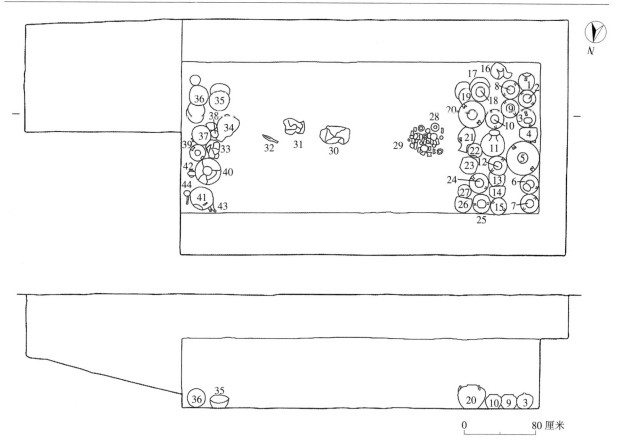

图 2 – 23　二类 A 型 I 式墓 07 余·义 M29

1 ~ 4、6 ~ 10、12 ~ 14、16、18、22 ~ 25、30、35. 弦纹罐　5、20、33、39 ~ 41. 瓿　11、21、34、46. 敞口壶　15、17、37、45. 鼎　19、26、27、31、36. 盒　28. 麟趾金　29. 铃片　32. 铜矛　38. 钵　42 – 1、2. 耳杯　43 – 1、2. 鸟　44 – 1、2. 勺（未注明质地者均为高温釉陶）

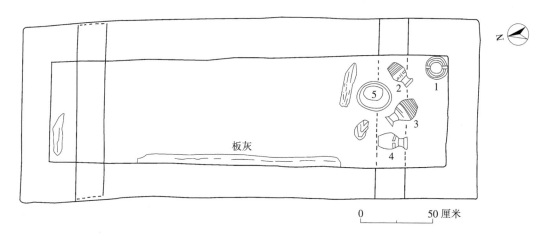

图 2 – 24　二类 A 型 I 式墓 86 杭·老 M148

1. 高温釉陶弦纹罐　2 ~ 4. 高温釉陶敞口壶　5. 铜洗

　　例 14　86 杭·老 M148。墓向 170°。长条形，长 3.20、宽 1.22、深 1.45 米。底面留有长 2.72、宽 0.75 米的木椁板灰，板灰下有两条宽 0.20、深 0.10 米的横轴向垫木沟，前后相距 1.90 米。随葬品均置于头箱内，共 5 件，其中陶壶 3 件，弦纹罐 1 件，铜洗 1 件。（图 2 – 24；图版一〇：2）

2. 二类 A 型 Ⅱ 式墓（土坑砖椁单葬墓）

共计 53 座，占二类 A 型墓的 20.15%。主要分布于浙江东部，其中宁绍地区 41 座，湖嘉余地区 7 座，杭金衢地区 5 座。

墓葬的基本特征为：单葬，砖椁，木棺。墓坑均为长方形竖穴土坑结构，规模较小，长 2.34~4.40、宽 0.84~2.50 米。最大者长 4.40、宽 2 米，最小者长 2.34、宽 1.22 米。墓坑四壁陡直，底面平坦。椁室平面呈长方形，顶部盖木板。椁壁采用平砌错缝法，四壁转角作犬齿交错状衔接，外侧与土坑壁有 0.20 米左右的间隔。在两侧壁的前后端，往往上下各嵌塞一块"咬土砖"，空隙内用原土填实，使椁室更为稳定。椁口围绕一层平砖，砖的一半压住椁壁，另一半突出椁壁外，内侧形成一个台阶形凹口，使所盖的木板顶面与砖椁口持平，不易移动。椁底普遍铺一层平砖，形式以两横两纵为主，部分为编织纹状和"人"字形。椁内均不设箱。棺木大部摆放一侧，个别置于后部。部分棺木下有单块或排状的垫棺砖。

单个墓内的随葬器物普遍在 10 件以下（内有 6 座墓被盗或破坏），其中 10 件以上的 12 座，20 件以上的仅有 1 座。最多者 20 件，最少者仅 1 件。随葬器物普遍呈纵向摆放于棺外一侧，少量作横向置于前端。

属于此类型式的代表性墓葬有：

例1 84 上·严 M91。墓向 136°。墓坑长 3、宽 2.04、深 0.95 米。椁室长 2.40、宽 1.30、残高 0.94 米。椁壁采用平砌错缝砌法，底面无砖，南部整齐排列 6 枚铁棺钉，推测棺约长 2.20、宽 0.60 米。随葬品共 6 件，铜镜位于棺内头部，摆放棺外一侧的有陶罐 3 件，陶锤和铁火盆各 1 件。（图 2-25）

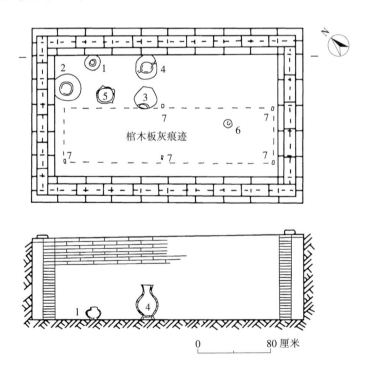

图 2-25　二类 A 型 Ⅱ 式墓 84 上·严 M91

1~3. 硬陶弦纹罐　4. 硬陶锤　5. 铁火盆　6. 铜镜　7. 铁棺钉

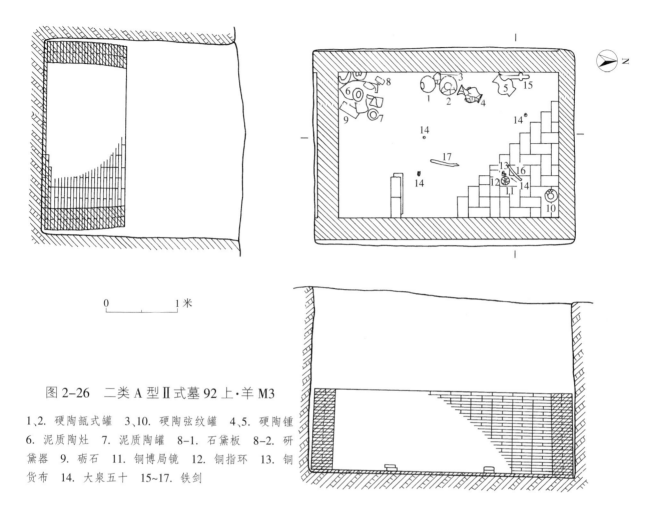

图 2-26 二类 A 型 Ⅱ 式墓 92 上·羊 M3

1、2. 硬陶瓿式罐 3、10. 硬陶弦纹罐 4、5. 硬陶锺
6. 泥质陶灶 7. 泥质陶罐 8-1. 石黛板 8-2. 研
黛器 9. 砺石 11. 铜博局镜 12. 铜指环 13. 铜
货布 14. 大泉五十 15~17. 铁剑

例2 92 上·羊 M3。墓向 0°。墓坑挖于基岩内，长 3.50、宽 2.50、深 2.64 米。坑壁规整。砖椁长 2.80、宽 1.72、高 1.60 米。底砖呈编织形平铺。椁壁采用两块横砖夹一块纵砖交错平砌的方法。椁底放有两排长 0.56、高 0.08 米的垫棺砖，前后相距 1.16 米。砖纹有单线或双线的米字纹、绳纹和复线菱形纹等。随葬品共 17 件，其中铜镜、环、部分钱币及小铁刀摆放于头部，铁剑和部分钱币搁于腰间。摆放一侧的有陶罐 3 件，瓿式罐、锺各 2 件，陶灶和石黛板、研黛器各 1 件。（图 2－26）

例3 08 湖·白 G4M6。墓向 290°。砖椁紧贴墓坑壁，长 3.30、宽 2、高 1.20 米。椁壁下部为六顺一丁结构，两组后改为平砌错缝，共四层。顶部外围砌有一周固定木盖板的边框，长 3.72、宽 2.44、高 0.23 米。边框西侧 0.10 米处筑有一道砖质挡土墙，长 3、宽 0.28、高 0.24~0.36 米。椁内铺底砖呈编织纹形。随葬品共 22 件（组），呈纵向置于一侧，其中陶弦纹罐 4 件，瓿式罐 2 件，壶 4 件，罍 3 件，泡菜罐、鸮形罐、灶各 1 件，铜钱 3 串，铁镰斗、釜、刀各 1 件。（图 2－27；图版一一：1）

例4 87 湖·杨 D8M3。墓向 205°。砖椁紧贴墓坑壁，长 3.10、宽 0.84、深 0.68 米。椁壁采用平砌错缝法砌筑，铺底砖呈两横两纵式，其上残留部分棺木板灰和红色漆皮。随葬品共 6 件，铜镜和铁刀分别位于棺内头、腰部，置于前端的有陶罐 3 件、盘口壶 1 件。（图 2－28）

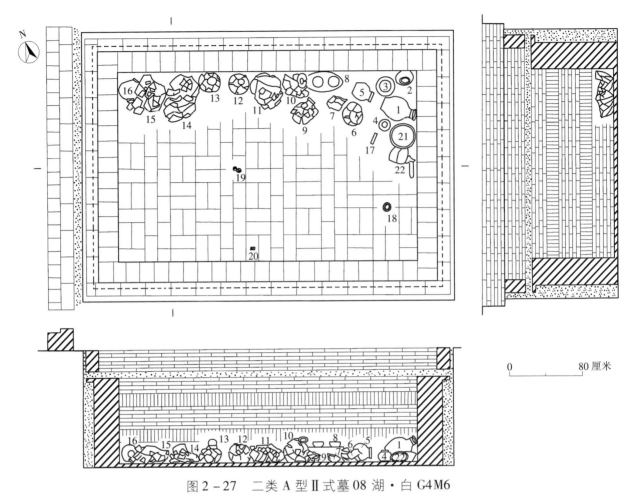

图 2－27　二类 A 型 II 式墓 08 湖·白 G4M6

1、9、10. 硬陶盘口壶　2、12. 硬陶瓿式罐　3、4、6、7. 硬陶弦纹罐　5. 高温釉陶盘口壶　8. 泥质陶灶　11、14、15. 印纹陶罍　13. 高温釉陶鸮形罐　16. 硬陶泡菜罐　17. 铁刀　18～20. 铜五铢　21. 铁釜　22. 铁镶斗

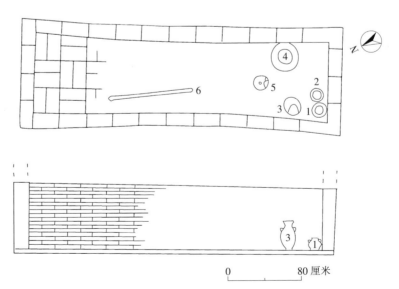

图 2－28　二类 A 型 II 式墓 87 湖·杨 D8M3

1、2、4. 硬陶弦纹罐　3. 高温釉陶盘口壶　5. 铜博局镜　6. 铁刀

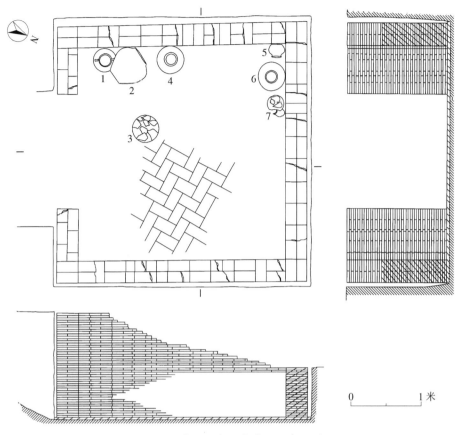

图 2 – 29 二类 A 型 Ⅱ 式墓 05 奉·南 M164

1. 高温釉陶锤 2、4. 印纹陶硬罍 3. 泥质陶罍 5、7. 硬陶弦纹罐 6. 铁釜

例 5 05 奉·南 M164。墓向 153°。墓前设有斜坡式墓道。砖椁平面呈近方形，长 3.60、宽 3.40、残高 1.40 米。铺底砖为"人"字形结构。四壁采用一顺一丁双砖错缝平砌，外侧距墓坑壁约 0.10 米，前壁中间设有宽 1.52 米的墓门。封门砖已无存。墓砖正面模印菱形纹。随葬品共 7 件，散布于椁室西侧。计有陶罍 3 件，陶罐 2 件，陶锤和铁釜各 1 件。（图 2 – 29；图版一一：2）

（二）二类 B 型墓（土坑棺椁同穴合葬墓）

总计 62 座，占二类墓的 16.23%。其中湖嘉余地区 11 座，占二类 B 型墓的 17.74%；杭金衢地区 27 座，占 43.55%；宁绍地区 24 座，占 38.71%。

墓葬的基本特征为：合葬的双方置于同一个墓坑内，葬具由一椁两棺配套组成。

下葬方式、椁室建材、顶部形状均具有明显差异，据此分为早晚三式。

1. 二类 B 型 Ⅰ 式墓（土坑木椁同穴合葬墓）

共 47 座，占二类 B 型墓的 75.81%。分布于浙江大部地区，其中湖嘉余地区 10 座，杭金衢地区 23 座，宁绍地区 14 座。

墓葬的基本特征为：采用垂直下葬方式，双棺，合葬双方安放在同一个木椁内。

墓葬的规模普遍大于二类 A 型 Ⅰ 式墓，平面有长方形、近方形及带墓道的"凸"字形两种。长方形墓共 34 座，长 3 ~ 4.40、宽 1.86 ~ 3.90 米；最大者长 4.40、宽 3.60 米，最小者

长 3、宽 3.23 米，其中长度在 4 米以上的 6 座。"凸"字形 10 座，总残长 3.70～8.80 米，墓道残长 0.30～4.55、宽 1～4.15 米，墓坑长 3.24～4.25、宽 1.60～3.95 米；最大者总长 8.80 米，墓道长 4.55、宽 2.08 米，墓坑长 4.25、宽 3、深 3.76 米；最小者总长 3.70 米，墓道长 0.30、宽 1 米，墓坑长 3.40、宽 2.90、深 3.70 米。

墓坑均为竖穴土坑结构，墓壁普遍规整而陡直。底面平坦，有的挖有两条横轴向的垫木沟槽，有的铺垫纵轴向的砾石层。部分墓坑底面挖有两条呈对角交叉状的渗水沟；个别墓外设有排水沟，并与墓内的渗水沟以暗沟相连通。排水沟的口部覆盖大型板瓦，渗水沟和排水沟的底部铺垫砾石。

葬具均已腐坏无存，根据残留的板灰推测，葬具规格与二类 A 型 I 式墓内的棺椁基本相同。个别墓坑内残留有仰身直肢葬的人骨。

单个墓内随葬品的多寡可分为三个档次，其中在 50 件以上的有 3 座，最多者 79 件；30～40 件的 4 座；15～30 件的 22 座。器物的摆放位置除铜镜、带钩、印章、钱币、兵器、漆器等随身入棺，其余均置于边箱或头箱内。

属于此类型式的代表性墓葬有：

例 1　97 海·龙 M1。墓向 300°。长方形，墓坑壁斜收，深 1.80～1.90 米。口长 3.60、宽 2.50～2.70 米，底长 3.30、宽 2.10～2.30 米，底面有清晰的木椁板灰，长 2.90、宽 1.70 米，椁南端有三枚 S 形铁钉。棺箱内右侧骨架较为完整，系仰身直肢葬；左侧仅存零星的肢骨。[①] 随葬品共 14 件，滑石珠位于右侧骨架头部上方，铜带钩和五铢位于腰部。置于头箱内的有陶罐 5 件，瓿、壶各 2 件，漆器 1 件。椁室外侧有铜镢 1 件。（图 2-30；图版一二：1）

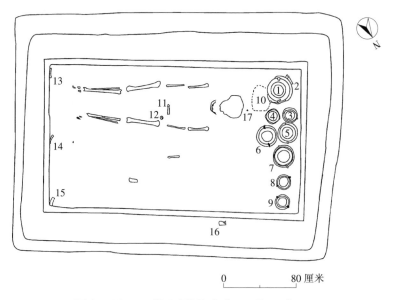

图 2-30　二类 B 型 I 式墓 97 海·龙 M1

1、2. 硬陶瓿　3、4、7～9. 硬陶弦纹罐　5. 硬陶敞口壶　6. 硬陶盘口壶
10. 漆器　11. 铜带钩　12. 铜五铢　13～15. 铁棺钉　16. 铜镢　17. 滑石珠

---

①　在同穴合葬墓中，因死亡时间不一致，先去世的一方是否存在迁葬的问题，一直不得而知。该墓在同等埋葬条件下，尸骨保存程度差异却很大，为一方迁葬的可能性提供了值得注意的线索。

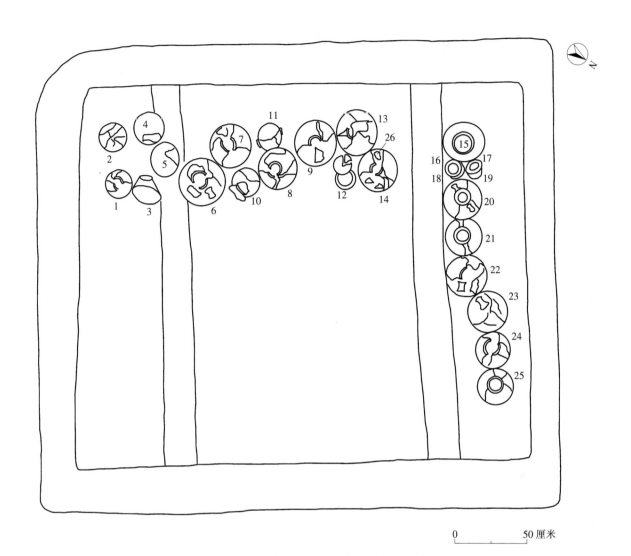

0   50厘米

图2-31　二类B型I式墓05奉·南M111

1、4、5、11. 硬陶鼎　2、3、10、12. 硬陶盒　6、7. 高温釉陶瓿　8、9、13、14、20、21. 高温釉陶敞口壶　15. 夹砂陶罐　16~19. 硬陶弦纹罐　22、23. 硬陶瓿　24、25. 泥质陶罐　26. 铁刀

例2　05奉·南M111。墓向320°。近方形，长3.56、宽3.10、残高0.20~0.60米。底部四周有生土二层台，底面残留零星的棺椁板灰、漆皮。板灰下有两条横轴向垫木沟，宽0.20米，前后相距1.60米。随葬品共26件，分别摆放于头箱和边箱内。计有陶罐7件，壶6件，鼎、盒、瓿各4件，铁刀1件。（图2-31；图版一二：2）

例3　92上·后M51。墓向10°。封土平面呈圆形，高2.50米。墓坑呈方形，边长3.50、深2.70米。西部底面留有双棺板灰，长2.42、总宽1.27米。随葬品共36件。其中西侧棺内头部左右分别有铜镜、铜钱和琥珀耳珰；东侧棺内头部有铜镜、石黛板和研黛器、铁削，腰部两侧为铁剑和铜削，中部有铜带钩和成串或散布的铜钱，足端散布较多的铜钱。边箱南部放置有铁兵器、铜洗和部分钱币、串珠；北部有陶瓿式罐、弦纹罐、罍、锺各2件，壶、灶、釜、井、汲水罐各1件，以及铜鼎1件。（图2-32；图版一三：1）

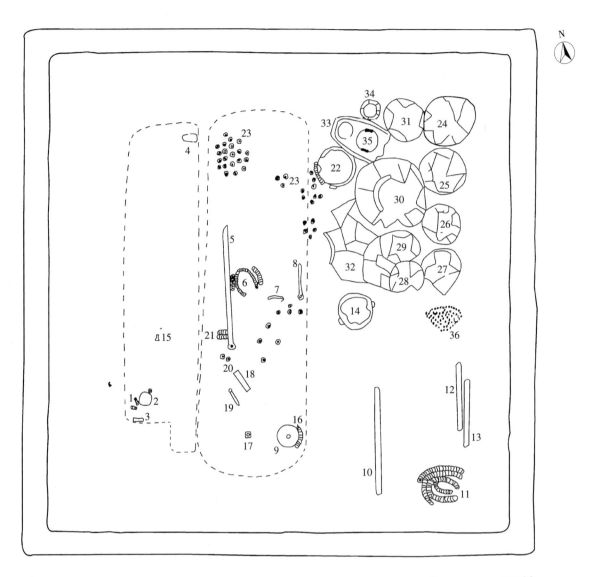

图 2–32　二类 B 型 I 式墓 92 上·后 M51

1、6、11、16、20、21、23. 铜五铢　2. 铜四虺四乳镜　3、4. 铁棺钉　5、10. 铁剑　7. 铜带钩　8. 铜削　9. 铜神兽镜　12、13. 铁刀　14. 铜洗　15. 琥珀耳珰　17. 石研黛器　18. 石黛板　19. 铁器　22. 铜鼎　24. 高温釉陶敞口壶　25、26. 高温釉陶弦纹罐　27、29. 高温釉陶瓿式罐　28、30. 高温釉陶罍　31、32. 高温釉陶锺　33. 泥质陶灶　34. 泥质陶井和汲水罐　35. 泥质陶釜　36. 料珠

例4　92 上·后 M14。墓向 180°。封土分层堆筑而成，平面呈圆形，高 2.20 米。墓坑呈长方形，长 3.20、宽 2.76、深 3.40 米。墓内填土经过夯筑，结构致密。底面纵轴向放置三排垫棺石，排石前后端贴近墓壁，左右间隔 0.25～0.30 米，总宽 1.60 米。随葬品共 21 件。其中东侧棺内头部有铜镜和铁刀，腰部有铜带钩和铜钱；西侧棺内头、腰部分别有铜镜和铜钱。置于边箱内的有陶瓿式罐 3 件，壶、罐、罍各 2 件，灶、釜、甑、井、汲水罐各 1 件，以及铁釜 1 件。（图 2–33；图版一三：2）

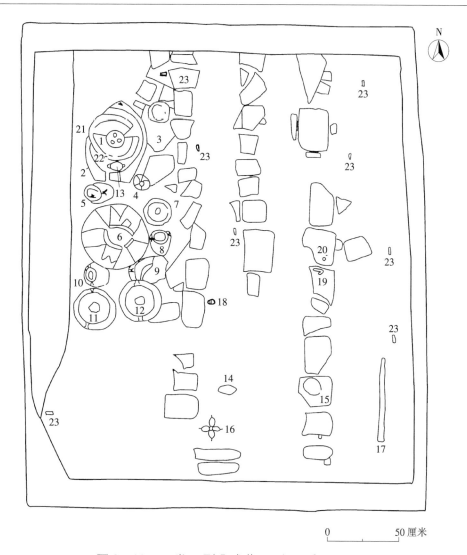

0   50厘米

图 2 - 33　二类 B 型 I 式墓 92 上·后 M14

1. 泥质陶甗　2. 泥质陶灶　3. 泥质陶井　4、6. 高温釉陶罍　5、7、9. 高温釉陶瓿式罐　8、10. 高温釉陶弦纹罐　11、12. 高温釉陶盘口壶　13. 泥质陶汲水罐　14、15. 铜博局镜　16. 棺钉铜饰　17. 铁刀　18、20. 铜五铢　19. 铜带钩　21. 铁釜　22. 泥质陶釜　23. 铁棺钉

例5　87 湖·杨 D13M3。墓向 198°。长方形，长 3.96、宽 3.18、深 1.80 米。墓内填土为黄褐色五花土，内含少量木炭及小石子。底面残留双棺板灰，其中西侧棺木长 2.20、宽 0.70、厚 0.06 米；东侧棺木板灰较为零星。随葬品共 23 件。其中西侧棺内腰部两侧各有 1 件铜器和两串铜钱；东侧棺内腰部有铜钱 1 串。置于边箱和头箱内的有陶罍、壶各 4 件，瓿、罐各 2 件，釜、甑、井、麟趾金、泥五铢各 1 件，以及铜洗、五铢钱各 1 件。（图 2 - 34）

例6　79 龙·东 M11。墓向 150°。近方形，长 3.50、宽 2.85、深 3 米。墓坑开凿于砂岩内，四壁整齐、光滑。底面有两条横轴向垫木沟，宽 0.10～0.20、深 0.10 米。中部残留排列整齐的铁棺钉。随葬品共 58 件，大部置于南侧边箱，少量摆于北侧边箱，计有釉陶鼎、盒、罐、耳杯各 4 件，壶 3 件，钫、瓿、钵、甑、房屋模型、马、牛、羊、狗、鸡各 2 件，熏、奁、盆、杯、匜、勺、匙、灯盏、釜、井、灶、猪舍各 1 件，铜星云镜 2 件，铜矛、铜镦、铁刀及漆奁各 1 件。（图 2 - 35）

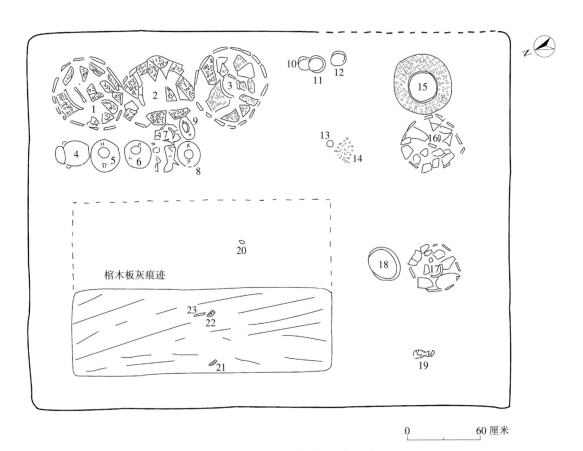

图 2-34　二类 B 型 I 式墓 87 湖·杨 D13M3

1~3、15. 印纹陶罍　4、9. 硬陶弦纹罐　5~7. 高温釉陶敞口壶　8. 高温釉陶残壶　10. 泥质陶釜　11. 泥质陶甑
12. 泥质陶井　13. 高温釉陶麟趾金　14. 泥质陶五铢　16、17. 高温釉陶瓿　18. 铜洗　19~22. 铜五铢　23. 铜器

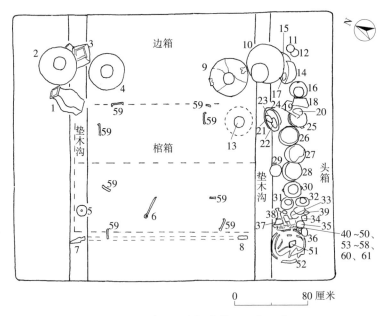

图 2-35　二类 B 型 I 式墓 79 龙·东 M11

1、3. 钫　2、4、52. 敞口壶　5、13. 铜星云镜　6. 铁刀　7. 铜矛　8. 铜镦　9、10. 瓿　11、22. 钵　12、15、17、
23、24、29. 硬陶器盖　14、19、27、28. 盒　16、30~32. 罐　18、25、26、51. 鼎　20. 盆　21、44、56、57. 耳
杯　33. 熏　34. 单耳杯　35. 匜　36、61. 硬陶甑　37. 硬陶奁　38、50. 硬陶马　39、47. 硬陶房屋模型　40. 硬陶
羊（一对）　41、46. 硬陶狗　42、43. 硬陶牛　45. 硬陶猪舍　48. 硬陶井　49. 硬陶釜　53. 硬陶鸡（一对）
54. 硬陶灶　55. 硬陶灯盏　58. 勺　59. 铁棺钉　60. 匙（未注明质地者均为高温釉陶）

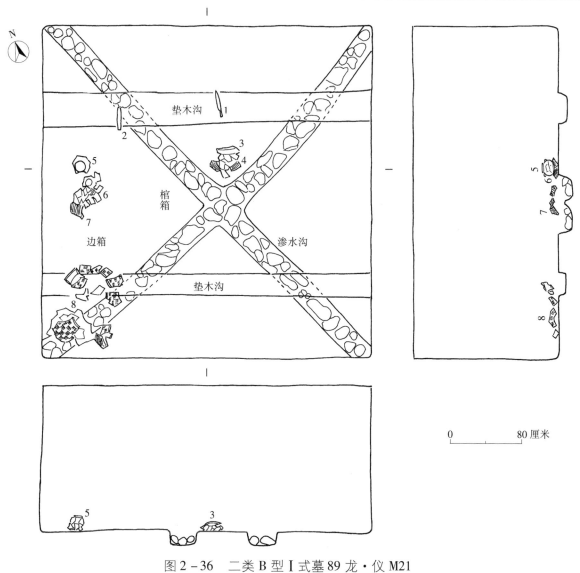

图 2 - 36　二类 B 型 I 式墓 89 龙·仪 M21

1. 铁矛　2. 铁刀　3. 铁釜　4 ~ 7. 硬陶弦纹罐　8. 印纹陶罍

例 7　89 龙·仪 M21。墓已被盗。墓向 20°。近方形，长 3.60、宽 3.50、深 3 米。墓内填土为红灰色五花土。底面分别挖有两条横轴向垫木沟和交叉状渗水沟，垫木沟长 3.50、宽 0.30、深 0.10 米，前后相距 1.54 米。渗水沟长 5、宽 0.30、深 0.16 米，内铺砾石。随葬品仅存 8 件，且因被盗扰而位置混乱，计有陶罐 4 件，罍 1 件，以及铁釜、矛、小刀各 1 件。（图 2 - 36）

例 8　87 湖·杨 D4M5。被同一土墩内的 M4 打破。墓向 160°。方形，边长 3.70、残深 1.06 米。墓内填土经过夯筑，夯层清晰。底面挖有两条宽 0.20、深 0.10 米的横轴向垫木沟，前后相距 1.75 米。根据墓坑内的"熟土二层台"现象推测，木椁约长 3.20、宽 3.10 米。棺箱位于西面，其内残留有双棺板灰和排列整齐的铁棺钉，推测棺约长 2.40、宽 0.80 米。随葬品共 30 件。其中西面棺内腰部有料珠和铜钱；东面棺内头、腰部各有一把铜削，腰部有铜带钩和铜钱。置于边箱内的有陶壶 12 件，罍 2 件，瓿、纺轮各 1 件，铜洗、矛各 1 件，铁鼎、釜、环首刀、削各 1 件，石黛板和漆器各 1 件。（图 2 - 37）

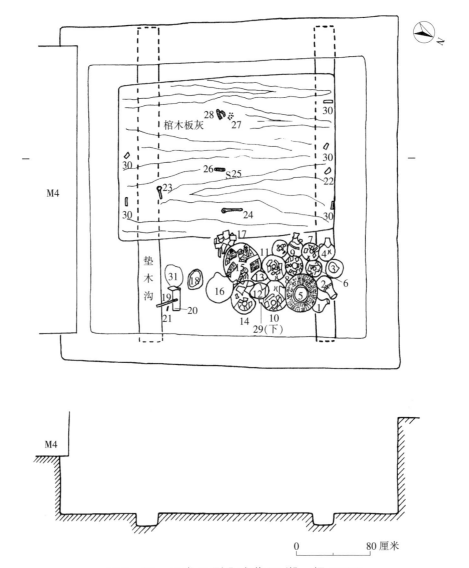

图 2 - 37　二类 B 型 I 式墓 87 湖·杨 D4M5

1～4、6～12、14. 高温釉陶敞口壶　5、15. 印纹陶罍　13. 铁釜　16. 铁鼎　17. 硬陶瓿　18. 铜洗
19. 铁刀　20. 石黛板　21. 铁削　22. 铜矛　23、24. 铜削　25. 铜带钩　26、28. 铜五铢　27. 料珠
29. 硬陶纺轮　30. 铁棺钉　31. 漆器

　　例9　83 鄞·高 M37。墓道被同一墓地的 M40 打破。墓向 330°。封土平面呈圆形，直径
10 米，高 2.70 米，其内夹杂有大小石块。封土表面覆盖一层不甚均匀的护土石，以顶部最为
密集，石块大小 0.10～0.30 米不等，顶心处的一块较大，其上放有 1 件泥质陶灯盏。墓坑呈
"凸"字形，总长 5.75 米。墓道残长 2.1、宽 1.76、终端深 1.52 米，底面呈 10°斜坡状，终
端高于墓底 0.20 米。墓坑呈近方形，长 3.7、宽 3.38、深 2.73 米。葬具无存，根据墓内"熟
土二层台"现象推测，原椁约长 3.1、宽 2.8 米，内设边箱和棺箱。棺箱范围残留有规整的板
灰和排列有序的棺钉。棺约长 2.4、宽 0.70 米。随葬品共 18 件。其中左棺头部摆放铜镜、石
黛板和研黛器，腰部置有铜钱和铁刀；右棺头部摆放铜镜。置于边箱的有陶瓿、罐、罍各 2
件，壶、灶、灯盏各 1 件；铜釜 2 件，铜甑 1 件。（图 2 - 38）

　　例10　10 长·七 M4。墓向 114°。长方形，长 4.88、宽 3.88 米。墓坑壁陡直，底面平

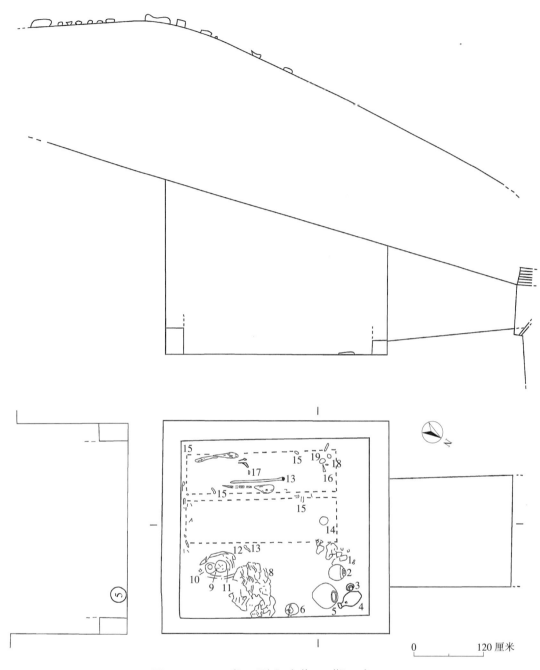

图 2 - 38　二类 B 型 I 式墓 83 鄞・高 M37

1、6. 高温釉陶筒形罐　2、8. 高温釉陶瓿　3. 泥质陶灯盏　4. 高温釉陶盘口壶　5、7. 印纹陶罍
9. 铜甑　10、11. 铜釜　12. 泥质陶灶　13. 铁刀　14、19. 铜日光镜　15. 铁棺钉　16. 石黛板
17. 铜五铢　18. 石研黛器

坦。椁室四周用白膏泥封填。椁长 3.83、宽 2.81、残高 1.23 米，厚 0.10 米。在西侧椁壁位
置排列 3 根直径约 0.20 米的木桩，间距不等。双棺并列于椁室南侧，且均为独木棺。棺的横
截面呈"U"形，由整段木料凿成，厚约 0.10、高 0.65 米，其中南侧棺长 2.65、宽 0.80 米，
北侧棺长 2.55、宽 0.74 米。随葬品共 24 件（组），大多置于西北角，少量摆放东侧，计有陶
盘口壶 5 件，罐 3 件，罍 2 件，灶 1 件；铜镜 2 件，洗、壶、簋、釜、甑、五铢钱各 1
件（组）；漆耳杯 2 件，盘 2 件；另有残丝织品 2 片。（图 2 - 39；图版一四：1）

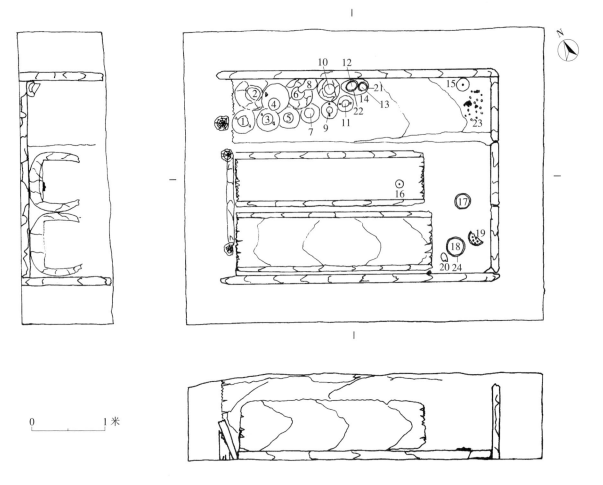

图 2 - 39　二类 B 型 I 式墓 10 长·七 M4

1、7~9、11. 高温釉陶盘口壶　2、6. 印纹陶罍　3、5、10. 硬陶弦纹罐　4. 铜壶　12. 铜甑　13、22. 铜釜　14. 泥质陶灶　15、16. 铜博局镜　17. 铜簋　18、19. 漆盘　20、24. 漆耳杯　21. 铜洗　23. 铜五铢

　　例 11　89 龙·仪 M11。墓向 23°。"凸"字形，总长 8.65 米。墓道略偏右侧，长 4.50、宽 1.90~2.04、终端深 1.86 米，并高于墓坑底面 0.40 米。底部前段为台阶式，共 5 级，每级高约 0.30 米；后段呈约 16°的斜坡式。墓坑呈近方形，长 4.15、宽 3.76、深 3 米。地面挖有两条横轴向的垫木沟，沟长 3.76、宽 0.20、深 0.12 米，前后相距 2.10 米。墓坑内外建有排水设施，其中墓坑内为两条斜向呈交叉状的渗水沟，长 5~5.40、宽 0.30、深 0.40 米，内铺砾石。左前角挖一涵洞，与墓外 1 米处的一条排水沟相连。排水沟长约 15、上宽 1、下宽 0.66、深 2.64 米，沟底铺设厚约 0.50 米的砾石层。在与涵洞衔接的前 1.40 米内，砾石上盖有两层大型板瓦。葬具仅存两块木椁侧板和三块隔板以及厚达 0.10~0.60 米的板灰，椁内设有棺箱和双边箱及一个足箱。推测木椁约长 3.20、宽 3 米；棺长约 2.40、宽约 1.60 米。随葬品共 53 件（组）。置于西侧棺头部有料珠一串（28 颗）；头部上方分别为石黛板和研黛器，铜日光镜和铜五铢（一堆），右侧摆有铁削；腰部摆放铁剑和铜五铢。摆放于东侧棺头部上方的有陶纺轮和原始瓷杯，铜四乳四乳镜和石玩具以及铁削。在边箱和足箱内有陶罐 15 件，壶 7 件，瓿、罍各 2 件；铜盆、洗各 1 件；铁刀 2 件，釜、剑、矛、残铁器各 1 件；漆勺 1 件，漆木器 6 件。（图 2-40）

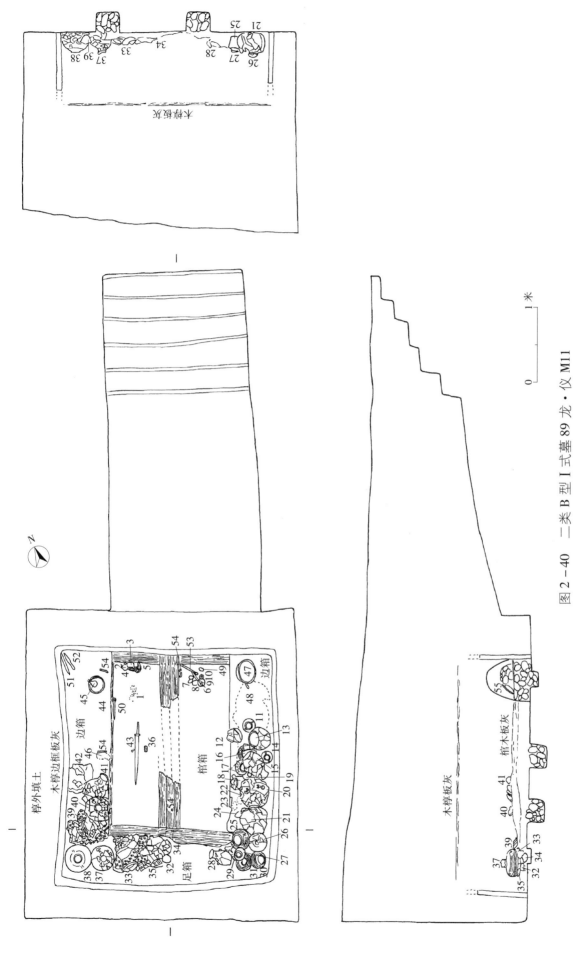

图 2-40 二类 B 型 I 式墓 89 龙·仪 M11

1. 料珠 2. 石研黛器 3. 石黛板 4. 铜日光镜 5、36. 铜五铢钱 6. 铜四鸮四乳镜 7. 硬陶纺轮 8～10. 原始瓷杯 11～14、16～19、25、27、29～31、34、35. 硬陶弦纹罐 15、20、26、28、37、40. 高温釉陶敞口壶 21、38. 印纹硬陶罍 22～24、32、46、48. 漆器痕 33、39. 印纹硬陶罍 41. 高温釉陶盘口壶 42. 铁釜 43. 铁剑 44. 铜洗 45. 漆勺 47. 铜盆 49. 高温釉陶盘口壶 50、51. 铁刀 52. 铁矛 53. 铁器 54. 铁棺钉 55. 板瓦

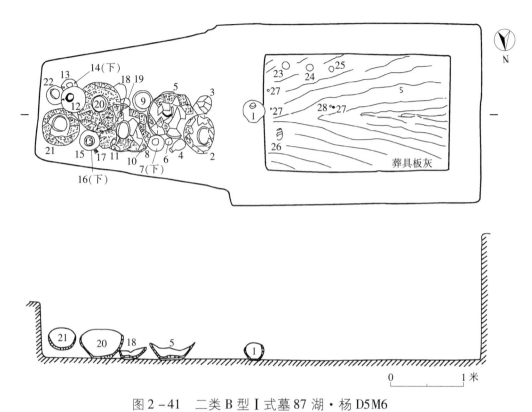

图 2-41　二类 B 型 I 式墓 87 湖·杨 D5M6

1、12. 高温釉陶瓿　2、5、11. 高温釉陶罍　3、6、15、22. 硬陶筒形罐　4、8、13. 高温釉陶盘口壶　7、14、16、18、19. 硬陶弦纹罐　9. 铁釜　10. 硬陶纺轮　17、20、21. 印纹陶罍　23、25. 硬陶钵　24. 硬陶簋　26. 玉瑗　27. 玉珠　28. 铜五铢

例 12　87 湖·杨 D5M6。墓向 97°。"凸"字形，总长 6.10 米。墓道前窄后宽，长 2.70、前端宽 1.30、终端宽 2.10 米，底面平缓，前后高差仅 0.10 米，终端与墓室底面基本持平。墓坑呈长方形，长 3.40、宽 2.40、残深 1.65 米。底部有长 2.50、宽 1.50 米的棺木板灰。随葬品共 28 件（组）。其中陶钵、簋，铜钱，玉瑗、珠，漆奁分别位于两棺内。其余堆叠于墓道中，计有陶罍 6 件，弦纹罐 5 件，筒形罐 4 件，壶 3 件，瓿 2 件，纺轮 1 件；铜五铢钱以及铁釜各 1 件。（图 2-41；图版一四：2）

例 13　58 杭·古 M2。墓向 180°。墓的形制较为特殊，由两个长方形竖穴土坑前后连接组成，平面形似不规则的刀形。总长 7.7 米，前端墓坑长 3.30、宽 1.7 米。后端墓坑长 4.4、北端宽 3.1 米，南端略窄。墓壁和底面均涂有一层白灰色的细土。随葬品共 67 件，其中西侧棺头部有镏金饰物，头的东侧有一漆盒，内置铜镜；腰间有铜矛、铜剑、铁剑、铁刀和弩机等；此外，腰部还有铜带钩、大量钱币及铜"朱乐昌"印章。东侧棺头部有发钗、玉饰物、漆盒（盒内放铜镜），头的东侧放置一件铜洗和大量钱币；腰部佩有水晶饰品，脚部放置铜提梁镭壶和铜奁。摆放于前室的有陶壶 21 件，罍 5 件，罐 5 件，灶、釜各 2 件，瓿、长颈壶、印纹陶罐、耳杯、镭斗、甑、井、麟趾金、泥五铢等各 1 件；铁鼎、釜等各 1 件。（图 2-42）

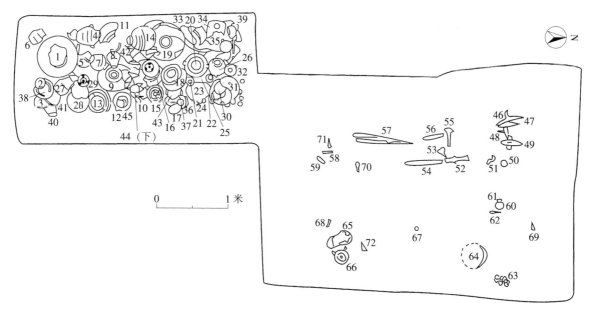

图 2－42　二类 B 型 I 式墓 58 杭·古 M2

1、3、19、23、33. 印纹陶罍　2、4～10、12、13、15～18、27、29、32、36、41～43. 高温釉陶敞口壶　11、14、
30、31. 高温釉陶罐 20. 印纹陶罐 21、22. 硬陶釜 24. 高温釉陶麟趾金 25. 硬陶耳杯 26. 硬陶奁 28. 铁
釜 34、35. 泥质陶灶 37. 泥质陶釜 38. 铁鼎 39. 泥质陶甑 40. 硬陶筒形罐 44. 泥质陶五铢 45. 高温釉陶
长颈壶 46、47. 铁戟 48. 镏金饰品 49. 铜矛 50. 砺石 51. 铁环 52. 铜剑 53. 铜带钩 54. 铜弩机 55～
57. 铁刀 58、59. 铜镦 60. 铜日光镜 61. 玉饰品 62. 铜发钗 63. 铜五铢 64. 铜洗 65. 铜奁 66. 铜提梁
镰壶 67. 水晶珠 68～72. 铁棺钉（简报中提到有一枚印章在铜带钩旁，但图中未标出）

2. 二类 B 型 II 式墓（土坑砖椁同穴合葬墓）

总计 12 座，占二类 B 型墓的 19.35%。主要分布在浙江东部，其中宁绍地区 8 座，杭金
衢地区 3 座，湖嘉余地区仅 1 座。

墓葬的基本特征为：双棺，合葬双方安放在同一个砖椁内，椁内不分箱，椁口覆盖木板。

墓葬规模普遍较大，平面呈长方形，长 2.64～4.12、宽 0.98～3.60 米，最大者长
4.12、宽 2.60 米，最小者长 2.80、宽 2.02 米。其中长度在 3 米以上的 5 座，3 米以下的 1
座。砖椁筑于土坑内，上盖木板。砖椁结构与二类 A 型 II 式墓基本相同，但规模往往大于
前者。

因墓葬大多被盗，随葬品数量与原实际数量有所出入。随葬品最多者 19 件，最少者仅 2
件。随葬器物除少量小件随身入棺外，其余普遍呈纵向摆放于椁室的一侧，个别呈横向置于
墓葬的一端。

属于此类型式的代表性墓葬有：

例 1　05 奉·南 M108。墓向 215°。墓坑长 3.20、宽 2.56 米。砖椁长 2.64、宽 1.96、残
高 1 米。四壁与土坑壁之间有约 0.30 米的空隙。下部为平砌错缝结构，21 层后改为一丁一
顺，共 7 层。其中丁砖一半向外凸出，形成"咬土砖"。铺底砖呈编织纹结构。墓砖正面模印
菱形纹。随葬品共 16 件，东侧棺内头部置有铜镜和小铁刀，腰部摆放铁刀；西侧棺内头部放
铜镜。置于椁室西部南北两端的有陶罐 4 件，罍 3 件，壶、锺各 1 件；铁釜 1 件，矛 2 件。

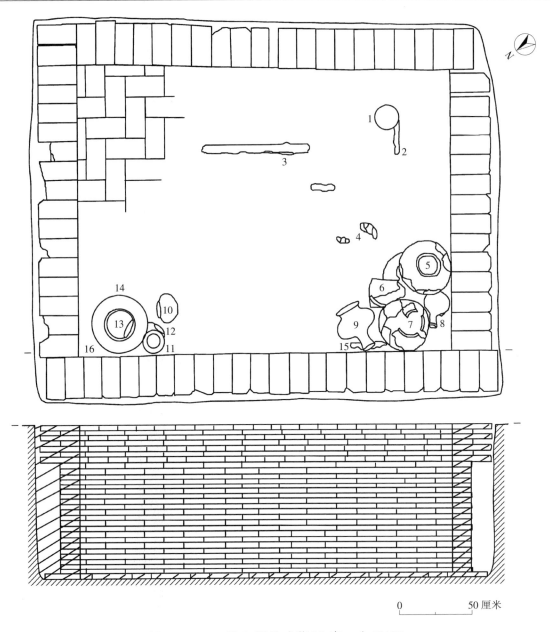

图2－43　二类B型Ⅱ式墓05奉·南M108

1. 铜神兽镜　2、3. 铁刀　4. 铜博局镜　5、7. 印纹陶罍　6. 泥质陶罍　8. 硬陶盘口壶　9. 高温釉陶锺
10~12. 泥质陶罐　13. 硬陶弦纹罐　14. 铁釜　15、16. 铁矛

（图2－43；图版一五）

　　例2　93上·驮M28。墓向300°。封土呈圆形，高2.20、底部直径约9米。内用不规整的大石块垒筑，大者可达1平方米。石块间杂以碎土，外部再覆盖山土。墓坑开凿于基岩内，方形，边长近5米，坑壁斜收。坑底宽近4米，前、后和右三面有高约0.30米的生土台基。椁壁三面砌筑于生土台基上，左壁自底面开始上砌。高1.92、边长3.60米，外壁与土坑壁距有0.20~0.40米的空隙。铺底砖呈两横两纵形式。随葬器物共21件（组），摆放于左右棺内的头部和腰部的有铜镜、玻璃珠、铁剑、铁刀、玉珠、铜钱等；排列于足端的有陶罍3件，瓿式罐、锺、钵各2件，灶1件，以及铜弩机、镶斗各1件，铁釜、刀各1件。（图2－44）

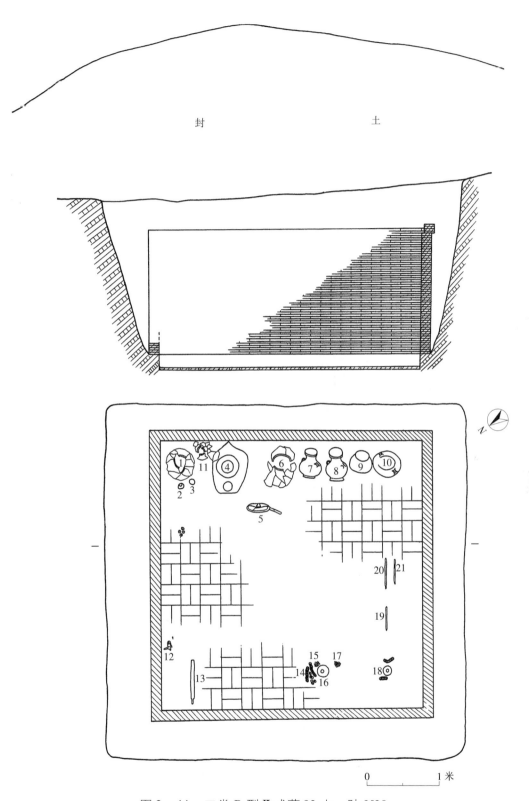

图2-44　二类B型Ⅱ式墓93上·驮M28

1. 印纹陶罍　2、3. 高温釉陶钵　4. 泥质陶灶和铁釜　5. 铜镳斗　6、9. 高温釉
陶罍　7、8. 高温釉陶锺　10、11. 高温釉陶瓿式罐　12. 铜弩机　13、21. 铁刀
14. 铜五铢　15. 玉珠　16、18. 铜镜　17. 玻璃珠　19、20. 铁剑

3. 二类 B 型 Ⅲ 式墓（带甬道土坑砖椁同穴合葬墓）

共 3 座，占二类 B 型墓的 4.84%。其中宁绍地区 2 座，杭金衢地区 1 座。

墓葬的基本特征为：砖椁前端设有砖质券顶甬道。此类型式的墓葬是竖穴土坑木椁墓向横向券顶砖室墓发展的过渡性型式，在浙江汉墓的形制演变中具有承上启下的作用。

墓葬规模普遍较大，由甬道和墓室两部分组成，平面有"凸"字形和刀形两种形状。其中"凸"字形 2 座，总长 4.84 ~ 5.42 米，甬道长 0.36 ~ 1.52、宽 1 ~ 2.12 米，椁室长 3.10 ~ 4.66、宽 1.52 ~ 3.66 米。刀形 1 座，甬道和椁室的四壁及底面均采用平砖砌成，椁室前端与甬道相通，顶部盖木板。

单座墓随葬品最多者 27 件，最少者仅 2 件。

属于此类型式的代表性墓葬有：

例1 86 杭·老 M70。墓已被盗。墓向 180°。"凸"字形，总长 3.10 米。甬道长 0.36、宽 0.90 米，券顶已坍塌。封门砖封堵于甬道口外。砖椁呈长方形，长 2.74、宽 2.44、残高 0.80 米。无铺底砖，椁壁采用平砌错缝砌法。随葬品仅存陶罍、弦纹罐的残片。（图 2 - 45）

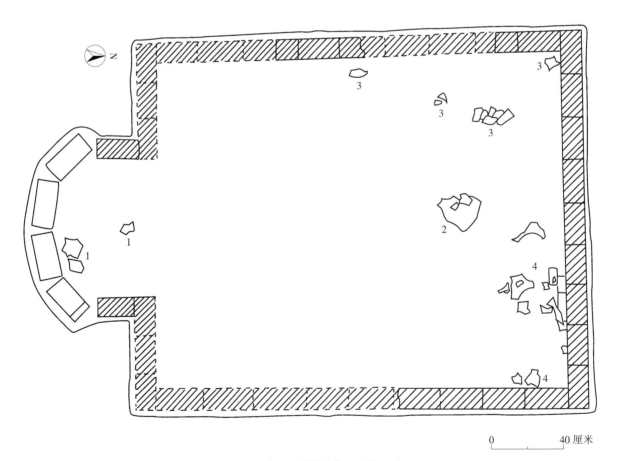

0   40 厘米

图 2 - 45 二类 B 型 Ⅲ 式墓 86 杭·老 M70

1 ~ 3. 硬陶弦纹罐残片 4. 印纹陶罍残片

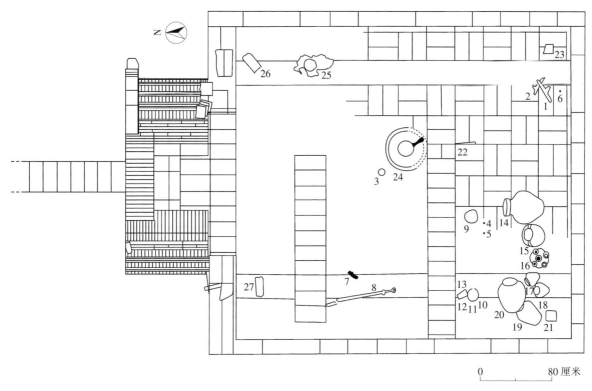

图 2 - 46　二类 B 型Ⅲ式墓 56 绍·漓 M206

1、2. 铜戟　3. 金手镯　4. 玛瑙耳珰　5、6. 镏金铜泡　7. 铜五铢钱　8. 铜刀　9、10. 铜博局镜　11. 研黛器　12. 铁棺钉　13. 石黛板　14. 高温釉陶盘口壶　15、17～19. 高温釉陶弦纹罐　16. 硬陶五管瓶　20. 印纹陶罍　21、23、26、27. 砺石　22. 铜尺　24. 铁火盆和铜镳斗　25. 泥质陶灶和铁釜

例 2　56 绍·漓 M206。墓向 0°。"凸"字形，总长 5.15 米。甬道呈横向长方形，长 0.92、宽 2.12、高 2.04 米。铺底砖前部平铺两排直砖，后部为四排横砖。两壁采用三顺一丁砌法，自底向上 0.88 米处内收起券。封门砖下部为三顺一丁，四组后改为平砌错缝形式。底砖下有一条排水沟自甬道口通向墓外，沟的横截面呈方形。砖椁呈长方形，长 4.12、宽 3.60 米。铺底砖为两横两纵结构。椁壁采用平砌错缝砌法，东西壁高 1.80、南壁高 2 米。在东、西壁和北壁甬道上端及相应高度的填土中，发现有黑色的板灰，厚约 0.12 米，板灰向左右各突出 0.05 米。在东、西壁上端有对称的弧形凹缺各三个。椁室后部有两排各高 0.32、长 1.76～1.96 米的垫棺砖，前后相距 1.14 米。底砖下左右各有一条纵贯椁室的渗水沟，宽 0.26 米，该沟与甬道下的排水沟并不相通。随葬品共 27 件（组），其中西侧棺头部有铜镜、石黛板和研黛器，腰部放有铜刀和铜钱；东侧棺头部有铜镜和铜尺及玛瑙耳珰，腰部有金手镯和铜镳斗及铁火盆。其余随葬品大多放置于椁室南部，计有陶罐 4 件，壶、罍、五管瓶、灶各 1 件；铜戟 2 件，镏金铜泡 1 组 2 件；铁釜 1 件。此外，在椁室的四角分别摆放有一块砺石，显得较为特殊。（图 2-46）

例 3　93 上·驮 M13。墓已被盗。墓向 22°。刀形，总长 4.90 米。甬道位于左侧，长 1.5、宽 2.3 米，高 1.52 米。封门和两壁均为平砌错缝结构，自底向上 0.55 米处采用大型扇形砖内收起券，券顶面上用条形砖横竖覆压 2～4 层。砖椁呈近方形，长 3.83、宽 3.39 米，

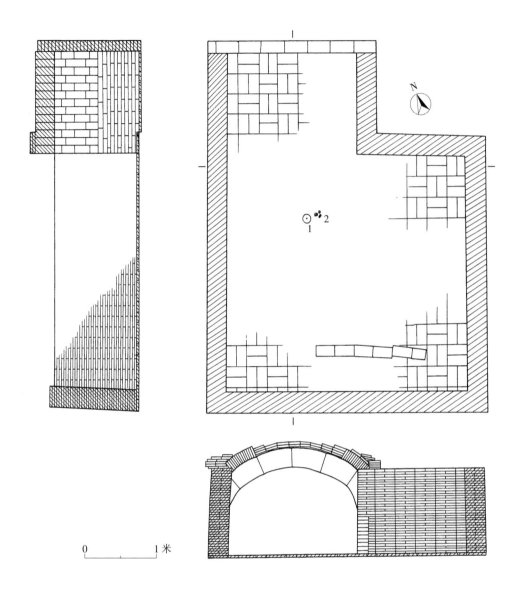

图 2 – 47　二类 B 型 Ⅲ 式墓 93 上·驮 M13

1. 铜龙虎镜　2. 铜五铢

东西壁高 1.15、南壁高 1.25 米。椁室与甬道的铺底砖均为两横两纵形式，椁壁用两横两纵砖交替错缝平砌，转角相互咬合。椁室南部放置两排垫棺砖，长 1.55、宽 0.14、高 0.03 米。随葬品仅存一面铜镜和一组铜钱，均摆放于棺内头部。（图 2 – 47）

（三）二类 C 型墓（并列式异穴合葬墓）

总计 37 座。占二类墓的 9.68%。主要分布于浙江西部，北部和东部仅有零星发现。其中杭金衢地区 29 座，湖嘉余和宁绍地区各 4 座。

墓葬的基本特征为：合葬双方拥有各自的墓坑、棺椁及随葬品，两墓具有早晚打破关系，墓坑并列且长度和方向基本一致。

墓葬平面普遍呈横轴向长方形，个别为带墓道的刀形。各组墓中的单个墓葬均呈纵轴向长方形，长 2.92~4、宽 1.50~2.60 米，长度在 3 米以下的仅 1 座。各墓由早晚不同时间挖成的两个墓坑左右并列组成，墓内填土质地和色泽具有鲜明的差异，底面往往具有 0.30 米左右的高差。

墓葬以双人合葬为主，1 座为三人合葬。葬具均已无存，底面普遍残留有棺椁的板灰和漆皮痕迹，以及与葬具有关的铁棺钉和垫木沟等。

单个墓的随葬品数量多在 20~30 件，其中 20 件以下的 19 座（内有 3 座被盗），最多者 58 件，最少者仅 3 件。其中铜镜、带钩、印章、钱币、兵器、漆器等随身入棺，其他实用器和明器置于边箱或头箱内，有的上下叠压。

属于此类型式的代表性墓葬有：

例 1　89 龙·仪 M49。墓已被盗。其中北穴打破南穴。墓向 295°。墓坑长 3.70、总宽 5.40 米。两墓底面各挖有两条呈斜向对角交叉的渗水沟，宽 0.30、深 0.14 米，沟内铺垫砾石。根据木椁内外不同的填土推测，木椁约长 3.20、宽 2.80 米。椁底挖有两条宽 0.30、深 0.10 米的横轴向垫木沟。（图 2-48）

M49 南穴，长 3.70、残宽 2.40、深 3.08 米。两条渗水沟的交叉点形成一个长 0.72、宽 0.62 浅坑。随葬品共 7 件，分别置于头箱和边箱内。计有陶盘口壶 3 件，罐 2 件，钵 1 件，铜五铢 1 组。

M49 北穴，长 3.70、宽 3、深 3.18 米。随葬品共 11 件（组），摆放于头部的有铜鼎 1 件，五铢钱 1 组，置于头箱和边箱内的有陶盘口壶 7 件，陶瓿式罐和铁釜各 1 件。

例 2　86 杭·老 M153、M154。M153 打破 M154。墓向 272°。平面呈长条形，两墓底面基本持平，总宽 2.67 米。（图 2-49）

M153，长 3.71、宽 1.43、深 1.12 米。随葬品共 10 件。摆放于棺内头、腰部的分别为铜镜 1 面和铁刀 3 件，置于头箱内的有陶壶 3 件，罐 2 件，灶 1 件。

M154，长 3.70、残宽 1.24、深 1.34 米。墓坑下部西、南两壁有"熟土二层台"现象，表明原椁室的两端贴住墓坑壁，两侧与坑壁有一定的间距。随葬品共 12 件。摆于棺内头部的有铜镜 2 面和铜钱 1 组，置于头箱内的有陶罐 3 件，瓿和壶各 2 件，铜洗、镶斗各 1 件。

例 3　98 湖·方 D3M30、D3M31。D3M30 打破 D3M31。墓向 90°。平面呈刀形，两墓前后相错并共用一个墓道，总长 7.2 米。墓道偏于 D3M31 一侧，底面呈斜坡式，长 3、宽 2.10 米，终端深 1.60 米，并高于 M31 的底面 1.20 米。（图 2-50）

D3M30，长 3.80、宽 2.16、深 2.50 米。底面挖有两条长 3.72、宽 0.20、深 0.10 米的横轴向垫木沟，前后相距 1.60 米。随葬品共 9 件，均置于边箱内，计有陶壶、罐各 3 件，瓿、罍各 1 件，铜五铢 1 组。

D3M31，长 4.04、宽 2.08、深 2.80 米。墓底垫木沟残长 2、宽 0.20、深 0.10 米，前后相距 1.80 米。随葬品共 16 件。位于棺内腰部的有铜镜 1 面，铜钱 1 组，铁剑 1 件，置于边箱内的有陶壶 9 件，瓿 2 件，罍、灶各 1 件。

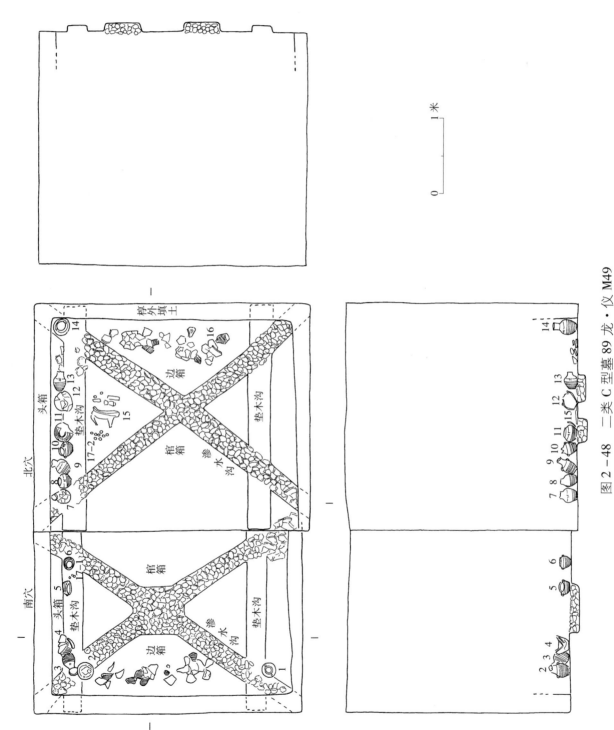

图 2-48 二类 C 型墓 89 龙·仪 M49

南穴：1. 硬陶钵 2～4. 高温釉陶盘口壶 5. 硬陶弦纹罐 6. 泥质陶弦纹罐 17-1. 铜五铢线／北穴：7～10、12～14. 高温釉陶盘口壶 11. 高温釉陶瓿式罐 15. 铜鼎 16. 铁釜 17-2. 铜五铢

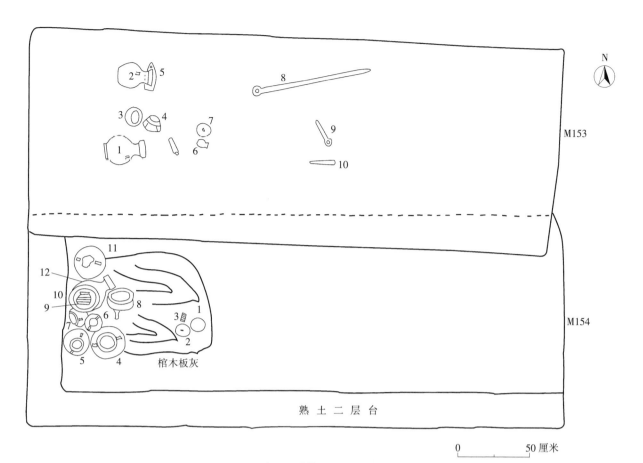

图 2-49　二类 C 型墓 86 杭·老 M153、M154

M153：1、2、6. 高温釉陶盘口壶　3、4. 硬陶弦纹罐　5. 泥质陶灶　7. 铜禽兽纹镜　8~10. 铁刀 / M154：1. 铜四虎四乳镜　2. 铜博局镜　3. 铜五铢　4、5. 高温釉陶瓿　6、7、9. 高温釉陶弦纹罐　8. 铜镳斗　10. 铜洗　11、12. 高温釉陶盘口壶

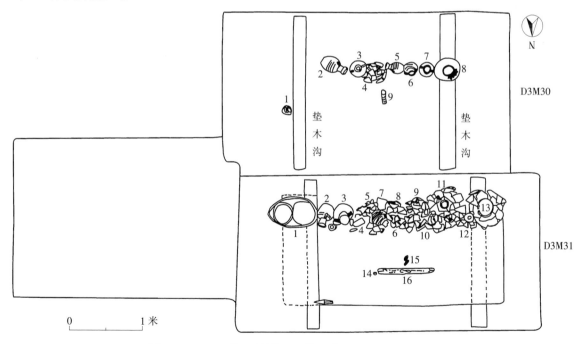

图 2-50　二类 C 型墓 98 湖·方 D3M30、D3M31

D3M30：1. 高温釉陶罐　2、3、5. 高温釉陶盘口壶　6、7. 高温釉陶弦纹罐　4. 高温釉陶瓿　8. 印纹陶罍　9. 铜五铢 1 组 / D3M31：1. 泥质陶灶　2~8、10、12. 高温釉陶敞口壶　9、11. 高温釉陶瓿　13. 高温釉陶罍　14. 铜星云镜　15. 五铢　16. 铁剑

例4 89龙·仪M18。墓向65°。其中南穴打破北穴。墓坑长3.60、总宽4.10米。坑壁陡直,底面平坦。(图2-51)

M18南穴,宽2.30、深1.70米。底面对角斜向挖有一条长4.46、宽0.20、深0.16的渗水沟,内铺砾石,底面自西北向东南倾斜,并与东南角的一个半球形渗水坑相连。渗水坑的一半呈掏洞式突出墓壁外。葬具已无存,墓坑下部有"熟土二层台"现象和排列整齐的棺钉。推测木椁约长3、宽1.80米。椁下有两条长2.10、宽0.16、深0.08米的横轴向垫木沟,前后相距2.10米。棺木约长2、宽1米。随葬品共7件。其中铜镜摆放于棺内头部,置于南侧边箱内的有陶盘口壶5件,瓿式罐1件。

M18北穴,残宽1.80、深1.50米。底面高于南穴0.20米,西端挖有一条残长1.80、宽0.14、深0.10米的横轴向垫木沟。葬具无存,墓坑四周有"熟土二层台"现象,底面残存棺钉,据此推测木椁约长3、残宽1.50米。棺约长2、宽0.70米。随葬品共6件。其中铁剑摆放于棺内腰部,置于北侧边箱内有陶盘口壶5件。

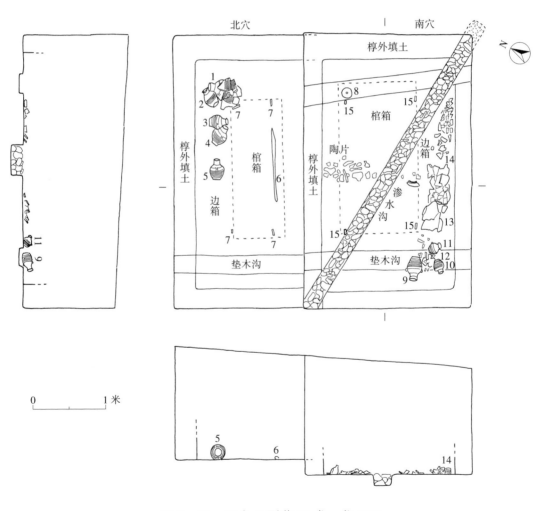

图2-51 二类C型墓89龙·仪M18

北穴:1~5.高温釉陶盘口壶 6.铁刀 7.铁棺钉/南穴:8.铜镜 9~12、14.高温釉陶盘口壶 13.高温釉陶瓿式罐 15.铁棺钉

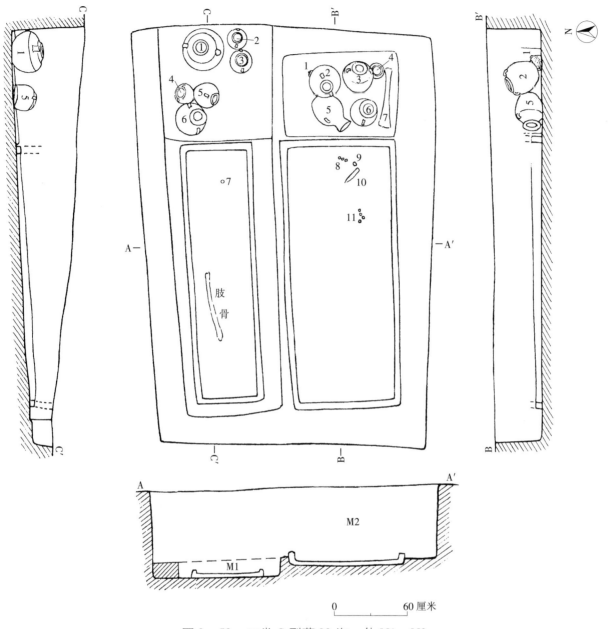

图 2-52　二类 C 型墓 02 海·仙 M1、M2

M1：1. 瓿　2、4、5. 弦纹罐　3. 筒形罐　6. 敞口壶　7. 铜五铢／M2：1、4. 弦纹罐　2、3. 瓿　5、6. 敞口壶　7. 漆器　8、11. 铜五铢　9. 泥质陶纺轮　10. 铁削（未注明质地者均为高温釉陶）

例 5　02 海·仙 M1、M2，其中 M2 打破 M1。墓向 95°。墓坑构建于史前遗址的土台中，平面呈前宽后窄的长方形，墓坑总宽 2.2~2.5 米。（图 2-52；图版一六：1）。

M1，长条形，长 3.40、残宽 1.18 米。底面低于 M2 约 0.20 米。根据残留的板灰推测，木椁长 3.26、残宽 0.84~0.98 米，内设棺箱和头箱；棺长 2.10、宽 0.58~0.63 米。棺内肢骨残迹显示，墓主人头向朝东。随葬品共 7 件（组），棺内放有铜钱 1 组，头箱内置有陶弦纹罐 3 件，瓿、敞口壶、筒形罐各 1 件。

M2，长方形，长 3.50、宽 1.18~1.35 米。根据残留的葬具板灰，推测木棺长 2.26、宽 1.00 米，内设棺箱和头箱。野外解剖显示，墓坑底曾另挖有浅坑安放木棺。随葬品共 11 件

（组）。摆放于棺内头部的有陶纺轮和铁削各 1 件，铜钱 2 组。头箱内有陶瓿、敞口壶、弦纹罐各 2 件，漆器 1 件。

例 6　86 杭·老 M68、M69。M68 打破 M69。墓向 7°。墓坑开凿于基岩中，总宽 3.6 米，下部有"熟土二层台"现象。两墓底面基本持平，并挖有两条宽 0.18、深 0.05 米的横轴向垫木沟。（图 2-53；图版一七：1）。

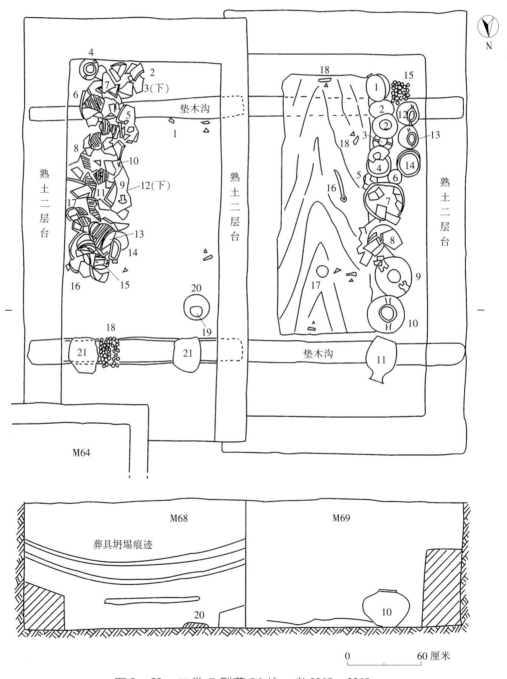

图 2-53　二类 C 型墓 86 杭·老 M68、M69

M68：1. 绿松石管　2～6、10、12、17. 弦纹罐　7、8. 瓿　9、11. 敞口壶　13、15. 盒　14、16. 鼎　18. 泥质陶五铢　19. 铜星云镜　20. 漆奁　21. 朱砂／M69：1、2. 鼎　3、5～7、12、13. 弦纹罐　4、14. 盒　8、9. 瓿　10、11. 敞口壶　15. 泥质陶五铢　16. 铁刀　17. 铜星云镜　18. 铁棺钉（未注明质地者均为高温釉陶）

M68，长3.35、宽1.80、深1.20米。随葬品共20件（组）。摆放于棺内头、足部的分别为漆奁（内放铜镜）1件和绿松石管1件，置于边箱的有陶罐8件，鼎、盒、瓿、壶各2件，泥五铢1堆。

M69，长3.45、残宽1.75、深1.20米。墓内填土经过夯筑，夯层厚0.05米。墓底残留有长2.08、宽0.72米的棺木板灰。随葬品共17件（组）。摆放于棺内头、腰部的分别为铜镜1件和铁刀1件，置于边箱内的有陶罐6件，鼎、盒、瓿、壶各2件，泥五铢1堆。

例7 07余·义M56。墓已破坏。整体由三个墓坑并列组成，其中A穴和C穴分别打破B穴的南壁和北壁。墓向均为270°。（图2-54；图版一七：2）

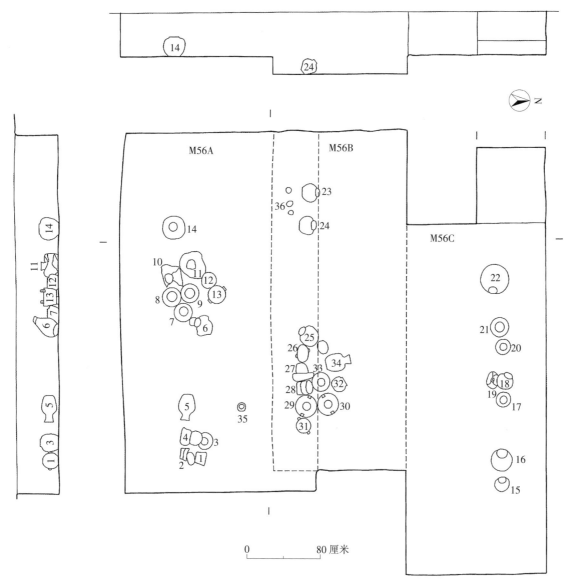

图2-54 二类C型墓07余·义M56

A穴：1、13. 鼎 2、4. 盒 3. 素面罐 5、6、11. 敞口壶 7~9. 罐 10、12、14. 瓿 35. 钵／B穴：23~25、32. 硬陶罐 26、31. 鼎 27、28. 盒 29、30. 瓿 33、34. 敞口壶 36. 麟趾金／C穴：15、16. 盘口壶 17、20. 硬陶弦纹罐 18. 硬陶罐 19、21. 敞口壶 22. 瓿（未注明质地者均为高温釉陶）

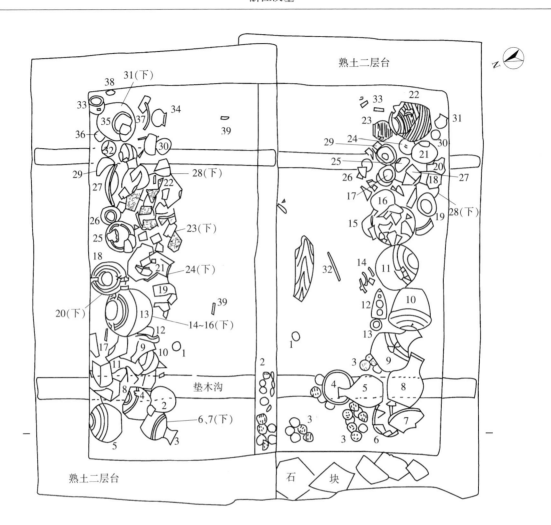

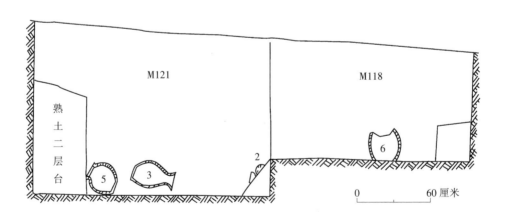

图 2 - 55　二类 C 型墓 86 杭・老 M118、M121

M118：1. 铜日光镜　2、3. 麟趾金　4. 簋　5～9. 盘口壶　10、11、29. 瓿　12. 灶　13、26.
釜　14. 井　15、18. 罍　16、21、23、30、31. 罐　17. 泡菜罐　19、28. 盒　20. 杯　22. 筒
形罐　24、27. 鼎　25. 瓿　32. 铁刀／M121：1. 铜昭明镜　2、5、8、10. 瓿　3、4、9、11、13、17、
18、21、25、28. 敞口壶　6、7、14～16、39. 耳杯　12. 器盖　19、22、27、35、37. 罍
20. 麟趾金　23. 灶　24. 井　26、29、31、34、36. 弦纹罐　30、33. 鼎　32、38. 盒（未
注明质地者均为高温釉陶）

M56A 穴，长方形，长 3.80、宽 2.20、残深 0.46 米。墓坑北壁较直，南壁微弧曲。随葬品共 15 件，呈纵向排列于南侧。计有陶罐 4 件，敞口壶、瓿各 3 件，鼎、盒各 2 件，钵 1 件。

M56B 穴，长方形，长 3.58、残宽 1.45、残深 0.47 米。底面低于 A 穴约 0.20 米。随葬品共 13 件（组），呈纵向排列于南侧。计有陶罐 4 件，鼎、盒、敞口壶、瓿各 2 件，麟趾金 1 组 3 件。

M56C 穴，刀形，墓道位于墓坑前端一侧，底面呈斜坡式。残长 0.80、宽 0.75 米。墓坑长 3.70、宽 1.54、残深 0.50 米。随葬品共 8 件，呈纵向排列于北侧。计有陶罐 3 件，敞口壶、盘口壶各 2 件，瓿 1 件。

例 8 86 杭·老 M118、M121。其中 M121 打破 M118。墓向 284°。墓坑开凿于基岩中，总宽 3.66 米。两墓下部均有“熟土二层台”现象，底面均挖有两条横轴向的垫木沟，宽 0.20、深 0.10 米，前后相距 1.65 米。（图 2-55；图版一六：2）

M118，长 3.69、残宽 1.70、残深 1.32 米。前壁不甚规整，底部裸露基岩。随葬品共 32 件（组）。其中铜镜、铁刀分置于棺内头、腰部，其余置于边箱和头箱内，计有陶罐、壶 5 件，瓿 3 件，鼎、盒、罍、釜、麟趾金各 2 件（组），筒形罐、泡菜罐、簋、杯、灶、甑、井各 1 件。

M121，长 3.86、宽 2.14、残深 1.46 米。底面低于 M118 约 0.30 米。根据葬具板灰推测，木椁约长 3.70、宽 1.45 米。随葬品共 39 件（组）。摆放于棺内头部的有铜镜 1 面，置于边箱内的有陶壶 10 件，耳杯 6 件，罍、罐各 5 件，瓿 4 件，鼎、盒各 2 件，器盖、灶、井、麟趾金各 1 件（组）。

（四）二类 D 型墓（间隔式异穴合葬墓）

总计 20 座，占二类墓的 5.24%。其中湖嘉余地区和杭金衢地区各 9 座，各占二类 D 型墓的 45%；宁绍地区 2 座，占 10%。

墓葬的基本特征为：合葬双方拥有各自的墓坑、棺椁及随葬品，两墓间具有一定间隔，但共用一座封土堆。

根据葬具材质和结构的不同可分为两式。

1. 二类 D 型 I 式墓（间隔式土坑木椁异穴合葬墓）

共 16 座，占二类 D 型墓的 80%。主要分布于浙江大部地区，其中杭金衢地区 9 座，湖嘉余 5 座，宁绍地区 2 座。

墓葬的基本特征为：两座具有一定间距的墓葬为同一个封土堆所覆盖；墓内使用木质葬具。

墓的平面形状有 6 组 12 座呈长方形，长 3.30～3.90、宽 1.50～2.60 米。另有两组分别由 1 座长方形墓和 1 座刀形墓相互组成。墓坑均为竖穴土坑结构，四壁较为陡直，部分开口大于底面，坑壁缓收。底面平整，并普遍挖有两条横轴向的垫木沟槽。

单个墓内的随葬器物在 20 件左右，最多者 25 件。除铜镜、带钩、印章、钱币、兵器等随身入棺，其余均置于木椁的边、头箱内。

属于此类型式的代表性墓葬有：

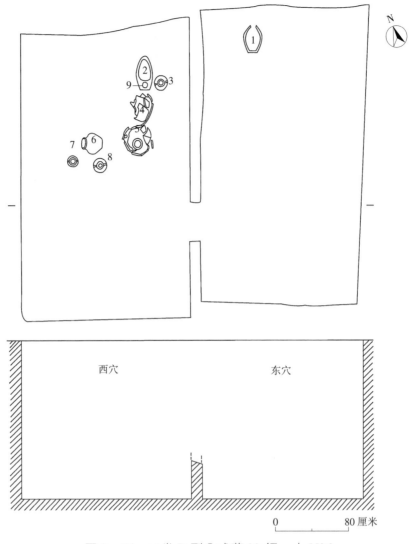

图 2 - 56　二类 D 型 I 式墓 09 绍·小 M26

1、3~8. 硬陶弦纹罐　2. 泥质陶灶　9. 泥质陶釜

　　例 1　09 绍·小 M26。墓向 200°。墓已被盗,由两座规格相同的长方形墓并列组成,长 3、总宽 3.40 米。两墓中间有一堵隔墙,残高 0.38 米。隔墙中部偏南处有一宽 0.40 米的方形缺口。两墓室基本等大,长 3、宽 1.86、深 1.20 米。随葬品东穴仅存陶釜 1 件,西穴尚存有陶罐 7 件、灶 1 件。(图 2 - 56;图版一八:1)

　　例 2　07 余·义 M46、M47。墓向 80°。封土平面略呈圆形,高 1.50、底部直径约 10 米。墓坑平面呈长方形,相隔约 1.10 米。(图 2 - 57)

　　M46,位于东侧,长 3.90、宽 1.90、深 0.80 米。随葬品共 16 件(组),呈纵向排列于北侧。计有陶弦纹罐 7 件,盘口壶 5 件,罍、灶、井各 1 件;铜钱 1 组。

　　M47,位于西侧,长 3.90、宽 2.60、深 1.30 米。墓内填土似经夯筑。底面残留有红黑相间的棺木漆痕,据此推测棺木长 2.2、宽 0.70 米。随葬品共 22 件,多数呈纵向排列于墓坑南侧,部分位于北侧的东部。计有陶壶 9 件,瓿和钵各 3 件,豆、罍、熏炉各 1 件;铁刀 2 件,釜和削各 1 件。

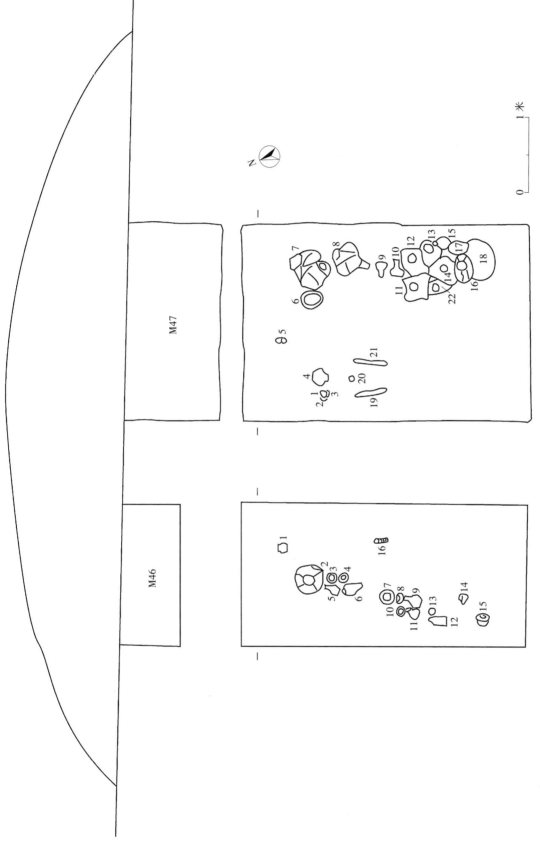

图 2-57　二类 D 型 I 式墓 07 余 · 义 M46、M47

M46: 1、3、7、8、10、14、15. 硬陶弦纹罐　2. 印纹陶罍　4~6、9、11. 高温釉陶盘口壶　12. 泥质陶灶　13. 泥质陶井　16. 铜半两，五铢／M47: 1~3. 铁　4、7、22. 瓿　5. 豆　6. 熏　8、11~13、16. 盘口壶　9、14. 残壶　10、15. 敞口壶　17. 铁釜　18. 印纹陶罍　19、21. 铁刀　20. 铁削（未注明质地者均为高温釉陶；该图根据报告描述组合而成）

2. 二类 D 型 II 式墓（间隔式土坑砖椁异穴合葬墓）

4 座，占二类 D 型墓的 20%，均见于湖嘉余地区。

墓葬的基本特征为：由一个封土堆和两或三个木盖板砖椁组成，其间以砖壁相隔。

随葬品因被盗而与原墓内器物数量不符，单座墓随葬品最多者 13 件。

属于此类型式的代表性墓葬有：

例 1 87 余·果 M8。墓向 267°。由两个宽 1.20 米的长方形单室组成，长 4.50、总宽 3.45、残高 0.74 米。铺底砖以顺缝平铺为主，局部为两横两纵。椁壁采用平砌错缝，南北为双重壁，西壁为单层。随葬品仅存陶罐和罍各 1 件，位于前部。（图 2 - 58）

例 2 87 湖·杨 D8M2。墓向 104°。由三个长方形椁室并列而成，长 3.88、深 0.72 ~ 0.78 米，总宽前端 4.52、后端 4.64 米。砖椁分两次建成，其中 A、B 两椁系早期一次性建成，平面呈近方形。砖椁四壁转角作犬齿状咬合，其结构后壁为三顺一丁，其余为平砌错缝。两椁中间设有"神仙洞"。（图 2 - 59；图版一八：2）

A 室，残高 0.78、内宽 1.64 米。编织纹铺底砖上放有两排垫棺砖，前后相距 0.65 米。

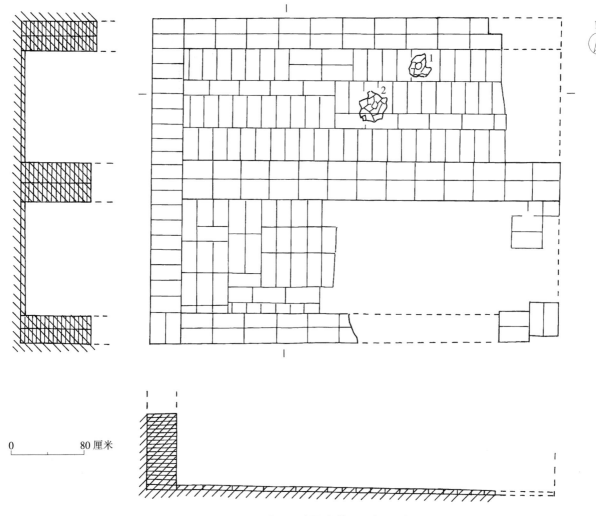

0   80 厘米

图 2 - 58 二类 D 型 II 式墓 87 余·果 M8

1. 硬陶罐 2. 印纹陶罍

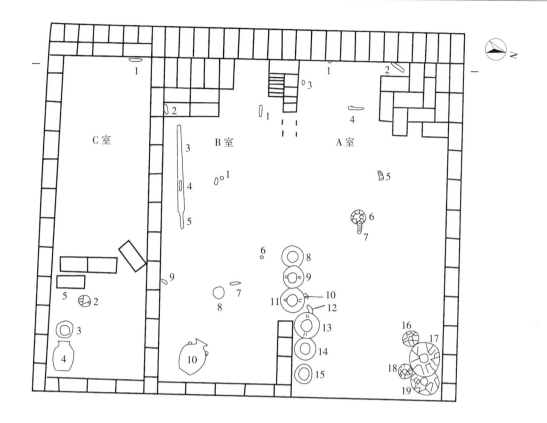

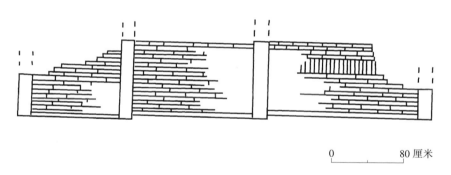

图 2 - 59 二类 D 型 II 式墓 87 湖·杨 D8M2

A 室：1～4、11、12. 铁棺钉 5、7. 五铢 6. 铜博局镜 8、9. 硬陶瓿式罐 10、14、15. 高温釉陶盘口壶 13. 高温釉陶敞口壶 16～19. 硬陶弦纹罐／B 室：1、2、7、9. 铁棺钉 3. 铜五铢 4. 玉剑璏 5. 铁剑 6. 水晶珠 8. 铜镜 10. 高温釉陶盘口壶／C 室：1. 铁棺钉 2. 铜博局镜 3. 硬陶弦纹罐 4. 高温釉陶盘口壶 5. 铁环

随葬品共 13 件。摆于棺内腰部的有铜镜 1 面，铜五铢 2 组，置于前端两侧和"神仙洞"内的有陶壶、罐各 4 件，瓿式罐 2 件。

　　B 室，残高 0.78、内宽 1.28 米。铺底砖呈两横两纵形式，两排垫棺砖前后相距 1 米。随葬品 6 件。摆放于棺内头部的有铜镜和水晶珠各 1 件，腰部的有铜钱、铁剑和玉剑璏各 1 件，位于墓室前端有陶壶 1 件。

　　C 室，系后期续建，前后壁与 B 室的椁壁紧贴而未相互咬合。平面呈长条形，残高 0.72、前端内宽 0.96、后端内宽 1.08 米。无铺底砖，垫棺砖仅存一道。随葬品 4 件，铜镜摆于棺内头部，陶壶、陶罐、铁环位于前端。

三 三类墓（土圹券顶砖室墓）

共计214座，占墓葬总数的27.79%，是浙江汉墓的主流墓葬型式之一。墓葬分布于全省各地，其中湖嘉余地区47座，占三类墓的21.96%；杭金衢地区26座，占12.15%；宁绍地区136座，占63.55%；温丽台地区5座，占2.34%。

墓葬的基本特征为：采用横向推入的下葬方式，墓葬上部砌筑不同形式的券顶，墓室结构具有鲜明的早晚变化。

墓葬有单室和多室之分，单葬和合葬之别，据此分为四个不同的类型。

（一）三类A型墓（土圹券顶砖室单葬墓）

共197座，占三类墓的92.06%。其中湖嘉余地区39座，占三类A型墓的19.70%；杭金衢地区25座，占12.63%；宁绍地区129座，占65.15%；温丽台地区5座，占2.52%。

墓葬的基本特征为：单葬，券顶砖室结构。根据墓室的多少分为二式。

1. 三类A型Ⅰ式墓（土圹券顶单室单葬墓）

共184座，占三类A型墓的93.40%。分布于浙江大部地区，其中宁绍地区127座，湖嘉余地区28座，杭金衢地区25座，温丽台地区4座。

墓葬的基本特征为：券顶，单室，单葬。

墓葬普遍被盗。平面有长方形和前端设甬道的"凸"字形、刀形三种形状。长方形墓52座，长2.06~4.80、宽1.20~2.50米；最大者长4.80、宽1.65米；最小者长2.06、宽1.80米；以长3米以上者居多，其中4米以上者8座。"凸"字形墓27座，总长3.30~6.60米，甬道长0.45~1.73、宽0.70~1.70米，墓室长2.85~5.70、宽1.20~2.84米；最大者总长6.60米，甬道长0.90、宽1.70米，墓室长5.70、宽2.70米；最小者总长3.30米，甬道长0.45、宽0.88米，墓室长2.85、宽1.36米；墓室以长3米以上者居多，4米以上者10座。刀形墓14座，甬道位于墓室前方左或右侧；总长3.30~7.60米，甬道长0.32~1.55、宽0.56~1.70米，墓室长2.30~6.05、宽1.42~2.74米；最大者总长7.60米，甬道长1.55、宽1.22米，墓室长6.05、宽2.12米；最小者总长3.30米，甬道长0.32、宽0.56米，墓室长3.04、宽1.42米。

墓室普遍构建于簸箕形土圹内，墓壁多采用单壁砌筑，少量为双砖并列或纵横相隔砌成的双层。砌筑方式有平砌错缝和丁顺组合两种，后者以三顺一丁为主，亦有四顺至六顺一丁不等的。左右墓壁自底向上0.60~1.20米处开始改用楔形砖内收成券，后壁则仍用长方形砖砌至券顶外缘高度，两边呈阶梯状内收，仅有个别的墓室券顶压住后壁。券顶普遍采用刀形砖纵向错缝砌成，至前端用双层砖包裹，并做出平整的立面；少量为斧形砖和刀形砖组合使用，个别采用扇形砖起券。部分券顶的外缘缝隙中嵌塞陶片或碎砖，以起到加固作用。甬道券顶的砌筑方法与墓室券顶基本相同，但高度均低于墓室券顶0.50米左右。墓门普遍位于前方中间部位，个别偏向一侧。有的门外设有挡墙，有的门上筑有门楣。墓门内用砖封堵，封门砖以单道为主，一般封堵于墓门的内侧。也有内外两道的，其中外道往往封堵于墓门之外，并宽于内道。封门形式有平砌错缝和曲折形两种，也有两种组合使用的，个别墓葬采用砖石混用封堵。铺底砖绝大部分为单层平铺，个别铺设双层或三层。形式有两横两纵、编织纹形、"人"字形、平铺错缝等。部分墓葬铺底砖下设有排水沟，排水沟有单条和多条之分。单条者均位于墓室纵轴线上，从后壁或中部起通向墓外数米不等。多条者有两种不同的形式，一种为中间一条主沟，两侧各一条辅沟，辅沟延伸至前壁处与主沟相连并通向墓外；另一种主要用于墓室后部设有棺床的墓葬，即在棺床之下用平砖或侧立的砖间隔成渗水系统，至中部与主沟相连并通向墓外。个别墓室的前部设有砖砌祭台或砖榻，祭台数量一或两个不等，一般为一至三砖的高度。砖榻均为一个，系用砖侧立密排而成。

棺木置于墓室后部，清理时底面常见铁棺钉和漆皮。为防止渗水的侵蚀，部分墓室设有棺床，有的棺床上再摆放单块或呈排状的垫棺砖，以此抬高棺木高度。棺床用长方形砖铺设而成，一般采用多铺一层底砖的方法，也有铺设两层的，在与前部交界处侧立一排形似包边的横砖。

单个墓葬的随葬品因被盗的缘故而与原数量有所出入，其中在10件以下的有71座，未遭盗掘的墓中器物一般在15件左右，最多者19件。

属于此类型式的代表性墓葬有：

例1 93安·天M1。墓向15°。长方形，长4.86、宽2.54、残高1.12米。铺底砖呈编织纹形，墓壁为三顺一丁结构。前壁中间开有宽0.74米的墓门，封门砖已无存。券顶已坍塌。在墓室前端两侧砌有高6厘米的祭台。墓砖面均模印绳纹，部分砖侧模印有"永和二年二月十三日辛"及"卯杨裳物故时太岁在西"的铭文。随葬品残存9件，铁刀位于后部，置于左侧祭台上的有陶罐5件，盘口壶、纺轮、灶各1件。（图2-60）

例2 87龙·东M2。墓向340°。长方形，长4.46、宽2.5、残高1.32米。铺底砖呈"人"字形结构，墓壁为平砌错缝。前壁中间开有墓门，宽1.46米，封门砖为平砌错缝结构。券顶已坍塌。在前壁东侧自底向上0.4米处设有一个立面呈"凸"字形的壁龛，高0.22、宽0.10米。墓砖面模印叶脉纹与钱纹的组合纹饰，侧面饰对角三角形纹。随葬品残存19件，大部分位于东侧，少量在后壁处。计有陶壶10件，罐3件，罍、洗、灶、井各1件；铁刀、铁

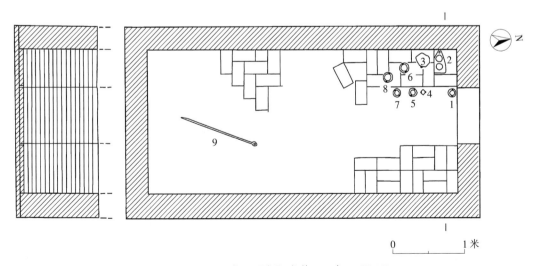

图2-60 三类A型I式墓93安·天M1

1、5、7、8. 硬陶罐 2. 泥质陶灶 3. 硬陶盘口壶 4. 硬陶纺轮 6. 硬陶弦纹罐 9. 铁刀

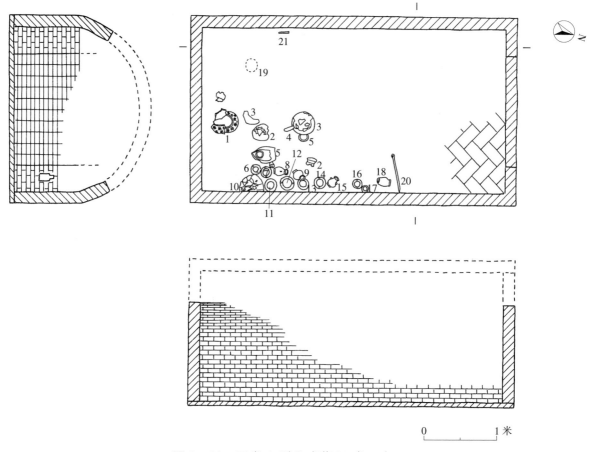

图 2-61　三类 A 型 I 式墓 87 龙·东 M2

1. 印纹陶罍　2、7~9、11、13~16、18. 硬陶盘口壶　3. 泥质陶洗　4. 铁削　5. 泥质陶灶　6、10、12. 硬陶罐　17. 泥质陶井　19. 漆器痕　20. 铁刀　21. 铁棺钉

削和漆器各 1 件。（图 2-61）

　　例 3　05 奉·南 M133。墓向 253°。长方形，长 3.4、宽 1.88、高 1.78 米。铺底砖为编织纹形。墓壁采用平砌错缝砌法，其中前壁为双重砖。墓门位于前壁中间，高 1.16、宽 0.80 米，封门砖用双砖错缝平砌。自底向上 0.60 米处改用刀形砖起券。墓砖面模印菱形纹。随葬品共 12 件，其中铜五铢钱和铁带钩、刀随身入棺，其余分置于一侧和前端，计有陶罐 5 件，陶罍 2 件，陶盘口壶和铜镜各 1 件。（图 2-62；图版一九：1）

　　例 4　92 上·后 M17。墓向 177°。"凸"字形，总长 4.51 米。甬道长 1.23、宽 1.42 米，两壁为双砖并砌结构。墓室呈长方形，长 3.28、宽 1.84、高 2.60 米，铺底砖为两横两纵形式，墓壁采用平砌错缝砌法，自底向上 1.80 米内收成券，券顶缝中嵌塞陶罍残片。墓室后部设有砖砌棺床，高 0.05、长 2 米，宽与墓室相等。铺底砖下设有一条排水沟，自墓室后端通向墓外；沟的前段盖砖、后段覆瓦，横截面呈方形。墓砖砖面模印几何形纹。随葬品残存 6 件，计有陶灶、陶甑、铜五铢、琥珀耳珰各 1 件，铁釜 2 件。（图 2-63；图版一九：2）

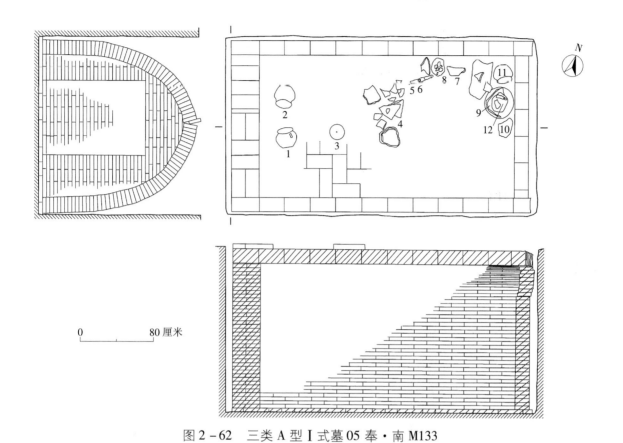

图 2－62 三类 A 型 I 式墓 05 奉・南 M133

1、2、7、9、11. 硬陶弦纹罐 3. 铜镜 4. 硬陶盘口壶 5. 铁刀 6. 铜五铢 8、10. 高温釉陶罍 12. 铁带钩

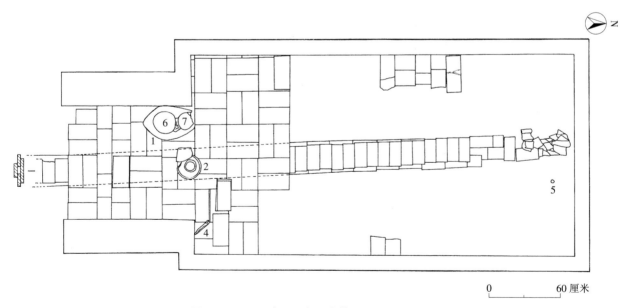

图 2－63 三类 A 型 I 式墓 92 上・后 M17

1. 泥质陶灶 2. 泥质陶甗 3. 琥珀耳珰（填土中出） 4. 铁棺钉 5. 铜五铢 6、7. 铁釜

例5　03长·卞M2。该墓打破同一墓地中的M1,自身又被M10打破。墓向5°。由墓道和墓室两部分组成。墓道长6、宽1.60米,底面平整并与墓室底面持平,在距墓门4米处用大石块封堵。墓室呈长方形,长4.85、宽2.40、残高2.40米。墓壁为双层平砌错缝结构,自底向上1.50米处用扇形砖内收成券;墓门高1.30、宽1.10米;分为前后两部分,前部为三重券,起券高度为0.95米;后部分为单券,起券高度为0.78米。封门砖顶部为平砌错缝结构,共四层,以下均为侧立的丁砖形式。铺底砖呈"人"字形。墓室后部设有棺床,高0.16、长2.56米,宽度与墓室相等。棺床下有一层用侧砖交错间隔铺设的渗水系统。所用墓砖中,斧形砖的下端面模印"万岁"二字;扇形砖下端面模印"万岁不败"四字。随葬品仅存3件,均散布于前室。计有陶罐2件、盘口壶1件。(图版二〇)

例6　84上·严M248。墓向326°。长条形,长3.5、宽1.28、残高1.05米。无铺底砖。墓壁为平砌错缝。底面摆放有两组垫棺砖,前后相距1.35米。随葬品共16件,均置于墓室前端。计有陶瓷小盅7件,耳杯3件,罐、锺、盆、壶、盏各1件;铁削1件。(图2-64;图版二一)

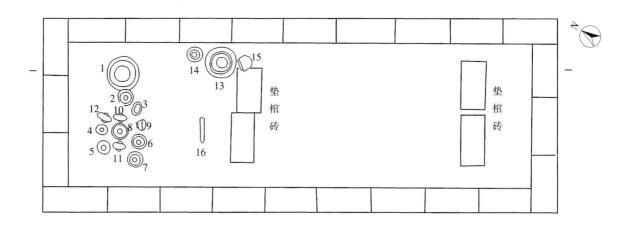

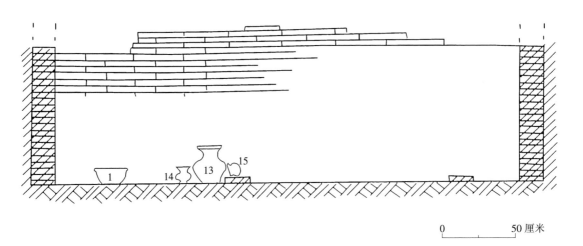

图 2 - 64　三类 A 型 I 式墓 84 上·严 M248

1. 低温釉陶盆　2~8. 酱色瓷小盅　9. 酱色瓷盏　10~12. 酱色瓷耳杯　13. 硬陶锺　14. 酱色瓷盘口壶　15. 硬陶弦纹罐　16. 铁削

例 7 93 上·驮 M30。墓向 110°。"凸"字形，总长 6.34 米。甬道结构与墓室同，长 1.59、宽 2.02、残高 1.4 米。墓室呈长方形，长 4.75、宽 2.73、残高 2.92 米。铺底砖为两横两纵结构，墓壁下端为八顺一丁砌法，其上用单砖或双砖纵横间隔错缝平砌，自底向上 1.10 米处用大型扇形砖构筑成券顶。墓室后部砌有棺床，高 0.15、长 3.70 米，宽与墓室相等。在所用墓砖中，扇形砖正面模印菱形纹，内侧模印叶脉纹和菱形、三角形等几何纹样；长方形厚砖正面模印绳纹，侧面模印三朵花卉状图案（中间为莲瓣、左右为柿蒂状花卉）；长方形薄砖侧面模印有"永元八年"纪年铭文，其间用钱纹和菱形纹相隔；长方形条砖侧面模印左青龙、右白虎画像。随葬品残存 10 件，多散弃于椁室前部。计有陶罍 3 件，罐、耳杯各 2 件，五管瓶、甂各 1 件；铁刀 1 件。（图 2－65；图版二二）

例 8 92 上·后 M16。墓向 270°。刀形，由墓道、甬道和墓室三部分组成，总长 11.8 米。墓上残留有部分封土。墓道长 6、宽 1.80 米，底面平整，终端与甬道底面持平。甬道位于墓室前端右侧，长 1.25、宽 1.36、残高 1.80 米。甬道口内用砖封堵，封门下部呈曲折形，上部为平砌错缝结构。墓室呈长方形，长 4.58、宽 2.74、高 3.41 米。墓壁采用平砌错缝砌法，自底向上 1.44 米处内收起券，券缝嵌塞陶罍残片。铺底砖呈编织纹结构。铺底砖下设有长 4.50 米的排水沟，自甬道底通向墓外。封门砖侧面大多模印有"永元十三年辛四"纪年铭文。随葬品仅存残片，种类有陶五管瓶、罍、罐。（图 2－66）

例 9 84 上·严 M155。墓向 308°。刀形，总长 4.92 米。甬道位于右侧，长 0.90、宽 1.28、残高 1.30 米，结构同墓室。封门砖封于甬道口内，为曲折形结构。墓室呈长条形，长 4.02、宽 1.76、高 1.94 米。铺底砖为两横两纵形式。墓壁采用平砌错缝砌法，自底向上 1.24 米处内收起券，券缝内嵌有瓦片和陶片。随葬品散弃于墓室前部，计有陶瓷罐 6 件，罍、盘、五管瓶、甂、房屋模型、汲水罐各 1 件，残铁器 1 件。（图 2－67；图版二三）

例 10 73 上·蒿 M52。墓向 270°。刀形，总长 5.93 米。甬道位于右侧，长 1.08、内宽 1.28、残高 0.92 米，自底向上 0.72 米处改用刀形砖内收起券。封门砖共两道，均位于甬道口内，为平砌错缝结构。墓室呈长条形，长 4.85、宽 2.4、残高 1.32 米。铺底砖呈两横两纵结构。墓壁采用平砌错缝砌法，后部设有高 0.18、长 2.88 米，与墓室等宽的棺床，棺床前沿以一排竖砖包边。铺底砖下设有排水沟，自棺床前沿通向墓外；沟横截面呈方形，内宽 0.18、高 0.13 米。墓砖有平砖和楔形砖两种，砖的两面均模印四组叶脉纹，每组叶脉纹的角上带"回"字纹或菱形纹。模印隶体铭文，其外为直线边框。铭文内容有："永初三年八月作大（太）岁在己酉"；"永初三年八月孟氏作（其）辟龙己酉"，其中"月"、"龙"二字系反体；"永初三年七月作长尺七寸广八寸"，其中"七"、"长"及后一"寸"字系反体；部分砖面模印"宜官（？）"二字。随葬品共 12 件，除五管瓶置于棺床后部右侧，其余均摆放于椁室前部，计有陶罐 4 件，锺、罍、簋、碗、耳杯各 1 件以及铁镢斗、刀各 1 件。（图 2－68）

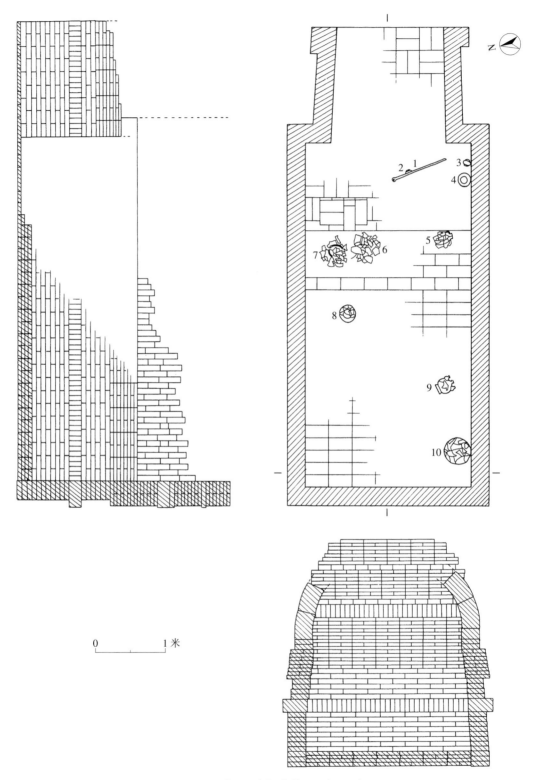

图 2 - 65　三类 A 型 I 式墓 93 上·驮 M30

1. 铁刀　2、3. 泥质陶耳杯　4. 低温釉陶罐　5. 高温釉陶筒形罐　6、7、10. 印纹陶罍　8. 泥质陶甑　9. 高温釉陶五管瓶

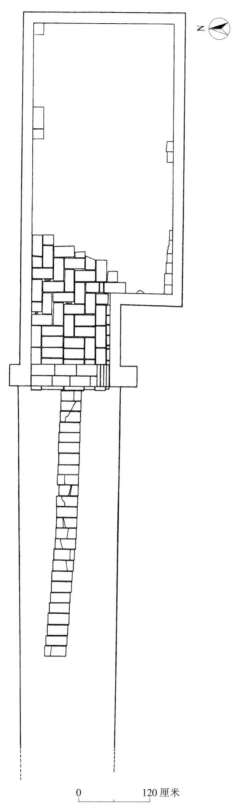

0　　　120厘米

图 2 - 66　三类 A 型 I 式墓 92 上·后 M16

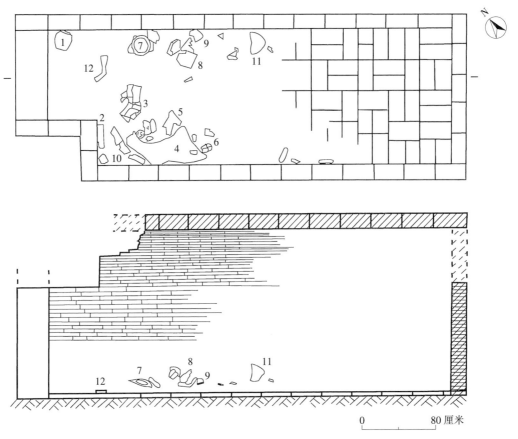

图 2-67　三类 A 型 I 式墓 84 上·严 M155

1、5、7、9~11. 硬陶弦纹罐　2. 青瓷印纹罍　3. 青瓷盘　4. 泥质陶房屋模型和汲水罐　6. 硬陶
五管瓶　8. 泥质陶甑　12. 残铁器

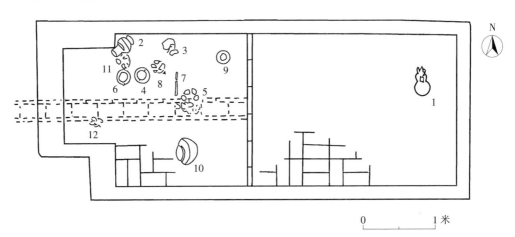

图 2-68　三类 A 型 I 式墓 73 上·嵩 M52

1. 低温釉陶五管瓶　2. 硬陶锺　3. 低温釉陶簋　4. 硬陶弦纹罐　5. 低温釉陶小罐　6、11.
低温釉陶罐　7. 铁刀　8. 低温釉陶耳杯　9. 低温釉陶碗　10. 印纹陶罍　12. 铁镰斗

2. 三类 A 型 II 式墓（土圹券顶多室单葬墓）

共 13 座，占三类 A 型墓的 6.60%。其中湖嘉余地区 11 座，宁绍和温丽台地区各 1 座。

墓葬的基本特征为：墓室布局仿造阳宅形式，有明确的前后室间隔。

墓葬普遍被盗。平面有长方形和"凸"字形两种。长方形2座，长7.52～7.85、宽2.58～2.90米。"凸"字形4座，总长4.95～7.85米，甬道长0.80～1.10、宽0.57～1.14米，墓室宽2.40～2.56米。墓内用砖墙间隔成前长后短的两室，前室长2.07～4.76、宽1.88～2.58米，后室长2.72～3.58、宽2～2.90米。砖墙中间或一侧设有拱门，两侧砌有砖柱，砖柱的外半部分嵌入墓壁内。

属于此类型式的代表性墓葬有：

例1　08湖·白G4M11。墓已被盗。墓向210°。"凸"字形，总长8米。甬道内长0.80、内宽1.14、高1.12米；铺底砖呈编织纹结构；墓壁采用双重平砌错缝砌法，自底向上1.60米内收成券。封门已残。前室呈长方形，内长2.88、内宽2.40、残高1.96米；墓壁采用双重结构，其下部砌法为八顺一丁和七顺一丁，上部为平砌错缝。前后室交界处设有带拱门的隔墙，拱门进深0.40、宽1.28、残高2.24米；隔墙采用平砖纵横铺砌法，靠墓壁的两侧在砌至第七层时向外移半砖起券，券顶下部外侧嵌入墓壁内，致使墓壁和隔墙下部的六层砖成为"基墙"。后室近方形，内长2.72、内宽2.40、高2.04米；铺底砖共上下三层，其中中间一层为纵向侧立，用以排泄墓内积水；两壁结构与前室相同。所用墓砖侧面和端面分别模印"万岁不败"、"万岁"铭文，部分砖的正、背面饰绳纹或以重圈为中心的放射线纹。（图2-69；图版二四）

例2　05奉·南M184。墓向186°。整体由甬道、主室和耳室三部分组成。甬道呈近方形，内长0.7、内宽1、残高0.6米；封门砖位于甬道口内，为平砌错缝结构。主室呈长方形，内长3.76、内宽1.82、残高0.88米；铺底砖结构前后不同，前端无规律，后部为横向错缝平铺；墓壁采用平砌错缝砌法。耳室位于主室前端左侧，呈近方形，进深0.79、内宽0.56、残高0.66米；砌筑方法与主室相同。墓砖两面模印重菱形纹。随葬品仅存5件，其中银指环见于主室后端，其余的分别出土于甬道和耳室内，计有陶罐、罍和铁镰斗、釜各1件。（图2-70；图版二五：1）

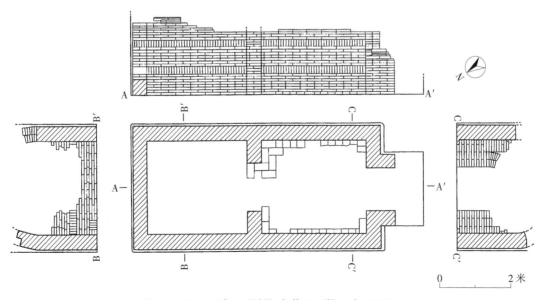

图2-69　三类A型Ⅱ式墓08湖·白G4M11

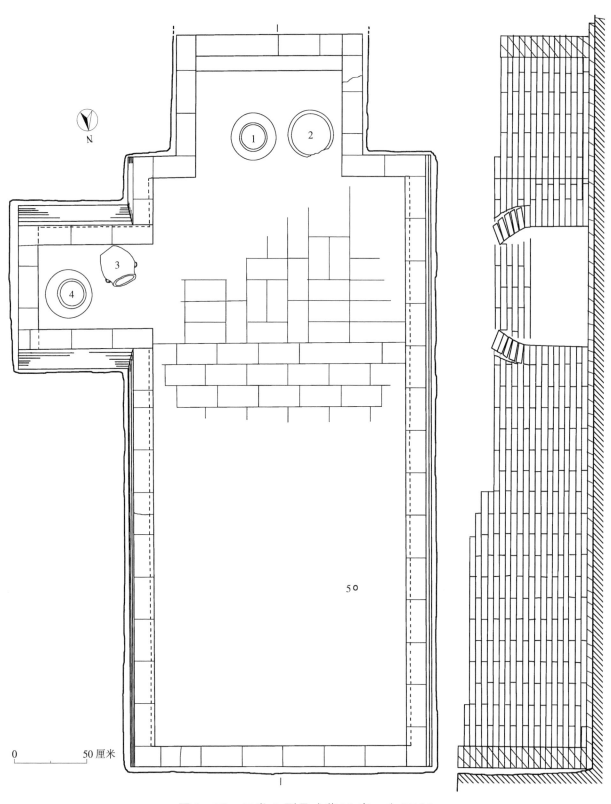

图 2 - 70　三类 A 型 II 式墓 05 奉·南 M184

1. 铁釜　2. 铁镦斗　3. 硬陶罐　4. 印纹陶罍　5. 银指环

例3 03 长·卞 M3。该墓封土打破同一墓地中 M8 的封土。墓向 18°。长方形，整体由护墙、墓门、甬道、前室、耳室、过道和后室所组成，全长 8.20、宽 3 米。墓壁为四顺一丁，铺底砖呈横向错缝平铺。护墙位于墓门外两侧，长 0.72、宽 1.14、高 1.30 米；墙体采用双重上下纵横交错的砌筑方法，厚 0.36 米。墓门宽 1.06、进深 0.77 米，门内残存有高 0.70 米的封门砖，作平砌错缝结构。甬道长 1.10、宽 0.74、高 1.38 米，自底向上 0.84 米处内收成环形重券。前室呈近方形，长 2.07、宽 2、残高 1.60 米；起券高度为 1.07 米，券顶采用四隅券进式的穹隆顶结构，其外缘砖与砖的空隙处部分填塞有碎砖。前室两侧后端各设有一个单券顶的小耳室，耳室底部高于铺底砖 0.20 米，后壁突出墓室壁 0.12 米。其中东耳室长 0.37、宽 0.59、高 0.36 米，西耳室长 0.37、宽 0.62、高 0.33 米。在前室的四隅各设有一个壁龛，底部高度与耳室相同。壁龛大小微有不同，大者长 0.18、宽 0.14、进深 0.30 米，小者长 0.18、宽 0.09、进深 0.28 米。过道长 0.76、宽 1.10 米，自底向上 1.40 米处内收成环形重券。后室平面呈长方形，长 3.58、宽 2 米，自底向上 1.33 米处以四隅券进的方式构建成穹隆顶。

所用墓砖有两种，砖面均模印五组古钱纹和叶脉纹的组合纹饰。其中长方形规格为 37×18.5×5 厘米，端面有"万岁"、侧面有"万岁不死"铭文。刀形砖规格为 37×18.5×4~5.5 厘米，侧面饰几何纹、端面有"万岁"铭文。随葬品仅印纹陶罍 1 件，残存于前室。（图版二五：2）

例4 03 长·卞 M7。该墓打破同一墓地中 M4 的墓道。墓向 90°。由墓门、甬道、前室、过道和后室等部分组成，全长 6.48、宽 2.60、残高 1.48 米。墓门和甬道均为重券顶，起券高度为 0.70 米。墓门进深 0.80、宽 1.08、高 1.15 米。封门砖位于墓门外，分为内外两道。甬道长 0.57、宽 1.02、高 1.15 米。前室呈横向长方形，长 1.88、宽 2.44、残高 1.46 米；两壁结构为平砌错缝，自底向上 0.65 米处起，用斧形砖以四隅券进式的方法筑成穹隆顶，铺底砖为纵横相间的编织纹形式。前室的南侧设有砖榻，系用两排侧砖构建而成，砖榻的前后端分别与甬道和过道壁紧贴，长 1.88、宽 0.74、高 0.18 米。在前室南壁稍偏西处砌有一个耳室，长 0.50、宽 0.70、高 0.76 米，耳室底部与砖榻面近平，壁面采用平砌错缝结构，向上 0.54 米处内收成穹隆顶。过道宽 0.96、进深 0.56、残高 1.20 米，自底向上 0.60 米起改用刀形砖内收成重券。后室呈近方形，长 3.08、宽 2.44、残高 1.14 米，墓壁结构、起券高度和券顶均与前室相同。铺底砖因被盗而基本无存。墓砖有两种，其中长方形规格为 35×17×5 厘米，砖侧和端面均模印古钱纹和几何纹的组合纹饰；刀形砖规格为 35×17×3.5~4.5 厘米，端面纹饰与长方形砖相同。（图版二六，图版二七：1）

例5 03 长·卞 M10。该墓封土被同一墓地中的 M8 打破，东部又打破 M2 封土。墓向 10°。长方形，由墓道、前室、过道和后室四部分组成，全长 11.6 米。墓道长 4.60、宽 3.60 米，在距墓门 2.80 米处用高 1.20、厚 0.90 米的石块封堵。墓室全长 7 米。墓门位于前壁右侧，双重券，分内外两进，其中内墓门长 0.40、宽 0.90、高 1.36 米，外墓门长 0.30、宽 1.40、高 1.60 米。封门砖为丁顺结构。铺底砖为"人"字形，墓壁均采用平砌错缝法，自底向上 1 米起，用长方形砖按四隅券进式内收成穹隆顶。前室长 2.38、宽 2.90、高 3.50 米。过

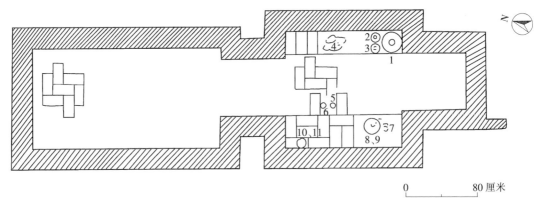

图 2-71　三类 A 型 II 式墓 90 湖·窑 M1

1. 青瓷罍　2、3. 青瓷罐　4. 铁镰斗　5. 青瓷碗　6. 青瓷盆　7. 石黛板　8、9. 镏金铜勺　10. 漆奁　11. 神兽镜

道位于前后室之间，其形式较为特殊，为主次两个拱门，主拱门位于中部，门高而宽，宽1.50、进深 0.40、残高 1.20 米。次拱门位于主拱门左侧，门低而矮；其西壁嵌入墓壁内，起券高度为 0.64 米；门宽 0.60、进深 0.40、高 0.76 米。后室平面呈长方形，长 3.12、宽 2.90米。墓葬用砖有两种，其中长方形规格为 36×18×5 厘米，砖侧模印四组叉线纹。刀形砖规格为 36×18×3~4.5 厘米，端面模印古钱纹和叉线纹的组合纹饰。（图版二七：2、3）

　　例 6　90 湖·窑 M1。墓向 160°。封土平面呈圆形，高 4、底部直径约 20 米。墓葬呈"吕"字形，全长 8.45 米。由甬道、前室、过道和后室四部分组成，底面略高于附近表土，似为平地起建。铺底砖呈"人"字形，其中后室铺二层，即高于前室一砖。双重壁，厚 0.37米，砌法为四顺至六顺一丁不等；自底向上 0.90 米起内收起券，券顶用斧形和刀形砖间隔组成。甬道内长 1.13、内宽 0.93、高 1.40 米；封门砖堵于甬道口内，结构为曲折形。封门右侧有一道用平砖叠砌而成的短墙。前室呈近方形，并略宽于后室，内长 2.01、内宽 1.96、高2.06 米；两侧砌有祭台，其中西侧祭台宽 0.37、高 0.12 米，东侧宽 0.18、高 0.06 米。在前后室之间设有内长 1.15、内宽 0.97、高 0.97 米的过道。后室呈长方形，内长 3.24、内宽1.74、高 1.8 米。斧形墓砖的小端面模印有"万岁"、"万岁永则"铭文。随葬品共 11 件，均置于前室祭台上，计有青瓷罐、罍、碗、盆各 1 件，镏金铜勺 2 件，铜镜（置于漆奁内）、铁镰斗、石黛板、漆奁各 1 件。（图 2-71）

　　（二）三类 B 型墓（土圹券顶砖室同穴合葬墓）

　　共 10 座，占三类墓的 4.67%。其中宁绍地区 8 座，占三类 B 型墓的 80%；湖嘉余和杭金衢地区各 1 座，各占 10%。墓葬的基本特征为：同穴合葬，券顶砖室结构。根据墓室多少的不同分为二式。

　　1. 三类 B 型 I 式墓（土圹券顶单室合葬墓）

　　共 7 座，占三类 B 型墓的 70%。主要分布于浙江东部，其中宁绍地区 6 座，湖嘉余地区 1 座。

　　墓葬的基本特征为：券顶，单室，合葬，合葬双方置于同一墓室内。

　　墓葬平面有长方形和带甬道的"凸"字形、刀形三种。长方形和刀形各 1 座。"凸"字形 3

座，总长 5.74~6.96 米，甬道长 1.30~2.30、宽 1.54~2.04 米，墓室长 4.43~4.66、宽 1.24~
3.28 米。墓葬结构以平砌错缝为主，三顺一丁结构的仅 1 座。铺底砖均为两横两纵形式。

随葬品因墓葬被盗的原因而与原数量不符，最多者 44 件，最少者 3 件。

属于此类型式的代表性墓葬有：

例1　83 鄞·高 M36。封土前部被同一墓地中的 M39 叠压。墓向 30°。封土呈圆形，高 1.60、
直径约 6 米，内含细沙与石粒。墓葬平面呈"凸"字形，总长 5.72 米，砖壁与土圹壁相距 0.04~
0.57 米。甬道偏于右侧，内长 1.44、内宽 1.28、内高 1.6 米。封门呈曲折形，封堵于甬道口外。墓
室平面呈长方形，内长 3.76、宽 2.32、内高 2.24 米。铺底砖为两横两纵结构。墓壁采用平砌错缝砌
法，自底向上 1 米处嵌有一层"咬土砖"，其上改用刀形砖内收成券。所用墓砖砖面模印有叶脉纹、
对角菱形纹、横线加戳印"回"字纹等。葬具仅存锥形棺钉。随葬品共 14 件，散弃于墓室和甬道
内，计有陶罐 9 件，陶锤、五管瓶、插器和铜五铢、玛瑙耳珰各 1 件。（图 2-72）。

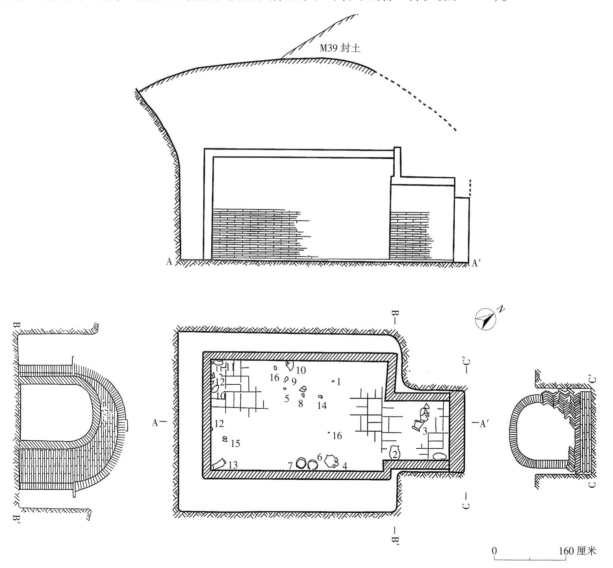

图 2-72　三类 B 型 I 式墓 83 鄞·高 M36

1. 铜五铢　2、5、6、8~11. 弦纹罐　3. 锤　4. 五管瓶　7. 玛瑙耳珰　12. 插器　13、15. 筒形罐　14、16. 铁
棺钉（未注明质地者均为硬陶）

例2　84上·严 M239。墓已被盗。墓向245°。平面呈"凸"字形，总长6.7米。甬道内长1.30、内宽1.28、内高1.65米。自底向上0.76米处内收起券。封门为内外两道，分别封堵于甬道口的内外，外道结构为平砌错缝，内道为曲折形。墓室平面呈长方形，内长4.75、内宽2.25、内高2.65米。无铺底砖，墓壁下部为三顺一丁，四组后改为平砌错缝砌法。自底向上0.98米处改用刀形砖内收成券，顶端高于甬道券顶1米。墓室中部各有一排垫棺砖，残长0.60、高0.10、前后相距2米。随葬品散弃于墓室后部，计有陶瓷耳杯9件，碗5件，罐3件，盆、汲水罐、盘口壶、罍、盅、盏、杯各2件，锺、五管瓶、火盆、釜、瓿各1件；铜五铢钱2件，铁削2件，砺石4件。（图2－73）

例3　83鄞·高 M24。墓向295°。平面呈"凸"字形，总长5.53米。甬道长1.22、宽1.55、残高0.64米，结构同墓室。封门位于甬道口内。墓室平面呈长方形，长4.31、宽

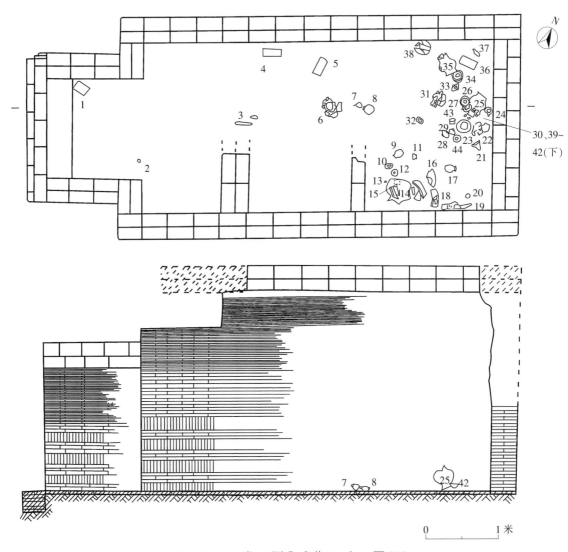

图2－73　三类 B 型 I 式墓84上·严239

1、4、5、36. 砺石　2、13. 铜五铢　3、15. 铁削　6、21、31. 硬陶弦纹罐　7、37. 酱色瓷杯　8. 泥质陶甑　9、17. 酱色瓷盘口壶　10、27～29、32、33、40～42. 釉陶耳杯　11、12、24、38、44. 硬陶碗　14、19. 酱色瓷小盅　16、43. 泥质陶汲水罐　18. 硬陶火盆　20. 泥质陶釜　22、23. 硬陶盆　25. 硬陶五管瓶　26、34. 酱色瓷盏　30、39. 印纹罍　35. 硬陶锺

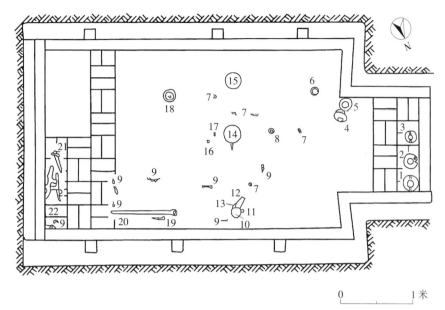

图 2 - 74　三类 B 型 I 式墓 83 鄞·高 M24

1、2. 硬陶弦纹罐　3、5. 硬陶筒形罐　4. 硬陶凹肩罐　6. 泥质陶残器　7. 铜五铢
8. 水盂　9. 铁棺钉　10、14. 铜神兽镜　11. 石研黛器　12. 石黛板　13. 黛条　15. 铜
博局镜　16、17. 玛瑙耳珰　18. 铁环　19、21. 铁削　20. 铁刀　22. 铁戈

2.66、高 2.44 米，砖壁距土圹壁 0.20 ~ 0.30 米。铺底砖为两横两纵结构。墓壁采用平砌错缝
砌法，其间按一定间隔夹杂有 "咬土砖"，自底向上 0.96 米处改用刀形砖内收成券。所用墓
砖的砖面模印有叶脉纹、对角菱形纹、羽毛纹、"米" 字填线纹等。葬具仅存棺钉，有蚂蟥襻
和直型钉两种。墓室前端在同一横轴线上分别放有三面铜镜，各镜相隔间距均匀，其间排列大
致有序的棺钉，推测该墓为三人合葬形式。随葬品共 21 件，其中右棺内头部有铜镜、石黛板和
研黛器及黛条，腰部有铁刀和铁削，足端有铁削和戈；中棺内头部有铜镜和一对玛瑙耳珰；左
棺内头部有铜镜和铜钱，腰部有铁环。其余置于甬道内，有陶罐 5 件，水盂 1 件。（图 2 - 74）

例 4　83 鄞·高 M40。后壁打破同一墓地中的 M37。墓向 20°。平面呈 "凸" 字形，总长
6.8 米。甬道长 2.44、宽 2.01、残高 1.15 米。甬道外两侧有 "八" 字形护墙，残高 1.15、长
0.62、宽 0.20 米。封门位于甬道口内，系曲折形结构。墓室平面呈长方形，长 4.65、宽 3.24、
高 3.59 米。铺底砖有上下两层，均采用错缝平铺形式，底面作前低后高的 5° 倾斜状。墓壁采用
平砌错缝砌法，自底向上 1.20 米处改用刀形砖内收成券。后壁因外力挤压而前倾，在向上 2.28
米的高度，有四块砖嵌入墙中，用途不明。铺底砖下设有防潮设施，系由渗水系统和排水沟两
部分组成。渗水系统布满墓室，系用长方形砖纵向平铺八排，每排间隔 0.10 ~ 0.14 米，其上为双
层底砖，由此形成七条宽 0.10 ~ 0.14、深 0.05 米的小水沟，并利用墓底的倾斜度将承接的墓内渗水
导入排水沟中。排水沟低于渗水沟，其顶部与渗水沟的底面持平，自墓室中部通向墓外 4.30 米处，
整沟残长 7.66 米，以纵向砖平铺为底，其上两侧各立一砖为壁，上盖横砖，沟孔宽 0.16、高 0.18
米。随葬品仅存 3 件，散弃于墓室与甬道交接处，计有陶罐、五管瓶、罍各 1 件。（图 2 - 75）

例 5　91 上·联 M301。墓向 260°。平面呈 "凸" 字形，总长 7.71 米。甬道长 1.96、宽
2.1、高 2.13 米，结构同墓室。封门位于甬道口内，为平砌错缝结构。墓室平面呈长条形，

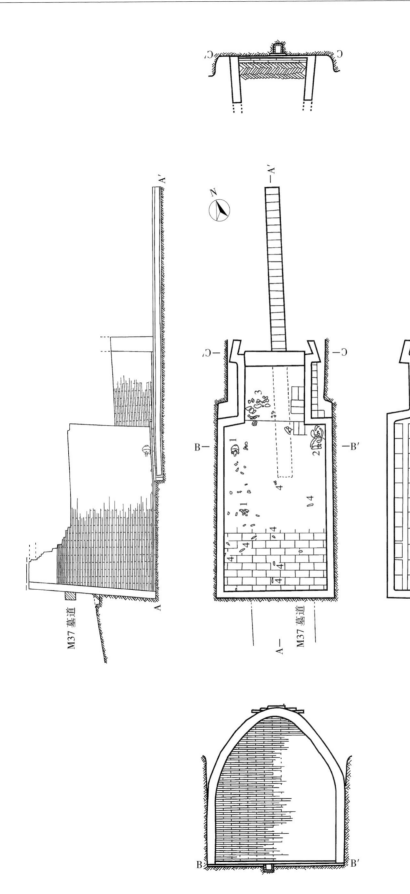

图 2 - 75 三类 B 型 I 式墓 83 鄞·高 M40

1. 硬陶五管瓶 2. 印纹陶罍 3. 硬陶弦纹罐 4. 铁棺钉

长 5.75、宽 3.25、高 4.18 米。铺底砖呈"人"字形。墓壁采用四顺一丁砌法。后部设有高 0.25、长 3.50 米，宽度与墓室内宽相等的棺床，系用五层平砖叠砌而成，其上残留有少量棺木漆皮痕迹。棺床面置有两排四组垫棺砖，每排长 1.20、前后相距 1.30 米，每组长 0.75、高 0.05 米，由三块砖横向平铺而成。墓砖面模印四组上下呈对角状的羽毛纹，纹饰中心饰有"十"字纹或钱纹，侧面模印钱纹和对角几何纹。随葬品 30 件，多散弃于墓室前部，计陶瓷耳杯 7 件，器足 3 件，碗、托盘、盆、釜各 2 件，锺、五管瓶、盘、勺、罐形熏、镣斗、灶、井、虎子、兽形器、堆塑器各 1 件，砺石 1 件。（图 2 - 76）

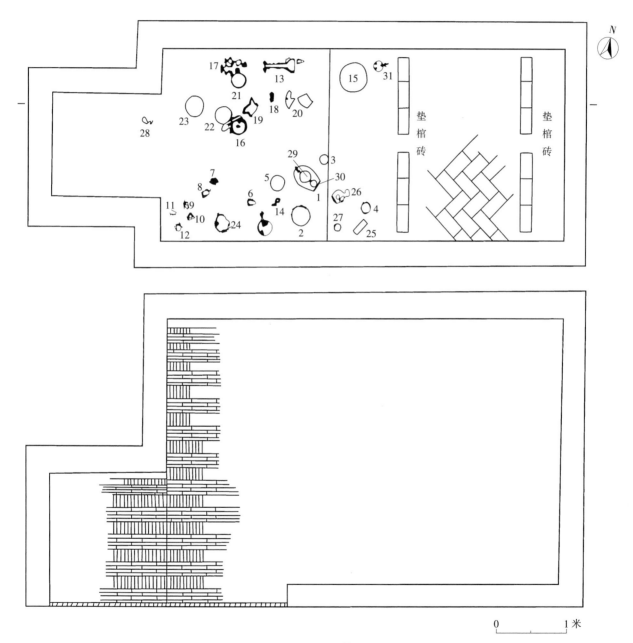

图 2 - 76 三类 B 型 I 式墓 91 上・联 M301

1. 灶 2. 酱色瓷井 3、4. 碗 5. 盘 6 ~ 12. 耳杯 13. 低温釉陶堆塑器 14. 勺 15. 锺 16. 五管瓶 17. 兽形器 18. 虎子 19、24. 盆 20. 镣斗 21. 熏 22、23. 托盘 25. 砺石 26 ~ 28. 器足 29、30. 釜 31. 铁棺钉（未注明质地者均为青瓷）

例6 10湖·小M4。墓向285°。平面呈"凸"字形，总长5.06米。甬道长0.76、宽1.38、高1.20米。封门砖位于甬道口内，系平砌错缝结构。墓室长4.30、宽2.05、残高1.96米。铺底砖呈"人"字形。墓壁下部为平砌错缝结构，五层后改为四顺一丁结构，自底向上0.45米处内收成券。墓室后部砌有一道纵轴向的隔墙，长2.46、宽0.18、高0.43米。隔墙两侧摆放棺木的空间宽窄不一，其中左侧宽0.64、右侧宽0.91米，其内残留有排列整齐的铁棺钉，靠后壁部位摆放有侧立的垫棺砖。随葬品仅残存1件硬陶罐。（图2-77；图版二八：1）

例7 93上·驮M31。墓向105°。平面呈刀形，总长6.35米。甬道长1.65、宽2.0、残高1.42米，结构同墓室，自底向上1米处内收起券。墓室平面呈长方形，长4.70、宽3.03、高2.89米。铺底砖为两横两纵结构。墓壁采用平砌错缝砌法，在一定间距内加塞一层"咬土砖"，自底向上1.60米处改用大型扇形砖内收起券。在所用墓砖中，大型扇形砖正面模印菱形

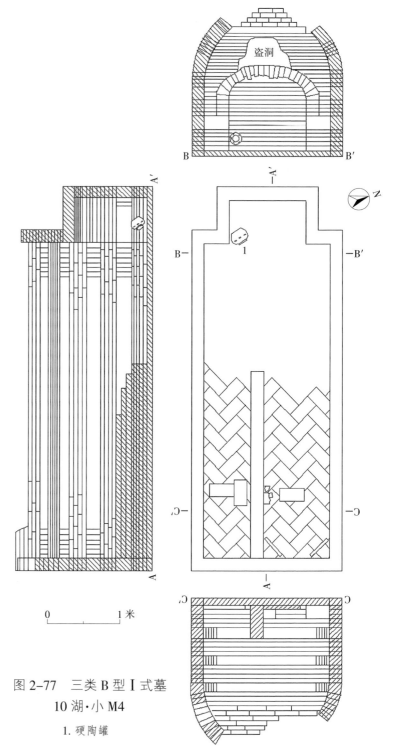

图2-77 三类B型I式墓
10湖·小M4
1. 硬陶罐

纹、"十"字与柿蒂组合纹饰，砖侧有叶脉纹、柿蒂纹、乳丁纹和齿轮状纹等；长方形厚砖正面模印绳纹，侧面模印青龙、白虎，中间以竖线间隔；普通长方形正面模印竖线放射状纹，砖侧印有"永元十二年"纪年文字，其中"永元"和"十二年"之间用两个铜钱纹和竖线菱形纹隔开，或在纪年文字两边各模印一个铜钱纹。随葬品共16件，多散弃于甬道内，个别位于墓室。计有陶罐3件，罍、五管瓶、盆、虎子、灶、井、汲水罐各1件；铜神兽镜、龙虎镜各1件；铁剑、削、镶斗各1件；砺石1件。（图2-78）

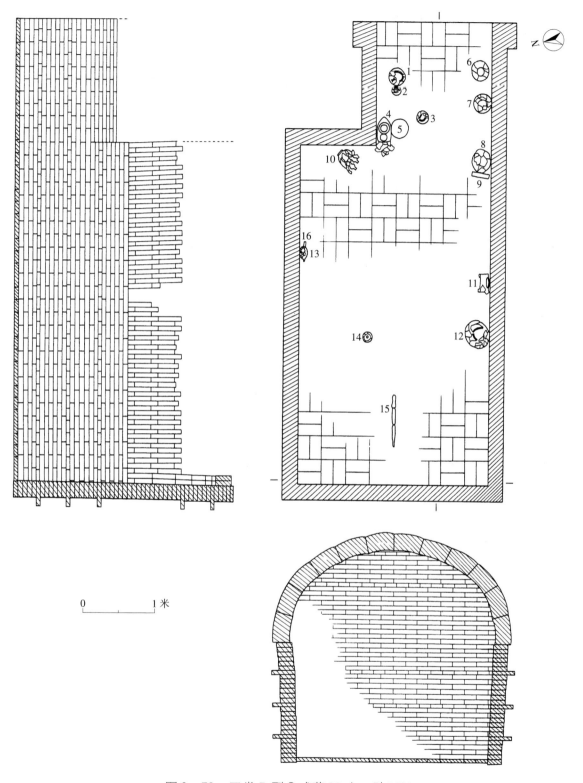

图 2－78　三类 B 型 I 式墓 93 上·驮 M31

1、7. 低温釉陶罐　2. 泥质陶汲水罐　3. 硬陶罐　4. 泥质陶灶　5. 铁镶斗　6. 高温釉陶盆　8. 泥质陶
井　9. 砺石　10. 高温釉陶五管瓶　11. 硬陶虎子　12. 印纹陶罍　13. 铜神兽镜　14. 铜龙虎镜　15. 铁
剑　16. 铁削

2. 三类 B 型 Ⅱ 式墓（土圹券顶多室合葬墓）

共 3 座，占三类 B 型墓的 30%。杭金衢地区 1 座，宁绍地区 2 座。

墓葬的基本特征为：多室合葬，合葬双方亦置于同一墓室内。

墓葬规模较大，墓内以砖墙或过道的形式间划分出不同用途的前后室。

例 1 82 嵊·剡 M17。墓向 21°。"中"字形。墓室内长 3.80、内宽 1.73。墓室铺底砖前部为两横两纵、后部呈编织纹结构；墓壁采用横纵间隔错缝的砌法，自底向上 1.20 米处内收成券。封门砖共两道，位于墓门内，厚 0.68 米。在墓口向内 0.70 米处，两侧各设有一个长方形耳室，内长 1.66、内宽 0.92、内高 0.90 米；铺底砖为平铺顺缝结构。棺木置于墓室后部，右侧人骨残存部分肢骨，其头朝向墓口；左侧尸骨全无。随葬品共 19 件（组），其中右侧棺内头部上方摆放铜镜、腰部右侧为铜指环和环首长铁刀，左侧有中型铁刀；左侧棺内头部分别摆放铜镜和铁削，头、足处各放一堆五铢钱。置于左右耳室的有陶弦纹罐、印纹陶罍各 3 件，盘口壶、泡菜罐、凹肩罐各 1 件；铁镰斗、釜各 1 件。（图 2－79）

例 2 78 奉·白 M3。被盗。墓向 5°。封土用黄沙土堆成，高 1.70 米。墓由甬道、前室、过道、中室和后室五部分所组成，全长 13.40 米。铺底砖前、中、后依次下降一砖高度，并呈两横两纵形式。墓门残高 0.88 米，左右两侧筑有门墙，长 0.86、宽 0.35、残高 0.88 米。墓壁砌法一致，底部两层平砌错缝后改为五顺一丁。封门为并列的内外两道，外道宽于甬道，宽 2.44、残高 0.88、厚 0.90 米；内道与甬道等宽。甬道呈长方形，长 1.80、内宽 0.98、残高 1.28 米。前室平面呈横向长方形，内长 3.85、内宽 2.15 米，残高 1.21～1.47 米。在前壁

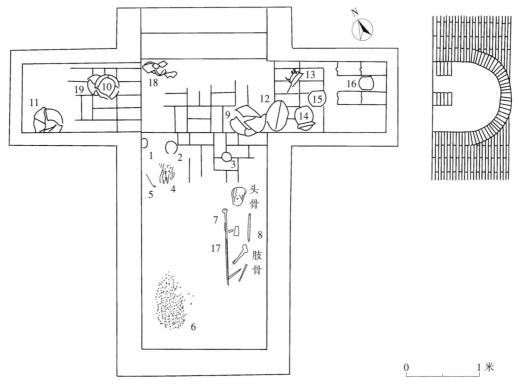

图 2－79　三类 B 型 Ⅱ 式墓 82 嵊·剡 M17

1. 硬陶弦纹罐　2、3. 铜镜　4、6. 铜五铢　5. 铁削　7、8. 铁刀　9～11. 印纹陶罍　12. 铁釜
13. 铁镰斗　14. 硬陶泡菜罐　15、16. 硬陶罐　17. 铜指环　18. 高温釉陶盘口壶　19. 硬陶凹肩罐

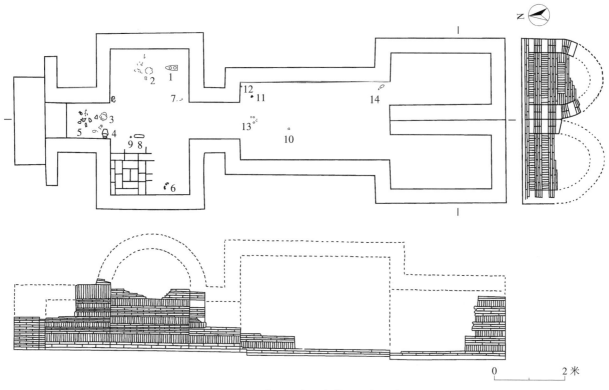

图 2 - 80 三类 B 型 II 式墓 78 奉·白 M3

1. 青瓷灶 2、3. 青瓷熏 4. 青瓷井 5. 青瓷五管瓶 6. 青瓷耳杯 7、14. 铁器 8. 买地券 9、13. 铜五铢
10. 金指环 11. 银指环 12. 砺石

左右各有一个长 0.20、宽 0.10、进深 0.08 米的壁龛。券顶横跨于前后两壁上。过道连接前室和中室，长 1.40、宽 0.95、残高 1.28 米。中室平面略呈长条形，长 4.05、内宽 2.05、残高 0.50 米。后室与中室间无过道连接，由并列的两个长条形小室所组成，各室内长 2.78、内宽 1.35、残高 1.64 米。至 0.79 米处开始内收起券，券顶采用四层刀形砖夹一层斧形砖的砌法构成，推测原高度为 2.4 米。后壁砌法为四顺一丁结构。铺底砖均为双层。墓砖面模印钱纹。在中室内残留有棺钉和常见于棺内之物的金银器和铜钱等，推测其为存放棺木的主室。随葬品残存 13 件，其中铜钱、金环、银环和砺石出于中室。瓷五管瓶、耳杯、熏炉、灶、井和铁器出于甬道和前室。此外，在前室中部出有一块砖质买地券，上有阴刻隶书砖文四行，文字漫漶，仅辨认："熹平四年六月……一直二万……西……人……"十二字。（图 2 - 80）

例3 07 余·义 M14。墓被盗。墓向 270°。整体由前堂和双后室组成，平面呈"T"型，全长 4.45 米。前堂平面呈横向长方形，内长 3.02、内宽 1.50、高 2.13 米。铺底砖作顺向对缝平铺，墓壁采用平砌错缝结构。前壁左侧设有墓门，宽 1.08、内高 1.34 米，为双重券顶结构，后端突入前堂内。封门砖采用平砌错缝形式封堵。前堂后壁分别开有两个拱门，并与左右后室相通。后室平面均呈长方形，内长 2.62、高 1.78 米，其中南室内宽 1、北室内宽 0.78 米。两室并列，其间以一道墓壁相隔，券顶各自分开砌筑。墓砖侧面模印有几何纹和菱形纹等。随葬品残存 6 件（组），多位于前堂和后室的四角，计有陶盘口壶 3 件，陶灶、井各 1 件，铜五铢钱 1 组。（图 2 - 81；图版二八：2）

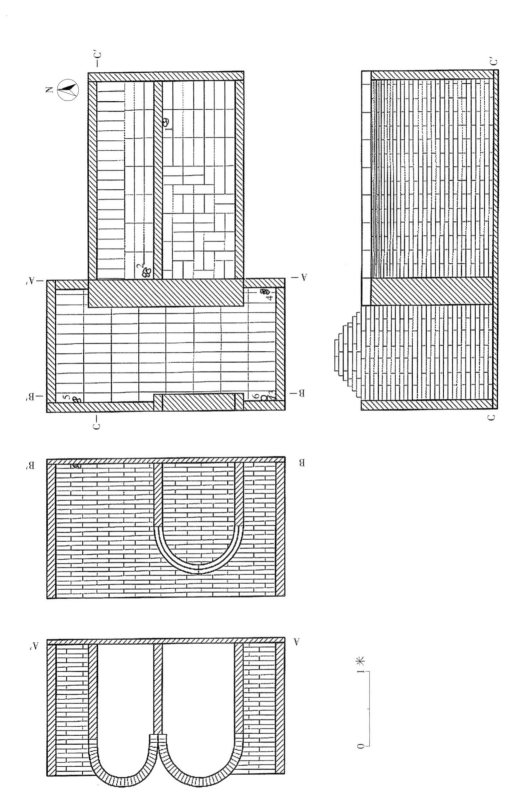

图 2-81　三类 B 型Ⅱ式墓 07 余·义 M14

1、2、5. 高温釉陶陶盘口壶　3. 泥质陶灶　4. 铜五铢　6. 泥质陶井

（三）三类 C 型墓（土圹券顶并列式异穴合葬墓）

仅 2 座，占三类墓的 0.93%，均分布于湖嘉余地区。

墓葬的基本特征为：由两个带券顶的墓室间隔组成，间隔墙中间或一侧往往留有一个方形小孔（俗称"神仙洞"）相通。属丁此类型式的代表性墓葬有：

例 1 10 湖·小 M2、M3。墓已被盗。墓向 285°。由两座并列且前后相错的券顶砖室墓组成，总宽 3.38 米。封门为平砌错缝，墓室前端内缩，形成一个长 0.20、宽 0.86 米的假甬道，自底向上 0.50 米处内收成券，券顶为双重结构。铺底砖呈排状纵横间隔。樽壁下端为三顺一丁结构，一组后均为平砌错缝，自底向上 0.60 米处内收成单券顶。在墓室前端下部有一个高 0.15、宽 0.14 米的"神仙洞"贯通于两室。随葬品均位于墓室前端。（图 2－82；图版二九）

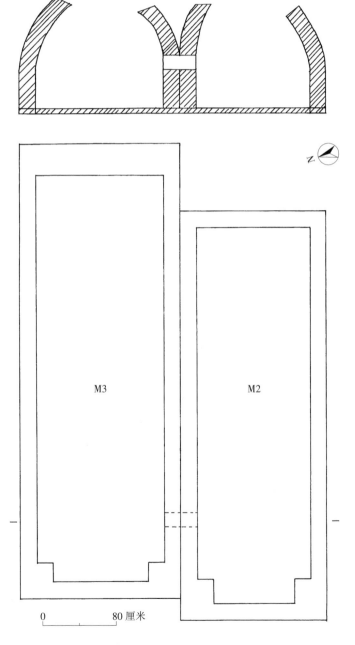

图 2－82 三类 C 型墓 10 湖·小 M2、M3

M2，位于南侧，长 4.32、宽 1.62、残高 1.16 米；随葬品仅存低温釉陶盆和铜五铢各 1 件。

M3，位于北侧，长 4.84、宽 1.74、残高 1.42 米；随葬品有泥质陶灶、釜、甑各 1 件，陶罍、罐的残片若干，铁削 1 件。

（四）三类 D 型墓（画像石墓）

共 5 座，占三类墓的 2.34%，均分布于湖嘉余地区。

墓葬的基本特征为：墓室建材砖石混用，以画像石装饰墓室。

墓葬平面呈"凸"字形的 3 座，呈长方形和"中"字形的各 1 座。铺底砖以平铺错缝为主，个别呈"人"字形。墓壁采取砖石混用构建，结构为三顺至五顺一丁。券顶采用三或四组刀形砖间隔一层斧形砖的形式成券。画像内容题材不同。

各墓随葬品因均被盗而与原墓内随葬数量不符，现每墓随葬品多在 10~16 件，最多者 35 件。

属于此类型的代表性墓葬有：

例 1　63 德·凤 M2。墓向 296°。平面呈"凸"字形，总长 9.30 米。封门结构下部为平砌错缝，上部呈曲折形。甬道长 1.8 米，底部铺有三层底砖，其结构自下向上分别为横铺错缝、"人"字形和顺缝平铺，其中下层用长方形砖，中、上层用虎首形方砖。墓壁采用五顺一丁砌法，两组后内收起券；券顶采用六层刀形砖夹一层斧形砖的形式构成，前端向前凸出一砖。甬道中间设有高 1.60、宽 1.70 米的石门，内段长 1、宽 1.20 米，石门外长 1.30、宽 1.70、残高 1.60 米。石门由六石构成，其中门楣长 1.82、宽 0.48、厚 0.30 米；左右门框两柱石，高 1.18、宽 0.44、厚 0.30 米；门扇高 1.20、宽 0.57、0.59、厚 0.13、0.12 米；门轴上端高出门扇 6 厘米，下为 4 厘米；石门限长 2、宽 0.45 米。墓室长 6.60、宽 2.80、残高 2.20 米。两壁为四顺一丁结构，铺底砖与甬道相同。墓室后部设有棺床，系在底砖上侧立一层长方形砖而成，长 3.80 米。其上纵轴线部位摆放有两条各长 1、宽 0.12、高 0.12 米的垫棺石，前后相距 2.20 米。在椁室前后部交界处的左侧，摆放有石矮榻、石案和石屏风。随葬品残存 10 余件，散布于墓内各处，种类有陶罐、案、盘、耳杯、奁、仓和铜钩、小帽、五铢钱以及滑石猪形手握。墓中长方形砖侧面模印"万岁不败"铭文。

墓内画像内容较为简单，其中门楣正面左为日中鸟，右为月中蟾兔，四周衬以祥云纹。门楣侧面刻有祥云纹；左右门框正面均刻侍人持彗迎客，其中右门框侧面刻青龙、左门框侧面刻白虎，左右门扇上刻朱雀、下为玄武。右屏风上刻有三组人物群像，画面漫漶不清。（图 2-83）

例 2　06 长·西 M1。构建于人工堆筑的熟土墩内。墓向 106°。墓上有高约 1.5 米的封土。墓室分别由墓道、前室、耳室和后室所组成，外围全长 7.86、宽 4.2、高 2.64 米。整体用块石和条石构成，间隙处填充小石块和碎砖。因故未能清理的墓道横断面显示，其开口大于底面，上宽 5.60、下宽 2.20、深 3.90 米，终端与墓底持平。墓门高 1.60、宽 1.18、进深 0.32 米，分别有门槛、门框、门和门楣组成。门槛用一块条石横卧而成，高 0.24、长 1.28、厚 0.10 米。左右门框竖立于门槛的两端，高 1.30、宽 0.46、厚 0.40 米。门框两旁设

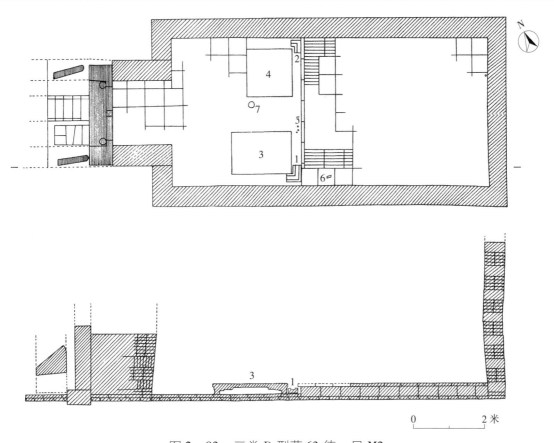

图2-83　三类D型墓63德·凤M2

1、2. 石槽座　3、4. 石榻　5. 银指环　6. 铁器　7. 泥质陶罐

有砖质挡墙，系丁顺结构，高1、宽0.56米。墓门共两扇（其中一扇发掘前已被挪至墓外），高1.26、宽1.44、厚0.12米。门楣两端压于门框上，高0.44、宽2.06、厚0.30米。前室平面呈方形，内长2.66、内高2.88米。两壁采用厚薄不等、长短不一的条石错缝叠砌，壁面陡直而规整。自底向上九层条石后改用块石构建券顶。底面用长方形块石平铺，自前向后共三排。耳室位于前室南壁中间处，平面呈近方形，高0.96、内长1.30、宽0.78米。左、右和后壁均用单块石板侧立而成，外侧各用两块厚薄不等的块石围砌和加固，顶上覆盖一块平整的石板。耳室口上方设有门楣，高0.56、宽1.58、厚0.34米。门楣面上装饰画像。后室略窄于和低于前室，整个砌筑结构与前室基本相同。平面呈长方形，高2.32、内长3.62、宽2.14米。底面高于前室0.16米。在后室的前端即与前室的交界处，两侧立有门框，内侧装饰画像。中间立有一根正方形石柱，高1.24、宽0.7、厚0.24米。门框和石柱上架有横梁，系用规整的长方形石板制成，长1.94、宽0.48、厚0.70米。墓室券顶采用块石叠涩法构成，共五层。其中自下向上第一和第三层两端（墓室转角的上方）的块石呈45°角斜置，内缘呈六角形，第二和第四层两端的块石作南北向横置，内缘呈长方形，第五层为顶层，用单块的长方形石板覆盖而成。由此墓顶内部形成一个藻井状的结构。（图2-84；图版三〇）

画像分布于后室门框内侧和耳室门楣正面。其中后室门框高1.18、长0.96、宽0.47米。画像由上下排列的三幅图案组成，南侧门框上饰白虎，两前腿弯曲似翼，一后腿后蹬，状极凶猛。白虎上方左右角各有一只飞鸟；下雕一作回首状的青龙，个体瘦长，状极凶猛，前腿

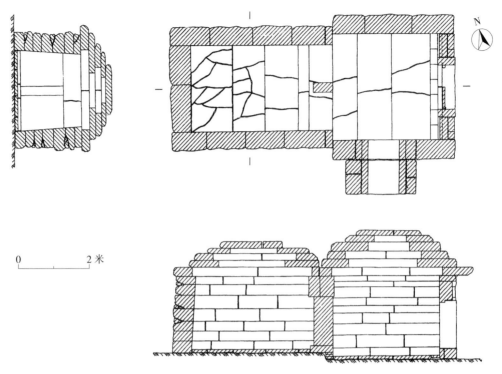

图 2-84　三类 D 型墓 06 长·西 M1

弯曲，后腿一弯曲，一伸长，有强大的蹬力感，似翼飞腾；中间为一侧身跪坐的人物，手持弓箭，头顶有一只飞翔的小鸟，背后饰祥云。北侧门框上雕朱雀，昂首展翅，双脚微钩，状似搏斗，勇捷威猛；下饰一鹿，昂首前望，悠闲漫步；中间部分图案因漫漶不清而尚难辨别。左右两幅画像中的白虎和朱雀头部均朝向西面（后室）。耳室门楣高 0.56、宽 1.58、厚 0.34米。内容为左（东面）青龙，右（西面）白虎。其龙首向西，虎首朝东。所见画像均采用剔地浅浮雕技法，在细部加饰阴线，线条纤细古朴，禽兽形体瘦削健劲。画像正面浮雕隆起突出，口边磨光，颇有立体感。（图版三一）

　　例 3　73 海·长 M1。墓向 170°。整体呈"中"字形，长 9.75、宽 4、残高 3.10 米。墓道残长 1.30、宽 1.72、高 1.60 米。墓门总宽 1.88、高 1.61 米。门楣、门柱、门扉、门槛均用条石砌筑。门楣长 1.88、宽 0.43、厚 0.22 米。门柱高 1.18、厚 0.22 米。门扉高 1.18 米，其中西门扉宽 0.50、东门扉宽 0.46 米。门槛与墓底相平，长 1.89、厚 0.22 米。门楣和门槛上凿有对称的门臼窝。门柱外侧内缘还凿有凹槽，以装门扉，门扉可向外开启。（图 2-85）

　　门柱东西两侧墓壁各用六块条石叠砌至与门楣齐。条石之上用砖叠砌，砌法为三顺一丁，现残存三组。在墓室中间设有隔墙，厚 0.41 米，下端为石砌，中部留有前后室的通道，高 1.17、宽 0.90 米。通道两侧的隔墙上部各有一个石棂方窗，高 0.40、宽 0.45 米。隔墙下部为石板，东隔墙中凿圆拱门状望窗，西隔墙刻一浮雕栱柱。通道的条石之上用长方形砖错缝平砌，现存三层。前室长 3.13、内宽 3.04、残高 2.90 米。东西两壁下端砌法同墓门两侧墓壁，高 1.61 米。条石上砌砖，亦如墓门两侧墓壁，连砌三组后，用刀形砖侧向叠砌数层起券，券顶中心用一列斧形砖竖砌嵌缝。在该室的西南角和西北角各有一个砖砌祭台，其中西南角的较大，长 1.22、宽 1.07、高 0.08 米。耳室分别构建于前室中部两壁外，长 0.57、

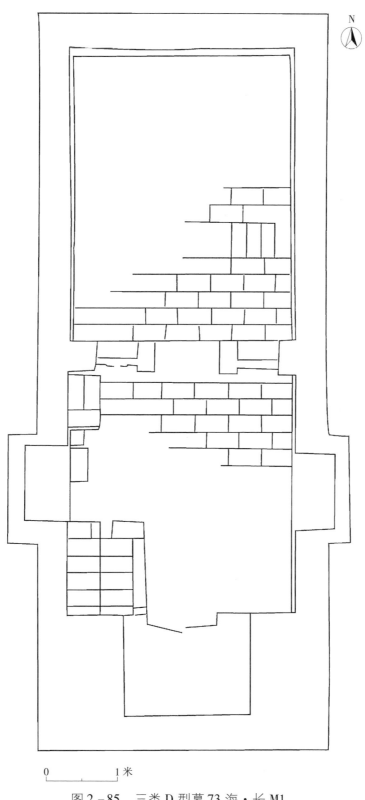

N

0　　　1米

图2-85　三类 D 型墓 73 海·长 M1

宽 0.97、高 1.07 米。后室长 3.77、内宽 3.01、残高 3.1 米。东西壁砌法与前室同。后壁用砖叠砌，中段砌成拱形顶，拱券之内砌砖如封门状，以示其后尚有后院。铺底砖共两层，系横向平铺错缝形式。此外，墓壁砖砌部位，全部粉刷一层石灰，厚约 1 厘米，出土时灰面上留有鲜艳的朱色涂层。随葬品残存 18 件，计有青瓷双耳罐、四系罐，泥质陶樽、盘、盆、钵、勺、耳杯、奁、案、男跪拜俑、女抚琴俑，铜剪边五铢钱，滑石猪各 1 件。墓砖有长方形、斧形、刀形三种，正背面均印有浅绳纹或叶脉纹。长方形砖规格为 45×22×7 厘米，砖侧两端饰三角和斜方格纹组成的几何形纹饰，中间为卷草叶纹，各组纹饰间及两端为两个长方形图案。斧形砖规格为 45×17~22 厘米，小端端面模印一隶书"天"字，中间为钱纹。刀形砖规格为 45×5~7 厘米，内侧面两端各为一组三角形，中间一组三角形的两斜线交叉处划一横向短直线，两端及各组纹饰之间各为两个长方形。

墓内共有大小画像石 63 块，其上刻有各类画像 55 幅，面积 22 平方米。除一幅嵌在墓门楣外侧上方，其余分布前室。其中墓门及南壁 18 幅，东壁 12 幅，北壁 11 幅，西壁 13 幅。画像内容除图案花纹和补白外，主要为墓室建筑图，如门扉上所绘朱雀、铺首，应为地面门庭的实用装饰，隔墙东侧的圆拱形望窗，应和西侧之拱柱相对应，释为圆门，表示通过该门进入另一个庭院；八个盘龙柱画面，系模仿地面建筑的象征性雕刻。墓主人生活画像，如车马出行归来图、宴饮图、炊厨图、车马库图和舞乐百戏画像等。祥瑞图，如凤凰、杜衡、麒麟、桃拔等。（图版三二~三四）

第三章　随葬器物

浙江汉墓出土的各类随葬品总计7878件（组）。计有：

1）陶瓷器。6121件（组），占随葬品总数的77.7%。其中日用器3746件，占陶瓷器总数的61.20%；礼器1678件，占27.41%；明器697件（组），占11.39%。（附表7）

2）铜器。823件（组），占随葬品总数的10.45%。其中钱币328件（组），占铜器总数的39.85%；铜镜230件，占27.95%；日用器151件，占18.35%；兵器32件，占3.89%；礼器31件，占3.77%；工具25件，占3.04%；其他15件，占1.82%；印章8件，占0.97%；乐器3件，占0.36%（附表8）。

3）铁器。551件，占随葬品总数的6.99%。其中兵器291件，占铁器总数的52.82%；炊器164件，占29.76%；工具74件，占13.43%；其他21件，占3.81%；服饰器1件，占0.18%。（附表9）

4）金银器。20件，占随葬品总数的0.25%。均为服饰器。

5）玉料器。121件（组），占随葬品总数的1.54%。其中服饰器110件（组），占玉料器总数的90.91%；明器7件，占5.78%；兵器附件4件，占3.31%。（附表10）

6）石器。164件，占随葬品总数的2.08%。其中日用器99件，占石器总数的60.36%；工具45件，占27.44%；明器13件，占7.93%；其他7件，占4.27%。（附表11）

7）漆木器。78件（组），占随葬品总数的0.99%。其中日用器37件，占漆木器总数的47.44%；残器31件（组），占39.74%；明器7件，占8.98%；娱乐器2件，占2.56%；兵器1件，占1.28%。（附表12）

由于葬具普遍腐坏坍塌、尸骨无存，器物的原始位置或多或少有所改变，因此，对于墓内随葬品的摆放位置，我们只能作一大致的判断。

棺内基本随葬小件器物，一般玉质玲、耳塞、鼻塞和琉璃或玛瑙质地的耳珰位于逝者头部；铜镜、铜削、铁削、石研黛器和黛板、漆奁等多摆放于头部两侧；其中铜镜往往盛放在漆奁或漆盒内，个别摆放于足端，且普遍为一棺一镜，仅有个别为两面上下叠压摆放的"鸳鸯镜"。

玉、水晶、玛瑙、琉璃等质地的装饰品，如璧、瑗、环、成串的珠子、配饰多位于胸前；铜带钩、印章、钱币和铁剑（含剑璏）、刀等摆放于腰部两侧。其中铜钱往往成串，一般每串在10～30枚，个别多达数百枚。钱穿内残留有串钱的细绳，外用丝、麻织物包裹。

　　棺外器物的摆放位置因墓葬类型的不同而各异。其中，大件器物在土坑墓和土坑砖椁墓中，多呈纵向单列或双排摆放于一侧或前端；在土坑木椁墓中则摆放于边箱、头箱内，个别中型墓中木椁前端还设有专门放置随葬品的器物箱；而在砖室类墓中则普遍置于前部。

　　部分随葬品的数量和放置具有一定的规律或配伍关系。具有规律性的器物有：鼎、盒、钫普遍呈偶数，一般为每墓一或两对，器物的大小、质地、纹饰基本一致，宛如孪生兄弟；壶、瓿、罐、罍往往大小配套。锺、五管瓶、灶、井普遍为单件出现；灶、井往往摆放在器物组的首端或尾部，极少插入其他器物之间。具有配伍关系的器物有：耳杯置于托盘上；勺摆于匜内；镳斗搁于火盆中，个别为上下连体；釜、甑套在灶眼上；汲水罐出自井底；研黛器放在黛板上。

第一节　陶瓷器

一　概述

　　陶瓷器是汉墓中最主要的随葬器物，按制作工艺和装饰技法的不同，分为泥质陶、釉陶、印纹陶及瓷器四大类。其中泥质陶又可分出泥质彩绘陶、泥质软陶及泥质硬陶三小类；釉陶又可分出高温釉陶和低温釉陶两小类；瓷器又可分出青瓷和酱色瓷两小类。（附表7）

　　（一）釉陶

　　釉陶数量占据各类陶瓷器之首，共计2872件（组），占陶瓷器总数的46.92%。根据烧成温度的高低、施釉方式的各异、器物质地的软硬程度不同，将其分为两小类。

　　1. 高温釉陶

　　2701件（组），占陶瓷器总数的44.13%。

　　高温釉陶是一种以黏土为原料、外表着釉的陶器，由于原料中氧化铝和氧化铁的含量较高，使胚体能在较高的温度中烧成。因其流行时间正处于原始瓷的衰落和成熟瓷器的兴起之间，因此，对探索中国青瓷的起源有着不可或缺的作用。

　　兴起于商周时期的原始瓷发展到战国时，种类以豆、碗、钵、罐、瓿等日用器为主，另有少量的仿铜乐器。装饰以素面为主，部分刻划弦纹。施釉采用刷釉或浸釉方式，施釉和未施釉部位的交界线十分明显。釉色色调较浅，以黄、青黄为主，釉层较薄，胎釉的结合度较高。器物的胎质较为细腻纯净，结构致密，吸水率较小。未施釉部分的露胎往往呈黄灰色，内胎多呈乳白或灰白色。器物普遍采用轮制成型，内壁往往留有制作时所留的旋痕。

　　与原始瓷相比较，高温釉陶的种类以汉代中原地区常见的鼎、盒、壶、钫等礼器为主，仅少量传承了本地越文化的器种，如瓿、罍等。器物的施釉可能采用淋或喷的方式，形成产品阳面着釉，阴面无釉的特征。以常见的敞口壶为例，其口沿内壁、颈肩交接部位至腹最大径处、内底中心（范围与颈的内径大致相等）均见釉，而口沿和颈部的外壁、腹最大径至底部则无釉。由于釉料中氧化铁的含量较高，釉的色调较深，多呈青绿、青黄及黄褐等色，釉层普遍略厚。釉与胎的结合程度因釉色的不同而疏密不一，其中青绿色釉普遍与胎壁结合致密，表面有较强的玻璃质感，有釉和无釉部位之间的交界线显得较为明显。黄褐色釉的胎釉结合程度则往往较差，器表有的出现橘皮状的聚釉；有的釉层大部流失，仅剩呈斑点状的零星釉层。同时，其施釉与未施釉部位之间普遍有一个呈针点状的过渡区域，使釉迹线显得较为模糊。

器物胎质优劣不同，优者接近原始瓷，内胎呈牙黄或淡黄色，结构致密而光滑。劣者接近硬陶，内胎呈深灰或烟灰色，结构相对疏松，胎内掺杂大量的石英颗粒，吸水率远大于原始瓷。也有部分胎内夹杂有黑色细粒，这些黑色细粒可能含有较多的锰元素，烧成后在器物釉层表面呈现形似铁锈斑的褐色。未施釉部位的露胎呈色有褐色、红褐色、灰褐色、暗红、红灰色、砖红色等。一般露胎的色调越深，釉层流失越多，反之，则釉层较好。

器物的装饰技法以刻划为主，也有部分拍印和少量的模印、锥刺、镂空、粘贴、切削等。装饰时根据需要或采用某种单一的技法，或两种和多种技法同时使用。纹饰内容主要为粗细和凹凸各异的弦纹、波峰形态不同的水波纹、朝向不一的叶脉纹、图案迥异的几何纹等；部分为人面纹、菱形纹、"S"形纹和鸟纹，亦有少量的动物纹、"山"字纹、人物纹、玉璧纹、兽面纹、勾连纹、锥刺纹、蟠螭纹、鸟纹等。

器物的成型有泥条盘筑、轮制、捏塑及模制等，并辅以套接、黏合等手段。一般小型器物均采用轮制；大型器物中的敞口壶、盘口壶等，肩、腹部采用泥条盘筑，颈部则为轮制，并相互黏结而成；而部分异形器，如灶、房屋和牲畜模型，则采用捏塑；另有零星器形采用模制，如麟趾金。烧成温度在1000℃以上。

由此表明，高温釉陶器虽然在装饰内容和技法、器物的成型与原始瓷互有异同，但在产品种类、施釉方法和釉色、原料等主要方面却与原始瓷迥然不同。因此，它并不是先秦原始瓷的发展和继续，而是在原始瓷中断后，在西汉开始重新烧制的一种新型陶器，并为东汉成熟瓷器的烧制成功打下了坚实的基础。

2. 低温釉陶

171件，占陶瓷器总数的2.79%。

低温釉陶是相对高温釉陶而言的一种陶器，两者在质地、成型、釉料、上釉方式及产品种类等方面存在着很大的差异。此类陶器的流行时间较为短暂，介于高温釉陶的消失和成熟瓷器的出现之间，其早期与高温釉陶、晚期与成熟瓷器均有一个短暂的共存阶段。

低温釉陶种类以罐、碗、钵、耳杯、托盘等日用器为主，也有部分明器，如五管瓶、火盆、镶斗、灶、井等。器物装饰纹样较为单一，以或凹或凸的弦纹、流畅的水波纹和工整的叶脉纹占大宗，亦有零星的鸟兽堆塑等。装饰技法以刻划为主，辅以少量的拍印、镂空、粘贴和堆塑等。器物采用浸、刷的上釉方式，着釉部位外壁均至近底处，其中碗、钵、耳杯等大部分器物往往内壁满釉。釉色以青绿色为主，部分呈青黄色，少量为酱色，其中青绿和青黄色多有较强的光泽感，酱色釉则光泽感较差。无釉部分露胎多呈红灰色，少量为砖红色。釉层较厚，胎釉结合程度较差，大多器物的釉层常作片状脱落。内胎均为砖红色，质地细腻而酥软。器物的成型方法以轮制为主，少量采用手制（捏塑、泥条盘筑等），并辅以黏合、套接、堆塑等手段。烧成温度一般在700℃左右。

（二）泥质陶

泥质陶在随葬品中的数量仅次于高温釉陶，总计 2348 件（组），占陶瓷器总数的 38.36%。根据烧成温度的高低、装饰手法的差异，往往将其分为：

1. 泥质彩绘陶

64 件（组），占陶瓷器总数的 1.05%。

泥质彩绘陶（以下简称"彩绘陶"）质地与泥质软陶相同，因器表以各种彩绘作装饰，具有鲜明的楚文化特征和时代意义而单独划分。器物种类主要有豆、鼎、盒、钫、壶等。器表用红、白、黄等色绘出各种形态不一的旋涡纹、勾连纹、圆圈纹、三角形水波纹等，图案繁缛而有神秘感。器物质地细腻而酥软，胎呈灰色。制作方法以轮制为主，个别采用捏塑后分片黏合而成，如灶。烧制温度在 700℃～800℃。

2. 泥质软陶

584 件（组），占陶瓷器总数的 9.54%。

泥质软陶（以下简称"泥质陶"）是对应泥质硬陶而言的一种泥质陶器。此类质地主要用于各类明器的制作，如灶、釜、甑、井等。器物装饰以素面为主，也有零星的刻划纹和镂空装饰等。器物质地细腻而酥软，露胎有黑、黑灰、灰等色，内胎普遍呈灰黑色。器物采用黏土为原料，成型方法以轮制为主，部分为手制，同时结合黏合、套接等手段。烧制温度在 700℃～800℃。

3. 泥质硬陶

1700 件（组），占陶瓷器总数的 27.77%。

泥质硬陶（以下简称"硬陶"）是以可塑性较强的黏土为原料的一种泥质陶器。此类质地主要用于制作各类日用器，尤以各种罐占大宗，亦有少量的鼎、盒、瓿、五管瓶及灶等。器物装饰纹样以各种粗细不同和凹凸各异的弦纹、波峰形态不一的水波纹、朝向不同的叶脉纹为主，部分为人面纹和兽形堆塑。装饰技法以刻划为主，少量采用模印、粘贴和切削。装饰时根据需要或采用某种单一的技法，或两种和多种技法同时使用。器物露胎呈色多样，分别有灰褐色、红褐、暗红、红灰、砖红等色。一般色调越深，烧制温度越高。质地基本可分为两类，一类较为粗糙，内含零星的细砂；一类较为细腻、纯净。内胎呈色与露胎大致相同。成型方法以轮制为主，少量为手制（捏塑、泥条盘筑等），同时结合黏合、套接等手段。烧成温度高低不同，一般在 800℃～1000℃。

（三）印纹陶[①]

总计 702 件（内有泥质陶 6 件，硬陶 503 件，高温釉陶 176 件，青瓷 17 件），占陶瓷器总数的 11.47%。

印纹陶器是一种以黏土为原料，采用泥条盘筑法成型，器表通体拍印各种几何纹的陶瓷器。制作时，为使上下泥条间的衔接更加致密，内壁用陶托或手指抵住，外壁用带纹饰的陶

---

① 印纹陶是一种以纹饰命名的器种，其质地有高温釉陶、泥质硬陶、青瓷等。由于此类器物在反映地域特色和文化传承中具有重要的作用，因此，本文在叙述和数量统计中将以拍印技法装饰器表的陶瓷制品均纳入印纹陶中。

拍对胎体进行拍打和压实，因而内壁普遍留有较为匀称的盘筑和陶拍或手指的抵压痕迹；外壁布满印纹。器物的烧成温度普遍较高，一般在 800℃ ～1000℃。胎质致密而坚硬，胎色泛灰或呈紫红色，胎内普遍含有细砂和石英颗粒。

印纹陶器盛行于先秦时期，是浙江乃至江南地区商周至战国时期随葬品的主要组成部分，具有浓郁的地域特色。入汉后，此类器物虽趋式微，但其泥条盘筑的制作方式、器表拍印几何纹的装饰技法仍贯穿于整个两汉时期，至六朝后才逐渐消失，体现了传统文化的传承和发展。两汉时期的印纹陶器普遍用于日用器的制作，器形以罍为主，另有零星的罐、坛、瓮等。

（四）瓷器

共计 199 件，占陶瓷器总数的 3.25％。根据釉色的不同分为：

1. 青瓷

133 件，占陶瓷器总数的 2.17％。

青瓷是一种以瓷石为原料的制品，种类主要有盘口壶、罐、碗、钵、耳杯、托盘等日用器和少量的五管瓶、灶、井等明器。器物的装饰纹样较为简单，一般仅在肩部饰以单线或复线细弦纹，个别弦纹间填以水波纹；耳面饰叶脉纹。装饰技法以刻划为主，也有个别的镂空和堆塑。部分器物两种或多种技法同时使用。器物采用浸釉法上釉，外壁普遍施釉至近底处，内壁仅至口沿下部。釉色有青绿、青灰、青黄等色，并以青绿色占多数。釉层较薄，表面有较强的玻璃质感，施釉和未施釉部位之间的交界线十分明显。胎与釉的结合度十分致密，未施釉部位的露胎普遍呈灰色，少量为灰红色。内胎呈乳白或灰白色，结构致密。成型方法普遍采用轮制，少量为手制，同时结合黏合、套接等手段。烧成温度均在 1200℃ ～1300℃。

2. 酱色瓷

66 件，占陶瓷器总数的 1.08％。

酱色瓷的种类较少，主要有盘口壶、碗、耳杯、托盘及五管瓶等。器物的装饰纹样和技法、施釉部位和方式等均与青瓷相同。与青瓷相比较，酱色瓷的釉层相对较厚，光泽感较差，釉的呈色略有深浅，有的呈褐色。同时，烧成温度似低于青瓷，部分器物的内胎呈灰红色。

浙江汉墓出土的陶瓷器按功能可大致分为礼器、日用器、明器。但需要指出的是，由于浙江乃至江南地区两汉时期的遗址鲜有发掘，使得对墓葬中随葬品的用途和性质很难界定，而部分器物很可能具有礼器和日用器的双重功能；同一器形中往往存在着各种不同的质地，而同一质地又不能完整地反映同一器形的演变关系。因此，在以下的分型分式中，我们采用以器形的发展脉络为主线，兼顾同一器形中不同质地的方法进行叙述。

二　礼器

共计 1678 件，占陶瓷器总数的 27.41％。器物质地除西汉初期短暂时间为楚式泥质彩绘陶外，旋即普遍变为当时陶器中最高水准的高温釉陶。陶礼器的种类普遍仿造中原汉文化中的青铜礼器，如豆、鼎、盒、钫及壶；个别则改造于本土战国时期的原始瓷器，如瓿。计有：

豆 共 21 件（内有 4 件未能分型，其中原始瓷 3 件，泥质陶 1 件）占礼器的 1.25%。伴出器物，见于西汉时期。器物整体由盘和把分别轮制后，上下黏结而成。按质地、装饰手法及纹样的不同分为二型：

A 型 泥质彩绘陶型。14 件，仅流行于西汉初期。豆盘较大而浅，豆把呈细长的竹节形，器表描绘各种彩色图案。

标本 06 安·五 M1：60，内壁以黄粉作底色，内壁用蓝、黑二色绘有六组短条纹，内底绘两条弧线。高 16、口径 13.6、底径 8.4 厘米。（图 3-1：1；图版三五：1）

标本 92 余·老 D1M14：31，豆盘内外和底座上均施有朱、白色彩绘，口沿外壁饰单线水波纹，其他模糊不清。高 15.4、口径 16.8、底径 9.2 厘米。（图 3-1：2；图版三五：2）

B 型 高温釉陶型。3 件，偶见于西汉中期的中型墓内。豆盘较小而深，豆把粗细不一。早晚变化表现为：豆把由喇叭形转为直筒形。据此分为二式：

Ⅰ式 2 件。喇叭形豆把。

89 安·上 M11：1，豆把下部饰一周凹弦纹和水波纹，高 11.9、口径 9.8、底径 8.8 厘米。（图 3-1：3；图版三五：3）

89 安·上 M7：8，弧面顶盖，塔形捉纽。通高 14、豆高 9.9、口径 12.6、底径 8.8 厘米。（图 3-1：4）

Ⅱ式 1 件。直筒形豆把。

07 余·义 M47：5，豆腹较深，筒形把上端有一道凸脊。高 10.6、口径 8.8、底径 7.6 厘米。（图 3-1：5；图版三五：4）

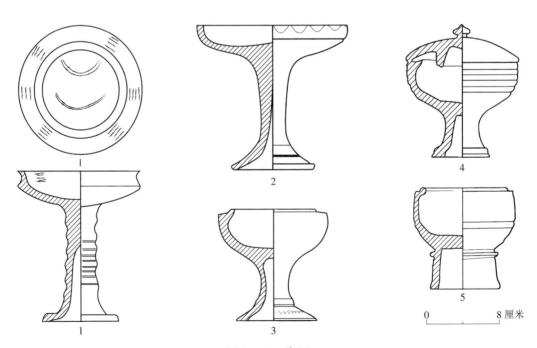

图 3-1 陶豆

1. A 型（06 安·五 M1：60） 2. A 型（92 余·老 D1M14：31） 3. B 型Ⅰ式（89 安·上 M11：1）
4. B 型Ⅰ式（89 安·上 M7：8） 5. B 型Ⅱ式（07 余·义 M47：5）

钫　共26件，占礼器的1.55%。伴出器物，见于西汉早期至中期，多呈偶数随葬于西汉时期的中型墓内。器身轮制后再拍捏成型，底有圈足和平底两种。前者系用扁平的长条形泥块折叠成方形后粘贴于底部；后者则用圆形泥饼粘贴于腹壁低端，在捏压腹底端与底的过程中，往往会形成底缘外撇的现象。按质地的不同和耳的有无分为二型：

A型　彩绘陶无耳型。13件。流行于西汉早期。早晚变化表现为：腹部由瘦削转向丰满。据此分为二式：

Ⅰ式　6件。器身瘦削。

标本06安·五M1∶45，瘦长颈，斜肩内弧，折腹转角轮廓分明。器表用黄、蓝、黑、银灰四色粉绘几何形图案。高34、口边长10、腹边径17.5~18、足径12厘米。（图3-2∶1；图版三六∶1）

Ⅱ式　7件。器身丰满。

标本92余·老D1M1∶4，粗短颈，斜弧肩，鼓腹转角圆弧。颈、腹部前后两面饰三角状云纹，上腹部和腹近底处饰竖向水波纹。通高37、钫高33.5、口径12、腹径22.4、足径10.4厘米。（图3-2∶2；图版三六∶2）

B型　高温釉陶双耳型。13件，主要流行于西汉早期至中期。钫盖呈盔形，盖面模印四组纤细的对称勾连纹；方形钫口略向外展，颈中部内弧，溜肩，腹部粘贴双耳。早晚变化表现为，腹部：瘦削→丰满；底部：高圈足→低圈足→平底。据此分为三式：

Ⅰ式　7件。鼓腹，圈足。

标本89安·上M10∶35，盖沿较平，方形捉纽。器身略修长，方形侈口，高圈足略外撇。双耳衔环，耳上方贴铺首。釉色青绿。通高44.4、钫高40、口边长11.2、腹宽22、足边长13厘米。（图3-2∶3）

标本07安·上D49M6∶13，器身较丰满，衔环耳上方贴方形铺首。釉色泛黄。通高43.4、口边长11.6~11.8、底边长12.3~12.8厘米。（图3-2∶4；图版三六∶3）

Ⅱ式　4件。弧腹，平底。

标本07湖·杨G2M3∶9，颈较细，平底似假圈足。耳上方贴铺首。通高42.5、钫高40、口边长11.8、腹径18.8、底边长13.8厘米。（图3-2∶5；图版三七∶1）

标本79龙·东M22∶7，器身修长，短颈，平底外撇。衔环耳上方贴铺首，耳面饰叶脉纹。口沿内壁有修刮痕迹。青黄色釉。通高39.6、钫高36.4、口边长10.8、腹径18、底边长12.8厘米。（图3-2∶6；图版三六∶4）

Ⅲ式　2件。袋囊腹，平底。

标本79龙·东M11∶3，直口，无颈，弧腹，腹最大径位于下部，假圈足。耳面饰叶脉纹。釉层已流失。高38、口边长11.2、腹径20.6、底边长13.6厘米。（图3-2∶7；图版三七∶2）

鼎　共168件（内有6件高温釉陶类型不明），占礼器的10.01%。西汉时期随葬品的基本组合之一。器身轮制，口沿外壁粘贴长方形立耳；底部外缘粘贴三足。鼎盖呈覆钵形，鼎口为内敛的子口，耳面模印各种纤细的几何纹。按质地、口沿及肩部的不同分为五型：

A型　彩绘陶型，16件。仅流行于西汉早期，早晚变化表现为，腹部：浅腹→深腹；三足：细长→粗短。据此分为二式：

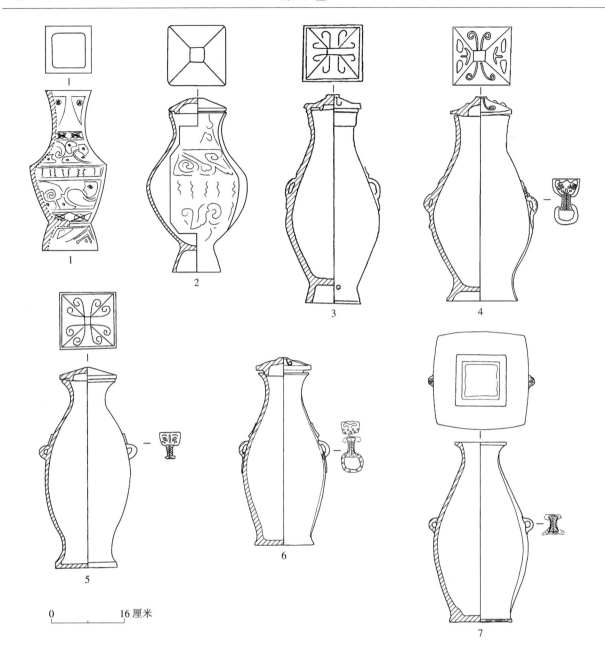

图 3-2 陶钫

1. A 型 I 式 (06 安·五 M1:45)   2. A 型 II 式 (92 余·老 D1M1:4)   3. B 型 I 式 (89 安·上 M10:35)   4. B 型 I
式 (07 安·上 D49M6:13)   5. B 型 II 式 (07 湖·杨 G2M3:9)   6. B 型 II 式 (79 龙·东 M22:7)   7. B 型 III 式 (79
龙·东 M11:3)

I 式   11 件。浅腹，细高足，足截面呈多棱形。

标本 06 安·五 M1:50，浅直腹，平底外缘附三足。通体涂黄粉，腹壁有两道凸弦纹，弦
纹间及足部以黄、灰二色描绘有简单的图案，纹饰模糊不清。高 20、口径 17.1 厘米。（图 3-
3A:1；图版三七:3）

标本 92 余·老 D1M14:17，弧面顶盖，扁鼓腹较浅，浅圈底外缘附三足。器表施有朱、
白两色图案。其中盖面为内外两组涡状云纹和边缘一周水波纹。鼎腹饰相互间隔的弦纹和水
波纹。通高 22、鼎高 16、口 18、腹径 23 厘米。（图 3-3A:2；图版三七:4）

Ⅱ式　5件。深腹，粗短足，足截面呈椭圆形。

标本92余·老D1M14：15，深弧面顶盖，鼎腹较深，圜底外缘附三足。盖顶安环形小纽。双耳低端略外凸。通体施朱、白色彩绘，口部饰水波纹，其间点缀小圆点，腹部与足壁饰勾连云纹。通高20.8、鼎高12.7、口径20.4厘米。（图3-3A：3；图版三七：5）

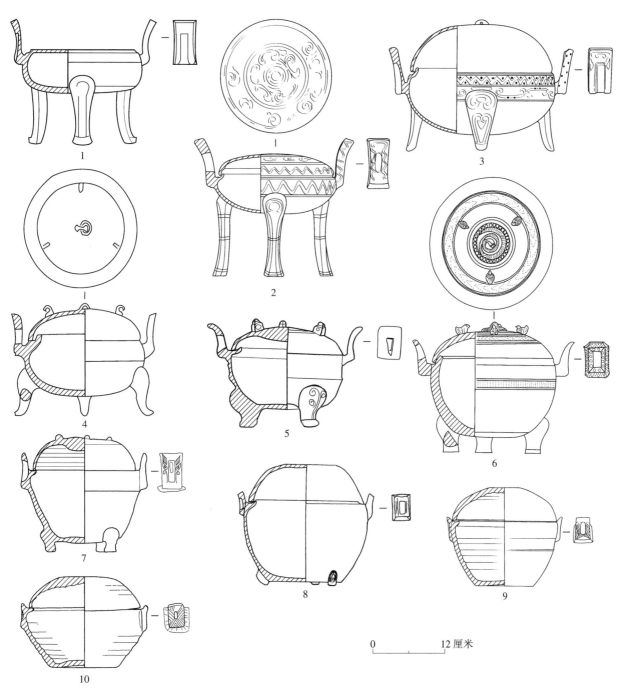

0　　　　12厘米

图3-3A　陶鼎

1. A型Ⅰ式（06安·五M1：50）　2. A型Ⅰ式（92余·老D1M14：17）　3. A型Ⅱ式（92余·老D1M14：15）　4. B型Ⅰ式（92余·老D1M14：5）　5. B型Ⅱ式（07余·义M28：4）　6. B型Ⅱ式（64义·北M1：2）　7. B型Ⅲ式（07余·义M56B：26）　8. B型Ⅳ式（06湖·杨D28M13：13）　9. B型Ⅴ式（09绍·小M44：3）　10. B型Ⅴ式（87龙·东M11：5）

B 型 宽肩型，124 件。西汉时期随葬品基本组合之一，器物往往成偶数随葬。早晚变化体现为，纽：环形提纽→钟形捉纽→乳丁形纽→消失（弧面顶）；双耳：高、外撇→低、较直；三足：高→矮→消失（平底）。据此分为五式：

Ⅰ式 11 件，高温釉陶。环形提纽，鼎耳与盖顶同高，鼓腹，浅圜底，蹄形足较高。

标本 92 余·老 D1M14：5，盖面立三个钩形小纽，中心有一个环形提纽，其上套贴一个装饰性的圆环。鼎作直口，釉色青灰。通高 18.2、鼎高 13、口径 16、腹径 20 厘米。（图 3－3A：4；图版三八：1）

Ⅱ式 50 件，高温釉陶。钟形或乳丁形盖纽。鼎耳与盖中部同高，腹壁略斜收，浅圜底，蹄形足粗矮。

标本 07 余·义 M28：4，钟形盖纽，足面上端饰涡纹，黄灰色釉。通高 17、鼎高 12.6、口径 15 厘米。（图 3－3A：5；图版三八：2）

标本 64 义·北 M1：2，蛇形盖纽外侧堆塑三只小鸟，纽外饰两组弦纹和一组"人"字形锥点纹。耳面内侧戳圆圈纹；外侧饰单线三角纹，各三角间点缀小圆点。腹部划两组弦纹，弦纹间锥刺竖条状纹。釉色泛黄。通高 21、鼎高 20、口径 18 厘米。（图 3－3A：6）

Ⅲ式 21 件，内有高温釉陶 19 件，硬陶 2 件。乳丁形盖纽。鼎耳与盖下部同高，蹄形足较矮。

标本 07 余·义 M56B：26，乳丁状盖纽。通高 18.7、鼎高 13.2、口径 15.4 厘米。（图3－3A：7；图版三八：3）

Ⅳ式 35 件，内有高温釉陶 27 件，硬陶 8 件。盖面无纽，鼎耳较直，上端稍外撇并与盖下部同高，平底外缘附三个蹄形矮足。

标本 06 湖·杨 D28M13：13，弧面顶盖中部较平。鼎为子口，口外附立耳，腹微弧。腹部有不甚明显的宽弦纹。高温釉陶，釉层已流失。通高 19.5、鼎高 15.2、口径 16.5、腹径 19.8、底径 12 厘米。（图 3－3A：8；图版三八：4）

Ⅴ式 7 件，硬陶。盖面无纽，鼎耳紧贴器壁，平底。

标本 09 绍·小 M44：3，弧面顶盖，中部略平。双耳紧贴器壁。腹部饰两道弦纹；耳面刻划短条纹。露胎呈灰色。通高 15.8、鼎高 12、口径 15.5、底径 10.2 厘米。（图 3－3A：9）

标本 87 龙·东 M11：5，浅弧面顶盖。腹壁斜收，平底微内凹。通高 14.3、鼎高 10、口径 16～17.1、底径 10.6 厘米。（图 3－3A：10；图版三八：5）

C 型 窄肩型，耳面中部有一个明显的内折。20 件。偶见于西汉中期至晚期，早晚变化体现为，纽：乳丁形→圈足形→消失（弧面顶）；双耳：高、外撇→低、较直；三足：高→矮→消失（平底）。据此分为五式：

Ⅰ式 2 件，内有高温釉陶和硬陶各 1 件。乳丁形盖纽，鼎耳端外撇并与盖的中部同高，平底，下腹部附三个蹄形高足。

标本 07 湖·杨 D33M8：3，鼎腹上部折而向下斜收。下腹部饰弦纹，耳面模印短线纹。通高 16.8、鼎高 12.2、口径 14.8、腹径 18.2、底径 10 厘米。（图 3－3B：1；图版三九：1）

Ⅱ式 4 件，高温釉陶。圈足形盖纽，鼎耳端外撇并与盖的中部同高，平底，下腹部附三个蹄形高足。

标本 07 湖·杨 G2M2：6，双耳外翘，扁折腹。腹部饰弦纹，耳面刻划竖条纹，足根饰兽面纹。青黄色釉。通高 19.6、鼎高 15.6、口径 16.8、腹径 22.8、底径 11.4 厘米。（图 3－3B：2；图版三九：2）

Ⅲ式　8 件，高温釉陶。盖面无纽。鼎耳端略外撇并与盖下部同高，平底下附三个蹄形矮足。

标本 86 杭·老 M87：42，弧面顶盖。鼎腹弧折，平底外缘附三个蹄形矮足，足端外翘。釉色泛黄。通高 18.4、鼎高 15、口径 18、底径 11.6 厘米。（图 3－3B：3）

Ⅳ式　4 件，高温釉陶和硬陶各 2 件。盖面无纽。耳端外撇与盖下部同高，腹壁缓收，平底。

标本 88 龙·东 M27：12，弧面顶盖。深弧腹，平底。硬陶，露胎呈灰色。通高 17.2、鼎高 15.6、口径 13.7～14.1、底径 11.5 厘米。（图 3－3B：4；图版三九：3）

Ⅴ式　2 件，高温釉陶。盖面无纽。鼎耳端略外撇并与盖下部同高，斜腹骤收，平底。

标本 82 嵊·剡 M48：9，盖面平缓。平底内凹。耳面模印兽面纹。釉层已流失。通高 14.2、鼎高 10.2、口径 15.6、底径 9.6 厘米。（图 3－3B：5；图版三九：4）

D 型　盘口型。1 件，夹砂陶。仅见于浙南地区西汉中期墓，具有鲜明的地域特色。

06 温·塘 M1：6，口沿上附环形立耳，直腹，浅圜底下部附三足，足截面呈方形。底部拍印小方格纹。高 22、口径 24、腹径 22.5 厘米。（图 3－3B：6；图版三九：5）

E 型　敛口型。1 件，硬陶。仅见于浙南地区西汉中期墓，具有鲜明的地域特色。

97 乐·四 M1：14，敛口，口沿下端附立耳，腹壁微弧，平底下外缘附三个扁方足。高 24.5、口径 17、腹径 22.6 厘米。（图 3－3B：7；图版三九：6）

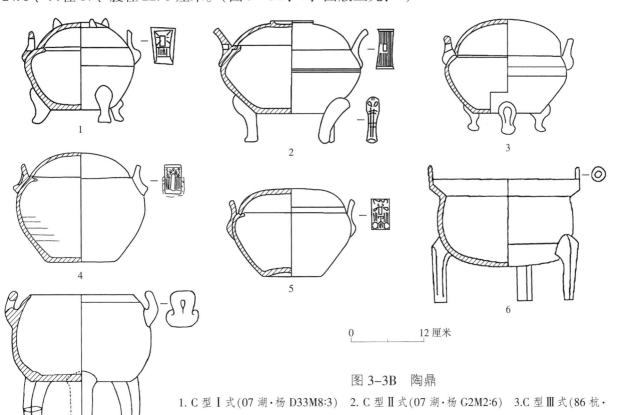

图 3-3B　陶鼎

1.C 型Ⅰ式(07 湖·杨 D33M8:3)　2.C 型Ⅱ式(07 湖·杨 G2M2:6)　3.C 型Ⅲ式(86 杭·老 M87:42)　4.C 型Ⅳ式(88 龙·东 M27:12)　5.C 型Ⅴ式(82 嵊·剡 M48:9)　6.D 型(06 温·塘 M1:6)　7.E 型(97 乐·四 M1:14)

盒 共 152 件（内有 4 件高温釉陶未能分型），占礼器的 9.06%。西汉时期随葬品的基本组合之一。轮制。盒盖作覆钵形，盒为子口微敛，腹壁向下作不同角度的斜收。按质地和盒身长宽比的不同分为三型：

A 型 彩绘陶型，10 件，流行于西汉早期。早晚变化表现为，口：敛口→直口；底：平底→浅圜底。据此分为二式：

Ⅰ式 5 件。敛口，直腹下部折收，平底。

标本 06 安·五 M1：56，口沿及底部涂黄粉，腹壁饰两道弦纹，其间绘有黄、蓝、黑三色涡纹。高 10、口径 18、底径 12.9 厘米。（图 3-4：1；图版四〇：1）

Ⅱ式 5 件。直口，腹壁上部较直，下部弧收，矮圈足或浅圜底。

标本 92 余·老 D1M14：43，盖、盒造型相同，上下相扣。通高 10.4、盒高 6.3、口径 16.2、底径 11.1 厘米。（图 3-4：2）

标本 92 余·老 D1M14：42，弧面顶盖，浅圜底。通高 12.4、口径 16.4 厘米。（图 3-4：3）

B 型 高温釉陶（硬陶）瘦长型。94 件。西汉时期随葬品基本组合之一，器物普遍呈偶数随葬。早晚变化体现为，纽：圈足形→乳丁形→消失（弧面顶）；底：圈足→平底。据此分为三式：

Ⅰ式 35 件，高温釉陶。圈足盖纽，平底。

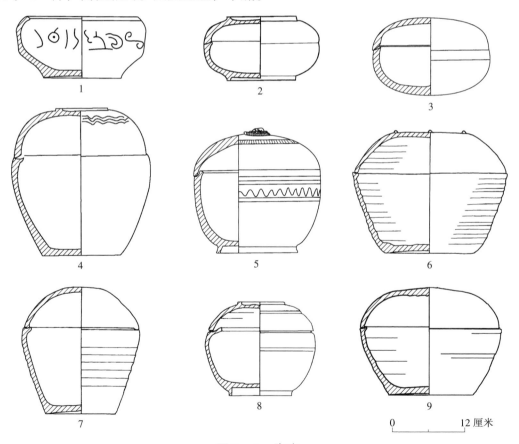

图 3-4 陶盒

1. A 型Ⅰ式（06 安·五 M1：56） 2. A 型Ⅱ式（92 余·老 D1M14：43） 3. A 型Ⅱ式（92 余·老 D1M14：42）
4. B 型Ⅰ式（86 杭·老 M67：19） 5. B 型Ⅰ式（64 义·北 M1：6） 6. B 型Ⅱ式（79 龙·东 M11：23）
7. B 型Ⅲ式（06 湖·杨 D28M13：4） 8. C 型Ⅰ式（07 余·义 M28：6） 9. C 型Ⅱ式（07 余·义 M29：19）

标本 86 杭·老 M67：19，捉纽外饰一周水波纹。通高 23.6、盒高 15.9、口径 22.2、底径 12.8 厘米。（图 3 - 4：4）

标本 64 义·北 M1：6，盘蛇形捉纽，盖面饰谷穗纹和直线锥点纹。盒足外撇。腹上部刻划两组弦纹，其间填以水波纹。通高 20、盒高 13.2、口径 18.9、足径 13.2 厘米。（图 3 - 4：5）

标本 07 湖·杨 C2M3：29，覆钵形盖。腹部饰较宽的凸弦纹。通高 20、盖高 6.4、盖径 20.8、盒高 14、口径 18.4、底径 12 厘米。（图版四〇：2）

Ⅱ式　17 件，高温釉陶。乳丁状盖纽，平底。

标本 79 龙·东 M11：23，通高 19.6、盒高 12.6、口径 24.4、底径 14.6 厘米。（图 3 - 4：6；图版四〇：3）

Ⅲ式　42 件，内有高温釉陶 30 件，硬陶 12 件。弧面顶盖，无纽，平底。

标本 06 湖·杨 D28M13：4，盖顶端较平。盒腹部饰密集的凸弦纹。高温釉陶，青黄色釉。通高 20.4、盒高 13.9、口径 19.4、底径 12 厘米。（图 3 - 4：7；图版四〇：4）

C 型　高温釉陶（硬陶）宽矮型。44 件。西汉时期随葬品基本组合之一。早晚变化体现为，纽：圈足形→消失（弧面顶）；底：圈足→平底。据此分为二式：

Ⅰ式　13 件，内有高温釉陶 11 件，硬陶 2 件。圈足形盖纽，圈足底。

标本 07 余·义 M28：6，盖面饰两组同心圆，腹部饰两道细弦纹。釉色青绿。通高 15、盒高 10.8、口径 12.8、足径 10 厘米。（图 3 - 4：8；图版四〇：5）

Ⅱ式　31 件，内有高温釉陶 20 件，硬陶 11 件。弧面顶盖，无纽，平底。

标本 07 余·义 M29：19，器身宽矮。盖面饰两周同心圆。高温釉陶，釉色青绿。通高 17、盒高 10.8、口径 20.8、底径 13.7 厘米。（图 3 - 4：9；图版四〇：6）

瓿　共 477 件（内有 58 件未能分型，其中高温釉陶 55 件，硬陶 2 件，泥质陶 1 件），占礼器的 28.43%。西汉至王莽时期随葬品基本组合之一。肩部粘贴模印人面纹的铺首。个体大小不等，小者均为轮制，大者多采用泥条盘筑制成，内壁有的留有拍压时的抵窝，有的经过涂抹后抵窝痕迹不甚清晰。按底部和器身的不同分为三型：

A 型　瓦足或平底型，415 件。流行于西汉早期至王莽时期。早晚变化体现为，腹：扁折→圆弧；底：瓦足底→平底；铺首：高、外撇→低、贴近器壁。据此分为六式：

Ⅰ式　3 件，高温釉陶。铺首上端远高于口沿，小直口，扁折腹，平底外缘下立三个瓦足。

标本 07 余·义 M28：3，肩部饰上下相间的三组细弦纹和两组水波纹。釉色青绿。高 18.6、口径 10.1、腹径 26.5、底径 15.9 厘米。（图 3 - 5A：1；图版四一：1）

Ⅱ式　39 件，内有高温釉陶 37 件，硬陶 2 件。铺首上端高于口沿，小直口，弧腹，三瓦足或平底。

标本 07 余·义 M38：3，弧面顶盖，蘑菇形捉纽，盖面饰两周同心圆。瓿肩部饰上下相间的三组细弦纹和两组水波纹。釉色青绿。通高 22、瓿高 18.1、口径 11、腹径 25.4、底径 17 厘米。（图 3 - 5A：2；图版四一：2）

标本 82 嵊·剡 M37：1，弧面顶盖，蘑菇形捉纽。瓿作平底内凹，肩部饰弦纹和水波纹各一周。高温釉陶。通高 22.2、瓿高 18.6、口径 9.6、腹径 25.2、底径 13 厘米。（图 3 - 5A：3）

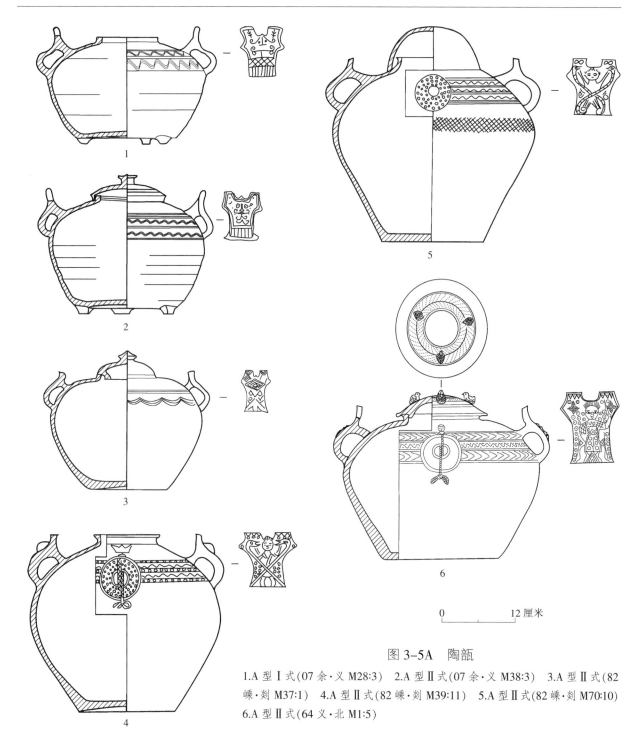

图 3-5A　陶瓿

1.A 型 Ⅰ 式(07 余·义 M28:3)　2.A 型 Ⅱ 式(07 余·义 M38:3)　3.A 型 Ⅱ 式(82 嵊·剡 M37:1)　4.A 型 Ⅱ 式(82 嵊·剡 M39:11)　5.A 型 Ⅱ 式(82 嵊·剡 M70:10)　6.A 型 Ⅱ 式(64 义·北 M1:5)

　　标本 64 义·北 M1:5，弧面顶盖面黏附三只小鸟，并饰相互间隔的三组同心圆和两组斜条状锥点纹。瓿肩部划四组弦纹，在上下组弦纹间各饰一组横向"人"字形锥点纹；中间一组间饰点缀有小圆点的水波纹。同时，在肩的前后各粘贴一个人物佩璧的图案。铺首面模印一个身披甲衣，冲发、瞋目、张口伸舌，跣足的武士，右手持盾护于腰间，左手举剑作挥砍状。武士四周分别衬以四叶花卉、谷穗、三角纹等。高温釉陶，土黄色釉。通高 27、瓿高 22.8、口径 12.6、腹径 31.8、底径 18.6 厘米。(图 3-5A:6；图版四一:3)

标本 82 嵊·剡 M70：10，覆钵形盖。瓿作直口，扁鼓腹。肩部饰上下相间的四组细弦纹和三组水波纹，前后面各贴塑一个玉璧。腹部饰一周斜方格纹。铺首面模印双蛇盘身纹饰。通高 34.4、瓿 29.2、口径 12、腹径 33.2、底径 17.2 厘米。（图 3－5A：5；图版四一：4）

标本 82 嵊·剡 M39：11，圆鼓腹，底内凹。肩部饰上下相间的三组连珠纹和两组水波纹；前后各贴一个带乳丁纹的玉璧，璧上方有兽面，衔绶带直穿玉璧。铺首面模印一人，胸前交叉两蛇，蛇首朝向人头并作张口状。高温釉陶，釉色青黄。高 28.4、口径 11.2、腹径 31.8、底径 16.4 厘米。（图 3－5A：4；图版四二：1）

Ⅲ式 77 件，内有高温釉陶 71 件，硬陶 6 件。铺首上端稍低于口沿，鼓腹，平底。

标本 79 龙·东 M22：5，器形庞大。小直口，宽弧肩。肩部饰上下相间的三组弦纹和水波纹，铺首上端贴兽面。硬陶，露胎呈灰色。高 39.8、口径 13.5、腹径 45.6、底径 17.5 厘米。（图 3－5B：1；图版四二：3）

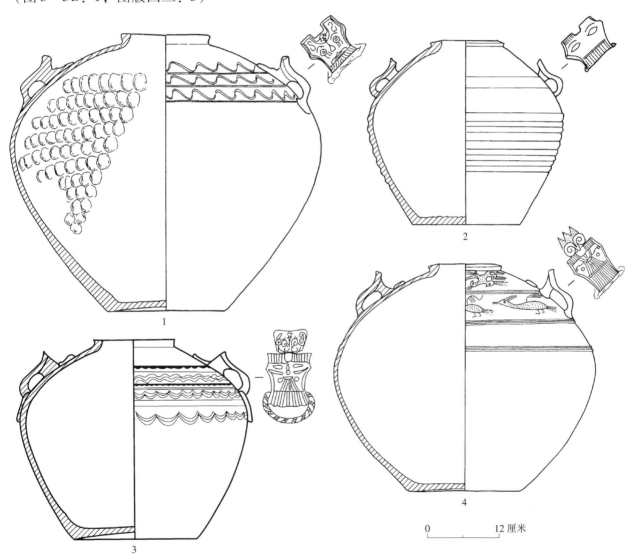

图 3－5B 陶瓿

1. A 型Ⅲ式（79 龙·东 M22：5） 2. A 型Ⅲ式（06 湖·杨 D28M8：7） 3. A 型Ⅲ式（87 湖·杨 D14M5：12）
4. A 型Ⅳ式（87 龙·东 M11：6）

标本 06 湖·杨 D28M8：7，肩部划两道细弦纹，腹部饰密集的粗弦纹，铺首面模印简易的人面纹。硬陶，露胎呈灰色。高 26.5、口径 11.2、腹径 29、底径 16.4 厘米。（图 3 –5B：2；图版四二：2）

标本 87 湖·杨 D14M5：12，肩部饰上下相间的三组水波纹和弦纹，高温釉陶，釉色青绿。高 28.8、口径 12.4、腹径 34.4、底径 18.8 厘米。（图 3 –5B：3）

Ⅳ式　83 件，内有高温釉陶 71 件，硬陶 12 件。铺首端低于口沿，小敛口，腹略扁，平底内凹。

标本 87 龙·东 M11：6，铺首上方贴菱角形堆纹和刻划带锥点的山形纹。肩部饰上下两周鸟纹，其中上面一周分为四组，每组由四个朝向各异的鸟首组成。下面一组鸟纹作伸颈行走状，共六只。各鸟身均布满锥点纹。高温釉陶，釉色青绿。通高 32、口径 8.4、腹径 39、底径 17.6 厘米。（图 3 –5B：4）

标本 89 龙·仪 M24：4，肩部贴塑上下交错的两组四叶花卉。硬陶，露胎呈灰色。高 30.2、口径 12.2、腹径 35、底径 16 厘米。（图 3 –5C：1）

标本 88 龙·东 M27：8，弧面顶盖，珠形捉纽，纽外饰四叶瓣。瓿肩、腹部饰四组弦纹，其中第三、四组弦纹间划一组水波纹。铺首衔环，上端贴兽面，兽面两角各附一个乳丁。高温釉陶，釉色青黄。通高 35.4、瓿高 32.4、口径 12、腹径 39.2、底径 20 厘米。（图 3 –5C：2）

标本 05 奉·南 M116：2，铺首上方贴菱角形堆纹，肩部刻划简化鸟纹。硬陶，露胎呈灰色。高 30、口径 8、腹径 37、底径 16 厘米。（图 3 –5C：3；图版四二：4）

标本 87 龙·东 M12：8，弧面顶，短柱形捉纽。瓿肩腹部饰两组鸟纹和一组几何纹，其间以泥条状凸弦纹相隔。鸟纹或多首相连，或单体飞翔；几何纹多作重叠的菱形，并以星云纹样的叉线相隔。铺首上端贴兽面纹和刻划山形纹。高温釉陶，釉色青绿。通高 34.5、瓿高 31、口径 8、腹径 35.6、底径 19 厘米。（图 3 –5C：4；图版四三：1）

Ⅴ式　88 件，内有高温釉陶 81 件，硬陶 7 件。铺首端贴近器壁，小敛口，弧腹，平底。

标本 87 湖·杨 D1M6：12，肩部装饰三组泥条状凸弦纹，衔环铺首上方贴兽面。高温釉陶，釉色青黄。高 31.8、口径 8.4、腹径 33.6、底径 17.4 厘米。（图 3 –5D：1；图版四三：2）

标本 07 湖·杨 D35M3：6，肩部饰简化鸟纹，铺首上方贴横向"S"形堆纹。高温釉陶，釉色青绿。高 29.8、口径 8、腹径 32.4、底径 16.2 厘米。（图 3 –5D：2；图版四四：1）

Ⅵ式　125 件，内有高温釉陶 115 件，硬陶 10 件。铺首端紧贴器壁，小敛口，弧腹，平底。铺首面趋窄，人面纹简化，器腹布满密集的粗弦纹。

标本 02 海·仙 M2：3，铺首上方贴菱角形堆纹，肩部饰细泥条弦纹三组。高温釉陶，釉层已流失。高 25.5、口径 7.7、腹径 25、底径 15 厘米。（图 3 –5D：5；图版四四：2）

标本 83 萧·城 M22：4，肩部饰三组弦纹和两组简化鸟纹。高温釉陶，釉色青黄。高 30.8、口径 8、腹径 30.2、底径 16 厘米。（图 3 –5D：6）

标本 82 嵊·剡 M57：4，子口弧面顶盖，塔形捉纽。肩部饰三组泥条状凸弦纹，腹部为宽弦纹。硬陶，露胎呈灰色。通高 28.6、瓿高 24.2、口径 8.8、腹径 24.8、底径 12.6 厘米。（图 3 –5D：3）

标本 06 湖·杨 D21M2：7，肩部饰三组泥条状凸弦纹，腹部为宽弦纹，铺首上方贴有菱角形

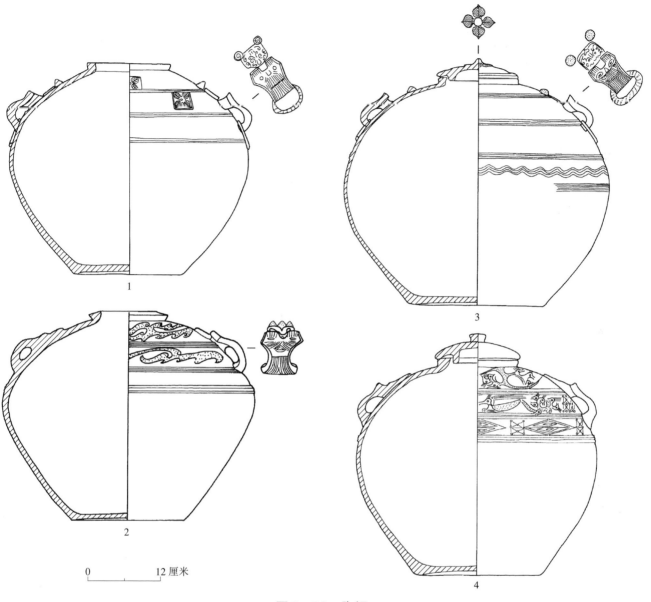

图 3 – 5C　陶瓿

1. A 型Ⅳ式（89 龙·仪 M24：4）　　2. A 型Ⅳ式（88 龙·东 M27：8）
3. A 型Ⅳ式（05 奉·南 M116：2）　　4. A 型Ⅳ式（87 龙·东 M12：8）

堆纹。高温釉陶，釉色青黄。高 23.5、口径 9.5、腹径 23.4、底径 11.2 厘米。（图 3 – 5D：4）

　　B 型　圈足型。2 件，高温釉陶。

　　标本 06 湖·杨 D28M8：11，肩部上下划三组双线弦纹，腹部有不甚明显的宽弦纹，铺首
上端贴有兽面堆纹，兽面的上端两角各有一个乳丁，铺首面模印人面纹，下端斜环。釉色青
黄。高 20.4、口径 10.6、腹径 21.2、足径 10 厘米。（图 3 – 5D：7；图版四四：3）

　　C 型　罐型。2 件，高温釉陶。

　　标本 87 余·果 M7：24，高直口，斜弧肩上安铺首，鼓腹，平底内凹。肩部饰两组带锥刺
纹的简化鸟纹和三组细泥条凸弦纹。高温釉陶，釉色泛黄。高 32.4、口径 11.2、腹径 32.2、
底径 14.4 厘米。（图 3 – 5D：8；图版四四：4）

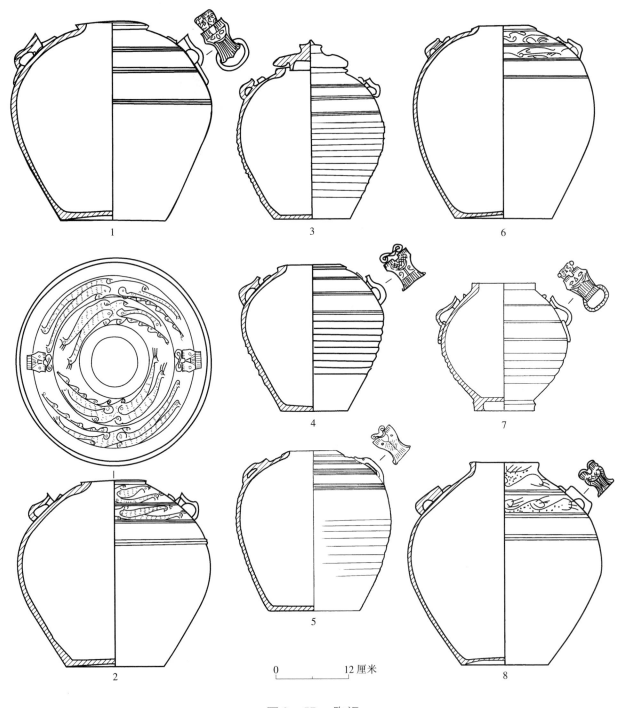

图 3 - 5D　陶瓿

1. A 型 V 式 （87 湖·杨 D1M6：12）　 2. A 型 V 式 （07 湖·杨 D35M3：6）　 3. A 型 Ⅵ 式 （82 嵊·剡 M57：4）　 4. A 型 Ⅵ 式 （06 湖·杨 D21M2：7）　 5. A 型 Ⅵ 式 （02 海·仙 M2：3）　 6. A 型 Ⅵ 式 （83 萧·城 M22：4）　 7. B 型 （06 湖·杨 D28M8：11）　 8. C 型 （87 余·果 M7：24）

敞口壶　共 834 件 （内有 67 件高温釉陶和 1 件硬陶未能分型），占礼器的 49.70%。西汉至东汉早期随葬品基本组合之一。个体有大中小三种规格，以大、中型为主。大者高度 40 ~ 50 厘米，中者 30 ~ 40 厘米，小者 20 ~ 30 厘米。整体由口、颈、腹、底等部分黏结而成，一般大者肩腹部用泥条盘筑法成型，口、颈则用轮制。小者均采用轮制。按器表纹饰的有无分为二型：

A 型　装饰型。707 件（内有 3 件高温釉陶未能分式），流行于西汉早期至东汉初期。各部位普遍装饰不同纹饰。壶口外展，粗短颈，肩部安双耳。口沿外壁和颈下端往往装饰一周水波纹，肩部刻划弦纹，耳面饰叶脉纹。早晚变化为，口：侈口→敞口→喇叭口；腹：扁鼓→圆鼓→圆弧→弧形；足：高圈足→矮圈足→卧足→平底。据此分为六式：

Ⅰ式　16 件，内有高温釉陶 11 件，泥质陶 4 件，泥质陶 1 件。侈口，扁鼓腹，绚索形耳，高圈足外撇。器物大多带盖。

标本 82 嵊·剡 M47：8，覆钵形盖，塔形捉纽。壶颈略瘦长，肩部饰上下相间的三组弦纹和两组水波纹。高温釉陶，青绿色釉。通高 34.4、壶高 29.8、口径 11.2、腹径 21.4、足径 13厘米。（图 3－6A：1；图版四五：1）

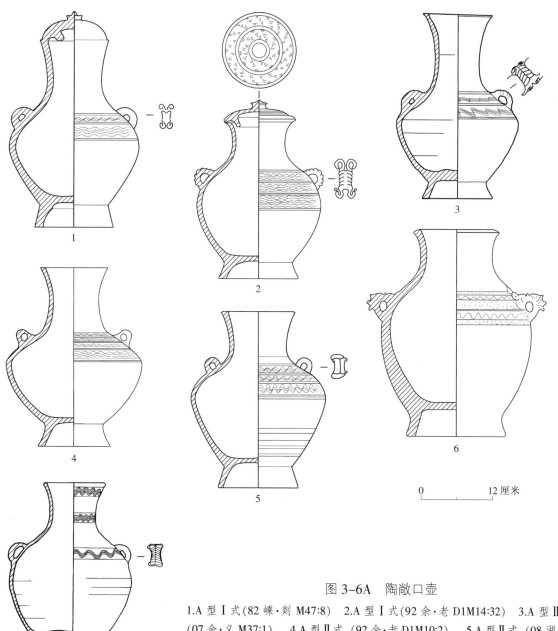

图 3-6A　陶敞口壶

1.A 型Ⅰ式(82 嵊·剡 M47:8)　2.A 型Ⅰ式(92 余·老 D1M14:32)　3.A 型Ⅱ式(07 余·义 M37:1)　4.A 型Ⅱ式 (92 余·老 D1M10:2)　5.A 型Ⅱ式 (08 湖·白 G4M18:1)　6.A 型Ⅲ式(64 义·北 M1:1)　7.A 型Ⅲ式(07 余·义 M56C:21)

标本 92 余·老 D1M14：32，弧面顶盖，塔形捉纽，盖面饰两周同心圆和"A"形锥点纹。壶的肩、腹部饰上下相间的四组弦纹和三组水波纹。高温釉陶，釉色青绿。通高 28.5、壶高 24、口径 11、腹径 20.5、足径 13.2 厘米。（图 3 - 6A：2；图版四五：2）

Ⅱ式　20 件，高温釉陶。侈口，扁折腹，高圈足外撇。

标本 07 余·义 M37：1，颈略细长。肩部饰上下相间的三组弦纹和两组水波纹，耳面饰双目式叶脉纹。青黄色釉。高 29.4、口径 11.5、腹径 20.2、足径 11.7 厘米。（图 3 - 6A：3；图版四五：3）

标本 92 余·老 D1M10：2，肩部饰上下相间的五组弦纹和四组水波纹。青绿色釉。高 28.5、口径 11.5、腹径 22.2、足径 12 厘米。（图 3 - 6A：4；图版四五：4）

标本 08 湖·白 G4M18：1，肩部饰上下相间的四组弦纹和三组水波纹。青黄色釉。高 28、口径 12、腹径 22.2、足径 13.2 厘米。（图 3 - 6A：5；图版四六：1）

Ⅲ式　18 件，高温釉陶。侈口，折腹或弧腹，圈足外撇。

标本 64 义·北 M1：1，圆弧腹，肩上安一对龙首形耳，肩部划弦纹六道，其内分别饰有一组锥点纹、两组水波纹和小圆圈。高 33、口径 13.8、腹径 24.8、足径 16.5 厘米。（图 3 - 6A：6）

标本 07 余·义 M56C：21，弧腹，口沿至肩部饰三组凹弦纹，其间饰水波纹，耳面饰叶脉纹。高 25.8、口径 10.3、腹径 20.3、足径 11.3 厘米。（图 3 - 6A：7；图版四六：2）

Ⅳ式　208 件，内有高温釉陶 193 件，硬陶 15 件。侈口，折腹略扁，卧足或平底。部分带子口、弧面顶、柱形捉纽盖。

标本 06 湖·杨 D28M6：11，口沿外壁、颈下端饰及肩部各划两组细弦纹，其间饰以水波纹，耳面刻划带索头形的叶脉纹。硬陶，露胎呈灰色。高 22.4、口径 10.8、腹径 18.2、足径 10.4 厘米。（图 3 - 6B：1；图版四六：3）

标本 89 安·上 M10：17，弧面顶盖，短柱状捉纽，平底。颈部饰两组水波纹，肩、腹部分别饰有弦纹、水波纹和篦纹。通高 49、壶高 46、口径 12.8、腹径 38.8、底径 20 厘米。（图 3 - 6B：2）

标本 82 绍·狮 M308：6，卧足，口外和颈下端各饰一组水波纹，腹部饰密集的宽弦纹。硬陶，露胎呈灰色。高 33.6、口径 16.8、腹径 28.8、足径 15.6 厘米。（图 3 - 6B：3）

标本 79 龙·东 M22：3，卧足，口沿外壁和颈下端各饰一组水波纹，肩部划四道系弦纹，其间饰两组水波纹，耳上方贴兽面，耳面饰叶脉纹。高温釉陶，釉色青黄。高 51.6、口径 18.8、腹径 46.2、足径 18.8 厘米。（图 3 - 6B：4）

Ⅴ式　251 件，内有高温釉陶 247 件，硬陶 4 件。敞口，圆鼓腹，卧足或平底。个别带盖，盖均为子口，弧面顶，短柱形捉纽。

标本 02 海·仙 M1：6，颈部饰水波纹，肩部划三组细弦纹，耳上方贴横向"S"形堆纹。釉色青黄。高 32.4、口径 14.4、足径 12.9 厘米。（图3 - 6B：5；图版四六：4）

标本 88 龙·东 M29：11，卧足，衔环耳上方贴横向"S"形堆纹。高 41.8、口径 16.7 ～ 17.2、腹径 35.5、足径 17.5 ～ 18.1 厘米。（图 3 - 6B：6）

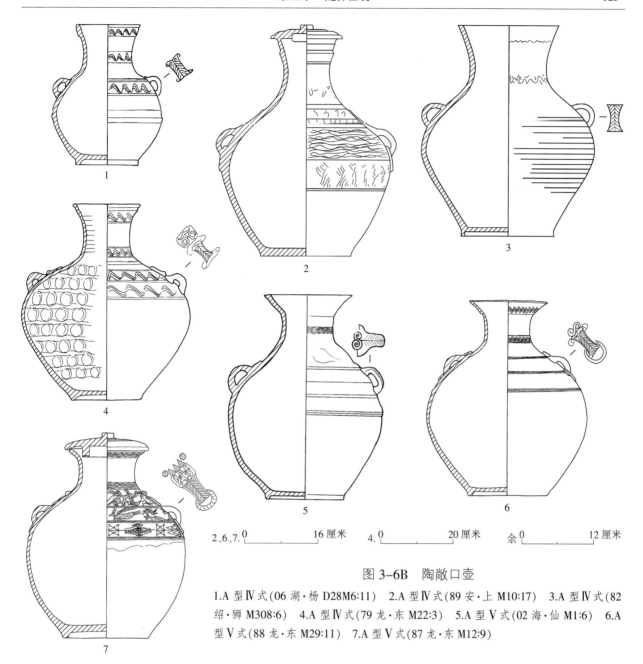

2、6、7. 0 —————— 16 厘米　　4. 0 —————— 20 厘米　　余 0 —————— 12 厘米

图 3-6B　陶敞口壶

1.A 型 Ⅳ 式（06 湖·杨 D28M6:11）　2.A 型 Ⅳ 式（89 安·上 M10:17）　3.A 型 Ⅳ 式（82 绍·狮 M308:6）　4.A 型 Ⅳ 式（79 龙·东 M22:3）　5.A 型 Ⅴ 式（02 海·仙 M1:6）　6.A 型 Ⅴ 式（88 龙·东 M29:11）　7.A 型 Ⅴ 式（87 龙·东 M12:9）

标本 87 龙·东 M12:9，卧足，盖面饰两组弦纹，壶口外和颈下端各刻划一组水波纹，肩部饰两组鸟纹和一组几何纹，其间以细泥条凸弦纹相隔。鸟纹由四组一体多首鸟和单体飞翔的鸟间隔组成，几何纹由重叠菱形、圆圈叉线纹组成。衔环耳上方贴铺首，铺首上端饰以带锥点的山形纹，纹饰左右各贴一个乳丁。通高 43.2、壶高 39.8、口径 16.4、腹径 34.6、足径 18.6 厘米。（图 3-6B:7；图版四七:1）

Ⅵ式　191 件，内有高温釉陶 184 件，硬陶 7 件。喇叭口，弧腹，卧足。少数器物无耳。颈下端均饰一组水波纹。

标本 87 余·果 M11:4，无耳，短颈。肩部贴铺首，铺首上端两角各附一颗乳丁，下端中间贴一个椭圆形泥环。高 30、口径 13.3、腹径 23.4、足径 11.8 厘米。（图 3-6C:1；图版四七:2）

标本 07 湖·杨 D35M3:8，口沿外壁和颈下端各饰一组水波纹；肩部贴三组细泥条凸弦

纹，弦纹间饰两组简化的鸟纹。鸟作单体长条形，鸟身点缀锥刺纹，头顶划有羽毛；衔环耳上方贴横向"S"形堆纹。高温釉陶，釉层已流失。高42.6、口径16.8、腹径34.2、足径16.2厘米。（图3-6C：2；图版四七：3）

标本02海·仙M2:6，颈下端饰水波纹，肩部附三组细泥条状弦纹，下腹为弧凸的粗弦纹，耳上方贴菱角形堆纹。高温釉陶，青黄色釉。高34.8、口径12.6、腹径24、底径13.8厘米。（图3-6C：3；图版四七：4）

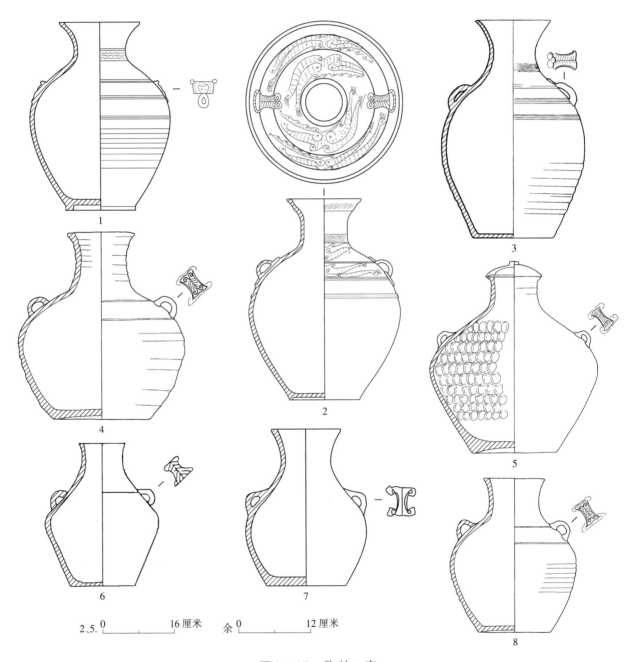

2、5 0 ____ 16厘米   余 0 ____ 12厘米

图3-6C 陶敞口壶

1. A型Ⅵ式（87余·果M11:4）　2. A型Ⅵ式（07湖·杨D35M3:8）　3. A型Ⅵ式（02海·仙M2:6）　4. B型Ⅰ式（87龙·东M3:12）　5. B型Ⅰ式（79龙·东M11:2）　6. B型Ⅰ式（06湖·杨D28M4:1）　7. B型Ⅱ式（87湖·杨D14M5:8）　8. B型Ⅱ式（87龙·东M1:2）

B型 素面型，59 件（内有 1 件高温釉陶未能分式）。流行于西汉中期。粗颈，斜肩上安双耳，鼓腹，腹最大径位于中部，平底。早晚变化体现为，口：直口→敞口。据此分为二式：

Ⅰ式 25 件，高温釉陶。直口，个体普遍较大。

标本 87 龙·东 M3：12，耳面饰带索头形的叶脉纹。青褐色釉。高 30、口径 11.1、腹径 27.6、底径 15.9 厘米。（图 3-6C：4；图版四八：1）

标本 79 龙·东 M11：2，弧面顶盖，塔形捉纽。通高 40.5、壶高 37.2、腹径 36.8、底径 18.5 厘米。（图 3-6C：5；图版四八：2）

标本 06 湖·杨 D28M4：1，个体较小。侈口，扁折腹。肩部划一道细弦纹，耳面刻划叶脉纹。高温釉陶，釉色青褐。高 22.5、口径 7.8、腹径 19、底径 10.6 厘米。（图 3-6C：6）

Ⅱ式 共 33 件，内有高温釉陶 31 件，硬陶 2 件。敞口，个体普遍较小。

标本 87 湖·杨 D14M5：8，腹部略圆，泥质硬陶。高 25、口径 11.6、腹径 20.4、底径 13.2 厘米。（图 3-6C：7）

标本 87 龙·东 M1：2，耳面饰带索头形的叶脉纹，硬陶。高 24.6、口径 10、腹径 20.7、底径 12 厘米。（图 3-6C：8；图版四八：3）

三 日用器

共计 3746 件，占陶瓷器总数的 61.20%。器物早期主要采用硬陶和高温釉陶制作，中期以硬陶和低温釉陶为主，晚期青瓷和酱色瓷逐渐占据主流。种类有：

盘口壶 共 634 件（内有 29 件未能分型，其中高温釉陶 21 件，硬陶和青瓷各 3 件，泥质陶 2 件），占日用器的 16.92%。西汉中期至东汉晚期随葬品基本组合之一。器物个体的大小规格、制作方式与敞口壶相同。按盘口的深浅、盘壁的斜直不同分为三型：

A型 斜壁型，系由敞口壶派生而来。457 件（内有 4 件高温釉陶未能分式）。流行于西汉中期至东汉晚期。盘口，粗短颈，斜肩部安叶脉纹双耳。早晚变化体现为，口：外侈内盘→浅盘口→深盘口→浅盘口外翻；腹：扁鼓→圆鼓→圆弧；底：高圈足→矮圈足→卧足→平底。据此分为七式：

Ⅰ式 8 件，高温釉陶。器口外观似侈口，内壁如盘口。口与颈的交界处有一道明显的内凹线，圆鼓腹，圈足较高。口沿外壁和颈下端各饰一组水波纹，肩部划三组复线弦纹。

标本 06 湖·杨 D28M13：16，鼓腹微微显扁，卧足。口沿外壁和颈下端及肩部饰弦纹和水波纹，耳面饰叶脉纹。釉色青黄而有光泽。高 37、口径 15.4、腹径 28.2、足径 15.8 厘米。（图 3-7A：1；图版四八：4）

Ⅱ式 67 件，内有高温釉陶 65 件，硬陶 2 件。浅盘口，圆鼓腹，圈足略高。口沿外壁和颈下端刻划水波纹，肩部饰三或四组细泥条状的凸弦纹。

标本 08 湖·白 G4M29：5，口沿外和颈下端饰水波纹和凹弦纹，肩、腹部饰粗弦纹。高温釉陶，青黄色釉。高 31.2、口径 11.4、腹径 24.6、足径 12.6 厘米。（图 3-7A：2；图版四九：1）

标本 87 湖·杨 D6M2：13，口沿外壁至腹部共饰有七组水波纹，其间以弦纹相隔。衔环耳上

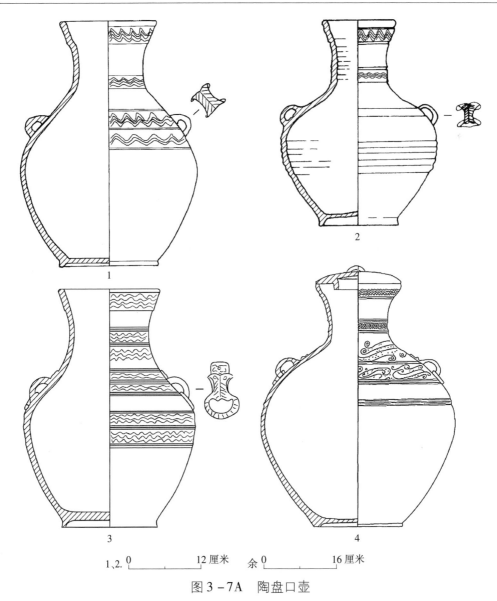

1,2. 0 ————— 12厘米　　余 0 ————— 16厘米

图3-7A　陶盘口壶

1. A型Ⅰ式（06 湖·杨 D28M13：16）　2. A型Ⅱ式（08 湖·白 G4M29：5）　3. A型Ⅱ式
（87 湖·杨 D6M2：13）　4. A型Ⅱ式（83 杭·古 M57：42）

方贴铺首。高温釉陶，青灰色釉。高48、口径22、腹径36.2、足径20.7厘米。（图3-7A：3）

标本83 杭·古 M57：42，弧面顶盖，环形提纽。肩部饰三组弦纹和两组带锥刺纹的简化鸟纹，衔环耳上方贴铺首。通高52.6、壶高48.8、口径17、腹径40.4、足径18.5厘米。（图3-7A：4）

Ⅲ式　94件，内有高温釉陶89件，硬陶5件。深盘口，圆鼓腹，圈足高低不一。口沿外壁和颈下端刻划水波纹，肩部饰二或三组细泥条形凸弦纹。

标本06 湖·杨 D28M11：14，肩部划有三组细弦纹，腹部有数道不明显的粗弦纹，耳上方贴兽面，耳面饰上下对角的叶脉纹。高温釉陶，青绿色釉。高37.3、口径12、腹径25.6、足径12厘米。（图3-7B：1；图版四九：2）

标本89 龙·仪 M24：2，圈足根有一道凸棱。肩部贴有两组四叶花卉，每组四朵；衔环耳

上方贴铺首，铺首上端两角各附一颗粗壮的乳丁。高 44.2 ~ 44.8、口径 14.6、腹径 33.8、足径 14.2 厘米。（图 3 - 7B：2；图版四九：3）

　　标本 89 龙·仪 M22：10，腹略显扁鼓，足根有一道凸棱。肩部饰两组细泥条形的凸弦纹，衔环耳上方贴菱角形堆纹，耳面刻划上下对角的叶脉纹。高 40.4、口径 17.6、腹径 34.9、足径 16.8 厘米。（图 3 - 7B：3）

　　标本 87 余·果 M7：29，细颈，高圈足，足根有一道凸棱。衔环耳上方贴菱角形堆纹。高 25.3、口径 10.6、腹径 18.3、足径 10 厘米。（图 3 - 7B：4）

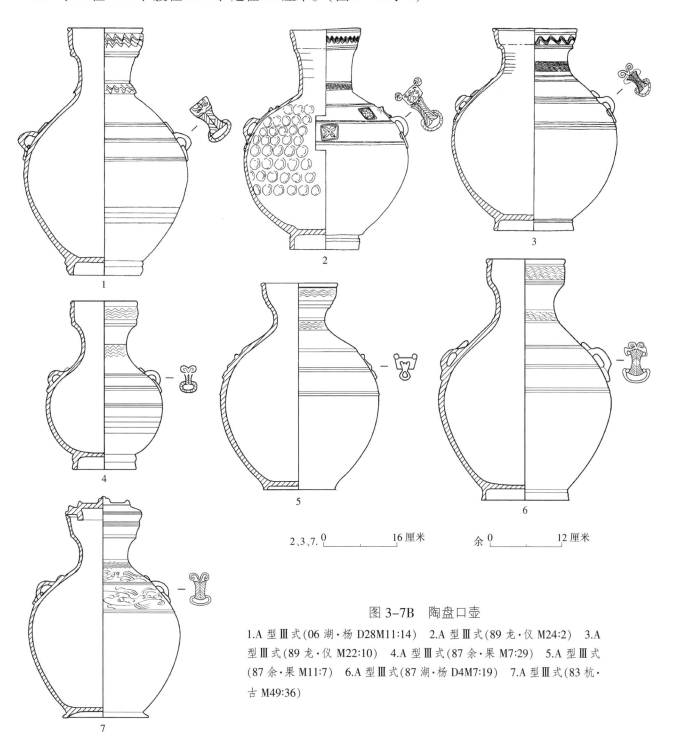

2,3,7. 0 ├────────┤ 16 厘米　　　　余 0 ├────────┤ 12 厘米

图 3-7B　陶盘口壶

1.A 型Ⅲ式(06 湖·杨 D28M11:14)　2.A 型Ⅲ式(89 龙·仪 M24:2)　3.A 型Ⅲ式(89 龙·仪 M22:10)　4.A 型Ⅲ式(87 余·果 M7:29)　5.A 型Ⅲ式(87 余·果 M11:7)　6.A 型Ⅲ式(87 湖·杨 D4M7:19)　7.A 型Ⅲ式(83 杭·古 M49:36)

标本87 余·果 M11：7，无耳，安耳处贴衔环铺首，铺首上端两角各有一个乳丁。高31.4、口径12、腹径24.6、足径11.4厘米。（图3-7B：5；图版四九：4）

标本87 湖·杨 D4M7：19，圈足壁较直。耳上方贴菱角形堆纹。高36.6、口径12.6、腹径27.8、足径14厘米。（图3-7B：6）

标本83 杭·古 M49：36，盖作子口，平顶斜沿，圆形捉纽，折沿处附三个小乳丁。壶的圈足矮而外撇。肩部饰两组简化鸟纹，衔环耳上方贴菱角形堆纹。通高44.8、壶高40.8、口径16.4、腹径32.2、足径18.4厘米。（图3-7B：7）

Ⅳ式　252件，内有高温釉陶200件，硬陶52件。深盘口，弧腹，卧足或平底。颈下端刻划水波纹，肩部饰一至三组不等的平凸弦纹，腹部为密集的弧凸宽弦纹。

标本08 湖·白 G4M30：3，器形略瘦长，颈与肩无明显交界，平底。高30.4、口径10.8、腹径20.4、足径9.6厘米。（图3-7C：1；图版五〇：1）

标本87 余·果 M6：7，个体较小，卧足。高21.2、口径9.6、腹径14.4、足径8.4厘米。（图3-7C：2）

Ⅴ式　27件，内有高温釉陶21件，硬陶5件，酱色瓷1件。深盘口外撇，圆鼓腹，平底。腹部饰密集的弧凸宽粗弦纹。

标本85 绍·马 M320：11，通体饰密集的弧凸宽弦纹，耳面刻划十字复线相隔的叶脉纹。酱色瓷。高23.4、口径12.4、腹径21.6、底径12.8厘米。（图3-7C：3）

标本89 龙·仪 M30：6，平底略小。肩部饰三组水波纹，耳面刻划上下对称的叶脉纹。高温釉陶，釉层已流失。高23.2、口径11.4、腹径20.2、底径8厘米。（图3-7C：4）

标本84 上·严 M150：5，球腹，平底略大。颈下端饰水波纹，肩部划两组细弦纹。高温釉陶，釉色青绿。高31、口径14.6、腹径25.2、底径13.2厘米。（图3-7C：5；图版五〇：2）

Ⅵ式　4件，内有高温釉陶3件，酱色瓷1件。浅盘口，盘壁较直，扁鼓腹，平底。

标本87 余·果 M3：5，平底似假圈足。颈下端划一道细弦纹，肩部饰两组细弦纹，衔环耳上方贴横向"S"形堆纹。酱色瓷。高38、口径17.2、腹径35.4、底径15厘米。（图3-7C：6；图版五〇：3）

标本10 长·七 M2：8，肩部饰二道弦纹中间夹"之"字形水波纹，施釉线在下腹部，高27.4、口径13.4、腹径22.6、底径10.6厘米。（图3-7C：7；图版五〇：4）

Ⅶ式　1件，青瓷。

82绍·狮 M307：6，浅盘口，圆鼓腹，平底内凹。肩部划三道细弦纹。釉色青绿。高21.9、口径11.4、腹径22.8、底径10.8厘米。（图3-7C：8）

B型　直壁型，131件。主要流行于浙西地区，具有较强的地域性。个体大小规格与A型盘口壶相同。盘口壁基本垂直，粗颈下端内弧，肩部安双耳，颈下端刻划水波纹，部分口沿外壁亦饰有水波纹，耳面刻划叶脉纹。早晚变化表现为：口：浅→深；腹：圆弧→圆鼓→弧形；底：矮圈足→平底。据此分为四式：

Ⅰ式　4件，高温釉陶。浅盘口，圆弧腹，矮圈足。

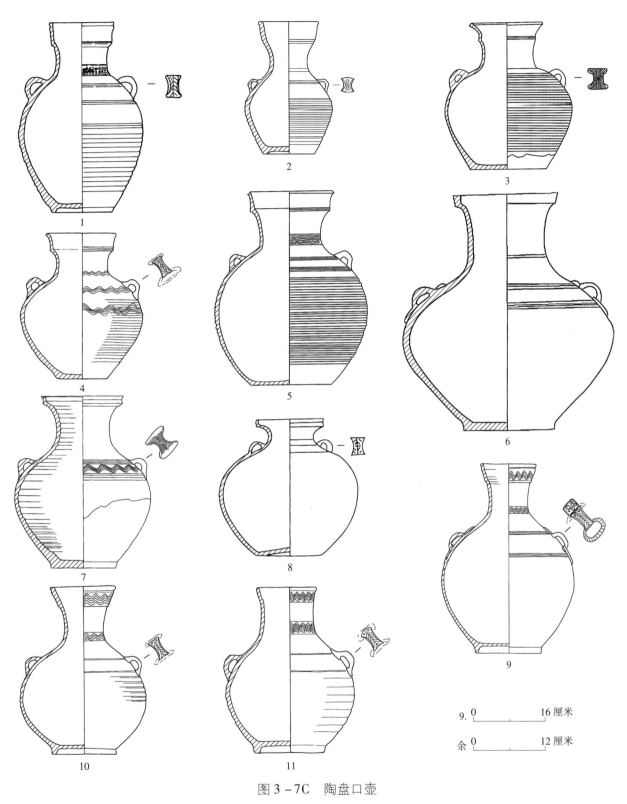

图 3－7C 陶盘口壶

1. A 型Ⅳ式（08 湖·白 G4M30：3）　2. A 型Ⅳ式（87 余·果 M6：7）　3. A 型Ⅴ式（85 绍·马 M320：11）　4. A 型
Ⅴ式（89 龙·仪 M30：6）　5. A 型Ⅴ式（84 上·严 M150：5）　6. A 型Ⅵ式（87 余·果 M3：5）　7. A 型Ⅵ式（10
长·七 M2：8）　8. A 型Ⅶ式（82 绍·狮 M307：6）　9. B 型Ⅰ式（87 龙·东 M11：9）　10. B 型Ⅰ式（87 龙·东
M11：8）　11. B 型Ⅰ式（88 龙·东 M27：6）

标本87龙·东 M11：9，颈稍长，圆弧腹。肩部划两组弦纹；衔环耳上方贴铺首。高温釉陶，釉色青黄。高40、口径12.4、腹径29.2、足径14.4厘米。（图3－7C：9；图版五一：1）

标本87龙·东 M11：8，肩部划一道细弦纹，腹部为密集的弧凸宽弦纹，耳面刻划双目式叶脉纹。硬陶。高26.4、口径10.4、腹径20.6、足径10.4厘米。（图3－7C：10）

标本88龙·东 M27：11，肩部划两组细弦纹，耳面刻划带索头形的叶脉纹。高温釉陶，釉色泛黄。高26.2、口径9.9～11.5、腹径21、足径11.5厘米。（图3－7C：11）

Ⅱ式 30件，内有高温釉陶7件，硬陶23件。盘口略深，圆鼓腹，圈足略高。

标本88龙·东 M27：14，肩部划三组细弦纹，衔环耳上方贴铺首，铺首上端两角各附一个乳丁，耳面刻划叶脉纹。高温釉陶，釉层已流失。高36.6、口径12.3、腹径26.3、足径12.2厘米。（图3－7D：1）

标本87龙·东 M11：10，口沿外壁和颈下端饰水波纹，肩部划两道细弦纹，腹部为密集的弧凸宽弦纹，耳面饰带索头形的叶脉纹。高温釉陶，釉色青绿。高28、口径10.8、腹径21.4、足径12.4厘米。（图3－7D：2）

标本87余·果 M7：17，盘口小而略深，颈较细。肩部饰三组弦纹和二组带锥刺纹的简化鸟纹，衔环耳上端贴菱角形堆纹。高温釉陶，釉层已流失。高42.2、口径11.2、腹径33.6、足径15.2厘米。（图3－7D：3；图版五一：2）

标本87余·果 M7：14，口沿外壁饰水波纹，肩部饰三组弦纹和二组带锥刺纹的简化鸟纹，耳上端贴菱角形堆纹。高温釉陶，釉色青黄。高32、口径11.4、腹径22.8、足径13厘米。（图3－7D：4）

Ⅲ式 96件，内有高温釉陶36件，硬陶60件。盘口深浅不一，弧腹，平底。肩部划两组细弦纹，腹部为密集的弧凸宽弦纹，耳面刻划叶脉纹。

标本88龙·东 M28：9，颈较粗，下端饰水波纹。高32.4、口径14.2、腹径23.2、底径12.2厘米。（图3－7D：5；图版五一：3）

标本87龙·东 M13：8，个体较小。高23.8、口径10.3、腹径16.4、底径9.7厘米。（图3－7D：6；图版五一：4）

Ⅳ式 1件，青瓷。

10龙·方 M1：9，盘口外翻，弧腹。颈下端饰一周水波纹，肩、腹部饰密集的粗弦纹，耳面刻划叶脉纹。釉色淡青。高25.5、口径12.7、腹径22.3、底径9.4厘米。（图3－7D：7；图版五二：1）

C型 浅口型。17件，零星伴出于东汉中期至晚期。早晚变化表现为，腹部：扁折→弧形，据此分为二式：

Ⅰ式 10件，内有高温釉陶2件，硬陶8件。斜直肩，颈和肩无明显交界线，折腹下部骤收，平底或假圈足。肩部划两组细弦纹，其间饰水波纹。

标本87龙·东 M2：11，平底。高22.6、口径10.6、腹径18.2、底径8.2厘米。（图3－7D：8；图版五二：2）

标本87龙·东 M2：16，假圈足。肩部划两道细弦纹，其间饰一周水波纹。硬陶，露胎呈

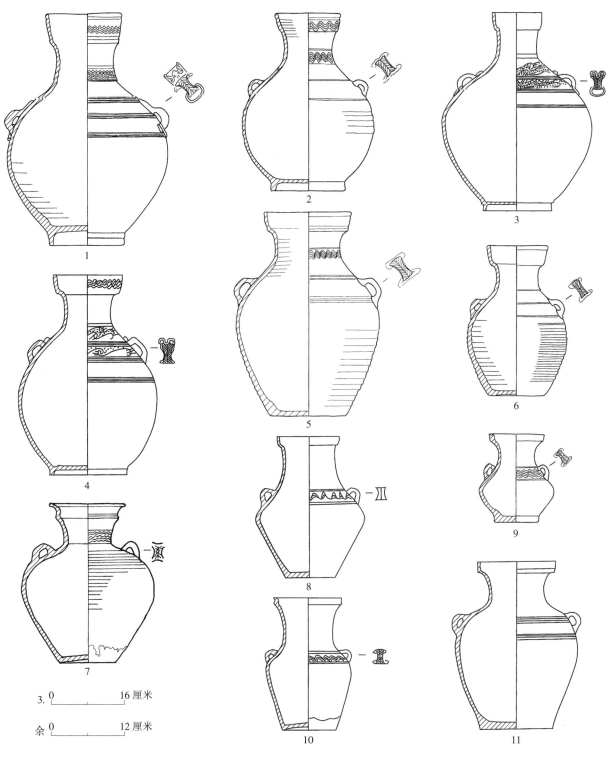

图 3 - 7D　陶盘口壶

1. B 型 Ⅱ 式（88 龙·东 M27:4）　2. B 型 Ⅱ 式（87 龙·东 M11:10）　3. B 型 Ⅱ 式（87 余·果 M7:17）　4. B 型 Ⅱ 式（87 余·果 M7:14）　5. B 型 Ⅲ 式（88 龙·东 M28:9）　6. B 型 Ⅲ 式（87 龙·东 M13:8）　7. B 型 Ⅳ 式（10 龙·方 M1:9）　8. C 型 Ⅰ 式（87 龙·东 M2:11）　9. C 型 Ⅰ 式（87 龙·东 M2:16）　10. C 型 Ⅱ 式（84 上·严 M230:6）　11. C 型 Ⅱ 式（84 上·严 M248:13）

灰色。高 13.8、口径 9.2、腹径 12.6、底径 7.4 厘米。（图 3 -7D：9）

Ⅱ式 7 件，内有酱色瓷 6 件，高温釉陶 1 件。斜弧肩，弧腹。肩部划两组细弦纹。

标本 84 上·严 M230：6，肩部有弦纹间饰水波纹。酱色瓷，高 21.2、口径 11.2、腹径 14.2、底径 8.8 厘米。（图 3 -7D：10；图版五二：3）

标本 84 上·严 M248：13，酱色瓷。高 26.8、口径 13.2、腹径 20.6、底径 12.4 厘米。（图 3 -7D：11；图版五二：4）

三足壶 1 件，泥质陶，占日用器的 0.03%。轮制。

05 奉·南 M160：3，浅盘口，粗短颈，斜肩上安鋬形耳，扁鼓腹，平底外缘附三个低矮的蹄形足。高 15、口径 7、腹径 12.8、底径 7 厘米。（图 3 -8：1；图版五三：1）

小壶 8 件，内有高温釉陶 7 件，青瓷 1 件，占日用器的 0.21%。伴出器物，偶见于西汉中期至东汉晚期。轮制。

器物个体较小，形态各异，肩部安叶脉纹双耳。

标本 08 湖·白 G4M31：4，敞口，短颈内弧，斜肩上安双耳，扁鼓腹，腹最大径位于中部，平底内凹。口沿外壁和颈下端饰细弦纹和水波纹，耳面饰叶脉纹。高温釉陶，釉色青黄。高 17.6、口径 11、腹径 17、底径 8.4 厘米。（图 3 -8：2；图版五三：2）

标本 87 余·果 M7：1，小束口，细短颈，宽斜肩上安双耳，圆鼓腹，腹最大径位于上部，大平底。肩部饰弦纹和水波纹，衔环耳上方贴横向"S"形堆纹。高温釉陶，釉层已流失。高 19.4、口径 6.2、腹径 17、底径 12 厘米。（图 3 -8：3；图版五三：3）

标本 87 余·果 M9：5，小束口，斜肩上安双耳，鼓腹略扁，平底内凹。肩部划一道细弦纹，腹部为密集的粗弦纹。高温釉陶，釉层已流失。高 15.2、口径 6、腹径 12.4、底径 6.8 厘米。（图 3 -8：4）

标本 87 余·果 M2：1，浅盘口，扁鼓腹，假圈足。青瓷。高 10.6、口径 5.6、腹径 9.2、足径 5.6 厘米。（图 3 -8：5；图版五三：4）

瓿壶 6 件，内有硬陶 5 件，高温釉陶 1 件。占日用器的 0.16%。浙南地区西汉中期墓随葬品的基本组合之一，具有鲜明的地域特征。轮制。

小口，上窄下宽的喇叭形颈与肩无明显分界线，斜肩上安双耳，腹部较扁宽，腹最大径位于上端，平底。肩、腹部刻划粗而深的弦纹。

标本 03 温·塘 M2：19，肩、腹部饰三组弦纹，其间填以两组箆状锥点纹。高 13.5、口径 3.9、腹径 15.6、底径 10.4 厘米。（图 3 -8：6；图版五四：2）

标本 06 温·塘 M1：20，高 15.1、口径 4.2、腹径 15.8、底径 11.2 厘米。（图 3 -8：7；图版五四：3）

长颈壶 4 件，高温釉陶，占日用器的 0.11%。伴出器物，偶见于西汉晚期。轮制，颈与腹分段黏结而成。直口，细长颈，斜肩，扁鼓腹，矮圈足。

标本 08 湖·杨 D35M5：6，口下端有一道凹槽，口沿下饰一组水波纹和弦纹，肩部划两组弦纹。高 27.2、口径 5.6、腹径 16.8、足径 12 厘米。（图 3 -8：8；图版五四：1）

此外，尚有不明类型的壶 36 件，其中高温釉陶 32 件，硬陶 4 件，占日用器的 0.96%。

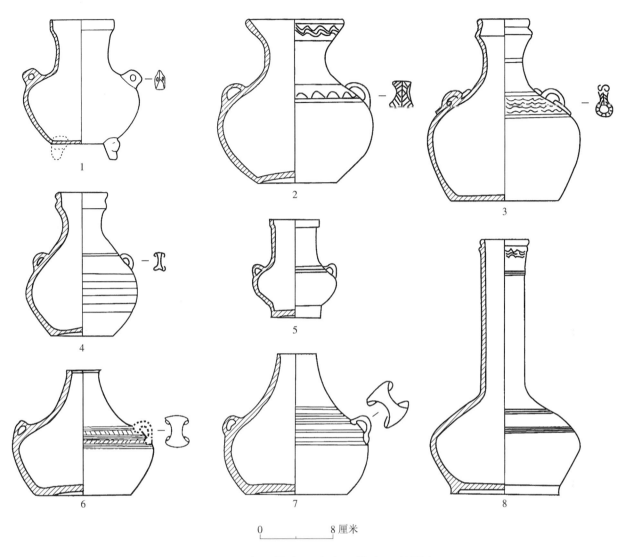

图 3 - 8　陶三足壶、小壶、匏壶、长颈壶

1. 三足壶（05 奉·南 M160∶3）　2. 小壶（08 湖·白 G4M31∶4）　3. 小壶（87 余·果 M7∶1）　4. 小壶（87 余·果 M9∶5）　5. 小壶（87 余·果 M2∶1）　6. 匏壶（03 温·塘 M2∶19）　7. 匏壶（06 温·塘 M1∶20）　8. 长颈壶（08 湖·杨 D35M5∶6）

罐　共 163 件，占日用器的 4.35%。两汉时期随葬品的基本组合之一。器身轮制，双耳粘贴于肩，平底器的器底套入腹壁底端内，在拍打加固腹与底的过程中，使底的中部往往呈现内凹的现象。器物普遍为高温釉陶或青瓷质地。早晚变化体现为，腹：圆鼓→弧形；底：瓦足底→圈足底→平底；耳：竖耳→横系。据此分为七式：

Ⅰ式　6 件，高温釉陶。扁鼓腹，底外缘附三个瓦足。

标本 92 余·老 D1M14∶10，弧面顶盖，塔形捉纽。直口，肩部安绹索状双耳，盖面饰二组水波纹，其间以同心圆相隔。罐肩部饰一组"人"字形锥刺纹和两组水波纹，其间以弦纹相隔，耳上下两侧各贴有一个小泥点。釉色青绿。通高 19.8、罐高 15.6、口径 11.4、腹径 22.8、底径 14.8 厘米。（图 3 - 9∶1；图版五四∶4）

Ⅱ式　1 件，高温釉陶。扁鼓腹，矮圈足。

92 余·老 D1M14：48，弧面顶盖，蘑菇形捉纽。盖面饰二组"人"字形锥刺纹，其间以同心圆相隔。罐为直口，平唇，肩部安绹索状耳，肩部划六组细弦纹，其间分别饰"人"字形锥刺纹、圆圈纹、三角形锥刺纹、水波纹。釉色青绿。通高 23.8、罐高 19、口径 14.4、腹径 30、足径 18.4 厘米。（图 3 - 9：2；图版五四：5）

Ⅲ式　37 件，内有高温釉陶 32 件，硬陶 5 件。圆鼓腹，平底或圈足。

标本 86 杭·老 M131：27，直口，肩部安衔环耳，圈足。肩部划两组弦纹和一组水波纹，耳上方贴菱角形堆纹。高温釉陶，釉色青黄。高 11.1、口径 7.4、腹径 12、足径 7.2 厘米。（图 3 - 9：3）

标本 83 杭·古 M57：41，平底内凹。肩部划三组弦纹，耳上方贴铺首。高温釉陶，釉色青绿。高 17.2、口径 10.4、腹径 21.6、底径 12 厘米。（图 3 - 9：4）

标本 83 杭·古 M57：46，直口，衔环耳。肩部划两组细弦纹，其间饰水波纹。腹部有数道粗弦纹，耳上方贴菱角形堆纹。高温釉陶，釉色青绿。高 13.4、口径 10、腹径 17.2、底径 10 厘米。（图 3 - 9：5）

标本 04 余·石 M1：11，肩部饰两组水波纹，高温釉陶。高 17.8、口径 12.4、底径 11.4 厘米。（图 3 - 9：6）

标本 86 慈·陈 M18：21，盖作子口，平顶斜沿，乳丁捉纽。纽四周饰四瓣花叶，其外饰一周水波纹。罐为侈口，肩部安双耳。高温釉陶，釉层已流失。通高 19.4、罐高 16.5、口径 11、腹径 19、底径 11.4 厘米。（图 3 - 9：7）

标本 05 奉·南 M200：2，口沿内壁饰水波纹，肩、腹部饰三组细弦纹，其间刻划两组水波纹。衔环耳上方贴横向"S"形堆纹。高温釉陶，釉色青绿。高 21.2、口径 14、腹径 25.2、底径 14 厘米。（图 3 - 9：8）

标本 87 湖·杨 D1M6：17，侈口。肩部刻划一组多首鸟纹和水波纹，衔环耳上端贴方形兽面。高温釉陶，釉色青绿。高 20、口径 12、腹径 22.5、底径 11.6 厘米。（图版五五：1）

Ⅳ式　9 件，高温釉陶。圆弧腹，平底。

标本 10 长·七 M2：11，腹部饰粗弦纹，釉色泛黄。高 20.8、口径 15.8、腹径 22.2、底径 17 厘米。（图 3 - 9：9；图版五五：2）

Ⅴ式　82 件，内有硬陶 47 件，低温釉陶 21 件，酱色瓷 5 件，高温釉陶 5 件，青瓷 3 件，泥质陶 1 件。束口，颈肩交界明显，弧腹，肩部划两道弦纹。

标本 73 上·蒿 M52：11，低温釉陶，釉色青黄。高 22.4、口径 20、腹径 27、底径 17.6 厘米。（图 3 - 9：10）

标本 02 海·南 M2：13，酱色瓷，高 16.5、口径 13.4、腹径 19.7、底径 11 厘米。（图版五五：3）

Ⅵ式　19 件，内有青瓷 11 件，硬陶 8 件。束口，颈肩交界明显，圆鼓腹，肩部划一道细弦纹。

标本 85 绍·马 M319：7，青瓷，釉色青绿。高 11.2、口径 9、腹径 15.6、底径 9 厘米。（图 3 - 9：11）

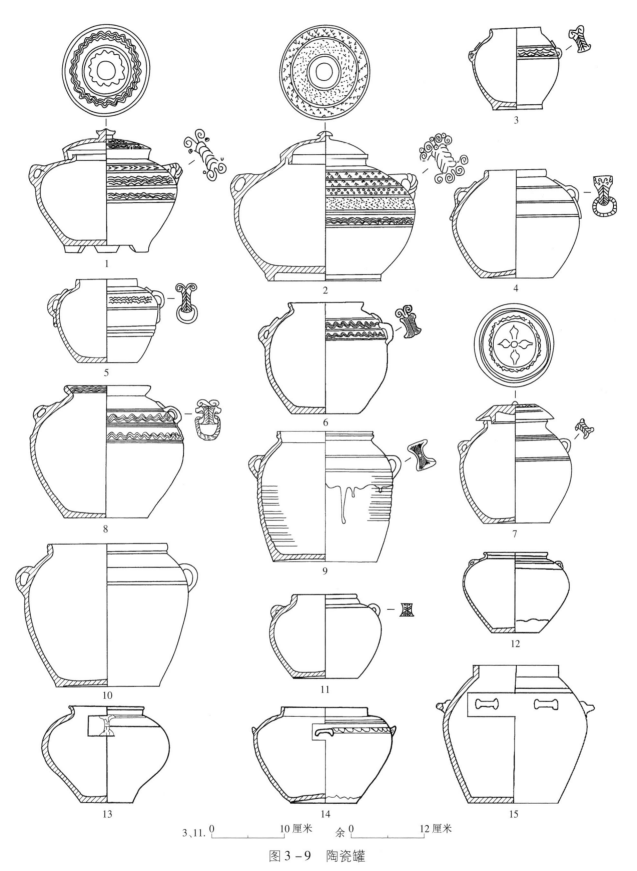

图 3 - 9 陶瓷罐

1. Ⅰ式（92 余·老 D1M14∶10） 2. Ⅱ式（92 余·老 D1M14∶48） 3. Ⅲ式（86 杭·老 M131∶27） 4. Ⅲ式（83 杭·古 M57∶41） 5. Ⅲ式（83 杭·古 M57∶46） 6. Ⅲ式（04 余·石 M1∶11） 7. Ⅲ式（86 慈·陈 M18∶21） 8. Ⅲ式（05 奉·南 M200∶2） 9. Ⅳ式（10 长·七 M2∶11） 10. Ⅴ式（73 上·蒿 M52∶11） 11. Ⅵ式（85 绍·马 M319∶7） 12. Ⅵ式（90 湖·窑 M1∶2） 13. Ⅵ式（84 鄞·宝 M5∶01） 14. Ⅶ式（10 龙·方 M1∶23） 15. Ⅶ式（10 湖·小 M4∶1）

标本 90 湖·窑 M1：2，青瓷，釉色青淡。高 12.9、口径 11、腹径 18.4、底径 8.1 厘米。（图 3 – 9：12；图版五五：4）

标本 84 鄞·宝 M5：01，高 15.6、口径 13、腹径 21、底径 8.7 厘米。（图 3 – 9：13）

Ⅷ式　9 件，内有青瓷 8 件，硬陶 1 件。颈肩交界明显，斜弧肩上安有横系，圆鼓腹，肩部划两组细弦纹。

标本 10 龙·方 M1：23，肩部饰一周细弦纹和水波纹。青瓷，釉色青黄不一。高 15.4、口径 13.7、腹径 22.9、底径 11.2 厘米。（图 3 – 9：14；图版五五：5）

标本 10 湖·小 M4：1，直口，内沿面略凹，肩部对称贴六个横系。腹部饰细麻布纹。硬陶。高 22、口径 14.4、腹径 24、底径 15 厘米。（图 3 – 9：15；图版五五：6）

弦纹罐　共 1116 件（内有 115 件未能分型，其中高温釉陶 8 件，硬陶 103 件，泥质陶 3 件，低温釉陶 1 件），占日用器的 29.79%。两汉时期随葬品的基本组合之一。轮制。外表均饰有粗细不同、多少不一的弦纹，耳面饰叶脉纹。器物普遍为硬陶质地。根据口的不同可分为四型，其中：

A 型　直口型，444 件（内有高温釉陶和硬陶各 1 件未能分式）。早晚变化表现为，腹：斜腹→鼓腹→弧腹；弦纹截面：瓦楞形→城垛形→水波形。斜肩处安叶脉纹双耳，平底。按腹部与纹饰的变化分为四式：

Ⅰ式　41 件，内有高温釉陶 26 件，硬陶 15 件。颈肩交界不明显，斜腹，弦纹截面呈瓦楞形。

标本 07 余·义 M29：30，耳面饰带索头状的叶脉纹。高温釉陶，釉色青绿。高 17.5、口径 9.4、腹径 19.8、底径 11 厘米。（图 3 – 10A：1；图版五六：1）

标本 08 湖·白 G4M18：6，肩部较斜直，弦纹宽而稀疏。硬陶。高 18.2、口径 10.2、腹径 17.4、底径 11 厘米。（图 3 – 10A：2；图版五六：2）

Ⅱ式　81 件，内有硬陶 48 件，高温釉陶 29 件，泥质陶 4 件。颈肩交接明显，鼓腹。弦纹截面呈城垛形。

标本 07 湖·杨 G2M3：26，弧面顶盖。硬陶。通高 18.4、罐高 15.6、口径 10.4、腹径 19.2、底径 12 厘米。（图 3 – 10A：3）

标本 07 湖·杨 G2M3：25，弧面顶，塔形捉纽。高温釉陶，釉色青绿。通高 19.8、罐高 16、口径 10、腹径 18.3、底径 11.6 厘米。（图 3 – 10A：4；图版五六：3）

Ⅲ式　187 件，内有硬陶 130 件，高温釉陶 54 件，泥质陶 3 件。颈肩交界不明显，弧腹，弦纹截面呈水波形。

标本 98 湖·方 D3M26：10，硬陶。高 19.2、口径 9.2、腹径 17、底径 10.4 厘米。（图 3 – 10A：5）

标本 06 湖·杨 D22M3：6，硬陶。高 15.4、口径 9.6、腹径 16、底径 11.2 厘米。（图版五六：4）

Ⅳ式　133 件，内有硬陶 121 件，高温釉陶 12 件。颈肩交界明显，弧腹，弦纹截面呈细密的水波形。

标本 08 湖·白 G4M6：3，斜弧肩。硬陶。高 19.2、口径 14.6、腹径 22.4、底径 10.4 厘米。（图 3 – 10A：6；图版五六：5）

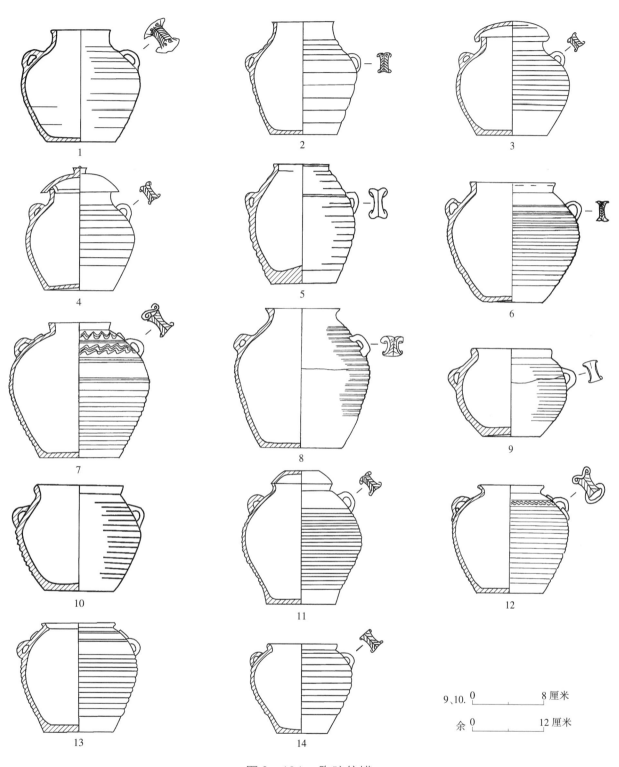

图 3 - 10A　陶弦纹罐

1. A 型 Ⅰ 式（07 余·义 M29：30）　2. A 型 Ⅰ 式（08 湖·白 G4M18：6）　3. A 型 Ⅱ 式（07 湖·杨 G2M3：26）　4. A 型 Ⅱ 式（07 湖·杨 G2M3：25）　5. A 型 Ⅲ 式（98 湖·方 D3M26：10）　6. A 型 Ⅳ 式（08 湖·白 G4M6：3）　7. A 型 Ⅳ 式（06 湖·杨 D28M11：7）　8. A 型 Ⅳ 式（05 奉·南 M174：5）　9. B 型 Ⅰ 式（05 奉·南 M103：12）　10. B 型 Ⅰ 式（87 湖·杨 D1M2：6）　11. B 型 Ⅱ 式（86 慈·陈 M18：24）　12. B 型 Ⅱ 式（06 湖·杨 D28M3：1）　13. B 型 Ⅲ 式（87 余·果 M9：9）　14. B 型 Ⅲ 式（06 湖·杨 D21M2：11）

标本 06 湖·杨 D28M11：7，肩部饰三组细泥条弦纹和两组水波纹，腹部为密集的宽凸弦纹，耳上端贴横向"S"形堆纹。硬陶。高 21.6、口径 10.4、腹径 23.6、底径 13.3 厘米。（图 3 – 10A：7）

标本 05 奉·南 M174：5，溜肩，硬陶。高 22.4、口径 12.6、腹径 22.4、底径 13.6 厘米。（图 3 – 10A：8；图版五六：6）

B 型　侈口型。397 件，西汉中期至东汉晚期随葬品基本组合之一。口内壁或斜或凹，肩部安双耳，平底。早晚变化表现为，腹：扁折→圆鼓→弧形；弦纹截面：城垛形→水波形。按腹部与纹饰的变化分为三式：

Ⅰ式　7 件，内有硬陶 5 件，高温釉陶 2 件。扁折腹，弦纹截面呈城垛形。

标本 05 奉·南 M103：12，高温釉陶。高 9.4、口径 9、腹径 12.2、底径 6.4 厘米。（图 3 – 10A：9；图版五七：1）

标本 87 湖·杨 D1M2：6，硬陶。高 11.4、口径 10、腹径 14.2、底径 7.6 厘米。（图 3 – 10A：10）

Ⅱ式　130 件，内有硬陶 91 件，高温釉陶 39 件。圆鼓腹，弦纹截面呈水波形。

标本 86 慈·陈 M18：24，覆钵形盖。腹下部呈内弧状。高温釉陶，釉层已流失。通高 21.2、罐高 19.4、口径 10.2、腹径 20、底径 11.8 厘米。（图 3 – 10A：11）

标本 06 湖·杨 D28M3：1，肩部划一周水波纹，衔环耳上方贴菱角形堆纹。高温釉陶，釉色青黄。高 17.3、口径 11.1、腹径 19.6、底径 11 厘米。（图 3 – 10A：12；图版五七：2）

标本 09 绍·南 M1：9，出土时罐内盛有蛏子。（图版五七：3）

Ⅲ式　260 件，内有硬陶 207 件，高温釉陶 45 件，泥质陶 8 件。圆弧腹，弦纹截面呈水波形。

标本 87 余·果 M9：9，肩部划两组弦纹，腹部为密集的弧凸粗弦纹，耳上方贴横向"S"形堆纹。高 17.6、口径 12.4、腹径 19.4、底径 11.6 厘米。（图 3 – 10A：13；图版五七：4）

标本 06 湖·杨 D21M2：11，硬陶。腹下部内收。高 14.4、口径 11.6、腹径 16.8、底径 8.5 厘米。（图 3 – 10A：14；图版五七：5）

C 型　翻沿口型，共 149 件（内有硬陶 1 件未能分式），流行于西汉中期至东汉中期。肩部安双耳，平底。早晚变化体现为，腹：扁折→圆鼓→弧形；弦纹截面：城垛形→水波形。按腹部与纹饰的变化分为三式：

Ⅰ式　11 件，硬陶。扁鼓腹，弦纹截面为城垛形。

标本 06 湖·杨 D28M14：15，硬陶。高 9.4、口径 9、腹径 12.4、底径 7.2 厘米。（图 3 – 10B：1；图版五八：1）

Ⅱ式　42 件，内有高温釉陶和硬陶各 21 件。圆鼓腹，弦纹截面为水波形。

标本 89 龙·仪 M11：25，泥质硬陶。肩部划两道细弦纹，内饰水波纹，下腹部为密集的粗弦纹，耳上方贴横向"S"形堆纹。高 22.1、口径 13.1、腹径 24.6、底径 12.5 厘米。（图 3 – 10B：2；图版五八：2）

标本 02 海·仙 M2：4，高 10.5、口径 10.2、腹径 14、底径 8.4 厘米。（图 3 – 10B：3；图版五八：3）

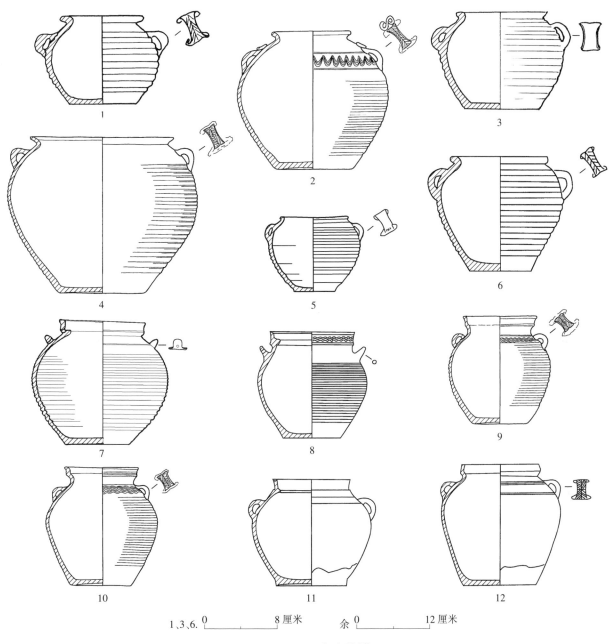

图 3 - 10B　陶弦纹罐

1. C 型 I 式（06 湖·杨 D28M14：15）　　2. C 型 II 式（89 龙·仪 M11：25）　　3. C 型 II 式（02 海·仙 M2：4）　　4. C 型 III 式（89 龙·仪 M31：5）　　5. C 型 III 式（07 余·义 M39：3）　　6. C 型 III 式（07 湖·杨 D34M1：6）　　7. D 型 I 式（07 余·义 M50：11）　　8. D 型 I 式（82 嵊·剡 M15：6）　　9. D 型 II 式（89 龙·仪 M47：12）　　10. D 型 II 式（89 龙·仪 M47：14）　　11. D 型 III 式（73 上·嵩 M52：5）　　12. D 型 IV 式（84 上·严 M155：7）

III式　95 件，内有硬陶 72 件，高温釉陶 22 件，低温釉陶 1 件。弧腹，弦纹截面为水波形。

标本 89 龙·仪 M31：5，器形高大。硬陶。高 24.6、口径 23.6、腹径 31.4、底径 14 厘米。（图 3 - 10B：4）

标本 07 余·义 M39：3，硬陶。高 12、口径 11、腹径 15、底径 6.5 厘米。（图 3 - 10B：5；图版五八：4）

标本 07 湖·杨 D34M1∶6，高温釉陶，釉色泛黄。高 12.3、口径 11、腹径 14.2、底径 7 厘米。（图 3－10B∶6）

D 型　盘口型。11 件，仅流行于王莽至东汉早期。浅盘口，肩部安双耳或小錾，平底。耳面饰叶脉纹。早晚变化表现为，腹部：圆鼓→弧形，弦纹：密集→零星。据此分为四式：

Ⅰ式　2 件，硬陶。圆鼓腹。盘口内有一周隔档，肩部安两个穿孔小錾。通体饰密集的粗弦纹，肩部划两道细弦纹。

07 余·义 M50∶11，高 19.5、口径 13.9、腹径 22、底径 10.4 厘米。（图 3－10B∶7；图版五八∶5）

82 嵊·剡 M15∶6，口沿外壁饰水波纹。高 17、口径 13.9、腹径 18.5、底径 9.5 厘米。（图 3－10B∶8）

Ⅱ式　6 件，硬陶。鼓腹，盘口内无隔档，束颈，肩部安双耳。

标本 89 龙·仪 M47∶12，耳面饰上下对角的叶脉纹。硬陶。高 17.2、口径 12.3、腹径 16.6、底径 8.9 厘米。（图 3－10B∶9；图版五八∶6）

标本 89 龙·仪 M47∶14，肩部饰水波纹，耳面刻划上下对角的叶脉纹。硬陶。高 18.6、口径 12、腹径 18.2、底径 9.8 厘米。（图 3－10B∶10）

Ⅲ式　2 件，内有硬陶和低温釉陶各 1 件。圆弧腹，盘口内有一周隔档，肩部安双耳。肩部划两道细弦纹。

标本 73 上·蒿 M52∶5，低温釉陶。高 17、口径 12.8、腹径 19.5、底径 12 厘米。（图 3－10B∶11；图版五九∶1）

Ⅳ式　1 件，硬陶。斜弧腹，盘口内无隔档，双耳。肩部划两组细弦纹。

84 上·严 M155∶7，釉色青黄。高 19.4、口径 13.4、底径 12.6 厘米。（图 3－10B∶12；图版五九∶2）

瓿式罐　101 件，占日用器的 2.70%。轮制，双耳粘贴于肩部。按器身高矮分为二型：

A 型　器身扁矮。11 件（内有 1 件高温釉陶未能分式）。浙南地区西汉中期墓葬随葬品的基本组合之一，具有鲜明的地域特色。早晚变化表现为，腹部：扁折→圆鼓。据此分为二式：

Ⅰ式　5 件，内有硬陶 3 件，高温釉陶 2 件。斜肩，折腹，大平底。

标本 06 温·塘 M1∶34，硬陶。侈口，腹最大径位于中部，双耳安于腹部。肩、腹部饰四组弦纹。高 13.1、口径 9.3、腹径 22.2、底径 15.6 厘米。（图 3－11∶1；图版五九∶3）

标本 86 湖·金 M1∶1，直口，腹最大径位于上端，双耳安于肩部。双耳呈绹索状。肩部划三组弦纹和两组水波纹。高温釉陶。高 14.2、口径 10.2、腹径 22.8、底径 13.2 厘米。（图 3－11∶2）

Ⅱ式　5 件，硬陶。敛口，圆鼓腹，平底。

标本 97 乐·四 M1∶3，肩、腹部划六组弦纹，其间饰锥点纹，最下组饰水波纹。高 15.8、口径 9.5、腹径 23.4、底径 14 厘米。（图 3－11∶3；图版五九∶4）

标本 97 乐·四 M1∶6，肩、腹部划七组弦纹，其间饰锥点纹。高 16、口径 11、腹径 24.3、底径 14.5 厘米。（图 3－11∶4）

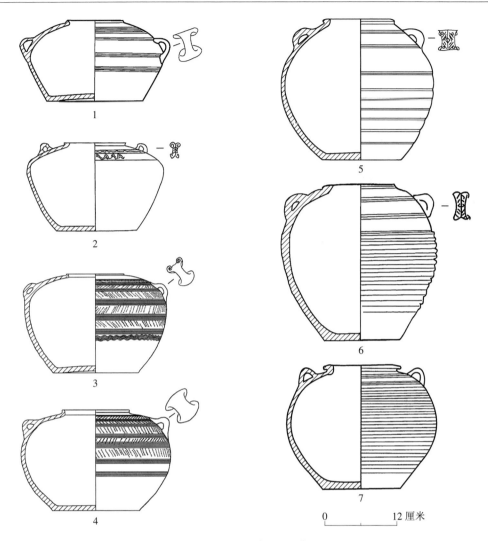

图 3 – 11　陶瓿式罐

1. A 型 I 式（06 温·塘 M1∶34）　2. A 型 I 式（86 湖·金 M1∶1）　3. A 型 II 式（97 乐·四 M1∶3）　4. A 型
II 式（97 乐·四 M1∶6）　5. B 型 I 式（86 慈·陈 M16∶5）　6. B 型 II 式（05 奉·南 M115∶1）　7. B 型 III 式
（82 嵊·刻 M34∶9）

B 型　器身较高。90 件，伴出器物，流行于西汉晚期至东汉晚期，器物造型与瓿相似，唯肩部铺首改为环形耳。小敛口，斜肩上安叶脉纹双耳，平底内凹。肩部划二或三组细弦纹，腹部为密集的粗弦纹。早晚变化表现为，口沿：内敛→较直；腹部：扁鼓→弧形→圆鼓。据此分为三式：

I 式　1 件，硬陶。扁鼓腹，敛口。

86 慈·陈 M16∶5，耳面饰上下相对的双目式叶脉纹。高 22.5、口径 9.5、腹径 24.8、底径 13.5 厘米。（图 3 – 11∶5）

II 式　50 件，内有硬陶 35 件，高温釉陶 15 件。弧腹，敛口。

标本 05 奉·南 M115∶1，硬陶。肩部划两组细弦纹。高 25.2、口径 9.7、腹径 26.4、底径 12 厘米。（图 3 – 11∶6；图版五九∶5）

III 式　39 件，内有高温釉陶 33 件，硬陶 6 件。圆鼓腹。直口宽唇，平底。

标本82嵊·刻M34:9，肩部饰两组弦纹，泥质硬陶。高20、口径13、腹径25、底径12.8厘米。（图3－11:7；图版五九:6）

三足罐　3件，内有低温釉陶2件，青瓷1件，占日用器的0.08%。伴出器物，偶见于东汉墓中。器身轮制，耳与足捏塑后粘贴其上。

敛口或直口，斜肩上安环形提耳，鼓腹，平底下附三足。肩部饰一组水波纹，上下为弦纹。

标本84上·严M244:1，高温釉陶，釉色青黄。高17.4、口径12、腹径24厘米。（图3－12:1；图版五七:6）

标本93上·驮M15:2，高温釉陶，釉色泛黄。高11.8、口径8.2、腹径14、底径11.8厘米。（图3－12:2）

小罐　共14件，内有酱色瓷6件，低温釉陶4件，硬陶和青瓷各2件，占日用器的0.37%。伴出器物，两汉时期偶见。轮制，颈与肩分段黏结而成。形态各异。

标本73上·蒿M52:4，敞口，直唇，圆弧肩上安双耳，圆鼓腹，腹最大径位于中部，假圈足。肩部划一道细弦纹，耳面刻划叶脉纹。低温釉陶，釉色青绿。高16.3、口径15、腹径19.8、足径11.4厘米。（图3－12:3；图版六〇:1）

标本87余·果M2:7，束口，窄斜肩，扁鼓腹，腹最大径位于上端，假圈足低矮。肩部划两道细弦纹。酱色瓷。高10.5、口径13.3、腹径15.5、足径9.3厘米。（图3－12:4；图版六〇:2）

标本87余·果M3:7，敞口，扁鼓腹，平底。肩部划一道细弦纹，耳面刻划叶脉纹。低温釉陶，酱褐色釉。高13.8、口径8.7、腹径13.2、底径7.8厘米。（图3－12:5；图版六〇:3）

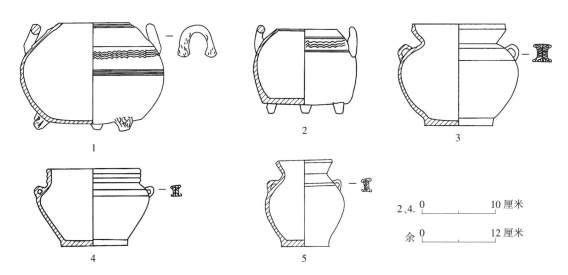

图3－12　陶瓷三足罐、小罐

1. 三足罐（84上·严M244:1）　2. 三足罐（93上·驮M15:2）　3. 小罐（73上·蒿M52:4）
4. 小罐（87余·果M2:7）　5. 小罐（87余·果M3:7）

筒形罐　共102件（内有2件高温釉陶未能分型），占日用器的2.72%。伴出器物。器身轮制，双耳粘贴。深筒腹，平底。轮制。按形态的不同分为三型：

A型　窄肩型。33件。按肩部的不同又可细分出二个亚型：

Aa型　弧肩型。17件。流行于西汉中期至东汉晚期。肩上安双耳，弧腹，平底，耳面刻划叶脉纹。早晚变化表现为，腹部：最大径位于上部→最大径位于中部；耳：双纵系→四横系。据此分为四式：

Ⅰ式　6件，内有硬陶5件，高温釉陶1件。直口，腹最大径位于上部，双纵系耳。

标本83杭·古M47：7，肩部饰水波纹，腹部通体饰弦纹。硬陶。高21.3、口径12.6、腹径20.4、底径10.5厘米。（图3－13：1）

Ⅱ式　2件，硬陶各低温釉陶各1件。束口，腹最大径位于中部。

标本06湖·杨D23M1：43，弧腹，肩部划两道细弦纹。低温釉陶，釉色青黄。高20.5、口径11.6、腹径15.3、底径11.6厘米。（图3－13：2；图版六〇：4）

Ⅲ式　6件，内有酱色瓷4件，硬陶2件。敞口，弧腹。

标本84上·严M244：2，口内壁弧凹，肩部饰一周带状斜方格纹，腹部通体饰斜方格纹。酱色瓷。高28、口径14.4、腹径23.4、底径13.8厘米。（图3－13：3；图版六〇：5）

Ⅳ式　3件，内有硬陶2件，青瓷1件。侈口，斜腹，肩部安四个横系。

标本84上·严M107：1，平底中间内凹。腹部通体饰斜方格纹。青瓷，釉色青绿。高24.5、口径13、腹径21.3、底径12.6厘米。（图3－13：4；图版六〇：6）

Ab型　斜肩型。16件。流行于西汉晚期至东汉中期，腹壁自上而下内收，平底。早晚变化表现为，肩部：窄→宽。据此分为三式：

Ⅰ式　窄斜肩。7件，内有硬陶4件，高温釉陶3件。侈口，腹上端安双耳。上腹部饰二组细弦纹，其间饰水波纹。耳面刻划上下相对的叶脉纹。

标本89龙·仪M12：9，腹壁中部略内弧。硬陶。高22.9、口径12.1、腹径17、底径13.6厘米。（图3－13：5；图版六〇：7）

标本87龙·东M4：7，硬陶。高25.3、口径14、腹径17.3、底径14厘米。（图3－13：6）

Ⅱ式　窄平肩。5件，内有硬陶3件，低温釉陶和酱色瓷各1件。侈口，无耳。

标本08湖·白G4M27：3，腹部布满弦纹，上端饰一组水波纹。青黄色釉。高18.8、口径15.4、底径12厘米。（图3－13：7）

标本07湖·杨G2M2：57，个体较小。肩部划一道细弦纹。高温釉陶，釉色青绿。高11.2、口径8.8、底径9.2厘米。（图版六一：1）

Ⅲ式　宽斜肩。4件，内有酱色瓷3件，高温釉陶1件。直口，肩上安双耳。

标本93上·驮M30：5，肩部饰水波纹，腹上部划三组细弦纹，近底部饰一周细麻布纹。高温釉陶，釉色青褐。高20、口径10.4、腹径18、底径13.8厘米。（图3－13：8；图版六一：2）

B型　橄榄型。55件，内有硬陶30件，高温釉陶23件，泥质陶2件。主要分布于浙北地区，具有较强的地域性，流行于西汉中期至王莽时期。敛口，宽平唇，肩部安双耳，腹部或弧或鼓，平底中间内凹。耳面刻划叶脉纹，通体饰密集的弧突粗弦纹。

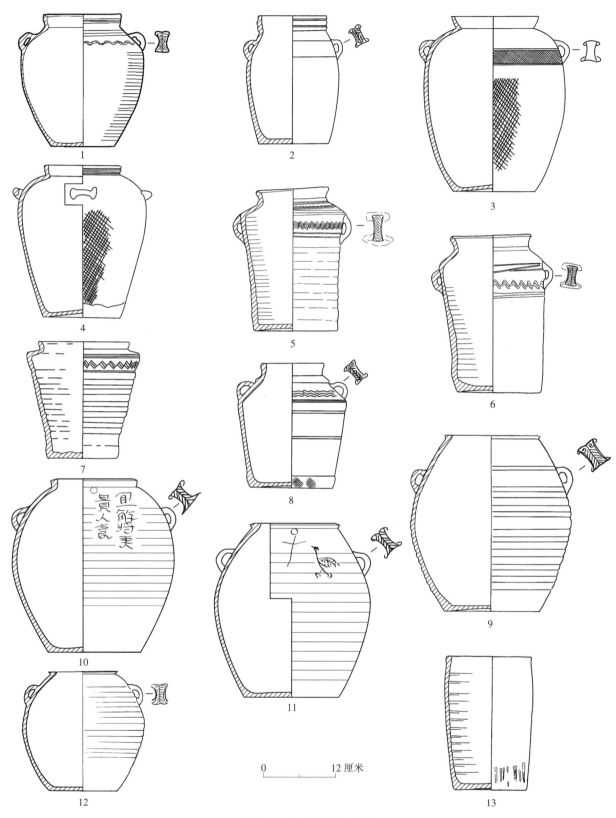

图 3 - 13 陶瓷筒形罐

1. Aa 型 I 式（83 杭·古 M47：7）　2. Aa 型 II 式（06 湖·杨 D23M1：43）　3. Aa 型 III 式（84 上·严 M244：2）
4. Aa 型 IV 式（84 上·严 M107：1）　5. Ab 型 I 式（89 龙·仪 M12：9）　6. Ab 型 I 式（87 龙·东 M4：7）　7. Ab 型
II 式（08 湖·白 G4M27：3）　8. Ab 型 III 式（93 上·驮 M30：5）　9. B 型（06 湖·杨 D28M9：6）　10. B 型（06
湖·杨 D28M10：4）　11. B 型（06 湖·杨 D28M10：9）　12. B 型（02 海·仙 M1：3）　13. C 型（87 龙·东 M9：11）

标本 06 湖·杨 D28M9：6，弧腹，耳面饰带索头形叶脉纹。高 28.2、口径 15、腹径 26.4、底径 15.6 厘米。（图 3 – 13：9；图版六一：3）

标本 06 湖·杨 D28M10：4，口沿下有一个直径为 0.8 厘米的圆形镂孔，镂孔右下方阴刻两排文字，右侧为"宜斛（？）将□"，左侧为"贵人食"。高 27.6、口径 14.7、腹径 26.4、底径 15.5 厘米。（图 3 – 13：10；图版六一：4）

标本 06 湖·杨 D28M10：9，口沿下有一个直径为 0.8 厘米的镂孔，镂孔下侧划有一个"十"字，右侧划有一只形似鸵鸟的大鸟。高 27.8、口径 12.3、腹径 25.6、底径 15.5 厘米。（图 3 – 13：11；图版六一：5）

标本 02 海·仙 M1：3，高 19.2、口径 11.6、腹径 20、底径 11.4 厘米。（图 3 – 13：12；图版六一：6）

C 型　直筒型。12 件，硬陶。分布于浙西地区，具有鲜明的地域性，流行于西汉晚期。直口，平底。

标本 87 龙·东 M9：11，高 21、口径 14、腹径 14.4、底径 12 厘米。（图 3 – 13：13；图版六二：1）

凹肩罐　6 件，硬陶，占日用器的 0.16%。伴出器物，见于王莽至东汉中期。轮制。安耳部位的器壁内凹，通体饰密集的弦纹。早晚变化表现为，腹部：扁折→圆鼓；底部：平底→内凹底。据此分为二式：

Ⅰ 式　4 件。扁折腹，直口平唇，窄弧肩，平底。

标本 83 鄞·高 M24：4，高 12.8、口径 13.2、腹径 19.2、底径 8.8 厘米。（图 3 – 14：1）

Ⅱ 式　2 件。圆鼓腹，侈口尖唇，束颈，斜直肩，内凹底。

标本 82 嵊·刿 M17：19，高 26.6、口径 12.9、腹径 30、底径 14 厘米。（图 3 – 14：2；图版六二：2）

素面罐　共 85 件（内有 22 件未能分式，其中泥质陶 11 件，硬陶 10 件，高温釉陶 1 件），占日用器的 2.27%。伴出器物，流行于西汉至东汉早期。轮制。直口，圆弧肩，鼓腹，平底。早晚变化表现为，腹最大径：位于上端→位于中部。据此分为二式：

Ⅰ 式　4 件，内有泥质陶 2 件，高温釉陶和硬陶各 1 件。腹最大径位于上端。

标本 89 安·上 M6：10，无耳。高 15、口径 11.5、腹径 19、底径 11.5 厘米。（图 3 – 14：3；图版六二：3）

Ⅱ 式　59 件，内有硬陶 27 件，泥质陶 20 件，高温釉陶 12 件。腹最大径位于中部。

标本 89 安·上 M4：15，肩部安双耳，高 16.5、口径 10.4、腹径 21、底径 10.8 厘米。（图 3 – 14：4；图版六二：4）

标本 89 安·上 M4：16，无耳，平底较大。高 13、口径 10、腹径 19.2、底径 13.2 厘米。（图 3 – 14：5）

圜底罐　共 14 件（内有硬陶和泥质陶各 1 件未能分式），占日用器的 0.37%。伴出器物，流行于西汉晚期至东汉初期。分段轮制后上下黏结而成。圜底，底部拍印绳纹。早晚变化表现为，腹部：弧形→圆鼓→扁折。据此分为三式：

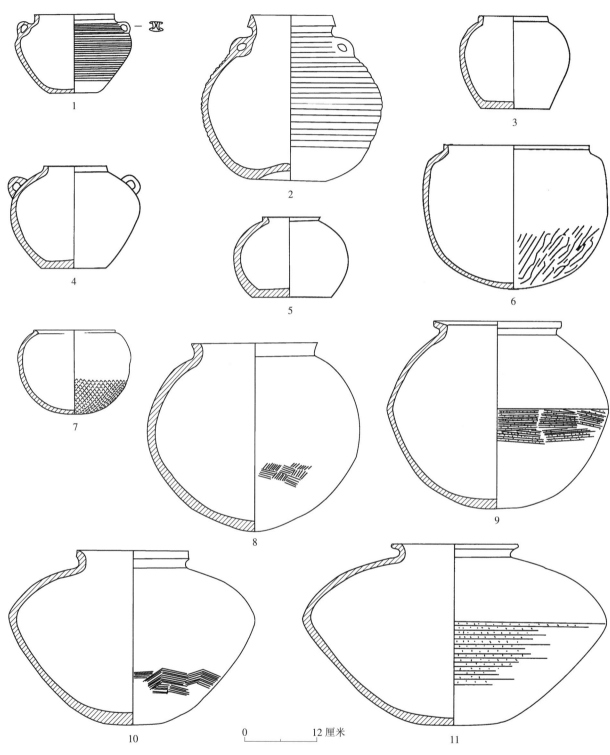

图 3 - 14 陶凹肩罐、素面罐、圜底罐

1. Ⅰ式凹肩罐（83 鄞·高 M24：4）　2. Ⅱ式凹肩罐（82 嵊·刿 M17：19）　3. Ⅰ式素面罐（89 安·上 M6：10）

4. Ⅱ式素面罐（89 安·上 M4：15）　5. Ⅱ式素面罐（89 安·上 M4：16）　6. Ⅰ式圜底罐（87 湖·杨 D14M5：17）

7. Ⅰ式圜底罐（09 绍·小 M33：3）　8. Ⅱ式圜底罐（82 嵊·刿 M41：7）　9. Ⅱ式圜底罐（82 嵊·刿 M51：6）

10. Ⅲ式圜底罐（82 嵊·刿 M33：8）　11. Ⅲ式圜底罐（82 嵊·刿 M90：9）

Ⅰ式　3件，硬陶。弧腹。

标本87湖·杨D14M5：17，直口，窄平肩，腹最大径位于上部。高23.2、口径24、腹径30.6厘米。（图3-14：6）

标本09绍·小M33：3，侈口，无颈。泥质陶。高13.5、口径14厘米。（图3-14：7；图版六三：1）

Ⅱ式　4件，硬陶。圆鼓腹。

标本82嵊·剡M41：7，直口，圆弧肩。高30.2、口径21、腹径35.4厘米。（图3-14：8；图版六三：2）

标本82嵊·剡M51：6，宽沿，束颈。高30、口径22、腹径36.6、底径13厘米。（图3-14：9；图版六三：3）

Ⅲ式　5件，硬陶。扁折腹。口略外翻，宽斜肩。

标本82嵊·剡M33：8，高28、口径19、腹径40.8厘米。（图3-14：10；图版六三：4）

标本82嵊·剡M90：9，通体拍印横向条纹。高29.1、口径21、腹径50.1厘米。（图3-14：11；图版六三：5）

鸮形罐　1件，占日用器的0.03%。高温釉陶。器身轮制，三足粘贴。盖作半球状鸮首形，罐为直口，肩部安双耳，球腹，平底下附三个瓦形足。器物通体刻划月牙形羽毛。

08湖·白G4M6：13，釉色青黄。通高29.2、罐高21.4、口径9、腹径20.2厘米。（图3-15；图版六四）

泡菜罐　共52件（内有5件硬陶和1件高温釉陶未能分型），占日用器的1.39%。伴出器物。双重口，内口均略高于外口，其间有一周便于扣盖密封的凹槽。肩部安双耳，平底。耳面刻划叶脉纹。根据成型工艺、装饰技法和纹饰的不同分为两型：

A型　轮制型，共39件。器物通体饰密集的弦纹，按腹部的不同可细分为两个亚型：

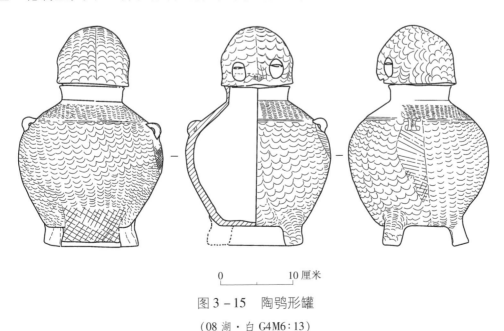

0　　　　　　10厘米

图3-15　陶鸮形罐

（08湖·白G4M6：13）

Aa 型　鼓腹型。37 件，流行于西汉中期至东汉中期，早晚变化表现为，腹部：圆鼓→扁鼓；腹最大径：位于中部→位于上端。据此分为三式：

Ⅰ式　28 件，内有高温釉陶 14 件，硬陶 13 件，青瓷 1 件。圆鼓腹，腹最大径位于中部。

标本 07 湖·杨 D33M11：8，外口较直。高温釉陶，釉层已流失。高 31.5、外口 18.3、内口径 11.8、腹径 29.4、底径 16.4 厘米。（图 3-16：1；图版六五：1）

标本 08 湖·白 G4M6：16，盖作母口，平顶，斜沿，捉纽呈柱形。硬陶。通高 26.4、罐高 22、外口径 17.4、内口径 10、腹径 19.2、底径 9.6 厘米。（图 3-16：2；图版六五：2）

标本 86 杭·老 M165：12，外侈口。口沿外壁饰水波纹。高温釉陶，青黄色釉。高 12.8、外口径 10.8、内口径 6.2、腹径 12.6、底径 8 厘米。（图 3-16：3）

Ⅱ式　4 件，硬陶。圆鼓腹，腹最大径位于上端。

标本 89 龙·仪 M42：6，泥质硬陶。高 22.4、外口径 24.3、内口径 12、腹径 22.5、底径 11.6 厘米。（图 3-16：4；图版六五：3）

Ⅲ式　5 件，硬陶。扁鼓腹，腹最大径位于上端。

标本 89 龙·仪 M22：7，硬陶。高 15.2、外口径 13、内口径 7.6、腹径 16.6、底径 8.2 厘米。（图 3-16：5）

Ab 型　筒腹型。2 件，硬陶，仅在王莽至东汉早期短暂流行。

05 奉·南 M192：9，内直口，外敞口，斜肩，腹壁斜收。肩部划两道弦纹，耳面饰叶脉纹。高 21.4、外口径 16.8、内口径 10、底径 11.6 厘米。（图 3-16：6）

08 湖·白 G4M7：8，内敛口，外敞口，腹下端略内收。外口沿下划两道细弦纹，腹部为弦纹，耳面刻划上下对角的叶脉纹。高 13.9、外口径 13.8、内口径 7.8、腹径 11.4、底径 8.4 厘米。（图 3-16：7；图版六五：4）

B 型　泥条盘筑型。7 件（内有 2 件印纹硬陶未能分式）。流行于西汉晚期至东汉早期。平底内凹，通体拍印几何纹。早晚变化表现为，腹部：扁鼓→圆鼓；纹饰：编织纹→梳状纹→块状斜方格纹。据此分为三式：

Ⅰ式　1 件，印纹硬陶。扁鼓腹，通体拍印编织纹。

87 湖·杨 D4M6：3，外口已残，内直口，斜肩，无耳，腹最大径位于近上部。高 32、内口径 12.6、腹径 35.1、底径 17.6 厘米。（图 3-16：8）

Ⅱ式　2 件，印纹硬陶。扁鼓腹，通体拍印梳状纹。

82 嵊·剡 M68：7，内外均为直口，斜肩。高 28.4、外口径 24.9、内口径 12、腹径 31.8、底径 15.6 厘米。（图 3-16：9）

82 嵊·剡 M33：10，内直口，外敞口，口与肩的交界处有一个小圆孔。高 28.3、外口径 23.8、内口径 11.7、腹径 31.7、底径 15 厘米。（图 3-16：10；图版六五：5）

Ⅲ式　2 件，印纹硬陶。圆鼓腹，通体拍印块状网格纹。

标本 84 上·严 M280：6，内直口，外敞口，斜肩，腹最大径位于中部。高 23.8、外口径 21.4、内口径 11、腹径 25.4、底径 13.2 厘米。（图 3-16：11）

印纹陶罐　共 33 件，均为印纹硬陶，占日用器的 0.88%。伴出器物，见于西汉早期至中

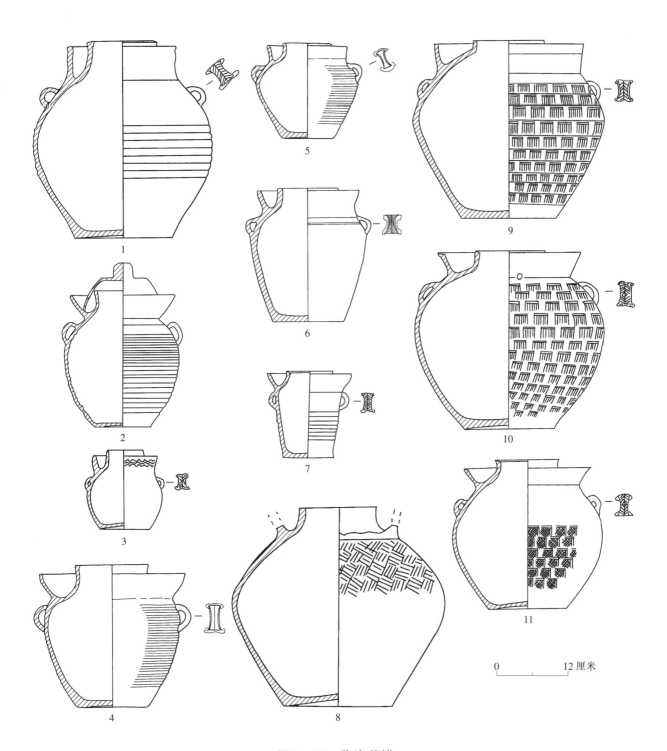

图 3-16　陶泡菜罐

1. Aa 型 I 式（07 湖·杨 D33M11：8）　2. Aa 型 I 式（08 湖·白 G4M6：16）　3. Aa 型 I 式（86 杭·老 M165：12）
4. Aa 型 II 式（89 龙·仪 M42：6）　5. Aa 型 III 式（89 龙·仪 M22：7）　6. Ab 型（05 奉·南 M192：9）　7. Ab 型
（08 湖·白 G4M7：8）　8. B 型 I 式（87 湖·杨 D4M6：3）　9. B 型 II 式（82 嵊·剡 M68：7）　10. B 型 II 式（82
嵊·剡 M33：10）　11. B 型 III 式（84 上·严 M280：6）

期。泥条盘筑。根据口沿的不同分为四型:

A 型　侈口型。8 件。流行于西汉早期。早晚变化为,纹饰:米格纹→小方格纹。据此分为二式:

Ⅰ式　4 件。通体拍印米格纹。圆弧肩,鼓腹,平底。

标本 92 余·老 D1M10:6,翻沿口,斜弧肩,腹略扁鼓,腹最大径位于上部。高 10.6、口径 10.5、腹径 15.8、底径 8 厘米。(图 3 - 17:1)

标本 92 余·老 D1M10:5,直口,圆弧肩,圆鼓腹,腹最大径位于中部。高 12.2、口径 12.2、腹径 17.5、底径 10.6 厘米。(图 3 - 17:2)

Ⅱ式　4 件,通体拍印小方格纹。器形矮小。短颈,扁圆腹。

标本 97 乐·四 M1:7,高 15.5、口径 11.5、腹径 20.9、底径 14.1 厘米。(图 3 - 17:3;图版六六:1)

标本 97 乐·四 M1:8,高 28、口径 15.3、腹径 32.1、底径 16.7 厘米。(图 3 - 17:4)

B 型　敛口型。19 件(内有 2 件未能分式)。仅见于浙南地区,具有鲜明的地域特征。流行于西汉中期。敛口,斜肩上安双耳,弧腹,平底。肩部有一或两道抹去纹饰后留下的浅凹痕,形似弦纹。质地软硬不一。早晚变化为,腹最大径:位于下部→位于中部。据此分为二式:

Ⅰ式　14 件。腹最大径位于下部。

标本 03 温·塘 M2:6,平底内凹,质地较硬。高 13.2、口径 10、腹径 16、底径 11 厘米。(图 3 - 17:5)

标本 06 温·塘 M1:10,腹最大径位于下部,质地较硬。高 15.6、口径 11.5、腹径 18.5、底径 13.2 厘米。(图 3 - 17:6;图版六六:2)

Ⅱ式　3 件。腹最大径位于中部。

标本 06 温·塘 M1:1,腹最大径位于中部,质地较软。高 15.4、口径 11、腹径 18.3、底径 12 厘米。(图 3 - 17:7)

标本 94 平·风 M1:1,通体拍印编织纹。高 18.2、口径 11.8、腹径 19.2、底径 15.2 厘米。(图 3 - 17:8;图版六六:3)

C 型　直口型。3 件,流行于东汉早期至中期。通体拍印窗帘纹。口微侈,斜弧肩上安双耳,弧腹。

标本 73 上·蒿 M54:6,硬陶。肩部安双耳。肩部刻划两组涡形水波纹。高 29.6、口径 15、腹径 30、底径 14.2 厘米。(图 3 - 17:9;图版六六:4)

标本 92 上·后 M11:6,青瓷,釉色泛黄。高 21.3、口径 12.8、腹径 22.2、底径 11.4 厘米。(图 3 - 17:10;图版六六:5)

D 型　束口型。3 件,偶见于东汉晚期。通体拍印斜方格纹。肩部安双耳,平底。

标本 99 云·白 M1:12,圆弧肩,弧腹,腹最大径位于上部。肩部划三道弦纹。高 17.6、口径 14、腹径 20.6、底径 12.5 厘米。(图 3 - 17:11)

标本 99 云·白 M1:13,圆弧肩,圆鼓腹,腹最大径位于上端。肩部划三道细弦纹。高 15.6、口径 18、腹径 24、底径 13.5 厘米。(图 3 - 17:12;图版六六:6)

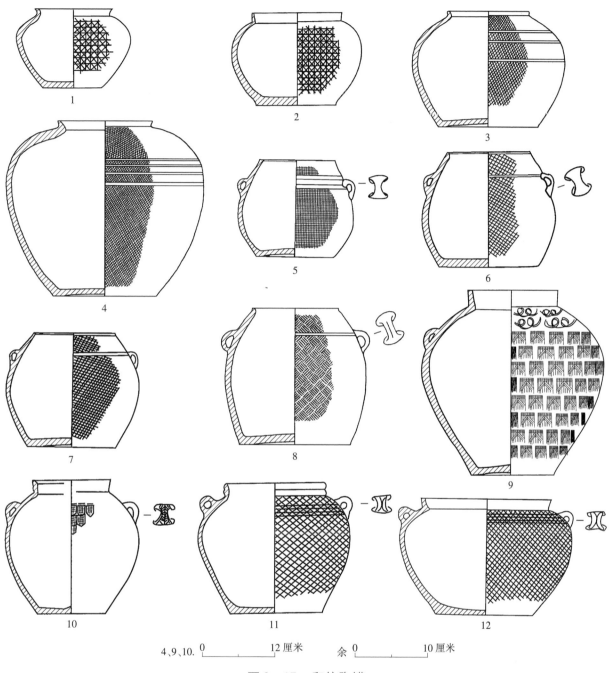

4、9、10. 0 _____ 12厘米　　余 0 _____ 10厘米

图 3 - 17　印纹陶罐

1. A 型 Ⅰ 式（92 余·老 D1M10∶6）　　2. A 型 Ⅰ 式（92 余·老 D1M10∶5）　　3. A 型 Ⅱ 式（97 乐·四 M1∶7）　　4. A 型 Ⅱ 式（97 乐·四 M1∶8）　　5. B 型 Ⅰ 式（03 温·塘 M2∶6）　　6. B 型 Ⅰ 式（06 温·塘 M1∶10）　　7. B 型 Ⅱ 式（06 温·塘 M1∶1）　　8. B 型 Ⅱ 式（94 平·风 M1∶1）　　9. C 型（73 上·蒿 M54∶6）　　10. C 型（92 上·后 M11∶6）　　11. D 型（99 云·白 M1∶12）　　12. D 型（99 云·白 M1∶13）

另有不明类型的罐 84 件，占日用器的 2.24%。其中硬陶 44 件，高温釉陶 21 件，泥质陶 16 件，低温釉陶 3 件。

坛　共 12 件，印纹硬陶，占日用器的 0.32%。伴出器物，偶见于西汉早期至东汉早期。泥条盘筑。根据领的有无分为二型：

A 型　高领型。8 件。早晚变化表现为，口沿：直口→侈口。据此不同分为二式：

Ⅰ式　3件。直口。窄斜肩，腹壁逐渐向下斜收，平底。

标本82嵊·剡 M70：4，器形较小，底略显大。通体拍印小方格纹。高12.4、口径9.5、腹径13.3、底径7.2厘米。（图3-18：1）

标本82嵊·剡 M38：1，口略高，底较小。拍印斜方格纹。高29.3、口径13.2、腹径21、底径10.8厘米。（图3-18：2；图版六七：1）

Ⅱ式　5件。侈口。口内壁弧凹，弧腹，平底。通体拍印斜方格纹。

标本87龙·东 M5：29，斜弧肩，弧腹，肩部有一道形似弦纹的抹痕。高29.4、口径13.6、腹径23.1、底径13厘米。（图3-18：3；图版六七：2）

标本87龙·东 M5：40，平肩，弧腹。肩部有一道形似弦纹的抹痕。高32.5、口径14.5、腹径23.5、底径13.5厘米。（图3-18：4）

标本89龙·仪 M16：4，个体较小。斜折腹。高16.2、口径10.2、腹径16、底径8.6厘米。（图3-18：5；图版六七：3）

B型　无领型。4件。偶见于两汉时期。翻沿口，宽斜肩，腹壁向下斜收，平底。通体拍印粗麻布纹。

标本89安·上 M6：3，高38.2、口径16.5、腹径34.8、底径15.6厘米。（图3-18：6）

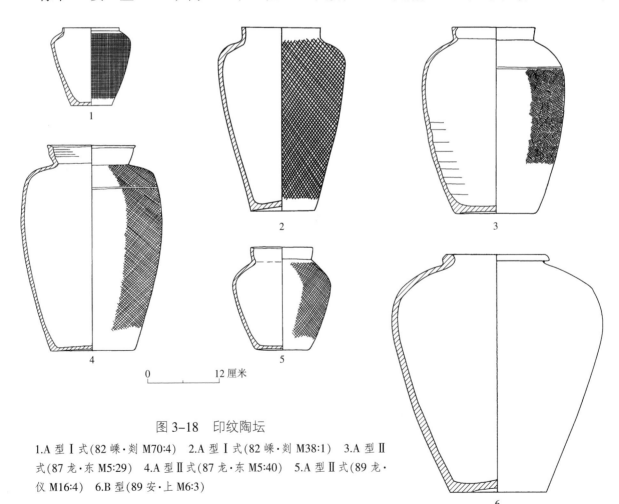

图3-18　印纹陶坛

1.A型Ⅰ式(82嵊·剡 M70:4)　2.A型Ⅰ式(82嵊·剡 M38:1)　3.A型Ⅱ式(87龙·东 M5:29)　4.A型Ⅱ式(87龙·东 M5:40)　5.A型Ⅱ式(89龙·仪 M16:4)　6.B型(89安·上 M6:3)

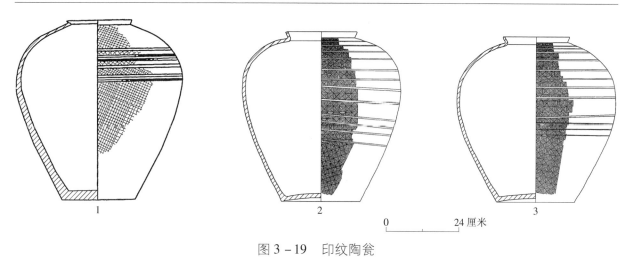

图 3 - 19 印纹陶瓮

1. 瓮（06 温·塘 M1:5） 2. 瓮（97 乐·四 M1:1） 3. 瓮（97 乐·四 M1:2）

瓮 4 件，印纹硬陶，占日用器的 0.11%。浙南地区西汉中期随葬品基本组合之一，具有较强的地域性。器形较大，敞口，宽弧肩，鼓腹，腹下部斜收，平底。

标本 06 温·塘 M1:5，通体拍印小方格纹，肩至腹部有六道浅凹抹痕。高 58、口径 21.6、腹径 54.6、底径 24.5 厘米。（图 3 - 19:1；图版六七:4）

标本 97 乐·四 M1:1，通体拍印大方格内填对角交叉线组合纹饰，肩、腹部有十二道凹痕。高 54、口径 23.6、腹径 52、底径 26 厘米。（图 3 - 19:2；图版六七:5）

标本 97 乐·四 M1:2，高 52.8、口径 22.4、腹径 53、底径 26.2 厘米。（图 3 - 19:3）

罍 共 639 件（内有 73 件未能分型，其中硬陶 57 件，高温釉陶 15 件，青瓷 1 件），占日用器的 17.06%。两汉时期随葬品的基本组合之一，器物均为印纹陶，泥条盘筑。个体普遍高大，通体拍印各种几何纹。按口的不同分为三型：

A 型 直口型。122 件。西汉中期至东汉晚期随葬品基本组合之一。早晚变化体现为，纹饰：编织纹→梳状纹→斜方格纹→窗帘纹→方格填线纹。按器身的宽窄可细分出两个亚型：

Aa 型 102 件（内有 1 件高温釉陶未能分式）。器身宽大。直口，平底，部分底面内凹。按纹饰的变化分为六式：

Ⅰ式 16 件，内有高温釉陶和硬陶各 8 件。通体拍印编织纹。口内壁弧凹，宽斜肩，扁鼓腹。

标本 06 湖·杨 D28M13:28，纹饰纤细而规整。硬陶。高 46.2、口径 22.4、腹径 47.2、底径 23.8 厘米。（图 3 - 20A:1；图版六八:1）

标本 82 绍·狮 M308:15，斗笠形盖，珠形捉纽。硬陶。通高 33.6、罍高 27、口径 15.4、腹径 36.4、底径 16.8 厘米。（图 3 - 20A:2）

Ⅱ式 44 件，内有高温釉陶和硬陶各 22 件。通体拍印编织纹。口内壁弧凹，圆弧肩，圆鼓腹。

标本 07 湖·杨 G2M2:41，肩部划两组复线细弦纹。高温釉陶，釉色泛黄。高 31.8、口径 15.7、腹径 35.6、底径 17 厘米。（图 3 - 20A:3；图版六八:2）

Ⅲ式 8 件，内有高温釉陶和硬陶各 3 件，青瓷质地 2 件。通体拍印梳状纹。斜肩，圆鼓腹。

标本 73 上·蒿 M58:2，硬陶。高 27.4、口径 19.2、腹径 33.6、底径 15.2 厘米。（图 3 - 20A:4）

标本 84 上·严 M88：14，宽斜肩，腹部宽阔。肩部有两道细凸脊，下饰一周涡形水波纹。泥质硬陶。高 39.9、口径 24.1、腹径 46.4、底径 20 厘米。（图 3 - 20A：5；图版六八：3）

Ⅳ式　28 件，内有 25 件硬陶，3 件青瓷。通体拍印块状斜方格纹。宽平唇，斜肩，圆鼓腹，腹最大径位于中部。

标本 73 上·蒿 M52：10，青瓷，釉色泛黄。高 28.4、口径 20.2、腹径 33.6、底径 17.5 厘米。（图 3 - 20A：6；图版六八：4）

Ⅴ式　2 件，硬陶。通体拍印窗帘纹。宽平唇，窄肩略平，鼓腹，腹最大径位于上部。

标本 83 鄞·高 M40：2，高 25.5、口径 23、腹径 35、底径 17 厘米。（图 3 - 20A：7）

Ⅵ式　3 件，内有 2 件硬陶和 1 件青瓷。

标本 85 绍·马 M319：1，宽平唇，窄斜肩，鼓腹，腹最大径位于上端。通体拍印块状叉线填线纹。青瓷，釉色青绿。高 24.8、口径 21.5、腹径 35、底径 17 厘米。（图 3 - 20A：8）

标本 90 湖·窑 M1：1，窄圆弧肩，肩上安四个对称的横系，圆弧腹，腹最大径位于上部。通体拍印菱形纹。肩部划两道细弦纹，腹部拍印菱形纹和菱形填线纹的组合纹饰。肩上部刻划一个隶书"茶"字。青瓷，釉色泛褐。高 33.7、口径 15.7、腹径 36.3、底径 15.5 厘米。（图版六八：5）

Ab 型　20 件，流行时间与 Aa 型相同，器身瘦削，直口，平底内凹。按纹饰的变化分为三式：

Ⅰ式　1 件，硬陶。通体拍印编织纹。

82 嵊·剡 M67：5，覆钵形盖，上附三个小乳丁，下沿饰一周圆圈纹。罍作宽斜肩，鼓腹。肩、腹部抹有四道弦纹。硬陶。通高 36、罍高 33.2、口径 14.1、腹径 35.6、底径 18.5 厘米。（图 3 - 20A：9；图版六九：1）

Ⅱ式　12 件，内有 10 件硬陶、2 件高温釉陶。通体拍印梳状纹。

标本 82 嵊·剡 M27：2，高领，宽弧肩，圆鼓腹，腹最大径位于中部。肩部划两道细弦纹。高 30、口径 12.2、腹径 32.5、底径 14.5 厘米。（图 3 - 20A：10；图版六九：2）

标本 83 萧·南 M23：29，斜弧肩，弧腹，腹最大径位于近中部。肩部划三组弦纹和水波纹。高 32.6、口径 14、腹径 31.4、底径 14.4 厘米。（图 3 - 20A：11）

标本 83 鄞·高 M43：1，斜直肩，腹略显扁。肩部有两道浅凸脊。高 30.5、口径 20、腹径 35、底径 15 厘米。（图 3 - 20A：12）

Ⅲ式　7 件，内有青瓷 5 件，高温釉陶和硬陶各 1 件。通体拍印斜方格纹。束颈，圆弧肩，弧腹。

标本 10 长·七 M2：2，浅盘口，短束颈，斜肩，鼓腹斜收，平底，盘口饰水波纹，肩部粗凹弦纹，腹部饰斜方格纹。青瓷，釉色泛绿。高 24.5、口径 15.4、腹径 26.2、底径 11 厘米。（图 3 - 20A：13；图版六九：3）

标本 84 上·严 M239：14，青瓷，釉层已流失。高 39、口径 24.2、腹径 41.4、底径 19.7 厘米。（图 3 - 20A：14；图版六九：4）

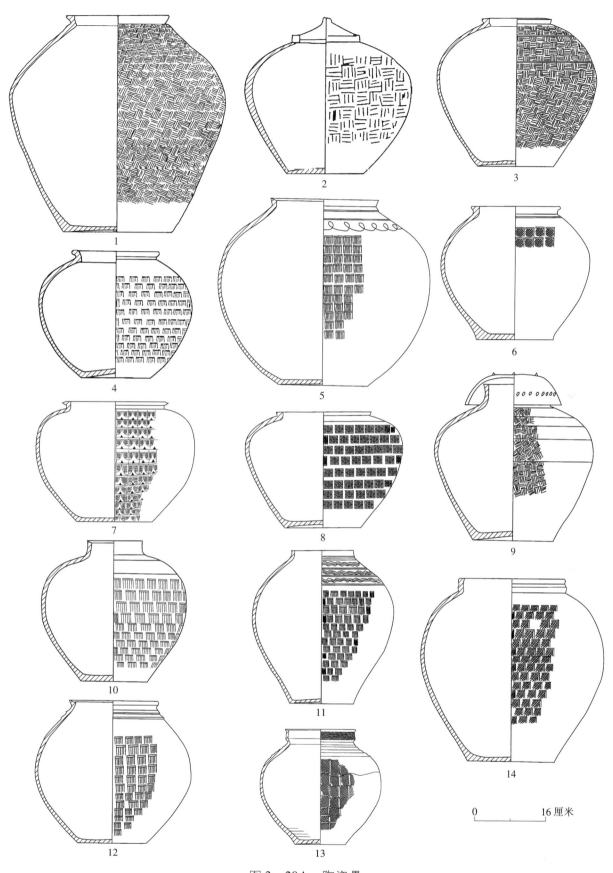

图 3 - 20A　陶瓷罍

1. Aa 型 Ⅰ 式（06 湖·杨 D28M13：28）　　2. Aa 型 Ⅰ 式（82 绍·狮 M308：15）　　3. Aa 型 Ⅱ 式（07 湖·杨 G2M2：41）
4. Aa 型 Ⅲ 式（73 上·蒿 M58：2）　　5. Aa 型 Ⅲ 式（84 上·严 M88：14）　　6. Aa 型 Ⅳ 式（73 上·蒿 M52：10）　　7. Aa 型
Ⅴ 式（83 鄞·高 M40：2）　　8. Aa 型 Ⅵ 式（85 绍·马 M319：1）　　9. Ab 型 Ⅰ 式（82 嵊·剡 M67：5）　　10. Ab 型 Ⅱ 式
（82 嵊·剡 M27：2）　　11. Ab 型 Ⅱ 式（83 萧·南 M23：29）　　12. Ab 型 Ⅱ 式（83 鄞·高 M43：1）　　13. Ab 型 Ⅲ 式（10
长·七 M2：2）　　14. Ab 型 Ⅲ 式（84 上·严 M239：14）

B 型 敞口型。400 件（内有 1 件高温釉陶未能分式）。两汉时期随葬品基本组合之一。个体普遍较大，敞口，口内壁弧凹，鼓腹，平底内凹。通体拍印几何纹。早晚变化体现为，腹部：扁鼓→圆鼓；纹饰：编织纹→梳状纹→斜方格纹。按腹部与纹饰的变化分为五式：

Ⅰ式 2 件，内有硬陶和高温釉陶各 1 件。通体拍印组合纹饰。宽斜肩，扁鼓腹，腹最大径位于近中部。

08 湖·白 G4M18：3，腹最大径以上拍印纤细的编织纹，并点缀不规则的米格纹；以下拍印斜方格纹，肩、腹部有三条较宽的弦纹状抹痕。高 45.2、口径 20、腹径 46.8、底径 20 厘米。（图 3－20B：1；图版七〇：1）

03 温·塘 M2：3，上腹部拍印斜方格纹，下腹部为粗麻布纹，肩和腹部有四道浅凹抹痕。高 35、口径 20、腹径 42.8、底径 22 厘米。（图 3－20B：2）

Ⅱ式 46 件，内有 28 件硬陶、18 件高温釉陶。通体拍印编织纹。宽斜肩，扁鼓腹。

标本 87 龙·东 M12：6，高温釉陶，釉色青绿。高 49.2、口径 23.6、腹径 56.4、底径 24 厘米。（图 3－20B：3）

标本 06 湖·杨 D28M15：13，纹饰略显窄长，肩、腹部上下划有三道弦纹。泥质硬陶。高 30.1、口径 19.6、腹径 36.8、底径 16.4 厘米。（图 3－20B：4）

标本 07 湖·杨 G2M3：1，带覆钵形盖，弧面顶上饰三个乳丁。硬陶。通高 35.8、器高 31、口径 19.2、腹径 36、底径 16.2 厘米。（图 3－20B：5；图版七〇：2）

Ⅲ式 166 件，内有 92 件硬陶、74 件高温釉陶。通体拍印编织纹。宽圆弧肩，球腹，腹最大径位于中部。

标本 06 湖·杨 D28M6：9，硬陶。高 26.7、口径 16.4、腹径 34.8、底径 16.4 厘米。（图 3－20B：6；图版七〇：3）

Ⅳ式 179 件，内有 149 件硬陶、26 件高温釉陶、3 件泥质陶、1 件青瓷。通体拍印梳状纹。口内壁弧凹而有一道细棱，斜弧肩，圆鼓腹。

标本 87 湖·杨 D3M15：14，高温釉陶，釉色青黄。高 26、口径 15.4、腹径 33.4、底径 17.8 厘米。（图 3－20B：7）

标本 83 杭·古 M49：49，肩部划三组弦纹和两组带锥刺纹的简化鸟纹，下腹部拍印梳状纹。硬陶。高 24.8、口径 14.2、腹径 30.3、底径 13.2 厘米。（图 3－20B：8）

标本 06 湖·杨 D21M2：15，硬陶。高 26.8、口径 19.5、腹径 32.8、底径 16.2 厘米。（图 3－20B：9；图版七〇：4）

Ⅴ式 6 件，内有 5 件硬陶、1 件高温釉陶质地。通体拍印斜方格纹。斜弧肩，鼓腹。

标本 06 湖·杨 D23M1：42，肩部饰一周水波纹。高 29.2、口径 19.5、腹径 33.6、底径 17 厘米。（图 3－20B：10；图版七〇：5）

C 型 敛口型。44 件，流行于东汉时期，敛口，宽凹沿，圆弧肩，鼓腹。早晚变化为，纹饰：梳状纹→块状斜方格纹。据此分为二式：

Ⅰ式 37 件，内有 34 件硬陶、3 件泥质陶。通体拍印梳状纹。

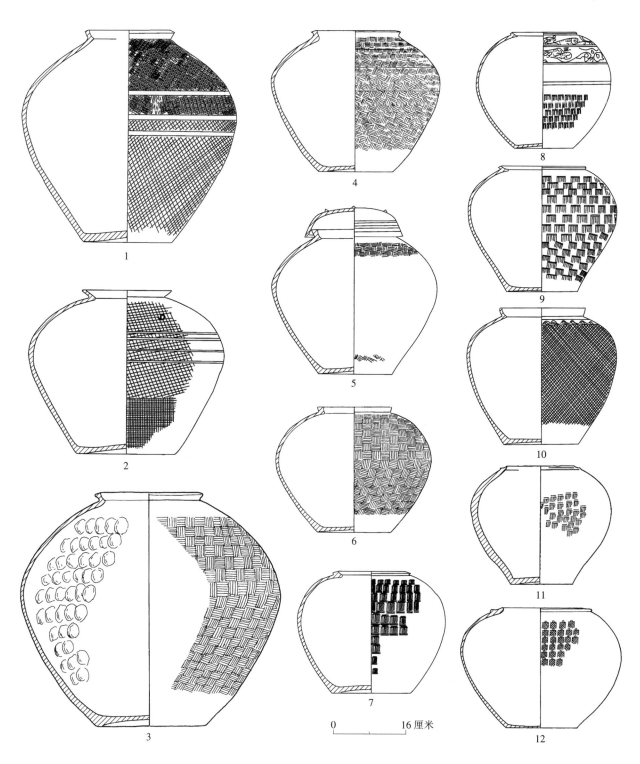

图 3 - 20B　陶瓷罍

1. B 型 I 式（08 湖·白 G4M18：3）　　2. B 型 I 式（03 温·塘 M2：3）　　3. B 型 II 式（87 龙·东 M12：6）　　4. B 型 II
式（06 湖·杨 D28M15：13）　　5. B 型 II 式（07 湖·杨 G2M3：1）　　6. B 型 III 式（06 湖·杨 D28M6：9）　　7. B 型 IV 式
（87 湖·杨 D3M15：14）　　8. B 型 IV 式（83 杭·古 M49：49）　　9. B 型 IV 式（06 湖·杨 D21M2：15）　　10. B 型 V 式
（06 湖·杨 D23M1：42）　　11. C 型 I 式（92 上·后 M51：28）　　12. C 型 II 式（05 奉·南 M137：3）

标本92上·后M51：28，高温釉陶，釉色青绿。高25.4、口径15.8、腹径31.2、底径14.5厘米。（图3－20B：11）

标本84上·严M88：13，青瓷，釉色泛黄。高25.4、口径20、腹径31.8、底径14厘米。（图版六九：5）

Ⅱ式　7件，内有4件青瓷、3件硬陶。通体拍印斜方格纹。

标本05奉·南M137：3，泥质硬陶。高25.6、口径17.6、腹径35.6、底径16厘米。（图3－20B：12；图版六九：6）

锺　共65件（内有3件硬陶未能分式），占日用器的1.74%。东汉时期随葬品基本组合之一。颈、腹分段轮制，底部粘贴圈足。浅盘口，粗颈，肩部安双耳，腹最大径位于中部，圈足。肩部饰两组弦纹，耳面刻划叶脉纹。流行于东汉早期和中期。早晚变化表现为，腹：圆鼓→扁折；圈足：矮→高。按腹部与圈足的变化分为四式：

Ⅰ式　6件，内有硬陶4件，高温釉陶2件。圆弧肩，球腹，矮圈足外展。

标本92上·后M51：32，口外壁饰水波纹，腹部饰密集的粗弦纹。高温釉陶，釉色青黄。高35.6、口径16、腹径26.4、足径19.4厘米。（图3－21：1）

标本83鄞·高M28：1，大盘口。口和颈下端处各饰一组水波纹，腹部饰密集的弧凸弦纹，耳面刻划双目式叶脉纹。硬陶。高37、口径19、腹径28.2、足径16厘米。（图3－21：2）

Ⅱ式　35件，内有硬陶20件，高温釉陶14件，青瓷1件。宽弧肩，圆鼓腹，矮圈足中部有一道突脊。

标本05奉·南M102：4，耳上方贴横向"S"形堆纹，耳面饰叶脉纹。肩部饰两组细弦纹和一组水波纹。泥质硬陶。高33.7、口径14.4、腹径27.9、足径17.8厘米。（图3－21：3）

标本05奉·南M108：9，耳上下端均附贴横向"S"形堆纹，耳面刻划叶脉纹，肩部饰两组细弦纹。高温釉陶，釉色青黄。高34、口径16、腹径28.8、足径21厘米。（图3－21：4）

Ⅲ式　14件，内有硬陶7件，高温釉陶4件，青瓷2件，低温釉陶1件。斜肩，鼓腹较扁，高圈足上部有一道凸脊。

标本73上·蒿M52：2，硬陶。高34.2、口径15.2、腹径25.8、足径17厘米。（图3－21：5；图版七一：1）

Ⅳ式　7件，内有硬陶6件，青瓷1件。宽斜肩，扁鼓腹，高圈足。圈足中部有一道凸脊，根部两侧各有一个圆形小孔。

标本84上·严M248：15，肩部划有两组弦纹，内饰水波纹。青瓷，釉色青黄。高34.3、口径16.5、腹径27.2、足径17.6厘米。（图3－21：6；图版七一：2）

簋　共11件，占日用器的0.29%。伴出器物，器身轮制，底部粘贴圈足。按口部和纹部的不同分为三型：

A型　直口型。7件，见于西汉中期至东汉中期。腹壁上部较直，下部弧折内收，圈足。早晚变化表现为，口沿：折唇→圆唇；圈足：矮→高。据此分为三式：

Ⅰ式　4件，内有高温釉陶和硬陶各2件。折唇，矮圈足外撇。

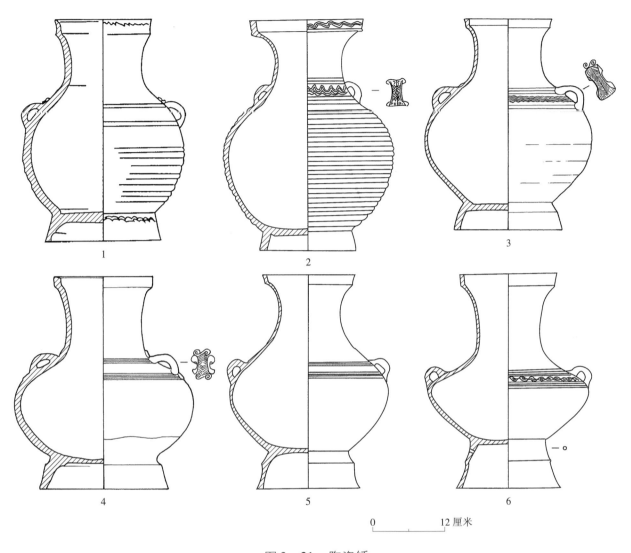

0　　　　　　12厘米

图 3 - 21　陶瓷锺

1. Ⅰ式（92上·后 M51：32）　2. Ⅰ式（83鄞·高 M28：1）　3. Ⅱ式（05奉·南 M102：4）
4. Ⅱ式（05奉·南 M108：9）　5. Ⅲ式（73上·蒿 M52：2）　6. Ⅳ式（84上·严 M248：15）

标本 86 杭·老 M118：4，腹部安一对衔环耳，耳上方贴铺首，唇面饰一周水波纹，腹部划两组弦纹，内饰水波纹。高 13.4、口径 23.4、足径 12.4 厘米。（图 3 - 22：1）

标本 06 湖·杨 D28M15：3，硬陶。上腹部饰弦纹。高 5.6、口径 11.8、腹径 11.8、足径 8 厘米。（图 3 - 22：2；图版七一：3）

Ⅱ式　1 件，低温釉陶。折唇，内底下凹，高圈足外撇，足端折成直壁。

73 上·蒿 M60：8，腹部划两道弦纹。高 13.4、口径 18.6、足径 13 厘米。（图 3 - 22：3）

Ⅲ式　2 件，内有青瓷和酱色瓷各 1 件。圆唇，内底下凹，高圈足外撇。

标本 84 上·严 M93：5，腹部划数道弦纹。高 13、口径 18.6、足径 12.4 厘米。（图 3 - 22：4；图版七一：4）

B 型　敛口型。3 件，低温釉陶，偶见于东汉中期，弧敛口，腹壁呈斜圆弧形缓收，内底下凹，高圈足外撇。

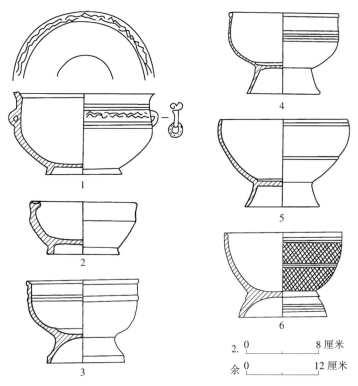

图 3 - 22　陶瓷簋

1. A 型 I 式（86 杭·老 M118：4）　2. A 型 I 式（06 湖·杨 D28M15：3）
3. A 型 II 式（73 上·蒿 M60：8）　4. A 型 III 式（84 上·严 M93：5）
5. B 型（73 上·蒿 M52：3）　6. C 型（99 云·白 M1：9）

标本 73 上·蒿 M52：3，口、腹部各划两道弦纹，高 14.1、口径 21、足径 12.3 厘米。（图 3 - 22：5）

C 型　1 件，印纹硬陶。仅见于浙南地区的东汉中期墓内，具有鲜明的地域性。口微敛，斜弧腹，高圈足呈外弧形外展。

99 云·白 M1：9，通体拍印斜方格纹，口和腹及圈足部各划两道弦纹。高 13.6、口径 19.8、足径 15 厘米。（图 3 - 22：6；图版七一：5）

钵　共 66 件（内有 9 件未能分型，其中硬陶 5 件，泥质陶和低温釉陶各 2 件），占日用器的 1.76%。伴出器物。轮制，均为平底。按口、腹的不同分为四个亚型：

A 型　侈或直口、浅腹型。15 件，流行于西汉中期至东汉晚期，早晚变化表现为，口沿：微侈→侈口→直口；腹部：斜收→缓收→折收。据此分为四式：

I 式　6 件，内有高温釉陶和硬陶各 3 件。口微侈，腹壁上部较直，中部折而向内斜收。

标本 79 龙·东 M11：20，硬陶。高 4.1、口径 12.4、底径 8.3 厘米。（图 3 - 23：1）

标本 06 湖·杨 D28M15：1，硬陶。高 5.9、口径 11.6、底径 8 厘米。（图 3 - 23：2；图版七二：1）

II 式　5 件，内有硬陶 3 件，高温釉陶 2 件。侈口，腹壁自上而下缓缓向内斜收。

标本 83 杭·古 M57：21，唇外翻，腹壁呈斜弧状缓收。内底饰一朵四叶花卉。高温釉陶，釉色青绿。高 8、口径 16、底径 8.5 厘米。（图 3 - 23：3）

III 式　2 件，青瓷。直口，腹壁上部较直，下部向内斜收。

标本 92 上·后 M13：7，口沿下有一道凹槽，腹壁上端较直，下部呈斜状内收。釉色青绿。高 6.8、口径 17.6、底径 8.2 厘米。（图 3 - 23：4）

IV 式　2 件，内有硬陶和青瓷各 1 件。直口，折腹。

标本 82 绍·狮 M307：1，腹壁上部垂直，中部折而呈斜直状骤收。口沿外壁划两组弦纹。青瓷，釉色青淡。高 10.2、口径 24、底径 12 厘米。（图 3 - 23：5）

B 型　26 件。敛口、浅腹型。流行于东汉晚期，早晚变化表现为，腹部：扁折→圆弧→弧形→圆鼓。据此分为四式：

I 式　8 件，内有硬陶 5 件，高温釉陶 3 件。扁折腹。

标本08 湖·白 G4M29：3，硬陶。高5.6、口径10.4、腹径11.6、底径8.9厘米。（图3－23：6；图版七二：2）

Ⅱ式　13件，内有硬陶7件，高温釉陶4件，泥质陶2件。圆弧腹。

标本83 杭·古 M57：23，高温釉陶，釉层已流失。高5.9、口径8.1、底径6.2厘米。（图3－23：7）

Ⅲ式　3件，高温釉陶。弧腹，下腹壁斜而缓收。

标本87 余·果 M11：27，高温釉陶，釉色泛黄。高4.5、口径10、腹径11.9、底径7.2厘米。（图3－23：8；图版七二：3）

Ⅳ式　2件，青瓷。圆鼓腹。

标本82 绍·狮 M307：4，口沿和腹部各划一道弦纹，其间饰填有细方格的菱形纹。青绿色釉。高4.9、口径5.4、底径4.8厘米。（图3－23：9）

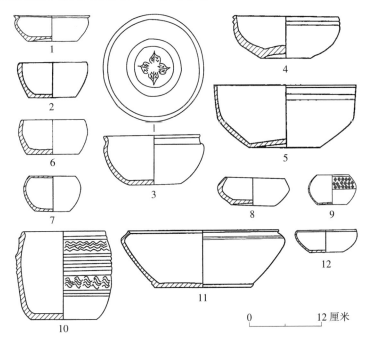

图3－23　陶瓷钵

1. A型Ⅰ式（79龙·东 M11：20）　2. A型Ⅰ式（06湖·杨 D28M15：1）
3. A型Ⅱ式（83杭·古 M57：21）　4. A型Ⅲ式（92上·后 M13：7）
5. A型Ⅳ式（82绍·狮 M307：1）　6. B型Ⅰ式（08湖·白 G4M29：3）
7. B型Ⅱ式（83杭·古 M57：23）　8. B型Ⅲ式（87余·果 M11：27）
9. B型Ⅳ式（82绍·狮 M307：4）　10. C型（87余·果 M11：20）
11. D型Ⅰ式（06温·塘 M1：30）　12. D型Ⅱ式（90湖·窑 M1：6）

C型　敛口、深腹型。4件，内有高温釉陶2件，硬陶和低温釉陶各1件。偶见于东汉中期，圆唇，腹壁微外弧，腹最大径位于中部，平底内凹。

标本87 余·果 M11：20，腹部饰三组弦纹和两组水波纹。高温釉陶，釉层已流失。高14.2、口径14、腹径16、底径11.2厘米。（图3－23：10；图版七二：4）

D型　敛口、斜腹型。9件，偶见于西汉早期和东汉晚期。个体大小不同，腹壁斜收。早晚变化表现为，口沿：折敛→弧敛。据此分为二式：

Ⅰ式　4件，硬陶。折敛口，口沿下饰弦纹。

标本06 温·塘 M1：30，器形较大。高温釉陶，釉色青黄。高9.4、口径25.2、底径16.8厘米。（图3－23：11；图版七二：5）

Ⅱ式　5件，内有低温釉陶3件，青瓷2件。弧敛口。

标本90 湖·窑 M1：6，口沿外壁划一道弦纹。青瓷，釉色青灰。高3.8、口径10.2、底径6厘米。（图3－23：12；图版七二：6）

另有原始瓷钵2件，印纹陶钵1件，报道不详。

盆　共51件（内有10件类型不明，其中高温釉陶和泥质陶各3件，硬陶2件，低温釉陶和酱色瓷各1件），占日用器的1.36%。伴出器物，轮制，底面粘贴圈足。按腹的深浅和口的不同分为三型：

A 型　深腹型。27 件，见于西汉中期至东汉晚期，早晚变化为，口部：侈口→直口→敛口；底部：圈足→假圈足→平底。据此分为四式：

Ⅰ式　11 件，内有高温釉陶 6 件，硬陶 3 件，泥质陶 2 件。侈口，斜腹中部有一转折，矮圈足。

标本 89 安·上 M11：3，高温釉陶，釉色青黄。高 10.4、口径 24.6、足径 12.6 厘米。（图 3–24：1；图版七二：7）

Ⅱ式　6 件，内有酱色瓷 3 件，泥质陶、硬陶及高温釉陶各 1 件。侈口，腹壁呈斜弧状下收，内底面上鼓，圈足。

标本 88 龙·东 M29：9，高温釉陶，釉层已流失。腹部饰一组弦纹。高 9.2、口径 28、足径 12.2 厘米。（图 3–24：2）

标本 07 安·上 D49M6：50，高温釉陶，釉色青黄。高 9.4、口径 25.6、足径 13.6 厘米。（图版七二：8）

Ⅲ式　6 件，内有硬陶和低温釉陶及酱色瓷各 2 件。直口，窄平沿，腹壁上部较直，近底部折而内收，假圈足。

标本 84 上·严 M248：1，低温釉陶，釉色青黄。唇面饰水波纹。高 9.7、口径 21.8、足径 12.4 厘米。（图 3–24：3；图版七三：1）

Ⅳ式　4 件，内有青瓷 2 件，硬陶和低温釉陶各 1 件。敛口，宽平沿，腹壁呈弧形向下缓

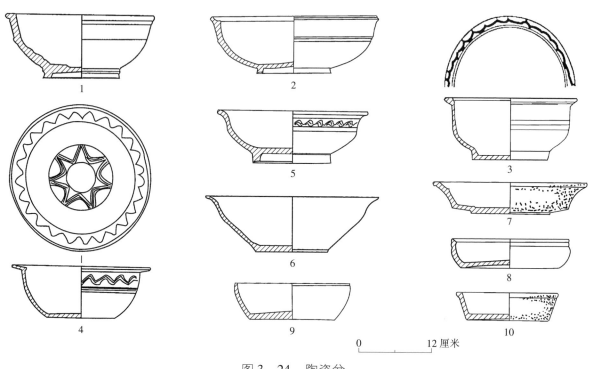

图 3–24　陶瓷盆

1. A 型Ⅰ式（89 安·上 M11：3）　2. A 型Ⅱ式（88 龙·东 M29：9）　3. A 型Ⅲ式（84 上·严 M248：1）
4. A 型Ⅳ式（90 湖·窑 M1：12）　5. B 型Ⅰ式（86 杭·老 M81：28）　6. B 型Ⅱ式（91 上·联 M301：19）
7. B 型Ⅲ式（73 海·长 M1：12）　8. C 型Ⅰ式（85 绍·马 M319：11）　9. C 型Ⅱ式（91 上·联 M301：24）
10. C 型Ⅲ式（73 海·长 M1：13）

收，平底。

标本 90 湖·窑 M1：12，青瓷，釉色青绿。内底面上鼓。唇面、上腹部和内底分别饰有弦纹和水波纹。高 8.5、口径 22.8、底径 11.5 厘米。（图 3－24：4；图版七三：2）

B 型　撇口型，流行时间与 A 型一致，共 9 件。早晚变化为，腹部：深→浅；底部：圈足→假圈足→平底。据此分为三式：

Ⅰ式　6 件，内有泥质陶 2 件，高温釉陶、硬陶、低温釉陶及青瓷各 1 件。腹较深圈足底。

标本 86 杭·老 M81：28，斜腹。上腹饰两组弦纹，其间饰水波纹。高温釉陶，釉色青绿。高 8.6、口径 25.2、足径 13 厘米。（图 3－24：5）

标本 07 湖·杨 G2M2：60，折腹，内底下凹。上腹壁刻划水波纹。高温釉陶，釉色青绿。高 5.4、口径 21.4、底径 10.2 厘米。（图版七三：3）

Ⅱ式　2 件，内有泥质陶和青瓷各 1 件。腹较深，假圈足。腹壁上部微弧突，下部骤收。

标本 91 上·联 M301：19，器形较大。青瓷，釉色青绿。高 9、口径 29、足径 11.8 厘米。（图 3－24：6；图版七三：4）

Ⅲ式　1 件，泥质陶。腹较浅，斜腹略内弧，平底。

73 海·长 M1：12，外表涂朱红色。高 5.2、口径 25.2、底径 12.9 厘米。（图 3－24：7；图版七三：5）

C 型　敛口型。5 件（内有泥质陶和低温釉陶各 1 件未能分式），见于东汉晚期。浅腹，口微敛，腹壁作弧状缓收，平底内凹。早晚变化为，腹部：弧形→斜弧→斜直。据此分为三式：

Ⅰ式　1 件，青瓷。腹微外弧，平底内凹。

85 绍·马 M319：11，高 4.8、口径 19.6、底径 16.4 厘米（图 3－24：8）。84 上·严 M93：3，高 5.5、口径 19.4、底径 14.5 厘米。（图版七三：6）

Ⅱ式　1 件，青瓷。斜弧腹。

91 上·联 M301：24，釉色青灰。高 6、口径 18.9、底径 13.8 厘米。（图 3－24：9）

Ⅲ式　1 件，泥质陶。斜直腹。

73 海·长 M1：13，侈口。外表涂朱红色，高 4.3、口径 16.7、底径 13.4 厘米。（图 3－24：10；图版七三：7）

碗　共 41 件（内有 1 件低温釉陶未能分式），占日用器的 1.09%。伴出器物，流行于东汉时期。轮制。敛口，假圈足。早晚变化为，口沿：折敛→弧敛；腹部：斜收→弧收→折收。据此分为三式：

Ⅰ式　24 件，内有低温釉陶 13 件，硬陶 5 件，高温釉陶 4 件，青瓷 2 件。折敛口，腹壁斜收，内底下凹。

标本 73 上·蒿 M52：9，低温釉陶，釉色青黄。高 8.3、口径 17.4、底径 9.2 厘米。（图 3－25：1）

Ⅱ式　10 件，内有青瓷 4 件，硬陶和低温釉陶各 3 件。弧敛口，腹壁上部较直，下部弧收。

标本 73 上·蒿 M57：3，内底下凹。低温釉陶，釉色青绿。高 8.4、口径 16.8、底径 10 厘米。（图 3－25：3）

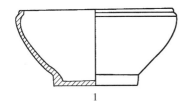 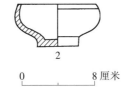 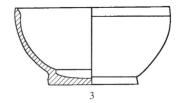

图 3 - 25 陶瓷碗

1. Ⅰ式（73 上·蒿 M52：9） 2. Ⅲ式（91 上·联 M301：3） 3. Ⅱ式（73 上·蒿 M57：3）

Ⅲ式 3 件，内有青瓷 2 件，泥质陶 1 件。弧敛口，腹微外弧，下部折收。

标本 91 上·联 M301：3，假圈足较高。青瓷，釉色青绿。高 4.6、口径 8.8、底径 4.8 厘米。（图 3 - 25：2）

另有原始瓷碗 3 件，报道不详。

杯 共 12 件（内有 3 件原始瓷杯未能分型），占日用器的 0.32%。伴出器物，轮制。按质地和纹饰分为二型：

A 型 彩绘型。4 件，流行于西汉初期，侈口，筒腹下部内收，饼状平底。外表饰彩绘。

标本 06 安·五 M1：67，高 12、口径 6.5、底径 5 厘米。（图版七四：1）

B 型 素面型。5 件，偶见于西汉中期至东汉晚期，早晚变化表现为，口沿：敛口→直口→侈口。据此分为四式：

Ⅰ式 1 件，硬陶。口微敛，斜腹，纽形把。

79 龙·东 M11：34，器形较小，硬陶。腹部划数道弦纹。高 4.3、口径 5.8、底径 4.6 厘米。（图 3 - 26：1；图版七四：2）

Ⅱ式 1 件，高温釉陶。敛口，弧腹，扳指形把。

86 杭·老 M118：20，腹部划两组弦纹，其间饰水波纹。釉层已流失。高 8.5、口径 11、底径 9.7 厘米。（图 3 - 26：2）

Ⅲ式 1 件，高温釉陶。直口，筒腹，纽形把。

87 余·果 M7：3，釉层已流失。高 9.2、口径 10.6、底径 11.6 厘米。（图 3 - 26：3；图版七四：3）

Ⅳ式 2 件，酱色瓷。侈口，斜直腹，扳指形把。

标本 84 上·严 M239：37，腹壁上下各饰一组弦纹，高 6.4、口径 8.6、底径 7.5 厘米。（图 3 - 26：4；图版七四：4）

另有青瓷把杯 1 件，占日用器的 0.03%，报道不详。

盖杯 仅 1 件，硬陶，占日用器的 0.03%。伴出器物，出自浙南地区的西汉中期墓，具有鲜明的地域性。轮制。

06 温·塘 M1：25，弧面顶盖，蘑菇形捉纽。盖面刻划四组同心圆弦纹，其间饰三组条状锥点纹，并作等距离粘贴三个小泥饼。杯作口大底小的筒形，子口，深腹，平底内凹。腹部饰相隔的六组弦纹和五组水波纹。通高 13.7、杯高 10、口径 9.2、底径 7.1 厘米。（图 3 - 26：5；图版七四：5）

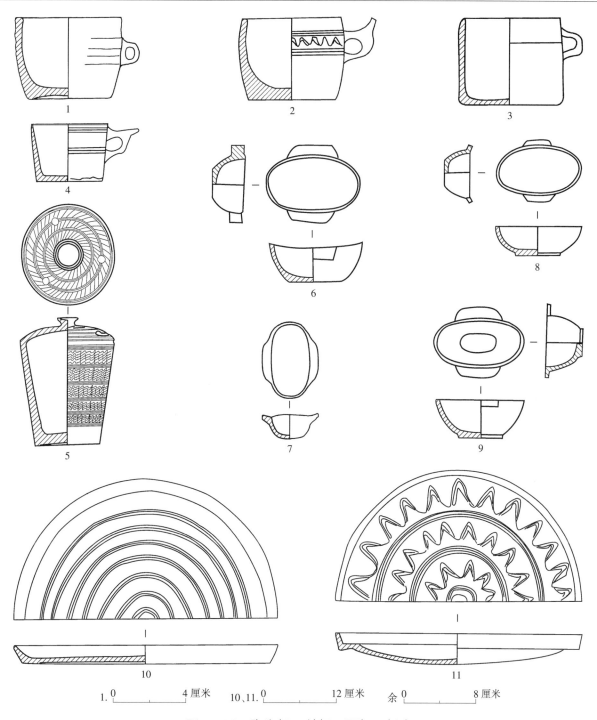

图 3 - 26　陶瓷杯、盖杯、耳杯、托盘

1. B 型Ⅰ式杯（79 龙·东 M11：34）　2. B 型Ⅱ式杯（86 杭·老 M118：20）　3. B 型Ⅲ式杯（87 余·果 M7：3）
4. B 型Ⅳ式杯（84 上·严 M239：37）　5. 盖杯（06 温·塘 M1：25）　6. A 型耳杯（73 上·蒿 M52：8）　7. A 型耳
杯（07 余·义 M29：42）　8. B 型耳杯（85 绍·马 M320：4）　9. B 型耳杯（73 上·蒿 M60：20）　10. 托盘（73
上·蒿 M60：10）　11. 托盘（85 绍·马 M320：2）

耳杯　共 149 件（内有 25 件未能分型，其中泥质陶 14 件，高温釉陶 6 件，青瓷 5 件），占日用器的 3.98%。伴出器物，流行于两汉时期。模制。侈口，口沿两侧安半月形耳，腹壁斜收，假圈足低矮。根据口的两端上翘与否分为两型：

A 型　两端上翘呈元宝状。37 件，内有低温釉陶 15 件，高温釉陶 10 件，青瓷 8 件，硬陶 4 件。

标本 73 上·蒿 M52：8，双耳平整并低于口沿。低温釉陶，釉色青黄。中间高 3.7、两端高 4.4、口长 10、底长 5.8、口宽 6、底宽 3.2 厘米。（图 3−26：6）

标本 07 余·义 M29：42，双耳上翘并超过口沿。外壁有刮削痕迹。高温釉陶，釉色青黄。高 3.1、口长 8.9、宽 6.2 厘米。（图 3−26：7；图版七四：6）

B 型　两端水平呈碗状。87 件，内有低温釉陶 36 件，酱色瓷 18 件，青瓷 14 件，硬陶 9 件，高温釉陶 8 件，泥质陶 2 件。

标本 85 绍·马 M320：4，双耳上翘并高于口沿。青瓷。高 3.2、口长 10、底长 5.2、口宽 4.8、底宽 2.8 厘米。（图 3−26：8）

标本 73 上·蒿 M60：20，双耳平整并与口沿持平。低温釉陶，釉色青黄。高 4.2、口长 10、底长 5.4、口宽 5.2、底宽 2.8 厘米。（图 3−26：9）

标本 84 上·严 M249：9，耳与口齐平，低温釉陶，酱黄色釉。高 2.8、口长 10.5、口宽 7.9 厘米。（图版七四：7）

托盘　共 8 件，内有低温釉陶 4 件，青瓷 3 件，酱色瓷 1 件，占日用器的 0.21%。伴出器物，往往与耳杯配套，流行于东汉中期。轮制。个体较大，侈口，浅斜腹。内底面饰相隔的同心圆弦纹和水波纹。

标本 73 上·蒿 M60：10，平底内凹。低温釉陶，釉色青绿。高 2.6、口径 43.4、底径 40.2 厘米。（图 3−26：10）

标本 85 绍·马 M320：2，酱色瓷。底面外弧呈浅圜形。高 5、口径 41 厘米。（图 3−26：11）

盘　共 10 件，内有泥质陶 4 件，硬陶 3 件，高温釉陶和低温釉陶及青瓷各 1 件，占日用器的 0.27%。伴出器物，流行于东汉中期至晚期。

标本 84 上·严 M239：38，侈口，宽沿，浅斜腹，矮圈足。低温釉陶，酱色釉。高 3.4、口径 19、足径 9.4 厘米。

另有三足盘 2 件，占日用器的 0.05%，报道不详。

樽　共 2 件，泥质陶，占日用器的 0.05%。伴出器物，偶见于东汉晚期。轮制，三足粘接。

标本 73 海·长 M1：8，敞口，束颈，腹微鼓，圜底下附三个蹄形矮足。腹部作三等分各贴一个铺首。高 14.2、口径 24 厘米。（图 3−27：1；图版七五：4）

奁　共 13 件（内有 3 件类型不明，其中高温釉陶 2 件，泥质陶 1 件），占日用器的 0.35%。伴出器物，根据耳的情况分为三型：

A 型　纵向耳型。4 件，内有硬陶和高温釉陶各 2 件。偶见于西汉早期至王莽时期。腹部安纵向耳，平底下附三足。

标本 79 龙·东 M22：10，口微敛，双纵向耳，蹄形足。足上端刻划兽面。高温釉陶，釉层已流失。高 8.4、口径 13.6、底径 12.4 厘米。（图 3−27：2；图版七五：1）

标本 79 龙·东 M11：37，口微敛，腹稍弧，双纵向耳，锥形足。泥质硬陶。高 5.5、口径 10.2、底径 8.6 厘米。（图 3−27：3）

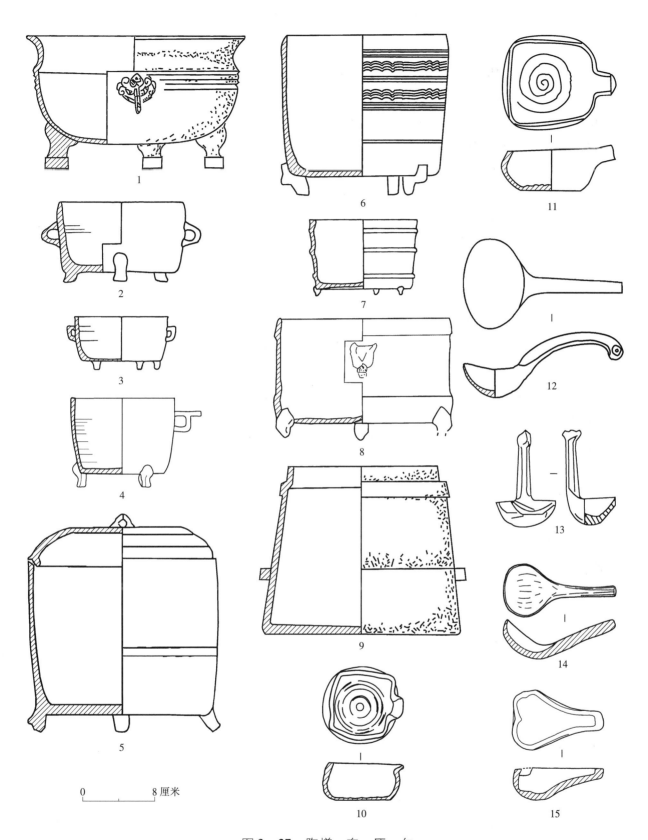

图 3 - 27　陶樽、奁、匜、勺

1. 樽（73 海·长 M1∶8）　2. A 型奁（79 龙·东 M22∶10）　3. A 型奁（79 龙·东 M11∶37）　4. A 型奁（07 余·
义 M30∶05）　5. B 型奁（83 萧·城 M19∶20）　6. B 型奁（83 萧·城 M18∶7）　7. B 型奁（06 湖·杨 D28M14∶4）
8. B 型奁（08 湖·白 G4M5∶1）　9. C 型奁（73 海·长 M1∶7）　10. 匜（79 龙·东 M11∶35）　11. 匜（07 湖·杨
G2M3∶37）　12. A 型勺（07 余·义 M29∶44）　13. B 型勺（64 义·北 M1∶5）　14. B 型勺（79 龙·东 M22∶27）
15. C 型勺（79 龙·东 M22∶28）

标本 07 余·义 M30：05，直口，腹壁微弧，平底下附三个蹄形足。单纵向耳。高 10、口径 12、底径 9.6 厘米。（图 3 - 27：4；图版七五：2）

　　B 型　无耳型。5 件，内有高温釉陶 3 件，泥质陶 2 件。偶见于西汉晚期至东汉早期。直口，筒腹，平底下附三个蹄形足。

标本 83 萧·城 M19：20，带盖，盖作子口，平顶，斜沿，环形提纽。通高 23.2、夋高 18.6、口径 20.7、底径 18.8 厘米。（图 3 - 27：5）

标本 83 萧·城 M18：7，腹部饰三组弦纹和两组水波纹。高 17.2、口径 18、底径 16 厘米。（图 3 - 27：6）

标本 06 湖·杨 D28M14：4，泥质软陶。乳丁形足。腹部饰三道凸弦纹。高 8、口径 11.8、底径 10 厘米。（图 3 - 27：7）

标本 08 湖·白 G4M5：1，泥质软陶。口沿和底部均呈宽带状外突。腹部对称各贴一个铺首。高 13、口径 18.8、底径 19.6 厘米。（图 3 - 27：8；图版七五：3）

　　C 型　横向耳型。1 件，泥质陶，见于东汉晚期。

73 海·长 M1：7，子口，筒腹上小下大，下部对称安一对横向小纽，平底。高 18、口径 16、底径 21.5 厘米。（图 3 - 27：9；图版七五：5）

　　匜　共 6 件，内有高温釉陶和硬陶各 3 件，占日用器的 0.16%。伴出器物，多置于西汉中期的中型墓内。模制。流宽而短，匜身略作方形，平底。

标本 79 龙·东 M11：35，口微侈，流与口齐平，腹稍弧。高温釉陶。高 3.9、宽 7.4 厘米。（图 3 - 27：10；图版七四：8）

标本 07 湖·杨 G2M3：37，敛口，扁鼓腹，流略上翘。高温釉陶。高 5、宽 8.4 厘米。（图 3 - 27：11；图版七四：9）

　　勺　共 13 件（内有 1 件高温釉陶类型不明）占日用器的 0.35%。伴出器物，多置于西汉中期的中型墓内，并往往与匜配套，捏塑而成。按形态的不同分为三型：

　　A 型　勺型。2 件，硬陶。

标本 07 余·义 M29：44，长弯柄，柄端有一个圆孔，青绿色釉。高 7 厘米。（图 3 - 27：12；图版七六：1）

　　B 型　提型。8 件，内有高温釉陶 6 件，泥质陶和青瓷各 1 件。

标本 64 义·北 M1：5，勺作半圆形，一侧安长柄，柄端作鸡首形。高温釉陶，土黄色釉。高 10.5 厘米。（图 3 - 27：13）

标本 79 龙·东 M22：27，长直柄，勺略呈圆形。高温釉陶。高 12.4、勺宽 5.6 厘米。（图 3 - 27：14；图版七六：2）

　　C 型　瓢型。2 件，硬陶。整器形似半个葫芦瓢。

标本 79 龙·东 M22：28，高 3.4、长 10.1、宽 6.2 厘米。（图 3 - 27：15；图版七六：3）

　　熏　共 27 件，占日用器的 0.72%。伴出器物，轮制，分段粘接，部分纹饰采用堆塑。根据造型的不同分为六型：

　　A 型　豆型。10 件，见于西汉早期至中期。带盖。盖作母口，弧面顶，顶心有捉纽。熏为子口，腹壁上部较直，下部折而内收，圈足。早晚变化表现为，捉纽：繁缛→简洁；圈足：高→矮。据此分为三式：

Ⅰ式 3件，内有高温釉陶2件，泥质陶1件。三层塔形纽，圈足中部起折，足根较垂直。

标本92余·老D1M14∶46，高温釉陶。盖面中部划两周同心圆，其内外各环绕三组纤细的三角形印纹和两组熏孔，每组熏孔均为四个，其中外组较大，呈三角形，内组较小，呈圆形。捉纽各层均有三个圆形熏孔，其间各堆贴一只小鸟。顶部昂立一只展翅的大鸟。熏腹饰两组弦纹，内饰三组水波纹。通高24、熏高10、口径13、足径8厘米。（图3-28∶1；图版七七∶1）

标本07安·上D49M1∶17，子母口，盖弧形隆起，顶立一柱，柱分两根，其中一根柱顶端立飞鸟，盖面有十六个几何形孔。豆形器身，敛口，圆唇，上腹较直，下腹折收，平底，喇叭形圈足。盖面饰花叶纹，腹部饰水波纹和凹弦纹。高温釉陶，盖面、腹部有青黄釉，釉层薄且多脱落。通高25.4、口径12.0、足径8.7、盖径13.8厘米。（图3-28∶2；图版七七∶2）

Ⅱ式 3件，内有高温釉陶2件，硬陶1件。双层蘑菇形捉纽，圈足略高且外撇。弧面顶盖上有三角形熏孔一周，纽顶端立一小鸟。

79龙·东M10∶20，高温釉陶。通高14、熏高7.1、口径11、腹径11.4、足径6.2厘米。（图3-28∶3；图版七七∶3）

09温·元M1∶3，弧面形盖中心附鸟形捉纽，盖缘处等距贴三个长方形泥片，盖面饰三组宽弦纹，其间为上下相对的三角形熏孔。通高10.2、口径10、足径5.5厘米。（图版七七∶4）

07湖·杨D36M3∶17，硬陶。纽顶蹲伏一只敛翅展尾的小鸟。盖沿壁较直，盖面微弧，其上呈"十"字状分布八个圆形熏孔，各孔间以"井"字形直线相连，"井"字线内划以叉线，并与熏口外壁纹饰相连。熏为直口，腹壁斜收，圈足中间起脊。通高12.2、熏高5.6、口径10.4、腹径11.2、足径7.2厘米。（图3-28∶4；图版七七∶5）

Ⅲ式 4件，内有高温釉陶3件，硬陶1件。盖纽各不相同。矮圈足。

标本89安·上M4∶1，覆钵形盖面上分布五个三角形熏孔，盖纽作阶梯形，纽心与熏相通，起到散烟的作用，纽外两侧各附三个鸡首形泥点。熏足较小而呈喇叭形。通高10、熏高6、口径10、足径4.4厘米。（图3-28∶5）

标本79龙·东M11∶33，覆钵形盖面上有九个三角形烟孔，捉纽作鸟形。熏为侈口，矮圈足。通高9、熏高4、口径9.2、足径6厘米。（图3-28∶6；图版七七∶6）

标本06湖·杨D28M15∶10，弧面顶盖，中心有一个鸟柱形捉纽，盖面以捉纽为中心，内外各有四个三角形镂孔。熏腹壁上部较直，下部缓缓内收，矮圈足外撇。黄灰色釉。通高12、盖高6、直径10、熏高6.6、口径6.8、足径5.8厘米。（图3-28∶7）

B型 釜型。4件，高温釉陶，见于西汉晚期至王莽时期。小侈口，斜肩，腹壁斜收，肩、腹之间有一周宽沿，平底。

标本87余·果M7∶12，肩部饰三组水波纹和弦纹，并有上下两排烟孔，烟孔两两相对，有圆形、三角形和条形三种。釉色青黄。高18、口径6.8、腹沿径24.4、底径11.2厘米。（图3-28∶8；图版七八∶1）

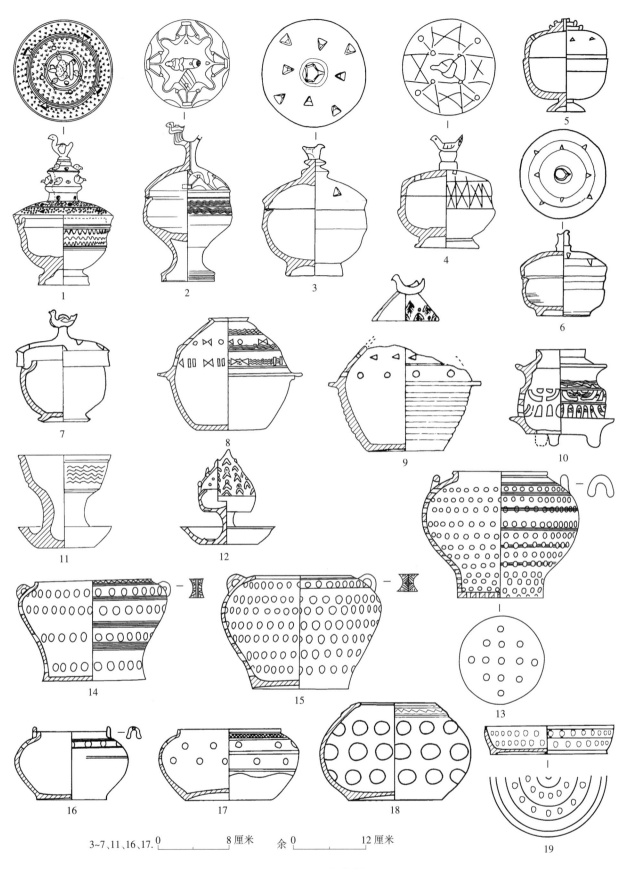

3~7、11、16、17. 0 _____ 8厘米　余 0 _____ 12厘米

图3-28　陶瓷熏

1. A型Ⅰ式（92余·老D1M14:46）　2. A型Ⅰ式（07安·上D49M1:17）　3. A型Ⅱ式（79龙·东M10:20）　4. A型Ⅱ式（07湖·杨D36M3:17）　5. A型Ⅲ式（89安·上M4:1）　6. A型Ⅲ式（79龙·东M11:33）　7. A型Ⅲ式（06湖·杨D28M15:10）　8. B型（87余·果M7:12）　9. B型（87余·果M11:18）　10. C型Ⅰ式（90余·姜M1:9）　11. C型Ⅱ式（87余·果M11:14）　12. C型Ⅲ式（06湖·杨D23M1:12）　13. D型Ⅰ式（73上·蒿M60:7）　14. D型Ⅱ式（85绍·马M320:13）　15. D型Ⅱ式（85绍·马M319:9）　16. D型Ⅲ式（05奉·南M126:1）　17. D型Ⅲ式（84上·严M105:2）　18. E型（78奉·白M3:2）　19. F型（84上·严M250:16）

标本 87 余·果 M11∶18，斗笠形盖，鸟形捉纽，盖面饰叶脉纹，纹饰间镂有上下两排圆形烟孔。熏腹部饰密集的宽弦纹。釉色青黄。熏残高 17.2、口径 11.6、腹径 25.2、底径 12.6厘米。（图3－28∶9）

C 型　承盘型。3 件，见于王莽至东汉早期，由承盘和熏两部分组成。早晚变化表现为，口沿：侈口→盘口→敛口；底部：三足→平底。据此分为三式：

Ⅰ式　1 件，高温釉陶。熏体呈炉形，侈口，底下有三足。

90 余·姜 M1∶9，斜肩下有一周宽沿，沿下内束，腹部微弧。托盘作侈口，宽沿，斜直腹，平底下附三个矮柱形足。宽沿下饰弦纹和水波纹，腹部有两排熏孔，其中上排以两个圆圈和两条弯月形孔为一组，下排均呈竖条形。高 15.8、口径 8.4、腹径 15、底径 12.7 厘米。（图 3－28∶10）

Ⅱ式　1 件，高温釉陶。熏体呈豆形，盘口，平底。

87 余·果 M11∶14，深盘口，承柱粗短而内弧，托盘为敞口，浅斜腹，平底。口外壁上下各划一组弦纹，中间饰水波纹。高 10、口径 10.2、底径 6.4 厘米。（图 3－28∶11；图版七八∶4）

Ⅲ式　1 件，泥质陶。熏体作豆形，敛口，平底。

06 湖·杨 D23M1∶12，博山桃形盖，上贴九组环形堆纹，每组四个，形似重叠的山峦，其间均有小熏孔。熏为敛口，平底下立承柱。托盘作敞口，浅斜腹，平底。通高 15、熏高 8.5、口径 7.4、腹径 9.6、底径 8 厘米，底盘高 2.5、口径 16、底径 10.2 厘米。（图 3－28∶12；图版七八∶2）

D 型　罐型。8 件，流行于东汉中期至晚期，早晚变化表现为，肩部：窄肩→宽肩；腹最大径：上端→中部；下腹：垂直→斜收。据此分为三式：

Ⅰ式　1 件，低温釉陶。窄肩，腹最大径位于上端，下腹部至近底处内收呈垂直状。

73 上·蒿 M60∶7，直口，圆弧肩上附环形提耳，球腹，平底。自肩至底面布有十二排圆形熏孔，各排间以弦纹相隔。这种下端垂直似圈足、底面布满烟孔的香熏，很可能与承接熏灰的盆式器物配套使用。釉色青绿。高 20.2、口径 15.6、腹径 26、底径 14.4 厘米。（图 3－28∶13；图版七八∶3）

Ⅱ式　4 件，内有青瓷 2 件，硬陶和低温釉陶各 1 件。肩较窄，腹最大径略靠上，腹部自中部开始内收。

标本 85 绍·马 M320∶13，直口，腹上部扁鼓，平底略外撇。口沿处饰水波纹，自肩至近底处布有四排圆形熏孔，其间隔以弦纹。釉色青绿。高 16.2、口径 19.8、腹径 24.6、底径 17.2 厘米。（图 3－28∶14）

标本 85 绍·马 M319∶9，自肩至近底处布有七排圆形熏孔。肩部划一道弦纹，耳面饰对角叶脉纹。青瓷，釉色青绿。高 18.4、口径 16.4、腹径 26.4、底径 15.6 厘米。（图 3－28∶15）

Ⅲ式　3 件，青瓷。宽肩，腹最大径位于中部，腹部自中部起斜收。

标本 05 奉·南 M126∶1，直口，扁鼓腹，平底内凹。肩部划两道弦纹，其间镂圆孔一周，孔径 0.8 厘米，腹部饰一圈凹弦纹。青瓷，釉色青绿。高 7.8、口径 8.4、腹径 12.6、底径 7.6 厘米。（图 3－28∶16；图版七八∶5）

标本 84 上·严 M105：2，口沿下端饰一周带状斜方格纹，腹部有两排圆形熏孔和两组弦纹。青瓷，釉色青绿。高 7.6、口径 11.8、腹径 15.6、底径 9.8 厘米。（图 3－28：17）

E 型　钵型。1 件，青瓷，见于东汉中期。

78 奉·白 M3：2，敛口，斜肩，鼓腹，腹最大径位于近下部，平底内凹。口沿下饰两组弦纹，其间饰水波纹，肩、腹部镂有上下三排圆形烟孔。釉色青绿。高 15.8、口径 12.3、腹径 25.2、底径 15.9 厘米。（图 3－28：18；图版七八：6）

F 型　盆型。1 件，低温釉陶，见于东汉中期。侈口，浅斜腹，平底。

84 上·严 M250：16，器身及底面布满密集的圆形熏孔，推测熏下有承接熏灰的器具。黄绿色釉。高 5.2、口径 21.8、底径 19.3 厘米。（图 3－28：19；图版七八：7）

灯盏　共 12 件，占日用器的 0.32%。伴出器物。轮制，分段粘接而成。按底的不同分为二型：

A 型　组合型。7 件，内有泥质陶 4 件，硬陶 3 件，偶见于西汉中期至王莽时期。由盏、承柱、底盘三部分组成。

标本 79 龙·东 M22：24，浅盘形盏，内底弧凹，承柱略细长，大平底。泥质硬陶。高 12.6、口径 8.4、底径 10.4 厘米。（图 3－29：1）

标本 79 龙·东 M11：55，高 3.7、口径 7、足径 5.2 厘米。（图 3－29：2；图版七九：1）

B 型　盆型。5 件，内有泥质陶 3 件，硬陶和青瓷各 1 件，偶见于西汉晚期至东汉中期。敞口，浅斜腹，盏内底心有一个乳丁形灯芯。

标本 85 绍·马 M320：9，底内凹。青瓷。高 3.2、口径 8.8、底径 4.6 厘米。（图 3－29：3）

标本 83 杭·古 M56：15，侈口，斜腹，平底。沿外撇。泥质陶。高 2.8、口径 8.3、底径 5 厘米。（图 3－29：4）

虎子　共 5 件，占日用器的 0.13%。伴出器物。器身轮制，提梁和足粘接。按造型的不同分为二型：

A 型　横筒型。1 件，硬陶，见于东汉早期。

93 上·驮 M31：11，整器作写意式的虎踞状，背上有提梁，下置四矮脚，前腹圆弧，后壁陡直。背上有绹索状提梁，其上饰戳印痕和短篦纹。提梁前端为上翘的器口，上塑虎眼和耳等，胸部饰多道同心圆圈，内填以多重水波纹。高 19.4、长 23.4、宽 16 厘米。（图 3－29：5）

B 型　蚕茧型。4 件，流行于东汉中期至东汉晚期。早晚变化表现为，器身造型：逼真→简洁→抽象。据此分为三式：

Ⅰ式　2 件，低温釉陶。器身逼真，表现细腻。

93 上·驮 M15：1，虎头侧视，与器口成直角，张嘴睁目长啸，虎须清晰可辨，虎身呈蚕茧状，背上有绹索纹提梁，胸部和背部两侧阴刻交叉斜线纹，后部阴刻虎尾。釉色青绿。高 19、长 25.2、宽 10～12 厘米。（图 3－29：6；图版七九，2）

08 湖·杨 D46M5：19，口呈圆筒形，一侧饰虎头，器身作蚕茧状，背上饰曲折形条纹，胸部饰圆圈纹，四肢作蹲状，尾巴上卷形成提梁。高 17.4、长 26、宽 12.8 厘米。（图版七九：3）

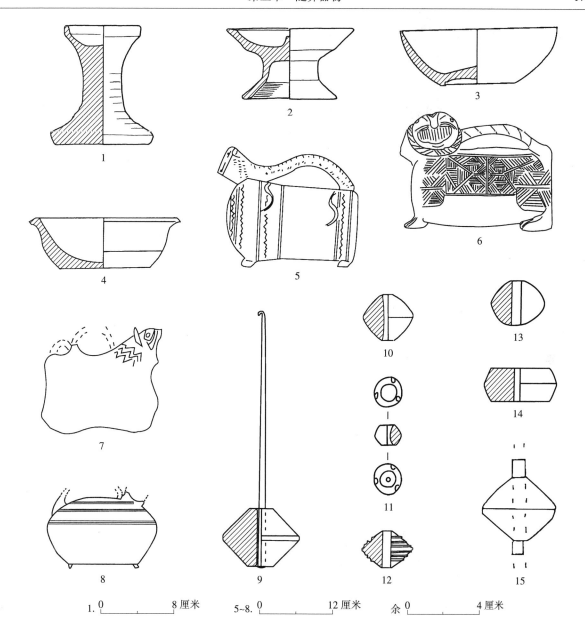

图 3-29　陶瓷灯盏、虎子、纺轮

1. A 型灯盏（79 龙·东 M22:24）　2. A 型灯盏（79 龙·东 M11:55）　3. B 型灯盏（85 绍·马 M320:9）　4. B 型
灯盏（83 杭·古 M56:15）　5. A 型虎子（93 上·驮 M31:11）　6. B 型Ⅰ式虎子（93 上·驮 M15:1）　7. B 型Ⅱ式
虎子（73 德·秋 M3:15）　8. B 型Ⅲ式虎子（91 上·联 M301:18）　9. 纺轮（82 嵊·剡 M35:5）　10. 纺轮（06
湖·杨 D28M8:12）　11. 纺轮（87 湖·杨 D1M6:16）　12. 纺轮（06 温·塘 M1:23）　13. 纺轮（06 温·塘 M1:
27）　14. 纺轮（82 嵊·剡 M71:21）　15. 纺轮（99 云·白 M1:10）

Ⅱ式　1 件，青瓷。虎身形似，表现简化。

73 德·秋 M3:15，口上刻划虎头形象，器身呈茧形，背上有提梁，两侧饰水波纹。釉色
青黄。残高 17.2、长 20 厘米。（图 3-29:7；图版七九:4）

Ⅲ式　1 件，青瓷。仅有简易的虎头形象。

91 上·联 M301:18，器身呈扁圆形，背上有提梁，口作圆筒形，平底下附三足。部饰三
组弦纹。釉色青绿。残高 12、腹径 18、底径 11 厘米。（图 3-29:8；图版七九:5）

纺轮 共97件，内有硬陶70件，高温釉陶19件，泥质陶8件，占日用器的2.59%。伴出器物，流行两汉至东汉中期。模制。平面呈圆形，上下均有一个较宽台面，中间贯孔，立面形状不一。

标本82嵊·剡M35:5，菱形，腹部饰有两道弦纹。轮心装有上细下粗的铁锭，锭端作钩形。纺轮高3.1、直径4.2、孔径0.5、铁锭长13.4、直径0.4厘米。（图3-29:9）

标本06湖·杨D28M8:12，硬陶。菱形。高2.5、直径2.8、孔径0.5厘米。（图3-29:10）

标本87湖·杨D1M6:16，菱形，上下各饰有三个圆圈纹。高1、直径1.6、孔径0.4厘米。（图3-29:11）

标本06温·塘M1:23，直边，上饰粗凸的弦纹。泥质软陶。高2、直径2.9、孔径0.5厘米。（图3-29:12；图版七六:4）

标本06温·塘M1:27，圆弧边。泥质软陶。高2.4、直径2.9、孔径0.5厘米。（图3-29:13；图版七六:5）

标本82嵊·剡M71:21，扁鼓形，折腹。高1.8、面径3.2、腹径4.1、孔径0.6厘米。（图3-29:14；图版七六:6）

标本99云·白M1:10，铁锭已残，贯穿于纺轮孔内。纺轮高3.2、直径4.2厘米。（图3-29:15；图版七六:7）

标本06湖·杨D28M10:16，立面呈菱形。高温釉陶，釉色青黄。高2.9、直径4、孔径0.4厘米。（图版七六:8）

另有因报道不详而未能具体表述的其他日用器类36件，占日用器的0.96%，包括：小盅17件（酱色瓷12件，低温釉陶4件，原始瓷1件），器盖13件（高温釉陶9件，硬陶和泥质陶各2件），盂3件（青瓷2件，硬陶1件），四足方盒（泥质陶）、盉（印纹陶）、坠（泥质陶）各1件。

四 明器

共697件（组），占陶瓷器总数的11.38%。器物普遍采用泥质软陶制作，也有部分高温釉陶（多为冥币）、硬陶和少量的彩绘陶、低温釉陶、青瓷及零星的印纹陶、酱色瓷。明器的种类有：

五管瓶 共34件（内有6件未能分式，低温釉陶3件，硬陶2件，青瓷1件），占明器的4.88%。东汉时期随葬品基本组合之一。器物主体轮制，分段套接，辅管和纹饰采用贴塑方法。主管呈上下两或三节的葫芦形，小盘口，短颈下端内收，腹最大径位于中部，肩部呈对称状安有四个小管，各管与主体互不相通。早晚变化为，器身：矮胖→瘦长；腹：扁折→球形→弧形；底：圈足→假圈足→平底；堆塑：无→兽→鸟兽。据此分为六式：

Ⅰ式 2件，硬陶。矮胖，主体分两节，扁折腹，高圈足外撇。上节肩部划两道细弦纹。

标本84上·严M274:4，高24.5、口径6、腹径18.3、底径12.3厘米。（图3-30:1；图版八〇:1）

Ⅱ式 4件，内有硬陶和高温釉陶各2件。主体分两节，球腹，矮圈足略外撇。两节肩部均饰弦纹。

标本93上·驮M30：9，高温釉陶，青黄色釉。高25.6、口径5.4、腹径22.8、底径11.6厘米。（图3－30：2）

Ⅲ式 6件，内有硬陶4件，低温釉陶2件。主体分两节，圆弧腹，假圈足。

标本92上·后M10：1，高温釉陶，釉色青绿。高25.9、口径7.8、腹径15.6、底径11.8厘米。（图3－30：3；图版八〇：2）

Ⅳ式 3件，内有硬陶和低温釉陶及青瓷各1件。个体较高。主体分三节，圆弧腹，假圈足。在中、下节之间堆塑三个作坐状的熊形兽，两前肢作弧形摆放于后肢中间。

标本73上·蒿M52：1，低温釉陶，釉层已流失。高37.3、口径5、腹径19.2、足径13厘米。（图3－30：4）

标本84上·严M240：2，低温釉陶，釉色青绿。高40、口径5、腹径20、足径14厘米。（图版八一：1）

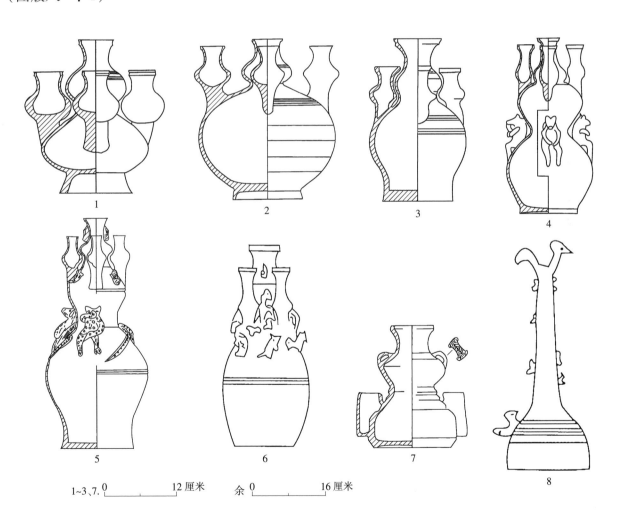

图3－30 陶瓷五管瓶、四管瓶、堆塑器

1.Ⅰ式五管瓶（84上·严M274：4） 2.Ⅱ式五管瓶（93上·驮M30：9） 3.Ⅲ式五管瓶（92上·后M10：1） 4.Ⅳ式五管瓶（73上·蒿M52：1） 5.Ⅴ式五管瓶（84上·严M250：15） 6.Ⅵ式五管瓶（84鄞·宝M3：8） 7.四管瓶（92上·后M11：11） 8.堆塑器（91上·联M301：13）

Ⅴ式　9件，内有低温釉陶和青瓷各4件，酱色瓷1件。个体瘦长。主体分三节，鼓腹略扁，平底，底缘外撇。上节两侧和中节四小管之间各堆塑一只小鸟。中节和下节之间堆塑三只蹲坐的熊形兽，右前肢护脸，左前肢按膝。三兽间各塑一条虫形堆纹，熊、虫全身布满圆形戳点。

标本84上·严M250：15，低温釉陶，釉色青绿。高49、口径5.2、腹径22.6、底径16厘米。（图3－30：5）

标本75嘉·九M1：5，酱色瓷。高46.6、口径5.7、腹径22、足径16.4厘米。（图版八一：2）

Ⅵ式　4件，内有青瓷2件，硬陶和低温釉陶各1件。主体分三节，弧腹，平底或圈足。

标本84鄞·宝M3：8，上节两侧各贴塑一个兽面，中节各小管间分别堆塑龟、鸡、猴、羊各一只，两节周围散布有二十余只飞鸟堆塑，下节肩部堆塑五个深目高鼻的艺人，或耍杂或吹箫。青瓷，釉色青绿。高43、口径6.2、腹径19.2、底径12.8厘米。（图3－30：6；图版八一：3）

标本73海·南M1：2，高圈足。上下节均堆塑人物、飞鸟及狗等。低温釉陶，釉色青黄。高52.3、口径6、腹径20、足径20.4厘米。（图版八一：4）

四管瓶　仅1件，占明器的0.14%。伴出器物，见于东汉中期。制法与五管瓶相同。

92上·后M11：11，主体分上下两节，上节呈壶形，浅盘口，束颈，斜肩上安双耳，扁鼓腹。耳面刻划叶脉纹。下节呈盒状，斜直肩，直腹，底端折收，腹部对称黏附四个直筒形小管，小管与主体互不相通，平底内凹。高温釉陶，釉色青绿。高19.6、口径7.2、腹径15、底径12.6厘米。（图3－30：7；图版八〇：3）

堆塑器　共4件，内有低温釉陶2件，硬陶和青瓷各1件，占明器的0.57%。伴出器物，偶见于东汉中期至晚期。主体轮制，纹饰堆塑。

标本91上·联M301：13，底座呈覆钵形，上竖一根圆柱，底座与圆柱上堆塑较多大小不一的飞鸟，柱顶立一展翅欲飞的大鸟。青瓷，釉色青绿。高49、底径18.4厘米。（图3－30：8；图版八〇：4）

案　共6件，内有泥质陶5件，低温釉陶1件，占明器的0.86%。伴出器物，偶见于东汉中期至晚期。

标本73海·南M1：01，低温釉陶，釉色青绿。高13.5、长64.2、宽44厘米。（图版八二：1）

火盆　共8件，占明器的1.15%。东汉时期随葬品的基本组合之一。盆身轮制，足粘接。早晚变化表现为，腹壁：折收→斜收→弧收；底部：三足→平底。据此分为三式：

Ⅰ式　3件，内有硬陶2件，泥质陶1件。斜腹中部折收。敞口，腹上安一对小錾，平底下附三足。

标本05奉·南M141：4，腹略深，扁平足。唇面饰弦纹。硬陶。高12.9、口径37.8厘米。（图3－31：1）

Ⅱ式　4件，内有低温釉陶。侈口，腹壁斜收，平底下附三个乳丁足。

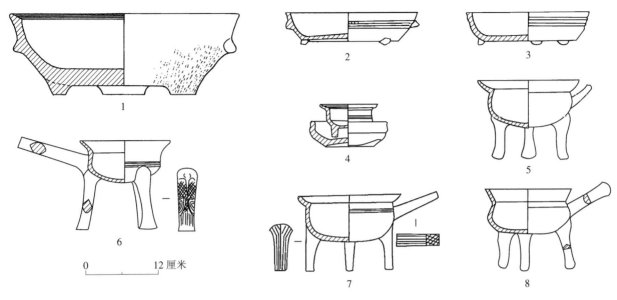

图3-31 陶瓷火盆、镳斗

1. I式火盆（05奉·南M141：4） 2. II式火盆（84上·严M250：11） 3. II式火盆（92上·周M48：3） 4. III式火盆（84上·严M105：3） 5. I式镳斗（73上·蒿M60：3） 6. II式镳斗（84上·严M250：10） 7. II式镳斗（92上·周M48：1） 8. III式镳斗（85绍·马M319：8）

标本84上·严M250：11，腹部安两个小鋬。低温釉陶，釉色青黄。高5.5、口径21.9、底径16.2厘米。（图3-31：2；图版八二：2）

标本92上·周M48：3，腹部划数道弦纹。低温釉陶，釉色青绿。高5.2、口径20.6厘米。（图3-31：3）

III式 1件，青瓷。折腹。直口，腹壁上部较直，中部弧收，平底内凹。

84上·严M105：3，火盆内黏附一个镳斗。火盆高4.6、口径12.8、底径7.8厘米。（图3-31：4）

镳斗 共10件（内有硬陶和低温釉陶及青瓷各1件未能分式），占明器的1.43%。东汉时期随葬品基本组合之一，往往与火盆配套。主体轮制，柄、足粘接。敞口，腹部安有一个斜长的柄，底部附三个蹄形高足。早晚变化表现为，腹部：弧形→较直→扁鼓。据此分为三式：

I式 2件，低温釉陶。弧腹。

73上·蒿M60：3，柄作弧形上翘。浅圜底。釉色青绿。高12.8、口径17、腹径14.2厘米。（图3-31：5）

06长·西M1：3，釉色青绿。高9.6、口径13厘米。（图版八二：3）

II式 2件，低温釉陶。直腹。

84上·严M250：10，浅圜底。足面饰兽面纹和斜方格纹。釉色青绿。高14.2、口径15、腹径12厘米。（图3-31：6；图版八二：4）

92上·周M48：1，口内壁下凹。柄饰网格纹和条纹，足面饰条纹。釉色青绿。高12.8、口径17.6、腹径14.7厘米。（图3-31：7；图版八二：5）

III式 3件，内有青瓷2件，低温釉陶1件。扁鼓腹。

标本 85 绍·马 M319：8，平底。青瓷，淡青色釉。高 13.2、口径 14、腹径 13.8 厘米。（图 3－31：8）

灶 共 176 件（内有 25 件未能分型，其中泥质陶 20 件，高温釉陶 5 件），占明器的 25.25%。A 型灶轮制，B 型灶手制。按平面形状的不同分为四型：

A 型 筒型。16 件，西汉早期至王莽时期随葬品基本组合之一。灶身短而宽，后端骤收成较长的筒形烟囱，烟囱前端上翘，后端斜收并与底面相连。两侧壁微弧，前端设有灶门，底多数呈封闭式。早晚变化表现为，灶眼：单眼→双眼→三眼。据此分为三式：

I 式 单眼。4 件，内有硬陶 2 件，高温釉陶和泥质陶各 1 件。灶体较短，灶面圆弧，上设一个较大的灶眼，灶门呈横向长方形。

标本 07 湖·杨 G2M3：38，灶面呈后高前低的斜面，至前端形成一个形似屋檐的宽沿，后壁直立，底作敞开式。硬陶。前高 4.6、后高 8.4、长 14、中间宽 8、灶门宽 2.4 厘米。（图 3－32A：1；图版八三：1）

标本 79 龙·东 M11：54，灶门较大。硬陶。灶高 9、长 13、中间宽 12、灶门宽 8 厘米。（图 3－32A：2；图版八三：2）

标本 07 湖·杨 G2M2：35，器身矮而较长，灶眼上置有一釜，灶门较小。高温釉陶。通高 11.2、灶高 7.8、长 19.8、中间宽 9.2、灶门宽 4.2 厘米。（图 3－32A：3；图版八三：3）

II 式 双眼。5 件，内有硬陶 4 件，高温釉陶 1 件。灶面上设两个大小不同的灶眼。灶门呈长方形。

标本 07 余·义 M18：12，灶身呈圆筒形，灶门作拱形。前灶眼上设釜，后灶眼上设甑，釜和甑均与灶面连为一体。硬陶。通高 17.8、灶高 16、长 23.4、宽 14 厘米。（图 3－32A：4；图版八四：1）

标本 07 余·义 M10：25，泥质陶，灶眼上置釜、甑，灶身饰密集的弦纹。通高 17.8、长 27.2、宽 17.6 厘米。（图 3－32A：5；图版八四：2）

标本 79 龙·东 M22：22，高温釉陶。高 11、长 20、中间宽 11.2、灶门宽 4.2 厘米。（图 3－32A：6；图版八三：4）

III 式 三眼。7 件，高温釉陶。灶体较长，灶面上设有中间大、前后小的三个圆形灶眼。

标本 86 杭·老 M87：43，器形较狭长，后壁垂直，灶门呈拱形。灶面前高后低，前、中两个灶眼上各置一釜。高温釉陶。灶高 12.5、长 24、前宽 10.5 厘米。（图 3－32A：7）

标本 87 余·果 M7：9，灶面上鼓，烟囱长而高翘，灶门呈方形。中间灶眼上置有相叠的一釜一甑，前端早眼上置一双耳锅。硬陶。通高 19.5、灶高 15.6、长 27.5、中间宽 13.5、灶门宽 4 厘米。（图 3－32A：8；图版八四：3）

标本 86 杭·老 M72：15，平面呈狭长的三角形，灶门呈拱形。高温釉陶。高 10.7、长 25.4、前宽 13.6 厘米。（图 3－32A：9）

标本 04 余·石 M3：6，高温釉陶。灶面较平，灶眼上分别置有两个平底釜和一个双耳寰底釜，烟囱顶端呈喇叭形。高 12、长 30.6、宽 13.2 厘米。（图 3－32A：10；图版八四：4）

B 型 船型。132 件（内有 36 件泥质陶未能分式），西汉中期至东汉晚期随葬品基本组合

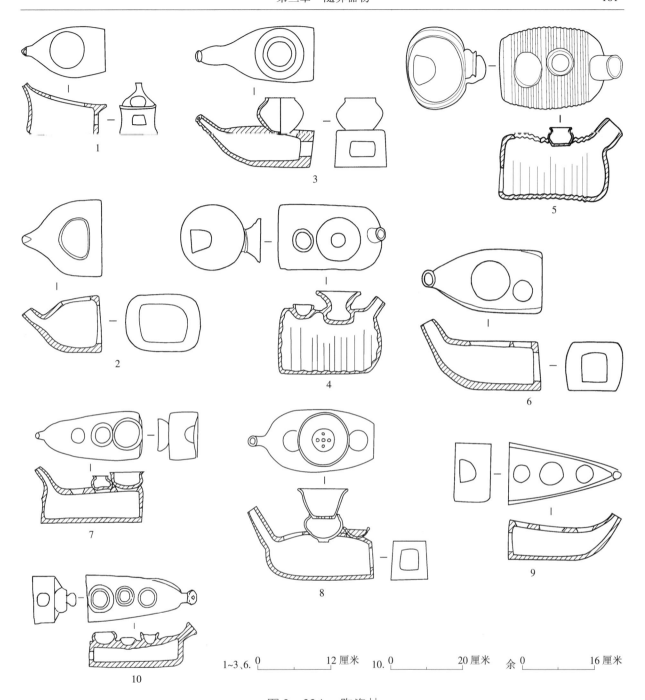

图 3-32A　陶瓷灶

1. A 型 I 式（07 湖・杨 G2M3：38）　2. A 型 I 式（79 龙・东 M11：54）　3. A 型 I 式（07 湖・杨 G2M2：35）　4. A 型 II 式（07 余・义 M18：12）　5. A 型 II 式（07 余・义 M10：25）　6. A 型 II 式（79 龙・东 M22：22）　7. A 型 III 式（86 杭・老 M87：43）　8. A 型 III 式（87 余・果 M7：9）　9. A 型 III 式（86 杭・老 M72：15）　10. A 型 III 式（04 余・石 M3：6）

之一。平面呈前端平齐、后端钝尖、中部较宽的船形，灶面略呈前低后高的斜面。前端设有灶门，后端开有出烟孔，孔的上端与灶面齐平。底作敞开式，无底面。早晚变化表现为，灶眼：三眼→双眼。据此分为三式：

　　I 式　三眼，后壁较直。10 件，泥质陶 7 件，高温釉陶 2 件，硬陶 1 件。灶面上设中间大、前后小的三个圆形灶眼。

　　标本 04 余·石 M1：2，灶面斜直，中部灶眼置甑和釜，余二眼置平底釜，灶门作方形。泥质陶。高 10.4、长 33、宽 18 厘米。（图 3－32B：1；图版八五：1）

　　标本 86 杭·老 M72：38，灶门呈拱形。泥质陶。高 11、长 37、中间宽 20 厘米。（图 3－32B：2）

　　标本 04 余·石 M3：5，灶面平直，尾端有三角形出烟孔。中部灶眼置甑和镂，另两眼置平底釜。灶门呈方形。灶侧面拍印席纹。泥质软陶。高 11.5、长 45、宽 23 厘米。（图 3－32B：3；图版八五：2）

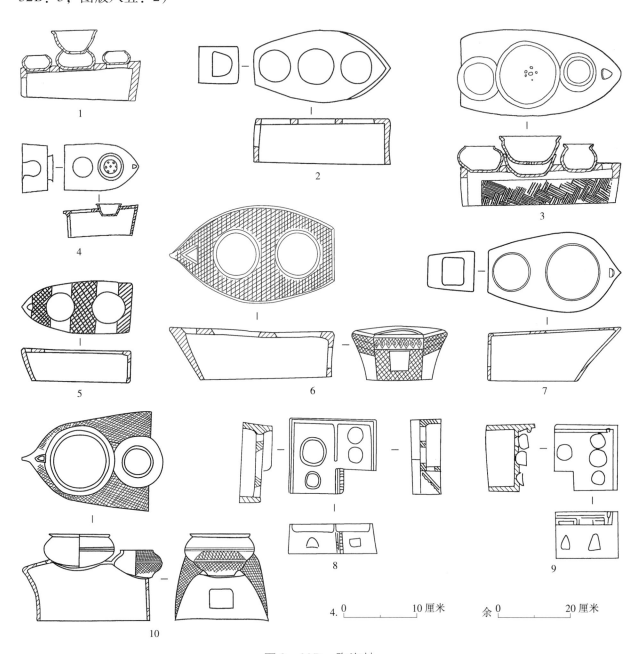

图 3－32B　陶瓷灶

1. B 型 Ⅰ 式（04 余·石 M1：2）　2. B 型 Ⅰ 式（86 杭·老 M72：38）　3. B 型 Ⅰ 式（04 余·石 M3：5）　4. B 型 Ⅱ 式（06 长·西 M1：4）　5. B 型 Ⅱ 式（93 安·天 M1：2）　6. B 型 Ⅲ 式（06 湖·杨 D23M4：5）　7. B 型 Ⅲ 式（92 上·羊 M3：6）　8. C 型（83 杭·古 M57：22）　9. C 型（86 杭·老 M121：23）　10. D 型（99 云·白 M1：5）

Ⅱ式　双眼，后壁垂直。79件，泥质陶69件，青瓷5件，低温釉陶4件，硬陶1件。灶面上设两个灶眼，出烟孔普遍呈圆形，个别为三角形。

标本06长·西M1：4，灶后端烟孔作圆形，灶门呈拱形。灶眼上置有一甑。低温釉陶，釉色黄绿。高4、长10.5、宽7.4厘米。（图3－32B：4；图版八六：1）

标本75嘉·九M1：2，高9.8、长43.2、宽26.4厘米。（图版八五：3）

标本93安·天M1：2，出烟孔呈三角形。灶面前、中、后各饰一组宽带状斜方格纹。泥质陶。高9.4、长31、中间宽14厘米。（图3－32B：5）

标本73上·蒿M60：6，低温釉陶。高15.8、长33.8、宽24.4厘米。（图版八六：2）

Ⅲ式　双眼，后壁倾斜。7件，泥质陶。造型与Ⅱ式基本相同，唯灶后壁呈斜状向下剧收。

标本06湖·杨D23M4：5，三角形出烟孔。灶面、侧壁上端和前壁下端饰斜方格纹，前壁上端饰重叠的菱形回纹。高13.6、长45.2、中间宽25.6、灶门宽4.8厘米。（图3－32B：6；图版八六：3）

标本92上·羊M3：6，出烟孔呈半圆形。高14、长36.7、中间宽21.8厘米。（图3－32B：7；图版八七：1）

C型　曲尺型。2件，内有高温釉陶和泥质陶各1件。偶见于西汉晚期。

83杭·古M57：22，整体由两个长短不一的灶台组成，中间以一道高2、长10.5、宽0.4的墙相隔，其中左侧长20.4、右侧长13.5厘米。灶面四周设有高2厘米的护壁，左右灶台均设有前后两个灶眼和一个灶门。其中左面的灶门呈拱形，右面的为方形。在紧贴左面灶台的右壁处，设有一条宽1.2厘米的阶梯式通道。硬陶。高8.5、长20.4、宽24.2厘米。（图3－32B：8）

86杭·老M121：23，高温釉陶。整体由左右两个独立的灶台所组成，左侧灶面设一个灶眼。右侧设三个灶眼。灶面的后、右两侧设有高4.8厘米的护壁，其中后壁的上部有一道凸檐。灶门均呈三角形。泥质陶。高14、长18.3、宽18.1厘米。（图3－32B：9；图版八七：2）

D型　弧背型。1件，印纹陶（硬陶）。见于浙南地区东汉中期墓，具有鲜明的地域特征。

99云·白M1：5，灶身短而宽，平面略呈三角形，后端呈桃尖形凸出，后壁中部内弧。灶面呈弧背形，上设两个灶眼，并各置一釜，其中前面一个紧贴前壁而呈半圆形，所置陶釜一半突出前壁。灶背拍印斜方格纹。通高23.2、灶高16、长35.6、底宽26.4、灶门宽6.6厘米。（图3－32B：10；图版八七：3）

釜　共82件（内有20件未能分型，其中泥质陶18件，高温釉陶和青瓷各1件），占明器的11.76%。两汉时期随葬品的基本组合之一。轮制。按腹、底的不同分为四型：

A型　圜底型。16件，内有泥质陶12件，硬陶3件，高温釉陶1件。

标本89安·上M7：9，敛口，圆鼓腹，口沿处有一对小圆孔。高8.6、口径9.8、腹径13.2厘米。（图3－33：1）

标本92上·周M48：9－3，直口，鼓腹。高7.2、口径6、腹径10厘米。（图3－33：2）

标本99云·白M1：9，敞口，扁鼓腹。腹部饰三道弦纹。高9、口径16.8、腹径19厘米。（图3－33：3）

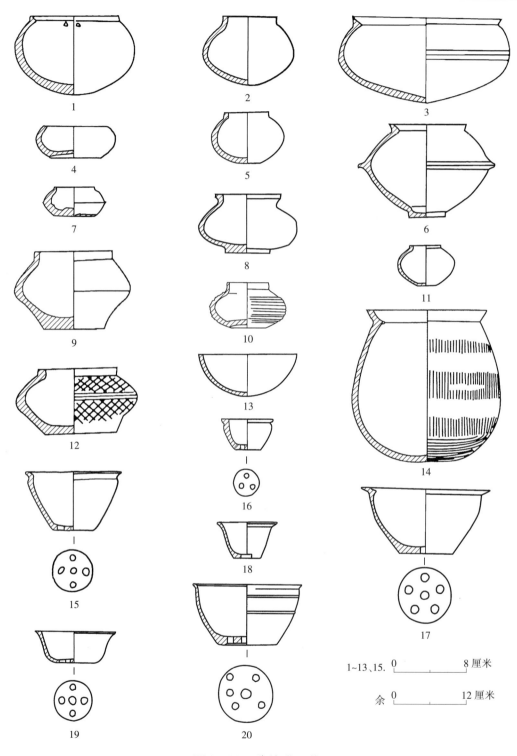

图 3 - 33　陶瓷釜、甑

1. A 型釜（89 安·上 M7：9）　　2. A 型釜（92 上·周 M48：9 - 3）　　3. A 型釜（99 云·白 M1：9）　　4. B 型釜（06 湖·杨 D28M5：13）　　5. B 型釜（07 湖·杨 G2M2：36）　　6. B 型釜（06 湖·杨 D23M1：2）　　7. B 型釜（83 杭·古 M52：23）　　8. B 型釜（73 上·蒿 M60：6）　　9. B 型釜（92 上·周 M48：9 - 2）　　10. B 型釜（92 上·后 M51：34 - 2）　　11. B 型釜（84 鄞·宝 M3：3 - 1）　　12. B 型釜（99 云·白 M1：6）　　13. C 型釜（86 慈·陈 M19：29）　　14. D 型釜（03 温·塘 M2：12）　　15. A 型甑（79 龙·东 M11：61）　　16. A 型甑（07 湖·杨 G2M2：58）　　17. A 型甑（82 嵊·剡 M34：2）　　18. B 型甑（89 安·上 M9：21）　　19. B 型甑（07 湖·杨 D34M9：12）　　20. B 型甑（92 上·羊 M2：6）

B 型　平底或假圈足型。42 件，内有泥质陶 33 件，青瓷 4 件，硬陶 3 件，高温釉陶和低温釉陶各 1 件。

标本 06 湖·杨 D28M5：13，扁鼓腹，小平底。泥质软陶。残高 3.5、腹径 8.8、底径 5.3 厘米。（图 3－33：4）

标木 07 湖·杨 G2M2·36，泥质陶。直口，圆鼓腹。高 5.6、口径 5.2、腹径 8.2、底径 2.4 厘米。（图 3－33：5）

标本 06 湖·杨 D23M1：2，侈口，斜弧肩，折腹中间有一道凸沿，假圈足较小。硬陶。高 10、口径 8.4、腹径 15.4、底径 4 厘米。（图 3－33：6）

标本 83 杭·古 M52：23，直口，折腹中间有一道突脊。泥质软陶。高 3.2、口径 4.5、腹径 7.2、底径 4.5 厘米。（图 3－33：7）

标本 73 上·嵩 M60：6，直口，束颈，扁鼓腹，假圈足。低温釉陶，釉色青绿。高 6.4、口径 7.2、腹径 11、底径 5 厘米。（图 3－33：8）

标本 92 上·周 M48：9－2，泥质硬陶。直口，折腹下部内弧。高 8.2、口径 8.8、腹径 12.8、底径 6.8 厘米。（图 3－33：9）

标本 92 上·后 M51：34－2，泥质陶。直口，高颈，扁鼓腹，平底内凹，通体饰弦纹。高 4.9、口径 4.4、腹径 8.4、底径 4 厘米。（图 3－33：10）

标本 84 鄞·宝 M3：3－1，直口，圆鼓腹，小平底。青瓷。高 4.4、口径 3.2、腹径 6.6、底径 2.2 厘米。（图 3－33：11）

标本 99 云·白 M1：6，直口，平底。通体拍印斜方格纹，腹部划三道弦纹。高 7、口径 8.8、腹径 13.2、底径 7.8 厘米。（图 3－33：12）

C 型　钵型。3 件，内有泥质陶 2 件，青瓷 1 件。整体形似半个圆球形，侈口，腹壁缓收，圜底。

标本 86 慈·陈 M19：29，高 4.6、口径 11 厘米。（图 3－33：13）

D 型　筒型。1 件，硬陶。见于浙南地区，具有鲜明的地域特征。

03 温·塘 M2：12，敞口，内壁下凹，斜肩，袋囊形腹，腹最大径位于下端。其中肩和腹部纹饰呈竖向，底部呈横向。高 24.6、口径 20、腹径 24.8 厘米。（图 3－33：14）

甑　共 61 件（内有 25 件未能分型，其中泥质陶 20 件，高温釉陶和青瓷各 2 件，硬陶 1 件），占明器的 8.75%。两汉时期随葬品的基本组合之一。轮制。按口的不同分为两型：

A 型　敛口型。14 件，内有泥质陶 11 件，硬陶和高温釉陶及青瓷各 1 件。敛口，宽平唇，腹壁略弧而缓收，平底，底面镂有三至五个不等的甑眼。

标本 79 龙·东 M11：61，底部有五个呈梅花形分布的甑眼。高温釉陶，釉层已流失。高 6.2、口径 10.8、底径 4.4 厘米。（图 3－33：15）

标本 07 湖·杨 G2M2：58，底部有三个呈三角状分布的甑眼。硬陶。高 4.8、口径 8.6、底径 4 厘米。（图 3－33：16）

标本 82 嵊·剡 M34：2，底部有五个呈梅花形分布的甑眼。泥质陶。高 10.2、口径 21.2、底径 9 厘米。（图 3－33：17）

B 型 撇口型。22 件，内有泥质陶 20 件，高温釉陶和青瓷各 1 件。撇口，腹壁呈斜弧线内收，平底，底面镂有五至六个呈梅花形分布的甑眼。

标本 89 安·上 M9：21，腹部较深。高温釉陶。高 5.4、口径 10、底径 4.8 厘米。（图 3 - 33：18）

标本 07 湖·杨 D34M9：12，底面宽平。高温釉陶。高 4.8、口径 13.4、底径 6.8 厘米。（图 3 - 33：19）

标本 92 上·羊 M2：6，腹壁微弧，六个甑眼呈不规则状分布。泥质陶。高 9.6、口径 18、底径 9.6 厘米。（图 3 - 33：20）

井 共 94 件（内有 21 件未能分型，其中泥质陶 18 件，硬陶 2 件，高温釉陶 1 件），占明器的 13.49%。两汉时期随葬品的基本组合之一。轮制。按腹的深浅分为二型：

A 型 深腹型，共 21 件（内有 1 件泥质陶未能分式）。器身普遍瘦长，平底。质地以高温釉陶为主，部分为青瓷。早晚变化表现为，肩部：斜弧→斜折→扁鼓。据此分为四式：

Ⅰ 式 3 件，内有高温釉陶 2 件，泥质陶 1 件。口微侈，颈内弧，斜弧肩，筒腹微弧。

标本 86 杭·老 M88：22，肩部两侧各有二个圆孔。颈部饰一组水波纹，腹部划五道弦纹。高温釉陶。高 23、口径 11.7、腹径 16、底径 12.3 厘米。（图 3 - 34：1）

Ⅱ 式 12 件，内有泥质陶 7 件，高温釉陶 5 件。斜折肩，筒腹。

标本 86 杭·老 M81：36，直口，腹微弧。肩部堆塑三角形井绳，其间以高耸的乳丁相接。高 25.8、口径 12、腹径 15.6、底径 12.5 厘米。（图 3 - 34：2）

标本 86 杭·老 M118：14，敛口，斜肩，腹壁略作斜形内收。肩、腹部饰弦纹和水波纹，腹部堆塑三角形井绳，井绳的转角处附以高耸的乳丁。高温釉陶。高 14.2、口径 10.4、腹径 15.4、底径 9.6 厘米。（图 3 - 34：3）

标本 87 余·果 M7：13，直口，粗颈，直筒腹。颈部对称镂有两个辘轳孔，腹部饰弦纹和水波纹。硬陶。高 20、口径 9.8、腹径 13.2、底径 10.8 厘米。（图 3 - 34：4；图版八八：1）

标本 87 余·果 M11：21，侈口，束颈，腹壁微弧。肩部饰水波纹和弦纹，有四个对称辘轳孔。高温釉陶。高 19.7、口径 9.5、腹径 13.8、底径 9.8 厘米。（图 3 - 34：5；图版八八：3）

标本 07 余·义 M18：10，直口，束颈，折肩，筒腹，平底。颈部镂有四个辘轳孔，腹部饰弦纹。硬陶。高 26.4、口径 12.8、底径 12 厘米。井内置有一个盘口壶形状的水桶。（图版八八：2）

标本 83 杭·古 M52：1，扁鼓肩上有四个对称的辘轳孔，筒腹。腹部饰两组弦纹和水波纹。高温釉陶。高 23.3、口径 12.3、肩径 15.6、腹径 14.4、底径 14.5 厘米。（图 3 - 34：6）

Ⅲ 式 3 件，内有泥质陶 2 件，青瓷 1 件。斜折肩，腹壁呈斜状内收。

标本 78 奉·白 M3：4，肩部堆塑横向和菱形的井绳，其中菱形井绳的四角饰有乳丁。青瓷，釉色清淡。高 18、口径 11.1、腹径 16.7、底径 11.6 厘米。（图 3 - 34：7；图版八八：4）

标本 84 鄞·宝 M3：1，腹壁中部内弧。肩部堆塑的井绳形态同前。青瓷，釉色青绿。高 22、口径 10.5、腹径 18、底径 14.5 厘米。（图 3 - 34：8）

Ⅳ 式 2 件，内有青瓷和酱色瓷各 1 件。扁鼓肩。

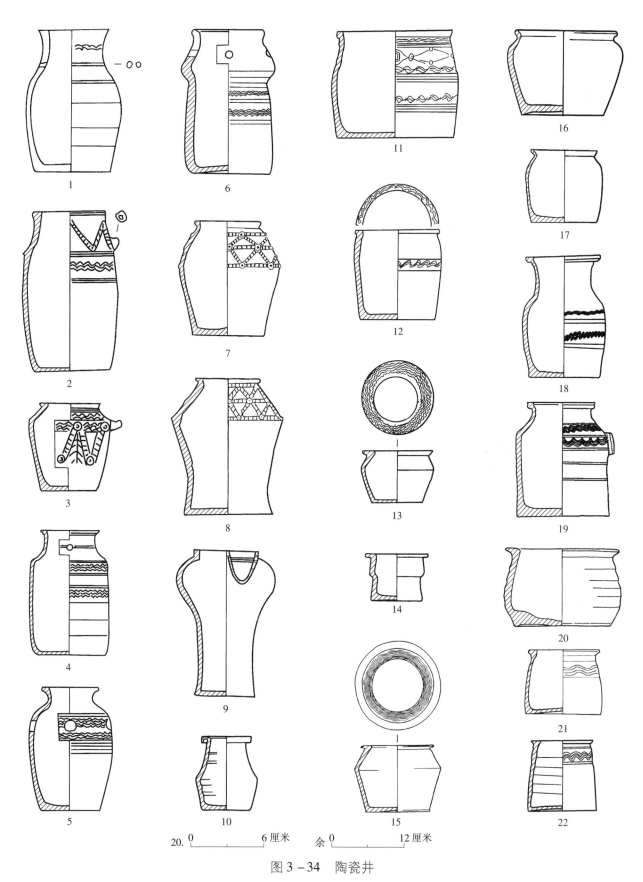

20. 0 _____ 6 厘米   余 0 _____ 12 厘米

图 3-34 陶瓷井

1. A 型 I 式（86 杭·老 M88：22）　2. A 型 II 式（86 杭·老 M81：36）　3. A 型 II 式（86 杭·老 N118：14）　4. A 型 II 式（87 余·果 M7：13）　5. A 型 II 式（87 余·果 M11：21）　6. A 型 II 式（83 杭·古 M52：1）　7. A 型 III 式（78 奉·白 M3：4）　8. A 型 III 式（84 鄞·宝 M3：1）　9. A 型 IV 式（91 上·联 M301：2）　10. B 型 I 式（79 龙·东 M22：21）　11. B 型 I 式（86 杭·老 M87：31）　12. B 型 I 式（86 杭·老 M67：8）　13. B 型 II 式（06 湖·杨 D28M5：12）　14. B 型 II 式（06 湖·杨 D28M14：8）　15. B 型 II 式（92 上·后 M51：34－1）　16. B 型 II 式（92 上·后 M14：7）　17. B 型 II 式（04 余·石 M1：3）　18. B 型 II 式（04 余·石 M3：9）　19. B 型 II 式（04 余·石 M3：10）　20. B 型 II 式（79 龙·东 M11：48）　21. B 型 III 式（93 上·驭 M15：10）　22. B 型 III 式（84 上·严 M230：5）

标本91 上·联 M301∶2，筒腹细长。口部垂挂井绳，肩部划三道弦纹。青瓷，釉色青绿。高23.4、口径11、腹径16.2、底径10.2厘米。（图3－34∶9；图版八八∶5）

B 型 浅腹型，共52件（内有11件未能分式，其中泥质陶10件，硬陶1件）。器身普遍宽矮，平底。除极个别的器物外，肩部均无安装辘轳的圆孔。早晚变化表现为，口沿：直口→侈口→敛口；腹部：筒形→带囊形。据此分为三式：

Ⅰ式 7件，内有泥质陶3件，硬陶和高温釉陶各2件。直口，宽唇，斜肩，直腹。

标本79 龙·东 M22∶21，颈较长。硬陶。高11.6、口径8.2、腹径10、底径8厘米。（图3－34∶10；图版八九∶1）

标本86 杭·老 M87∶31，肩至腹部饰有三组弦纹和水波纹，其中上两组间饰菱形纹，菱形四角以小圈相连。高温釉陶，釉色青黄。高16.8、口径19.2、腹径21.2、底径19.2厘米。（图3－34∶11）

标本86 杭·老 M67∶8，筒形腹。唇面饰一周水波纹；腹部划两道弦纹，内饰水波纹。高温釉陶，釉层已流失。高14.6、口径14、腹径14.4、底径12.3厘米。（图3－34∶12）

Ⅱ式 23件，内有泥质陶20件，硬陶2件，高温釉陶1件。宽平唇，折肩，斜腹。

标本06 湖·杨 D28M5∶12，口微敛，平底。沿面饰水波纹。泥质陶。高8.4、口径11.6、腹径12、底径8.4厘米。（图3－34∶13）

标本06 湖·杨 D28M14∶8，口微敛，折肩，筒腹。泥质陶。高7.6、口径10.4、底径8.3厘米。（图3－34∶14；图版八九∶2）

标本92 上·后 M51∶34－1，直口，斜肩，折腹。唇面饰水波纹。泥质陶。高10.6、口径11.8、腹径14.5、底径10.6厘米。（图3－34∶15）

标本92 上·后 M14∶7，侈口，井内置一汲水罐。泥质陶。高13.8、口径17、底径14.4厘米。（图3－34∶16；图版八九∶3）

标本04 余·石 M1∶3，侈口，斜直腹。硬陶。高11.8、口径11.2、底径11厘米。（图3－34∶17；图版八九∶4）

标本04 余·石 M3∶9，束颈，斜腹。沿面饰水波纹，上腹部饰弦纹及水波纹两组。泥质陶。高19.6、口径12.8、底径12厘米。（图3－34∶18）

标本04 余·石 M3∶10，直腹，肩部一侧黏附一个贯耳。肩腹部饰弦纹及水波纹。高18.1、口径11.2、底径15.6厘米。（图3－34∶19）

标本79 龙·东 M11∶48，宽平唇，鼓腹，腹部饰宽弦纹。硬陶。高6.2、口径9.5、腹径9.7、底径7.8厘米。（图3－34∶20；图版八九∶5）

Ⅲ式 11件，内有泥质陶8件，低温釉陶2件，青瓷1件。口沿下内束，腹壁呈斜状外展，底径大于腹径。

标本93 上·驮 M15∶10，肩部划两道弦纹，内饰水波纹。泥质陶。高10.2、口径12、底径12.5厘米。（图3－34∶21）

标本84 上·严 M230∶5，上腹划两道弦纹，内饰水波纹。泥质陶。高11.5、口径10.3、底径11.6厘米。（图3－34∶22；图版八九∶6）

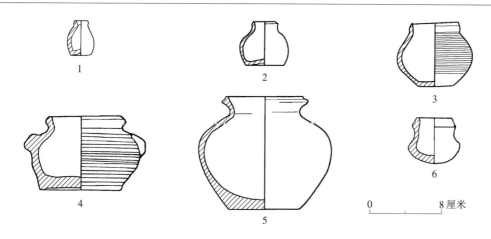

图 3 - 35　陶汲水罐

1. 汲水罐（83 杭·古 M56：24）　　2. 汲水罐（84 上·严 M241：6）　　3. 汲水罐（84 上·严 M188：17）　　4. 汲水罐（04 余·石 M3：27）　　5. 汲水罐（92 上·后 M11：10）　　6. 汲水罐（06 湖·杨 D28M14：24）

汲水罐　共 56 件，其中泥质陶 48 件，高温釉陶 4 件，青瓷 2 件，硬陶和低温釉陶各 1 件。占明器的 8.03%。两汉时期随葬品的基本组合之一。轮制。器物普遍为侈口，束颈，平底。

标本 83 杭·古 M56：24，弧腹。泥质陶。高 3.8、口径 1.8、腹径 2.8、底径 2.4 厘米。（图 3 - 35：1）

标本 84 上·严 M241：6，直口。泥质陶。高 4.8、口径 2.4、腹径 5.6、底径 4.2 厘米。（图 3 - 35：2）

标本 84 上·严 M188：17，通体饰密集的细弦纹。硬陶。高 7、口径 5.6、腹径 8.6、底径 4 厘米。（图 3 - 35：3）

标本 04 余·石 M3：27，直口微侈，扁鼓腹，平底。沿面饰水波纹，上腹部饰弦纹和水波纹各两组。泥质陶。高 8.1、口径 8.1、底径 9.2 厘米。（图 3 - 35：4）

标本 92 上·后 M11：10，圆鼓腹。泥质陶。高 12.1、口径 8.4、腹径 14.4、底径 7.4 厘米。（图 3 - 35：5）

标本 06 湖·杨 D28M14：24，敛口，束颈，扁鼓腹，浅圜底。硬陶。高 5、腹径 6、口径 4.4 厘米。（图 3 - 35：6）

俑　共 12 件，占明器的 1.72%。伴出器物，偶见于西汉早期和东汉中期至晚期。模制。按形态的不同可分为：

立俑　7 件，彩绘陶。头部上方下弧，长眉眯眼，口鼻耳清晰端正。两手大臂直垂，小臂平抬胸前，无手掌。衣着采用雕刻技法，系长袍，交领右衽式。其中 3 件服饰有彩绘，为黄粉涂底，墨绘点花为主，再墨绘卷草图案或白粉绘卷云纹。

标本 06 安·五 M1：01 ~ 07，俑高 48 ~ 51、头部长 9 ~ 9.8、肩宽 11 ~ 12.5 厘米。（图版九〇：1 ~ 3）

男跪拜俑　1 件，泥质陶。

73 海·长 M1：2，头戴山形冠，身着宽袖长袍，腰部束带，屈膝匍匐，两肘着地，双掌前伸，手指微内曲，头略仰，呈跪拜状。高 21、长 42、宽 23 厘米。（图 3 - 36：1；图版九〇：4）

女舞俑　1件，泥质陶。

73海·长M1:18，已残。整体作舞蹈状。残高29.4、宽25.8厘米。（图3-36:3；图版九〇:5）

女抚琴俑　2件，泥质陶。

标本73海·长M1:1，束髻，端坐，着宽袖长裙服，长裙曳地在身后呈圆形，膝上置一长琴，手作抚琴状。高30、宽28.7、裙摆最长处34.3厘米。（图3-36:2；图版九一:1）

男抚瑟俑　1件，泥质陶。

06长·西M1:5，跪坐式，头带官帽，身穿交领长袍，双手前屈，掌心上翻，掌指稍屈，作托物状。面部勾刻出眉、睛、嘴、胡须，唇部尚描一点红彩。高33.5厘米。（图3-36:4；图版九一:2）

乐器模型　共27件，占明器3.87%。伴出器物，其中镈、錞于、磬见于浙南地区西汉中期，具有鲜明的地域特征。其中:

镈　5件，内有泥质陶4件，硬陶1件。手制。平舞、平于，镈身呈合瓦形，上窄下宽，两侧斜直。每面钲部的左右两侧均有十分低矮的乳丁状圆枚，每侧三组，每组三个，横向排列，钲部和各组枚之间均有一条凹弦纹作为界格栏线。钲部、舞部、篆部和鼓部均为素面。

标本06温·塘M1Q:9，器身略宽，兽形纽。硬陶。残高15、舞修13.6、舞广11、鼓间14.8厘米。（图3-36:5；图版九二:1）

标本06温·塘M1Q:10，器身略窄，兽形纽。泥质软陶。通高21.6、舞修13.6、舞广11.3、铣间16.2、鼓间15厘米。（图3-36:6）

标本06温·塘M1Q:11，泥质软陶。通高16.6、纽高4、舞修11.6、舞广9.2、铣间15.4、鼓间13.2厘米。（图3-36:7）

标本06温·塘M1Q:8，个体较小，扁半环纽。泥质陶。通高10.8、纽高3.4、舞修7.6、舞广6.4、铣间8.8、鼓间6.8厘米。（图3-36:8；图版九二:2）

錞于　3件，泥质陶。轮制。浅盘式顶，顶中心附半环形纽，圆肩，筒形深腹，腹中部略束，口端微敞，平于。纽两端左右均贴卷云纹。

标本06温·塘M1Q:2，肩部有凸脊，肩径超过于径，腔体最窄线在中线以下。肩脊以上刻划一组水波纹，以下依次刻划一组水波纹和两组弦纹，隧部在两组弦纹间饰有重线三角形纹。通高38、纽高3.3、盘径18.5、于径21厘米。（图3-36:9；图版九二:3）

标本06温·塘M1Q:3，肩部无凸脊，肩径与于径相等，腔体最窄处在中线，口略宽敞。肩部间隔刻划三组水波纹和弦纹，隧部在两组弦纹间饰重线三角形纹。通高37.6、纽高3.8、盘径18.8、于径23厘米。（图3-36:11；图版九二:4）

磬　18件，泥质陶。器物大小略有不同。鼓与股之间上边为曲尺形，两者的夹角大于90度，分界清楚，其间有一个可用于系挂的小圆孔；下边为弧形，鼓略长于股，宽度则基本相等，端头齐平。均为泥质陶。

图 3-36 陶俑、镈、錞于、瑟、磬、印章

1. 男跪拜俑（73 海·长 M1:2） 2. 女抚琴俑（73 海·长 M1:1） 3. 女舞俑（73 海·长 M1:18） 4. 男抚瑟俑（06 长·西 M1:5） 5. 镈（06 温·塘 M1Q:9） 6. 镈（06 温·塘 M1Q:10） 7. 镈（06 温·塘 M1Q:11） 8. 镈（06 温·塘 M1Q:8） 9. 錞于（06 温·塘 M1Q:2） 10. 瑟（06 长·西 M1:6） 11. 錞于（06 温·塘 M1Q:3） 12. 磬（06 温·塘 M1Q:6） 13. 磬（06 温·塘 M1Q:19） 14. 印章（89 安·上 M10:37）

标本 06 温·塘 M1Q：6，鼓修 13、鼓博 6.4、股修 11、股博 6、徇孔 1、厚 1.4 厘米。（图 3-36：12）

标本 06 温·塘 M1Q：19，鼓修 11、鼓博 3.8、股修 9.4、股博 4.2、徇孔 1.2、厚 1.2 厘米。（图 3-36：13；图版九二：5）

瑟　1 件，泥质陶。手制。

06 长·西 M1：6，首端残缺。长方形，面板微鼓，上刻 5 根弦槽，尾端有 5 个小孔和 4 截凸梭。残长 16.3、宽 4.7 厘米。（图 3-36：10；图版九二：6）

印章　伴出器物，仅 1 枚，占明器的 0.14%。模制。

89 安·上 M10：37，方形，中空。两面分别阴刻"司马息"、"司马中儒"。泥质陶。高 0.6、边长 1.6 厘米。（图 3-36：14）

房屋模型　共 10 件。占明器的 1.43%。伴出器物，手制。按结构的不同分为两型：

A 型　单体干栏式。9 件，内有高温釉陶 7 件，泥质陶和硬陶各 1 件。流行于西汉中期中型墓内。

标本 07 湖·杨 G2M3：50，悬山顶，两面坡呈对称状，其上阴刻瓦楞线。单间，近方形，中间设门，底面有台明，其下四角各有一根圆柱形立柱。高温釉陶。通高 42.5、顶高 14.4、房高 32.4、面阔 31.2、进深 27 厘米。（图 3-37：1；图版九三：1）

标本 05 奉·南 M205：12，硬陶。悬山墙，两面坡顶，屋顶中部有脊。高 15.6、面阔 28.4、进深 19.6 厘米。（图 3-37：4）

标本 07 安·上 D49M1：19，干栏式建筑。横长方形，悬山顶，房脊两端微翘，两面坡，山墙悬椽交接处各有一长方形小孔，门开在面墙中央，门两侧刻划门框、菱格式窗。其中一山墙面刻划房屋梁柱架构，四柱三间，柱头设栌斗，上承三角梁架，另一山墙上端中央设两窗。后墙刻划柱架结构，五柱四间，柱头设斗栱，上承撩檐枋。四柱足。高温釉陶。通高 14.0~14.3、底长 13.5~13.8、宽 12.4~12.8、门宽 2.4、高 3.4、窗宽 1.2~1.3、高 2.3、足高 3.9~4.1 厘米。（图 3-37：3；图版九三：2）

标本 07 安·上 D49M1：18，干栏式建筑。纵长方形，悬山顶，平脊，两面坡，前短后长，前坡为屋檐。面墙设双门。面墙表面及建筑底板正面刻划菱格纹。两山墙上端中央各设一窗。四柱足。高温釉陶。通高 10.9~11.5、底长 9.6、宽 8.8、门宽 2.3、高 3.2、窗宽 1.2、高 1.2、足高 2.9~3.0 厘米。（图 3-37：6；图版九三：3）

标本 79 龙·东 M11：39，两面坡顶，屋面刻瓦垄。单开间，正面中间设门，右侧山墙顶端有一个小圆孔，屋外有一条走廊。屋基下四周各立一根立柱。高温釉陶。釉层已脱落，露胎呈灰色，胎质坚硬。通高 14.8、面阔 12、进深 10.2、立柱高 4.8 厘米。（图 3-37：2；图版九三：4）

B 型　复合庭院式。1 件，泥质陶。见于东汉中期。

84 上·严 M155：4，分楼阁和围墙两部分，楼阁共四层，四阿顶，顶脊用筒瓦覆盖，四脊微显上翘，前后各有一方形门，其中第二层开有两小门。围墙顶面亦盖有筒瓦，外侧阴刻砖砌结构，正面有一大门，侧面为两排小窗。楼阁高 39、围墙高 18 厘米。（图 3-37：5）

图 3－37　陶房屋模型、猪舍

1. A 型房屋模型（07 湖·杨 G2M3：50）　　2. A 型房屋模型（79 龙·东 M11：39）　　3. A 型房屋模型（07 安·上
D49M1：19）　　4. A 型房屋模型（05 奉·南 M205：12）　　5. B 型房屋模型（84 上·严 M155：4）　　6. A 型房屋模型
（07 安·上 D49M1：18）　　7. 猪舍（07 湖·杨 G2M3：48）　　8. 猪舍（79 龙·东 M11：45）

猪舍 2件，高温釉陶，占明器的0.29%。伴出器物，偶见于西汉中期中型墓内。手制。建筑呈前栏后舍一字布局。舍作悬山顶，两面坡，上刻瓦楞。旁设一边门，前墙开有供猪出入的小门。栏的周边设围墙。

07湖·杨G2M3:48，舍顶两面对称。高8、面阔10.8、进深12厘米。（图3-37:7；图版九四:2）

79龙·东M11:45，舍后墙一侧开有两扇条形窗户；栏内有一猪在槽中吃食。高7.5、面阔9.3、进深7.3厘米。（图3-37:8；图版九四:1）

鸡舍 1件，高温釉陶，占明器的0.14%。伴出器物，偶见于西汉中期中型墓内。手制。

07湖·杨G2M2:48，干栏式建筑，斜坡顶，前面有一道较短的屋檐，屋顶上刻有瓦垄。前墙中间开有一扇小门，门内有一鸡伸颈张望，地下四角各有一根圆形短柱支撑。釉层已流失。高8、面阔5.2、进深5.6厘米。（图版九四:3）

动物模型 共30件，其中高温釉陶18件，硬陶12件，占明器的4.30%。伴出器物，流行于西汉中期中型墓内。手制。种类有：

马 7件，内有硬陶4件，高温釉陶3件。

标本07湖·杨G2M2:52，昂首、直立、甩尾，体形雄壮。高温釉陶。高14.5、长15.4厘米。（图3-38:1；图版九五:1）

牛 3件，内有硬陶2件，高温釉陶1件。

标本07湖·杨G2M2:51，形象憨态可掬，体形丰满。高温釉陶。高9.8、长15厘米。（图3-38:2；图版九五:2）

羊 7件，内有高温釉陶5件，硬陶2件。

标本07湖·杨G2M2:50，体态丰满，羊角弯曲，短尾作摇摆状。高温釉陶。高9.2、长12厘米。（图3-38:3；图版九五:3）

猪 2件，高温釉陶。大小各异，均作站立状，卷尾。

标本89安·上M7:13，高6、长12.5厘米。（图3-38:4）

狗 5件，内有高温釉陶3件，硬陶2件。

标本06湖·杨D23M1:8，个体较大。双目圆睁，嘴作龇状，宽胸细腰，四肢粗壮，三脚趾形似狮脚，尾巴上翘。整器头部塑造得较为生动，其余部分略显粗糙。硬陶。高32、长36.8厘米。（图3-38:5；图版九四:4）

标本89安·上M7:10，作卧倒状，高5.8、长10.4厘米。（图版九五:4）

鸡 4件，内有硬陶和高温釉陶各2件。大小各异。

标本89安·上M7:15，作站立觅食状。高11.8厘米。（图3-38:6；图版九五:5）

鸟 2件，高温釉陶。

标本07余·义M29:43，大鸟背部驮一小鸟，鸟昂首、收翼、目视前方。鸟体刻划羽状纹。釉呈青色。通高9.7、长12.9、宽9厘米。（图3-38:7；图版九五:6）

麟趾金 共52组，其中高温釉陶48组（约352个），硬陶4组（约40个），占明器的7.46%。伴出器物，普遍置于西汉中期至王莽时期的中型墓内。模制。圆形。

5. ├0─────16厘米┤　　余 ├0─────8厘米┤

图 3 – 38　陶动物模型

1. 马（07 湖·杨 G2M2：52）　　2. 牛（07 湖·杨 G2M2：51）　　3. 羊（07 湖·杨 G2M2：50）　　4. 猪（89 安·上 M7：13）　　5. 狗（06 湖·杨 D23M1：8）　　6. 鸡（89 安·上 M7：15）　　7. 鸟（07 余·义 M29：43）

标本 08 湖·白 G4M29：14，高弧背，周沿窄而圆弧，平底。背面模印云纹，边沿划两周弦纹，其间填以短条纹。高温釉陶。高 3.1、直径 6.6 厘米。（图 3 – 39：1；图版九六：1）

标本 87 余·果 M11：15 – 4，高弧背，无沿，周壁圆弧，内凹底。背上中心饰一圆圈，四周为纤细的云纹。硬陶。高 2.3、直径 5.8 厘米。（图 3 – 39：2；图版九六：2）

标本 87 余·果 M7：26 – 1，低弧背，周沿宽而平直，平底。背上模印密集的小乳丁。高温釉陶。高 1.2、直径 7 厘米。（图 3 – 39：3；图版九六：3）

标本 87 余·果 M11：15 – 2，高弧背，顶端略尖，无沿，周壁略尖，平底略外弧。背上中间模印菱形纹，四周对称各有一个勾连纹，外缘划两周细弦纹。高温釉陶。高 1.7、直径 5.4

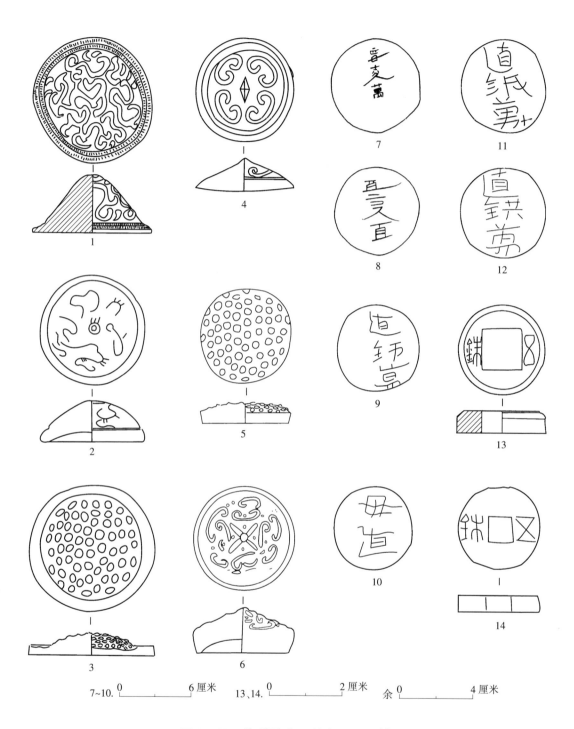

图 3 - 39　陶麟趾金及铭文、泥五铢

1. 麟趾金（08 湖·白 G4M29：14）　2. 麟趾金（87 余·果 M11：15 - 4）　3. 麟趾金（87 余·果 M7：26 - 1）　4. 麟趾金（87 余·果 M11：15 - 2）　5. 麟趾金（87 余·果 M7：26 - 2）　6. 麟趾金（90 余·姜 M1：4）　7. 麟趾金铭文（87 余·果 M11：15 - 1）　8. 麟趾金铭文（87 余·果 M11：15 - 2）　9. 麟趾金铭文（86 杭·老 M67：9 - 1）　10. 麟趾金铭文（86 杭·老 M67：9 - 2）　11. 麟趾金铭文（86 杭·老 M67：9 - 3）　12. 麟趾金铭文（86 杭·老 M67：9 - 4）　13. 泥五铢（07 湖·杨 G2M2：37）　14. 泥五铢（87 余·果 M11：16）

厘米。（图3－39：4；图版九六：4）

标本87余·果M7：26－2，低弧背，无沿，周壁略斜直，平底。背上模印密集的乳丁。高温釉陶。高1.1、直径5厘米。（图3－39：5）

标本90余·姜M1：4，高背，无沿，周壁斜直，内凹底。背上中心模印四瓣花叶，四周饰内外两组勾连纹，每组四个。高温釉陶。高2.5、直径5.7厘米。（图3 39：6）

此外，在少量麟趾金的底面刻划有表示价值的铭文，如"值钱万"、"母值"等。（图3－39：7～12；图版九六：5）

钤片 共2组（约134片），高温釉陶，占明器的0.29%。伴出器物，偶见于西汉早期和中期的中型墓内。

06安·五M1：14，平面略呈方形，边长6～6.8厘米。四边内凹，凸面刻划不规则的直线纹，凹面戳印8～10个1平方厘米的方印，内有"史信"二字。（图版九六：6）

07余·义M29，平面有玉璧形、"X"形、"凹"字形及长方形几种。正面有的刻划动物纹饰或斜线，有的戳印点纹。M29：29－30，长方形，长3.9、宽2.8、厚0.5厘米，正面刻划动物纹。（图版九六：7）

泥五铢 共21件（组），泥质陶，占明器的3.01%。伴出器物，普遍与陶麟趾金共出。模制。均用紫金土烧制而成。周缘呈不甚规整的圆形，造型与铜五铢基本相同。

标本07湖·杨G2M2：37，"五"字的两条交叉线呈弧曲形。郭径2.4、穿径1.1、厚0.6厘米。（图3－39：13；图版九六：8）

标本87余·果M11：16，"五"字的两条交叉线呈直线形。郭径2.3、穿径0.7、厚0.4厘米。（图3－39：14；图版九六：9）

另有仓（泥质陶）、小圆球（硬陶）及陶塑（硬陶）各1件，共各占明器的0.43%。泥质陶残器4件，占明器的0.57%。

第二节 铜 器

铜器的数量和种类在汉墓随葬器物中位居第二，共计823件，占随葬品总数的10.45%（附表8）。其中钱币是两汉时期随葬品的基本组合之一，其余各类铜器均为伴出器物。

由于气候和土壤的潮湿、墓内葬具的坍塌等原因，出土的铜器普遍残破不堪或变形，完整者实属凤毛麟角。所见铜器均采用分段浇铸、分段合范而成，胎壁普遍较薄。在装饰方面，以铜镜最为丰富，其他器类则多为素面，少数肩腹部装饰有简单的铺首、弦纹等。另有个别表面镏金。

一 礼器

共31件，占铜器总数的占3.77%。器物普遍出自中型墓内。其中：

豆 共2件，占礼器的6.45%。见于西汉晚期。

07湖·杨G2M3：31，子口，窄平肩，腹壁呈圆弧状内收，内底下凹，喇叭形矮把。把上端有一道突脊，把内中心有一个凸出的短圆柱。足面饰有鸟形纹饰，其上划以密集的篦纹。高12、口径10.6、底径8.4厘米。（图3－40：1；图版九七：1）

89安·上M7：12，敛口，腹微弧，粗矮把，把端外展。高7.2、口径7.2、底径5.8厘米。（图3－40：2；图版九七：2）

钫　共2件，占礼器的6.45%。见于西汉中期。浅盘口，粗短颈，弧腹上部安衔环铺首，腹最大径位于中部，高圈足略外斜。

标本79龙·东M22：17，高34.8、口边长10.5、腹径21.7、底边长13.5厘米。（图3－40：3；图版九七：4）

鼎　共8件，占礼器的25.80%。口沿附耳，底部立三足，按耳的不同分为二型：

A型　立耳型。6件，见于西汉中期至东汉早期，盖作弧面顶，上附三纽。鼎为子口微敛，两侧安长方形立耳，斜弧肩，鼓腹，腹最大径位于中部，圜底，下腹部安有三个较高的蹄形足。

标本79龙·东M22：19，通高21.4、鼎高15.8、口径16、腹径20厘米。（图3－40：4；图版九七：5）

B型　提耳型。2件。见于西汉中期至晚期，

89安·上M4：17，直口，口上安提耳，腹呈半圆形，上壁较直，圜底下附三个扁柱形足。高14.6、口径17.3厘米。（图3－40：5）

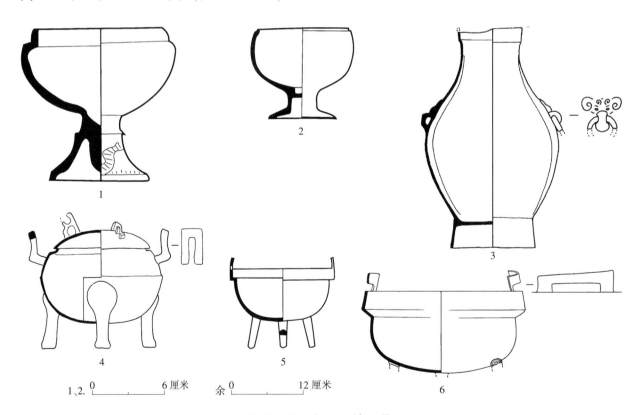

图3－40　铜豆、钫、鼎

1. 豆（07湖·杨G2M3：31）　2. 豆（89安·上M7：12）　3. 钫（79龙·东M22：17）　4. A型鼎（79龙·东M22：19）

5. B型鼎（89安·上M4：17）　6. B型鼎（07安·上D49M6：49）

07 安·上 D49M6：49，足残。盘口，口微敛，长方形立耳，弧腹，圜底，底附三足。高15.8、口径25.7厘米。（图3－40：6；图版九七：3）

壶　共8件，占礼器的25.80%。见于西汉中期至东汉早期。盘口，粗短颈，斜弧肩，鼓腹略扁，腹最大径位于中部，高圈足外斜。

标本06湖·杨 D23M4：11，肩部安衔环小纽。出土时底部存有少量稻谷。高18、口径9.2、腹径16、足径10.4厘米。（图3－41：1）

标本10长·七 M4：4，盘口，长颈内束，扁鼓腹，圈足外展。肩部附衔环铺首。高36.8、口径15.6、腹径30、底径22.4厘米。（图3－41：2）

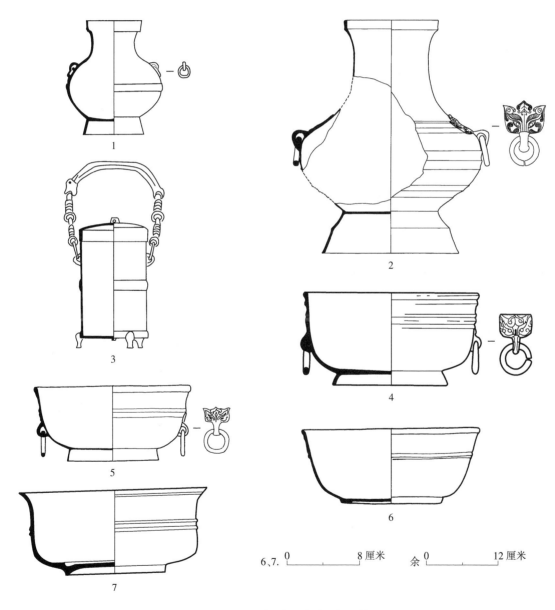

图3－41　铜壶、提梁卣、簋

1. 壶（06湖·杨 D23M4：11）　2. 壶（10长·七 M4：4）　3. 提梁卣（06湖·杨 D27M3：10）　4. A型Ⅰ式簋（92上·牛 M24：5）　5. A型Ⅱ式簋（87龙·东 M5：1）　6. B型Ⅰ式簋（87龙·东 M9：20）　7. B型Ⅱ式簋（06湖·杨 D23M1：34）

标本 10 长·七 M3：1，盘口较浅，腹部对贴衔环。高 22.8、口径 9.6、腹径 17.8、底径 12 厘米。（图版九八：1）

提梁卣　仅 1 件，占礼器的 3.24% 。见于王莽至东汉初期。

06 湖·杨 D27M3：10，盖作弧面顶，蟹形扁纽。卣作直筒形，直口，深腹，中部有一圈微突的宽弦纹，上腹中间装有两个小纽。提梁由环和短链所组成，环呈扁平状，上刻龙纹，首尾衔短链。短链作纽襻形，左右各两段，上下套接并可活动，其中下段用一个较大的铜圈与卣纽相连。平底，底部安有三个兽蹄形足。通高 30.4、卣高 19.6、口径 11.6、底径 11.6 厘米。（图 3 -41：3；图版九八：2）

簋　共 10 件（内有 1 件未能分型），占礼器的 32.26% 。偶见于西汉晚期至东汉早期，按耳的有无和圈足的高低分为二型：

A 型　双耳、高圈足型，5 件（内有 1 件未能分式）。按口沿的不同分为二式：

Ⅰ式　1 件。直口，腹上部垂直，中部安一对衔环铺首，至近底部弧折内收，高圈足外斜。

92 上·牛 M24：5，腹部饰两道凸弦纹。高 14.8、口径 28、足径 18.5 厘米。（图 3 -41：4）

Ⅱ式　3 件。撇口，斜腹至近底部弧折内收，中部安一对衔环铺首小纽。高圈足外斜。

标本 87 龙·东 M5：1，高 12、口径 25.2、底径 15.2 厘米。（图 3 -41：5；图版九八：3）

B 型　无耳、矮圈足型，4 件。按口沿的不同分为二式：

Ⅰ式　3 件。侈口，斜腹缓收，至近底处弧折内收，矮圈足。

标本 87 龙·东 M9：20，腹部饰两道凸弦纹。高 7.6、口径 19.6、足径 11 厘米。（图 3 -41：6）

Ⅱ式　1 件。撇口，腹壁上部垂直，至近底部弧折内收，内底周缘下凹，矮圈足。

06 湖·杨 D23M1：34，腹部饰两道凸弦纹。高 8.8、口径 21、腹径 18.4、足径 11 厘米。（图3 -41：7；图版九八：4）

二　日用器

共 151 件，占铜器总数的 18.35% 。其中：

釜　共 24 件（内有 5 件类型不明）。见于西汉中期至东汉早期。按腰沿和耳的有无分为四型：

A 型　环耳型。3 件。侈口，束颈，斜肩上安一对环耳，鼓腹。

标本 89 安·上M4：19，高 16.5、口径 15、腹径 17.4 厘米。（图 3 -42：1；图版九九：1）

标本 07 湖·杨 G2M2：33，敞口，颈内收，斜肩上安双耳，鼓腹，最大径位于中部，平底。高 17.6、口径 12.6、腹径 16、底径 8 厘米。（图 3 -42：2）

B 型　腰沿型。7 件。直口，圆弧肩，鼓腹，腰部有一道宽沿。

标本 84 上·严 M121：10，最大径位于上部。高 11.6、口径 10.6、腹径 18、底径 6.4 厘米。（图 3 -42：3）

标本 07 余·义 M59：9，高 9.2、口径 5.6、腹径 14.1、底径 5.1 厘米。（图 3 -42：4；图版九九：2）

标本 86 杭·老 M129：38，宽斜肩，扁鼓腹，浅圈底。高 8.7、口径 6.8、腹径 16.5 厘米。

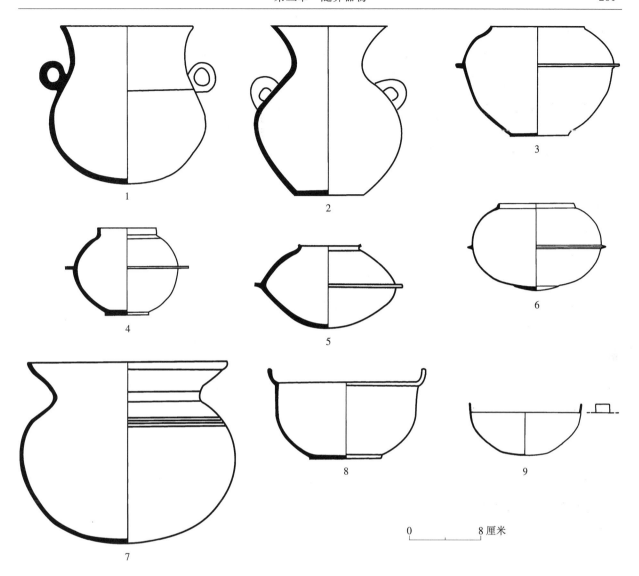

0　　　　　　8厘米

图 3 - 42　铜釜

1. A 型（89 安·上 M4：19）　　2. A 型（07 湖·杨 G2M2：33）　　3. B 型（84 上·严 M121：10）　　4. B 型（07 余·义 M59：9）　　5. B 型（86 杭·老 M129：38）　　6. B 型（10 长·七 M4：22）　　7. C 型（92 上·周 M27：7）　　8. D 型（83 鄞·高 M37：10）　　9. D 型（10 长·七 M4：13）

（图3 - 42：5）

标本 10 长·七 M4：22，残，侈口，腹壁上部较直，下部折收，高圈足。高 9.2、口径 8.2、腹径 15.2 厘米。（图 3 - 42：6；图版九九：3）

C 型　无沿型。6 件。敞口，圆弧肩，圆鼓腹，圜底。

标本 92 上·周 M27：7，肩部饰两道弦纹。高 19.2、口径 22、腹径 24 厘米。（图 3 - 42：7）

标本 09 绍·小 M11：7，敛口，平沿，溜肩，折腹斜收，平底。高 12.4、口径 9.9、底径 6.8 厘米。（图版九九：4）

D 型　立耳型。3 件。直口，口沿处附环形立耳，腹上部较直，下部弧折内收，圈足。

标本 83 鄞·高 M37：10，高 10.1、口径 17.6、底径 7.9 厘米。（图 3 - 42：8）

标本 11 湖·杨 D73M10：4，直口，口沿处安一对环形提耳，腹上部稍内斜，中部折而斜

直收，平底略外凸。通高8.2、口径13.6、底径5.6厘米。（图版九九：5）

标本10长·七M4：13，侈口，口沿上附立耳，圜底。通高5.6、釜高4.5、口径12.2厘米。（图3－42：9；图版九九：6）

甑 共12件。见于西汉晚期至东汉早期，器物形态各异。

标本83鄞·高M37：9，侈口，腹斜收，矮圈足，内底有五个呈梅花形分布的箅眼。高12、口径22.6、底径11.8厘米。（图3－43：1）

标本92上·牛M36：11，敞口，腹上部安衔环铺首，腹壁上部较直，近底端弧折内收，高圈足，内底布满菱形箅眼。高13.8、口径26.4、底径13.5厘米。（图3－43：2）

标本84上·严M121：11，敞口，弧腹，矮圈足，底面有四组窄条形箅眼。高8.8、口径19.6、底径9厘米。（图3－43：3）

标本10长·七M4：12，敞口，斜弧腹，矮圈足，底面有四组宽条形箅眼。高8.2、口径16.6、底径7.6厘米。（图3－43：4；图版九八：5）

甗 共2件。见于西汉晚期至东汉初期。

标本09绍·小M11：7，由釜与甑组成。釜为敛口，窄平沿，折腹斜收，平底；高12.4、口径9.9、底径6.8厘米。甑作折沿，弧腹斜收，平底，底部有5个箅孔；高9、口径17、底径8.2厘米。（图3－43：5）

镰斗 共8件（内有5件未能分型）。见于西汉晚期至东汉早期，按形态的不同分为二型：

A型 壶型。1件。

86杭·老M129：25，平顶盖，提纽衔环。侈口，一侧安有一个与盖相对应的活动錾。粗颈，内弧肩，折腹微弧，上端有一道凸弦纹，肩腹交界处安六边形长柄，中空，平底下附三高足，截面呈三角形，足端外撇。通高25.4、口径10.4、腹径16.4、底径13.2、柄长9.8厘米。（图3－44：1）

B型 盆型。2件，敞口，直腹，一侧安有八边形长柄，中空，浅圜底，底部附三个较高的蹄形足。

82嵊·剡M68：1，高17.7、口径28.2、腹径22.8、柄长12.8厘米。（图3－44：2）

06湖·杨D23M1：32，高13.2、口径17.2厘米。（图版一〇〇：1）

镰盉 共3件。偶见于西汉。

07安·上D49M6：23，直口，方唇，球腹，圜底，三小蹄足，腹上部有方錾曲柄和曲管状流。高11.9、口径8.0、腹径16.0厘米。（图3－44：3；图版一〇〇：2）

06安·五M1：41，弧肩，扁圆腹，平底下列三蹄足。兽头流，长方把内空。通高11、口径9.5、柄长16厘米。（图版一〇〇：3）

06湖·杨D27M3：8，盖作弧面顶，錾状捉纽，纽外饰柿蒂纹，盖沿与盉口设枢轴相扣合。盉为子口，圆弧肩，一侧安有与盉腹相通的鸟首形流，流口呈鸟喙状，上端亦安有枢轴，受水冲注时可自动开启，停注时则自然关闭。球腹，中间有一周宽弦纹，在流与錾之间安有一个龙形柄，中空。圜底，底部安三个蹄形足。通高16.4、口径8.8、腹径16厘米。（图3－44：4）

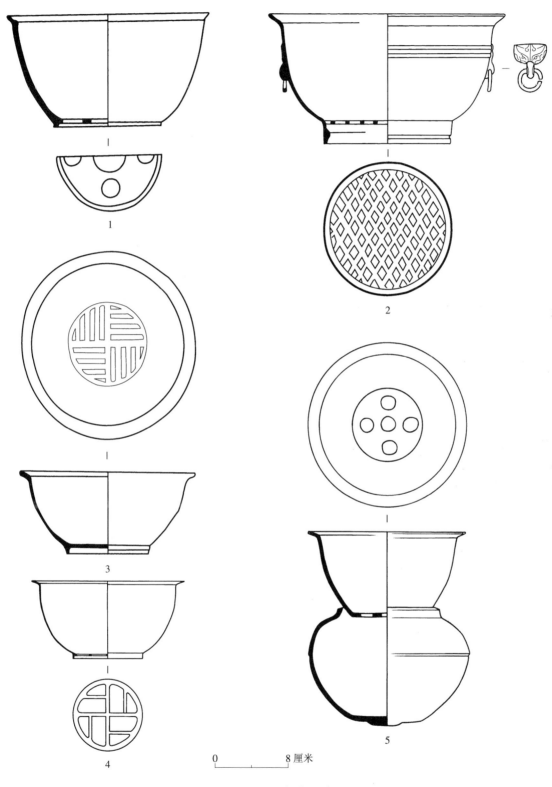

图 3 - 43　铜甌、甂

1. 甌（83 鄞·高 M37∶9）　2. 甌（92 上·牛 M36∶11）　3. 甌（84 上·严 M121∶11）　4. 甌（10

长·七 M4∶12）　5. 甂（09 绍·小 M11∶7）

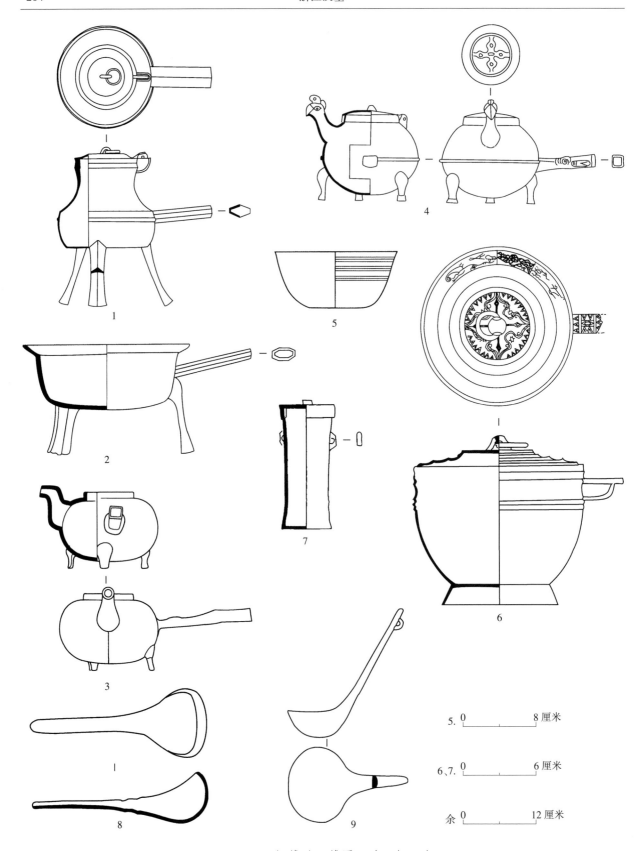

图 3-44　铜镰斗、镰盉、碗、杯、勺

1. A 型镰斗（86 杭·老 M129：25）　　2. B 型镰斗（82 嵊·剡 M68：1）　　3. 镰盉（07 安·上 D49M6：23）　　4. 镰盉（06 湖·杨 D27M3：8）　　5. 碗（86 杭·老 M66：7）　　6. A 型杯（86 杭·老 M129：43）　　7. B 型杯（07 湖·杨 G2M2：28）　　8. 勺（86 杭·老 M129：39）　　9. 勺（89 安·上 M4：3）

碗　共4件。见于王莽至东汉早期。侈口，深腹，腹壁作斜状缓收，平底。

标本86杭·老M66：7，腹部饰三组弦纹。高6、口径13.6、底径6.4厘米。（图3-44：5）

杯　共3件。偶见于西汉晚期至东汉早期，按杯身的不同分为二型：

A型　斜腹型。2件。

86杭·老M129：43，盖面微弧并密布上凸的同心圆，衔环提纽。纽四周饰柿蒂纹，边缘饰菱格纹和神兽纹。杯口微侈，腹壁上部较直，一侧安把，下部弧收，高圈足外斜。上腹部饰两道凸弦纹；把面饰三角形纹饰。通高13.3、杯高10.7、口径13.9、足径9.4厘米。（图3-44：6）

11湖·杨D73M10：2，侈口，腹壁上部稍斜，至近底处弧折内收，高圈足外展。上腹壁安一个扳指形把。高7.6、口径13.6、底径8厘米。（图版一〇〇：4）

B型　直腹型。1件。

07湖·杨G2M2：28，盖作母口，平顶，扁平形捉纽。杯作直筒形，中部略内弧，腹上部安小纽，平底。通高10.2、盖高1.4、口径4.6、杯高9.6、底径4厘米。（图3-44：7；图版一〇〇：5）

勺　共3件。偶见于西汉晚期和东汉晚期。瓢形。

标本86杭·老M129：39，直柄，长29.1厘米。（图3-44：8）

标本89安·上M4：3，斜柄，柄端有一系。长19.5、勺径9厘米。（图3-44：9）

盘　共4件，占日用器的5.79%。见于西汉晚期至东汉早期。撇口，浅腹，腹壁斜收，矮圈足。

标本92上·牛M36：1，高4.2、口径21.2、足径10厘米。（图3-45：1）

洗　共40件（内有20件未能分型）。流行于西汉中期至东汉早期。敞口，腹壁上部稍直，下部弧而内收。按底的不同分为二型：

A型　圈足型。18件。

标本82嵊·剡M68：4，腹部安衔环铺首。高12.2、口径28.4、足径14.4厘米。（图3-45：2）

标本86杭·老M148：5，腹部安衔环小纽。高8.8、口径24、足径10.8厘米。（图3-45：3）

标本83萧·城M21：8，腹部饰三道弦纹，并安铺首纽。高9.9、口径23.2、足径12.3厘米。（图3-45：4）

标本10长·七M4：21，敞口，折沿，弧腹，平底，矮圈足。高4、口径15、底径7.4厘米。（图3-45：5；图版一〇〇：6）

B型　三足型。2件。腹部饰弦纹。

06湖·杨D23M1：31，浅圜底中心凸出，其外附三个矮柱足。腹部安一对小纽。高10.4、口径24厘米。（图3-45：6）

92上·牛M23：10，下附三个乳丁足，腹部安铺首小纽。高11.6、口径24.4、底径13厘米。（图3-45：7；图版一〇〇：7）

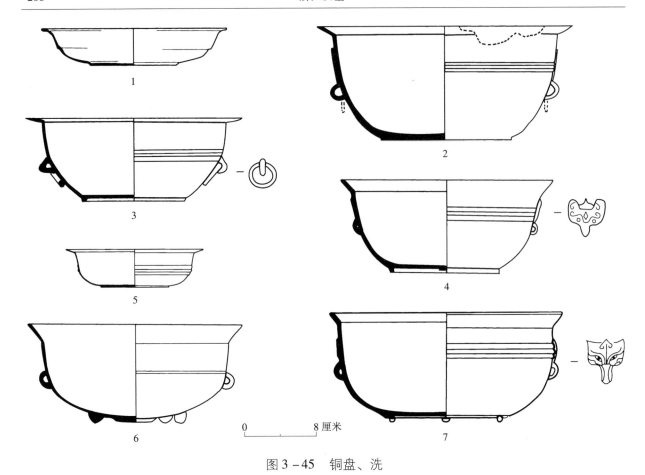

图 3 - 45　铜盘、洗

1. 盘（92 上·牛 M36：1）　2. A 型洗（82 嵊·剡 M68：4）　3. A 型洗（86 杭·老 M148：5）　4. A 型洗（83 萧·城 M21：8）　5. A 型洗（10 长·七 M4：21）　6. B 型洗（06 湖·杨 D23M1：31）　7. B 型洗（92 上·牛 M23：10）

带钩　共 36 件（内有 12 件未能分型）。流行于两汉时期。按带扣的位置和大小分为三型：

A 型　鹅首型。6 件。带扣位于尾端，个体大小不一。钩头作鹅首形，尾部微弧，背面有一个扁圆形扣。

82 嵊·剡 M40：5，个体较小。高 1.6、长 2.35 厘米。（图 3 - 46：1）

82 嵊·剡 M51：10，高 7.2、长 11 厘米。（图 3 - 46：2；图版一〇一：1）

82 嵊·剡 M71：11，高 6、长 9.2 厘米。（图 3 - 46：3；图版一〇一：2）

07 湖·杨 D36M3：21，钩首已残。尾面饰三组横向"S"形涡纹。高 1.1、残长 4、宽 1.15 厘米。（图 3 - 46：4；图版一〇一：3）

92 上·牛 M7：5，腹至尾部立一猛兽，高 2、长 4.1 厘米。（图 3 - 46：5）

87 湖·杨 D14M6：17，高 0.8、长 2、宽 0.6 厘米。（图 3 - 46：6；图版一〇一：4）

B 型　琵琶型。16 件。带扣位于近中部，较小。

标本 93 上·驮 M15：11，钩头作螭首形，钩身正面两侧饰云气纹和菱形纹，内刻"永初六年五月……丙午"铭文。高 2.3、长 8.4、宽 2 厘米。（图 3 - 46：7）

标本 87 龙·东 M13：3，螭首形钩首，钩端有纹饰。高 2.6、残长 11.2、宽 1.2 厘米。（图

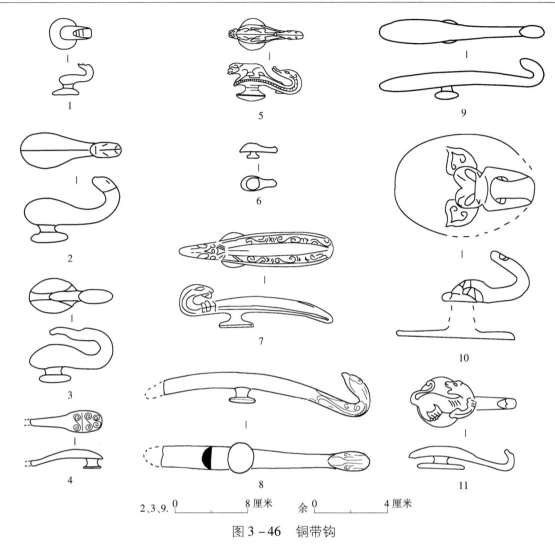

图 3 - 46　铜带钩

1. A 型（82 嵊·剡 M40：5）　2. A 型（82 嵊·剡 M51：10）　3. A 型（82 嵊·剡 M71：11）　4. A 型（07 湖·杨 D36M3：21）　5. A 型（92 上·牛 M7：5）　6. A 型（87 湖·杨 D14M6：17）　7. B 型（93 上·驮 M15：11）　8. B 型（87 龙·东 M13：3）　9. B 型（82 嵊·剡 M59：12）　10. C 型（83 杭·古 M57：29）　11. C 型（82 嵊·剡 M15：12）

3 - 46：8）

标本 08 湖·杨 D46M5：20，鹅首形。扣部饰兽头纹，纹饰精细，表面镏金。高 4.8、长 19.6 厘米。（图版一〇一：5）

标本 82 嵊·剡 M59：12，素面。高 2.8、长 18.2、宽 2.6 厘米。（图 3 - 46：9；图版一〇一：6）

标本 09 湖·杨 D52M4：23，钩首形似马头。长 9、下宽 1.3 厘米。（图版一〇一：7）

C 型　勾型。2 件。带扣位于尾端，较大。

83 杭·古 M57：29，个体较大。椭圆形扣较大。钩尾饰兽面纹。高 4.8、长 7.8 厘米。（图 3 - 46：10）

82 嵊·剡 M15：12，个体较小。龙首形钩首，尾部饰一只回首长啸的猛虎。高 1.2、长 5.9 厘米。（图 3 - 46：11）

指环　共 3 件。偶见于西汉晚期至东汉晚期。

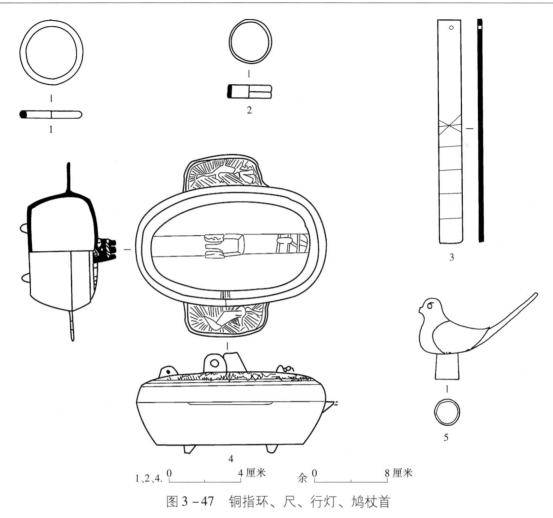

图 3－47　铜指环、尺、行灯、鸠杖首

　　1. 指环（92 上·羊 M3：12）　2. 指环（82 嵊·剡 M17：17）　3. 尺（92 上·后 M13：3）　4. 行
灯（86 杭·老 M129：11）　5. 鸠杖首（08 湖·白 G4M27：1）

　　标本 92 上·羊 M3：12，圆条形环，有两次焊接痕迹。直径 3.4、粗 0.4 厘米。（图 3－47：1）

　　标本 82 嵊·剡 M17：17，外壁中间饰凹纹一周。直径 2.4 厘米。（图 3－47：2）

　　尺　共 2 件。偶见于东汉早期。制作较粗糙，尺寸刻度不甚精确，五寸处交午线，一端
有小孔供穿绳系挂。

　　标本 92 上·后 M13：3，长 23.6、宽 2.6、厚 0.35 厘米。（图 3－47：3）

　　行灯　1 件。见于东汉早期。

　　86 杭·老 M129：11，椭圆形。盖作平顶，中间设有枢轴，用于半边盖的开合。灯身形
似耳杯，侈口，口两侧安半月形执手，斜弧腹，平底，底部有四个乳丁状小足。盖面和执
手上均饰神兽纹。通高 5.3、灯高 3.7、口长 10.4、口宽 6.3、底长 8、底宽 4.6 厘米。（图
3－47：4）

　　鸠杖首　1 件。见于东汉早期。

　　08 湖·白 G4M27：1，由鸠鸟和圆形套管构成，鸟无羽纹，喙断残，合翼，宽尾上翘，出
土时鸟身有织物包裹的遗痕。通高 8.6、孔径 2.4 厘米。（图 3－47：5；图版一〇二：1）

　　此外，另有盘 4 件，奁、钵、耳杯、匜、博山炉各 1 件，报道不详。

三　乐器

共 3 件，占铜器总数的占 0.36%。其中：

鼓　仅 1 件，占乐器的 33.33%。见于西汉中期。个体微小。

89 安·上 M10∶32，鼓面平整而中心安纽，胴部呈弧形外突，束腰下部外展，胴腰间两侧各有一对索形耳，圈足略外斜。鼓面饰十二芒光体，芒间呈等腰三角形并饰以各自平行的条纹，光体外、腰和足的交界处各饰两组弦纹，其间填以栉齿纹，腰部饰七组叶脉纹。高 5、鼓面径 7.1、底径 8.7 厘米。（图 3–48A；图版一〇二∶2）

铎　共 2 件，占乐器的 66.67%。见于西汉中期。扁方銎，中空，下悬铁质铃舌。平肩，弧铣。

08 湖·杨 D41M5∶20，铎边较斜，铃正背面中间分别有"日入"、"千金"铭文。铭文两侧饰几何纹。高 7.4、铣宽 7.5、肩宽 5.4 厘米。（图 3–48B∶1；图版一〇二∶3）

06 湖·杨 D28M15∶15，铎边较直。高 7、铣宽 6.6、肩宽 5.8 厘米。（图 3–48B∶2；图版一〇二∶4）

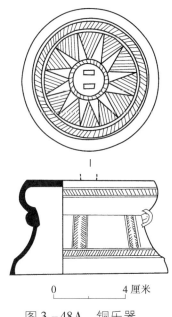

图 3–48A　铜乐器

鼓（89 安·上 M10∶32）

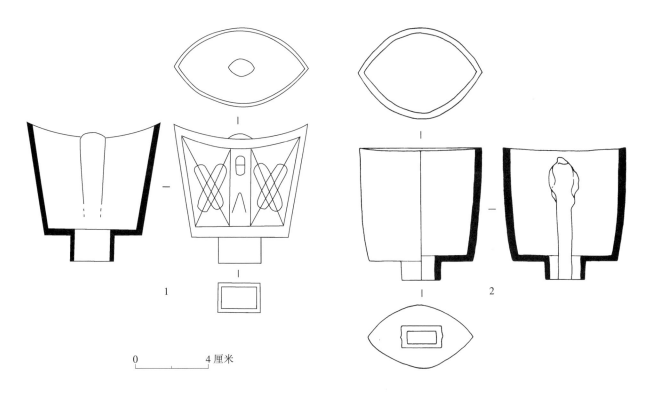

图 3–48B　铜乐器

1. 铎（08 湖·杨 D41M5∶20）　　2. 铎（06 湖·杨 D28M15∶15）

四 兵器

共 32 件，占铜器总数的 3.89%。其中：

矛 共 12 件（内有 5 件未能分型），占兵器的 38.71%。见于西汉中期至东汉晚期，根据翼的有无分为两型：

A 型 无翼型。5 件。尖锋，弧刃，中脊隆起，有的柄底端镶镦。

06 湖·杨 D22M2：19，矛身宽阔。从面内弧。骹呈椭圆形，上部内收，一侧安环纽。扁圆形銎，底端微内弧，内有腐朽的木秘痕。通长 13.5、骹长 5.7、矛宽 2.9、銎径 2.2 厘米。（图 3-49：1；图版一〇二：5）

82 嵊·刹 M72：1，从面近平。圆柱形骹身较长，一侧有一个小圆孔，用作穿钉固定。方銎，底端齐平。通长 14.1、矛宽 2.6、銎边长 1.8 厘米。（图 3-49：2；图版一〇二：6）

82 嵊·刹 M59：6，从面斜直。骹呈圆柱形，基部一侧安半环纽。圆銎，底端作弧形深凹，通长 18.1、骹长 7.6、矛宽 2.3、銎径 1.8 厘米。（图 3-49：3）

79 龙·东 M11：7，从面微弧。圆柱形骹，圆銎，底端齐平，内留木秘，秘外缠麻皮，下端有镦。残长 13.8、残宽 1.7、銎径 1.8 厘米。镦作直筒形，长 11 厘米，中间有一周突脊。根据野外矛、镦出土位置测定矛长约 2 米。（图 3-49：4）

87 湖·杨 D13M1：21，中脊粗凸并直至骹的底端，两侧饰有三组印纹。骹微内弧，圆銎。通长 20.2、矛宽 4.2、銎径 2.4 厘米。（图 3-49：5）

B 型 带翼型。2 件，矛身呈箭镞形，尖锋，中脊微突。

06 湖·杨 D23M4：13，从面圆弧。两侧带翼，翼面扁平，后端呈三角形，弧刃。骹截面呈菱形，近底端有一个用于穿钉固定的小圆孔。銎呈弧边菱形。底端略内凹。通长 13.8、翼宽 3.8 厘米。（图 3-49：6；图版一〇二：7）

87 余·果 M3：2，中脊不明显，从面斜直。骹截面呈圆形。銎呈扁圆形，两侧有棱状外凸，銎内残留有木秘痕。残长 9.5、翼宽 2.5 厘米。（图 3-49：7）

戟 共 3 件，占兵器的 9.68%。见于东汉早期至中期。刺长扁平，双面刃，刺、援、胡连成一体，长胡上有两个圆形穿。

标本 75 嘉·九 M1：6，长 22.6 厘米。（图 3-49：8）

戈 共 3 件，占兵器的 9.68%。偶见于西汉早期和东汉早期。

标本 92 余·老 D1M10：10，长援微弧，末端较宽，两刃前聚成锋，锋略低垂，平脊，长胡，栏侧四穿。内略呈尖锋状，三面有刃，无穿。通长 29.8、援长 26、内长 10.8 厘米。（图 3-49：9）

标本 06 安·五 M1：10，援长而窄，锋弧尖，栏侧三穿。内略齐平，一穿。木秘髹黑漆，外缠丝绳。

刀 共 5 件，占兵器的 22.58%。见于东汉早期至中期。

标本 06 湖·杨 D23M1：16，单面刃，环首，刀格和环首表面均镏金。出土时在刀柄和环首间有一块长约 5 厘米的木质腐朽物，推测原刀柄和环首间用木块夹住。残长 74、刀格处宽

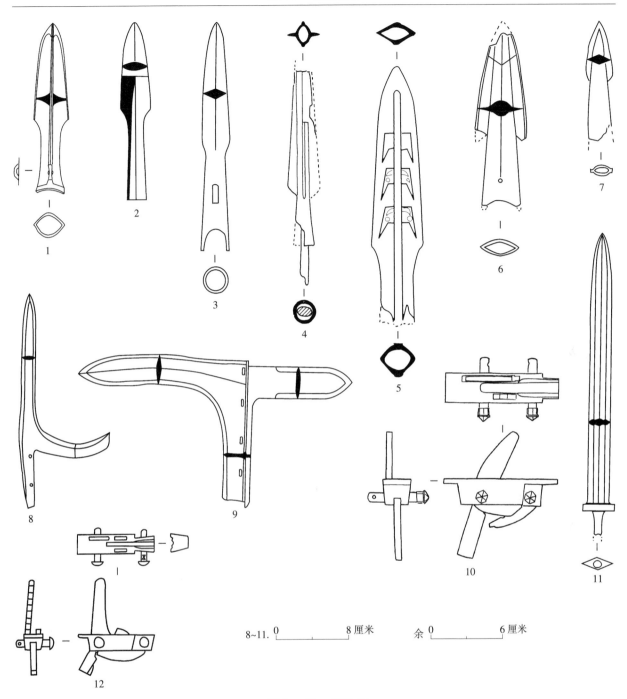

图 3-49　铜兵器

1. A 型矛（06 湖·杨 D22M2：19）　　2. A 型矛（82 嵊·剡 M72：1）　　3. A 型矛（82 嵊·剡 M59：6）　　4. A 型矛
（79 龙·东 M11：7）　　5. A 型矛（87 湖·杨 D13M1：21）　　6. B 型矛（06 湖·杨 D23M4：13）　　7. B 型矛（87
余·果 M3：2）　　8. 戟（75 嘉·九 M1：6）　　9. 戈（92 余·老 D1M10：10）　　10. 弩机（87 龙·东 M5：2）　　11. 剑
（92 余·老 D1M10：11）　　12. 弩机（99 云·白 M1：2）

2.4、近顶端宽 20、背厚 0.4 厘米。（图版一○三：1）

剑　共 2 件，占兵器类的 6.45%。见于西汉早期。

92 余·老 D1M10：11，两侧从面各有一条血槽。残长 32 厘米。（图 3-49：11）

06 安·五 M1：39，皮质剑鞘，外缠丝绳。斜宽从，中脊凸起，薄格，圆茎，并外缠丝绳。

通长47.5厘米。（图版一○三：2）

弩机　共4件，占兵器的12.90%。见于王莽至东汉中期。

标本87龙·东M5：2，由郭、牙、望山、悬刀、插销等部分组成。郭面呈"凸"字形，中间设一道箭槽。郭身有两键穿通，固定牙和悬刀的位置，键一端有六边形帽，另一端横穿小孔。通高13.6、宽3.4厘米。（图3-49：10；图版一○三，4）

标本99云·白M1：2，通高7.6、长6.4厘米。（图3-49：12；图版一○三：5）

另有铜镞1件，镦2件。

五　工具

共25件，占铜器总数的3.04%。其中：

镢　仅1件，占工具的4.35%。见于王莽至东汉初期。

97海·龙M1：16，长方形。长5.8、刃宽3.5厘米。（图3-50：1）

镰　仅1件，占工具的4.35%。见于西汉晚期。

87湖·杨D4M12：3，弧背，斜刃呈锯齿状。长12、宽5厘米。（图3-50：2）

刷　共2件，占工具的8.69%。见于西汉晚期至东汉初期。形似烟斗。

标本82嵊·剡M57：18，长柄，柄首作兽头形，柄端为圆筒形刷斗。长10.6厘米。（图3-50：3；图版一○三：3）

削　共9件，占工具的39.13%。见于西汉晚期至东汉早期，器形多样。

标本83杭·古M57：30，环首，长柄，单面刃。长26.6厘米。（图3-50：4）

另有铜环、泡钉各5件，钩、帽各1件，占工具的43.48%。

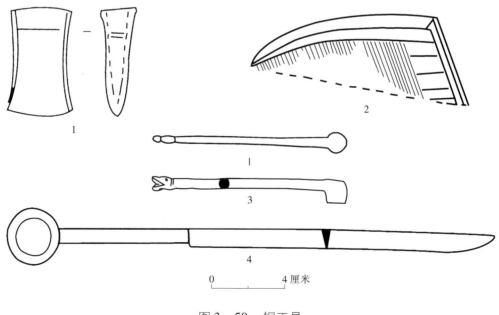

图3-50　铜工具

1. 镢（97海·龙M1：16）　2. 镰（87湖·杨D4M12：3）　3. 刷（82嵊·剡M57：18）
4. 削（83杭·古M57：30）

六　铜镜

共 230 件（内有 35 件类型不明），占铜器总数的 27.95%。流行于两汉时期。依据镜背纹饰的各异分为：

蟠螭纹镜　5 件。流行于西汉时期。弦纽，镜面较为平整，外区饰蟠螭纹。早晚变化表现为，纹饰：单线→双线。据此分为二式：

Ⅰ式　1 件。单线缠绕式蟠螭纹。

06 安·五 M1：40，圆纽座，座外两周细斜短线纹，其间有两周云雷纹和一周凹面环形带。外饰蔓枝相连的三螭三禽和涡纹，螭头伸出一角呈重菱纹。素卷边镜缘。直径 21 厘米。（图 3 - 51 A：1；图版一〇四：1）

Ⅱ式　4 件。双线间隔式蟠螭纹。

标本 87 龙·东 M3：14，蟠螭纹纽座。座外环绕"愁思悲愿见忠君不悦相思愿毋绝"铭文带一周，蟠螭纹间以四叶相隔。素窄缘。高 0.5、直径 10.2 厘米。（图 3 - 51 A：2）

草叶纹镜　1 件。见于西汉中期。

89 安·上 M9：1，镜面略平，圆纽高背，四叶纹纽座。纽座外围绕大方格"见日之光"铭文带。大方格四角各向外伸出一组双瓣叶，将方格与边缘之间的区域分为四区。各区分别以一个乳丁为中心，左右各配一对连叠草叶纹，四区共有四乳八组草叶纹。高 0.5、直径 10.8 厘米。（图 3 - 51 A：3；图版一〇四：2）

日光镜　28 件。流行于西汉中期至东汉早期。早晚变化表现为，铭文带：双重圈→单圈。据此分为二式：

Ⅰ式　2 件。重圈铭文，圆纽。

标本 07 湖·杨 G2M2：56，十连珠纽座，重圈内外各有一周铭文，其中内圈为"见日之光，长毋相忘"，各字中间以涡纹相隔；外圈为"内清质以昭明，光辉象夫日月，心忽而愿忠，然雍塞而不泄"。铭文外饰一周栉齿纹，素平缘。高 1、直径 13.1 厘米。（图版一〇五：1）

Ⅱ式　26 件。单圈铭文，圆纽高背，圆纽座。

标本 87 龙·东 M11：1，座外饰内向八连弧纹和栉齿纹，其中连弧纹与纽座间有四根单弧线相连。铭文为"见日之光，天下大明"，各字间以"の"形符号相隔。窄缘。高 0.6、直径 6.9 厘米。（图 3 - 51A：4）

标本 88 龙·东 M29：14，座外一周凸弦纹和内向连弧纹。外区一周铭文带，铭文为："见日之光，天下大明"，篆体。素窄缘。高 0.8、直径 8.7 厘米。（图版一〇五：2）

标本 88 龙·东 M28：1，纽座外有一圈凸弦纹。内区饰涡纹，外区环绕铭文带和栉齿纹，铭文为："见日之光，天下大明"，字间以"の"符号相隔。素平宽缘。高 0.7、直径 8.1 厘米。（图 3 - 51A：5；图版一〇六：1）

昭明镜　25 件。流行于西汉中期至东汉早期。圆纽高背，圆纽座。座外环绕一周铭文带。素缘，宽窄各异。

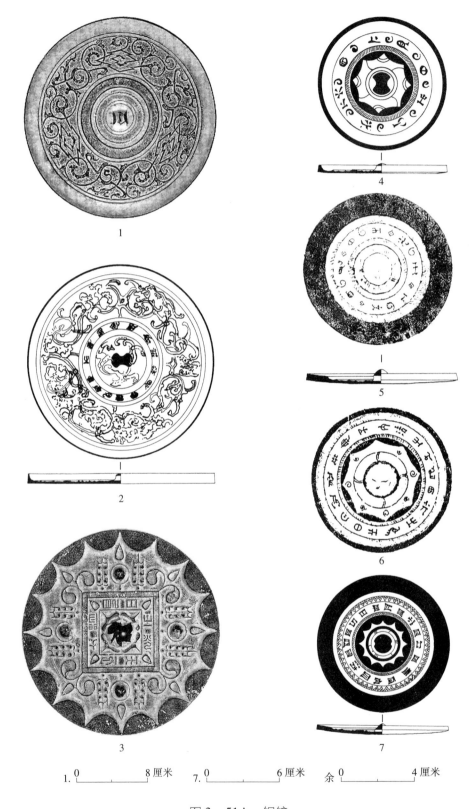

图 3 - 51A　铜镜

1. Ⅰ式蟠螭纹镜（06 安·五 M1：40）　2. Ⅱ式蟠螭纹镜（87 龙·东 M3：14）　3. 草叶纹镜（89 安·上 M9：1）　4. Ⅱ式日光镜（87 龙·东 M11：1）　5. Ⅱ式日光镜（88 龙·东 M28：1）　6. 昭明镜（88 龙·东 M27：1）　7. 昭明镜（87 龙·东 M6：1）

标本 88 龙·东 M27：1，个体较小。座与纽之间以四组双弧线相连。座外为八内向连弧纹，各瓣连接处的上端均有一个"の"形符号。外区分别环绕栉齿纹、铭文带、弦纹和栉齿纹。铭文为："内清以昭明，光之象夫日月，心忽雍塞不泄。"窄缘。高 0.7、直径 7.6 厘米。（图 3 - 51A：6）

标本 87 龙·东 M6·1，纽座与纽之间有短弧线相连，座外饰十二内向连弧纹。外区分别为栉齿纹、铭文带、弦纹和双线三角形水波纹。铭文为："内清昭己，日月光以明。"素宽平缘。高 0.8、直径 10.8 厘米。（图 3 - 51A：7；图版一〇六：2）

星云镜　10 件。流行于西汉中期至晚期。镜面微弧。

标本 79 龙·东 M11：5，连峰式纽，圆纽座。纽座外有内向十六连弧纹。外区以乳丁划为四等分，其间饰北斗七星，镜缘面饰内向连弧纹。乳丁外围绕连珠纹。高 1.1、直径 10.3 厘米。（图 3 - 51B：1；图版一〇七：2）

标本 07 安·上 D49M1：10，圆纽，圆形纽座外饰四组短复线。外区以同心圆的乳丁划为四等分，其间各饰四星，每两星间以弧线相连。高 0.5、直径 7.8 厘米。（图 3 - 51B：2；图版一〇七：1）

连弧纹镜　6 件。流行于西汉中期至东汉中期。镜面微弧。早晚变化表现为，纽座：连珠纹纽座→柿蒂纹纽座；纹饰：鱼鸟纹→云雷纹→变形夔纹。据此分为三式：

Ⅰ式　1 件。

89 安·上 M11：35，圆纽高背，十二连珠纹纽座。内区自纽座向外依次饰有栉齿纹、宽凸弦纹、内向八连弧纹和栉齿纹，其中连弧纹的弧曲处分别饰有鱼、鸟、虫、草。外区环绕一周铭文带和栉齿纹。铭文为："日有熹，月有富，乐毋事，常得意，美人会，竽瑟侍，贾市程，万物平，老复丁，不复生，醉知醒。"铭文首尾有一条鱼相隔。素宽平缘。高 0.4、直径 18.4 厘米。（图 3 - 51B：3；图版一〇八：1）

Ⅱ式　1 件。

87 龙·东 M5：5，圆纽高背，柿蒂纹纽座。内区饰八内向连弧纹，外区环绕两组栉齿纹，其间为云雷纹。云雷纹将五个涡纹作等距离分布，各涡纹间以长短不一的斜线纹相连。宽缘，上饰三角形双线水波纹。高 1.2、直径 14.3 厘米。（图 3 - 51B：4；图版一〇八：2）

Ⅲ式　4 件。

标本 83 鄞·高 M39：1，圆纽，纽外饰四个变形夔纹。内区饰面带涡纹的八连弧纹，外区为环绕栉齿纹。素宽平缘。高 0.5、直径 8.9 厘米。（图 3 - 51B：5）

四虺四乳镜　21 件。流行于西汉晚期至东汉早期。镜面微弧，圆纽高背，镜背以四个乳丁划出四区，区间各饰一虺。

标本 10 长·七 M5：1，圆纽，圆纽座。座外饰素凸圈一周，栉齿纹两周。虺的腹背点缀鸟纹。素宽平缘。高 0.9、直径 10.7 厘米。（图 3 - 51B：6；图版一〇九）

博局镜　56 件。流行于西汉晚期至东汉中期。镜面微弧，镜背以博局图案中的"T"形符号划分出四方八等分，青龙、白虎、朱雀、玄武各据一方，四神侧方均匹配鸟兽，其间各

图 3 - 51B　铜镜

1. 星云镜（79 龙·东 M11∶5）　2. 星云镜（07 安·上 D49M1∶10）　3. Ⅰ式连弧纹镜（89 安·上 M11∶35）
4. Ⅱ式连弧纹镜（87 龙·东 M5∶5）　5. Ⅲ式连弧纹镜（83 鄞·高 M39∶1）　6. 四虺四乳镜（10 长·七 M5∶1）

饰一个小乳丁。主题纹饰外环绕栉齿纹和三角锯齿纹，在主纹与底纹间往往环绕一周铭文带。
早晚变化主要表现为，博局纹：完整→简易。据此分为二式：

　　Ⅰ式　54 件。圆纽，外区饰完整的博局图案。

　　标本 92 上·牛 M32∶2，柿蒂纹纽座，作外方框。三角缘面上饰一周变形夔纹。高 0.5、

直径13.4厘米。（图3－51C：1）

标本92上·牛M21：3，纽外方框内排列十二乳丁和地支名。外区有铭文带，铭文为："尚方作镜真大巧，上有仙人不知老，浮游天下遨四海，□□□□□□□。"三角缘面上饰变

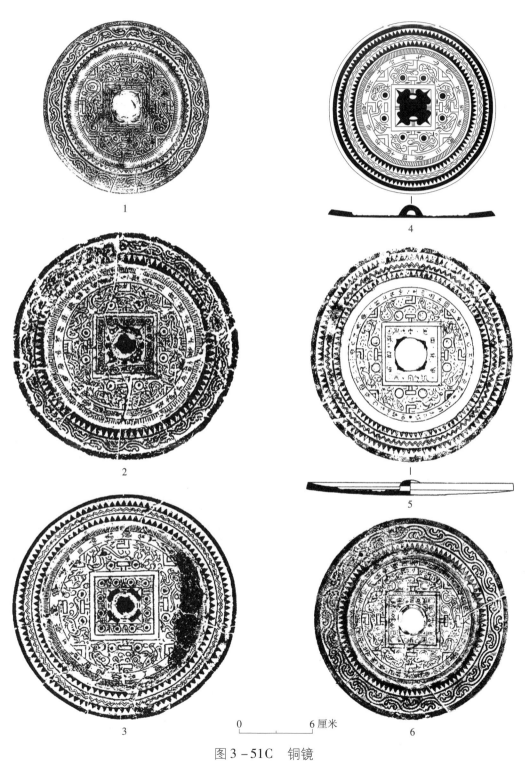

图3－51C　铜镜

1. Ⅰ式博局镜（92上·牛M32：2）　2. Ⅰ式博局镜（92上·牛M21：3）　3. Ⅰ式博局镜（92上·牛M21：8）
4. Ⅰ式博局镜（08湖·白G4M7：5）　5. Ⅰ式博局镜（87龙·东M13：1）　6. Ⅰ式博局镜（10长·七M4：15）

形夔纹。高0.5、直径18.2厘米。（图3－51C：2）

标本92上·牛 M21：8，座外方框内排列有十二乳丁和地支名。外区有铭文带，铭文为："□□□□□□□，上有仙人不知老，渴饮玉泉饥食枣，四海，寿如金石□。"三角缘面上各饰有一周三角形双线水波纹和三角锯齿纹。高0.6、直径18.2厘米。（图3－51C：3）

标本87龙·东 M13：1，方框内排列十二乳丁和地支名。外区有铭文带，铭文为："尚方作竟真大好，上有仙人不知老，徘徊名山采神草，渴饮玉泉饥食枣，浮游天下敖四海，寿如金石为国保兮。"三角缘面上各饰一周三角形双线水波纹和三角锯齿纹。高1.1、直径17.1厘米。（图3－51C：5；图版一一〇：1）

标本08湖·白 G4M7：5，内区饰八乳八鸟。外区铭文为"尚方作竟真大巧，上有山（仙）人不知老，□（饮）三（玉）泉（饥）"（以下不全）。三角缘。直径13.8厘米。（图3－51C：4；图版一一〇：2）

标本10长·七 M4：15，圆纽座，座外方框环列十二乳丁及地支名，方框外四方八乳。外区铭文为："尚方作镜真大好，上有仙人不知老，渴饮玉泉饥食枣，浮游天下敖四海，寿如金石之天保兮。"缘纹饰变形夔纹。直径16厘米。（图3－51C：6；图版一一一：1）

标本10长·七 M6：1，柿蒂纹纽座，座外方框。窄缘上饰锯齿纹。直径15、厚0.4厘米。（图3－51D：1；图版一一一：2）

标本10长·七 M4：16，柿蒂纹纽座，方框外八乳丁，窄缘上饰复线三角形水波纹。直径11.2厘米。（图3－51D：2；图版一一二：1）

标本05奉·南 M151：1，圆纽，圆纽座，座外方框，框内饰十二乳丁，间以"子丑寅卯辰巳午未申酉戌亥"。内区饰博局纹和八个乳丁，其间饰四神等。外区饰栉齿纹。宽平缘，缘面饰蟠螭纹。直径16.5厘米。（图版一一二：2）

Ⅱ式　2件。圆纽，圆纽座，内区饰简易博局纹镜。

87湖·杨 D8M2C室：2，六博纹饰仅有"T"形符号。内区饰四乳八禽，外区分别环绕铭文带、栉齿纹和简易夔纹。素窄缘。直径10.9厘米。（图3－51D：3；图版一一三：1）

08湖·杨 D45M3：1，座外方框，纽与方框内四角各伸一条短线，前端作三角状，各饰一个圆点。内区四个乳丁，乳丁两侧各饰一组菱形线纹，其中三道呈竖向，一道为横向。外区环绕栉齿纹和三角锯齿纹。素三角缘。高0.8、直径9厘米。（图3－51D：4；图版一一三：2）

禽兽纹镜　20件。流行于王莽至东汉中期。圆纽高背。

标本92上·牛 M23：15，圆纽座。内区饰有对称的两禽两兽，禽兽间以乳丁相隔。外区饰栉齿纹。宽缘上饰三角形双线水波纹。直径11.3厘米。（图3－51D：5）

标本73上·蒿 M58：8，柿蒂纹纽座，作外方框。内区四方各饰一兽，其间以乳丁相隔。外区分别饰以栉齿纹和三角纹。三角缘面上饰一周变形夔纹。高1.5、直径19.4厘米。（图3－51D：6）

标本92上·牛 M23：11，连珠纹纽座。内区饰七乳七禽兽，外区环绕一周铭文带、栉齿

图 3 - 51D 铜镜

1. I 式博局镜（10 长·七 M6:1） 2. I 式博局镜（10 长·七 M4:16） 3. II 式博局镜（87 湖·杨 D8M2C 室:2） 4. II 式博局镜（08 湖·杨 D45M3:1） 5. 禽兽纹镜（92 上·牛 M23:15） 6. 禽兽纹镜（73 上·蒿 M58:8）

纹、三角锯齿纹。宽缘，上饰变形夔纹。高 0.4、直径 19.5 厘米。（图 3 – 51E：1）

标本 09 绍·大 M10：1，圆纽座。内区饰重圈，其中里圈环列九乳，外圈为"光涷石峰下之清见乃己知人菁心志得乐长生"的铭文带。外区作七等分，分别饰有朱雀、玄武、青龙、白虎、凤、独角兽、羽人等，其间以七乳相隔。其外分别环绕栉齿纹、三角锯齿纹和复线三角形水波纹。素窄缘。直径 13.9 厘米。（图 3 – 51E：2；图版一一四：1）

标本 09 绍·大 M10：2，柿蒂纹纽座。座外环绕一组双线弦纹和两组单线弦纹，双线和单线弦纹间饰有禽鸟和蟾蜍图案，并以八乳相隔。其外分别环绕栉齿纹、三角锯齿纹和单线三角形水波纹。三角缘。直径 10.2 厘米。（图 3 – 51E：3；图版一一四：2）

标本 05 奉·南 M194：1，纽外八乳。圆纽座。座外饰有四乳四禽兽。其外环绕栉齿纹一周。宽缘，缘面饰夔纹。直径 13.8 厘米。（图版一一五：1）

龙虎镜　3 件。流行于东汉早期至晚期。

标本 08 湖·杨 D45M3：8，圆纽高背，圆纽座。内区圆雕三只猛虎，外区饰两组栉齿纹和一组三角形双线水波纹。素三角缘。高 1.2、直径 10 厘米。（图 3 – 51E：4；图版一一五：2）

神兽镜　16 件。流行于东汉早期至晚期。

标本 83 鄞·高 M24：14，高圆纽。柿蒂纹纽座，座外方框。内区作四等分，分别饰有青龙、白虎、朱雀、羽人六博投壶，各图案间以乳丁相隔，其外环绕栉齿纹。三角缘上饰勾连纹。高 0.6、直径 18.5 厘米（图 3 – 51E：5）。

标本 08 湖·白 G4M12：1，圆纽座，纽与纽座间环绕九乳丁，并以"山"字纹和云气纹作间隔。纽座外饰一周栉齿纹，其间饰夔纹。外区饰有仙境纹，内容分别为武士奔鹿、青龙、朱雀、羽人骑鹿、白虎、仙人博弈、玄武，各画面间以乳丁相间。其外依次环绕栉齿纹、三角锯齿纹、云气瑞兽枝叶星斗复合纹。三角缘。直径 18.1 厘米。（图 3 – 51E：6；图版一一六）

标本 05 奉·南 M108：1，圆纽，圆纽座上饰细密的乳丁和短线纹。主纹以四辟邪分成四组，分别为东王公、西王母、伯牙弹琴和一神。八环状乳分列其间，上均置神人神兽。十二半圆方枚，方枚内有四字铭文。半圆内各饰有兽首纹，其外饰一周栉齿纹。窄缘，缘面饰涡纹。直径 12.6 厘米。（图版一一七：1）

标本 99 云·白 M1：11，高背圆纽，座外方框。框外四个对角各饰一乳丁，乳丁间分别浮雕东王公、西王母、青龙、白虎。外区饰栉齿纹，三角缘内侧饰变体夔纹。直径 18.7 厘米。（图版一一七：2）

画像镜　4 件。偶见于东汉早期。

05 奉·南 M102：1，羽人骑马神仙画像镜。扁圆形纽，圆纽座，座外方框。内区作四等分，分别饰有神仙、龙纹和羽人骑马，其间以四个乳丁相隔。外区环绕弦纹、栉齿纹和三角锯齿纹各一周。三角缘。直径 20 厘米。（图版一一八：1）

05 奉·南 M170：14，四神画像镜。圆纽，圆形纽座。座外方框，框内四角书"大乐富贵"。内区作四等分，分饰青龙、白虎、朱雀、玄武四神，其间以四个乳丁间隔。外区分别环绕弦纹、栉齿纹、三角锯齿纹和夔纹。三角缘。直径 18.8 厘米。（图版一一八：2）

图3－51E 铜镜

1. 禽兽纹镜（92上·牛 M23:11） 2. 禽兽纹镜（09绍·大 M10:1） 3. 禽兽纹镜（09绍·大 M10:2） 4. 龙虎镜（08湖·杨 D45M3:8） 5. 神兽镜（83鄞·高 M24:14） 6. 神兽镜（08湖·白 G4M12:1）

05 奉·南 M135：4，车马神仙画像镜。高圆纽，圆纽座。内区以四个乳丁分为四组，一组神仙左有羽人，右为侍者，其旁有"东王"两字。另一组中间为神仙，左右为一跪一立两侍者。另外两组分别为单骑车马和瑞虎。外区环绕弦纹、栉齿纹和夔纹各一周。三角缘。直径 20 厘米。（图版一一九：1）

06 湖·杨 D23M1：19，人物故事镜。镜背为圆纽，圆纽座，纽座间饰一周由圆圈和三条短线所组成的纹饰，共十一组。内区以四个大乳丁分成四方，各乳丁外均围绕一圈细小的乳丁。各方内的纹饰题材有所不同，其中上下两方的纹饰为：中间坐一羽人，左侧立一侍仆，右侧倒立三人。左方为一只形似奔马的神兽，右方中间饰一作舞蹈状的人物，右侧跪有一人。外区有铭文带一圈，铭文为："目好赐而□□上有东王公仙人子高杰子白由天下矣·刘氏作竟（镜）。"铭文外饰一圈栉齿纹。宽三角缘，缘面上自内向外分别饰有三角锯齿纹、弦纹、蟠螭纹、弦纹各一圈。直径 21 厘米。（图版一一九：2）

七　钱币

共 328 件（组），占铜器总数的 39.85%。其中：

半两　共 10 件，占钱币的 2.74%。见于西汉中期至晚期，圜钱，边缘无郭。钱纹为"半两"二字，篆体阳文，右左读法。其中"两"字中间一竖有的出头，有的不出头。两内的"人"字有的被一横所替代。

标本 06 湖·杨 D28M4：2，约 50 枚，大小一致，钱纹的笔画转折处均呈直角，其中一枚"半两"二字为"传形"读法，即"半"字在左，"两"字在右。钱径 2.4、穿径 0.8 厘米。（图 3－52：1；图版一二○：1）

五铢　275 件（组），占钱币类的 85.98%。流行于西汉中期晚期。圜钱。钱文为"五铢"二字，篆体阳文，右左读法。（图版一二○：2）

大泉五十　共 22 件（组），占钱币类的 6.71%。流行于王莽至东汉早期，圜钱。钱文为"大泉五十"四字，篆体阳文，字体纤细，上下右左读法。

标本 06 湖·杨 D21M2：2－1，钱径 2.8、穿径 0.9 厘米。（图 3－52：2）

标本 06 湖·杨 D21M2：2－2，肉上钻有一个细孔。钱径 2.5、穿径 0.8 厘米。（图 3－52：3）

大布黄千　共 3 件，占钱币的 0.91%。流行于王莽至东汉早期，布币。平首，中间有一小圆孔，窄斜肩，腹中部略内弧，平足。钱文为"大布黄千"四字，右左布局，上下读法。篆体，字体纤细。

标本 87 湖·杨 D2M3：16，残长 5.6、肩宽 2.6。（图 3－52：4）

货布　共 4 件，占钱币的 1.22%。见于王莽至东汉早期，布币。平首，中间有一小圆孔，窄平肩，腹中部微内弧，平足。钱文为"货布"二字，右左读法。篆体，字体纤细。

标本 06 湖·杨 D28M14：1－1，长 5.8、肩宽 2.3 厘米。（图 3－52：5；图版一二○：3）

货泉　5 件，占钱币的 1.83%。见于王莽至东汉中期，均腐坏不清。

另有剪轮五铢 5 件，延环五铢、布泉、小泉直一、无文钱各 1 件，占 0.61%，报道不详。

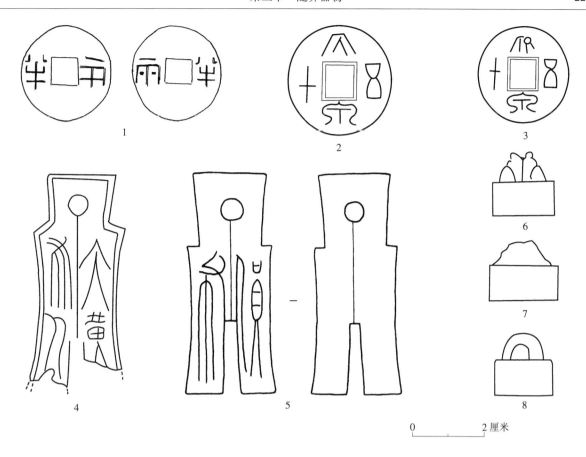

图 3 - 52　铜钱、印章

1. 半两（06 湖·杨 D28M4：2）　　2. 大泉五十（06 湖·杨 D21M2：2 - 1）　　3. 大泉五十（06 湖·杨 D21M2：2 - 2）
4. 大布黄千（87 湖·杨 D2M3：16）　　5. 货布（06 湖·杨 D28M14：1 - 1）　　6. 吴子山印（82 嵊·剡 M90：17）
7. 赵长贤印（82 嵊·剡 M62：1）　　8. 印章（82 嵊·剡 M71：10）

八　印章

共 8 枚，占铜器总数的 0.97%。见于西汉中期至东汉晚期，形态不同。

标本 82 嵊·剡 M90：17，龟纽，方形。印文为"吴子山印"，篆体，其中"吴子"二字为阴刻，"山印"二字为阳刻。高 1.7、边长 1.7 厘米。（图 3 - 52：6；图版一二〇：5）

标本 82 嵊·剡 M62：1，龟形纽，方形。印文为"赵长贤印"，篆体，阴刻。高 1.7、边长 1.9 厘米。（图 3 - 52：7；图版一二〇：4）

标本 82 嵊·剡 M71：10，环纽，方形。字迹模糊。高 1.7、边长 1.6 厘米。（图 3 - 52：8；图版一二〇：6）

九　其他

因保存情况较差，不能辨别器形的残铜器（或附件）15 件，占铜器总数的 1.82%。

第三节　铁　器

铁器的数量和种类在汉墓随葬器物中占据第三位，共计551件，占随葬品总数的6.99%（附表9）。与铜器相同，由于气候和土壤的原因，墓葬中的铁器普遍因锈蚀而显得厚重，绝大部分器物已很难显现其原有面目。所见铁器多采用分段浇铸、合范而成。胎壁普遍较厚。器物的装饰以素面为主，仅有个别饰有弦纹。

一　炊器

共164件，占铁器总数的29.76%。其中：

鼎　共11件（内有4件未能分型），占炊器的6.71%。见于西汉晚期至东汉早期，按双耳的功能、形状、安装部位的不同分为两型：

A型　立耳型，双耳安于肩部。3件。敛口，弧肩上安立耳，耳端高于口沿，鼓腹，腹最大径位于中部，圜底，下腹部附三足。

89龙·仪M22：16，盖作覆钵形，弧面顶的中部有两道凸棱，圆珠形捉纽。鼎作敛口，深腹上部扁鼓，深圜底，蹄形足略外撇。肩、腹部各有一道凸棱。通高22.4、鼎高16、口径17.6、腹径23厘米。（图3－53：1；图版一二一：1）

87湖·杨D4M5：16，带盖，盖作覆钵形，弧面顶中部饰有四个乳丁。顶为直口，斜窄肩，鼓腹，深圜底下附三个蹄形足，足高而直。通高28、鼎高25.6、口径21、腹径27.2厘米。（图3－53：2）

82嵊·剡M71：6，敛口，浅圜底，足高而较直。高27.3、口径22.1、腹径30厘米。（图3－53：3）

B型　提耳型，双耳安于口沿上端。4件。口沿处安一对环形提耳，下腹部附三足，足高而外撇。

标本82嵊·剡M15：1，敞口，腹壁上部较直，下部弧收。腹部饰一道弦纹。高26.7、口径29.3、腹径24.6厘米。（图3－53：4）

标本82嵊·剡M45：8，侈口，深弧腹，圜底中心有一个形似假圈足的浇铸痕迹。高26、口径28.6厘米。（图3－53：5）

标本07余·义M39：1，敞口，腹壁缓收，圜底下有一个形似假圈足的浇铸痕迹。腹部饰两道弦纹。高29.7、口径29.8厘米。（图3－53：6；图版一二一：2）

鐎斗　18件，占炊器的10.98%。流行西汉晚期至东汉晚期。敞口，斜弧腹上端安长柄，圜底下附三足。

标本87龙·东M9：23，柄斜直，足较高而截面呈"T"形。高17.6、口径24.6、柄长14.2厘米。（图3－54：1）

标本05奉·南M137：1，长柄上翘。高17.5、口径24厘米。（图3－54：2）

标本08湖·杨D52M8：4，柄里低外高，平底下附三个高足。通高18.6、鐎斗高16.8、

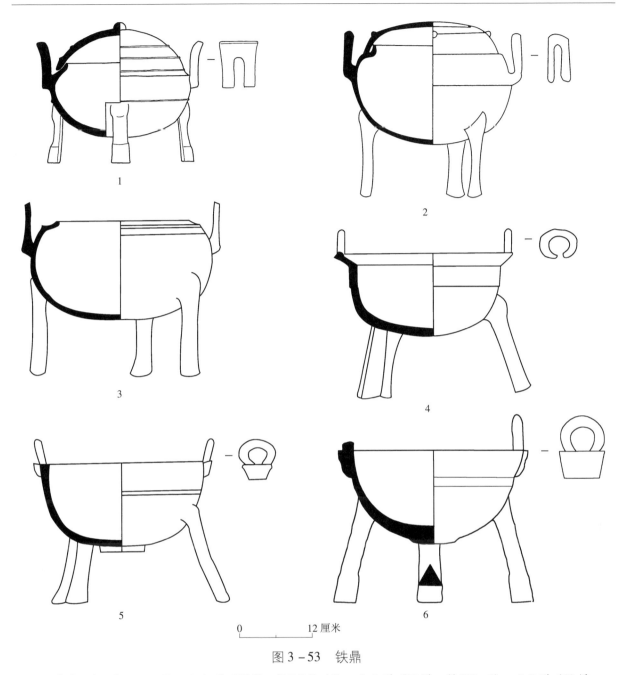

图 3 - 53　铁鼎

1. A 型（89 龙·仪 M22：16）　2. A 型（87 湖·杨 D4M5：16）　3. A 型（82 嵊·剡 M71：6）　4. B 型（82 嵊·剡 M15：1）　5. B 型（82 嵊·剡 M45：8）　6. B 型（07 余·义 M39：1）

口径 23.2、底径 11.6 厘米。（图版一二二：1）

火盆　4 件，占炊器的 2.44%。见于王莽至东汉中期。直口，沿宽而厚，腹壁略斜，平底，近底处安三个扁平的矮足。

标本 84 上·严 M91：5，高 10.2、口径 28.2、底径 21.2 厘米。（图 3 - 54：3）

标本 05 奉·南 M137：4，侈口，折沿，斜直腹，平底下附三足，足截面呈半圆形。高 19、口径 42 厘米。（图 3 - 54：4）

釜　共 129 件（内有 67 件未能分型），占炊器的 78.66%。流行于西汉中期至东汉中期。按耳的有无分为二型：

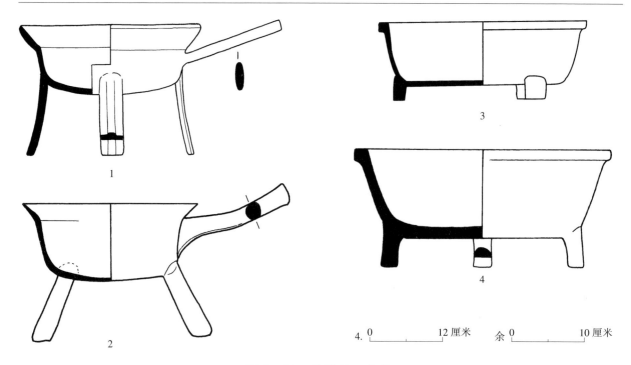

图 3 - 54　铁镳斗、火盆

1. 镳斗（87 龙·东 M9：23）　　2. 镳斗（05 奉·南 M137：1）　　3. 火盆（84 上·严 M91：5）　　4. 火盆（05 奉·南 M137：4）

A 型　无耳型。41 件（内有 1 件未能分出亚型）。按底的不同可细分为二个亚型：

Aa 型　圜底型。28 件。鼓腹，圜底。

标本 89 龙·东 M28：20，敛口，圜底中心有一个形似假圈足的铸造痕迹。高 25.6、口径 22.2、腹径 39、底径 6.8 厘米。（图 3 - 55：1）

标本 05 奉·南 M118：6，直口，扁鼓腹。高 21、口径 22、腹径 34 厘米。（图 3 - 55：2）

标本 05 奉·南 M115：2，侈口，鼓腹，寰底中心尖凸。高 24.8、口径 24、腹径 36 厘米。（图 3 - 55：3）

标本 84 上·严 M88：3，由釜和铁架两部分组成。釜作敞口，圆鼓腹，腹最大径位于中部，深圜底。铁架由一个圆环和三个长条形足组成，足的上部内侧设一横挡，挡端上钩，用于承托套入圆环内的铁釜。出土时釜上置有一件泥质陶甑。通高 40、釜高 23.2、口径 25.4、腹径 27、铁架高 26.4 厘米。（图 3 - 55：4；图版一二一：5）

标本 84 上·严 M124：7，敛口微上突，高 13、口径 12.4、腹径 19.2 厘米。（图 3 - 55：5）

标本 83 萧·城 M23：35，敛口，腹中间有一道凸棱。高 12.6、口径 12、腹径 19.6 厘米。（图 3 - 55：6）

标本 07 安·上 D49M1：13，敞口，圆折腹、圜底。通高 22.2、口径 24.5、腹径 29.6 厘米。（图 3 - 55：7；图版一二一：3）

Ab 型　平底型。12 件。

标本 84 上·严 M124：6，直口，腹壁上部较直，下部折而斜收。高 7.5、口径 14.2、底径 6.2 厘米。（图 3 - 55：8；图版一二一：4）

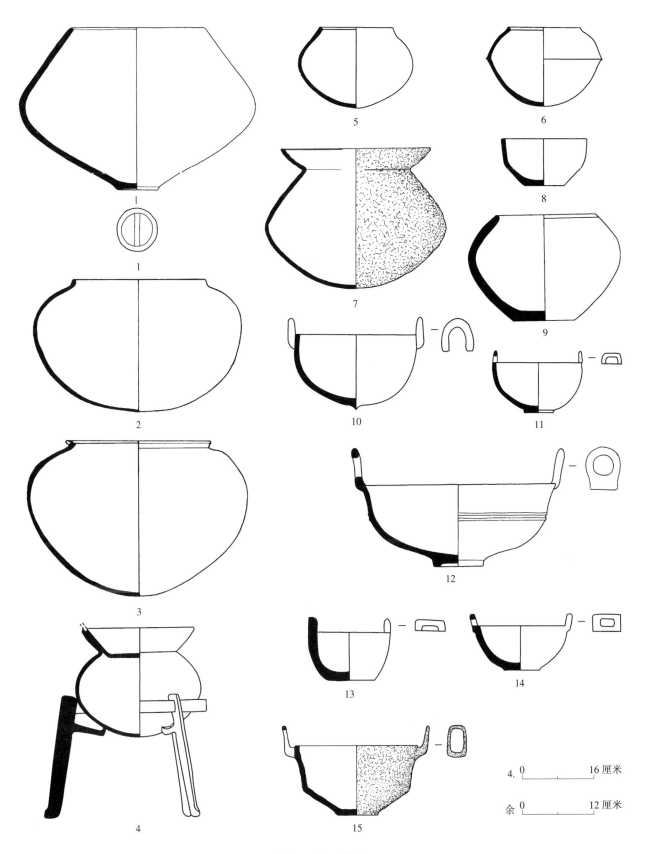

图 3 - 55　铁釜

1. Aa 型（89 龙·东 M28：20）　　2. Aa 型（05 奉·南 M118：6）　　3. Aa 型（05 奉·南 M115：2）　　4. Aa 型（84 上·严 M88：3）　　5. Aa 型（84 上·严 M124：7）　　6. Aa 型（83 萧·城 M23：35）　　7. Aa 型（07 安·上 D49M1：13）
8. Ab 型（84 上·严 M124：6）　　9. Ab 型（92 上·羊 M4：6）　　10. Ba 型（06 湖·杨 D21M2：16）　　11. Ba 型（06 湖·杨 D23M4：6）　　12. Ba 型（87 龙·东 M4：12）　　13. Bb 型（83 萧·城 M22：9）　　14. Bb 型（83 萧·城 M23：36）
15. Bb 型（07 安·上 D49M2：16 - 2）

标本 92 上·羊 M4：6，敛口，鼓腹。高 17、口径 17、腹径 25.2、底径 9.5 厘米。（图 3 - 55：9）

B 型 双耳型。21 件（内有 2 件未能分出亚型）。口沿上端或外侧附一对提耳，按底的不同可分为两亚型：

Ba 型 圜底型。10 件。直口，弧腹，圜底。

标本 06 湖·杨 D21M2：16，直口，提耳呈半环形，底中心尖凸。高 14.4、口径 20 厘米。（图 3 - 55：10）

标本 06 湖·杨 D23M4：6，直口，提耳呈横向长方形，底部有一个形似假圈足的浇铸痕迹。高 10.2、口径 14.4、底径 4.8 厘米。（图 3 - 55：11）

标本 87 龙·东 M4：12，撇口，提耳呈圆环形，底部有一个形似假圈足的浇铸痕迹。腹中部饰两道凸棱。高 18.8、口径 32、底径 8.2 厘米。（图 3 - 55：12）

Bb 型 平底型。9 件。

标本 83 萧·城 M22：9，侈口，口外壁附一对提耳，腹壁较直而深，平底。通高 10、口径 13.6、底径 8 厘米。（图 3 - 55：13）

标本 83 萧·城 M23：36，敞口，提耳，斜弧腹，平底微凸。高 8.6、口径 15.8、底径 6.2 厘米。（图 3 - 55：14）

标本 07 安·上 D49M2：16 - 2，出土时置于灶上。直口，口沿外侧附耳，上腹直，下腹折收，平底。高 14.2、口径 19.8、底径 6.6 厘米。（图 3 - 55：15；图版一二二：2）

另有釜支架 2 件，占炊器的 1.21%。

二 工具

共 74 件，占铁器总数的 13.43%。其中：

锸 共 3 件，占工具的 4.05%。见于西汉晚期至东汉初期。按形状的不同分为两型：

A 型 "一"字型。1 件。平銎，截面呈长方形。斜直腹，双面刃，刃部略弧。

06 湖·杨 D28M13：31，双面刃稍外弧，方形銎，銎内残留有木质痕迹。高 6.7、刃宽 4.9、銎长 2.8、宽 1.2 厘米。（图 3 - 56：1；图版一二二：3）

B 型 "凹"字型。2 件。

标本 83 萧·城 M22：1，凹銎，截面呈扁平形。双面刃，刃部圆弧。高 13.5、刃宽 13.6、肩厚 3.2 厘米。（图 3 - 56：2）

锛 1 件，占工具的 1.35%。见于东汉早期。长方形，肩部略宽，单面刃，长方形銎。

92 余·老 D1M13：1，高 15.5、肩宽 7、刃宽 4 厘米。（图 3 - 56：3）

削 56 件，占工具的 75.68%。流行于西汉中期至东汉晚期。

标本 07 安·上 D49M1：3，表面锈蚀严重，有漆木质鞘痕，扁条形，环首，直身，上弧尖。长 29.4、宽 2.2、厚 0 ~ 0.3 厘米。（图 3 - 56：4）

此外，尚有环 4 件，棍 3 件，凿和锯各 2 件，斧、锤及剪刀各 1 件，共占工具的 18.92%，因报道过简而未能逐一介绍。

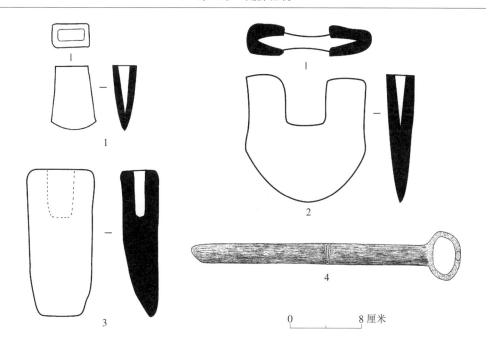

图 3 - 56　铁工具

1. A 型锸（06 湖·杨 D28M13∶31）　　2. B 型锸（83 萧·城 M22∶1）　　3. 锛（92 余·老
D1M13∶1）　　4. 削（07 安·上 D49M1∶3）

三　兵器

共 291 件，占铁器的 52.82%。其中：

戟　共 8 件，占兵器的 2.75%。见于西汉中期至东汉中期。

标本 83 鄞·高 M24∶22，直刺，单面刃；枝呈镰刀形，双面刃。残长 35 厘米。（图 3 - 57∶1）

标本 89 龙·仪 M13∶6，刺为弯镰形，截面呈菱形，双面刃；枝截面呈枣核形，双面刃。
通高 28.4、枝长 19.4 厘米。（图 3 - 57∶2）

矛　共 33 件（内有 22 件未能分类型），占兵器的 11.34%。流行于西汉晚期至东汉晚期。
按矛刃和骹的长短比不同分为二型：

A 型　刃长于骹。8 件。尖锋，中脊隆起，圆柱形骹，底端呈偃月形内凹。

标本 89 龙·仪 M44∶2，个体较长，从面斜直。残长 40、刃残长 28.6、宽 2.4、銎径 1.6
厘米。（图 3 - 57∶3）

标本 87 龙·东 M9∶9，个体较短，从面略内弧。通长 56、骹长 20.8、銎径 3.2 厘米。（图
3 - 57∶4）

B 型　刃短于骹。3 件。尖锋略宽，双面刃，中间无脊，截面呈扁平状。骹作圆柱形，銎
略内弧。

87 龙·东 M5∶6，个体较短。尖锋，中脊微凸，横截面呈菱形。骹作圆柱形，銎呈偃月形
内凹。通长 26、骹长 13.6、锋长 12.4、銎径 3.5 厘米。（图 3 - 57∶5）

83 萧·城 M21∶13，个体较长。通长 66.5、矛身长 24.4、銎径 2.8 厘米。（图 3 - 57∶6）

06 湖·杨 D28M13∶32，长 17.3、刃宽 2.6、銎径 2.3 厘米。（图版一二二∶4）

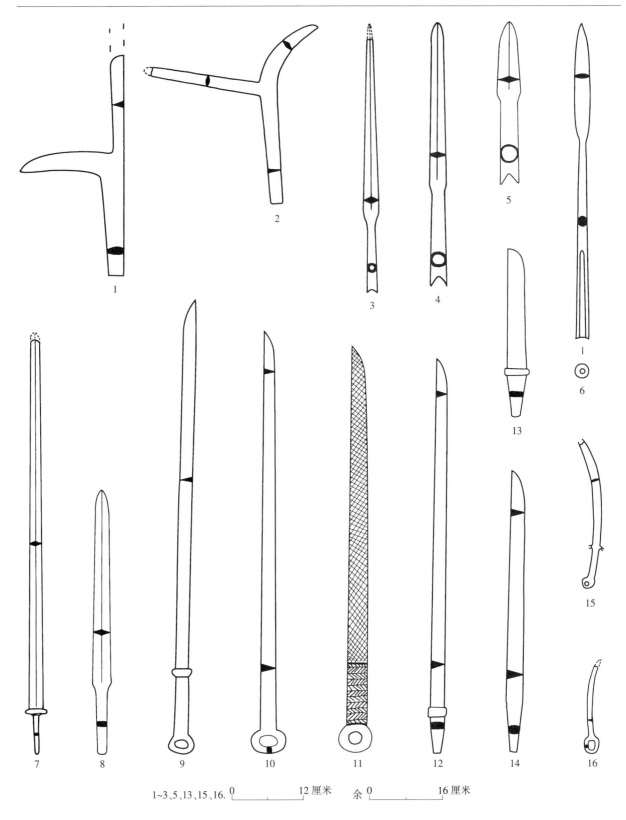

图 3 – 57　铁兵器

1. 戟（83 鄞·高 M24：22）　　2. 戟（89 龙·仪 M13：6）　　3. A 型矛（89 龙·仪 M44：2）　　4. A 型矛（87 龙·东 M9：
9）　　5. B 型矛（87 龙·东 M5：6）　　6. B 型矛（83 萧·城 M21：13）　　7. A 型剑（89 龙·仪 M16：8）　　8. B 型剑（89
龙·仪 M46：7）　　9. Aa 型刀（83 杭·古 M52：5）　　10. Ab 型刀（89 龙·仪 M37：10）　　11. Aa 型刀（83 鄞·高 M37：
13）　　12. Ba 型刀（89 龙·仪 M18：6）　　13. Ba 型刀（89 龙·仪 M50：2）　　14. Bb 型刀（89 龙·仪 M13：1）　　15. Ca
型刀（92 上·羊 M2：9）　　16. Cb 型刀（89 龙·仪 M48：1）

剑　共84件（内有51件未能分型，另有剑鞘挂钩1件），占兵器的28.87%。流行于西汉中期至东汉晚期。个体长短不一，锋呈弧尖形，剑身中脊隆起，从面斜直。根据剑格的有无分为两型：

A型　有格型。18件。茎上端有菱形铜格。

标本89龙·仪M16：8，剑身颇长，细长茎。残长87、茎长8.4厘米。（图3-57：7）

B型　无格型。14件。茎上端无格。

标本89龙·仪M46：7，剑身略宽，茎较长，截面呈扁平形。通长55.6、茎长13.6厘米。（图3-57：8）

刀　共166件（其中129件未能分型，内有8件为环首刀），占兵器的57.04%。流行于西汉中期至东汉中期。单面刃，个体长短不一，刀格普遍为铁质，个别为玉质。根据环首的有无和刀身的弯直分为三型：

A型　直刀，有环首。15件（内有4件未能分出亚型）。根据刀格的有无，分为两个亚型：

Aa型　4件。环首，柄上端有格。

标本83杭·古M52：5，通长96、把长15.2、刀宽3厘米。（图3-57：9）

Ab型　7件。环首，柄上部无格。

标本89龙·仪M37：10，刀身上留有刀鞘朽痕。刀长88.8厘米。（图3-57：10）

标本83鄞·高M37：13，带刀鞘，刀把用丝绳绑扎。长87厘米。（图3-57：11）

标本06湖·杨D21M2：5，通长90、宽3.2、背厚0.8厘米，其中刀柄长16.8、环首宽7.2厘米。（图版一二二：5）

B型　直刀，无环首。20件（内有13件未能分出亚型）。根据刀格的有无，分为两个亚型：

Ba型　5件。柄底端无环首，上端有格。

标本89龙·仪M18：6，长83.2厘米。（图3-57：12）

标本89龙·仪M50：2，长26.7厘米。（图3-57：13）

Bb型　2件。柄底无环首，上端无格。

标本89龙·仪M13：1，刀长59.8厘米。（图3-57：14）

C型　弯刀，有环首。2件。根据刀格的有无分为两型：

Ca型　1件。刀身弯弧，刀柄上端有格。

92上·羊M2：9，残长23厘米。（图3-57：15）

Cb型　1件。刀身弯弧，刀柄上无格。

89龙·仪M48：1，形似匕首，身略宽，单面刃，尾端弯呈环形，残长13.6厘米、宽0.8厘米。（图3-57：16）

四　其他

带钩1件，奁附件1件，不明类型的残器20件，共占铁器总数的3.99%。

第四节　金银器

流行于王莽至东汉晚期，共20件，占随葬品总数的0.25%。器物均为服饰器，其中金手镯1件，金耳环2件，金指环1件，共占金银器的20%；银指环11件，银钗2件，镏金银器1件，残银器2件，共占金银器的80%。

第五节　玉料器

为便于归纳和叙述，此节中的质地包括玉、琉璃、玻璃、水晶、琥珀、玛瑙、翡翠、绿松石、骨、料器等。共121件（组），占随葬品总数的1.54%。（附表10）

器物普遍保存较好，玉器中以青玉为主，少量为白玉。玉器采用切割、打磨等工艺制作而成。装饰技法有阴刻、剔地、半浮雕、钻孔等，纹饰有涡纹、乳丁纹、蟠螭纹等。其余质地的器物则有切割、打磨、钻孔等制作工艺，器表普遍素面。

一　服饰器

共110件，占玉料器总数的90.91%。其中：

璧　共13件，内有玉质12件，琉璃1件，占服饰器的11.82%。流行于西汉早期至晚期。

标本92余·老D1M14：1，青玉，近透明状。个体大而较薄，通体抛光，做工细腻。肉大于好，内外均有廓。肉双面均划出浅显而密集的菱形状网格，其内饰凸起的涡纹，涡纹上阴刻平、凸不一的卷云纹，使整个肉面显得凹凸不平。直径15.6、肉径5.8、好径4、厚0.4厘米。（图3-58：1；图版一二三：1）

标本92余·老D1M10：12，白玉，通体抛光，半透明。肉大于好，璧面饰乳丁纹。直径8、厚0.6厘米。（图版一二三：2）

标本07安·上D49M1：1，残断，受沁严重，琉璃，灰白色，单面饰谷纹。直径12.2、肉径4.1、好径4.0、厚4.0厘米。（图3-58：4；图版一二三：3）

标本08湖·杨D41M5：27，青玉。制作较为粗糙，周缘不甚规则，两侧厚薄不一。肉好基本接近，内外均有廓，廓边饰半椭圆形纹饰。肉面饰涡纹。直径6.2、肉径2、好径2.2、厚0.3~0.5厘米。（图3-58：2；图版一二三：4）

标本88龙·东M29：18，残，琉璃，表面因受沁而呈乳白色，内呈绿色，透明。肉大于好，其面布满排列整齐的细小乳丁。直径约15.2、厚0.3厘米。（图3-58：3）

环　共3件，内有玉质2件，水晶1件，占服饰器的2.73%。偶见于西汉早期和西汉晚期。

标本92余·老D1M12：1，水晶，肉白色，近透明状，断面呈多棱形。直径4.3厘米。（图3-59：1；图版一二四：1）

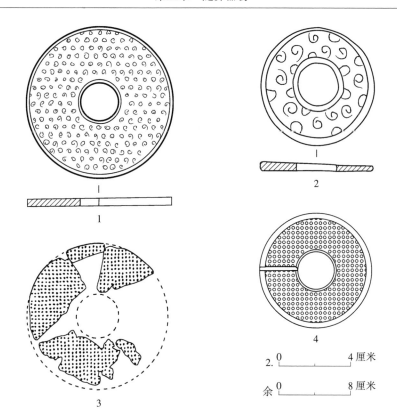

图 3 - 58　玉、琉璃璧

1. 玉璧（92 余·老 D1M14:1）　2. 玉璧（08 湖·杨 D41M5:27）　3. 琉璃
璧（88 龙·东 M29:18）　4. 琉璃璧（07 安·上 D49M1:1）

玦　共 3 件，玉质。占服饰器的 2.73% 。偶见于西汉中期。

92 余·老 D1M14:3，翠绿色，两面平整，侧面呈弧形。直径 3.8、厚 0.7 厘米。（图 3 -
59：2）

08 湖·杨 D41M5:23，整器稍呈椭圆形，系用线切割制成。玦口尚未断开，形似半成品。
长 3.7、宽 3.3、厚 1.2、玦口宽 0.3 厘米。（图 3 - 59：3；图版一二四：2）

08 湖·杨 D41M5:21 圆形。采用线切割制成，截面呈圆形，直径 7.2、孔径 4.5、厚 1.4、
玦口 0.2 厘米。（图 3 - 59：4；图版一二四：3）

璜　共 2 件，玉质，占服饰器的 1.82% 。偶见于王莽至东汉初期。

标本 08 湖·杨 D41M5:26，器物采用线切割制成。截面略呈椭圆形，一侧上端左右各钻
一细小的圆孔。高 2.6、宽 4.2、厚 0.8、孔径 0.1 厘米。（图 3 - 59：5；图版一二四：4）

管　9 件，内有玉质 3 件，料器和玛瑙各 2 件，玻璃和绿松石各 1 件，占服饰器的
8.18% 。见于西汉晚期至东汉初期。

标本 08 湖·杨 D41M5:18，玉质，绛红色。圆柱形，对钻孔，孔口略大。因长期穿挂，
钻孔的一侧管壁被明显磨薄，且有较深的勒痕。高 3、直径 1.2、孔径 0.5 厘米。（图 3 - 59：
6；图版一二四：5）

标本 08 湖·杨 D41M5:28 - 1，白玉，圆管形。高 1、直径 0.7、孔径 0.3、壁厚 0.2 厘
米。（图 3 - 59：7）

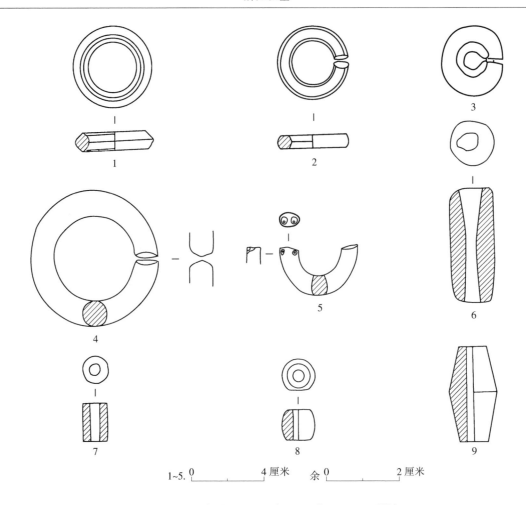

图 3 - 59 水晶环、玉玦、玉璜、玉/玛瑙管

1. 水晶环（92 余·老 D1M12：1）　 2. 玉玦（92 余·老 D1M14：3）　 3. 玉玦（08 湖·杨 D41M5：23）
4. 玉玦（08 湖·杨 D41M5：21）　 5. 玉璜（08 湖·杨 D41M5：26）　 6. 玉管（08 湖·杨 D41M5：18）
7. 玉管（08 湖·杨 D41M5：28 - 1）　 8. 玉管（05 奉·南 M175：8）　 9. 玛瑙管（92 上·牛 M47：3）

标本 05 奉·南 M175：8，近圆柱形，弧壁，两端平，中间贯孔。高 0.8、直径 0.9、孔径 0.3 厘米。（图 3 - 59：8）

标本 92 上·牛 M47：3，菱形，上下端平整，贯孔。玛瑙，酱红色。高 2.5、端径 0.8、腹径 1.3、孔径 0.2 厘米。（图 3 - 59：9）

标本 89 龙·仪 M22：1，绞胎玻璃。黑底上饰嫩黄色波纹。长 3.6、直径 0.9、孔径 0.3 厘米。（图版一二四：6）

珠　共 47 串，内有料器 24 串，玻璃 9 串，玉质 6 串，水晶 5 串，玛瑙 2 串，琉璃 1 串，占服饰器的 42.73%。见于西汉晚期至东汉中期。珠子形状各有不同。

标本 08 湖·杨 D41M5：24 - 1，白玉。圆形，上下端稍平。中有贯孔，双面钻。高 1.1、直径 1.2、孔径 0.3 厘米。（图 3 - 60：1；图版一二五：1）

标本 08 湖·杨 D41M5：24 - 2，白玉。算珠形，中有贯孔，双面钻。高 0.8、直径 1.5、孔径 0.5 厘米。（图 3 - 60：2）

标本 08 湖·杨 D40M5：28 - 2，白玉。圆圈形。高 1.1、直径 2.3、孔径 1、壁厚 0.5 厘

米。（图 3 - 60：3）

标本 83 萧·城 M23：8，琉璃珠，蓝色，瓜棱形，中间穿孔。高 0.8、直径 1.1 厘米。（图 3 - 60：4）

标本 08 湖·杨 D41M5：17，绿松石。算珠形，上饰六个多彩圆圈纹，圆圈上下交错排列，自内而外分别有绿、黄灰、褐、黄灰四色。高 0.8、直径 1.4、孔径 0.4 厘米。（图 3 - 60：5）

耳珰　21 件，内有玛瑙 9 件，琉璃 5 件，玻璃 4 件，琥珀 3 件，占服饰器的 19.09%。流行于王莽至东汉中期。个体大小不同，束腰，两端齐平，中心穿孔。其中玛瑙和琥珀耳珰制作相同，其穿孔采用对钻法，对钻的连接处左右错开。

标本 83 萧·城 M23：10，玛瑙。上端小于下端。高 2.7、顶径 0.7、底径 1.4、孔径 0.2 厘米。（图 3 - 60：6）

标本 92 上·周 M22：1，玛瑙。两端大小一致。高 2.3、端径 1.4、腰径 1、孔径 0.2 厘米。（图 3 - 60：7；图版一二五：3）

琉璃和玻璃工艺一致，穿孔采用单钻法，下端向内弧凹。

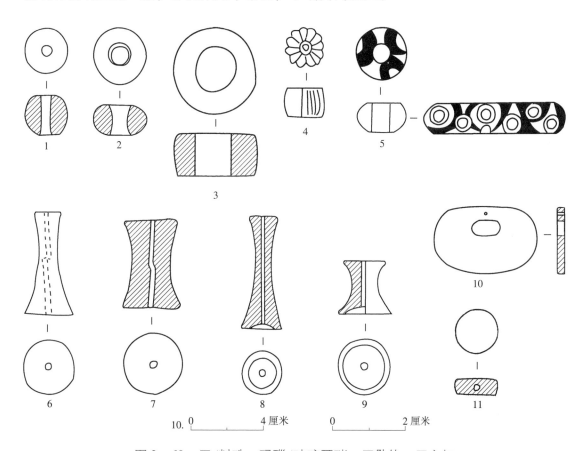

图 3 - 60　玉/料珠、玛瑙/玻璃耳珰、玉坠饰、玉衣扣

1. 玉珠（08 湖·杨 D41M5：24 - 1）　2. 玉珠（08 湖·杨 D41M5：24 - 2）　3. 玉珠（08 湖·杨 D40M5：28 - 2）
4. 琉璃珠（83 萧·城 M23：8）　5. 绿松石珠（08 湖·杨 D41M5：17）　6. 玛瑙耳珰（83 萧·城 M23：10）　7. 玛瑙耳珰（92 上·周 M22：1）　8. 玻璃耳珰（92 上·周 M14：1）　9. 玻璃耳珰（84 上·严 M129：2）　10. 玉坠饰（92 余·老 D1M10：8）　11. 玉衣扣（84 上·严 M129：12）

标本 92 上·周 M14：1，玻璃。蓝色，透明，个体瘦长。高 3、面径 0.8、底径 1.2、孔径 0.1 厘米。（图 3-60：8）

标本 84 上·严 M129：2，玻璃。个体宽矮。高 1.4、上端径 1.1、底径 1.45、孔径 0.2 厘米。（图 3-60：9）

坠饰 12 件，内有玉质 5 件，骨质 4 件，翡翠、料器和绿松石各 1 件，占服饰器的 10.91%。见于西汉早期至东汉中期。

标本 92 余·老 D1M10：8，玉质。椭圆形，扁薄，上端中部钻有大小孔各一个。大孔呈椭圆形孔，小孔呈圆形，位于大孔上部。高 3.5、宽 5.7、厚 0.4 厘米。（图 3-60：10；图版一二五：2）

衣扣 1 件，玉质，占服饰器的 0.9%。扁圆形，中间贯孔。

84 上·严 M129：12，直径 1.2、厚 0.4 厘米。（图 3-60：11）

二 兵器附件

共 4 件。占玉料器总数的占 3.31%。其中：

剑首 1 件，白玉，占兵器的 25%。见于西汉早期。

92 余·老 D1M14：2，扁薄圆饼形。首面雕饰形似逗号状的涡纹，纹饰外凸。茎面中部有一周深凹槽，槽旁有三个与之相通的小孔用于固定剑茎。直径 4.8、厚 0.9 厘米。（图 3-61：1；图版一二六：1）

剑璏 3 件，玉质，占兵器的 75%。见于东汉早期。

87 湖·杨 D8M2B 室：4，长方形。面上雕饰相互交错的细密乳丁。高 1.3、长 6.6、宽 2.4 厘米。（图 3-61：2）

06 湖·杨 D23M4：14，长方形。穿呈扁方形，璏面微上弧，两端作钩状内折。璏面一端刻划形似盆景的图案，其下部似回纹，上部两侧形如上翘的屋檐，中间侧形似鸟纹；另一端饰一条斜网格纹，两端间雕饰交错排列的细小乳丁。高 1.25、长 6.8、宽 2.4。（图 3-61：3；图版一二六：2）

08 湖·杨 D46M5A 室：24，长方形。璏面浮雕大小螭纹各一。高 1.2、长 5.9、宽 2 厘米。（图 3-61：4；图版一二六：3）

三 明器

共 7 件，占玉料器总数的 5.78%。

琀 3 件，内有玉质 2 件，水晶 1 件，占明器的 30%。偶见于西汉中期和东汉早期。

标本 07 湖·杨 D33M6：21，白玉，质地酥软。蝉形，腹部平整，背部中间有一道纵向突脊，两侧斜平，横截面呈宽矮的三角形。头部有三道不规则的横向刻痕。高 3.1、宽 1.9、厚 0.3 厘米。（图 3-61：5；图版一二五：4）

标本 07 安·上 D49M6：53，白玉，整体扁平，略呈蝉形，通体莹润光滑。高 4.6、宽 2.4、厚 0.9 厘米。（图 3-61：6）

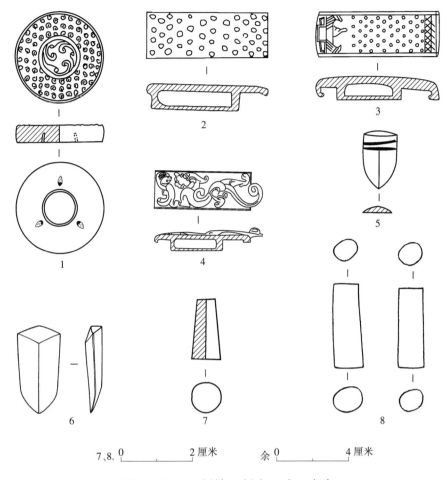

图 3 – 61　玉剑首、剑璏、琀、鼻塞

1. 剑首（92 余·老 D1M14：2）　2. 剑璏（87 湖·杨 D8M2B 室：4）　3. 剑璏（06 湖·杨 D23M4：14）　4. 剑璏（08 湖·杨 D46M5A 室：24）　5. 琀（07 湖·杨 D33M6：21）　6. 琀（07 安·上 D49M6：53）　7. 鼻塞（07 湖·杨 D33M4：20）　8. 鼻塞（07 安·上 D49M6：54）

鼻塞　2 件，玉质，占明器的 20% 。偶见于西汉中期。

07 湖·杨 D33M4：20，白玉。整器呈上小下大的圆柱形，两端平整。高 1.6、上端径 0.5、下端径 0.8 厘米。（图 3 – 61：7）

07 安·上 D49M6：54，白玉质，圆柱状，通体莹润光滑。高 2.2、径 0.6 ~ 0.8 厘米。（图 3 – 61：8；图版一二五：5）

耳塞　2 件，玉质，占明器的 20% 。偶见于西汉中期。

标本 07 安·上 D49M6：55，白玉质，圆柱状，通体莹润光滑。高 2.1、径 0.5 ~ 0.8 厘米。（图版一二五：5）

第六节　石　器

共计 164 件，占随葬品总数的 2.08% 。（附表 11）

器物普遍保存完好，质地以砂岩为主。器物采用切割、打磨等工艺制作而成。

一　日用器

共 99 件，占石器总数的 60.36%。其中：

鼎　共 2 件，占日用器的 2.02%。偶见于西汉中期。器物均用整块滑石雕琢而成，器身厚重，质地酥软。口微敛，宽平唇，腹下部微鼓，圜底，下腹部附三个粗壮的高足，足横截面呈方形。

07 湖·杨 G2M3：8，带盖，盖作子口，弧面顶，塔形捉纽，纽下端有一个横向的圆形贯孔。腹上部有一对方形纽，通高 16、鼎高 12.9、口径 10 厘米。（图 3 - 62：1；图版一二七：1）

07 湖·杨 G2M3：18，器物左低右高。直口，口两侧附立耳，耳上端略外撇，耳中部有一个横向圆形贯孔，高 19.8 ~ 20.4、口径 16、腹径 16.5 厘米。（图 3 - 62：2；图版一二七：2）

砚　2 件，占日用器的 2.02%。偶见于西汉晚期至东汉早期。

05 奉·南 M181：1，青石质地。圆形，底有三足。外底分为三等分，均刻划弦纹。高 2.2、直径 18.6、厚 1.6 厘米。（图 3 - 62：3）

82 嵊·剡 M51：12，青石质地。圆形，平底下附三个宽扁足。砚壁雕刻上下交错的斜条纹。高 3.1、直径 14.5 厘米。（图 3 - 62：4；图版一二七：3）

研黛器　34 件，占日用器的 34.34%。流行于西汉中期至东汉中期，往往与黛板配套放置，个别边上搁有黛条。器物普遍作上圆下方，研面呈正方形，上连低矮的圆形捉纽，纽面或平整或略弧，研面光滑。少量形状不甚规则。

标本 89 龙·仪 M11：2，灰色粉砂岩。纽面饰刻划纹。高 1.5、边长 3.2、纽径 3.3 厘米。（图 3 - 62：5；图版一二七：4）

标本 92 上·羊 M2：7 - 2，直径 3.3 厘米。（图 3 - 62：6）

标本 92 上·羊 M3：8 - 1，呈不规则的扁平圆形，直径 3 厘米。（图 3 - 62：7）

标本 87 龙·东 M7：5 - 1，捉手面阴刻鸟纹和"李隆"二字。高 1.6、磨面边长 3.6、捉手直径 2.5 厘米。（图 3 - 62：8；图版一二七：5）

标本 86 杭·老 M131：5，灰色沉积岩。片状，方形，表面光滑。厚 0.2、边长 1.5 厘米。（图 3 - 62：9）

黛板　61 件，占日用器的 61.62%。流行于西汉中期至东汉中期，普遍与研黛器配套置于棺内头部，个别作单件与兵器置于腰部或单独置于边箱内，推测其有化妆和打磨兵器两种用途。研黛器黛板呈扁平长方形，正面光滑，并往往残留有红或黑色的颜料痕迹，背面略显粗糙。

标本 89 龙·仪 M11：3，长方形。长 14.5、宽 5.3、厚 0.3 厘米。（图 3 - 62：10；图版一二七：4）

标本 86 慈·陈 M18：2 - 2，扁平圆形，边缘有一道凹槽。直径 11.5、厚 0.5 厘米。（图 3 - 62：11）

二　工具

共 45 件，占石器总数的 27.44%。其中：

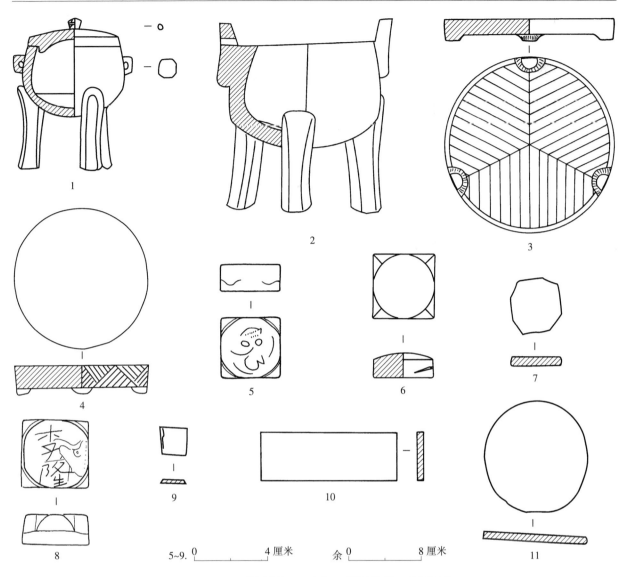

图 3-62　滑石鼎、石砚、石研黛器、石黛板

1. 鼎（07 湖·杨 G2M3：8）　2. 鼎（07 湖·杨 G2M3：18）　3. 砚（05 奉·南 M181：1）　4. 砚（82 嵊·剡 M51：12）
5. 研黛器（89 龙·仪 M11：2）　6. 研黛器（92 上·羊 M2：7-2）　7. 研黛器（92 上·羊 M3：8-1）　8. 研黛器
（87 龙·东 M7：5-1）　9. 研黛器（86 杭·老 M131：5）　10. 黛板（89 龙·仪 M11：3）　11. 黛板（86 慈·陈
M18：2-2）

锛　1 件，占工具的 2.22% 。见于西汉晚期。

刀　1 件，占工具的 2.22% 。见于东汉中期。

砺石　43 件，占工具的 95.56% 。流行于西汉晚期至东汉晚期。器物形状各异。

标本 82 嵊·剡 M51：13，平面呈不规则的椭圆形，正面平整，背面作馒首状，长 3 厘米。（图 3-63：1）

标本 87 湖·杨 D3M15：23，平面呈方形，磨面光滑，周边和背面粗糙。边长 2、厚 1 厘米。（图 3-63：2）

标本 05 奉·南 M109：4，砂岩质地。长条形，双磨面下凹，有明显的使用痕迹。长 22.4 厘米。（图 3-63：3）

标本 84 上·严 M124：12，长 14.2、宽 5.8、厚 3.2 厘米。（图版一二八：1）

三 明器

共 13 件，占石器总数的 7.93%。均出自画像石墓的前室内。

榻 3 件，占明器的 23.08%。见于东汉晚期。

标本 73 德·秋 M3：8-1，长方形，榻面平整，底面下弧。四边中一侧边和一端边凿成花边状，另两边较为简单。四足呈方形。高 22、长 164、宽 82 厘米。（图 3-63：4）

标本 63 德·凤 M1：4，长方形，榻面平整，上有纹饰，足各凿四方孔三个，内向下凸弧。高 27.7、长 150、宽 84.8 厘米。（图 3-63：5）

榻屏 1 件，占明器的 7.69%。见于东汉晚期。

63 德·凤 M1：2，四方形，正面刻有人物群像，三边有装饰纹。边长 84、厚 8 厘米。屏的两头均有嵌于槽座的榫头，宽 14.2、高 3.2 厘米。（图 3-63：6）

榻案 2 件，占明器的 15.38%。见于东汉晚期。

73 德·秋 M3：8-2，长条形，案面平整，底面下弧，两端附板状足，中部凿有两个方孔。足的侧面呈蹄形。高 27、长 162、宽 45 厘米。（图 3-63：7）

63 德·凤 M1：3，长条形，案面平整，底面下弧，两端附板状立足。高 22、长 144、宽 45 厘米。（图 3-63：10）

手握 3 件，滑石，占明器的 23.08%。

标本 08 湖·杨 D45M8：10、11，猪形，成对。出土时置于腰部两侧。整器作长条形，端头刻成猪首状，外侧以简洁的线条刻画出前后肢，内侧未刻画。背部和刻划肢体的一侧经过打磨。高 2、长 9.5、宽 1.8 厘米。（图版一二八：2）

另有石狮子 1 对，石槽 3 件，占明器的 30.77%。报道不详。

四 其他

共 7 件，占石器总数的 4.27%。其中：

滑石璧 1 件。

06 长·西 M1：8，残缺，乳白色，璧面饰乳丁纹。残径 16、好宽 7.4、厚 0.6 厘米。（图版一二三：5）

玩具 3 件，见于西汉晚期至东汉早期。

89 龙·仪 M10：16，扁平椭圆形，上下各钻一孔。卵石质地。长 3.6、宽 2.7、厚 0.6~1.5、孔径 0.6 厘米。（图 3-63：8）

89 龙·仪 M11：49，整体形似卵石，表面光滑。椭圆形，上下均呈斜面，其中一端斜度较大，中间贯孔。长 5.3、宽 3.3、孔径 1.5 厘米。（图版一二八：3）

89 龙·仪 M12：19，整体略呈鸭蛋形，上部穿孔，孔用对钻法钻成，卵石质地。长 5.1、宽 4、厚 3.2、孔径 0.4~1.4 厘米。（图 3-63：9；图版一二八：4）

另有印章、买地券、滑石珠各 1 件，报道不详。

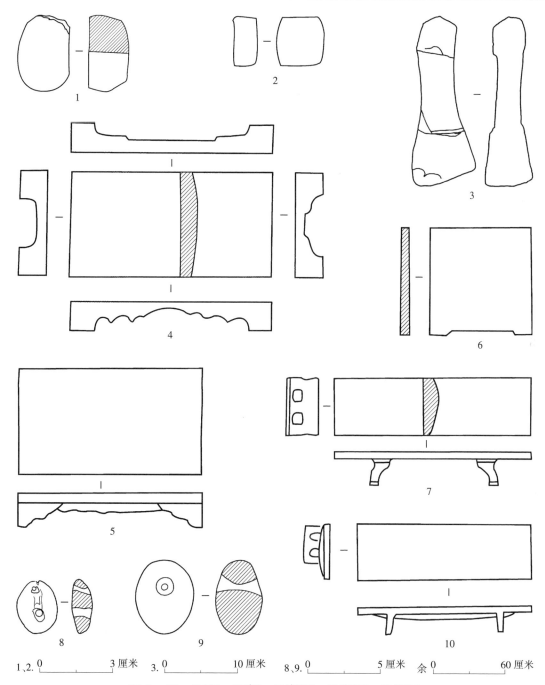

图3-63　砺石、石榻、石榻屏、石榻案、石玩具

1. 砺石（82嵊·刹 M51∶13）　2. 砺石（87湖·杨 D3M15∶23）　3. 砺石（05奉·南 M109∶4）　4. 榻（73德·秋 M3∶8-1）　5. 榻（63德·凤 M1∶4）　6. 榻屏（63德·凤 M1∶2）　7. 榻案（73德·秋 M3∶8-2）　8. 玩具（89龙·仪 M10∶16）　9. 玩具（89龙·仪 M12∶19）　10. 榻案（63德·凤 M1∶3）

第七节　漆木器

共78件，占随葬品总数的0.99%（附表12）。

器物普遍因腐烂而仅存漆皮或板灰痕迹，仅有个别墓中保存较好，且出土数量较多。在随葬品组合中往往处于陪衬地位，一般在单个墓中仅有一或两件，其种类亦仅限于奁或盒。器物均为木胎，内外髹漆，一般内壁均为红色，外壁则以黑色打底，红色作图。纹饰多以龙、凤、鸟、云气等为主纹，以各种几何纹为地纹。

一 日用器

共 37 件，占漆器总数的 47.44%。其中：

盒 5 件，占日用器的 13.51%。见于西汉早期至东汉早期。

标本 06 安·五 M1∶23，盖作覆碗形，母口，弧面顶，圈足形纽，纽内中心朱绘一蟠龙，外围饰三组相互连接的云气纹。盖面绘有四只鸟形图案，鸟间饰云气纹。盒作子口，腹壁上部稍直，近底部作弧形内收，圈足。口沿下及近底部朱绘弦纹，其间点缀小圆点，腹部绘有鸟形图案，其间衬以云气纹。通高 16.5、盒高 10.6、口径 16、底径 10.6 厘米。（图版一二九∶1）

奁 9 件，占日用器的 24.32%。见于西汉中期至东汉晚期。

标本 06 安·五 M1∶21，盖作母口，顶面微弧，上有三道凸弦纹，其间饰几何纹。奁作直口，腹壁上部垂直，底端弧收，平底。盖沿和奁腹各饰一周凤纹。通高 8.5、奁高 7.6、口径 27、底径 11.2 厘米。（图版一二九∶2）

盘 3 件，占日用器的 8.11%。见于西汉早期至东汉初期。

标本 06 安·五 M1∶18，侈口，圆唇，斜腹，平底。内外壁均髹黑漆。高 5、口径 45.5、底径 26 厘米。（图版一二九∶3）

标本 10 长·七 M4∶18，敞口，镏金铜扣，折肩，浅腹，平底。内外髹漆，外腹朱漆绘 4 组如意纹，内壁上腹部朱漆绘 4 组几何线纹、涡纹带梅点纹等，中心朱漆绘等分相间的 3 组抽象纹、梅点纹等。高 4、口径 24.3、底径 11.8、壁厚 2 厘米。（图 3-64∶1）

卮 1 件，占日用器的 2.70%。见于西汉早期。

06 安·五 M1∶22，盖母口，顶面微弧，上饰云气纹。卮为子口，深筒腹，一侧安扳指状铜耳，底附铜座，座下三蹄足。口沿下及近底部均饰弦纹，其间点缀小圆点，腹壁主题纹饰为对称的几何形云气纹。通高 16、卮高 13、口径 11.5、底径 11.5 厘米。（图版一三〇）

耳杯 13 件，占日用器的 35.14%。见于西汉早期至东汉初期。

标本 06 安·五 M1∶26，平面呈椭圆形，两侧附方耳。耳面朱线勾边，杯内口沿下及底部绘小圆点。内壁朱漆素面无纹，外壁饰云气纹。口长 18、口宽 17、底长 10、底宽 13 厘米。（图版一三一∶1）。

标本 10 长·七 M4∶20，残。椭圆形，两侧折长耳，弧腹，平底，耳面镶嵌镏金的铜条，器外壁及内壁口沿髹深褐色漆，内髹朱漆，在外壁口沿、腹部分别朱绘卷云纹和抽象鸟纹，器内底环周朱绘 4 道几何纹、涡纹、"S" 形纹等。高 2.8、器壁厚度约 0.1、残长 14、残宽 10.6 厘米。（图 3-64∶2；图版一三一∶2）

案 1 件，占日用器的 2.70%。见于西汉早期。

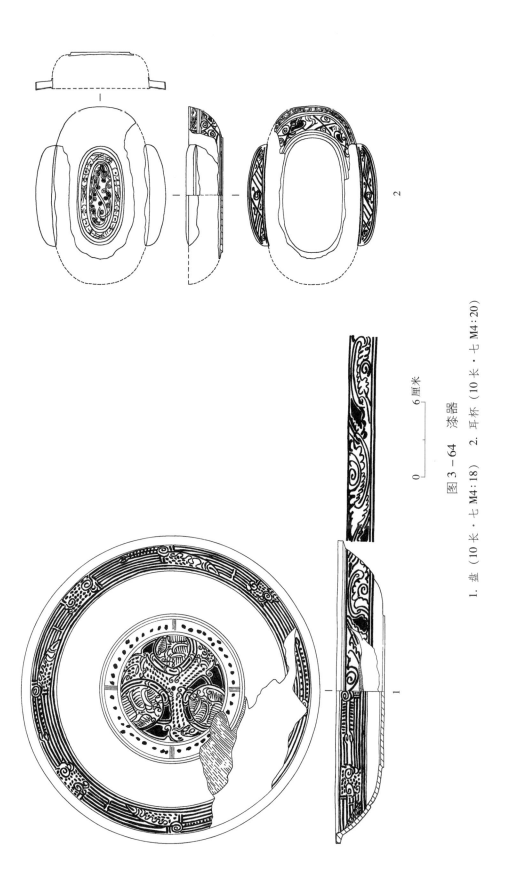

图 3 - 64　漆器

1. 盘（10 长・七 M4：18）　2. 耳杯（10 长・七 M4：20）

06 安·五 M1:20，案面呈长方形，四方对角镶边并高出案面，平底四角附足。边沿为黑漆地朱绘云气纹，四角黑漆地上用黄漆涂底，再朱绘云气纹。案面黑漆地上朱绘两排八组团状云气纹，外涂黄漆。高19、长83、宽49厘米。（图版一三二）

凭几 1件，占日用器的2.70%。

06 安·五 M1:17，由几面、足和足座三部分以透榫接合而成。几面呈马鞍形，两端耸起中部向下弧曲，两端稍狭似梭形。通体髹黑漆，素面。高35.5、长73、宽11.5厘米。（图版一三三：1）

篦 1件，占日用器的2.70%。见于西汉早期。

06 安·五 M1:66，马蹄形，34齿，极为细密均匀，完好如新。长6.5、宽5.3厘米。（图版一三三：2）

虎子 1件，占日用器的2.70%。见于西汉早期。

06 安·五 M1:1，整器由大小二虎透榫接合而成，形象逼真。主体为大虎，整木雕刻，虎身肥壮，呈匍匐状，侧首，张口竖耳，腹腔内空。系从一侧耳根处刳入虎腹，孔径8厘米。虎背有小虎形提梁，躯体修长，龇牙咧嘴，头贴大虎臀部，爪按大虎脊背，并有榫插入大虎背内。通体髹黑漆。高18.4、长34、宽16厘米。（图版一三三：3）

另有勺和坐便器各1件，占5.41%，报道不详。

二 娱乐器

共2件，占漆器的2.56%。其中：

瑟 1件，占娱乐器的50%。见于西汉早期。

06 安·五 M1:19，瑟面略呈弧形，由两块板拼合而成，两侧板一端为方形，另一端为弧形。尾岳有四个系弦的木枘，木枘头部呈涡状，木枘尚缠绕着用多股素弦搓成的弦。通体髹黑漆，素面无纹。瑟面长160、宽44厘米，侧板高9厘米。（图版一三三：4）

六博 1副，占娱乐器的50%。见于西汉早期。由博局与9颗博弈棋子组成，均髹黑漆。

标本06 安·五 M1:16，博局，方形。博面格局图案为双刀阴刻，正中一大方格，每边各伸出一个"T"字纹，大方格四角外侧各有一个圆圈纹。局面四边居中及四角各有一个"V"字纹。边长42、厚1厘米。（图版一三四：1）

标本06 安·五 M1:13，棋子，长方体，长1.5、宽1、厚0.6厘米。（图版一三四：2）

三 兵器

1件，占漆木器的1.28%。

箭杆 1组（5件）。见于西汉早期。

06 安·五 M1:55，箸竹箭杆，扣弦括呈"凹"字形。长69厘米。（图版一三四：3）

四 明器

7件，占漆木器的8.98%。

俑　7 件。见于西汉早期，躯体用整木雕刻而成，俑头为泥塑。服饰系雕刻而成，有长袍和长裙两种，还有手臂关节可活动的舞蹈俑。按造型可分为长裙立俑、长袍立俑和跪俑三类。其中：

长裙立俑　4 件。俑高 54～66、头部长 9～9.8、肩宽 13 厘米。

标本 06 安·五 M1∶37，上臂与小臂间的关节用竹钉为榫接装而成，可上下活动。（图版一三五∶1）

标本 06 安·五 M1∶05，着交领右衽式长裙，下把裙带飘逸。（图版一三五∶2）

长袍立俑　2 件。双手上臂直垂，小臂平抬胸前，无手掌。着交领右衽式长袍，外披对襟式长马甲。

06 安·五 M1∶03，俑高 55、头部长 9.8、肩宽 12.8 厘米。（图版一三五∶3）

06 安·五 M1∶04，大小、形制同前。（图版一三五∶4）

跪俑　1 件。

06 安·五 M1∶38，头部用肉雕技法，平顶，上方下弧，琢磨精细，口鼻耳眼端正。躯干仅刻划轮廓，双手上臂直垂，小臂上举，系用一圆木榫接而成，可左右活动，无手掌。两足屈膝向后，紧贴臀部下，无脚掌。俑高 35.5、头部长 8.5、肩宽 11.5 厘米。（图版一三五∶5）

另有残漆木器 31 件，占 39.75%。

第四章　墓葬分期

第一节　分期依据

对浙江汉墓各期、段的划分标准和年代判定，主要采用以下依据：

1. 有层位关系的墓葬

有层位关系的墓葬分两种不同的表现形式。一种是在同一墓地中存在着打破或叠压关系的墓葬，共有44组80余座；另一种是在人工堆筑的土墩中开口于不同层位的汉墓，共有56座。此类具有层位关系的墓葬，为各期、段的划分提供了可靠地层学依据。

2. 纪年墓

纪年墓共计13座。墓葬的纪年铭文普遍模印在墓砖上，个别镌刻在器物上，纪年铭文有东汉建初六年（81年），永元八年（96年）、十二年（100年）、十三年（101年）、十五年（103年），永初三年（109年）、六年（112年），永和二年（137年），熹平四年（175年）、五年（176年）。此类墓葬虽然墓砖的烧制、器物的生产、下葬的年代互有差异，但对各期年代的判定，仍具有不可或缺的作用。

3. 随葬钱币的墓葬

钱币是汉墓主要随葬品之一。统计表明，有163座墓葬随葬各类实用钱币和冥币，其中，随葬铜半两钱的9座、五铢钱的241座、剪轮五铢的2座、延环五铢和无文钱的各1座、大泉五十、货布、货泉等王莽钱的26座，釉陶麟趾金的30座，泥五铢的23座。所出土的各类实用币铸造时间，史书中均有明确记载，而冥币则是实用币的翻版。这些有着鲜明时代特征的实用币和冥币，为墓葬年代的上限提供了确切的依据，对区分墓葬的相对早晚关系具有重要作用。

4. 周边地区具有重要参考价值的纪年墓

入汉后，中国进入了大统一时代，邻近地区的文化面貌往往相同或近似。同时，陶瓷产品作为商品流动的现象在两汉时期已是十分广泛。因此，与浙江汉墓中造型一致的随葬品在周边地区汉代纪年墓中亦有所见，如江苏地区部分有着明确纪年的汉墓，对浙江汉墓的分期与断代具有十分重要的参考价值。

5. 墓葬形制和随葬品的变化

不同的时代和阶段，因宗教信仰、丧葬观念、审美情趣、科技水平等等的不同，墓葬的形制、结构和随葬品的种类、造型、装饰、质地等亦会有相应的变化，并形成时代或阶段的特征，这些变化和特征为汉墓的分期提供了类型学依据。

第二节　期段特征

通过综合分析大量考古发掘资料，并结合前述分期依据，我们可将浙江地区迄今所发表的770座汉墓中，保存状况较好的661座汉墓，分为12个早晚不同的发展阶段。其中：

第1段

墓葬仅有5座。类型为单一的二类A型Ⅰ式（土坑木椁单葬）墓。

墓葬的打破关系有：

92余·老D1M14被同一土墩中的M10（属第2段）打破。

墓坑以长方形为主，个别为带墓道的"凸"字形。墓上多保留有封土堆，墓内多采用原土回填，部分用青膏泥密封。葬具采用榫卯结构拼装而成，其中木椁呈长方形或方形箱式，椁内间隔有棺箱、边箱和头箱。个别椁外前端放置有木胎人偶。木棺呈长条形箱式，内外髹漆，棺身与盖之间用细腰榫扣合。

随葬品共计140件（组），其中陶器97件，铜器5件（组），玉料器5件，漆器33件。器物以陶A型豆，A型钫，A型和B型Ⅰ式鼎，A型盒，A型Ⅰ式敞口壶，Ⅰ、Ⅱ式罐为基本组合，伴出有A型印纹陶罐、铜Ⅰ式蟠螭纹镜和种类丰富的漆器。

陶器的腹部普遍浑圆，底多为高圈足或三足。其中A型钫由长颈、折腹发展为短颈、扁鼓腹；A型鼎由浅直腹变为深腹；B型鼎为浅圜底、三足外撇；A型Ⅰ式敞口壶的口沿较直，圆鼓腹，高圈足；罐由三瓦足演变为圈足。

器物的装饰，泥质彩绘陶以云纹、旋涡纹、三角几何纹为主，图案繁缛而略带神秘色彩；印纹陶拍印规整的米格纹；高温釉陶刻划水波纹，釉呈茶绿色。

陶器质地以彩绘陶占主流，高达65.98%。另有少部分高温釉陶和泥质陶。

第2段

墓葬共23座（内有7座土坑类墓未能确定型式）。类型以一类A型（土坑木棺单葬）墓为主，二类A型Ⅰ式（土坑木椁单葬）墓继续流行。

墓葬的打破关系有：

92余·老D1M10打破1段中的D1M14。

墓坑以长方形为主，个别为带墓道的"凸"字形，并有附属的随葬器物坑。墓内用原土回填。葬具仍以箱式棺椁为主，个别采用"人"字形结构的前后椁室。

随葬品共计215件（组），其中陶瓷器203件，铜器3件（组），银器2件，玉料器6件（组），漆器1件。

器物的面貌因地域的不同而分为风格迥异的两类，其中湖嘉余、宁绍、杭金衢地区以陶礼器为主，日用器为辅。器物以陶B型Ⅱ式鼎，B型Ⅰ、Ⅱ式盒，Ⅰ、Ⅱ式瓿，A型Ⅰ、Ⅱ式敞口壶，A型Ⅰ式弦纹罐，Aa型Ⅰ式和B型Ⅰ式罍为基本组合，伴有铜半两钱；而温丽台地区则以日用的印纹陶器为主，器物的基本组合为匏壶、A 型瓿式罐、B 型印纹陶罐、D 型鼎，个别墓中伴出有泥质陶仿铜乐器。

陶器的腹部普遍扁折，腹最大径以下呈斜直状内收，三足器和高圈足器继续流行。其中 B 型鼎由浅圜底发展成平底、盖面上的环形纽改为钟形纽；B 型盒纽呈圈足状、底为矮圈足；瓿由圈足过渡成平底；A 型敞口壶腹部由圆鼓趋向扁折，高圈足。此外，漆器的数量锐减。

器物的装饰，泥质陶彩绘纹饰消失而普遍呈素面；印纹陶普遍为米格纹和斜方格纹，斜方格纹和麻布纹，涂抹式的弦纹与小方格纹、麻布纹、方格填线纹的组合纹饰，部分为单一的编织纹；高温釉陶的肩、腹部往往刻划形态不同的弦纹和水波纹，耳面普遍装饰叶脉纹（即简化的绚索纹）。其中瓿的铺首模印眼、鼻、嘴俱全的写实状人面纹，鼎的立耳面则模印各种几何形纹饰。

陶器质地以高温釉陶为主，占该段陶器的占 48.77%，硬陶、泥质陶、印纹陶仅有少量发现，且数量大致相等。高温釉陶器的质量普遍较好，釉色以茶绿或青黄色为主，釉层往往带有较强的光泽感，胎色以乳白或灰白为主，胎质较为细腻。

第 3 段

墓葬共 20 座。类型仍以一类 A 型（土坑木棺单葬）墓为主，占 60%，二类 A 型 I 式（土坑木椁单葬）墓继续流行，且数量略有所增。新出现有少量二类 B 型 I 式（土坑木椁同穴合葬）墓。

墓葬的层位关系有：

06 湖·杨 D28M4（②层下开口；本段）早于 M6、M7、M15（①层下开口；4 段），M12、M13（5 段），M3、M8（6 段），M14（7 段）以及 M1、M2、M5（8 段）。[①]

墓坑普遍呈长方形，个别为带墓道的"凸"字形。

随葬品共计 315 件（组），其中陶器 285 件（组），铜器 18 件（组），铁器 4 件，玉料器 4 件（组），石器 2 件，漆器 2 件。

器物以陶 B 型 II、III 式鼎，B 型 II、III 式和 C 型 I、II 式盒，A 型 II、III 式瓿，A 型 II、III 式敞口壶，III 式罐，A 型 I 式弦纹罐，Aa 型 I 式罍，A 型 I 式灶（含釜、甑，下同）；伴出铜 II 式蟠螭纹镜、I 式日光镜、半两钱；铁剑、刀；石黛板、研黛器。在部分规格较大的墓中，常常伴出有陶质的 A 型房屋、猪舍、牲畜模型等。

在器物的演变方面，陶 B 型 I 式鼎，B 型 I 式盒，A 型 I 式瓿，A 型 I 式敞口壶，I、II 式罐相继消失，而 B 型 III 式鼎，B 型 III 式和 C 型 II 盒，A 型 III 式瓿，A 型 III 式敞口壶，III 式罐，A 型 I 式井以及铜 II 式蟠螭纹镜、I 式日光镜则陆续出现。其中陶 B 型钫器身由修长趋向丰满，圈足转为平底；B 型盒腹壁趋向斜直收，盖面出现乳丁；A 型 III 式敞口壶腹最大径上移，圈足变低、足壁趋直；A 型灶为单眼。

器物的装饰，印纹陶由组合纹变为单一的编织纹，纹饰仍模糊而多有重叠；高温釉陶器的纹饰与前段基本相同，个别铺首上模印人物、肩部黏附玉璧形图案。

① 浙江省文物考古研究所：《湖州市杨家埠二十八号墩汉墓》，《浙江汉六朝墓报告集》，11 页、图二，科学出版社，2012 年。

陶器的质地仍以高温釉陶器占据主导位置，占各类陶器的82.70%。另有少量的硬陶和印纹陶及零星的泥质陶。高温釉陶器的胎釉结合程度普遍较好，釉色以青黄色为主，茶绿色有所减少，胎色呈灰白或烟灰色，质地较为致密。

第4段

墓葬共30座（内有1座土坑类墓未能确定型式），类型以二类A型Ⅰ式（土坑木椁单葬）墓为主，占63.33%。一类A型（土坑木棺单葬）墓继续流行，但数量不及二类B型Ⅰ式（土坑木椁同穴合葬）墓和二类C型（并列式异穴合葬）墓。

墓葬的层位关系有：

1）06湖·杨D28M9、M10（②层下开口；本段）早于M12、M13（①层下开口；5段），M3、M8（6段），M14（7段），M1、M2、M5（8段）。

2）06湖·杨D28M6、M7（本段）均被M3（6段）打破。

3）06湖·杨D28M15（本段）被M5（8段）打破。

墓坑以长方形为主，个别为带墓道的"凸"字形。

随葬品共计646件（组），其中陶器543件（组），铜器51件（组），铁器28件，玉料器12件，石器6件，漆木器6件。

随葬器物的基本组合为陶B型Ⅱ、Ⅲ式和C型Ⅰ、Ⅱ式鼎，B型Ⅱ、Ⅲ式和C型Ⅰ、Ⅱ盒，A型Ⅲ、Ⅳ式瓿，A型Ⅳ、Ⅴ式敞口壶，A型Ⅰ、Ⅱ式盘口壶，Ⅲ式罐，A型Ⅱ、Ⅲ式和B型Ⅰ、Ⅱ式弦纹罐，Aa型Ⅰ、Ⅱ式和B型Ⅱ、Ⅲ式罍，A型Ⅱ、Ⅲ式和B型Ⅰ、Ⅱ式灶，A型Ⅰ、Ⅱ式和B型Ⅰ式井；伴出铜星云镜，连弧纹镜，Ⅰ、Ⅱ式日光镜，昭明镜，五铢钱；铁剑，刀；石黛板，研黛器。在部分规格较大的墓葬中，则伴出有陶A型房屋和各种牲畜模型、成堆的陶麟趾金和泥五铢。

器物的演变方面，在陶A型Ⅲ式敞口壶、B型Ⅰ式罍相继消失的同时，鼎和盒的数量略有减弱，而瓿和敞口壶的数量则有所增加。新出现了陶C型Ⅰ、Ⅱ式鼎，A型Ⅳ式瓿，A型Ⅰ、Ⅱ式盘口壶，B型Ⅰ、Ⅱ式弦纹罐，B型Ⅱ、Ⅲ式罍，A型Ⅱ式和B型Ⅰ、Ⅱ式灶，A型Ⅰ、Ⅱ式和B型Ⅰ式井以及铜Ⅰ式连弧纹镜、草叶纹镜、Ⅱ式日光镜、昭明镜、星云镜。其中陶B型鼎盖的捉纽已变为圈足形，三足趋矮；B型盒盖面的乳丁逐渐消失而成为弧面顶；瓿的铺首进一步减低；A型敞口壶口沿逐渐外侈，圈足演变为卧足；A型盘口壶的盘口介于侈口和盘口之间，浅卧足；罐由圈足转为平底；A型弦纹罐的颈与肩交界线趋于明显，腹部圆鼓；B型弦纹罐腹壁较鼓；Aa型和B型罍腹部圆鼓而最大径移至中部。

陶器的质地仍以高温釉陶为主，占65%。器物的胎釉结合程度开始呈下降趋势，釉层出现较多的流釉和聚釉现象，釉色中黄或黄褐色的比重逐渐增加，青黄色釉退居次要位置。胎色以灰或深灰色占多，胎质的致密度不如前段。硬陶、泥质陶和印纹陶的数量略有增加。

第5段

该段墓葬共46座。类型以继续流行的二类A型Ⅰ式（土坑木椁单葬）墓和一类A型（土坑木棺单葬）墓为主，分别占据45.66%和34.78%。另有少量的二类C型（并列式异穴合葬）墓。新出现了零星的一类B型（土坑木棺合葬）墓和二类D型Ⅰ式（间隔式土坑木椁异穴合葬）墓。

墓葬的层位关系有：

1）87 湖·杨 D3M2、M17（②层下；本段）早于 M2、M6、M9、M10、M12、M14、M16、M18（①层下；6 段）和 M1、M4、M5、M7、M8、M11、M15、M19（①层下；7 段）。同时，M13（本段）被 M12（6 段）打破。

2）87 湖·杨 D11M8（③层下；本段）早于 M1（②层下；6 段）和 M3、M4（①层下；6 段）。

3）87 湖·杨 D12M6（②层下；本段）早于 M2（①层下；7 段）。

4）06 湖·杨 D28M12 和 M13（①层下；本段）晚于 M2（②层下；3 段）和 M9、M10（②层下；4 段）。

5）08 湖·白 G4M31（本段）被 M32（6 段）打破。

墓坑以长方形为主，少量为带墓道的"凸"字形。

随葬品共计 713 件（组），其中陶瓷器 614 件，铜器 47 件（组），铁器 31 件，玉料器 6 件，石器 10 件，漆器 5 件。

随葬器物的基本组合为陶 B 型Ⅳ式和 C 型Ⅲ、Ⅳ式鼎，B 型Ⅱ、Ⅲ式和 C 型Ⅱ式盒，A 型Ⅳ、Ⅴ式瓿，A 型Ⅳ、Ⅴ式敞口壶，A 型Ⅱ、Ⅲ式盘口壶，Ⅲ式罐，A 型Ⅲ、Ⅳ式和 B 型Ⅱ、Ⅲ式弦纹罐，Aa 型Ⅰ、Ⅱ式和 B 型Ⅱ、Ⅲ式罍，A 型Ⅱ、Ⅲ式和 B 型Ⅱ式灶，A 型Ⅰ、Ⅱ式和 B 型Ⅰ、Ⅱ式井；伴出铜Ⅱ式蟠螭纹镜、Ⅱ式日光镜、昭明镜、星云镜、五铢钱；铁剑、刀；石黛板、研黛器。在一些大型墓内仍随葬有陶 B 型钫，A 型房屋模型，牲畜模型，麟趾金及泥五铢。

在器物的演变方面，陶 C 型Ⅰ、Ⅱ式鼎，A 型Ⅲ式敞口壶，A 型Ⅰ式和 B 型Ⅰ式灶消失。新出现陶 C 型Ⅲ、Ⅳ式鼎，A 型Ⅴ式瓿，A 型Ⅲ式盘口壶，A 型Ⅳ式和 B 型Ⅲ式弦纹罐，A 型Ⅲ式灶，B 型Ⅱ式井。其中陶 B 型和 C 型鼎双耳进一步趋低，三足逐渐变矮，盖为弧面顶；B 型盘口壶口沿极浅，腹部圆鼓；A 型灶灶面设双眼；B 型灶则由三眼改为双眼，且后壁较为垂直；A 型井演变成口小底大的垂腹状。

器物纹饰略有所增，新出现的鸟纹，一身多首，纹样繁复。

陶器质地虽仍以高温釉陶为主，但比例有所下降，占 55.54%。但釉层流失和聚釉的现象有所增多。釉色多呈青黄或黄褐色，釉层普遍缺乏光泽感。硬陶数量略有所增，另有部分泥质陶和少量的印纹陶。

第 6 段

墓葬共 108 座。类型继续以二类 A 型Ⅰ式（土坑木椁单葬）墓（占 50%）和一类 A 型（土坑木棺单葬）墓（占 28.70%）为主，另有部分二类 B 型Ⅰ式（土坑木椁同穴合葬）墓和少量的二类 C 型（并列式异穴合葬）墓及二类 D 型Ⅰ式（间隔式土坑木椁异穴合葬）墓。同时，一类 B 型（土坑木棺合葬）墓消失。

墓葬的层位关系有：

1）87 湖·杨 D3M3、M10、M16（②层下；本段），早于 M1、M4、M5、M7、M8、M11、M15、M19（①层下；7 段）；M6、M9、M14、M18（①层下；本段），则晚于 M2、M13、M17

（②层下；5 段）。同时，M12（本段）打破 M13（5 段）。

2）87 湖·杨 D4M3、M5、M6、M8、M12（②层下；本段）早于 M1、M2、M7、M9、M10（①层下；7 段）。同时，M8（本段）被 M2（7 段）打破。

3）87 湖·杨 D8M5（本段）被 M2（7 段）打破。

4）87 湖·杨 D11M1（②层下；本段）晚于 M8（③层下；5 段）。

5）87 湖·杨 D12M4 和 M5（②层下；本段）早于 M2（①层下；7 段）。

6）06 湖·杨 D28M8（①层下；本段）晚于 M4（②层下；3 段）和 M9、M10（②层下；4 段）；M11（②层下；本段）早于 M14（①层下；7 段）和 M1、M2、M5（①层下；8 段）；M3（本段）打破 M6 和 M7（4 段）。

7）08 湖·白 G4M32（本段）打破 M31（5 段）。

8）98 湖·方 D3M26、M31（本段）分别被 M20、M21、M30（7 段）打破。

9）86 杭·老 M156（本段）被 M155（8 段）打破。

墓坑仍以长方形占主流，带墓道的“凸”字形墓略有所增，新出现了个别墓道位于一侧的刀形墓。在一些合葬墓中，墓坑的长宽比例有所缩小，使平面呈方形或近方形。墓内的防潮设施开始兴起，其形式以墓底挖渗水沟、坑为主，沟、坑内铺垫卵石，个别通过涵洞将渗水导往墓外的排水沟中。此外，在个别墓中有的墓道一侧挖有壁龛，有的墓道和墓坑之间置有盛放器物的木箱。

随葬品共计 1576 件（组），其中陶瓷器 1307 件（组），铜器 133 件，铁器 71 件，玉料器 20 件，石器 28 件，漆器 17 件。

随葬器物的基本组合为陶 B 型Ⅳ、Ⅴ式和 C 型Ⅳ、Ⅴ式鼎，B 型Ⅲ式和 C 型Ⅱ式盒，A 型Ⅳ、Ⅴ式瓿，A 型Ⅴ、Ⅵ式敞口壶，A 型Ⅱ、Ⅲ式和 B 型Ⅰ、Ⅱ式盘口壶，Ⅲ、Ⅳ式罐，A 型Ⅱ、Ⅲ式和 B 型Ⅱ、Ⅲ式及 C 型Ⅰ、Ⅱ式弦纹罐，Aa 型Ⅱ式和 Ab 型Ⅱ式及 B 型Ⅱ、Ⅲ式罍，A 型Ⅱ、Ⅲ式和 B 型Ⅰ、Ⅱ式灶，A 型Ⅱ式和 B 型Ⅰ、Ⅱ式井；伴出铜Ⅱ式蟠螭纹镜、Ⅱ式日光镜、昭明镜、星云镜、四虺四乳镜、Ⅰ式博局镜、禽兽镜、五铢钱；铁剑、刀；石黛板、研黛器。

在器物的演变方面，陶鼎和盒的数量进一步减少，陶瓿和壶则猛增，同时日用器的数量也大大增多。其中陶鼎的双耳和瓿的铺首下降至贴近器壁；B 型盒的腹壁斜收和底径缩小；A 型敞口壶口沿进一步外展，器身趋向瘦削，卧足变浅；A 型盘口壶的盘口加深，腹部呈球状，高圈足；B 型盘口壶盘口壁直而较浅。

装饰纹饰中的鸟纹转向简单、写意。

陶器质地中仍占据首位的高温釉陶，比例继续下降，占 52.41%。器物胎釉结合程度进一步下降，釉层普遍出现流失的现象，而胎色多呈深灰色，胎内含有较多的石英颗粒。硬陶数量有较多的增加，另有部分印纹陶和泥质陶器。

第 7 段

墓葬共 162 座，类型仍以二类 A 型Ⅰ式（土坑木椁单葬）墓（占 43.83%）和一类 A 型（土坑木棺单葬）墓（占 26.54%）为主，另有部分二类 B 型Ⅰ式（土坑木椁同穴合葬）墓、少量的二类 C 型（并列式异穴合葬）墓及二类 D 型 I 式（间隔式土坑木椁异穴合葬）墓。同时，新出现了零星的二类 A 型 II 式（土坑砖椁单葬）墓和二类 D 型 II 式（间隔式土坑砖椁异穴合葬）墓。

墓葬的层位关系有：

1）87 湖·杨 D3M1、M4、M5、M7、M8、M11、M15、M19（①层下；本段）晚于 M2、M13、M17（②层下；5 段）和 M3、M10、M18（②层下；6 段）。

2）87 湖·杨 D4M1、M7、M9、M10（①层下；本段）晚于 M6、M8、M12（②层下；6 段）。同时，M2（本段）打破 M8（6 段）。

3）87 湖·杨 D8M2 打破 M5（6 段）。

4）87 湖·杨 D12M2（①层下；本段）晚于 M4、M5（②层下；6 段）。

5）06 湖·杨 D28M14（本段）被 M2（8 段）打破。

6）98 湖·方 D3M20、M21 和 M30（本段）分别打破 M26 和 M31（6 段）。

7）86 杭·老 M148、M154（本段）分别被 M129 和 M153（8 段）打破。

8）89 龙·仪 M10（本段）被 M15（9 段）打破。

9）83 鄞·高 M37（本段）被 M40（9 段）打破。

墓坑形状仍以长方形为主，带墓道的"凸"字形墓有所增加。部分墓内构建有排水沟或渗水坑。新出现的二类 A 型 II 式（土坑砖椁单葬）墓，由砖砌的椁室和木质盖板所组成。其砖椁采用平砌错缝的方式砌筑；而二类 D 型 II 式（间隔式土坑砖椁异穴合葬）墓则由二或三个并列的椁室组成，两椁之间有一个"神仙洞"相通。

随葬品共计 2150 件（组），其中陶器 1571 件（组），铜器 290 件（组），铁器 194 件，银器 1 件，玉、料器 41 件，石器 44 件，漆木器 9 件。

随葬器物基本组合为陶 A 型 V、VI 式瓿，A 型 V、VI 式敞口壶，A 型 IV、V 式和 B 型 II、III 式盘口壶，III 式罐，A 型 III、IV 式和 B 型 II、III 式及 C 型 II、III 式弦纹罐，Ab 型 II、III 式和 B 型 III、IV 式及 C 型 I 式罍，B 型 II、III 式灶，A 型 II、III 式和 B 型 II、III 式井；伴出铜 II 式连弧纹镜、II 式日光镜、昭明镜、四虺四乳镜、I 式博局镜、禽兽纹镜、大泉五十、大布黄千、货布；铁剑、刀；石黛板、研黛器。

在器物的演变方面，陶器数量继续增加。鼎、盒，B 型 I 式盘口壶，B 型 II 式罍，A 型灶消失，新出现 VI 式瓿，B 型 III 式盘口壶，V 式罐，A 型 IV 式、C 型 III 式弦纹罐，Ab 型 III 式和 B 型 IV 式及 C 型 I 式罍，B 型 III 式灶，B 型 III 式井；II 式连弧纹镜。其中瓿的铺首普遍已紧贴器壁，器身渐趋瘦削，腹部出现密集的弦纹；A 型敞口壶底与腹径的比例缩小，腹壁趋弧；A 型盘口壶的盘口逐渐增大，圈足转为平底，腹部出现密集的弦纹。

在器物质地方面，高温釉陶比例继续下降，占 49.01%，而硬陶则继续增加，占 30.80%。另有部分泥质陶和印纹陶。

第 8 段

墓葬共 108 座。类型的数量和比例上，二类 A 型 I 式（土坑木椁单葬）墓和 II 式（土坑砖椁单葬）墓及一类 A 型（土坑木棺单葬）墓平分秋色，分别占 23.15%、24.07%、

20.27%。二类 B 型 I 式（土坑木椁同穴合葬）墓、二类 C 型（并列式异穴合葬）墓、二类 D 型 I 式（间隔式土坑木椁异穴合葬）墓、二类 D 型 II 式（间隔式土坑砖椁异穴合葬）墓继续少量流行。新出现二类 B 型 II 式（土坑砖椁同穴合葬）墓、二类 B 型 III 式（带甬道土坑砖椁同穴合葬）墓、二类 A 型 I 式（土圹券顶单室单葬）墓，其中三类 A 型 I 式墓旋即成为此后的主流型式。

墓葬的层位关系有：

1）06 湖·杨 D28M1（①层下开口；本段）晚于 M4（②层下；3 段）、M9 和 M10（4 段）、M11（6 段）。同时，M2 和 M5（本段）分别打破 M14（7 段）和 M15（4 段）。

2）86 杭·老 M155（本段）打破 M156 和 M157（6 段）。

3）86 杭·老 M153（本段）打破 M154（7 段）。

该段的纪年墓有：57 淳·官 M28（东汉建初六年，81 年）。墓坑普遍呈长方形，少量为"凸"字形和方形。二类 A 型 I 式（土坑木椁单葬）墓内仍流行构建防潮设施，个别墓内椁室四周铺设较厚的白膏泥。土坑砖椁墓的砌筑结构与前期基本相同，有的墓内底面放置垫棺砖。新出现的券顶砖椁墓墓壁采用平砌错缝的方式上砌，自底向上 0.80 米左右改用楔形砖内收成券，铺垫砖普遍为两横两纵结构。

随葬品共计 862 件（组），其中陶瓷器 559 件，铜器 144 件（组），铁器 121 件，银器 2 件，玉料器 15 件，石器 19 件，漆木器 2 件。

随葬器物的基本组合为陶 A 型 VI 式瓿，A 型 VI 式敞口壶，A 型 IV、V 式和 B 型 III 式盘口壶，IV 式罐，A 型 III、IV 式和 B 型 III 式及 C 型 II、III 式弦纹罐，Aa 型 II、III 式和 B 型 IV 式罍，I、II 式锺，B 型 II、III 式灶，B 型 II、III 式井；伴出铜 III 式连弧纹镜、II 式日光镜、昭明镜、四乳四乳镜、I 式博局镜、II 式博局镜、禽兽纹镜、龙虎镜、神兽镜、画像镜，五铢钱、大泉五十、大布黄千；铁剑、刀；石黛板、研黛器。

在器物的演变方面，陶 A 型 V 式瓿，A 型 V 式敞口壶，A 型 III 式和 B 型 II 式盘口壶，B 型 III 式罍相继消失，新出现 I、II 式锺，陶器数量锐减三分之二；II 式博局镜、龙虎镜、神兽镜、画像镜。其中陶瓿的器身由瘦削转向矮胖，肩部的铺首逐渐被环形双耳所替代；罍的编织纹变为梳状纹；I 式锺为球腹、矮圈足、腹部装饰密集的弦纹。

器物质地上，硬陶首次占据主流，占 39.71%，高温釉陶锐减而退居其次，占 31.31%，另有部分泥质陶和印纹陶。

第 9 段

墓葬共 54 座。类型以三类 A 型 I 式（土圹券顶单室单葬）墓为主，占 40.74%，二类 A 型 II 式（土坑砖椁墓单葬）墓居次，占 35.19%。一类 A 型（土坑木棺单葬）墓、二类 A 型 I 式（土坑木椁单葬）墓、二类 B 型 II 式（土坑砖椁同穴合葬）墓、二类 B 型 III 式（带甬道土坑砖椁同穴合葬）墓均继续少量流行。新出现零星的三类 A 型 II 式（土圹券顶多室单葬）墓、三类 B 型 I 式（土圹券顶单室合葬）墓、三类 B 型 II 式（土圹券顶多室合葬）墓。二类 B 型 I 式（土坑木椁同穴合葬）墓消失。另有部分二类 C 型（并列式异穴合葬）墓。

墓葬的层位关系有：

1）89 龙·仪 M15（本段）打破 M10（7 段）。

2）83 鄞·高 M40（本段）打破 M37（7 段）。

3）83 鄞·高 M36（本段）被 M39（10 段）叠压。

本段中的纪年墓有：

1）93 上·驮 M30（东汉永元八年；96 年）。

2）93 上·驮 M31（东汉永元十二年；100 年）。

3）92 上·后 M16（东汉永元十三年；101 年）。

4）84 上·严 M229（东汉永元十五年；103 年）。

墓坑仍以长方形为主，在土坑木椁墓中，有个别的方形或近方形；土坑砖椁墓和券顶砖室墓中有个别"凸"字形和刀形。墓葬的结构，土坑砖椁墓仍采用平砌错缝的砌筑方法，铺底砖以两横两纵为主，部分呈"人"字形。券顶砖椁墓的砌筑结构与前段基本相同，只是个别椁室的后部出现了高于前部的砖质棺床。墓内的防潮措施，排水沟、渗水坑在部分土坑木椁和砖椁墓以及券顶砖椁墓中仍有所见。同时，个别券顶砖椁墓中，出现了较为复杂的排水系统，即在整个椁室的底部用砖间隔出密集而纵横相通的渗水沟，并将所蓄的渗水从中间一道大的排水沟内导出墓外。

随葬品共计 398 件（组），其中陶瓷器 262 件，铜器 58 件（组），铁器 53 件，金器 2 件，银器 1 件，玉、料器 4 件，石器 18 件。

随葬器物的基本组合为陶 A 型 IV、V 式盘口壶，IV、V 式罐，A 型 IV 式和 B 型 III 式及 C 型 III 式弦纹罐，Aa 型 III、IV 式、Ab 型 II、III 式和 B 型 IV、V 式及 C 型 I、II 式罍，II、III 式锺，I、II 式五管瓶，B 型 II、III 式灶，A 型 II、III 式和 B 型 II、III 式井；伴出铜 III 式连弧纹镜、I 式博局镜、禽兽纹镜、龙虎镜、神兽镜、画像镜，五铢钱；铁剑、刀；石黛板、研黛器。

在器物的演变方面，陶瓿、敞口壶，I、II 式锺消失，新出现 V 式罐，II、III 式锺，I、II 式五管瓶。其中陶瓷 C 型 I 式盘口壶为浅盘口，腹壁由弧转折；A 型弦纹罐由直口演变为束口，腹部逐渐显扁；B 型弦纹罐的下腹斜收加剧，口径与底径的比例增大；D 型弦纹罐腹部外鼓，通体弦纹消失而仅在肩部划两道细弦纹；Aa 型罍的纹饰由梳状纹演变为网格纹，并向窗帘纹发展；Ab 型罍的网格纹消失，出现窗帘纹；锺的腹部由圆鼓向扁鼓发展，圈足逐渐增高；五管瓶由扁腹、高圈足发展为球腹、矮圈足。

第 10 段

墓葬共 47 座。类型以三类 A 型 I 式（土圹券顶单室单葬）墓为主，占 91.49%。三类 A 型 II 式（土圹券顶多室单葬）墓和 B 型 I 式（土圹券顶单室合葬）墓仍有零星流行，一类 A 型（土坑木棺单葬）墓、二类 A 型 I 式（土坑木椁单葬）和 II 式（土坑砖椁单葬）墓、二类 B 型 II 式（土坑砖椁同穴合葬）和 III 式（带甬道土坑砖椁同穴合葬）墓相继消失。

墓葬的层位关系有：

83 鄞·高 M39 叠压 M36（9 段）。

本段中的纪年墓有：

1）73 上·蒿 M52（东汉永初三年；109 年）。

2）93 上·驮 M15（东汉永初六年；112 年）。

墓葬以长方形为主，同时，带甬道的"凸"字形和刀形墓数量有较大的增加。券顶砖椁墓的椁壁普遍采用平砌错缝砌筑，个别为三顺或五顺一丁结构，铺底砖形式仍以两横两纵为主，另有"人"字形、编织纹形和平铺错缝等。椁室后部的垫棺砖、棺床在此段中继续流行并有所增多，个别墓内后壁出现灯台。

随葬品共计 349 件（组），其中陶瓷器 278 件，铜器 21 件（组），铁器 27 件，银器 3 件，玉、料器 7 件，石器 12 件，漆器 1 件。

随葬器物的基本组合为陶瓷 B 型Ⅲ式和 C 型Ⅰ式盘口壶，Ⅴ式罐，A 型Ⅳ式和 B 型Ⅲ式及 C 型Ⅲ式弦纹罐，Aa 型Ⅲ～Ⅴ式和 Ab 型Ⅱ、Ⅲ式及 C 型Ⅱ式罍，Ⅲ、Ⅳ式锺，Ⅲ、Ⅳ式五管瓶，B 型Ⅱ、Ⅲ式灶，B 型Ⅱ、Ⅲ式井；伴出铜Ⅲ式连弧纹镜、Ⅰ式博局镜、神兽镜，五铢钱；铁剑、刀；石黛板、研黛器。

在器物的演变方面，陶 C 型Ⅰ式罍，Ⅱ式锺，Ⅱ式五管瓶消失，新出现 C 型Ⅰ式盘口壶，Ⅳ式锺，Ⅳ式五管瓶。其中陶 C 型盘口壶折腹更加明显，底由平底转向假圈足；D 型弦纹罐的腹最大径移至上端；C 型罍的纹饰由梳状纹演变为网格纹；锺的腹部由扁鼓发展成扁折，圈足进一步增高，并在足的根部出现两个对称的小圆孔；五管瓶的器身逐渐增高，下部出现兽状堆纹，底由圈足演变为假圈足。

器物质地上，高温釉陶消失，酱色瓷数量大增，新出现较少的青瓷器。低温釉陶和泥质硬陶平分秋色，其中低温釉陶占 33.81%，泥质硬陶占 31.29%。

第 11 段

该段墓葬共 37 座（内有型式不明的土坑和砖室墓各 1 座）。类型以三类 A 型Ⅰ式墓（土圹券顶单室单葬）墓为主，占 72.98%。三类 A 型Ⅱ式（土圹券顶多室单葬）墓和 B 型Ⅰ式（土圹券顶单室合葬）墓仍有零星流行，新出现了零星的三类 D 型（画像石）墓。

本段中的纪年墓有：

1）93 安·天 M1（东汉永和二年，137 年）。

2）78 奉·白 M3（东汉熹平四年，175 年）。

3）06 安·高 D13M1、M2（东汉熹平五年，176 年）。

墓葬仍以长方形为主，带甬道的"凸"字形墓数量有较大的增加，刀形墓仅有零星发现。墓壁的砌筑方法普遍采用平砌错缝，个别为三顺或五顺一丁的丁顺结构。铺底砖以平铺错缝为主，亦有少量呈"人"字形或两横两纵形式。砖砌的棺床、底面放置的垫棺砖在一些墓中仍有所见。同时，有的墓内前部两侧出现了砖质祭台，有的前部两侧出现耳室。

随葬品共计 330 件（组），其中陶瓷器 276 件，铜器 26 件（组），铁器 12 件，金器 2 件，银器 3 件，玉、料器 1 件，石器 10 件。

随葬器物的基本组合为陶瓷 A 型Ⅴ、Ⅵ式和 C 型Ⅱ式盘口壶，Ⅴ、Ⅵ式罐，A 型Ⅳ式和 B 型Ⅲ式弦纹罐，Aa 型Ⅳ式和 B 型Ⅴ式及 C 型Ⅱ式罍，Ⅲ、Ⅳ式锺，Ⅴ式五管瓶，B 型Ⅱ式灶，A 型Ⅲ式和 B 型Ⅲ式井；伴出铜Ⅱ式博局镜、禽兽纹镜、神兽镜、五铢钱；铁剑、刀；石黛板、研黛器。

在器物的演变方面，新出现陶 C 型Ⅱ式盘口壶，Ⅵ式罐，Ⅴ式五管瓶。其中 A 型盘口壶口沿变浅，腹部扁鼓；A 型弦纹罐双耳演变为横向的四系；Aa 型罍的腹最大径上移，窗帘纹被方格填线纹代替；五管瓶的器身进一步增高，鸟兽堆塑增多。

器物质地方面，硬陶占 32.25%，青瓷器数量大增，与酱色瓷一起成为主流，占 41.30%。

第 12 段

墓葬共 21 座。类型以三类 A 型Ⅰ式（土圹券顶单室单葬）墓为主，占 57.14%。另有零星的三类 A 型Ⅱ式（土圹券顶多室单葬）墓、三类 B 型Ⅰ式（土圹券顶单室合葬）墓、三类 D 型（画像石）墓。三类 B 型Ⅱ式（土圹券顶多室合葬墓）消失，新出现三类 C 型（土圹券顶并列式异穴合葬）墓。

墓葬平面以长方形为主，并有少量的"凸"字形和个别的刀形、"中"字形及"吕"字形。墓葬以丁顺结构为主，其中顺砖增多，一般四至八层不等，铺底砖以"人"字形居多，个别为编织纹样式。三类 D 型（画像石）墓与其他墓葬不同，除建材采用砖石混用外，券顶出现四块刀形砖夹杂一块斧形砖的砌筑形式，墓壁均采用丁顺结构，铺底砖有"人"字形和顺缝平铺两种，并在上面覆盖一层方形石板。同时，椁室前部两侧设有祭台，后部筑有棺床，底面铺设排水沟。

随葬品共计 184 件（组），其中陶瓷器 126 件，铜器 27 件（组），铁器 10 件，金器 1 件，银器 3 件，石器 15 件，漆器 2 件。

随葬器物的基本组合为陶瓷 A 型Ⅶ式和 B 型Ⅳ式盘口壶，Ⅵ、Ⅶ式罐，B 型Ⅲ式弦纹罐，Aa 型Ⅵ式和 Ab 型Ⅲ式及 B 型Ⅴ式罍，Ⅵ式锺，Ⅵ式五管瓶，B 型Ⅱ、Ⅲ式灶；伴出铜龙虎镜、神兽镜，五铢钱、无文钱；铁剑、刀。

在器物的演变方面，A 型Ⅵ式和 B 型Ⅲ式盘口壶，Ⅴ式五管瓶消失，新出现 A 型Ⅶ式和 B 型Ⅳ式盘口壶，Ⅶ式罐，Ⅵ式五管瓶。

器物质地方面，酱色瓷消失，以青瓷为主流，占 36.51%。

第三节　年代推断

根据上述各段墓葬的墓葬形制、随葬品基本组合等方面的变化，并主要结合墓葬所出土的具有相对或绝对纪年意义的器物。我们可进一步将上述 12 段归纳为六期，并将其年代推断如下：

第一期

第 1 段即第一期。该期随葬品以陶 A 型豆、鼎、盒、钫和 A 型Ⅰ式敞口壶以及Ⅰ、Ⅱ式罐为基本组合，伴出有铜Ⅰ式蟠螭纹镜和种类丰富的漆木器。墓葬形制和随葬品风格既有浓郁的越、楚文化遗风，又有鲜明的西汉特征。如所见的印纹硬陶 A 型罐，造型、纹饰及制作方法与越文化中的同类器如出一辙。而墓内封填白膏泥、以箱式木椁为葬具、以彩绘陶礼器和种类较多的漆器为随葬品组合、陶器和漆器中繁缛而带有神秘色彩的装饰纹样及蟠螭纹镜等，则显示出与楚墓的渊源关系；但木椁前放置偶人的现象，以鼎、盒、壶礼器为随葬品的基本组合等，则又具备了较为鲜明的中原汉文化特征。据此将该期的年代定为西汉早期前段。

第二期

第 2 至 6 段为第二期。与第一期相比较，该期中的墓葬类型有所增加，先后出现了一类 A 型（土坑木棺单葬）墓和一类 B 型（土坑木棺合葬）墓、二类 C 型（并列式异穴合葬）墓及二类 D 型 I 式（间隔式土坑木椁异穴合葬）墓。葬具的式样在沿用前期的同时，另有个别独木棺。随葬品面貌发生了鲜明的变化，器物的基本组合改以高温釉陶质地的鼎、盒、瓿、敞口壶为主，以硬陶和印纹陶质地的实用器如盘口壶、弦纹罐、罍为辅，并配有泥质陶的成套明器如灶、釜、甑、井、汲水罐。同时，往往将日常生活用品如梳妆的铜镜、石研黛器和黛板，购物的钱币，配饰的剑、刀等随身入棺。第一期中的彩绘陶器消失，漆器的种类亦仅限于奁或盒之类的盛装用具。由此说明，第二期墓葬的总体风格基本相同，段与段之间的前后衔接十分紧凑，体现了一个大的时代共性。但就各类器物自身的发展形态而言，仍存在着早晚不同阶段的变化。

二期 2 段 92 余·老 D1M10 打破一期 1 段 D1M14 的现象，首先，在确定了前者晚于后者的同时，亦表明同处一墩的墓葬年代应较为接近。其次，二期 2 段中各墓所出的钱币均为半两钱而不见五铢钱，表明该段的年代应在西汉武帝铸造五铢钱以前。第三，此期中盛行的陶 B 型 II 式鼎、B 型 I 式盒、A 型 I 式瓿、A 型 I 式敞口壶分别与刘毋智墓[①]中的 I 式鼎（M1C：21）、II 式盒（M1C：19）、I 式瓿（M1：1）、釉陶壶（M1C：10）相同。B 型 I 式鼎、A 型 I 式盒、A 型 I 式瓿、A 型 II 式敞口壶与江苏盱眙大云山江都王陵 M9[②]中的釉陶鼎（M9：36～38）、盒（M9：40、45）、瓿（M9：21）、壶（M9：18）相同。据发掘者考证，大云山 M9 的下葬年代当在江都国早期，即汉景帝前元六年（前 151 年）江都国立国之后的十几年之内。故该段的年代应在西汉早期后段。

二期 3 段墓葬中出现的五铢钱，表明该段的年代上限不会早于汉武帝元狩五年（前 118 年）。伴出的铜星云镜和 I 式日光镜在洛阳烧沟汉墓[③]和广州汉墓[④]的分期中亦流行于西汉武帝以后。同时，陶 B 型 II 式鼎与江苏盱眙大云山江都王陵中的 M2：71～73 釉陶鼎，B 型 II 式盒与 M2：69 釉陶盒造型相同。[⑤]故将该段的年代定为西汉中期前段。

二期 4 段中流行的陶 B 型 II、III 式和 C 型 I、II 式盒，IV 式瓿，B 型 II 式敞口壶，A 型 II 式弦纹罐，B 型 I 式灶，A 型 I 式井与下葬于汉宣帝本始四年（前 70 年）的江苏邗江胡场五号汉墓[⑥]中所出的盒、瓿、敞口壶、弦纹罐、灶及井等造型相同。因此，该段的年代应在西汉

① 扬州市文物考古研究所：《江苏扬州西汉刘毋智墓发掘简报》，《文物》2010 年第 3 期，21 页、图三（1、4、7、6）。
② 南京博物院、盱眙县文广新局：《江苏盱眙大云山江都王陵 M9、M10 发掘简报》，《东南文化》2013 年第 1 期，58 页、图十二（1～7）。
③ 洛阳区考古发掘队：《洛阳烧沟汉墓》，科学出版社，1959 年。
④ 广州市文物管理委员会、广州市博物馆：《广州汉墓》，文物出版社，1981 年。
⑤ 南京博物院、盱眙县文广新局：《江苏盱眙大云山江都王陵二号墓发掘简报》，《文物》2013 年第 1 期，59、60、65 页，图六四、六六、六七、七七（2）。
⑥ 扬州博物馆、邗江县图书馆：《江苏邗江胡场五号汉墓》，《文物》1981 年第 11 期，23 页，图三五～三七、三九、四〇。

中期后段。

二期 5 段虽无可参照的纪年墓，但 06 湖·杨 D28M12 和 M13（①层下；本段）晚于②层下的 M9 和 M10（二期 4 段）；86 杭·老 M87 和 M68（本段）则分别打破 M88 和 M69（4段）；08 湖·白 G4M31（本段）被 M32（二期 6 段）打破。这三组具有早晚地层关系的墓葬表明，该段墓葬的年代应介于第 4 和第 6 段之间。因此，将该段的年代定为西汉晚期前段。

二期 6 段中盛行的陶 V 式瓿、A 型 VI 式敞口壶、B 型 III 式弦纹罐分别与江苏仪征胥浦 101号西汉墓（汉平帝元始五年，5 年）中的 65 号釉陶瓿、75 号釉陶壶、11 号釉陶罐相同①，因此，将该段的年代定为西汉晚期后段。

第三期

第 7 段即第三期。与第二期相比，该期的随葬品组合有了鲜明的变化，不仅前期中的陶鼎、盒消失，且出现了大量王莽时期铸造的钱币，如大泉五十、大布黄千、货布等。其中，大泉五十自王莽居摄二年（7 年）开始铸造，至东汉光武帝建武十九年（43 年）宣布废止。因此，将此期的年代定为王莽至东汉初期。

第四期

第 8、9 两段为第四期。此期墓葬面貌发生了巨大的变化。在墓葬类型方面，前几期盛行的土坑类墓葬数量锐减；木椁墓被砖椁墓所取代，经过短暂的流行后，嬗变为统治东汉及其以后的主流墓葬型式——券顶砖室墓，在浙江古墓葬的发展过程中具有承前启后的重大意义。券顶砖室墓的出现，不仅改变了下葬的方式，即由此前各期的垂直式转变为自前向后的推入式，亦使室内空间得到了极大的拓展。随葬品中的陶质礼器全部消失，改以日用器为主，辅以部分明器的组合，并出现锺、五管瓶等新的器形。

四期 8 段中虽仍见有部分王莽时期的钱币，但已出现始铸于东汉光武帝建武十六年（40年）的光帝五铢。同时，该段中盛行的 A 型 V 式盘口壶与江苏邗江甘泉二号汉墓（广陵王刘荆之墓，下葬年代约在汉明帝永平十年，67 年）中的 I 式釉陶壶造型相同。② 据此，将该段年代定为东汉早期前段。

四期 9 段中的各墓葬形制和随葬品风格基本相同，但伴出器物中出现了龙虎、神兽、画像等铜镜。同时，该段中的 93 上·驮 M30、M22、M31 和 84 上·严 M229 分别为汉和帝永元八年（96 年）、十二年（100 年）、十四年（102 年）、十五年（103 年）墓。因此，将该段墓葬的年代定为东汉早期后段。

第五期

第 10、11 两段属第五期。此期的墓室格局开始呈现出多样化的现象，在单一而畅通式的墓室继续流行的同时，部分墓葬后部开始构建专用于摆放棺木的砖砌棺床，在一些墓葬的前部两侧还设有砖砌的祭台等，使墓室内出现了两个不同功能的区域，即前部的祭祀区域和后部的灵柩安放区域。摆放于前部的随葬品不仅仅局限于供死者使用，还具有供奉和祭祀的性

① 扬州博物馆：《江苏仪征胥浦 101 号西汉墓》，《文物》1987 年第 1 期，15、16 页，图三四、三七、三八。
② 南京博物院：《江苏邗江甘泉二号汉墓》，《文物》1981 年第 11 期，3 页、图四（8）。

质。随着墓室功能区域的划分，进而通过隔墙或内收的过道，将墓室间隔成仿阳宅形式的前堂后寝布局。在随葬品方面，出现了大量的饮食用具，如簋、钵、盆、碗、杯、耳杯、托盘等。器物的质地方面，传统的高温釉陶、硬陶和泥质陶逐渐被新兴的低温釉陶、酱色瓷、青瓷所替代。

五期 10 段不仅低温釉陶和酱色瓷十分盛行，还出现了一定数量的青瓷。同时，该段中的 73 上·蒿 M52 和 93 上·驮 M15 分别为汉安帝永初三年（109 年）和六年（112 年）墓。因此，将该段的年代定为东汉中期前段。

五期 11 段的 93 安·天 M1（汉顺帝永和二年，137 年）、78 奉·白 M3（汉灵帝熹平四年，175 年）、06 安·高 D13M1 和 D13M2（汉灵帝熹平五年，176 年）等纪年墓为该段的年代提供了依据。因此，将第 11 段的年代定为东汉中期后段。

第六期

第 12 段即第六期，该段虽无纪年墓发现，但 10 龙·方 M1 内出土的"新安长令"印章，为该段的年代提供了重要的参考依据。"新安"系县名，据龙游县志记载"东汉初平三年（192 年）分太末（今龙游县）置新安县，三国吴宝鼎元年（226 年），因与弘农郡新安县同名，改新安为信安县"。此外，该段中所出的无纹钱始铸于汉献帝时期。据此，将该段的年代定为东汉晚期至末期。（图 4 - 1）

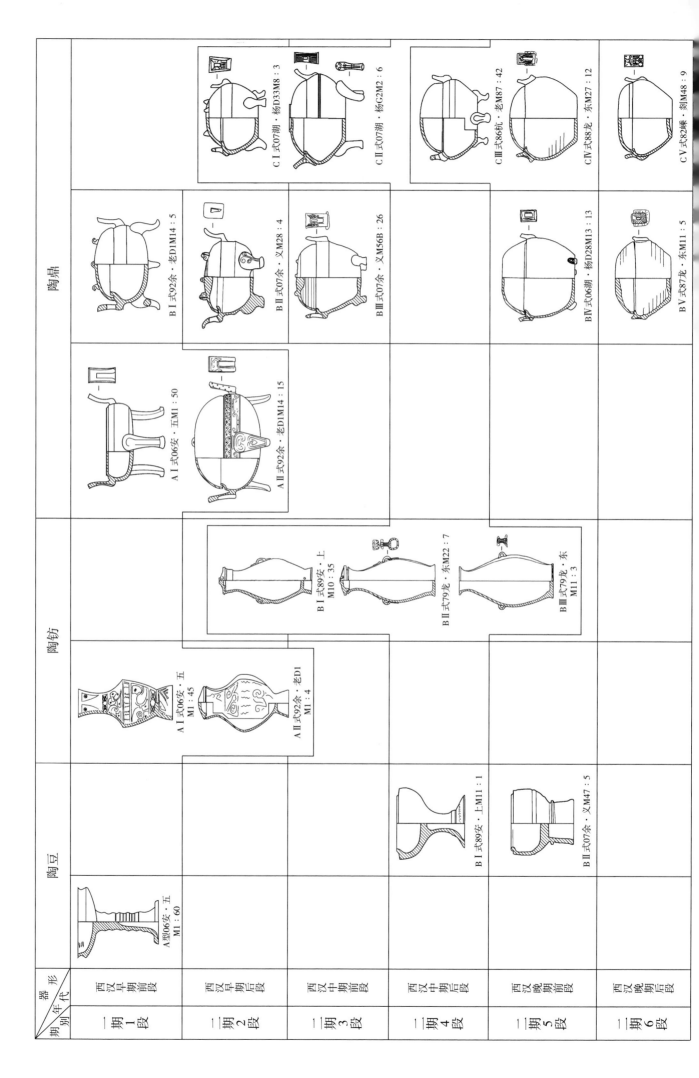

期别 \ 年代 \ 器形	陶豆		陶钫		陶鼎		
一期 1 段 西汉早期前段	A型06安·五 M1：60					A I 武06安·五M1：50	C I 武07湖·杨D33M8：3
一期 2 段 西汉早期后段			A I 武06安·五 M1：45	A II 武92余·老D1 M1：4	B I 92余	A II 武92余·老D1M14：15	C II 武07湖·杨G2M2：6
一期 3 段 西汉中期前段			B I 武89安·上 M10：35	B II 武79龙·东M22：7	B II 武07余·义M28：4	B III 07余·义M56B：26	
一期 4 段 西汉中期后段	B I 武89安·上M11：1		B III 武79龙·东M11：3				C III 武86杭·老M87：42
一期 5 段 西汉晚期前段	B II 武07余·义M47：5				BIV 武06湖·杨D28M13：13		CIV 武88龙·东M27：12
一期 6 段 西汉晚期后段					B V 武87龙·东M11：5		C V 武82嵊·剡M48：9

三期7段	四期8段	四期9段	五期10段	五期11段	六期12段
王莽至东汉初	东汉早期前段	东汉早期后段	东汉中期前段	东汉中期后段	东汉晚期
王莽至东汉初	东汉早期前段	东汉早期后段	东汉中期前段	东汉中期后段	东汉晚期
三期7段	四期8段	四期9段	五期10段	五期11段	六期12段

图4-1 各期墓葬出土典型器物型式演变图（一）

陶器分期图（西汉早期前段至晚期后段；一期1段至6段）

期别·段 / 年代	陶罐	陶敞口壶	陶瓿	陶盒（C）	陶盒（B/A）
一期1段 / 西汉早期前段	I 式92余·老D1M14：10；II 式92余·老D1M14：48	A I 式82嵊·浏M47：8			A I 式06安·五M1：56；A II 式06余·老D1M14：42
一期2段 / 西汉早期后段		A II 式92余·老D1M10：2	A I 式07余·义M28：3	C I 式07余·义M28：6	B I 式86杭·老M67：19
一期3段 / 西汉中期前段		A III 式07余·义M56C：21	A II 式82嵊·浏M39：11	C II 式07余·义M29：19	B II 式79龙·东M11：23
一期4段 / 西汉中期后段		A IV 式79龙·东M22：3	A III 式87湖·杨D14M5：12		
一期5段 / 西汉晚期前段	III 式83杭·古M57：41	A V 式87龙·东M12：9	A IV 式87龙·东M11：6		
一期6段 / 西汉晚期后段			A V 式87湖·杨D1M6：12		B III 式06湖·杨D28M13：4

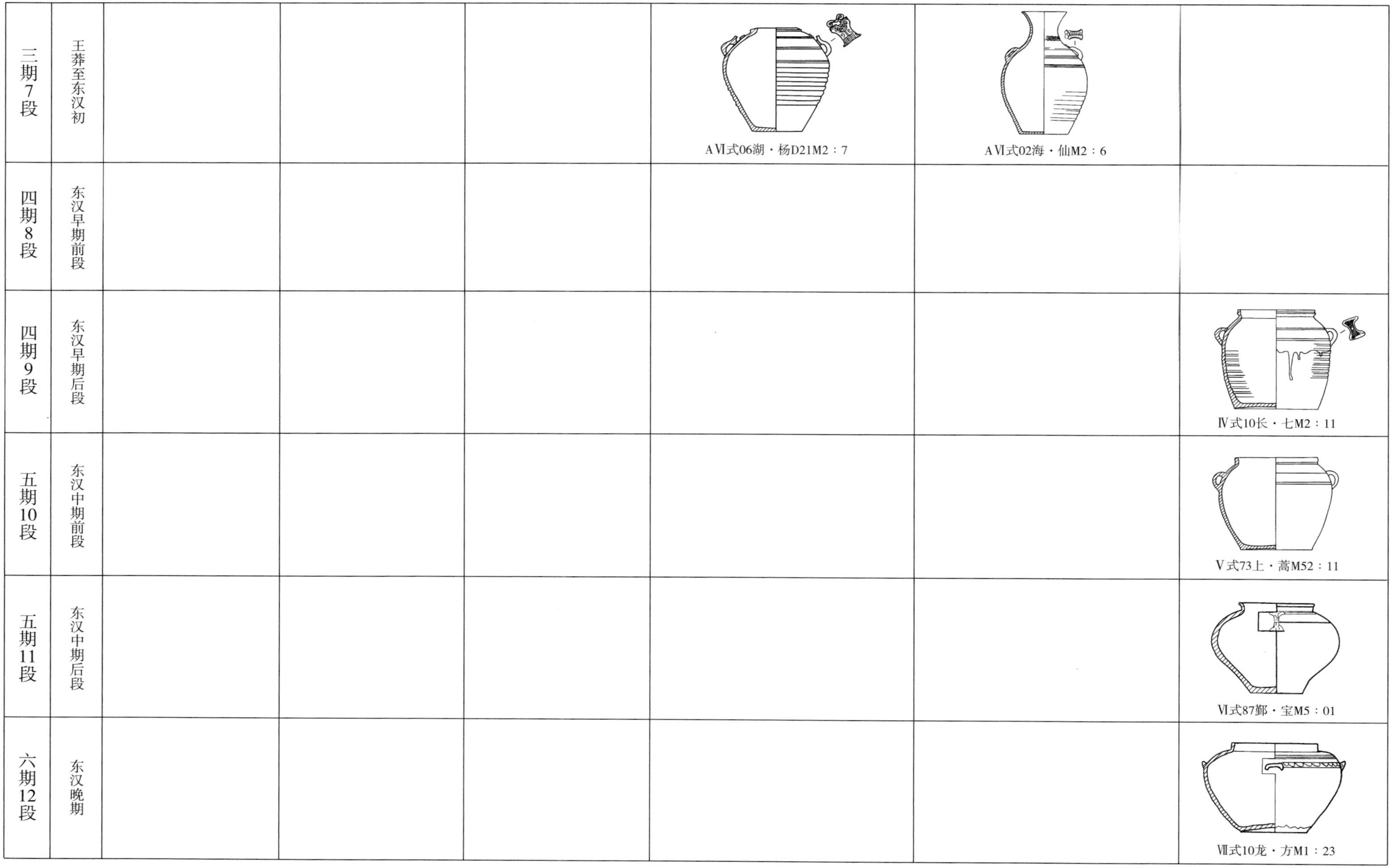

图 4-1　各期墓葬出土典型器物型式演变图（二）

三期 7段	王莽至东汉初			
四期 8段	东汉早期前段		AⅥ式06湖·杨D21M2：7	AⅥ式02海·仙M2：6
四期 9段	东汉早期后段	Ⅳ式10长·七M2：11		
五期 10段	东汉中期前段	Ⅴ式73上·嵩M52：11		
五期 11段	东汉中期后段	Ⅵ式87鄭·宝M5：01		
六期 12段	东汉晚期	Ⅶ式10龙·方M1：23		

器形 / 年代	弦纹罐				盘口壶	
期别 / 年代						
一期1段 西汉早期前段						
一期2段 西汉早期后段			AⅠ 武08湖·白G4M18：6			
一期3段 西汉中期前段						
一期4段 西汉中期后段		BⅠ 武05牟·南M103：12	AⅡ 武07湖·杨G23M3：25		AⅠ 武06湖·杨D28M13：16	
		BⅡ 武06湖·杨D28M3：1	AⅢ 武98湖·方D3M26：10			
一期5段 西汉晚期前段				BⅠ 武87龙·东M11：9	AⅡ 武83杭·古M57：42	
一期6段 西汉晚期后段	DⅠ 武82嵊·刻M15：6	CⅠ 武06湖·杨D28M14：15			AⅢ 武89龙·仪M24：2	

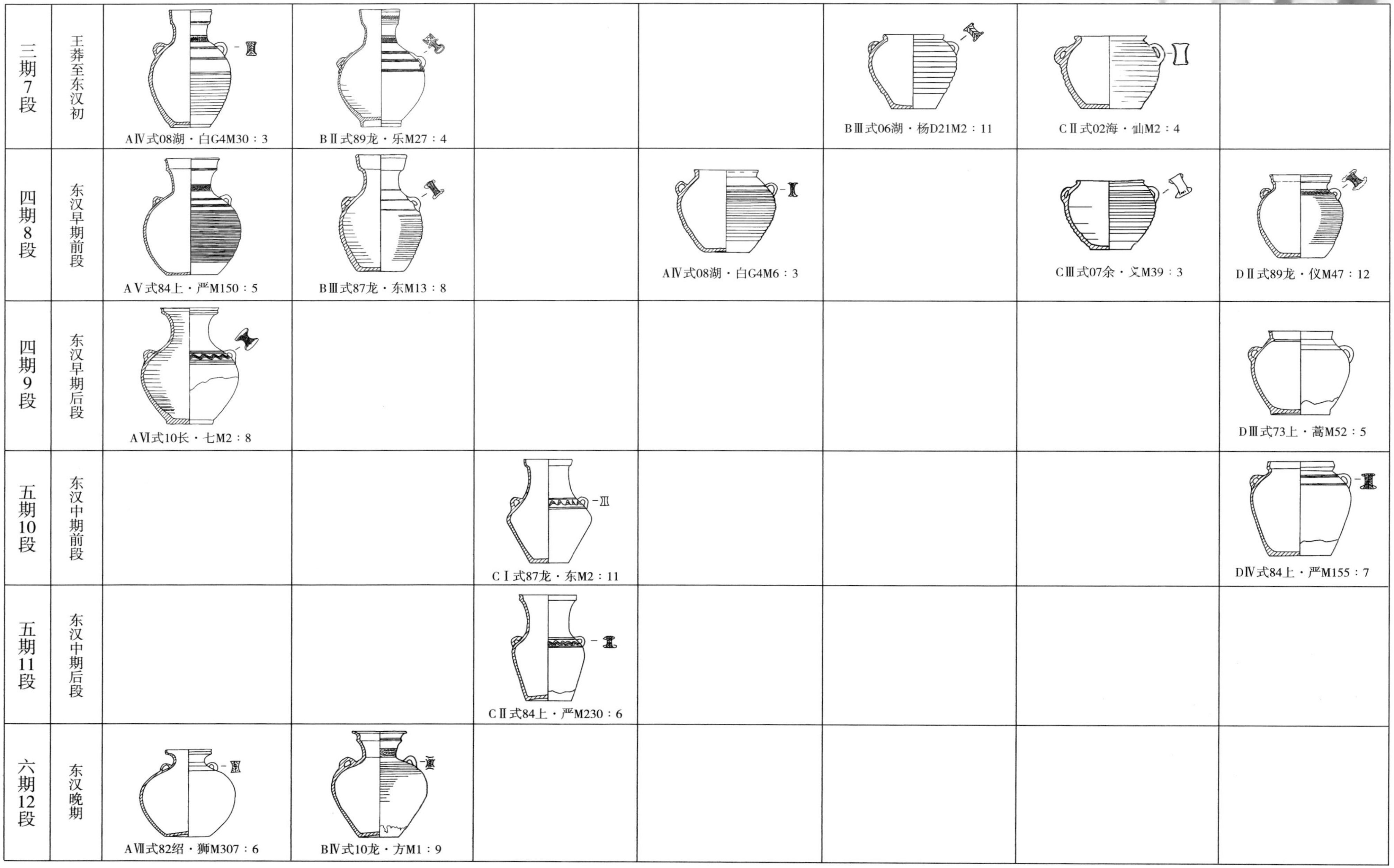

图 4－1　各期墓葬出土典型器物型式演变图（三）

三期 7 段　王莽至东汉初

AⅣ式08湖·白C4M30：3
BⅡ式89龙·乐M27：4
BⅢ式06湖·杨D21M2：11
CⅡ式02海·虬M2：4
DⅡ式89龙·仪M47：12

四期 8 段　东汉早期前段

AⅤ式84上·严M150：5
BⅢ式87龙·东M13：8
AⅣ式08湖·白C4M6：3
CⅢ式07余·义M39：3
DⅢ式73上·嵩M52：5

四期 9 段　东汉早期后段

AⅥ式10长·七M2：8
DⅣ式84上·严M155：7

五期 10 段　东汉中期前段

CⅠ式87龙·东M2：11
CⅡ式84上·严M230：6

五期 11 段　东汉中期后段

六期 12 段　东汉晚期

AⅦ式82绍·狮M307：6
BⅣ式10龙·方M1：9

期别 / 年代	泡菜罐	筒形罐	瓿式罐
一期1段			
一期2段　西汉早期后段			A I 式06温·埭M1：34　　A II 式97乐·四M1：6
一期3段　西汉中期前段			
一期4段　西汉中期后段	Aa I 式07湖·杨D33M11：8		
一期5段　西汉晚期前段			
一期6段　西汉晚期后段	B I 式87湖·杨D4M6：3　　Ⅱ Aa II 式89龙·仪M42：6		Ⅱ B I 式86慈·隊M16：5

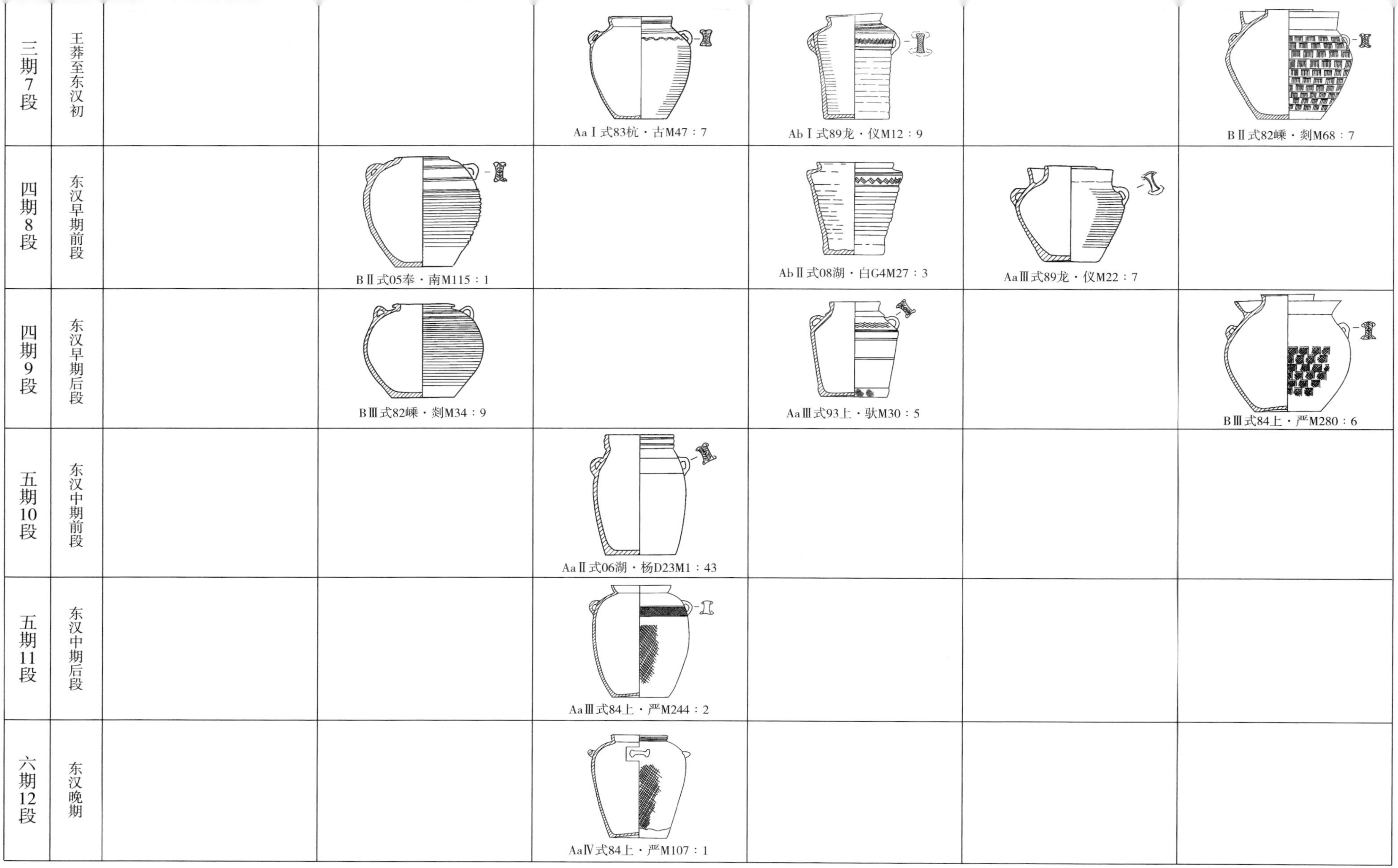

图 4—1　各期墓葬出土典型器物型式演变图（四）

BⅡ式82嵊·剡M68：7		BⅢ式84上·严M280：6			
	AaⅢ式89龙·仪M22：7				
AbⅠ式89龙·仪M12：9	AbⅡ式08湖·白G4M27：3	AaⅢ式93上·驮M30：5			
AaⅠ式83杭·古M47：7			AaⅡ式06湖·杨D23M1：43	AaⅢ式84上·严M244：2	AaⅣ式84上·严M107：1
	BⅡ式05奉·南M115：1 BⅢ式82嵊·剡M34：9				

三期 7段	四期 8段	四期 9段	五期 10段	五期 11段	六期 12段
王莽至东汉初	东汉早期前段	东汉早期后段	东汉中期前段	东汉中期后段	东汉晚期

器形 \ 年代 \ 期别	器形	盨	錘	罌			
西汉早期前段 一期1段						B I 武08湖·白G4M18：3	Ab I 武82嶂·剡M67：5
西汉早期后段 一期2段							
西汉中期前段 一期3段				Aa I 武06湖·杨D28M13：28			
西汉中期后段 一期4段		A I 武06湖·杨D28M15：3				B II 武06湖·杨D28M15：13	
西汉晚期前段 一期5段				Aa II 武07湖·杨G2M2：41		B III 武06湖·杨D28M6：9	
西汉晚期后段 一期6段							

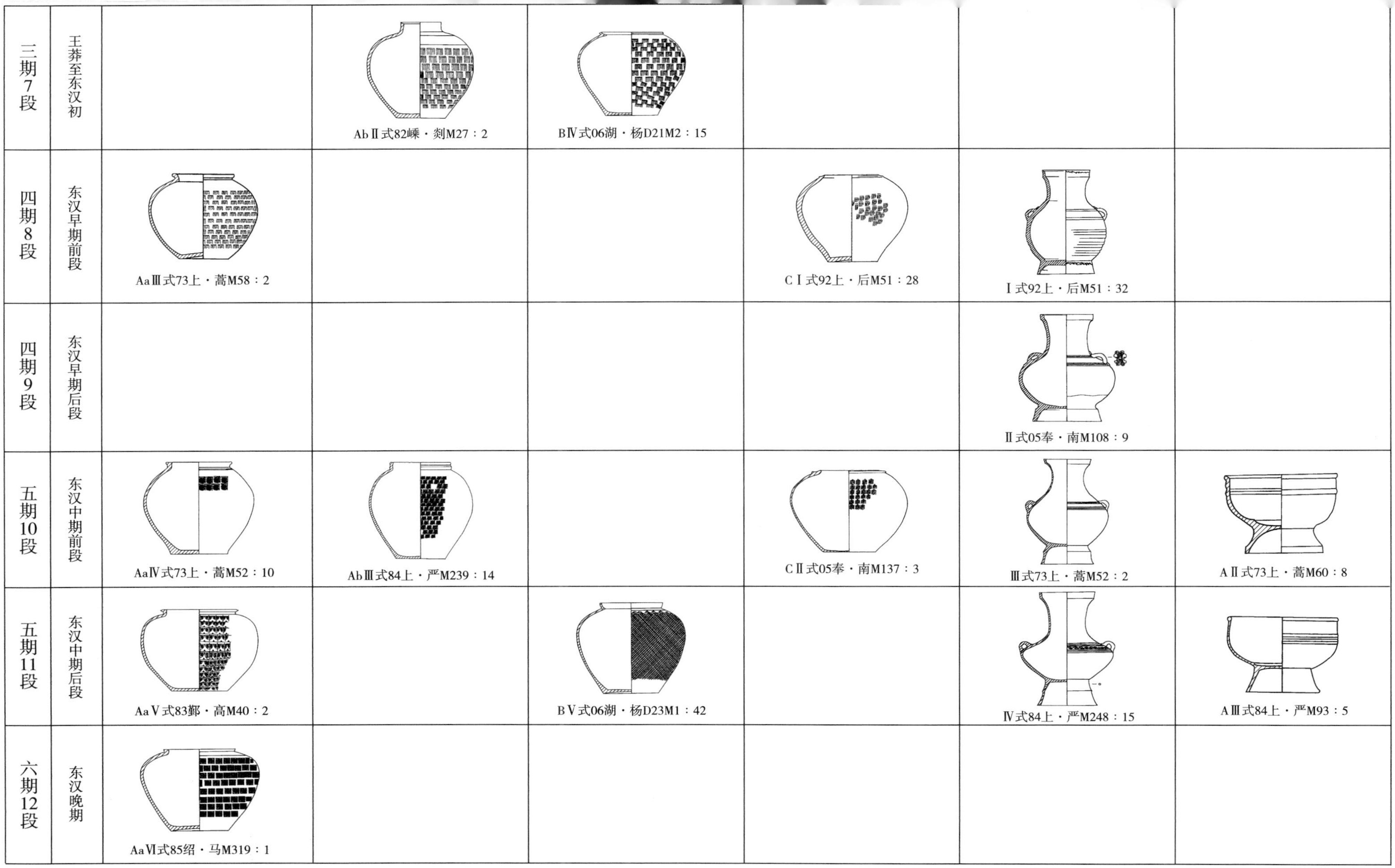

王莽至东汉初 三期7段	东汉早期前段 四期8段	东汉早期后段 四期9段	东汉中期前段 五期10段	东汉中期后段 五期11段	东汉晚期 六期12段

A Ⅱ 式73上 · 高M60 : 8

A Ⅲ 式84上 · 严M93 : 5

Ⅰ 式92上 · 后M51 : 32

Ⅱ 式05奉 · 南M108 : 9

Ⅲ 式73上 · 高M52 : 2

Ⅳ 式84上 · 严M248 : 15

C Ⅰ 式92上 · 后M51 : 28

C Ⅱ 式05奉 · 南M137 : 3

B Ⅳ 式06湖 · 杨D21M2 : 15

B Ⅴ 式06湖 · 杨D23M1 : 42

Ab Ⅱ 式82嵊 · 剡M27 : 2

Ab Ⅲ 式84上 · 严M239 : 14

Aa Ⅲ 式73上 · 高M58 : 2

Aa Ⅳ 式73上 · 高M52 : 10

Aa Ⅴ 式83鄞 · 高M40 : 2

Aa Ⅵ 式85绍 · 马M319 : 1

图 4 - 1　各期墓葬出土典型器物型式演变图（五）

器形 年代 期别	钵		盆	杯	薰	
西汉早期前段 一期1段					A I 武92余·老D1M14：46	
西汉早期后段 一期2段						
西汉中期前段 一期3段						
西汉中期后段 一期4段	A I 武79龙·东M11：20	B I 武08湖·白G4M29：3	A I 武89安·上M11：3	B I 武79龙·东M11：34	A II 武79龙·东M10：20	
西汉晚期前段 一期5段				B II 武86杭·老M118：20	A III 武89安·上M4：1	
西汉晚期后段 一期6段	A II 武83杭·古M57：21	B II 武83杭·古M57：23	A II 武89龙·东M29：9			C I 武90余·姜M1：9

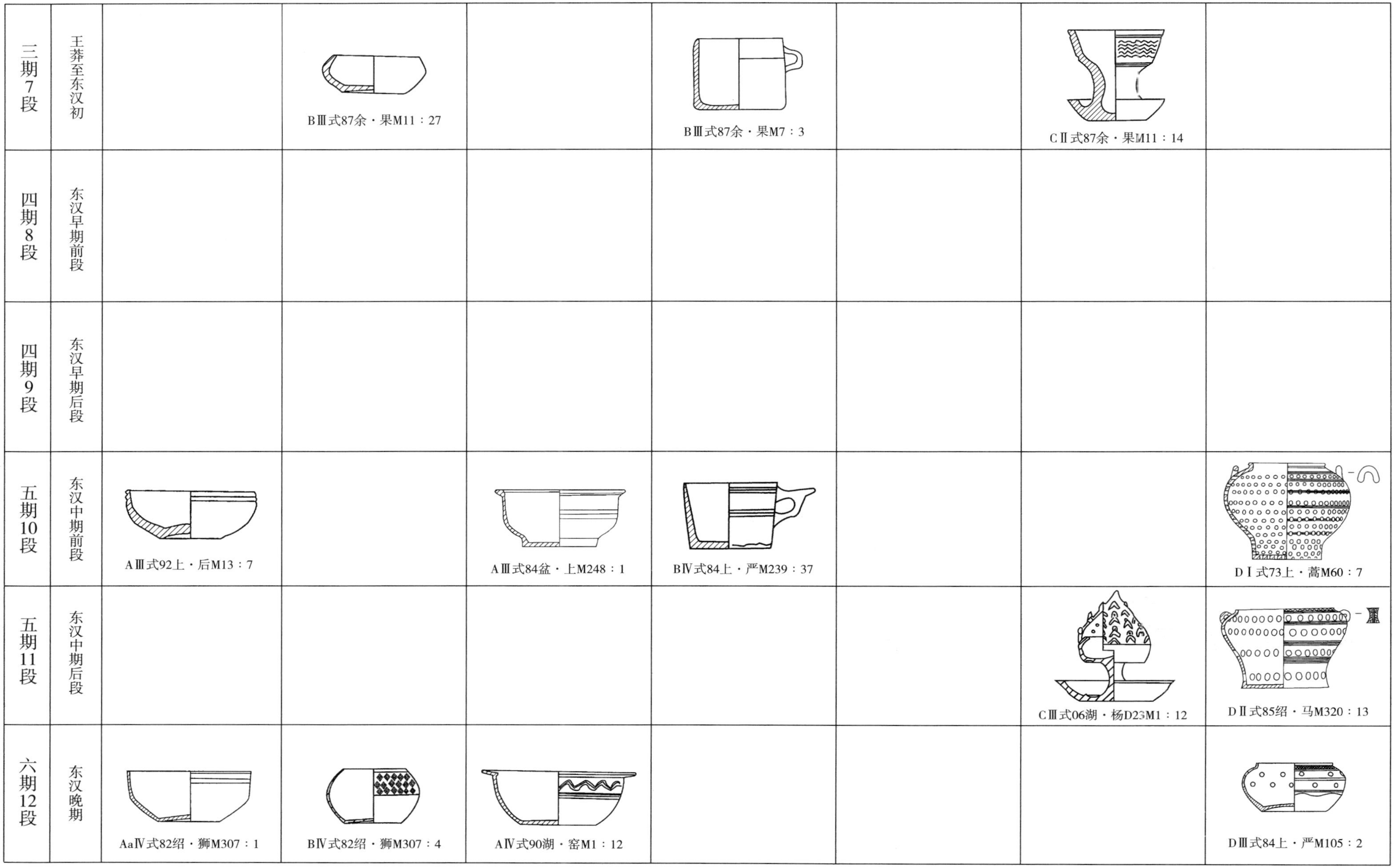

三期7段 王莽至东汉初	四期8段 东汉早期前段	四期9段 东汉早期后段	五期10段 东汉中期前段	五期11段 东汉中期后段	六期12段 东汉晚期
			D I 式73上·萧M60：7	D II 式85绍·马M320：13	D III 式84上·严M105：2
C II 式87余·果M11：14					C III 式06湖·杨D23M1：12
B III 式87余·果M7：3			B IV 式84上·严M239：37		
			A III 式84盆·上M248：1		A IV 式90湖·瓷M1：12
B III 式87余·果M11：27					B IV 式82绍·狮M307：4
			A III 式92上·后M13：7		Aa IV 式82绍·狮M307：1

图 4－1　各期墓葬出土典型器物型式演变图（六）

器形 年代 期别	井		灶		镶斗	火盆	五管瓶
西汉早期前段 一期1段							
西汉早期后段 一期2段							
西汉中期前段 一期3段							
西汉中期后段 一期4段	B I 武79龙·东M22:21	A I 武86杭·老M88:22	B I 武86杭·老M72:38	A I 武79龙·东M11:54			
西汉晚期前段 一期5段	B II 武06湖·杨D28M5:12						
西汉晚期后段 一期6段		A II 武86杭·老M81:36		A II 武07余·义M10:25			

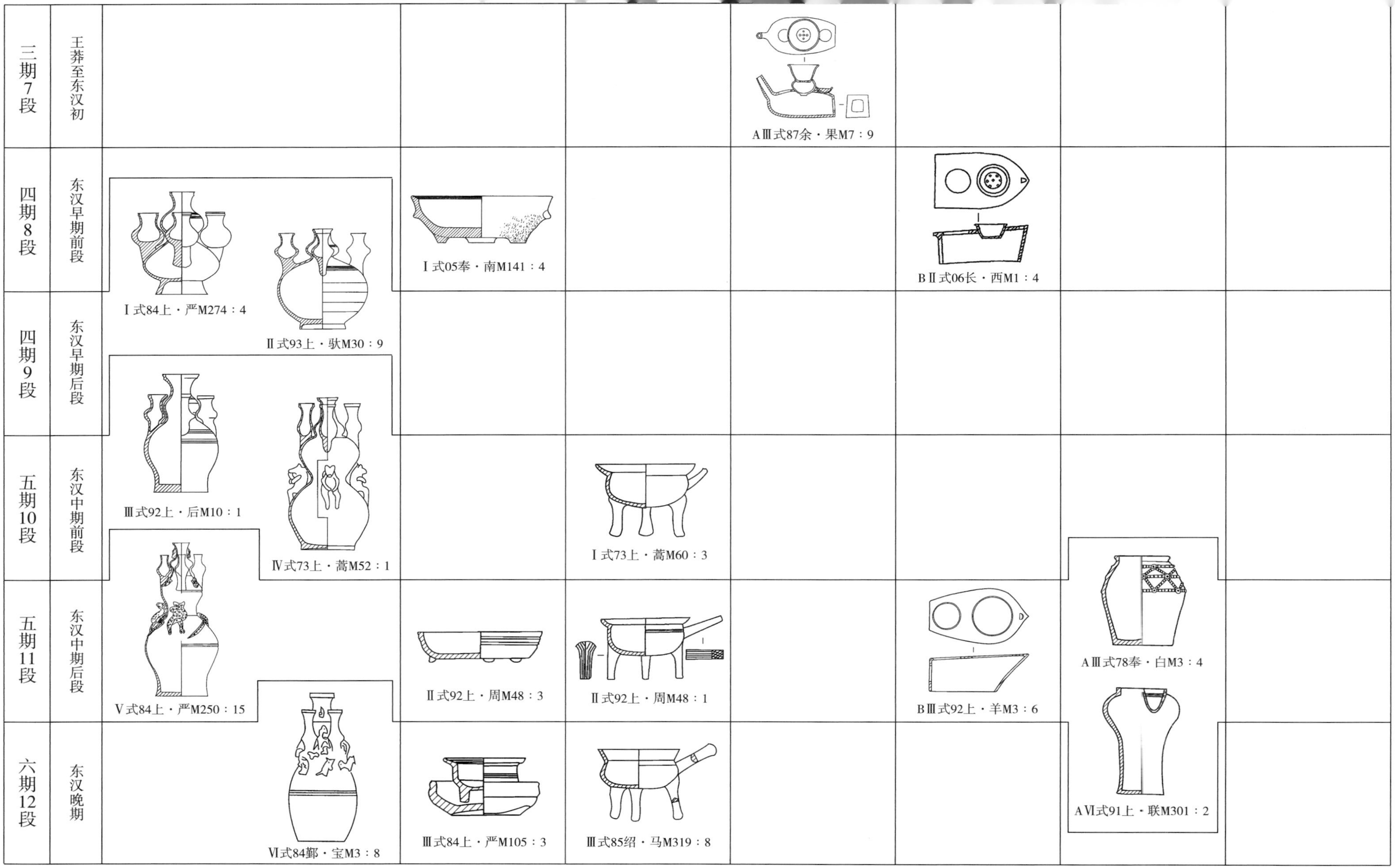

					AⅢ武78奉·白M3:4 AⅥ武91上·联M301:2
	BⅡ武06长·西M1:4				BⅢ武92上·羊M3:6
AⅢ武87余·果M7:9					
			Ⅰ武73上·高M60:3 Ⅱ武92上·周M48:1 Ⅲ武85绍·马M319:8		
	Ⅰ武05奉·南M141:4		Ⅱ武92上·周M48:3 Ⅲ武84上·严M105:3		
Ⅰ武84上·严M274:4 Ⅱ武93上·骈M30:9	Ⅲ武92上·后M10:1 Ⅳ武73上·高M52:1	V武84上·严M250:15 Ⅵ武84郫·宝M3:8			
王莽至东汉初	东汉早期前段	东汉早期后段	东汉中期前段	东汉中期后段	东汉晚期
三期7段	四期8段	四期9段	五期10段	五期11段	六期12段

图4-1 各期墓葬出土典型器物型式演变图（七）

器形 / 年代 类别	蟠螭纹镜	草叶纹镜	日光镜	昭明镜	星云镜	连弧纹镜
一期 1 段 西汉早期前段	I 武06安·五M1：40					
一期 2 段 西汉早期后段						
一期 3 段 西汉中期前段		89安·上M9：1				
一期 4 段 西汉中期后段			I 武07湖·杨G2M2：56		79龙·东M11：5	I 武89安·上M11：35
一期 5 段 西汉晚期前段	II 武87龙·东M3：14					
一期 6 段 西汉晚期后段			II 武87龙·东M11：1	88龙·东M27：1		

三期7段	四期8段	四期9段	五期10段	五期11段	六期12段
王莽至东汉初	东汉早期前段	东汉早期后段	东汉中期前段	东汉中期后段	东汉晚期
	Ⅱ式87龙・东M5：5		Ⅲ式83鄣・高M39：1		

图 4 – 1　各期墓葬出土典型器物型式演变图（八）

器形 年代 期别段	四曲四乳镜	博局镜	禽兽纹镜	龙虎镜	神兽镜	画像镜
西汉早期前段 一期1段						
西汉早期后段 一期2段						
西汉中期前段 一期3段						
西汉中期后段 一期4段						
西汉晚期前段 二期5段						
西汉晚期后段 二期6段	10长·七M5:1	I武92上·牛M32:2	09绍·大M10:1			

三期 7段	王莽至东汉初				
四期 8段	东汉早期前段 	II武87湖·杨D8M2C室：2			
四期 9段	东汉早期后段		08湖·杨D45M3：8		
五期 10段	东汉中期前段 			83鄂·高M24：14	
五期 11段	东汉中期后段 				05牟·南M135：4
六期 12段	东汉晚期				

图4-1 各期墓葬出土典型器物型式演变图（九）

第五章　文化因素与区域类型

第一节　文化因素

任何事物的发展和变化均有其内在的原因，浙江汉墓墓葬形制、埋葬习俗及随葬品的演变轨迹，具有越、楚、汉多种文化因素共存和此消彼长，最后融入汉文化洪流中的特征和过程。

一　传统的越文化因素

作为越国故里的浙江，自越灭亡后，不仅在行政关系上先后隶属于楚、秦、汉政权，文化面貌亦相继受到不同程度的冲击和影响。然而有着深厚底蕴的越文化并未因军事的占领、政权的更替而全然消失，即便在大一统的汉政权统治下，传统的越文化对于越故地的墓葬仍具有相当大的影响力，尽管这种影响因时空的不同而强弱各异。越文化因素在汉墓中的传承有点有面、又长又短，主要表现在三大方面：

1. 墓地营建方式的传承

土墩墓是越文化的产物，是浙江地区先秦时期最主要的墓葬类型，其渊源可以追溯到良渚乃至崧泽文化时期的高台土冢。[①] 这种以人工堆筑土墩、再在土墩内构建墓室、掩埋主体位于地表之上为特征的埋葬方式，在整个汉代仍十分盛行，甚至到了六朝时期仍有所见。两汉时期，尽管此类墓葬在浙江的分布范围渐趋萎缩，但在长江下游的江苏、上海、安徽等地均大量存在。[②] 近年来，在山东、湖南等地发现的此类土墩墓，在反映了越族人口流动和迁徙的

---

① 浙江省文物考古研究所：《起于累土——土台·土墩·土冢》，浙江古籍出版社，2012年。

② 朱江：《无锡汉至六朝墓葬清理纪要》，《考古通讯》1955年第6期，27～30页。姚晨辰、金怡、闻惠芬：《浒关镇高坟西汉墓群发掘简报》，《苏州文物考古新发现·苏州考古发掘报告专集（2001～2006）》，337～345页，古吴轩出版社，2007年。江苏常州博物馆：《江苏常州兰陵恽家墩汉墓发掘简报》，《南方文物》2011年第3期，44～58页。江苏泗阳三庄联合考古队：《江苏泗阳陈墩汉墓》，《文物》2007年第7期，39～59页。黄宣佩、孙维昌：《上海市青浦县骆驼墩汉墓发掘》，《考古》1959年第12期，688～689页。陈超：《汉代土墩墓的发现与研究》，《秦汉土墩墓考古发现与研究——秦汉土墩墓国际学术研讨会论文集》，23～25页，文物出版社，2013年。

同时，亦体现了越文化丧葬习俗的传承和拓展。①

2. 越族后裔的存在与影响

越族后裔的影响主要表现在两个方面，即东瓯国和"山越"。

前192年，惠帝因高祖时越人佐汉反楚有功，立摇为东海王，都东瓯（今温州、台州一带），号东瓯工。后东瓯因不堪闽越的屡次侵犯，于武帝时期迁徙至庐江郡（今安徽巢湖周围），其地逐渐为闽越所占。因此，浙江温州、台州及丽水地区西汉早期的墓葬几乎全盘传承了越文化的丧葬习俗。如06温·塘M1，墓葬呈东西走向，封土呈覆斗状，墓内葬具虽已腐朽，但"根据（墓底面）枕木沟的分布状态和填土的平、剖面情况分析，当时木椁应分为前后两室，前室较短而窄，后室较长而宽"，与越国贵族墓中"人"字架结构的木椁十分近似。随葬品以匏壶、瓿、罐为基本组合，质地以印纹陶为主，与同时期其他地区的汉墓面貌截然不同。再如分布于温州地区乐清、瑞安、平阳等地的西汉早期后段墓葬，通过当地文物部门的实地调查和清理，所获得的随葬器物如匏壶、麻布纹罐等均具有典型的越族风格。②

此外，根据有关文献的记载，越被楚灭后，大部分越人南逃，也有部分越人为躲避战乱或不愿接受楚人的统治而散居深山之中，成为"山越"。因此，在嵊州、云和、江山及龙游等地的一些汉墓中，仍能体现出"山越"的影子。如嵊州剡山墓地中，部分西汉墓出土的印纹陶坛、罐、尊、钵等，与战国时期越墓中的印纹陶器如出一辙③；又如云和白塔山东汉墓中出土的罐、瓿、灶等，器物仍采用泥条盘筑，器表排印网格纹④。再如江山市庵前东汉墓，所出土的高温釉陶盘口壶、泡菜罐等仍以排印方格纹为主要装饰⑤。这种器物的制作方式、装饰技法、纹饰题材均具有浓郁的于越遗风。

3. 葬具与随葬品的传承

在葬具方面，尽管因江南潮湿而棺椁普遍腐朽，但传统的用整段原木刳凿而成的独木棺，在一些西汉墓中仍有所见，如10长·七M4和11湖·仁M1等。在随葬品方面，具有越式特征的A型瓿和印纹陶罍是汉墓随葬品中的基本组合，其中A型瓿起源于战国时期越墓中的原始瓷牛面形双耳罐，而印纹陶罍更是贯穿于整个两汉时期，直至六朝。

二　东渐的楚文化因素

楚文化对浙江墓葬的影响起自战国中期，并以深竖穴土坑的墓葬形制、箱式棺椁的葬具

① 郑同修：《山东日照海曲汉代墓地》，《2002中国重要考古发现》，文物出版社，2003年。山东省文物考古研究所：《山东日照海曲西汉墓（M106）发掘简报》，《文物》2010年第1期，1~62页。党浩：《临沂市沂南县董家岭汉代墓地》、崔圣宽：《沂南县宋家哨汉代墓地》、李曰训：《沂南县侯家宅汉代家族墓》、崔圣宽：《五莲县西楼汉代墓地》，《中国考古学年鉴·2002》，244~246页，文物出版社，2003年。李曰训等：《胶南市河头汉代墓葬》、燕东生等：《胶南市纪家店子汉代墓地》、宋爱华：《胶南市丁家皂户汉代墓葬》，《中国考古学年鉴·2003》，221~223页，文物出版社，2004年。兰玉富等：《山东胶州赵家庄汉代墓地的发掘》，《2005中国重要考古发现》，文物出版社，2006年。党浩、王绪德：《莱州市朱汉商周时期遗址和汉代墓地》，《中国考古学年鉴·2003》，208页，文物出版社，2004年。龙朝彬：《湖南常德南坪汉代土墩墓》，《秦汉土墩墓考古发现与研究——秦汉土墩墓国际学术研讨会论文集》，97~108页，文物出版社，2013年。
② 梁岩华、徐青、余群鸣、陈乐敏、叶挺铸：《温州东瓯国文物调查与认识》，《东瓯文化学术讨论会论文集》，276~286页，浙江古籍出版社，2013年。
③ 张恒：《浙江嵊州市剡山汉墓》，《东南文化》2004年第2期，55页，图十一（1~4、15~17）。
④ 崔丽萍：《云和白塔山一号汉墓出土器物》，《东方博物》第四十七辑，86~88页，图五~七，图九、十。
⑤ 钱华：《浙江江山市庵前汉墓清理》，《考古学集刊》第11集，298~299页，图一（1~4）。

为主要标志。德清梁山发掘的战国土坑墓①，深达 2 米，则为例证之一。

至西汉早期前段，墓葬中的楚文化色彩仍十分浓厚，在深竖穴土坑结构的墓葬盛行的同时，随葬品以泥质彩绘陶和种类繁多的漆器为基本组合。其中，陶器的外表用黄、蓝、白、灰、黑等色彩勾画出形态不一的云纹、涡纹、几何纹、条纹及水波纹等；漆器普遍为黑底朱彩，纹饰有凤鸟纹、蟠龙纹、云气纹、弦纹、几何纹等，装饰风格繁缛，带有神秘色彩。部分墓葬简直就是楚墓的翻版，如 06 安·五 M1，墓坑深达 3.10 米，墓内用白膏泥封闭。随葬品中陶器和漆器数量近乎相等，20 余件陶器除一套钤片外均施有彩绘，而漆器则种类丰富，图案诡异。自西汉早期后段起，随着汉政权的巩固和强化，楚文化因素日渐式微，但以深土坑木椁墓和箱式木椁为特征的楚式风格仍是浙江西汉墓葬的主要面貌，直至东汉早期，此类墓葬形制和葬具才完全被汉式的砖椁墓所替代。

三　南下的汉文化因素

汉高祖刘邦平定天下后，浙江被纳入了汉政权的版图。但是，政权的统一并不代表旧文化断然消失和新文化即刻兴起，而是有一个由弱渐强、由局部到大部的更替过程。西汉早期前段，浙江墓葬的总体面貌仍笼罩在具有强大基础的楚文化势力范围下。即使在整个西汉时期，汉文化对浙江墓葬的影响亦局限于葬俗和随葬品风格两个方面。其中，葬俗主要表现为合葬和族葬的兴起与流行，而随葬品风格则主要表现在器物的组合、形态及装饰方面，如西汉早期后段 B 型钫、鼎、盒的相继涌现并流行。王莽至东汉早期，随着砖椁墓的出现和流行，楚式的深竖穴土坑木椁墓日渐凋零并最终消失，汉式的券顶砖室墓日益盛行并独占鳌头。同时，具有中原地区风格的鼎、壶、提梁卣、行灯、簋、洗、碗、镰斗、釜、甑等铜器，在随葬器物中不断涌现。至东汉中期以后，墓葬形制进一步汉化，前堂后寝的多室墓、内容不同的画像石墓相继出现。在随葬品方面，富有中原特色的锺成了器物组合中的新成员，而伴出器物中的饮食类用具如钵、碗、杯、耳杯等数量和种类都大大增加。至此，浙江墓葬逐渐进入了全面汉化的局面。

由此可看出，浙江汉墓在越、楚、汉三种文化此强彼弱的作用下，西汉早期前段具有浓郁的楚文化色彩。西汉早期后段至王莽时期，随着汉文化的南下和楚文化的减弱以及越文化的式微，墓葬面貌呈现出一种多元文化因素共存的特征。东汉早期至末期，随着汉文化的进一步强盛，完全融入了汉文化的行列。

第二节　区域类型

中国历史发展到汉代已进入了大一统的时期，这种统一是由若干个不同面貌的区域文化，经过相互影响与渗透、异化与同化，而逐渐建立起来的。在整个统一过程中，由于所处地理位置的不同、传统文化强弱的差异等原因，其节奏和内涵并不一致。就浙江而言，自楚灭越

---

① 浙江省文物局：《浙江省第三次全国文物普查新发现丛书·古墓葬》，32 页，浙江古籍出版社，2012 年。

至汉王朝统一，其间楚文化和汉文化相继进入并冲击着浙江境内传统的于越文化，使浙江汉墓的埋葬习俗、墓葬形制、随葬品种类等均发生了较大的变化。但是，政治上的统治、军事上的占领、文化上的渗透并不能使当地的土著文化被完全更替，于越文化仍得到了一定程度上的保留和传承。同时，因所处地理位置的不同和传统文化沉淀的深度差异，各地对外来文化的抵抗强度和对本地文化的传承力度大小不一，从而出现了浙江汉墓中自北而南外来文化因素渐次减弱、土著文化逐渐增强的现象。正是这种现象的存在，使得浙江汉墓在有着诸多共性的同时，也存在着种种大小不等的差异。其中以北部的湖嘉余、东部的宁绍、中部的杭金衢及南部的温丽台这四个地区之间的差异最为突出。

一　湖嘉余地区汉墓

湖嘉余地区范围包括今湖州和嘉兴地区全境及杭州余杭区的北部地区，东临杭州湾，南达钱塘江，西依天目山脉，北部与江苏、上海毗邻。整个地形西部为天目山余脉向东延伸的丘陵地带，东部为钱塘江冲刷形成的平原地区。先秦时，该区域地处吴越交界地，两国间频繁的争夺，使其时而属吴时而归越。汉时，这一区域内的大部属于会稽郡的乌程、由拳、海盐、余杭诸县，少部属于鄣郡（后改为丹阳郡）的故鄣（今安吉）。其中鄣郡郡治一度设于今安吉县良朋一带，至西汉武帝后改迁至今安徽宣城。长期的田野考古和调查证明，该区域是浙江境内汉墓分布的主要地区之一，目前已发掘的汉墓约700座，其中正式发表的有203座（附表3-1、2），所发掘的墓地主要有湖州杨家埠、长超山、金鸡山、窑家墩，安吉良朋、高禹，长兴画溪桥、夏家庙，嘉兴九里汇，桐乡拦河镇，海盐南台头和龙潭港，海宁龙尾山，余杭大观山、姜介山等。墓葬的年代集中在西汉时期，类型以土坑棺椁墓为主，东汉时期的墓葬明显偏少。该地区的墓葬特征主要表现为：

1. 墓地普遍采用人工堆筑的土墩

以进行了长期发掘工作的湖州杨家埠墓群为例，在该墓群的南北分别坐落着两座小山，即白龙山和漱山。历年来已发掘的近200座汉墓，基本集中在这两座小山之间的缓坡或平地上，而散布于小山上的汉墓不到10座，其中漱山上仅有1座，而已全部发掘完毕的白龙山上也只有寥寥7座。这种放弃山坡而选择费工、费力、费时的土墩类型墓地的做法，充分说明了这一地区的汉人择葬的意识形态不同于其他地区。对墓葬的营建，普遍采用先堆筑土墩，再在土墩上开挖墓坑的方式。土墩内多埋葬有数量不等、年代重复的墓葬。各墓朝向往往以自然方位为标准，其中西汉早期至东汉初期的土坑类墓葬普遍呈东西走向，东汉时期的砖椁（室）墓则往往为南北走向。

2. 墓葬类型十分全面

在浙江汉墓的三大类十六个子类中，除一类B型（土坑木棺合葬）墓和二类B型Ⅱ式（土坑砖椁同穴合葬）墓外，均有所见。其中西汉时期以土坑木椁墓为主，到了王莽至东汉初期，土坑砖椁墓开始崭露头角，进而演变为券顶砖室墓。从东汉中期前段起，这一地区的券顶砖室墓采用在砖室中部构建嵌入式砖柱隔墙的形式，将砖室内部间隔成明显的前后两室，前后室之间以带券顶的拱门相通，完成了由单室墓向多室墓的演变。墓室内的功能，前室由简单的仅用于摆放随葬品，向具有祭祀和休闲场所功能的方向发展，如 93 安·天 M1 的墓室北部两侧有砖砌二层台，可能是祭台。至东汉晚期，随着画像石墓的出现，开始放置较多的日常生活中的石榻、榻案、屏风甚至狮子等，为墓主人的休闲活动提供了一个真实的场所，形成了前宫后寝的格局，体现了当时"事死如生"的思想。

3. 葬俗丰富多样

浙江汉墓的葬式较为统一，部分墓内残存的人骨架表明其均为仰身直肢葬，如 97 海·龙 M1 和 M3 等，而葬俗的形式则互有不同。湖嘉余地区的葬俗普遍采用以土墩为单位的族葬，即将家族成员掩埋于同一个土墩内。土墩内墓葬的布局上有着一定的设计和安排，如墓的朝向基本一致；其中规模较大的墓葬往往坐中或居前等。以 98 湖·方 D3 为例，土墩内 13 座汉墓排列整齐，均呈东西走向，其中前排中间的 M28，不仅规模最大和带有墓道，其墓道和椁室之间还放置有摆放随葬品的器物箱。对家族成员较多者，往往采用上下多层埋葬或向四周拓展的掩埋形式。如 1987 年在湖州杨家埠发掘的 3 号墩①，墩内 19 座汉墓分别开口于上下两个不同层位，其中下层 6 座，上层 13 座。

单个墓葬的葬俗有合葬和单葬之分，其中合葬又有同穴合葬和异穴合葬之别。同穴合葬是将合葬双方的棺木置于同一个椁室内，随葬品置于边箱、头箱中，具有二者共用的含义。而异穴合葬的双方虽共用一个封土堆，却拥有各自的墓坑和棺椁及随葬品，且后挖的墓坑均打破先挖墓坑的侧壁。这种形式特殊的异穴合葬墓主要流行于西汉中期至东汉早期。在单葬墓中，所用的葬具普遍为棺椁配套。

墓葬所采用的葬具多用枋木拼装而成，其中木椁外表呈长方形或近方形的箱式，椁内设有棺箱、边箱及头箱。木棺外形呈长条状，头部较尾部略高而宽。也有个别墓葬采用独木棺盛装逝者。

4. 随葬品共性大于差异性

浙江汉墓的随葬器物具有大同小异的特征，其器物的基本组合，西汉时期为鼎、盒、壶、瓶、罐、罍、灶，东汉时期为壶、锺、五管瓶、罐、罍、灶。流行于局部地区的器形主要为少量的罐类产品，另有个别的鼎和壶。其中湖州地区有肩部较窄的 C 型鼎和口径与底径大致对等、器身呈中间略大、上下略小的 B 型筒形罐两种，二者均流行于西汉时期。此外，该地区所随葬的印纹陶罍不仅数量较多，尺寸亦往往较大。

二 宁绍地区汉墓

宁绍地区范围包括今宁波大部（不含象山和宁海县）、绍兴全部和杭州的萧山区，为浙东盆地和浙北平原的钱塘江南岸区域，东濒象山港，南至东阳江，西达富春江，北临杭州湾。汉时，该区域分属于会稽郡的山阴、剡县、上虞、诸暨、鄮县、余姚诸县，其中会稽郡治设于山阴（今绍兴）。这一区域已发掘的汉墓近千座，其中 352 座已发表（附表 5 - 1、2）。所

---

① 浙江省文物考古研究所、湖州市博物馆：《浙江省湖州市杨家埠古墓发掘报告》，《浙江省文物考古研究所学刊》第七辑，145、146 页，图二，杭州出版社，2005 年。

发掘的墓地主要有宁波祖关山和老龙湾，奉化白杜，鄞县高钱，绍兴漓渚，嵊州剡山，上虞严村凤凰山、后头山、牛头山、驮山、周家山等。墓葬的年代主要集中在东汉时期。该地区的汉墓特点主要表现为：

1. 墓地普遍选择于山腰

以 1984 年发掘的上虞严村凤凰山墓地为例，所见 49 座西汉晚期至东汉末期的墓葬均分布在山坡的东麓，尤以相对高度在 10 米左右的地带居多。[①] 墓葬的朝向普遍以保证视野开阔为标准，即墓坑与山体走向呈直角相交，墓向与头向一致，均朝向山脚处的开阔地带。

2. 墓葬类型较多

在各类汉墓中除二类 D 型 II 式（间隔式土坑砖椁异穴合葬）墓、三类 B 型 II 式（土圹券顶多室合葬）墓及三类 D 型（画像石）墓外，其余各种墓葬形制均有所见。同时，土坑砖椁墓和券顶砖室墓的盛行程度和数量为各地区之最。土坑砖椁墓在王莽至东汉初期已有所见，早于其余地区。东汉早期，砖椁的前端出现甬道，进而发展为券顶砖室墓。早期券顶砖室墓的砖室往往呈长方形，大约至东汉早期起，部分砖室逐渐发展为长条形。砖室内部格局的变化较为简单，从单室逐渐发展为前后室。最初，仅以略高于墓底的砖质棺床象征性地将墓室一分为二，前端用于摆放随葬品，后端停放灵柩，如 93 上·驮 M30，从严格意义上讲，还不能称之为前后室。直至东汉中期后段，才开始零星出现带过道的多室墓，如 78 奉·白 M3。在墓葬的构建方面，对封土的保护较为重视，为防止水土流失，往往在封土面压盖一层大小不一的石块，如 83 鄞·高 M37 和 86 慈·陈 M17 等。也有的在封土内部用大石块围筑，中间杂以碎土，如 93 上·驮 M28。此外，为排除墓坑的渗水，在个别土坑类墓葬中铺设排水的陶质管道，如 82 嵊·剡 M118；在券顶砖椁类墓葬底面构建繁简不一的排水沟，如 83 鄞·高 M40。

3. 葬俗较为单一

墓葬普遍采用单葬形式，以 1982 年发掘的嵊州剡山墓地为例，所发掘的 58 座汉墓中，"有 43 座能辨出葬式，三人合葬墓 2 座，双人合葬墓 9 座，其余均为单人墓"[②]，合葬者普遍为同穴合葬。同时，墓内葬具往往有棺无椁，如 82 嵊·剡 M72。异穴合葬形式仅见 2 座，明确的族葬形式更是未见。

4. 随葬器物差异略大

该地区汉墓中的随葬品组合整体与浙江各地汉墓相同，但具有地域特色的罐类产品明显多于其他地区。如西汉早期通体拍印米格纹的 A 型印纹陶罐，西汉中期至东汉初期的圜底罐，东汉时期装耳部位下凹的凹肩罐和内口设隔档、肩部附穿孔小錾的 D 型弦纹罐以及敛口鼓腹的三足罐等。

三 杭金衢地区汉墓

杭金衢地区范围包括今金华、衢州全境，杭州及淳安、建德、桐庐诸县，为浙西丘陵盆

① 浙江省文物考古研究所、上虞县文物管理所：《浙江上虞凤凰山古墓葬发掘报告》，《浙江省文物考古研究所学刊——建所十周年纪念（1980~1990）》，217 页，图一五，科学出版社，1993 年。

② 张恒：《浙江嵊州市剡山汉墓》，《东南文化》2004 年第 2 期，49 页。

地地区。东达会稽山脉，南依括苍山脉，西临玉山，北接天目山脉。汉时，该区域分属于会稽郡的大末和乌伤两县。这一地区所发掘的汉墓数量与湖嘉余大致相同，已发表的203座汉墓（附表4-1、2），主要集中在杭州老和山、秦庭山，萧山溪头黄，龙游东华山和仪冢山，部分散见于金华马铺岭，义乌北郊，淳安北郊的官山和赋溪乡，武义芦北农场的后金山等。墓葬年代主要为西汉中期至东汉早期，并以东汉早期为多。该地先秦时建有姑蔑国，越被楚灭后，有部分越人隐入此处成为"山越"。该地区的汉墓特征主要表现为：

1. 墓地多择于小山顶部

以1989年发掘的龙游仪冢山墓地为例，所见42座汉墓均分布于山顶的平缓地带。墓葬的朝向以保证视野开阔为标准，即面向山下的开阔地带。①

2. 墓葬类型较少

在历年来所发掘的墓葬中，其类型主要为一类A型（土坑木棺单葬）墓、二类A型Ⅰ式（土坑木椁单葬）墓、二类B型Ⅰ式（土坑木椁同穴合葬）墓、二类C型（并列式异穴合葬）墓。墓葬的规模相对较大。该地区汉墓内的防潮设施最为普遍和多样化，如龙游仪冢山汉墓群，墓底普遍构建有渗水或排水设施。其中渗水设施采用在墓坑底面挖两条斜向对角交叉的浅沟，有的沟端即墓坑的转角处挖有一个较深的圆坑，圆坑的一半伸入至墓坑底部外侧，由此将渗水沟内的水导入圆坑内，起到一定的防潮作用。排水沟均位于墓外，通过暗沟的形式与渗水沟相互沟通，将墓内渗水导出墓外。各沟的底面均铺垫卵石，其中排水沟的顶部用板瓦覆盖。

3. 葬俗较为丰富

其中族葬采用分区的形式，即同一家族的成员安葬在一个相对集中的区域内，而身份等级最高的墓则位于各区内的中心位置，其余墓葬环绕四周。如龙游仪冢山墓地，42座西汉晚期至东汉早期的墓葬分成相对集中的三个小区，"分别代表了不同组织（家族?）单元"，其中"A区集中了4座带墓道墓，说明在整个3区墓葬中，A区一些墓葬墓主的身份等级最高"，而"M11位于A区墓葬的中部，其他墓葬以它为中心，呈辐射状有序排列。显然，M11应是A区墓葬中身份等级最高的墓葬"。②再如龙游东华山鲁氏家族墓地，其中规模最大的鲁伯墓被14座汉墓围绕中间，其中2座分别出有"鲁毋害"、"鲁奉世"之印，具有典型的家族墓地特征。③

合葬形式有同穴合葬和异穴合葬两种，其中同穴合葬一般在同一个墓坑内安置一椁两棺或仅用双棺，异穴合葬则由两座下葬时间虽早晚不同却十分接近的墓葬并列组成，墓内均有各自的棺椁和随葬器物。异穴合葬形式在数量上为各地区之最，但流行时间较为短暂，主要在王莽至东汉早期。

4. 该地区具有地域特色的器形

有盘口较浅的B型盘口壶和整体呈筒状的C型筒形罐，前者流行于西汉晚期至东汉早期，

① 浙江省文物考古研究所、龙游县博物馆：《龙游仪冢山汉墓发掘简报》，《浙江汉六朝墓报告集》，78页、图一，科学出版社，2012年。

② 浙江省文物考古研究所、龙游县博物馆：《龙游仪冢山汉墓发掘简报》，《浙江汉六朝墓报告集》，94页，科学出版社，2012年。

③ 朱土生：《浙江龙游县东华山西汉大儒会稽太守鲁伯墓尘封二十二年重见天日》，《衢州文博》2013年第5期，44页。

后者主要见于西汉晚期。此外，在少量东汉墓中见有个别的小方格纹印纹陶罐或瓮。

四　温丽台地区汉墓

温丽台地区包括今温州、丽水和台州地区全境以及宁波地区的象山和宁海县，其西部为浙南山区，东部为沿海丘陵平原区。东临东海，南至福建，西依仙霞岭，北至括苍山。西汉早期该地域建有越人后裔统治的东瓯国，后因不堪闽越的不断骚扰而迁至江淮一带。故导致占今浙江约三分之一面积的温丽台地区地广人稀，县级行政区划建十分缓慢，在长达400余年的两汉期间，仅设有回浦和永宁二县，其中永宁县直到东汉晚期的初平三年（192年）才得以增设。因此这一地区汉墓寥若晨星，已发表的仅有12座（附表6–1、2），分别位于温岭大溪的塘山、元宝山，乐清四房山，平阳凤门岭，云和白塔山，象山矮山，临海黄土岭及黄岩秀岭等地。墓葬年代以西汉早期后段和东汉晚期两段为主。同时，早晚两段墓葬中的文化因素具有鲜明的差异，主要表现为：

1. 墓地选择相同，朝向早晚各异

该地区墓地均选择于山腰部位，但西汉时期墓葬的走向仍沿袭越国传统，即与山体的等高线呈平行走向①，墓葬的朝向既不依自然方位，亦不按视野角度，而是以山体走向而定，如06温·塘M1。至东汉时期，墓口的朝向才以视野开阔处为标准，如云和白塔山墓地。

2. 墓葬类型单调

所见墓葬形制仅有二类A型Ⅰ式（土坑木椁单葬）墓和三类A型Ⅰ式（土圹券顶单室单葬）墓及三类A型Ⅱ式（土圹券顶多室单葬）墓三种。其中土坑类墓葬的封土多呈长方形覆斗状隆起，如06温·塘M1，覆斗状封土残长30、宽约18、高2米。同时，该地墓葬的发展和演变速度相对滞后，其中土坑类墓葬至东汉中期仍在采用，如99云·白M1，消失时间明显晚于其他地区。砖室类墓葬中带过道的多室墓，直到东汉晚期才开始出现，如89临·黄M1。

3. 葬俗单一，早期葬具特殊

由于该地区汉墓数量极少而葬俗形式不够明朗，从现有的资料看，以单葬为主。其中西汉时期的椁室有前后之分。

4. 早期随葬品地域特色鲜明

西汉早期墓内随葬器物以原始瓷碗，陶D型鼎、匏壶、B型印纹陶罐、A型瓿式罐、瓮为基本组合，其中印纹陶器的肩腹部往往有数道抹痕。东汉中期以锺、罐、碗为陶器的基本组合，其中罐普遍采用泥条盘筑法成型，外壁通体拍印小方格纹。至东汉晚期随葬品的面貌才融入同期其他地区汉墓的行列中。

五　地域类型的成因

从以上四大地区墓葬的特征可看出，浙江汉墓的地域差异主要表现在墓地类型和营建、

---

① 浙江择葬于山腰处的古墓葬，先秦时期普遍与山体呈平行走向，自汉代开始转为与山体直角相交的形式，前者可能与越人的某种宗教意识有关。

墓葬朝向、墓葬形制、埋葬习俗、随葬器物等方面。其中：

1）墓地类型和营建方面。宁绍、杭金衢、温丽台三大地区较为一致，普遍以高低不等的山之阳坡为主要对象。墓地的营建较为简单，均采用在自然地表下构筑墓坑的形式。而湖嘉余地区则具有鲜明的地域性，墓地普遍选择于平地或高埠上，并采用先构建土墩、再在土墩内挖出墓坑的方法，其埋葬主体往往位于地表之上。

2）墓葬朝向方面。宁绍和杭金衢地区相同，墓葬均以保证视野开阔为标准。而湖嘉余和温丽台地区则各有不同，前者以自然方位为标准，其中土坑类墓葬普遍呈东西走向，砖椁类墓葬往往为南北走向；后者则以所处山脉的走向为标准，墓坑走向与山脉走向保持一致。

3）墓葬形制方面。浙江的各种汉墓形制以湖嘉余地区最为全面，其中三类 B 型 I 式（土圹券顶单室合葬）墓和三类 D 型（画像石）墓为该地区所特有。

墓葬形制的差异主要表现在规模、局部结构及砖室墓的发展方向。墓葬规模方面，湖嘉余地区的中型墓的比例要高于其他地区，宁绍地区则普遍为小型墓。墓葬的发展趋向方面，在砖室墓出现以前，宁绍、湖嘉余和杭金衢地区的墓葬形制发展轨迹和流行时间基本同步，而砖室墓出现以后，在砖室的平面形状、内部的格局上，其发展的方向却互有区别。宁绍地区的砖椁墓和砖室墓不仅出现时间早于其他地区，在数量上亦为各地之首；同时，券顶砖室墓的演变轨迹主要表现在由长方形的砖室向长条形砖室发展，并对该地区六朝时期的墓葬形制产生了深刻的影响；在墓室内部格局的变化上，也显得较为简单，从单室向前后室的发展仅以略高于墓底的砖质棺床象征性地将墓室一分为二，直至东汉中期晚段，才开始零星出现带过道的多室墓。而湖嘉余地区的砖室墓则由单室向间隔式券顶多室墓演变，从东汉中期早段开始，墓室中部便出现带拱门的隔墙，形成了前堂后寝格局的多室墓。杭金衢地区的砖室墓发展趋势和结构与宁绍地区大体相同。温丽台地区自东瓯国迁徙后，墓葬的发展和演变速度相对滞后，其中土坑类墓葬至东汉中期仍在采用，消失时间明显晚于其他地区，砖室类墓葬中的间隔式多室墓，直到东汉晚期才开始出现。在墓坑结构方面，封土形状以温丽台地区最为独特，整体呈长方形的覆斗状。其余各地均呈圜丘状，其中宁绍地区对封土的保护较为重视，面上往往覆盖一层护土石。土坑类墓坑普遍呈封闭式的长方形竖穴结构，少量呈带墓道的"凸"字形和刀形，其中湖嘉余和温丽台地区"凸"字形墓葬的出现时间早于其他两个地区。在湖嘉余地区的个别墓内或建有耳室，或挖有壁龛，此类现象不见于其他地区。墓内的防潮措施方面，砖室墓各地普遍采用在底部铺设暗沟的做法，将渗水排出墓外。墓内的防潮措施重视程度各有不同，湖嘉余和宁绍地区仅有个别墓内有渗水和排水沟。而杭金衢州地区的防潮设施最为普遍和多样化。

4）葬具和葬俗方面。单棺葬在宁绍地区最为流行，其比例高达64%，而棺椁葬则十分少见。湖嘉余地区单棺葬的比例不到30%，而棺椁葬则十分盛行。杭金衢和温丽台地区的单葬墓与湖嘉余地区较为接近，其中后者有前后椁室的现象。合葬有同穴和异穴之分，且普遍为夫妻合葬，仅有宁绍地区出现个别的三人合葬的现象。除温丽台地区外，其余各地两种合葬形式均有所见，但数量多少不等、采用葬具不同、出现和流行时间不一。在同穴合葬中，湖嘉余和杭金衢地区均采用一椁两棺的形式，宁绍地区则普遍无椁室而仅并列双棺。异穴合葬作为一种较为特殊的葬俗，在湖嘉余地区流行于西汉中期至东汉早期，且数量最多，杭金衢地区虽数量上仅次于湖嘉余地区，但流行时间较为短暂，仅为王莽前后阶段，而宁绍地区则仅在西汉晚期出现 2 座，因此异穴合葬的习俗存在着由湖嘉余地区传播至其他地区的可能。族（属）葬盛行于嘉湖余地区，杭金衢一带也有所见，但二者的族葬方式完全不同。湖嘉余地区以土墩的形式将家族成员合葬一处，并在墓葬的布局上有着一定的设计和安排。杭金衢地区的族葬采用分区的形式，所葬成员分区集中一处，各区中心处埋葬身份等级最高者。

5）随葬器物方面。相对于墓葬形制，浙江各地汉墓随葬品的差异要小得多，除温丽台地区的西汉早期墓葬仍传承了于越文化的器物外，各地随葬品的发展和演变、器物的形态特征、流行时间基本相同。仅有部分器物存在着出现时间、流行区域、自身的连贯性和地区之间的传播等方面的差异，如陶 C 型鼎在湖嘉余地区出现时间最早、数量最多，并具有自身的前后连贯。而陶 C 型鼎在湖嘉余地区消失之后，杭金衢和宁绍地区才开始出现，且数量较少。陶 B 型盘口壶在杭金衢地区流行于西汉晚期早段至东汉早期，直到东汉晚期仍有发现，而湖嘉余和宁绍地区则仅有短暂而零星的发现。

产生浙江汉墓地域差异的原因主要为外来文化的影响和本地文化的传承。浙江在楚灭越至汉一统的过程中，随着楚风东渐和汉风南下，本地墓葬在战国中期至西汉早期相继发生了两次重大的变化。同时，当地传统文化在受到打压和排挤的情况下，仍顽强抵抗和传承着。整体上看，浙江汉墓受外来文化的影响具有自北而南逐渐减弱的现象。其中地处最北端的湖嘉余地区受外来文化影响最大，杭金衢和宁绍地区次之，而最南面的温丽台地区则基本保持了原有的传统文化。

湖嘉余地区在先秦时地处吴国和越国的交界地带，两国间频繁的争夺，使其时而属吴时而属越。因此，相互渗透和影响的吴越文化成为该区域的传统文化。自商周至战国时期广为流行的土墩墓以及一墩多墓的埋葬习俗，在这一地区至汉代仍十分盛行，湖州、安吉、长兴等地分布着数以百计的汉代土墩墓，并在墓地的选择上有了进一步的拓展，将传统的普遍择葬于山顶或山脊的标准扩展至平地和高埠。亦由于地理位置的原因，使得该地受外来文化的影响最早、最大。在墓葬方面，既有楚墓的翻版，更有不同文化背景的丧葬习俗同处一墓的现象，充分体现了该地汉墓在继承和拓展传统文化的基础上，对外来文化的接纳程度要高于浙江的其他地区，具有较强的包容性，这正是湖嘉余地区汉墓的基本特征之一。

宁绍地区由于地处越国腹地，于越文化的传统根深蒂固。在越被楚灭后，这一地区并未因军事的占领而导致越文化的全部更替。越文化在遭受楚文化强烈冲击和渗透的同时，仍得以传承，形成两种文化因素共存的格局。将墓择葬于山顶或山脊、用印纹陶器随葬等传统的埋葬习俗仍继续沿用，如坐落于山顶的余姚老虎山汉墓、沿山脊分水岭两侧分布的慈溪陈山汉墓等。

杭金衢地区大部地处丘陵盆地，其中金衢地区在先秦时建有姑蔑国。据《左传》记载，该国与越国关系密切，曾协助越国讨伐吴国。越为楚所灭后，有部分越人隐入此处成为“山越”。因此，该地区的汉墓在接受楚、汉文化影响的同时，仍有一定的越族遗风，如墓地的选择、墓坑内的防潮设施、随葬品中的印纹陶器等。

温丽台地区的汉墓最具传统特色。据《史记·东越列传》记载，自楚国击败越国后，一些越国王族带领部分越人南逃至温州和台州一带，并成为当地领袖。秦末战争时，越王勾践之后摇先随诸侯灭秦，后在楚汉相争中佐汉击楚，因而被汉王朝封为东海王，在浙江的东南地区建立了东瓯国。直至汉武帝建元三年（前138年），因受闽越国的不断攻击而请求撤王归汉，率众迁徙至江淮一带。在这一历史背景之下，相对于其他三个区域而言，温丽台地区是外来文化影响最少的地区，其西汉早期的墓葬完全保持了越族的传统特色，如温岭塘山的M1和M2。同时，由于东瓯国的北迁导致这一区域一度出现真空状态，占今浙江约三分之一面积的温丽台地区地广人稀，县级行政区划建十分缓慢，在长达400余年的两汉期间，仅设有回浦和永宁二县，其中永宁县直至东汉晚期的初平三年（192年）才得以增设，因此这一地区汉墓寥若晨星的现状，也就不足为怪了。

第三节　与周边地区的关系

通过此前的梳理可看出，浙江汉墓的发展轨迹主要表现为：

在墓葬形制方面，整个西汉时期均为一棺或一棺一椁的深竖穴土坑墓，直至王莽至东汉初期才开始零星出现土坑砖椁墓，至东汉早期，此类土坑砖椁墓旋即演变为券顶砖室墓，至东汉中期，出现前堂后室的仿阳宅形式。

在随葬器物方面，整个西汉时期均以体现等级制度的鼎、盒、钫、瓿及敞口壶为基本组合；王莽至东汉初期开始，这一组合发生了很大的变化，改以体现财富的锺、罐、罍、灶、井为基本组合，并常常辅以驱邪呈祥的五管瓶，并贯穿整个东汉时期。值得注意的是，在西汉武帝以前，温丽台地区的随葬品面貌与浙江其他地区迥异，具有浓郁的越文化传统。

在埋葬习俗方面，整个两汉时期均以单葬为主，部分为同穴或异穴合葬，并有一定数量的族葬。棺椁的安放，自西汉初期至东汉初期，均采用上下垂直下放的形式，东汉时期随着券顶砖室墓的出现，改用自前向后横向推入的方式。

根据以上特征，比较周边地区的汉墓特点可知，浙江汉墓的演变轨迹与同处长江下游的江苏、安徽、上海等地汉代平民墓葬的发展脉络基本一致，应属于同一个文化范畴。如比较苏皖地区的汉墓[①]，除未见石椁墓外，其余基本一致。再如比较经过系统整理的上海福泉山汉墓[②]，从随葬器物的基本组合到各类器物个体的自身演变均十分吻合。

---

① 中国社会科学院考古研究所：《中国考古学·秦汉卷》，447~453页，中国社会科学出版社，2010年。
② 王正书：《上海福泉山西汉墓群发掘》，《考古》1988年第8期，694~717页。

附表 1 浙江汉墓墓葬形制统计表

分期	分段	一类 (20%)		二类 (49.61%)								三类 (27.79%)						不明类 (2.60%)		合计
		一A	一B	二AI	二AII	二BI	二BII	二BIII	二C	二DI	二DII	三AI	三AII	三BI	三BII	三C	三D	土坑类	砖室类	合计
一期	1段			5																5
二期	2段	11		5														7		23
	3段	12		7		1														20
	4段	3		19		3			4									1		30
	5段	16	1	21					5	2								1		46
	6段	31		54		12			4	7										108
三期	7段	43		71		22			19	5	1							1		162
四期	8段	22		25	26	9	9	1	5	1	2	8								108
	9段	4		1	19		1	2	1			22		2	2				1	54
五期	10段											43	1	3						47
	11段										1	27	4	1	1		1	1	1	37
六期	12段											12	2	1		2	4			21
未能分段		11		2	8		2			1		72	6					1	6	109
合计		153	1	210	53	47	12	3	37	16	4	184	13	7	3	2	5	12	8	770

附表 2　浙江各地区汉墓形制统计表

分期	分段	湖嘉余地区（26.36%）	杭金衢地区（26.36%）	宁绍地区（45.72%）	温丽台地区（1.56%）	合计
一期	1段	二AI1		二AI4		5
二期	2段	二AI1	一A4、土坑类2	一A7、二AI3	三AI1、土坑类5	23
	3段	一A1、二AI2	一A5、二AI1、二BI1	一A6、二AI4		20
	4段	一A1、二AI14、二BI1、土坑类1	一A1、二AI4、二BI2、二C4	一A1、二AI1		30
	5段	一A6、二AI9	一A2、二AI8、二C5、二DI2、土坑类1	一A8、一B1、二AI4		46
三期	6段	一A15、二AI21、二BI3、二C1、二DI1	一A5、二AI20、二BI7、二C3、二DI4	一A11、二AI13、二BI2、二DI2		108
	7段	一A16、二AI27、二BI6、二C3、二DI4、二DⅢ1、土坑类1	一A10、二AI19、二BI8、二C12、二DI1	一A17、二AI25、二BI8、二C4		162
	8段	一A1、二AI3、二AII7、二DII1、二DII2、三AI1	一A8、二AI14、二AII2、二BI5、二BII3、二C5、二DI1	一A13、二AI8、二AII17、二BI4、二BII5、二BⅢ1、三AI7		108
四期	9段	三AI3	一A1、二AII1、二BⅢ1、三AI7、三BII1	一A3、二AI1、二AII18、二BII1、三AII12、三BI2、三BII1、砖室类1		54
五期	10段		三AI4	三AI39、三AII1、三BI3		47
	11段	二DII1、三AI13、三AII4、三D1、砖室类1		三AI11、三BI1、三BII1	三AI3、土坑类1	37
六期	12段	三AI1、三BI1、三C2、三D4		三AI11	三AI1、三AII1	21
未能分段		三AI11、三AII6、土坑类1、砖室类3	三AI2、三AII2、二DI1、三AII14	一A11、三AII6、二DII2、三AI47、砖室类3		109
合计		203座	203座	352座	12座	770

附表3-1 湖(州)嘉(兴)余(杭)地区汉墓形制统计表

期段	墓号	型式	墓向(度)	形状	规格(长×宽-深/高[米])	结构	葬具板灰(长×宽[米])	备注
一期1段	06安·五M1	二AI	273	"凸"字形	总长13.6 墓道8.30×1.35 墓坑5.30×4.60	生土壁	椁3.68×2.38 棺2.12×0.66	被盗;木椁四周填白青泥,葬具完整
一期2段	08湖·杨G4M18	二AI	290	长方形	3.70×1.70-残0.80	生土壁		
	89安·上M5	二AI	5	长方形	2.70×1.80	生土壁	椁2.50×1.50 棺2.20×0.80	
一期3段	06湖·杨D28M4	一A	90	长方形	2.40×1.20-残0.20	熟土壁	有零星板灰	①层下开口
	89安·上M10	二AI	3	长方形	6.10×5.20-残0.25	熟土壁	椁5.60×4.70 棺2.50×0.90	
	06湖·杨D28M9	二AI	10	长方形	3.60×2.30-残0.60	熟土壁		
	06湖·杨D28M10	二AI	11	长方形	3.80×2.10-1.20	熟土壁	垫木沟2.01×0.20	
	89安·上M9	二AI	10	长方形	3×2.20-残0.50	熟土壁	有少量板灰	
一期4段	89安·上M11	二AI	275	"凸"字形	总长5.80 墓坑4.90×4.90-3.20	熟土壁	椁4.40×4.35 棺2.70×0.80 垫木沟4.90×0.25-0.12	
	07安·上D49M6	二BI	191	"凸"字形	总长12.02 墓道6.60×3.46 墓室5.42×4.96-2.96	熟土壁	椁3.32×2.87 垫木沟4.10×0.20	
	07安·上D49M1	二AI	192	近方形	4.40×4.20-1.60	熟土壁	椁3.44×2.46 棺2.60×0.80	
	04海·龙M2	土坑类		不明	不明	生土壁	不明	

续附表 3－1

期段	墓号	型式	墓向（度）	形状	规格（长×宽－深/高［米］）	结构	葬具板灰（长×宽［米］）	备注
二期4段	89安·上 M6	二AI	3	长方形	3.12×1.90－残0.74	熟土壁		
	06湖·杨 D28M7	二AI	90	长方形	3.20×1.54－残0.36	熟土壁	有零星板灰	
	06湖·杨 D33M8	二AI	288	长方形	3.44×2~3.60	熟土壁	有零星板灰	
	98湖·方 D3M27	二AI	90	长方形	4.10×2.90	上：熟土壁 下：生土壁	椁3.20×2.06 垫木沟1.70×0.10	
	06湖·杨 D28M6	二AI	99	长方形	3.50×1.80－残1.02	熟土壁	有零星板灰	
	07湖·杨 G2M2	二AI	95	长方形	4.40×4.38－残0.57	熟土壁	有零星板灰	
	06湖·杨 D28M15	二AI	95	长方形	3.70×1.90－残0.50	熟土壁	有少量灰	
	98湖·方 D3M25	二AI		长方形		熟土壁		
	08湖·白 G4M28	二AI	95	长方形	3.40×1.68－0.86	熟土壁		
	08湖·白 G4M29	一A	105	长方形	3.20×2.08－0.74	熟土壁		
二期5段	89安·上 M4	二AI	5	长方形	4.20×2.8－0.50	熟土壁	有零星板灰	报道不详
	87湖·杨 D3M17	一A	107	长方形	3.40×2.20－残0.56	熟土壁		②层下开口
	87湖·杨 D14M1	二AI	188	长方形	2.40×1.54－残0.32	熟土壁	椁有部分板灰 棺残1.40×0.70	西壁北端被破坏；①层下开口
	87湖·杨 D3M13	二AI	91	长方形	4.30×1.70－1	熟土壁	有零星板灰	②层下开口；被M12打破
	87湖·杨 D3M2	二AI	105	长方形	3.95×2.30－2	熟土壁	椁2.86×1.50 棺2.24×0.64	②层下开口；填土明显分层，厚0.60米
	87湖·杨 D1M3	一A	50	长方形	1.54×1.20－残0.40	熟土壁		仅存东北部，①层下开口
	06湖·杨 D28M13	二AI	358	长方形	4.30×2.58－残0.46	熟土壁		①层下开口

续附表 3－1

期段	墓号	型式	墓向（度）	形状	规格（长×宽－深/高〔米〕）	结构	葬具板灰（长×宽〔米〕）	备注
一期5段	87湖·杨 D6M2	一A	277	长方形	3.24×1.68－0.70	熟土壁		①层下开口
	87湖·杨 D12M6	一A	191	长方形	2.33×1.20－残0.30	熟土壁		被破坏，②层下开口
	87湖·杨 D15M1	二AI	100	长方形	3.68×2.08－残0.40	熟土壁		④层下开口
	87湖·杨 D11M8	一A	92	长方形	2.94×1.17－残0.45	熟土壁		③层下开口
	87湖·杨 D14M5	二AI	184	长方形	3.63×2.10－1.70	熟土壁	樟2.90×1.60	③层下开口
	08湖·杨 G4M31	二AI	110	长方形	3.80×2.12－残0.45	熟土壁	有少量板灰	被 M32 打破
	06湖·杨 D28M12	一A	75	长方形	残1.50×1.4－残0.36	熟土壁	有零星板灰	①层下开口
	89安·上 M8	二AI	12	长方形	3×2.25－残0.50	熟土壁		报道不详
一期6段	87湖·杨 D5M2	一A	284	长方形	3.33×1.50－残0.33	熟土壁		①层下开口
	87湖·杨 D14M3	二AI	181	长方形	4.40×3.20－1.40	熟土壁	樟3.50×2.20 棺2.50×1.10	①层下开口
	87湖·杨 D3M3	二AI	105	长方形	3.60×1.76－1.44	熟土壁	樟3×1.16	②层下开口
	87湖·杨 D3M16	二AI	83	长方形	3.40×残2－1.02	熟土壁		②层下开口
	97海·龙 M1	二BI	300	长方形	3.60×2.70－1.90	熟土壁	不明	
	87湖·杨 D11M1	二AI	94	长方形	残2.50×186－残0.23	熟土壁	樟3×1.24 棺2.20×0.70	②层下开口
	08湖·白 G4M32	一A	115	长条形	残2.8×1.70－0.80	熟土壁		打破 M31
	98湖·方 D3M26	二AI	90	"凸"字形	总长6.65 墓道3.10×1.80－－1.56 墓坑3.55×2.95－－3	熟土壁	垫木沟2.60×0.10	墓道为阶梯式，终端高于墓坑底1.40米；垫木沟仅一条
	87湖·杨 D3M10	二AI	107	长条形	1.80×残1.33－0.70	熟土壁		②层下开口

续附表 3－1

期段	墓号	型式	墓向（度）	形状	规格（长×宽－深－高［米］）	结构	葬具板灰（长×宽［米］）	备注
二期6段	87湖·杨D8M5	二AI	20	长方形	残1.40×1.56－残0.22	熟土壁		被破坏，①层下开口，被M2打破
	87湖·杨D11M9	二AI	97	长方形	3.80×2.20－残0.50	熟土壁		③层下开口
	87湖·杨D14M6	二AI	189	长方形	3.40×1.70－1.24	熟土壁	棺3.52×2.20 垫木沟2.60×0.80	①层下开口
	87湖·杨D1M4	一A	50	长方形	2.06×1.43－残0.20	熟土壁		北端被破坏，①层下开口
	87湖·杨D5M6	二BI	97	"凸"字形	总长6.10 墓道2.70×2.10 墓坑3.40×2.40－1.65	熟土壁		①层下开口，有封土，斜坡式坡墓道终端高于墓底0.10米
	98湖·方D3M24	二DI		长方形		熟土壁		报道不详，①层下开口
	87湖·杨D4M8	二AI	200	长方形	3.14×1.80－1.14	熟土壁	垫木沟2.16×0.80	②层下开口，被M2打破，并打破M12
	97海·龙M3	一A	300	长方形	3.10×1.70－0.70	熟土壁		
	87湖·杨D3M14	一A	99	长方形	3.22×1.34－0.92	熟土壁	棺1.40×0.70	①层下开口
	87湖·杨D4M12	一A	200	长方形	1.44×1.54－1.14	熟土壁		仅存北端，②层下开口，被M8打破
	87湖·杨D3M18	二AI	281	长方形	1.26×1.80－0.58	熟土壁		①层下开口
	87湖·杨D4M6	二AI	194	长方形	3.40×1.70－1.24	熟土壁	椁2.90×1.20	①层下开口

续附表 3－1

期段	墓号	型式	墓向（度）	形状	规格（长×宽－深/高［米］）	结构	葬具板灰（长×宽［米］）	备注
二期6段	87湖·杨D12M4	一A	187	长方形	2.05×1.26－残0.30	熟土壁		①层下开口
	87湖·杨D11M4	二AI	91	长方形	3.78×1.94－0.94	熟土壁		被破坏，①层下开口，打破M3，底面铺两隔间砾石，0.36米
	87湖·杨D5M1	一A	270	长方形	3.20×1.50－1.20	熟土壁		①层下开口
	87湖·杨D12M5	一A	188	长方形	3.10×2.12－0.90	熟土壁		②层下开口
	87湖·杨D11M3	一A	183	长方形	1.26×1.86－0.74	熟土壁		被破坏；①层下开口；被M4打破
	87湖·杨D13M2	三AI	24	长方形	残3.06×1.60－1.20	熟土壁	棺2.50×0.80	
	89安·上M7	三AI	10	长方形	1.20×1.90－残0.59	熟土壁		报道不详
	87湖·杨D5M4	一A	285	长方形	3.30×1.40－残0.24	熟土壁		①层下开口
	06湖·杨D28M8	一A	13	长方形	3.56×1.60－残0.30	熟土壁		①层下开口
	87湖·杨D3M6	三BI	273	长方形	3.40×2.40－1.65	熟土壁	椁3.68×1.56 棺2.45×0.58	①层下开口
	98湖·方D3M28	三AI	90	刀形	总长7.94 墓道残3.80×3.02 墓坑4×3.90－2.80	熟土壁		
	07安·上D49M5	三AI	5	长方形	4×残2.50	熟土壁	椁3.20×2 棺残0.60×0.36	被破坏；填土夯筑
	98湖·方D3M31	二C	90	刀形	墓坑4.04×2.08－2.80	熟土壁		被M30打破
	87湖·杨D1M6	三AI	173	长方形	3.84×2.25－残0.36	熟土壁		①层下开口

续附表 3－1

期段	墓号	型式	墓向（度）	形状	规格（长×宽－深/高 [米]）	结构	葬具板灰（长×宽 [米]）	备注
二期6段	87湖·杨 D1M5	一A	20	长方形	2.34×1.14－残0.23	熟土壁		①层下开口
	04余·石 M3	三A I	295	近方形	3.20×2.90~3.20－1.20	熟土壁		被 M2 打破
	04余·石 M1	三A I	285	长方形	3.75×1.70~1.80－0.48	熟土壁	椁3.20×1.15	
	06湖·杨 D28M3	一A	11	长方形	2.06×1.02－残0.20	熟土壁		①层下开口；打破 M6，M7
	87余·果 M11	三A I	274	长方形	4.15×2.40－残0.30	熟土壁	椁3.20×1.60 棺2.40×0.90	
	98湖·方 D3M29	三A I		长方形	不明	熟土壁	不明	报道不详
三期7段	87湖·杨 D13M3	三B I	198	长条形	残3.96×3.18－1.80	熟土壁	棺2.20×0.70	①层下开口
	02海·仙 M1	三C	95	长条形	3.40 残1.18		椁3.26×0.98 棺2.10×0.63	被 M2 打破
	02海·仙 M2	三C	95	长方形	3.50×1.35－0.60	熟土壁	棺2.26×1.0	打破 M1
	97海·龙 M5	一A	285	长方形	3×2－0.80	熟土壁		
	87湖·杨 D3M9	一A	292	长方形	1.50×2.80－残0.40	熟土壁		①层下开口
	87湖·杨 D3M12	三A I	180	长方形	3.80×2.20－1.40	熟土壁	棺2.20×0.80	①层下开口；打破 M13
	87湖·杨 D9M2	三A I	184	长方形	3.10×1.84－残0.38	熟土壁		①层下开口
	87湖·杨 D3M19	三A I	272	长方形	残1.45×1.36－残0.46	熟土壁		仅存东南部；①层下开口
	87湖·杨 D4M10	一A	100	长方形	3.10×1.50－1.30	熟土壁	棺2×0.80	①层下开口
	06湖·杨 D28M11	三A I	10	长方形	3.50×1.70－残0.76	熟土壁		①层下开口
	87湖·杨 D4M5	三B I	160	方形	3.70×3.70－残1.06	熟土壁	椁3.20×3.10 棺2.40×0.80 垫木沟3.30×0.2	①层下开口，被 M4 打破

续附表 3—1

期段	墓号	型式	墓向（度）	形状	规格（长×宽-深/高 [米]）	结构	葬具板灰（长×宽 [米]）	备注
	87湖·杨D1M2	一A	10	长方形	2.26×1.40-残0.22			被破坏; ①层下开口
	87湖·杨D2M3	一A	110	长方形	3.50×1.18-0.68		垫木沟2.30×0.50	①层下开口
	87湖·杨D13M1	三AI	10	长方形	3.66×2.84-0.60		垫木沟2.18×1.30	①层下开口
	87湖·杨D2M1	三AI	105	长方形	2.34×1.38-残0.46			扰乱; ①层下开口
	10长·七M4	三BI	114	长方形	4.58×3.88	熟土壁	椁3.83×2.81 南棺2.65×0.80 北棺2.55×0.74	被M3打破
	10长·七M5	一A		长方形	5×1	熟土壁		报道不详
三期7段	10长·七M3	三BI	92	刀形	墓道宽1.70 墓室长4	熟土壁	椁残长3.20	打破M4; 封土夯筑, 高6.30米, 木椁四周填充白膏泥
	87湖·杨D4M7	三AI	103	长方形	3.90×1.90-1.82		棺3.50×1.50	①层下开口
	97海·龙M8	一A	335	长方形	3.20×2-0.60			①层下开口
	87湖·杨D3M8	三AI	270	长方形	3.20×1.98-残0.22			①层下开口
	87湖·杨D3M7	三AI	272	长方形	3.35×1.70-0.52	熟土壁	垫木沟2.80×1.40	①层下开口
	87湖·杨D5M5	一A	282	长方形	2.60×1.30-残0.30	熟土壁		①层下开口
	87湖·杨D6M1	一A	275	长方形	1.95×0.94-残0.50	熟土壁		①层下开口
	55闸M1	土坑类		长方形	2.70×1.60-0.78	熟土壁		
	97海·龙M2	一A	285	长方形	?×2.40-残0.50	熟土壁		
	87湖·杨D4M1	三AI	22	长方形	3.30×1.86-残0.60	熟土壁	垫木沟2×0.98	①层下开口

续附表 3 – 1

期段	墓号	型式	墓向（度）	形状	规格（长×宽－深/高［米］）	结构	葬具板灰（长×宽［米］）	备注
二期7段	07 安·上 D49M4	三 A I	98	长方形	3.85×2.76－2.40	熟土壁	椁 2.90×1.88 棺 2.12×0.68	打破 M6；填土夯筑；底部西侧有高 0.24、宽 0.22～0.32 米的二层台
	07 安·上 D49M3	三 A I	188	长方形	3.60×2.30－1.40	熟土壁	椁 2.74×1.50－1.70 棺 2.14×0.60	填土夯筑
	07 安·上 D49M2	三 A I	113	刀形	3.82×2.60－2.40	熟土壁	椁 3.22×2 棺 2.36×0.90	填土夯筑；墓室一侧有 2.64×1.36 米的外藏椁
	87 湖·杨 D3M5	三 A I		长方形		熟土壁		
	87 湖·杨 D4M2	三 A I	18	长条形	2.30×1－0.6	熟土壁		①层下开口；打破 M8
	98 湖·方 D3M30	三 C	90	刀形	3.80×2.16－2.50	熟土壁		被破坏；①层下开口；打破 M31
	87 湖·杨 D14M2	三 A I	175	长条形	3.15×1.30－0.70	熟土壁		①层下开口
	87 湖·杨 D3M1	三 B I	97	长条形	3.42×2.66－1.46	熟土壁	椁 2.50×2	①层下开口
	98 湖·方 D3M22	三 D I		长方形		熟土壁		报道不详
	97 海·龙 M7	一 A		长方形	不明	熟土壁		
	87 湖·杨 M7	三 A I	280	长方形	4.20×3.72－1.98	熟土壁	椁 3.60×2.90 棺 2.50×1.10 沟 4.32×0.24	
	87 湖·杨 D4M3	三 A I	24	长方形	3.25×2.58－1.06	熟土壁		①层下开口

续附表 3－1

期段	墓号	型式	墓向（度）	形状	规格（长×宽-深-高[米]）	结构	葬具板灰（长×宽[米]）	备注
三期7段	87湖·杨D3M4	一A	101	长方形	3.56×2.05-0.63	熟土壁	椁3.06×1.55	①层下开口
	98湖·方D3M19	二AI		长方形		熟土壁		报道不详
	98湖·方D3M21	二DII		长方形		熟土壁		报道不详
	08湖·白C4M30	二AI	15	长方形	残3.10×1.65-残0.50	熟土壁		被破坏
	98湖·方D3M23	二DI		长方形		熟土壁		报道不详
	90余·姜M1	二BI	97	长方形	残3.54×1.96-残0.26	熟土壁	椁2.20×1.30	
	87湖·杨D3M11	二AI	186	长方形	3.04×1.54-1.56	熟土壁	椁2.80×1.10	①层下开口
	06湖·杨D28M14	二AI	10	长方形	2.80×1.58-残0.60	熟土壁		①层下开口；被M2打破
	98湖·方D3M20	二DI		长方形		熟土壁		
	87湖·杨D2M2	一A	105	长方形	2.70×1.02-0.96	熟土壁		①层下开口
	87湖·杨D14M7	二AI	181	长方形	2.74×1.28-残0.32	熟土壁		①层下开口
	87湖·杨D14M4	一A	180	长方形	2×1.60-残0.50	熟土壁		①层下开口
	87湖·方D3M15	二DI	86	长方形	3.10×残1.88-残0.20	熟土壁		①层下开口
	87湖·杨D4M9	一A	195	长方形	2.94×1.40-1.06	熟土壁		①层下开口
	97海·龙M1	二BI	300	长方形	3.30×2.40-1.90	熟土壁	椁2.90×1.70	
	87余·果M6	二AI	276	长方形	3.10×1.30-2.80	熟土壁		
	06湖·杨D21M2	二AI	285	长方形	3.20×1.80-0.62	熟土壁		①层下开口
	87湖·杨D12M2	二AI	188	长方形	3.38×1.84-残0.24	熟土壁		①层下开口
四期8段	87湖·杨D8M2B	二DII	104	长方形	3.88×内1.28-残0.78	熟土壁		①层下开口；打破M5
	87湖·杨D8M2A	二DII	104	长方形	3.88×内1.64-残0.78	壁：平砌错缝 底：编织纹		①层下开口；打破M5
	87湖·杨D8M2C	二DII	104	长方形	3.88×内1.08-残0.72	熟土壁		①层下开口，打破M5
	87余·果M9	二AI	276	长方形	3.32×1.54-残0.60	熟土壁		
	06湖·杨D28M5	二AI	13	长方形	残2.80×1.54-残0.50	熟土壁		①层下开口；打破M15

续附表 3-1

期段	墓号	型式	墓向（度）	形状	规格（长×宽-深-高[米]）	结构	葬具板灰（长×宽[米]）	备注
	97海·龙M4	三AI	280	长方形	3×2-残0.60	熟土壁		
	08湖·白G4M6	三AII	290	长方形	砖椁3.30×2-1.20	壁：六顺一丁 底：编织纹		保存完好，椁口有一周边框
	08湖·白G4M7	三AI	100	刀形	总长3.30 甬道残0.70×1-0.65 椁室2.60×1.70-1	壁：八顺一丁，五顺一丁 底：编织纹		被破坏；壁有咬土砖封门为三顺一丁
	10长·七M2	三AII	98	长方形	土坑4.30×1.94 砖椁4×1.60-1.18	壁：丁顺结构 底：两横两纵		
	10长·七M1	三AII	275	长方形	土坑3.95×2.03 砖椁3.60×1.70-0.85	壁：四顺一丁 底：两横两纵		
四期8段	08湖·白G4M12	三AII	85	长方形	3.80×1.70-0.90	壁：八顺一丁 底：编织纹	底部有两排垫棺砖	椁口有一周边框
	87湖·杨D8M3	三AII	205	长方形	砖椁3.10×0.84-残0.68	壁：平砌错缝 底：两横两纵		①层下开口
	06湖·杨D28M1	三AII	104	长方形	砖椁4.36×2.50-残0.60	壁：平砌错缝 底：纵横相间		墓壁有一层咬土砖
	06湖·杨D28M2	三AII	105	长方形	4.40×2-0.60	壁：平砌错缝 底：无铺底砖		被严重破坏；①层下开口
	08湖·白G4M27	一A	290	长方形	3.30×残1.42-残0.30	熟土壁		被破坏
	97海·龙M6	二BII	295	长方形	3.30×2.60-0.85	壁：平砌错缝 底："人"字形		
四期9段	87湖·杨D7M1	三AI	106	长方形	残2.70×1.74-1.10	熟土壁		①层下开口
	87湖·杨D8M1	三AI	211	长方形	3.60×1.46-残0.24	熟土壁		①层下开口

续附表 3-1

期段	墓号	型式	墓向（度）	形状	规格（长×宽-深/高 [米]）	结构	葬具板灰（长×宽 [米]）	备注
四期9段	08湖·白G4M5	三A I	110	长方形	3.62×1.76-1.65	壁：平砌错缝 底：编织纹		扰乱；重券；封门上端有"额墙"
	03长·卞M9	三A I	86	长方形	3.80×1.35-0.94	壁：平砌错缝 底：横向错缝		墓口砖封堵；有榫卯砖和动物画像砖
	93安·天M1	三A I	15	长方形	4.86×2.54-残1.12	壁：平砌错缝 底：编织纹		永和二年；墓内前端两侧有祭台
	75嘉·九M1	砖室类		长方形	残3×?-残0.40	丁顺结构		被破坏
五期11段	06安·高D13M2	三A II	70	"凸"字形	总长12.40 墓道4×1.80-残1.10 甬道0.80×1.20-1.20 前室2.40×2.30 后室3.40×2.30-2.40	前室为穹隆顶，后室拱形顶，墓壁为丁顺结构		被盗；熹平五年；墓道底面作30°倾斜
	06安·高D13M3	三A II	70	"凸"字形	总长12.40 墓道4×1.80-残1.10 甬道0.80×1.20-1.20 前室2.40×2.30 后室3.40×2.30-残1.30			被盗；熹平五年
	87余·果M8	二D II	267	长方形	4.50×3.45-0.74	壁：平砌错缝 底：横排错缝		
	87余·果M3	三A I	262	长方形	4.80×1.65-1.14	壁：平砌错缝 底：横排顺缝	有"S"形榫钉	双重壁；封门砖呈曲折形

续附表 3-1

期段	墓号	型式	墓向（度）	形状	规格（长×宽-深·高[米]）	结构	葬具板灰（长×宽[米]）	备注
	87余·果M5	三AI	352	长方形	4.08×1.72-0.88	壁：平砌错缝 底：纵向顺缝		墓门位于右侧，宽1.10米；墓壁有咬土砖；曲折形封门砖
	87余·果M13	三AI	110	长方形	3.48×1-0.50	壁：平砌错缝 底：横排顺缝		
	87余·果M1	三AI	110	刀形	总长4.80 甬道0.68×1.16-1.16 墓室4.12×2.03-1.32	壁：平砌错缝 底：横排顺缝		用榫卯砖
	87余·果M4	三AI	355	长方形	3.88×2.56-1.28	壁：平砌错缝 底：横排顺缝		
	87余·果M2	二AII	262	长方形	3.36×2.32-0.90	壁：平砌错缝 底：纵横排列		
五期II段	03长·卞M1	三AI	355	长方形	墓道残6×2.30 墓室5.20×2.10-残2	壁：平砌错缝、二顺一丁 底：编织纹 封门：丁顺结构	棺床：2.60×0.12 整棺砖两排，前后相距1.40米	墓道口块石封堵；墓门外设挡墙；底有排水沟，券顶三重券，用券形砖
	03长·卞M2	三AI	5	长方形	墓道6×1.60 墓室4.85×4-残2.40	重壁：平砌错缝 底砖："人"字形 封门：平砌错缝	棺床2.56×4-0.16	墓道口封堵石块；墓门内设水系统；券顶用扇形和斧形砖

续附表 3－1

期段	墓号	型式	墓向（度）	形状	规格（长×宽－深/高［米］）	结构	葬具板灰（长×宽［米］）	备注
五期11段	03长·下M3	三AⅡ	18	"凸"字形	甬道1.10×0.74－1.38 前室2.07×2－残1.60 后室3.58×2－残1.40	壁：四顺一丁 横向错缝 底：		穹隆顶；墓外有护墙；前室四隅设壁龛，两侧设耳室
	03长·下M4	三AⅠ	87	长方形	4×1.80－1.94	壁：平砌错缝 横直相间 底：		门用砖和石块封堵，砖为曲折形
	03长·下M5	三AⅠ	90	长方形	2.06×1.80－残2.10	壁：平砌错缝 横排错缝 底：		后壁呈弧背状；有画像砖和斧形砖
	03长·下M11	三AⅠ	90	刀形	甬道0.70×1.03－2.80 墓室4.20×2.80－残2.40	壁：平砌错缝 纵横相间 底：		墓壁有咬土砖
	03长·下M16	三AⅠ	90	长方形	残1.96×1.90－残1.40	壁：丁顺结构 纵排错缝 底：		仅存前部；券顶用斧形砖
	06长·西M1	三D	106	长方形	总长7.86 墓道上5.6、下2.2×3.9 前室2.66×2.14－2.88 后室3.62×2.14－2.32	顶：藻井式 壁：平砌错缝 底：平铺错缝（均用条石）		封土高约1.5米，墓门高1.60，宽1.18米，耳室长1.30，宽0.78，高0.96米
六期12段	10湖·小M2	三C	285	长条形	4.32×1.62－残1.16	壁：三顺一丁 纵横相间 底：		两墓前部有高0.15，宽0.14米的"神仙洞"
	10湖·小M3	三C	285	长条形	4.84×1.74－残1.42	壁：三顺一丁 纵横相间 底：		同上

续附表 3-1

期段	墓号	型式	墓向（度）	形状	规格（长×宽-深/高〔米〕）	结构	葬具板灰（长×宽〔米〕）	备注
六期12段	10湖·小M4	三BⅠ	285	"凸"字形	总长5.06 甬道0.76×1.38-1.20 墓室4.30×2.05-1.96	壁：四顺一丁 底："八"字形	后部有一道长2.46、高0.43米的隔墙，两侧各有两块墓砖 垫棺砖	券顶用扇形砖
	90湖·箬M1	三AⅡ	160	"吕"字形	甬道1.13×0.93-1.40 前室2.01×1.96-2.06 过室1.15×0.97-0.97 后室3.24×1.74-1.80	壁：丁顺结构 底："八"字形，后室两层		封门砖为曲折形；前室两侧设砖榻；墓砖铭文有"万岁""万岁永则"
	74德·秋M3	三D	178	"凸"字形	总长8.32 甬道1.88×1.28-1.31 墓室6.44×3-2.96	壁：五顺一丁 底：上为石板，下为"八"字形	石板棺床，高0.12米；棺钉四排，垫棺条石四根	甬道前有刻有龙凤的石门、石柱；棺床下有排水系统
	63德·凤M1	三D	244	"凸"字形	总长9.30 甬道2.70×1.7-1.60 墓室6.60×2.80-2.20	壁：三顺一丁 底：方砖平铺	棺床长3.80 垫棺条石1×0.12-0.12、0.70×0.10-0.14	甬道中间有画石门，有画像石；墓砖铭文"万岁不败"
	63德·凤M2	三D	296	"凸"字形				结构与M1基本相同
	73海·长M1	三D	170	"中"字形	总长9.56 前室3.13×3.04-2.90 耳室1.07×0.97-0.57 后室3.77×3.01-3.10		砖榻1.22×1.07-0.08	前室设两个砖榻和耳室；画像石共计63块，55幅
未能分段	10长·七M6	土坑类		长方形		熟土壁		王莽前后；被M2叠压；仅存墓室一角

续附表 3 - 1

期段	墓号	型式	墓向（度）	形状	规格（长×宽－深/高［米］）	结构	葬具板灰（长×宽［米］）	备注
	87 余·果 M10	砖室类						东汉
	87 余·果 M12	砖室类						东汉
	08 湖·白 G4M9	三 A Ⅱ	200		右室 2.50×2.42－0.66 过道 0.62×1.08－0.96 后室 2.98×1.94－1.56 左室 4.6×2.6－1.50			约东汉晚期；左室设砖榻；砖铭有万岁、万岁不败、德载，长寿贵、幽藏能易窥真，为阴同约
未能分段	08 湖·白 G4M10	三 A Ⅰ	205	"凸"字形	总长 4.90 甬道 0.54×1－0.66 墓室 4.36×1.92－1.52	壁：平砌错缝 底：编织纹		约东汉晚期；墓砖铭文：万岁、万岁不败
	08 湖·白 G4M11	三 A Ⅱ	210	"凸"字形	甬道 0.80×1.14－1.12 前室 2.88×2.40－残 1.96 过道 0.40×1.28－残 2.24 后室 2.72×2.40－2.04	甬道壁：平砌错缝 墓室壁：八顺一丁 底：编织纹	后室设棺床，系纵砖侧立而成	约东汉晚期，墓砖铭文：万岁、万岁不败
	08 湖·白 G4M13	砖室类	85	长方形	残 1×1.34－1.30	壁：平砌错缝 底：纵向平铺		东汉
	08 湖·白 G4M33	三 A Ⅰ	16	长方形	墓室 4.2×1.76－0.50	壁：平砌错缝 底：横向平铺		东汉
	08 湖·白 G4M34	三 A Ⅰ	15	长方形	墓室 4.1×1.64－1	壁：平砌错缝 底：编织纹		东汉
	08 湖·白 G4M35	三 A Ⅰ	10	长方形	墓室 4.1×1.36－0.60	壁：平砌错缝 底：横向平铺		东汉

续附表 3-1

期段	墓号	型式	墓向（度）	形状	规格（长×宽-深/高）[米]	结构	葬具板灰（长×宽）[米]	备注
	08湖·白G4M36	三A I	95	长方形	甬道 0.72×1.1-0.75 墓室 5.62×1.62-0.75	壁：丁顺结构 底：编织纹		约东汉晚期；甬道位于墓室内
	08湖·白G4M37	三A II	200	"凸"字形	墓道 0.84×1.4-残1.84 前室 2.46×2.56-残1.6 过道 0.36×1.16-残0.3 后室残 1.30×2.56-残0.18	壁：六顺一丁 底：前室编织纹，后室纵向侧立	后室设棺床，系纵砖侧立而成	约东汉晚期；总残长4.12米，过道门券长0.74，宽1.14，残高1.9米
	08湖·白G4M41	三A I	259	长方形	墓室 2.82×0.9-1.05	壁：三顺一丁 底："人"字形		约东汉晚期
未能分段	03长·卞M7	三A II	90	"凸"字形	甬道 0.57×1.02-1.15 前室 1.88×2.44-残1.46 过道 0.96×0.56-残1.20 后室 3.08×2.44-残1.14	壁：平砌错缝 底：编织纹		约东汉中晚期；弯隆顶，前室南侧设砖榻，西侧设耳室；券顶用斧形砖
	03长·卞M8	三A I	10	长方形	6×2.74-3.18	壁：平砌错缝 底：纵横相间 封门：曲折形	棺床进深3.3，高0.12	约东汉中晚期；四重券，重壁，墓门外筑有护墙，用扇形砖
	03长·卞M10	三A II	10	长方形	墓道 4.60×3.60 前室 2.38×2.90-3.50 后室 3.12×2.90-3.50	壁：平砌错缝 底："人"字形		约东汉中晚期；弯隆顶，墓道口用石块封堵，过道有主次两个拱门

续附表 3－1

期段	墓号	型式	墓向（度）	形状	规格（长×宽-深/高[米]）	结构	葬具板灰（长×宽[米]）	备注
未能分段	03长·下M12	二AⅡ	90	"凸"字形	总长5.40 甬道1.20×1.60-0.10 墓室3.40×1.80-残2.10	壁：五顺一丁 底："人"字形		约东汉中晚期；墓外有墓道；后壁呈弧背状；券顶用斧形砖
	03长·下M13	三AⅠ	90	长条形	3.80×1.40-残1.10	壁：平砌错缝		约东汉中晚期；墓壁外有咬土砖
	03长·下M17	三AⅠ	90	长方形	4.20×1.66-残1.54	壁：平砌错缝 底："人"字形		约东汉中晚期；墓壁用有咬土砖
	03长·下M18	三AⅠ	25	长条形	1.70×0.40-0.50	壁：平砌错缝 底：纵向错缝		约东汉中晚期；叠涩顶；有铭文砖
	03长·下M19	三AⅠ	85	长方形	4.66×1.86-残1.7	壁：平砌错缝 底：纵横相间		约东汉中晚期；墓门偏南侧

附表 3-2　湖（州）嘉（兴）余（杭）地区汉墓随葬器物统计表

期段	墓号	型式	陶瓷器	其他	备注
一期1段	06·安·五M1	二AI	泥质彩绘陶豆A6、纺AI6、鼎AI6、杯A4、盒AI4、俑7；高温釉陶铃铛片1套99件	铜锥盉1、蟠螭纹镜I1、戈1、剑1；漆盒2、卮1、厄1、盘1、案1、耳杯9、奁1、六博1副、箪1、坐便架1、箭杆5、俑7、柲1	被盗
一期2段	08·湖·杨G4M18	二AI	印纹陶罍BI1（高温釉陶）、残罍2（高温釉陶）；高温釉陶敞口壶AI1、罐I1、AII1；硬陶弦纹罐AI4	铜蟠螭镜II1、半两1组	
二期3段	89·安·上M5	二AI	印纹陶罍AaI2（高温釉陶）；高温釉陶鼎BII2、盒CI1、敞口壶AII2；泥质陶灶AI1	铜蟠螭镜II1、半两1组	被同墩中的M4、M6打破
	06·湖·杨D28M4	一A	高温釉陶敞口壶BI1、硬陶弦纹罐AI1	铜半两1组	②层下开口
	89·安·上M10	二AI	印纹陶罍AaI7（高温釉陶2、硬陶5）；高温釉陶纺BI2、鼎BII2、盒BI2、瓿AII2、敞口壶AIII5、BII2；硬陶筒形罐B2；泥质陶灶BII1、印章1	铜鼓1、昭明镜1；铁剑A2；玉璧1；石研1、研黛器1	封土被同墩中的M9打破
	06·湖·杨D28M9	二AI	印纹陶罍BII2、III2（高温釉陶2、硬陶2）；高温釉陶敞口壶AIV1、盘口壶AII2、筒形罐B2；硬陶瓿AIII1、敞口罐AIV3	铜五铢1组、铁釜1	②层下开口
二期4段	06·湖·杨D28M10	二AI	印纹陶罍BII5（高温釉陶4、硬陶1）；高温釉陶瓿AIII1、敞口壶AIII1、AIV2、盘口壶AII1、筒形罐B1、纺轮2、麟趾金1组；硬陶筒形罐B3	铁釜Bb2	②层下开口
	89·安·上M9	二AI	印纹陶罍AaII5（高温釉陶3、硬陶2）；III3、敞口壶BI4；硬陶灶AII1、泥质陶罐B1	四乳草叶纹镜1、铜镦1、五铢1组	打破同墩中的M10的封土
	89·安·上M11	二AI	印纹陶罍AaI5（高温釉陶3、硬陶2）；盒BII2、瓿AIII4、敞口壶AIV7、盘口壶BII1、AII1、甑B1、釜A1、灶BII2、碗2；泥质陶筒形罐2	铜洗1、连弧纹镜I2、五铢1组、铁釜1、三足支架1	

续附表 3-2

期段	墓号	型式	陶瓷器	其他	备注
二期4段	07安·上D49M6	二BI	印纹陶罍BⅢ10（高温釉陶4、硬陶6）；高温釉陶鼎BⅡ1、BⅢ4，盒CI2，钫BI4，瓿AⅡ6，敞口壶AⅡ1，小壶1，敞口陶盆AⅣ3，泥质陶AⅡ1；熏AaⅡ1；灶1，甑B1	铜鼎B1，带钩1，星云镜1，釜1；铁釜1，削1；玉璧1，珩2，耳塞2，鼻塞2；石黛板1	被M4打破
	07安·上D49M1	二AI	印纹陶罍AaⅡ6（高温釉陶2、硬陶4）；高温釉陶鼎BⅡ2，盒CI2，钫BⅡ1，瓿AⅢ2，敞口壶AⅣ3，盒AⅡ1，灶1，甑1，房屋模型A2；泥质陶熏AⅡ1	铜星云镜1，五铢2组；铁釜Aa1，剑A1，削2	
	04海·龙M2	土坑类	高温釉陶盒CⅡ1，瓿AⅢ1，敞口壶AⅣ1		被破坏
	89安·上M6	二AI	印纹陶坛B2（硬陶），罍BⅡ1（硬陶）；高温釉陶瓿AⅢ2，敞口壶BⅡ2；泥质陶敞口壶AⅣ1，筒形罐B2；硬陶素面罐I2		打破同墩中M5的封土
	06湖·杨D28M7	二AI	泥质陶釜1，井1		①层下开口，被同墩中的M3、M6打破
	06湖·杨D33M8	二AI	高温釉陶瓿Ⅲ1、Ⅳ1，盘口壶AⅡ2；硬陶鼎CⅡ2，盒BⅡ2，瓿AⅢ3，弦纹罐AⅡ1、BⅡ2；泥质陶素面罐1		③层下开口
	98湖·方D3M27	二AI	印纹陶罍BⅡ2（硬陶）；硬陶鼎CⅡ2，盒CI2，瓿AⅢ3，敞口壶AⅣ2，弦纹罐AⅡ4	铜日光镜Ⅱ1；漆器3	被M25打破
	06湖·杨D28M6	二AI	印纹陶罍BⅢ1（高温釉陶）；高温釉陶盘口壶AI2，弦纹罐AⅡ2；硬陶弦纹罐BⅡ4；泥质陶罐1		①层下开口，被M3打破，打破M7
	07湖·杨G2M2	二AI	印纹陶罍AaⅡ2、BⅡ4、BⅢ3（高温釉陶）；高温釉陶鼎CⅡ2，盒BⅡ2，瓿AⅢ2，敞口壶AⅣ4，盘口壶AⅡ1，筒形罐AbⅡ1，盒B1，釜A1，甑1，井AⅡ1，狗1；硬陶盆BⅡ1；泥质陶弦纹罐BⅡ1；房屋模型A2，鸡舍1，羊5，马3，牛1，狗1；泥质陶五铢1组	铜壶3，杯B1，洗A1，日光镜Ⅰ2，釜A1，五铢钱2组；铁剑A1，刀Aa1，石黛板1，研黛器1；木盘1	

续附表 3－2

期段	墓号	型式	陶瓷器	其他	备注
二期4段	06湖·杨 D8M15	二A I	原始瓷豆1; 印纹陶罍BⅡ1, Ⅲ1（高温釉陶）; 高温釉陶瓿AⅡ2, 敞口壶BⅡ1; 硬陶鼎CⅡ2, 钵BⅠ2, 罍AⅠ1, 熏AⅢ1, 纺轮1	铜铎1, 五铢1组; 漆奁1	①层下开口, 被M5打破
	98湖·方 D3M25	二A I	印纹陶罍BⅡ1（高温釉陶）; 高温釉陶敞口壶BⅡ2; 硬陶弦纹罐BⅠ2		报道不详; 打破M27
	08湖·白 G4M28	二A I	印纹陶罍BⅡ2（高温釉陶）, BⅢ3（硬陶）; 高温釉陶瓿AⅢ1, 盘口壶AⅡ6	铁环首刀1	
	08湖·白 G4M29	一A	高温釉陶瓿AⅢ1, 盘口壶AⅢ6, 麟趾金1组; 硬陶钵BⅠ1	铜五铢1组	
二期5段	89安·上 M4	二A I	印纹陶罍BⅡ3（硬陶）; 高温釉陶鼎BⅣ4, 盒CⅡ2, 敞口壶BⅡ4, 弦纹罐AⅡ2; 泥质陶素面罐BⅠ4, 灶B, 熏AⅢ1; 硬陶瓿BⅡ1	铜鼎B1, 釜A1, 勺1, 五铢1组; 铁剑A1, 环首刀1	打破同墩中M5的封土
	87湖·杨 D3M17	一A	印纹陶罍AaⅡ1（硬陶）; 高温釉陶瓿AⅢ2; 硬陶弦纹罐AⅢ1, 素面罐1, 钵BⅢ3, 纺轮1	漆器1	②层下开口
	87湖·杨 D14M1	二A I	高温釉陶瓿AⅢ1（高温釉陶）; 硬陶弦纹罐AⅡ2, 筒形罐B1	铜五铢1组; 铁刀1	①层下开口
	87湖·杨 D3M13	二A I	印纹陶罍BⅡ4（高温釉陶）, 硬陶3）; 高温釉陶瓿AⅢ1, 敞口壶AⅣ1; 硬陶弦纹罐AⅢ5; 陶鼎BⅣ1, 盒AⅢ1		②层下开口, 被M12打破
	87湖·杨 D3M2	二A I	印纹陶罍BⅡ6（高温釉陶）, 硬陶4）; 高温釉陶瓿AⅢ1, 筒形罐B2, 钵AⅠ1; 硬陶盒CⅠ1, 弦纹罐AⅢ4, BⅡ2, 纺轮2, 灶AⅡ1; 泥质陶AⅡ1		②层下开口
	87湖·杨 D1M3	一A	印纹陶罍BⅡ2（硬陶）; 高温釉陶盘口壶AⅠ1; 硬陶弦纹罐AⅢ3, 筒形罐B1		①层下开口, 打破M6
	06湖·杨 D28M13	二A I	印纹陶罍AaⅠ1, BⅡ2, 盘口壶AⅡ2, 弦纹罐AⅡ2, BⅠ1, 筒形罐AⅠ1; 高温釉陶盒CⅡ2, 瓿AⅢ2, 钵AⅠ1; 硬陶鼎BⅣ1, Ⅱ4, 纺轮1; 泥质陶素面罐Ⅰ1, Ⅱ1, 弦纹罐2	铁锸A1, 矛B1; 砺石1	①层下开口

续附表 3-2

期段	墓号	型式	陶瓷器	其他	备注
二期5段	87湖·杨 D6M2	一A	印纹陶罍 BⅡ2（硬陶）；高温釉陶瓿 AⅢ2，盘口壶 AⅡ1；硬陶弦纹罐 AⅢ8		①层下开口
	87湖·杨 D12M6	一A	印纹陶罍 AaⅡ1（高温釉陶）；高温釉陶瓿 AⅢ1，盘口壶 AⅠ1，弦纹罐 AⅡ3		被破坏；②层下开口
	87湖·杨 D15M1	二AⅠ	印纹陶罍 AaⅡ3（高温釉陶 2，硬陶 1）；高温釉陶瓿 AⅢ1，敞口壶 AⅣ2；硬陶弦纹罐 AⅢ2，BⅡ1，纺轮 1；泥质陶灶 BⅡ1	铜镜 1，五铢 1组；铁削 1；玛瑙管 2	④层下开口
	87湖·杨 D11M8	一A	印纹陶罍 AaⅡ4（高温釉陶 3，硬陶 1）；高温釉陶瓿 AⅢ1，敞口壶 AⅣ3，盘口壶 AⅡ1，弦纹罐 AⅢ1，B筒形罐 3，盆 AⅠ1	铜五铢 1组	被破坏；③层下开口
	87湖·杨 D14M5	二AⅠ	印纹陶圆底罐 ⅠⅠ，罍 AaⅡ4（高温釉陶 1，硬陶 3）；原始瓷盅 1；高温釉陶瓿 AⅡ1，AⅢ1，盘口壶 AⅡ2；硬陶弦纹罐 AⅢ2，筒形罐 B3，钵 BⅡ1，纺轮 4；泥质陶甗 A1		①层下开口
	08湖·白 G4M31	二AⅠ	印纹陶罍 AaⅡ1，BⅡ1，BⅢ2（高温釉陶）。高温釉陶瓿 AⅢ1，敞口壶 AⅣ6，小壶 1；硬陶敞口壶 AⅣ2，弦纹罐 AⅢ2，筒形罐 B2		被 M32 打破
	06湖·杨 D28M12	一A	高温釉陶瓿 Ⅲ1，残壶 1	砺石 1	①层下开口
二期6段	89安·土 M8	二AⅠ	印纹陶罍 AaⅡ2，BⅡ2（硬陶）；高温釉陶鼎 BⅣ2，盒 BⅡ2，瓿 AⅢ2，敞口壶 AⅣ5；筒形罐 B2；泥质陶盆 B2；灶 B1，釜 B2，井 BⅡ1	铜环 1，泡钉 3，五铢 2组；玉璧 1；石黛板 1，研黛器 1	
	87湖·杨 D5M2	一A	印纹陶罍 BⅢ4（高温釉陶 2，硬陶 2）；高温釉陶瓿 AⅢ1，敞口壶 AⅣ1，AⅤ1，盘口壶 AⅡ1，弦纹罐 AⅢ2，BⅡ2	铜五铢 1组；砺石 1	①层下开口
	87湖·杨 D14M3	二AⅠ	印纹陶罍 AaⅡ3（高温釉陶 1，硬陶 2）；高温釉陶瓿 AⅢ3，敞口壶 AⅣ1，AⅤ1，盘口壶 AⅡ1，弦纹罐 AⅢ4，筒形罐 B1，纺轮 2；硬陶盉 1	漆器 1	①层下开口，打破 M8
	87湖·杨 D3M3	二AⅠ	印纹陶罍 BⅡ1，BⅢ2（高温釉陶 2、硬陶 1）；高温釉陶敞口壶 BⅡ2；硬陶弦纹罐 AⅢ6	铜削 1	②层下开口

续附表 3-2

期段	墓号	型式	陶瓷器	其他	备注
二期6段	87湖·杨D3M16	二AⅠ	印纹陶罍BⅢ4（高温釉陶2，碗1；原始瓷豆1，硬陶2）；硬陶瓿AⅣ1，弦纹罐AⅡ2、BⅡ1，筒形罐B2	铜器1，洗1，星云镜1，五铢1组；漆器1	被破坏，②层下开口
	97海·龙M1	二BⅠ	高温釉陶瓿AⅣ2，敞口壶AⅣ1，盘口壶AⅡ1；硬陶弦纹罐BⅡ5	铜带钩1，五铢1组；滑石珠1；漆器1	
	87湖·杨D11M1	二AⅠ	印纹陶罍BⅢ4（硬陶）；高温釉陶敞口壶AⅣ5，AV1；硬陶瓿AⅢ1，BⅡ1，纺轮3	铜釜C1，日光镜Ⅱ1，五铢1组；铁块1；漆器1	②层下开口
	08湖·白G4M32	一A	印纹陶罍Aa1（高温釉陶）；硬陶弦纹罐AⅢ1，残弦纹罐1		被破坏，打破M31
	98湖·方D3M26	二AⅠ	印纹陶罍4（高温釉陶1，硬陶3）；硬陶鼎BⅣ2，盒CⅡ2，瓿A AⅣ2，BⅡ1，盘口壶AⅡ1；泥质陶弦纹罐AⅡ3，Ⅲ3	铜昭明镜1；铁剑1；玻璃珠1；漆器1	被M20，M21打破
	87湖·杨D3M10	二AⅠ	印纹陶圜底罐1（硬陶），罍BⅡ1（硬陶）；硬陶弦纹罐AⅡ2		被破坏，②层下开口
	87湖·杨D8M5	二AⅠ	印纹陶罍AaⅡ1（高温釉陶）；硬陶弦纹罐A1		①层下开口，被M2打破
	87湖·杨D11M9	二AⅠ	印纹陶圜底罐Ⅰ1（硬陶），罍BⅢ4（高温釉陶1，硬陶3）；高温釉陶敞口壶AⅣ2，盘口壶AⅡ1；硬陶瓿AⅣ1，弦纹罐AⅢ1，筒形罐B4，纺轮1	铜五铢1组	被破坏，③层下开口
	87湖·杨D14M6	二AⅠ	印纹陶罍BⅢ5（硬陶）；原始瓷豆1；高温釉陶瓿AⅣ1，敞口壶A AⅣ1，弦纹罐AⅡ1，灶AⅡ1	铜带钩A1，削1，五铢1组；铁釜A1；漆器1	①层下开口
	87湖·杨D1M4	一A	印纹陶罍BⅢ1（高温釉陶）；高温釉陶敞口壶AⅣ1；硬陶弦纹罐AⅡ1，BⅢ3		被破坏，①层下开口
	87湖·杨D5M6	二BⅠ	印纹陶罍AaⅡ5（高温釉陶）；盘口壶AⅡ3；硬陶弦纹罐AⅡ1，AⅢ4，B筒形罐4，钵，高温釉陶	铜五铢1组；铁釜Ab1；玉瑗1，珠1	①层下开口
	98湖·杨D3M24	二DⅠ	高温釉陶瓿AⅣ1，敞口壶AⅣ3，AV1，盘口壶AⅡ1		被M23打破，报道不详

续附表 3-2

期段	墓号	型式	陶瓷器	其他	备注
Ⅱ期6段	87湖·杨 D4M8	二 A I	印纹陶罍 Aa Ⅱ1, B Ⅲ3（高温釉陶1, 硬陶3）; 高温釉陶鼎 B Ⅳ1, 敞口壶 A Ⅳ3, B Ⅱ2, 盘口壶 A Ⅱ2, 弦纹罐 A Ⅱ2, 筒形罐 B2, 钵 B Ⅱ3, 纺轮4	铜洗 A1, 耳杯1, 日光镜 Ⅱ1, 五铢1组; 铁釜 B1, 刀1; 璧1, 管3, 佩1, 珠1	②层下开口, 被 M2 打破, 并打破 M12
	97海·龙 M3	一 A	硬陶鼎 BV1, 盒 C Ⅱ2, 壶2, 弦纹罐 A Ⅲ1	铜星云镜1, 五铢1组	
	87湖·杨 D3M14	一 A	印纹陶罍 B Ⅲ2（硬陶）; 高温釉陶盘口壶 A Ⅱ1; 硬陶瓿 A Ⅳ2, 弦纹罐 A Ⅱ2, B Ⅱ3, 钵 A Ⅱ3, 纺轮3		①层下开口
	87湖·杨 D4M12	一 A	高温釉陶瓿 A Ⅳ1	铜镰1; 玉珠1; 漆器1	②层下开口, 被 M8 打破
	87湖·杨 D3M18	二 A I	高温釉陶敞口壶 AV1; 硬陶弦纹罐 A Ⅱ2, B Ⅰ2, B Ⅱ1	铜五铢1组	被破坏, ①层下开口
	87湖·杨 D4M6	二 A I	印纹泡菜罐 B Ⅰ1（硬陶）, 印纹陶罍 B Ⅲ3（高温釉陶1, 硬陶2）; 硬陶敞口壶 B Ⅱ1, 弦纹罐 A Ⅱ1, A Ⅲ3, B Ⅱ4		②层下开口
	87湖·杨 D12M4	一 A	印纹陶罍 B Ⅱ1（硬陶）; 高温釉陶盘口壶 A Ⅱ1; 硬陶弦纹罐 A Ⅲ3, B Ⅱ1, 筒形罐 B1		②层下开口
	87湖·杨 D11M4	二 A I	罍 B Ⅲ2（高温釉陶1, 硬陶1）; 硬陶弦纹罐 A Ⅱ2, B Ⅱ2		①层下开口, 打破 M3
	87湖·杨 D5M1	一 A	印纹陶罍 Aa Ⅱ1, B Ⅲ2（硬陶）; 筒形罐 B1	铜五铢1组; 铁削1; 砺石1	①层下开口
	87湖·杨 D12M5	一 A	印纹陶罍 B Ⅲ3（高温釉陶2, 硬陶2）; 高温釉陶瓿 A Ⅲ1, 敞口壶 A Ⅳ1, 硬陶弦纹罐 A Ⅲ3, 筒形罐 B2, 纺轮1	漆器1	②层下开口
	87湖·杨 D11M3	一 A	印纹陶罍 B Ⅲ1（硬陶）; 高温釉陶敞口壶 AV1; 硬陶弦纹罐 A Ⅲ4		①层下开口, 被 M4 打破
	87湖·杨 D13M2	二 A I	印纹陶罍 B Ⅲ4（高温釉陶3, 硬陶1）; 高温釉陶灶 B Ⅰ1, 泥质陶钵 B Ⅰ1, C Ⅰ3, 盆 A Ⅱ1; 盆 A1, B1, 甑 B1, 井 B Ⅱ1, 汲水罐2	铜洗 A1, 五铢2组; 铁刀1; 石黛板1	被破坏, ①层下开口

续附表 3－2

期段	墓号	型式	陶瓷器	其他	备注
二期6段	89安·上M7	二AⅠ	印纹陶罍 AaⅡ1（硬陶）；高温釉陶豆 BⅠ1，瓿 AⅢ2，盘口壶 AⅡ2，猪2，鸡2，狗2；硬陶釜 A1	铜豆1	
	87湖·杨D5M4	一A	印纹陶罍 BⅢ1（硬陶）；高温釉陶敞口壶 AV1，盘口壶 AⅢ1；硬陶瓿 AⅣ1，弦纹罐 AⅢ1，BⅢ3；纺轮1		Ⅰ层下开口
	06湖·杨D28M8	一A	印纹陶罍 BⅢ4（高温釉陶2、硬陶2）；高温釉陶瓿 B1，敞口壶 AV4，盘口壶 AⅢ1；硬陶罐 AⅢ1，BⅢ3；纺轮1	铜铢1，五铢1组；铁釜1	Ⅰ层下开口
	87湖·杨D3M6	二BⅠ	印纹陶罍 BⅢ5（高温釉陶3、硬陶2）；高温釉陶敞口壶 AV4，BⅡ2，甄 B1，纺轮1，硬陶瓿 AⅣ1，弦纹罐 CⅠ1，泥质陶釜 B1，麟趾金1组	铜五铢1组；铁釜2，削1	Ⅰ层下开口
	98湖·方D3M28	二AⅠ	印纹陶罍 B 8（高温釉陶3、硬陶5）；高温釉陶敞口壶 AV16，盘口壶 AⅢ3；硬陶瓿 AⅣ4，麟趾金1组；泥质陶灶 B1	铜日光镜Ⅱ1，五铢1组；玻璃珠1串；漆器2	
	07安·上D49M5	二AⅠ	印纹陶罍 3（硬陶）；高温釉陶瓿 AⅣ2，盘口壶 AⅢ3；硬陶弦纹罐 AⅡ2，泥质陶灶 B1	铜日光镜Ⅱ1	
	98湖·方D3M31	二C	印纹陶罍 BⅢ1（高温釉陶）；硬陶弦纹罐 AⅡ3，敞口壶 AV9；泥质陶灶 B1	铜星云镜1，五铢1组；铁剑1	被 M30 打破
	87湖·杨D1M6	二AⅠ	印纹陶罍 BⅢ4（高温釉陶3、硬陶1）；高温釉陶瓿 AV1，AV1，盘口壶 AⅢ1，AⅢ5，罐Ⅲ2；硬陶筒形罐 B1，釜 AⅠ1，甄 A1，纺轮2；泥质陶灶 BⅡ1，井 BⅠ1，汲水罐3	铜洗 A1；铁釜 A1	Ⅰ层下开口
	87湖·杨D1M5	一A	高温釉陶敞口壶 AV1；硬陶弦纹罐 AⅡ3		被破坏，Ⅰ层下开口
	04余·石M3	二AⅠ	印纹陶罍 BⅢ2（高温釉陶）；高温釉陶瓿 AV2，敞口壶 AV6，罐Ⅲ1，弦纹罐 AⅢ2，AⅢ5，筒形罐1，麟趾金1组，灶 AⅢ1，井 BⅡ2，汲水罐1；泥质陶灶 BⅡ1，井 BⅠ1，汲水罐1		
	04余·石M1	二AⅠ	高温釉陶瓿 AV2，敞口壶 AV4，罐Ⅲ2，弦纹罐 CⅡ6；泥质陶灶 BⅡ1，井 BⅠ1，汲水罐1	铜洗1，五铢1组；铁戟1；石黛板1	被 M2 打破

续附表 3-2

期段	墓号	型式	陶瓷器	其他	备注
二期6段	06湖·杨D28M3	一A	高温釉陶瓶1，弦纹罐AⅢ2；硬陶弦纹罐BⅡ2；泥质陶灶BⅡ1，釜B2，甑B1	铁刀Ba1	①层下开口，打破M6、M7
	87余·果M11	二AⅠ	印纹陶罍BⅢ3（硬陶）；高温釉陶瓶AV1，敞口壶AV2，盘口壶AⅢ2，残壶7，钵BⅠ3，CⅡ2，耳杯B1，器盖1，灶AⅢ1，纺轮2，井AⅡ1，麟趾金1组，釜A1，甑B1，泥质陶五铢1组	水晶口琀1	
	98湖·方3M29	二AⅠ	不明	不明	随葬品未报道
	87湖·杨D13M3	二BⅠ	印纹陶罍BⅢ1，BⅣ1，残罍2（硬陶）；高温釉陶瓶AⅣ1，残瓶1，敞口壶AV3，残壶1，麟趾金1，泥质陶釜B1，甑B1，井BⅡ1，麟趾金1组；硬陶弦纹罐AⅢ1，BⅢ1；泥质陶五铢1组	铜器1，洗A1，五铢4组	被破坏，①层下开口
	02仙·M1	二C	高温釉陶瓶AⅣ1，敞口壶AV1，弦纹罐AⅣ2，BⅢ1，筒形罐B1	铜五铢1组	被M2打破
	02海·仙M2	二C	高温釉陶瓶AⅥ2，弦纹罐AⅥ2，BⅢ1，CⅡ1；泥质陶纺轮1	铜五铢2组；铁削1	打破M1
	97海·龙M5	一A	硬陶弦纹罐BⅡ3		
三期7段	87湖·杨D3M9	一A	印纹陶罍BⅢ2（硬陶）；高温釉陶瓶AV1，敞口壶AV1，盘口壶AⅢ1，AⅣ1，BⅢ2，纺轮1；泥质陶灶BⅡ1，井AⅡ1，汲水罐1		①层下开口
	87湖·杨D3M12	二AⅠ	印纹陶罍BⅢ2，BⅣ1（硬陶）；高温釉陶瓶AV4，敞口壶AV1，盆AⅠ，纺轮1；泥质陶灶BⅡ1，麟趾金1组；硬陶弦纹罐BⅢ3，釜A1，B1，甑A1，井BⅢ1，汲水罐1	铜洗A1，五铢1组；铁削1	①层下开口，打破M13
	87湖·杨D9M2	二AⅠ	印纹陶圜底罐Ⅱ1（硬陶），罍BⅢ4（高温釉陶3、硬陶1）；高温釉陶瓶V2，弦纹罐AⅡ2	铜五铢1组	①层下开口
	87湖·杨D3M19	二AⅠ	高温釉陶瓶AV1	铜五铢1组；铁削1	被破坏，①层下开口
	87湖·杨D4M10	一A	硬陶弦纹罐CⅢ1，凹肩罐ⅠⅠ1，纺轮1；泥质陶灶BⅡ1，甑A1，汲水罐1	铜大泉五十1组	

续附表 3-2

期段	墓号	型式	陶瓷器	其他	备注
三期7段	06湖·杨 D28M11	二A I	印纹陶罍 BⅢ4（高温釉陶 2, 硬陶 2）, 残罍 1（硬陶）; 高温釉陶瓿 AV1, 敞口壶 AⅢ3, 弦纹罐 AⅣ1; 硬陶弦纹罐 BⅢ1 AⅣ2, BⅢ3, 纺轮 1; 泥质陶弦纹罐 BⅢ1	铜洗 1, 五铢 1 组; 铁釜 Bb1	②层下开口
	87湖·杨 D4M5	二B I	印纹陶罍 BⅣ2（硬陶）; 高温釉陶敞口壶 AV7, AⅥ4, 残敞口壶 1; 硬陶瓿 V1, 纺轮 1	铜洗 A1, 带钩 B1, 削 2, 矛 1, 五铢 2 组; 铁鼎 A1, 釜 Ba1, 刀 1, 削 1; 石黛板 1; 料珠 1; 漆器 1	①层下开口, 被 M4 打破
	87湖·杨 D1M2	一A	印纹陶罍 BⅢ1, BⅣ2（高温釉陶 2, 硬陶 1）; 高温釉陶瓿 AV1, 敞口壶 AⅥ2; 硬陶弦纹罐 AⅡ1, BⅡ1, CⅢ1, 纺轮 2	铜五铢 1 组; 铁釜 B1	被破坏, ①层下开口
	87余·果 M7	二A I	印纹陶罍 BV1（高温釉陶）; 高温釉陶瓿 AV2, AⅥ2, 敞口壶 AⅥ3, 盘口壶 AⅢ5, BⅡ3, 小壶 1, 杯 BⅡ1, 熏 CⅡ1, 灶 AⅢ1, 釜 C2, 甑 B1; 硬陶井 AⅡ1, 汲水罐 1, 麟趾金 1 组	铜矛 Ⅰ1, 五铢 3 组; 铁釜 Aa1, 铜环首木刀 1; 漆卮 1; 耳杯 1	
	87湖·杨 D2M3	一A	高温釉陶瓿 AⅥ1, AV2, 敞口壶 AⅣ2, 盘口壶 AⅣ2, 弦纹罐 BⅢ2, CⅢ1; 泥质陶盆 BⅠ1, 灶 BⅡ1, 釜 B1, 甑 B1	铜五铢 1 组, 大泉五十 1 组, 大布黄千 1 组	①层下开口
	87湖·杨 D13M1	二A I	印纹陶罍 BⅣ3（高温釉陶）; 高温釉陶瓿 AⅥ1, 敞口壶 AⅢ1、盘口壶 AⅢ1、AⅣ2; 硬陶弦纹罐 BⅢ2, CⅢ2; 泥质陶汲水罐 1	铜洗 A1, 带钩 B1, 削 1, A 矛 1, 五铢 4 组, 大泉五十 1 组; 铁釜 Aa1, Ab1, 剑 A1	被破坏, ①层下开口
	87湖·杨 D2M1	二A I	高温釉陶敞口壶 AⅥ2; 硬陶弦纹罐 BⅢ3, CⅢ1; 泥质陶灶 BⅡ3, 釜 B1	铜五铢 2 组; 朱砂 1	①层下开口
	10长·七 M4	二B I	印纹陶罍 BⅣ2（硬陶）; 高温釉陶盘口壶 AⅣ5; 硬陶弦纹罐 AⅣ3; 泥质陶灶 BⅡ1	铜壶 1, 奁 A1, 洗 A1, 博局镜 I2, 釜 D1, 五铢 1 组, 甑 1; 漆盘 2, 耳杯 4; 残丝织品 2	被 M3 打破
	10长·七 M5	一A		铜四螭四乳镜 1; 石黛板 1	
	10长·七 M3	二B I	高温釉陶敞口壶 AⅥ1, 盘口壶 AⅥ1	铜壶 2, 甑 1, 五铢 1 组	打破 M4
	87湖·杨 D4M7	二A I	高温釉陶瓿 AⅥ2, 敞口壶 AⅥ1, 盘口壶 AⅢ2; 硬陶弦纹罐 BⅢ4, CⅢ5, 纺轮 1; 泥质陶釜 B1	铜日光镜 Ⅱ1, 大泉五十 2 组	①层下开口

续附表 3－2

期段	墓号	型式	陶瓷器	其他	备注
三期7段	97海·龙M8	一A	硬陶盘口壶A IV1, 陶塑1	铜大泉五十1组	
	87湖·杨D3M8	二A I	高温釉陶残壶1；硬陶弦纹罐B II4、B III2, 纺轮1	铜日光镜II1, 五铢1组；铁削1	①层下开口
	87湖·杨D3M7	二A I	印纹陶罍B IV4（硬陶）；高温釉陶敞口壶A IV4, 盘口壶A IV1；硬陶瓿V1, 弦纹罐B III1	铜洗A1, 五铢1组	①层下开口
	87湖·杨D5M5	一A	印纹陶罍B IV1（硬陶）；高温釉陶敞口壶A IV1, 盘口壶A III1, A IV3；硬陶弦纹罐B III3、C III3；泥质陶灶B II1、釜B1、瓿A1、井B II1, 汲水罐1	铜带钩B1、釜C1、五铢1组	①层下开口
	87湖·杨D6M1	一A	高温釉陶敞口壶A VI1, 盘口壶A IV1, 硬陶弦纹罐C III3		①层下开口
	55嘉·闸M1	土坑类	高温釉陶盘口壶A IV1, 硬陶弦纹罐B III1	铜提梁壶1、盉1、镜1, 五铢1组、大泉五十1组；铁剑1	
	97海·龙M2	一A	罍B IV1（硬陶），硬陶敞口壶A IV1, 盘口壶A IV1, 弦纹罐B III2、C III1	铜小泉直一1；滑石珠1	
	87湖·杨D4M1	二A I	高温釉陶敞口壶A VI1, 盘口壶A IV1, 弦纹罐B III2, 纺轮3	铜洗A1、大泉五十1组	①层下开口
	07安·上D49M4	二A I	印纹陶圆底罐III1（硬陶），罍B III3（高温釉陶2、硬陶1），灶B（高温釉陶）；高温釉陶A VI2, 敞口壶A V4, 盘口壶A IV1, 泥质陶盆A I1, 甑A1, 井B II1, 汲水罐1	铁釜Ab1	打破M6
	07安·上D49M3	二A I	罍B IV3（高温釉陶2, 硬陶1）；高温釉陶瓿A VI2, 敞口壶A VI2, 盘口壶V4, 残壶1；泥质陶灶B II1；硬陶弦纹罐B III2；纺轮1	铜五铢1组；铁刀Ab1, 削1, 釜Ab1；石黛板1	
	07安·上D49M2	二A I	罍B IV5（硬陶）；高温釉陶瓿A VI1, A VI2, 敞口壶V2, VI4；泥质陶灶B II1; 泥质陶钵1；纺轮1	铁釜Ba1, 刀1；料珠1串	
	87湖·杨D3M5	二A I	高温釉陶瓿A VI1, 盘口壶A IV1；硬陶弦纹罐B III1、C III2, 纺轮2；泥质陶灶B II1	铜矛1, 五铢1组	①层下开口
	87湖·杨D4M2	二A I	高温釉陶敞口壶A V1, 硬陶弦纹罐B III4		①层下开口, 打破M8

续附表 3-2

期段	墓号	型式	陶瓷器	其他	备注
三期7段	98湖·方D3M30	二C	印纹陶罍BIV1（硬陶），高温釉陶瓿AVI1，盘口壶AIV3，罐III1，弦纹罐BIII2	铜五铢1组	打破M31
	87湖·杨D14M2	二AI	高温釉陶敞口壶AVI2，盘口壶AIV3，硬陶弦纹罐BIII2，纺轮2；泥质陶釜BII1，灶BII1，甑A1，井AII1	铜五铢2组	①层下开口
	87湖·杨D3M1	二BI	印纹陶罍BIII3（硬陶）；高温釉陶瓿AVI1，敞口壶AV1，盘口壶AIV4，盘口壶AIII3；硬陶弦纹罐AIV1，CIII2，纺轮1；泥质陶灶BII1，甑A1，井AIII1，汲水罐1	铜五铢1组；铁釜1	①层下开口
	98湖·方D3M22	二DI	高温釉陶瓿AVI1，盘口壶AIII2，AIV2		报道不详
	97海·龙M7	一A	硬陶瓿AVI2，弦纹罐BII1		
	87湖·杨D4M3	二AI	印纹陶罍BIV1（硬陶）；高温釉陶瓿AVI1，敞口壶AVI4；硬陶弦纹罐AIV4，BIII3，纺轮1	铜五铢2组；玉珠1	①层下开口
	87湖·杨D3M4	一A	印纹陶罍BIV1（硬陶）；高温釉陶瓿AVI2，敞口壶AV1，AVI1，盘口壶AIV2，壶BII1，釜B2，甑B1；泥质陶罐AII8，弦纹罐AII2	铜五铢3组；水晶珠2	
	98湖·方D3M19	二AI	高温釉陶瓿AVI1，敞口壶AVI1		报道不详
	98湖·方D3M21	二DI	高温釉陶瓿AVI1，敞口壶AV1；硬陶弦纹罐AIII1		报道不详
	08湖·白G4M30	二AI	高温釉陶敞口壶AVI2，盘口壶AIV2；硬陶瓿AVI1，弦纹罐AIV1，BII1，残弦纹罐1		被现代沟破坏
	98湖·方D3M23	二DI	高温釉陶瓿AVI1，敞口壶AVI1；硬陶弦纹罐BIII1		报道不详
	90余·姜M1	二BI	高温釉陶瓿AVI1，盘口壶AIV3，罐III1，盆AII1，瓿CII1，AIV2；麟趾金1组	铜带钩B1，四乳四螭镜2，五铢4组；鼎B1，剑A1；玉填2；铁器	
	87湖·杨D3M11	二AI	高温釉陶瓿AVI1，残罍1（硬陶）；高温釉陶盘口壶AIV3，敞口壶AVI1，AIV2；硬陶弦纹罐AIII1，CIII	铜五铢1组；石黛板1，研黛器1	①层下开口
	06湖·杨D28M14	二AI	印纹陶罍CI3，纺轮1；硬陶弦纹罐AVI1，纺轮1；高温釉陶瓿AVI1，汲水罐1，泥质陶残弦纹罐4，甑B1，灶B1，汲水罐1	铜五铢3组，大泉五十2组，货布1；铁器1	①层下开口，被M2打破

续附表 3-2

期段	墓号	型式	陶瓷器	其他	备注
三期7段	98湖·方D3M20	二D I	印纹陶瓿1（硬陶）；高温釉陶敞口壶AⅥ1；硬陶弦纹罐BⅢ1		报道不详
	87湖·杨D2M2	一A	印纹陶罍BⅣ1（硬陶）；高温釉陶敞口壶AⅥ2；硬陶弦纹罐BⅢ4		①层下开口
	87湖·杨D14M7	二A I	高温釉陶盘口壶AⅣ1；硬陶弦纹罐CⅡ2	铜五铢3组	①层下开口
	87湖·杨D14M4	一A	硬陶弦纹罐CⅢ1		破坏，①层下开口
	87湖·杨D3M15	一A	印纹陶瓿2（硬陶）；高温釉陶AⅥ1、AⅥ2，敞口壶AⅥ2，盘口壶AⅣ2；硬陶弦纹罐BⅢ4，CⅢ2	铜削1，五铢1组，剪轮五铢1组；铁釜1；石黛板1，砺石1	①层下开口
	87湖·杨D4M9	一A	高温釉陶瓿AⅥ1，敞口壶AⅥ1；硬陶弦纹罐AⅣ1，BⅢ3，CⅢ2	铜五铢2组；水晶珠1	①层下开口
	97海·龙M1	二B I	硬陶瓿AⅥ2，敞口壶AⅥ1，盘口壶AⅣ1，弦纹罐AⅥ2，CⅡ3	铜带钩1，镞1，五铢1组；玻璃珠1；漆器1	
	87余·果M6	二A I	高温釉陶盘口壶AⅣ2；硬陶弦纹罐AⅢ1，BⅡ1	铜五铢1组；铁剑1	
	06湖·杨D21M2	二A I	印纹陶罍BⅣ1（硬陶）；高温釉陶瓿AⅥ3，敞口壶AⅥ2，盘口壶AⅣ1；硬陶弦纹罐BⅢ1，CⅢ2；泥质陶弦纹罐BⅢ2	铜洗A1，昭明镜1，大泉五十3，铁釜Ba1，刀Ba1	①层下开口
	87湖·杨D12M2	二A I	印纹陶罍BⅢ3（高温釉陶）；硬陶2）；高温釉陶敞口壶AⅣ1；硬陶弦纹罐AⅡ5，纺轮1		①层下开口
四期8段	87湖·杨D8M2	二D II	A室：高温釉陶敞口壶AⅥ1，盘口壶AⅣ3；硬陶弦纹罐AⅢ2，AⅣ2，瓿式罐BⅡ2 B室：高温釉陶盘口壶AⅣ1 C室：高温釉陶盘口壶AⅥ1；硬陶弦纹罐BⅢ1	A室：铜博局镜I1，五铢2组 B室：铜镜1，五铢1组；铁剑1；玉剑璏1；水晶珠1 C室：铜博局镜I1；铁环1	①层下开口，打破M5
	87余·果M9	二A I	印纹陶罍BⅣ2（硬陶）；高温釉陶瓶AⅥ1，敞口壶AⅥ3，盘口壶AⅥ1，小壶V2，罐V2，弦纹罐BⅢ3，纺轮1		
	06湖·杨D28M5	二A I	印纹陶罍BⅣ2（高温釉陶）；高温釉陶敞口壶AⅥ1，盘口壶AⅣ1，残壶1；硬陶弦纹罐BⅢ4，泥质陶弦纹罐BⅢ1，灶BⅡ1，釜BⅠ1，井BⅡ1，汲水罐1	铜五铢2组；铁刀1；石黛板1	①层下开口，打破M15

续附表 3－2

期段	墓号	型式	陶瓷器	其他	备注
四期8段	97海·龙M4	二AI	硬陶瓿 AVI2、敞口壶 AVI2、弦纹罐 AIII2	铜五铢 1组	
	08湖·白G4M6	二AII	印纹陶罍 CI3（硬陶）；高温釉陶盘口壶 AIV2、B III2、瓿式罐 B III2、泡菜罐 Aa I1；泥质陶灶 B III1口壶 AIV3、弩形罐 1；硬陶盘 盘 AIV、泥 质陶灶 B III1	铜五铢 3串；铁镦斗 1，釜 1，刀 1	保存完好
	08湖·白G4M7	三AI	印纹陶罍 CI2（硬陶）；高温釉陶瓿式罐 B III1；硬陶盘口壶 AIV 2，弦纹罐 B III4、C1、泡菜罐 Aa I1、Ab1；泥质陶灶 B III1	铜博局镜 I1；铁镦斗 1	被破坏
	10长·七M1	二AII	高温釉陶盘口壶 AIV3	铜五铢 1组，铁刀 1	
	08湖·白G4M12	二AII	硬陶盘口壶 AIV1	铜禽兽镜 1	被破坏
	87湖·杨D8M3	二AII	高温釉陶盘口壶 AIV1；硬陶弦纹罐 AIII3	铜博局镜 I1；铁刀 Aa1	①层下开口
	06湖·杨D28M1	二AII	高温釉陶弦纹罐 B III1；泥质陶灶 B III1	铜五铢 1组	①层下开口
	06湖·杨D28M2	二AII	硬陶残壶 1；硬陶弦纹罐 B III1	铜五铢 1组	①层下开口，打破 M14
	97海·龙M6	二B II	印纹陶罍 CI2（硬陶）；硬陶弦纹罐 AIV1、B III3、筒形罐 Aa I1、罐 I1	铜器 1，博局镜 I2，五铢 1组；铁兵器 1；玻璃珠 1，玻璃耳珰 1	
四期9段	08湖·白G4M27	一A	低温釉陶筒形罐 Ab II1	铜博局镜 I1，鸠仗首 1，五铢 1组	被破坏
	10长·七D1M2	二AII	印纹陶罍 AaIV1、Ab III1（硬陶）；高温釉陶盘口壶 AVI3、罐 IV5	铜镦斗 1	
	87湖·杨D7M1	三AI		铜五铢 1组	①层下开口
	87湖·杨D8M1	三AI	高温釉陶弦纹罐 B III1		①层下开口
	08湖·白G4M5	三AI	泥质陶瓷 B1		被扰乱
五期II段	03长·卞M9	三AI	硬陶盘口壶 AV1、罐 V5	铜五铢 1；铁刀 1	
	93安·天M1	三AI	硬陶盘口壶 AV1、罐 V4、弦纹罐 B III1；泥质陶灶 B III1	铁刀 Bb1	永和二年

续附表 3－2

期段	墓号	型式	陶瓷器	其他	备注
	75嘉·九M1	砖室类	印纹陶罍 AaⅣ2（青瓷）；低温釉陶罐 V5；泥质陶灶 BⅡ1，井 BⅢ1，汲水罐1；青瓷罐Ⅲ1，五管瓶V1	铜钱1，五铢3组	被破坏
	06安·高D13M2	三AⅡ	硬陶罐Ⅵ8；低温釉陶耳杯B2，案1，五管瓶1；青瓷灶BⅡ1，盅1，甑1，汲水罐1		被盗，熹平五年
	06安·高D13M3	三AⅡ	低温釉陶耳杯B4，堆塑器1	铜神兽镜1；金耳环1；银钗1	被盗，熹平五年
	87余·果M8	二DⅡ	印纹陶罍 AaⅣ1（硬陶）；硬陶罐V1		
	87余·果M3	三AⅠ	印纹陶罍 BV1、CⅡ1（硬陶）；酱色瓷盘口壶 AⅥ1，罐V2，小罐2	铜B矛1，五铢1组	
	87余·果M5	三AⅠ	印纹陶罍 AaⅣ1（硬陶）；硬陶罐V2		
	87余·果M13	三AⅠ	印纹陶罍 AaⅣ1（硬陶）		
五期Ⅱ段	87余·果M1	三AⅡ	印纹陶罍 AaⅣ2（硬陶）；硬陶罐V1，弦纹罐AⅣ4；低温釉陶碗Ⅱ1		
	87余·果M4	三AⅠ	印纹陶罍 AaⅣ1（硬陶）；酱色瓷罐V1		
	87余·果M2	三AⅠ	印纹陶罍 AaⅣ1（硬陶）；酱色瓷罐V2，筒形罐 AbⅡ1，小罐3；青瓷小壶1	铜五铢1组；石黛板1	
	03长·卞M1	三AⅠ	印纹陶残罍1（硬陶）；硬陶盘口壶 AⅤ1，罐V8；泥质陶三足盘1，灶 BⅡ1	铜五铢1组	被盗，被 M2打破
	03长·卞M2	三AⅠ	硬陶盘口壶 AⅤ1，罐 V2		被盗，被 M10打破，并打破M1
	03长·卞M3	三AⅡ	印纹陶残罍1（硬陶）		被盗，打破 M8
	03长·卞M4	三AⅠ	印纹陶罍2（硬陶）；硬陶罐V1；泥质陶灶 BⅡ1，水井1	铜博局镜Ⅱ1	被盗，被 M7打破
	03长·卞M5	三AⅠ	硬陶罐V2		被盗
	03长·卞M11	三AⅠ	硬陶罐V1		被盗

续附表 3－2

期段	墓号	型式	陶瓷器	其他	备注
五期11段	03长·卞M16	三AI		铜神兽镜1；银钗1	
	06长·西M1	三D	印纹陶罍AaV1（硬陶）；低温釉陶镶斗III1，灶BII1；泥质陶盆1，瓿1，跪俑1	铜带钩1，五铢1组；玉鸡心坠1；滑石璧1	
	10湖·小M2	三C	低温釉陶盆AIV1	铜五铢1组	
	10湖·小M3	三C	印纹陶罍1（硬陶）；泥质陶灶BIII1，釜B2，瓿B1	铁削1	
	10湖·小M4	三BI	印纹陶罐VII1（青瓷）；硬陶钵AIV1	铜五铢1组	
	90荟M1	三AII	印纹陶罍AaVI1（青瓷）；青瓷罐VI1，碗1，盆AIV1	铜勺2，神兽镜1；铁镶斗1；石黛板1；漆奁1	
六期12段	74德·秋M3	三D	低温釉陶五管瓶VI1，钵2，碗1，青瓷把杯1，耳杯3，虎子BII1	铜指环1，"邹灵私印"章2，五铢1组；银指环1；石榻1，案1	被盗
	63德·凤M1	三D	泥质陶弦纹罐1，案1，盘1，耳杯1，奁1，仓1	铜钩1，帽1，五铢1组；滑石猪形手握1，石榻1，榻屏1，榻案1，槽1	被盗
	63德·凤M2	三D	泥质陶盘口壶1，罐1，盘1，案1，樽1，器盖1	铜五铢1组；铁器1；银指环1；石榻2，槽2，狮子1，座2	被盗
	73海·长M1	三D	泥质陶案3，耳杯B13，钵2，C奁1，樽1，盆BIII1，CIII1，碗III1，勺B1，跪拜俑1，抚琴俑2，舞俑1；青瓷罐VII2	铜五铢1组，剪边五铢1组；滑石猪形手握2	被盗

附表 4－1　杭（州）金（华）衢（州）地区汉墓形制统计表

期段	墓号	型式	墓向（度）	形状	规格（长×宽－深/高[米]）	结构	葬具板灰（长×宽[米]）	备注
一期2段	07余·义M37	土坑类	不明	不明	不明	生土壁		
	07余·义M28	土坑类						墓室已遭破坏
	07余·义M33	一A	90	长方形	3.50×2－残0.30	生土壁		
	07余·义M38	一A	265	长方形	2.70×1.15－0.40	生土壁		封土直径4.70，残高1.05米
	07余·义M30	一A	267	长方形	3×1.50－1.65	生土壁		
	54杭·葛M11	一A		长方形		生土壁		报道不详
	64义·北M1	一A	90	不明	深1.20	生土壁		报道不详
	07余·义M56B	二C	270	长方形	3.58×1.45－残0.47	生土壁		被A、C穴打破
	07余·义M56A	二C	270	长方形	3.80×2.20－残0.46	生土壁		打破B穴
	07余·义M42	一A	53	长方形	3.20×2.40－1.40	生土壁		封土直径5.20，高1.50米
	07余·义M3	一A	96	长方形	3.60×2.60－残1.50	生土壁		早期被盗
一期3段	79龙·东M11	二BⅠ	150	近方形	3.50×2.85－3	生土壁	垫木沟2.85×0.20	
	07余·义M29	二AⅠ	76	刀形	总长5.90 墓道1.70×1.20－1.04 墓室4.20×2.50－1.22	生土壁	椁3.20×1.70 棺有朱红色漆痕	封土高1.50米，有生土二层台
一期4段	79龙·东M22	二AⅠ	240	长方形	7×3.80－3.10	生土壁		被破坏，部分器物遗失；底有少量木炭
	86杭·老M69	二C	7	长方形	残3.45×1.75－1.20	生土壁	棺2.08×0.72 垫木沟1.80×0.18	被M68打破
	86杭·老M67	二BⅠ	350	长方形	3.65×3－残1.68	生土壁	椁2.90×2.12 垫木沟3×2.20	被M71打破
	86杭·老M72	二AⅠ	355	长方形	残3.75×2.04－1.60	生土壁	垫木沟2.04×0.20	
	54杭·葛M14	一A		不明	不明	生土壁		报道不详

续附表 4—1

期段	墓号	型式	墓向（度）	形状	规格（长×宽-深-高[米]）	结构	葬具板灰（长×宽[米]）	备注
一期4段	58杭·古M2	二BI	180	刀形	总长7.7 前端墓坑3.30×1.7 后端墓坑4.4×3.1	生土壁		报道不详，墓壁和墓底涂一层白膏泥
	86杭·老M88	二C	80	长方形	3.80×2.2-残0.25	生土壁		被M87打破
	86杭·老M78	二C	260	长方形	残3.90×2-残1.16	生土壁	棺1.80×0.90	被M77打破
	86杭·老M77	二C	263	长方形	残3.6×1.70-1.76	生土壁	棺1.80×1	打破M78
	86杭·老M91	二AI	73	长方形	370×167-残0.80	生土壁	1.67×0.20（仅一条）	
	86杭·老M75	二AI	353	长方形	3.40×1.97-0.40	生土壁	1.95×0.15（仅一条）	
	54杭·葛M8	一A	不明	不明	不明	生土壁		报道不详
	54杭·葛M9	一A	不明	不明	不明	生土壁		报道不详
二期5段	86杭·老M68	二C	7	长方形	3.35×1.80-残1.20	生土壁	棺2.08×0.72 茔木沟1.80×0.18	打破M69
	86杭·老M97	二AI	80	长方形	3.83×2.10-1.10	生土壁		
	86杭·老M87	二C	80	长方形	3.70×1.80-残1.50	生土壁		打破M88
	86杭·老M118	二C	284	长方形	3.96×1.70-1.32	生土壁		被M121打破
	86杭·老M121	二C	284	长方形	残3.86×2.14-1.46	生土壁	椁3.70×1.45	打破M118
	07余·义M47	二DI	80	长方形	3.90×2.60-1.30	生土壁		与M46相距1.10米，共用一个封土堆
	07余·义M58	二DI	100	刀形	总残长3.90 墓室3.30×1.50-残0.50	生土壁		封土被破坏，与M57相距0.60米

续附表 4－1

期段	墓号	型式	墓向（度）	形状	规格（长×宽-深/高[米]）	结构	葬具板灰（长×宽[米]）	备注
	86杭·老M157	二C	175	长方形	3.80×2.16-2	生土壁	椁3×1.30 垫木沟2.16×0.15	被M155打破，与M156异穴合葬
	54杭·葛M10	土坑类	不明	不明		生土壁		报道不详
	79龙·东M10	二AI	235	长方形	3.60×2.40-1.60	生土壁		
	79龙·东M24	二AI	327	长方形	3.60×2.50-3.10	生土壁		
二期5段	87龙·东M3	二AI	70	长方形	2.65×? -2.30	生土壁		
	87龙·东M1	二AI	0	长方形	?×1.50-2.60	生土壁		
	87龙·东M14	二AI	328	长方形	4×2.50-2.60	生土壁	棺2×0.70 垫木沟4×0.20	垫木沟仅一条
	79龙·东M18	二AI	333	长方形	3.50×2-1.75	生土壁		
	89龙·仪M33	二AI	155	长方形	3.62×2.90-1.10	生土壁	椁2.80×2.22 棺2.80×2.2 垫木沟2.90×0.30	被盗
	07余·义M56C	二C	270	刀形	墓道残0.80×0.75 墓室3.70×1.54-0.50	生土壁		打破B穴
二期6段	83杭·古M57	二BI	270	长方形	残2.15×3.78-残1.68	生土壁	椁2.60×0.80 垫木沟3.76×0.20	
	83杭·古M56	二AI	79	长方形	2.51×1.77	生土壁	棺1.40×0.70 垫木沟1.54×0.16	有棺钉
	83杭·古M52	二BI	291	长方形	残1.18×3.30-2.52	生土壁	椁2.50×1.70	
	86杭·老M98	二AI	90	长方形	3.38×1.70-残1.20	生土壁	棺2.10×0.80 垫木沟1.70×0.16	

续附表 4－1

期段	墓号	型式	墓向（度）	形状	规格（长×宽－深/高［米］）	结构	葬具板灰（长×宽［米］）	备注
二期6段	86杭·老M156	二AI	175	长方形	3.66×1.50－1.78	生土壁	椁2.90×0.90 棺2.35×0.68 垫木沟1.50×0.15	打破M156
	86杭·老M73	二AI	95	长方形	3.24×2.40－1.20	生土壁		
	86杭·老M147	二AI	172	长方形	3.59×1.39－1.59	生土壁	垫木沟1.39×0.20	
	86杭·老M86	二AI	85	长方形	3.78×2.10－1.40	生土壁	1.50×0.20	被M102打破
	86杭·老M89	二AI	356	长方形	3.50×1.36－0.90	生土壁	1.40×0.15	
	86杭·老M111	二AI	260	长方形	3.30×1.62－1.50	生土壁		
	86杭·老M144	二AI	82	长方形	3.50×1.30－0.60	生土壁		
	83杭·古M49	二BI	84	"凸"字形	墓道残1.40×1.90－残2 墓室4×3.56－1.54	生土壁	椁3.30×2.80 棺2.40×0.80	墓道有壁龛和排水沟，墓室有三条排水沟
	86杭·老M165	一A	200	长方形	残3.22×1.10－0.90	生土壁	棺2.40×0.80	被M164打破
	54杭·葛M13	一A		不明	不明	生土壁		报道不详
	86杭·老M137	二AI	178	长方形	残3.45×1.80－残1.94	生土壁	椁2.82×1.26 垫木沟1.80×0.20	垫木沟一条
	86杭·老M82	二C	355	长方形	2.92×2.6－残2.06	生土壁	垫木沟2.60×0.20	被M83打破
	86杭·老M83	二C	355	长方形	3.74×2－2	生土壁		打破M82
	89龙·东M27	二AI	250	长方形	3.50×2.60－2.20	生土壁		
	87龙·东M12	二AI	240	方形	3.80×3.80－3.80	生土壁	椁3.50×3.30 棺2.50×1.30 垫木沟3.76×0.40	
	87龙·东M11	二AI	240	长方形	3.60×2.36－2	生土壁		
	89仪·M46	二BI	162	方形	3.60×3.60－3	生土壁	椁4.80×4.80	底有两条交叉状渗水沟，内填砾石
	88龙·东M26	二AI	160	长方形	3.40×1.76	生土壁		

续附表 4-1

期段	墓号	型式	墓向（度）	形状	规格（长×宽-深/高[米]）	结构	葬具板灰（长×宽[米]）	备注
	79龙·东M23	二AI	327	长方形	3.40×2.50-3.1	生土壁	樟3.20×1.50	被扰
	89龙·仪M13	二DI	100	长方形	3.55×1.90-1.05	生土壁	樟3.20×1.50	阶梯式墓道；墓底有交叉状渗水沟，外有排水沟，内填砾石，上盖瓦
	89龙·仪M11	二BI	23	"凸"字形	总长8.65 墓道4.50×2.04-1.86 墓室4.15×3.76-3	生土壁	樟3.20×3, 棺2.40×1.60 垫木沟3.76×0.20	
	89龙·仪M35	二AI	170	长方形	3.90×2.10-1.10	生土壁	樟3.40×1.60 垫木沟2.10×0.18	被盗
	89龙·仪M22	二AI	350	长方形	3.50×2.20-1.60	生土壁	樟3×1.74 垫木沟2.20×0.16	墓底有一条呈对角斜状的渗水沟，内填砾石
	89龙·东M29	二BI	240	近方形	3.85×3.70	生土壁		
	89龙·仪M24	二AI	155	长方形	3.76×3.04-1.70	生土壁	樟3.10×2.20 棺2.40×1.30	底面散布棺钉
二期6段	89龙·仪M27	一A	145	长方形	3.60×1.70-残0.40	生土壁	樟3.10×1.20 棺2×1 垫木沟0.60×0.20	垫木沟呈纵轴向
	89龙·仪M14	二DI	95	长方形	3.55×2.20-1.80	生土壁	樟3.10×1.60 垫木沟2.22×0.24	底有交叉状渗水沟
	87龙·东M9	一A	170	长方形	3.90×1.70-1.80	生土壁	樟3.40×1.50	
	89龙·仪M41	二AI	94	长方形	3.60×2.10-1	生土壁		
	79龙·东M17	一A	337	长方形	3.60×2-1.60	生土壁		墓被盗
	07余·义M10	二BI	100	长方形	4.20×3.60-0.80	生土壁	樟3.40×2.80 棺有红色漆痕	封土直径10，高2.50米
	07余·义M18	一A	75	长方形	3.40×1.60-0.70	生土壁	棺有朱红色漆痕	封土直径7，高1.60米
	07余·义M36	二DI	265	长方形	3.50×1.76-0.50	生土壁		与M35共用高2.20米的封土堆，两墓相距3米

续附表4-1

期段	墓号	型式	墓向（度）	形状	规格（长×宽-深/高[米]）	结构	葬具板灰（长×宽[米]）	备注
	07余·义M57	二DI	100	长方形	3.30×1.85-残0.40	生土壁		封土被破坏，与M58相距0.60米
	86杭·老M81	二C	84	长方形	3.70×1.78-1.20	生土壁	棺2.43×0.84	被M80打破
	86杭·老M80	二C	84	长方形	3.44×2.03-1.34	生土壁		打破M81
	86杭·老M131	二BI	88	长方形	3.90×2.98-1.90	生土壁	椁3×2.60 棺2.60×0.80	
	07余·义M46	二DI	80	长方形	3.90×1.90-0.80	生土壁		封土直径10，高1.50米
	86杭·老M154	二C	272	长条形	3.70×1.24-1.34	生土壁		被M153打破
	86杭·老M139	二C	165	长条形		生土壁	垫木沟1.20×0.14	被M133打破
	86杭·老M133	二C	165	长条形	3.20×1.33-残1.60	生土壁	棺2.30×0.80	打破M139
	86杭·老M79	二BI	270	长方形	3.48×2.16-2.70	生土壁	棺2.80×0.70	
三期7段	86杭·老M148	二AI	170	长条形	3.20×1.22-1.45	生土壁	椁2.72×0.75 垫木沟1.22×0.20	被M129打破
	86杭·老M66	二AI	90	长方形	3.52×1.98-残0.90	生土壁	椁3×1.20 垫木沟1.94×0.20	
	86杭·老M129	二AI	165	长方形	残3.57×1.40-残0.78	生土壁	椁3.05×1.40 棺2.50×0.80	被128打破；打破M148
	86杭·老M128	二AI	150	长方形	残3.57×1.40-残0.78	生土壁	垫木沟1.40×0.10	被141打破；打破M129和M148
	07余·义M2	二AI	273	长方形	4.15×1.90-残1	生土壁		两侧有生二层台
	07余·义M39	二AI	270	长方形	3.60×1.60-0.50	生土壁	棺朱红色漆痕 垫木沟1.50×0.20	封土直径6.7，高1.20米，垫木沟内铺砾石

续附表 4－1

期段	墓号	型式	墓向（度）	形状	规格（长×宽－深/高［米]）	结构	葬具板灰（长×宽［米]）	备注
三期7段	07余·义M50	二AI	246	刀形	总残长4.80 墓道残0.40×2.10 墓室4.40×3.40－1.10	生土壁	椁3.40×2.90 棺有黑色和红色相间的漆痕	封土直径7，高2.50米
	07余·义M59	一A	66	长方形	3.40×2－残0.60	生土壁		
	07余·义M19	一A	85	长方形	3.50×2－1	生土壁		被盗，封土直径7.84，高1.50米
	86杭·老M163	二BI	97	长方形	残3.90×2.34－1.32	生土壁	椁3.28×1.70 垫木沟2.34×0.150	
	86杭·老M74	二AI	265	长方形	3.67×1.60－2.04	生土壁		
	86杭·老M149	二AI	172	长方形	3.48×1.28－0.96	生土壁	1.28×0.20	
	86杭·老M150	二AI	84	长方形	3.52×1.74－0.50	生土壁	1.74×0.20	被扰乱，被M160打破
	54杭·葛M5	一A		不明	不明	生土壁		报道不详
	89龙·仪M48	二BI	260	"凸"字形	总残长4.40 墓道残0.45×4.15－3.95 墓室3.95×3.95－4.74	生土壁	椁3.23×2.90 垫木沟3.95×0.10	墓底渗水沟呈叉状，内填砾石
	89龙·东M28	二BI	255	"凸"字形	墓道2.70×1.75 墓室3.70×3.63－3.10	生土壁	椁3.20×3.20 棺2.20×0.80	总长6.40米
	87龙·东M7	二AI	350	长方形	3.30×2.10－1.20	生土壁		
	79龙·东M12	二AI	330	长方形	3×1.40－2.60	生土壁		
	87龙·东M4	二AI	340	长方形		生土壁		
	89龙·仪M37	二AI	170	长方形	3.40×2－1.90	生土壁	椁0.76×1.76 棺1.70×1	被盗
	89龙·仪M32	一A	154	长方形	4.12×1.66－1.28	生土壁	椁3.60×3.20 棺2.1×0.70	被盗

续附表 4－1

期段	墓号	型式	墓向(度)	形状	规格（长×宽－深/高 [米]）	结构	葬具板灰（长×宽 [米]）	备注
三期7段	89龙·仪M38	二AⅠ	150	长方形	5×3.80－2.50	生土壁	椁4.22×3.16 垫木沟3.8×0.3	墓底有渗水沟
	79龙·东M13	一A	339	长方形	3×1.60－2.40	生土壁		
	89龙·仪M25	二AⅠ	160	长方形	3.60×1.90－0.90	生土壁	椁2.90×1.40 垫木沟1.90×0.20	墓室一角有渗水坑，内填砾石
	89龙·仪M10	二BⅠ	25	"凸"字形	总长6.70 墓道3×1.60－1.10 墓室3.70×3.50－1.60	生土壁	椁2.94×2.80 垫木沟3×0.20	被M15打破；墓底有交叉状渗水沟，墓外设排水沟
	87龙·东M6	二BⅠ	70	近方形	3.88×3.50－1.28	生土壁		
	79龙·东M15	一A	135	近方形	4.60×4－3.30	生土壁		
	89龙·仪M16	一A	20	长方形	3.80×2.20－残0.20	生土壁		
	89龙·仪M26	一A	154	长方形	3.40×2.10－残0.86	生土壁	椁3×1.70 棺2.06×0.68 垫木沟2.10×0.20	
	89龙·仪M31	一A	80	长方形	2.70×2.30－1.50	生土壁	垫木沟2.30×0.22	墓底有渗水沟，内填砾石，上盖板瓦
	89龙·仪M50东穴	二C	115	长方形	3.38×残1.90－1.40	生土壁		被西穴打破；渗水沟呈交叉状，内填砾石
	89龙·仪M17	二BⅠ	20	"凸"字形	总长7.30 墓道3.50×2.40－1.40 墓室3.80×1.60－1.65	生土壁	椁3.20×3.30 垫木沟3.80×0.30	墓底一条对角斜向渗水沟，墓外排水沟，沟内均填砾石
	89龙·仪M28	二AⅠ	80	长方形	3.86×2.40－1.16	生土壁	椁3.30×2 垫木沟2.40×0.28	墓底有渗水沟和排水沟，两者呈交叉状，排水沟用筒瓦衔接

续附表 4-1

期段	墓号	型式	墓向（度）	形状	规格（长×宽-深/高[米]）	结构	葬具板灰（长×宽[米]）	备注
三期7段	89龙·仪M18北穴	二C	65	长方形	3.60×残1.80-1.50	生土壁	椁3×残1.50 棺2×0.70 垫木沟1.80×0.14	被南穴打破
	89龙·仪M18南穴	二C	65	长方形	3.60×2.30-1.70	生土壁	椁3×1.80 棺2×1 垫木沟2.10×0.16	打破北穴；墓底一条对角斜向的渗水沟，内填砾石
	89龙·仪M23东穴	二C	35	长方形	3.40×1.80-残0.38	生土壁		被西穴打破
	89龙·仪M23西穴	二C	35	长方形	3.40×残1.66-残0.30	生土壁		被盗；扩破东穴
	89龙·仪M47北穴	二C	84	长方形	3.40×残1.50-残0.82	生土壁	垫木沟残1.50×0.20	被南穴打破；渗水沟呈交叉状，内填砾石
	89龙·仪M47南穴	二C	84	长方形	3.50×2.28-残1.06	生土壁	垫木沟2.28×0.20	打破北穴；渗水沟呈交叉状，内填砾石
	89龙·仪M45	二AI	85	长方形	4×2-2.60	生土壁	椁2.80×0.80 垫木沟2×0.20	渗水沟呈斜状；椁外铺砾石层，厚0.50米
	89龙·仪M29	一A	75	长方形	3.70×2.40-残0.60	生土壁	椁2.90×1.60 垫木沟2.40×0.38	被盗
	89龙·仪M30	二AI	80	长方形	3.90×2.30-残0.90	生土壁	椁3.10×1.90 棺2×0.84 垫木沟2.30×0.26	渗水沟呈对角斜状，内填砾石
四期8段	07余·义M35	二DI	260	刀形	总长4.70 墓道0.70×1.10-0.50 墓室4×2.30-0.50	生土壁		与M36共用一个高2.20米的封土堆，两墓相距3米

续附表 4-1

期段	墓号	型式	墓向（度）	形状	规格（长×宽-深高[米]）	结构	葬具板灰（长×宽[米]）	备注
四期8段	83杭·古M51	二BⅠ	275	长方形	3.14×2.02-残0.44	生土壁	椁2.50×1.50 棺1.70×0.60	
	07余·义M17	二AⅠ	280	长方形	4.10×2.94-1.24	生土壁	椁2.50×1.55 棺有红色漆痕	封土直径8.50，高2.84米
	83杭·古M47	二AⅠ	272	长方形	3.13×1.08	生土壁		北壁部分被破坏
	83杭·古M53	二AⅠ	90	不明	残2.7×3.8-残1.24	生土壁	棺残0.9×0.80	被盗；三人合葬
	86杭·老M62	二BⅡ	186	"凸"字形	甬道0.36×?-残0.42 墓室4.66×2.56-残0.60	壁：平砌错缝 无底砖	棺床2.90×1.40 板灰1.60×0.74	被盗，总长5.02米，棺床用榫卯砖围砌
	86杭·老M155	二BⅠ	80	长方形	残3.56×2.12-残1.10	生土壁		打破M156和M157
	86杭·老M153	二C	272	长条形	3.71×1.43-1.12	生土壁		打破M154
	83杭·古M50	二AⅡ	5	长方形	3.02×1.50	壁：平砌错缝 底：两横两纵		被盗
	86杭·老M145	一A	165	长方形	3.32×1.68-1.60	生土壁	棺有10枚棺钉 垫木沟2×0.60	
	83杭·古M48	二AⅠ	19	长方形	残2.80×残1.80-残0.20	生土壁		仅存东南角
	86杭·老M85	一A	303	长方形	3.60×1.38-1.40	生土壁		
	86杭·老M161	一A	80	长方形	2.70×1.50-1.50	生土壁		
	86杭·老M60	二BⅡ	85	长方形	4.12×2.60-残0.52	壁：平砌错缝 底：两横两纵		被盗，双重墓壁
	86杭·老M141	一A	160	长方形	1.50×1.10	生土壁		打破M128
	86杭·老M61	二BⅡ	88	长方形	3.40×1.70-残0.85	壁：平砌错缝 底：两横两纵		被盗
	80金·马M2	二AⅠ	22	长方形	不明	生土壁	椁2.90×1.70 垫木沟2.30×0.22	四周和底面有一层0.20米厚的白膏泥
	89龙·仪M36	一A	160	长方形	2.70×2.30-1.50	生土壁		被盗

续附表 4－1

期段	墓号	型式	墓向（度）	形状	规格（长×宽－深－高［米］）	结构	葬具板灰（长×宽［米］）	备注
	87龙·东M13	一A	80	长方形	3×1.60－2.40	生土壁		
	89龙·仪M12	二AⅠ	15	"凸"字形	总长6.40 墓道2.80×1.90 墓室3.60×3－残1	生土壁	榫3×2.46 棺2.10×0.90	
	89龙·仪M20	一A	85	长方形	4×2.40－残0.95	生土壁	榫3.20×1.70 棺有"S"形棺钉	
	89龙·仪M21	三BⅠ	20	近方形	3.60×3.50－3	生土壁	垫木沟3.50×0.30	墓底有交叉状渗水沟
	89龙·仪M42	三AⅠ	155	长方形	3.80×2－1.80	生土壁	榫3.20×1.50 垫木沟2×0.16	墓底中间有一条纵向渗水沟
	89龙·仪M43	三AⅠ	150	长方形	3.70×2.40－2.3	生土壁	榫3.60×1.90 垫木沟2.40×0.26	底两侧各一条纵向渗水沟，内填砾石
四期8段	89龙·仪M44北穴	二C	265	长方形	3.90×3.80－1.63	生土壁		南穴为空墓
	89龙·仪M51	三AⅠ	115	长方形	4×2×1.60	生土壁	榫3.20×1.60 垫木沟2×0.22	
	80金·马M1	三AⅠ	20	长方形	残2×残1	生土壁		墓室四周和底部铺垫白膏泥，厚0.20米
	87龙·东M5	三BⅠ	70	近方形	4.40×3.60－残0.70	生土壁	榫3.40×3.20 棺3.20×0.80	
	89龙·仪M34	三BⅠ	160	近方形	4×3.90－残1.20	生土壁	榫3.20×3 垫木沟3.90×0.20	墓室一角有渗水坑，内填砾石，上盖瓦
	07余·义M15	二AⅡ	90	长方形	残2.80×1－残0.30	壁：平砌错缝 底：纵向顺缝		用楔卵砖
	89龙·仪M49北穴	二C	295	长方形	3.70×3－3.18	生土壁	垫木沟2.20×0.30	打破南穴，渗水沟呈交叉状，内填砾石

续附表 4－1

期段	墓号	型式	墓向（度）	形状	规格（长×宽－深/高［米］）	结构	葬具板灰（长×宽［米］）	备注
四期8段	89龙·仪M49南穴	二C	295	长方形	3.70×残2.40－3.08	生土壁	垫木沟3×0.30	被北穴打破，渗水沟呈交叉状，内填砾石
	89龙·仪M50西穴	二C	115	长方形	3.44×2.28－1.40	生土壁		打破东穴，渗水沟呈交叉状，内填砾石
	89龙·仪M40	三AⅠ	275	长方形	2.90×1.50－残0.60	生土壁	椁2.60×1.40 垫木沟1.50×0.30	被M39打破
	89龙·仪M15	三BⅠ	85	近方形	4.40×3.60－残0.70	生土壁	棺2.20×1.30	打破M10
	89龙·仪M39	三AⅠ	165	长方形	3.60×2.30－残0.6	生土壁	椁3.10×1.70 垫木沟2.30×0.10	打破M40
	86杭·老M142	三AⅠ	352	长方形	3×1.20－残0.40	生土壁		扰乱
	86杭·老M168	三AⅠ	353	不明	3.08×1.50	生土壁		严重扰乱
	55杭·铁M1	三AⅡ	不明	长方形	3.30×1.50	不明		被破坏
	86杭·老M162	一A	85	长方形	3.38×2－1.20	生土壁		
	83杭·古M58	三AⅠ	95	长条形	3.30×1－残0.90	壁：平砌错缝 底：两横两纵		
四期9段	86杭·老M70	二BⅢ	180	"凸"字形	砖椁2.74×2.44－残0.80	壁：平砌错缝		被盗，报道不详
	78武·后M1	三AⅠ	250	"凸"字形	总残长5.50 甬道1.10×1.30－0.50 墓室4.20×2.10－残0.50			被盗
	07余·义M44	三AⅠ	6	"凸"字形	总长3.57 甬道0.40×0.84－残0.72 墓室3.17×1.20－残0.72	墓：平砌错缝 底：横向错缝		用楔卵砖

续附表 4-1

期段	墓号	型式	墓向(度)	形状	规格（长×宽-深/高[米]）	结构	葬具板灰（长×宽[米]）	备注
四期9段	07余·义M14	三BⅡ	270	"T"形	总长4.45 前堂3.02×1.50-2.31 南室2.62×1-1.78 北室2.62×0.78-1.78	壁：平砌错缝 底：横向顺缝两纵、纵向顺缝		前堂作横向长方形，南北室为纵向长方形
	07余·义M45	三AⅠ	15	长方形	4.06×1.70-残1.40	壁：平砌错缝 底：横向错缝		
	07余·义M1	三AⅠ	103	"凸"字形	甬道0.34×1.10-残0.66 墓室4.30×1.70-残0.66	壁：平砌错缝 底：横向顺缝		总长4.64米
	07余·义M51	三AⅠ	80	长方形	3.88×1.96-残1.16	壁：平砌错缝 底：横排错缝		用榫卯砖
	57嵊·赋M28	三AⅠ		"凸"字形	总长6.26 甬道1.40×1.37-1.52 墓室4.86×2.62-残1.90	壁：平砌错缝 底：两横两纵	后部似有棺床	被盗、建初六年、外有墓道、双重墓壁、有排水沟
五期10段	87龙·东M2	三AⅠ	340	长方形	4.46×2.5-残1.32	壁：平砌错缝 底："人"字形		
	07余·义M13	三AⅠ	70	长方形	4.24×2.26-残1.22	壁：平砌错缝 底：编织纹	棺床2.64×2.26	双重壁
	07余·义M6	三AⅠ	0	长方形	2.20×0.91-残0.32	壁：三顺一丁 底：横排错缝		
	86杭·老M136	三AⅠ	82	不明	3.60×1.46-1.05	壁：平砌错缝 底："人"字形		封门砖为平砌错缝

续附表 4－1

期段	墓号	型式	墓向（度）	形状	规格（长×宽－深/高[米]）	结构	葬具板灰（长×宽[米]）	备注
未能分段	07余·义M12	三AⅠ	83	不明	残3.50×1.90－残0.42	壁：平砌错缝 底：横向平铺		东汉
	07余·义M54	三AⅠ	75	长方形	墓门0.18×1－0.36 墓室3.78×1.47－1.40	壁：平砌错缝 底：横向平铺		约东汉早期；封门砖为平砌错缝
	86杭·老M95	三AⅠ	172	长方形	2.40×1.70－0.30	生土壁		东汉早期；被M194打破
	86杭·老M134	三AⅡ	357	长方形	3.34×0.70－0.20	壁：平砌错缝 底：横向平铺		约东汉中期；封门外弧
	07余·义M8	三AⅠ	100	长方形	4×1.20－残0.50	壁：平砌错缝 底：横向平铺		
	07余·义M9	三AⅠ	88	不明	残3.68×2.6－残0.48	壁：三顺一丁		已被破坏
	07余·义M19	三AⅠ	88	不明	残3.68×2.60－残0.48	壁：三顺一丁		双重壁；无铺底砖
	07余·义M27	三AⅠ	352	"凸"字形	总长5.14 甬道0.54×0.80－残0.32 墓室4.60×1.63－残0.47	壁：丁顺结构 底："人"字形	棺床2.55×0.5	棺床底砖为横向错缝平铺
	07余·义M31	三AⅠ	282	长方形	3.56×1.20－0.90	壁：平砌错缝 底：横向平铺		
	07余·义M32	三AⅠ	83	不明	残4.50×1.27－残0.40	壁：平砌错缝 底："人"字形		
	07余·义M34	三AⅠ	82	"凸"字形	墓门0.14×1.10－0.30 甬道0.44×0.82－残0.30 墓室3×1.10－残0.90	壁：平砌错缝 底：纵向平铺		

续附表 4-1

期段	墓号	型式	墓向（度）	形状	规格（长×宽-深/高[米]）	结构	葬具板灰（长×宽[米]）	备注
未能分段	07余·义M43	三AI	20	长方形	3.70×1.60-0.76	壁：平砌错缝 底：横向平铺		
	07余·义M48	三AI	80	长方形	3.16×1.66-0.74	壁：平砌错缝 底：横向平铺		
	07余·义M52	三AI	77	长方形	墓门0.37×1.04-1.04 墓室4.29×2.25-残1.52	壁：前后平砌错缝，左右丁顺结构 底：横向平铺		封门砖呈"人"字形，前后墓壁为双重壁
	07余·义M53	三AI	87	长方形	墓门0.37×1.30-0.07 墓室4.30×2.18-1.17	壁：平砌错缝 底：横向平铺		封门砖为平砌错缝
	86杭·老M63	二AII	80	长方形	3.36×1.90-残0.30	壁：平砌错缝 两横两纵		
	86杭·老M94	三AI	85	长方形	4.70×2.30-0.10	壁：平砌错缝 底：横向平铺		打破M92和M95
	86杭·老M135	二DI	357	长方形	3.72×1.12-0.60	壁：平砌错缝 底：横向平铺		
	86杭·老M157	二AI	175	长方形	3.80×2.16-残2	生土壁	樟3×1.30 垫木沟2.16×0.15	被M155打破，与M156仅距20厘米

附表 4-2　杭（州）金（华）衢（州）地区汉墓随葬器物统计表

期段	墓号	型式	陶瓷器	其他	备注
二期2段	07余·义M37	土坑类	高温釉陶鼎BⅡ2, 盒BⅠ1, 敞口壶AⅡ2, 残壶1		被破坏
	07余·义M28	土坑类	高温釉陶鼎BⅡ2, 盒BⅠ1, 瓿AⅠ1, AⅡ2, 敞口壶AⅡ2, 熏AⅡ1		
	07余·义M33	一A	高温釉陶鼎BⅡ2, 盒BⅠ2, 瓿AⅡ2, 敞口壶AⅡ3		
	07余·义M38	一A	高温釉陶鼎BⅡ2, 盒BⅡ2, 瓿AⅡ2, 敞口壶AⅡ2, 盒盖1		
	07余·义M30	一A	高温釉陶瓿AⅡ2, 罐ⅠⅠ, 盉A1		器物系采集
	54杭·葛M11	一A	高温釉陶鼎BⅢ1, 瓿AⅡ1, 泥质陶素面罐ⅡⅠ		器物已散失在外
	64义·北M1	一A	高温釉陶鼎BⅡ2, 盒BⅠ2, 瓿AⅢ2, 敞口壶AⅢ2, 勺B2	铜半两1组, 五铢1组	
	07余·义M56B	二C	高温釉陶鼎BⅡ2, 盒CⅡ2, 瓿AⅢ2, 敞口壶AⅢ2, 麟趾金1组3件; 硬陶罐ⅢⅠ4		被A、C穴打破
	07余·义M56A	二C	高温釉陶鼎BⅡ2, 盒CⅡ2, 瓿AⅢ3, 敞口壶AⅢ3, 罐ⅢⅠ3, 素面罐ⅠⅠ, 钵AⅠ1		打破B穴
二期3段	07余·义M42	一A	高温釉陶鼎BⅡ2, 敞口壶AⅢ2, 盒盖2, 罐ⅢⅠ4; 硬陶弦纹罐AⅠ1		
	07余·义M3	一A	高温釉陶鼎BⅢ1, 瓿AⅢ2, 残鼎1, 盒2, 瓿式罐A1, 钵AⅠ1		早期被盗
	79龙·东M11	二BⅠ	高温釉陶鼎BⅢ4, 盒BⅢ4, 钫BⅢ2, 瓿AⅢ3, 盆1, 素面罐AⅢⅠ, 熏AⅢⅠ, 房屋模型A2, 猪圈1, 硬陶钵AⅠ1, C1, 杯BⅠ1, 耳杯A4, 盉A1, 勺A1, 匕1, 灯盏A1, 牛2, 羊2, 狗2, 鸡2, 釜B1, 瓿AⅡ2, 井1, 马2, 马2	铜星云镜2, 矛A1, 镦1; 铁刀1; 漆奁1	
	07余·义M29	三AⅠ	高温釉陶鼎BⅡ2, BⅢ2, 盒BⅠ2, BⅢ3, 瓿AⅢ1, AⅣ5, 敞口壶AⅣ3, 残壶1, 弦纹罐AⅠ20, 钵AⅠ1, 耳杯A2, 勺B2, 麟趾金1组10件, 铃片1组35件	铜矛A1	
二期4段	79龙·东M22	三AⅠ	高温釉陶鼎BⅡ2, 盒CⅡ1, 钫BⅡ2, 瓿AⅣ1, 敞口壶AⅣ4, 房屋模型A1; 硬陶素面罐ⅡⅠ3, 盆AⅠ1, 匜2, 勺A1, C2, 灯盏A1, 灶AⅡ1, 井BⅠ1, 马2, 麟趾金1组2件	铜鼎A2, 钫2; 铁剑B1	被破坏; 部分器物系收集

续附表 4 - 2

期段	墓号	型式	陶瓷器	其他	备注
	86杭·老M69	二C	高温釉陶鼎 B II 2, 盒 C I 2, 瓿 A IV 2, 敞口壶 A IV 2, 弦纹罐 A I 6; 泥五铢 1 组	铜星云镜 1; 铁刀 1	被 M68 打破
	86杭·老M67	二B I	印纹陶罍 B II 1（高温釉陶）; 高温釉陶鼎 B II 2, 盒 C I 2, 瓿 A IV 2, 敞口壶 B II 1, 盘口壶 A II 4, 弦纹罐 Aa I 2, 灶 A III 1, 井 B I 1, 鳞趾金 1 组 79 件	铜星云镜 2	被 M71 打破
	86杭·老M72	二A I	印纹陶罍 B III 2（高温釉陶）; 高温釉陶瓿 A IV 3, 敞口壶 A V 5, 罐 III 1, 弦纹罐 A II 5, A III 3, 灶 B I 1, 鳞趾金 2; 泥质陶纺轮 1, 灶 B I 1, 井 A II 1, 五铢 1 组	铜昭明镜 1, 日光镜 II 1, 五铢 1 组; 铁刀 1	
	54杭·葛M14	一A	高温釉陶盒 B III 1; 硬陶弦纹罐 A III 4		器物被取出
	58杭·古M2	二B I	印纹陶罍 B5（高温釉陶）; 高温釉陶瓿 A IV 1, 敞口壶 21, 长颈壶 1, 罐 4, 鳞趾金 1 组; 硬陶筒形罐 1, 泡菜罐 Aa I 1, 盉 1, 耳杯 1; 泥质陶灶 1, 釜 1, 甑 1, 五铢 1 组	铜壶 1, 洗 1, 套 1, 发钗 1, 带钩 1, 日光镜 II 1, 印章 1, 矛 1, 镦 2, 剑 1, 镏金饰品 1, 五铢 1 组; 铁鼎 1, 环 1, 釜 1, 戟 2, 刀 3; 玉饰品 1, 水晶珠 1; 砺石 1	报道不详
一期4段	86杭·老M88	二C	印纹陶罍 B III 3（高温釉陶）; 高温釉陶瓿 A IV 3, 敞口壶 A V 6, 弦纹罐 B II 2, 筒形罐 B2, 灶 A III 1, 井 A I 1, 鳞趾金 1 组 29 件; 泥质陶五铢 1 组	铜日光镜 II 1; 料珠 2	被 M87 打破
	86杭·老M78	二C	印纹陶罍 1（高温釉陶）; 高温釉陶盒 2, 瓿 A3, 敞口壶 4, 盘口壶 2, 罐 7, 泡菜罐 1, 井 1	铜器 1, 昭明镜 1, 五铢 1 组; 铁剑 1, 刀 1	被 M77 打破
	86杭·老M77	二C	印纹陶罍 1（高温釉陶）; 高温釉陶瓿 A5, 敞口壶 8, 盘口壶 2, 鳞趾金 2; 硬陶罐 7, 泡菜罐 1, 泥质陶灶 1, 井 1, 五铢 1 组	铁釜 1, 刀 1	打破 M78; 报道不详
	86杭·老M91	二A I	高温釉陶鼎 2, 盒 2, 瓿 A2, 敞口壶 A3, 硬陶弦纹罐 4, 泡菜罐 1	铁刀 1; 料珠 1	报道不详
	86杭·老M75	二A I	印纹陶罍 1（高温釉陶）; 高温釉陶鼎 2, 瓿 A3, 敞口壶 6, 泡菜罐 5, 硬陶弦纹罐 25; 鳞趾金 1, 泥质陶灶 1, 釜 2, 五铢 1 组	铜带钩 1, 镜 1, 五铢 1 组; 铁戟 1, 剑 1, 刀 1; 石黛板 1	报道不详

续附表 4-2

期段	墓号	型式	陶瓷器	其他	备注
二期5段	54杭·葛M8	一A	高温釉陶鼎BIV2、盒BⅢ2、瓿AIV2、敞口壶BI2；泥质陶素面罐Ⅱ6	铁矛1	
	54杭·葛M9	一A	印纹陶罍AaⅡ1（硬陶）；高温釉陶鼎BIV2、盒BⅢ1、瓿AIV2、敞口壶BI1；泥质陶素面罐Ⅱ6	铜半两1组；漆器1	
	86杭·老M68	二C	高温釉陶鼎BIV2、盒BI2、瓿AIV2、敞口壶AIV2，盘AIV3，弦纹罐AIV5、罐Ⅲ1，麟趾金20、泥质陶五铢1组	铜星云镜1；绿松石管1；漆奁1	打破M69
	86杭·老M97	二AI	高温釉陶鼎BIV2、盒BⅢ2、瓿AIV2、敞口壶AIV3、盘AIV5、罐AⅡ2、AⅢ5，弦纹罐AⅢ7，灶AⅢ1、井AⅡ1，麟趾金20，泥质陶五铢1组	铜残带钩1、日光镜Ⅱ1、五铢1组；铁刀Ab1、石黛板1、研黛器1	
	86杭·老M87	二C	高温釉陶鼎CⅢ2、盒BⅢ2、瓿AV4、瓿AV2、敞口壶AIV15、残弦纹罐1，残纹罐1，盆BI1、匜B1，残耳杯5，灶AⅢ1、井BI1，麟趾金1组90件；泥质陶五铢1组	铜盘1、日光镜Ⅱ1、五铢1组；铁剑1、环首刀1、削1；石黛板1；料珠1串	打破M88
	86杭·老M118	二C	印纹陶罍AaⅡ2（高温釉陶）；高温釉陶鼎CIV2、盒CⅡ2、瓿AV2，盒CⅡ2、杯BⅡ1、簋A，罐AⅢ5、筒形罐B1，泡菜罐AaⅡ1，釜2，甑1，井AⅡ1，麟趾金2组56件	铜日光镜Ⅱ1；铁刀1	被M121打破
	86杭·老M121	二C	印纹陶罍BⅢ5（高温釉陶）；高温釉陶鼎CⅢ2、盒BⅢ2、瓿AIV4，敞口壶AV10，弦纹罐AⅡ2、AⅢ3，耳杯A6，灶C1、井C1，麟趾金1组11件		打破M118
	07余·义M47	二DI	印纹陶残罍1（硬陶）；高温釉陶豆BⅡ1、瓿AIV1、AV2、敞口壶AIV2，盘口壶AⅡ5，残盂2、钵BⅢ3、熏C1	铜昭明镜1	
	07余·义M58	二DI	印纹陶罍BⅢ1（硬陶）；高温釉陶瓿AV1、盘口壶AⅡ10、残壶1	铁釜Bb1，刀2，削1	
	86杭·老M157	二C	印纹陶罍BⅢ6（高温釉陶）；高温釉陶鼎AV2、盒BⅢ2、瓿AV2、敞口壶V9，硬陶弦纹罐BI1、釜B2、残甑1、井B1、汲水罐1；泥质陶灶BI1	铜昭明镜1、五铢4组；铁刀1，削1；石黛板1	与M156异穴合葬，被M155打破
	54杭·葛M10	土坑类	印纹陶残罍1（硬陶）；高温釉陶鼎BIV2、盒BⅢ2、瓿AV2、敞口壶AIV2、瓿AV2；泥质陶素面罐Ⅱ3		

续附表 4－2

期段	墓号	型式	陶瓷器	其他	备注
一期5段	79龙·东M10	二AI	印纹陶罍BⅢ4（硬陶）；高温釉陶鼎CⅢ2，瓿AV1，敞口壶AV2，素面罐Ⅱ2，匜2，勺B2，熏AⅢ1，器盖A1	铜洗1；漆器1	报道不详
	79龙·东M24	二AI	印纹陶罐BⅡ2（硬陶）；高温釉陶鼎CⅢ2，敞口壶AV4	铁棍3，釜Aa1	报道不详
	87龙·东M3	二AI	高温釉陶鼎BⅣ2，盒CⅡ2，瓿AⅣ2，敞口壶BⅡ2，硬陶素面罐Ⅱ2，釜A1	铜嘴螭纹镜Ⅱ1，半两1组，五铢1组，削1；漆奁1	
	87龙·东M1	二AI	高温釉陶鼎BⅣ2，盒CⅡ2，瓿AⅣ2，敞口壶BⅡ2，盘口壶CⅠ2；硬陶釜A1，井BⅠ1		
	79龙·东M14	二AI	印纹陶罍BⅡ1（硬陶）；高温釉陶瓿AV1，敞口壶AV6，弦纹罐BⅢ3	铜洗1，日光镜Ⅱ1，五铢1组；铁釜Ba1，刀1；漆器1	报道不详
	79龙·东M18	二AI	印纹陶罍BⅢ1（硬陶）；高温釉陶盘口壶AⅢ1，弦纹罐AⅢ1		报道不详
	89龙·仪M33	二AI	高温釉陶盒BⅢ2，瓿AⅣ1，敞口壶AV3；硬陶弦纹罐BⅡ1	铁釜1	被盗
	07余·义M56C	二C	高温釉陶瓿AⅣ1，敞口壶AⅣ2，盘口壶BⅡ2；硬陶罐Ⅲ1，弦纹罐AⅡ2		打破B穴
一期6段	83杭·古M57	二BI	印纹陶罍BⅢ8（硬陶）；高温釉陶瓿AⅣ3，敞口壶AV10，盘口壶AⅡ1，AⅢ1，罐Ⅲ1，Ⅳ2，簋AⅠ1，钵AⅡ1，BⅡ1，耳杯A1，麟趾金2；硬陶弦纹罐AⅢ1，AⅢ3	铜器2，带钩C1，削1，五铢2组；铁釜Ba1，剑A1	
	83杭·古M56	二AI	高温釉陶瓿AⅣ3，敞口壶AV7，弦纹罐CⅠ2；泥质陶灯盏B1，灶BⅠ1，釜B1，C1，甑A1，井B1，纹罐B1；硬陶弦纹罐AⅡ1，A汲水罐1	铜五铢1组	
	83杭·古M52	二BI	高温釉陶敞口壶AV5，弦纹罐BⅡ2，井AⅡ1，麟趾金1组；残灶1，硬陶弦纹罐BⅡ2，泥质陶瓷B1，甑B1	铜四鸟四乳镜1，博局镜Ⅰ1，五铢1组；铁刀Aa2，削3；石黛板1，研黛器	
	86杭·老M98	二AI	印纹陶罍BⅣ1（高温釉陶）；高温釉陶瓿AV2，敞口壶AV11，罐BⅢ2，弦纹罐BⅢ1，泥质陶灶BⅢ1，残釜1，五铢1组	铜日光镜Ⅱ1，五铢2组；铁矛1，刀B1，削1	

续附表 4-2

期段	墓号	型式	陶瓷器	其他	备注
一期6段	86杭·老M156	二AI	高温釉陶瓿AV2，敞口壶AV6，盘口壶AIV1，弦纹罐BII1；泥质陶灶BII1，残井1，汲水罐1	铜四乳四乳镜1，五铢1组	被M155打破
	86杭·老M73	二AI	高温釉陶瓿A2，敞口壶2，麟趾金1组20件；硬陶罐2，泡菜罐1；泥质陶五铢1组	铜镜1，五铢1组；铁器1，刀1	报道不详
	86杭·老M147	二AI	印纹陶罍1（高温釉陶）；高温釉陶瓿A2，敞口壶4，杯B1，麟趾金2；硬陶弦纹罐5，小圆球1	铜镜1，五铢1组；铁剑1，刀1；石黛板1，砺石1	报道不详
	86杭·老M86	二AI	高温釉陶瓿A2，敞口壶2，盘口壶1；硬陶弦纹罐6；泥质陶灶1，井2	铜带钩1，镜1，五铢1组；铁剑1，刀1；石黛板1；料器坠饰1，料珠1	报道不详
	86杭·老M89	二AI	高温釉陶瓿A4，敞口壶4，盘口壶2；硬陶弦纹罐5；泥质陶灶1，井1		被M102打破
	86杭·老M111	二AI	高温釉陶瓿A2，敞口壶3，麟趾金2，器盖1；硬陶弦纹罐8，泡菜罐1		报道不详
	86杭·老M144	二AI	高温釉陶瓿A2，敞口壶4，盘口壶1，盆1；硬陶弦纹罐6；泥质陶灶1，井1	铜镜1；铁剑1，刀1；石黛板1，砺石1	报道不详
	83杭·古M49	二BI	印纹陶罍BIV5（高温釉陶3、硬陶2）；高温釉陶瓿AVI4，敞口壶AV2，敞口壶AVII V12，AVI8，盘口壶AIII8，弦纹罐AIII8，器盖3；硬陶弦纹罐AIII2；泥质陶灶BII1，釜B2，甑，井AII1，汲水罐1，五铢1组	铜洗2，环1，漆奁提梁1，足3，带钩B1，四乳四乳镜1，昭明镜1，五铢4组；铁釜Aa1，Ab1，铺B1，矛1，剑A，刀1，削1；石黛板1；研黛器1；漆器1	
	86杭·老M165	一A	印纹陶罍BIV1（高温釉陶）；高温釉陶瓿AV2，敞口壶AVI1，盘口壶AIII1，弦纹罐BIII5，灶BII1；硬陶泡菜罐AaII1；泥质陶井B1，甑，小罐2，小盉2，泥五铢1组	铁剑1；石黛板1	被M164打破
	54杭·葛M13	一A	高温釉陶鼎1，盒BIV1，瓿AVI2，敞口壶AVI3，匜1，勺1；硬陶弦纹罐AIV6		

续附表 4-2

期段	墓号	型式	陶瓷器	其他	备注
二期6段	86杭·老M137	二A I	高温釉陶瓿 AⅥ4、敞口壶 AⅥ10、盘口壶 AⅡ2、弦纹罐 AⅢ2、BⅡ3、泡菜罐 Aa I 1、泥质陶灶 B I 1、釜 2、甑 1、井 B1、汲水罐 1、五铢 1 组	铜日光镜Ⅱ1、五铢 1 组；铁刀 1	
	86杭·老M82	二C	高温釉陶瓿 A7、敞口壶 5、罐 7、灶 1、麟趾金 1 组	铜镜 1	被 M83 打破
	86杭·老M83	二C	印纹陶罍 4（高温釉陶）；高温釉陶瓿 A6、敞口壶 8、罐 6、泥质陶五铢 1 组	铁釜 1、剑 1	打破 M82，报道不详
	89龙·东M27	二A I	高温釉陶瓿 AV2、敞口壶 AV2、盘口壶 B I 1、BⅡ1、纺轮 1；硬陶鼎 CⅣ2、盒 BⅢ2、素面罐Ⅱ1	铜博局镜Ⅰ、五铢 1 组	
	87龙·东M12	二A I	印纹陶罍 BⅢ1（硬陶）；高温釉陶鼎 BⅣ2、盒 CⅡ2、瓶 AV2、敞口壶 AⅣ2、AV2；硬陶敞口壶 AV1、素面罐Ⅱ3	铜带钩 B1、残铜器 1、五铢 1；铁釜 2、残铁器 1；玻璃珠 1	
	87龙·东M11	二A I	高温釉陶瓿 AV2、敞口壶 AV1、素面罐Ⅱ1；硬陶鼎 BV2、盒 BⅢ、弦纹罐 C I 2	铜日光镜Ⅱ1、五铢 1 组	
	89龙·仪M46	二B I	高温釉陶瓿 AⅣ1、敞口壶 AⅣ7；硬陶弦纹罐 AⅢ2	铜器 1、蟠螭纹镜Ⅱ1、残镜 1、五铢 1 组；铁釜 Ab2、剑 B1、刀 1	
	88龙·东M26	二A I	印纹陶罍 BⅢ1（高温釉陶）；高温釉陶瓿 AⅣ2、敞口壶 AV4；硬陶敞口壶 AV7、素面罐Ⅱ5	铜昭明镜 1、五铢 1 组	
	79龙·东M23	二A I	高温釉陶瓿 AⅣ2、敞口壶 AV8		报道不详
	89龙·仪M13	二D I	高温釉陶敞口壶 B1；硬陶弦纹罐 AⅡ2、CⅡ1	铁戟 1、刀 Bb1	
	89龙·仪M11	二B I	印纹陶罍 BⅢ2（高温釉陶）；原始瓷杯 1；高温釉陶瓿 AⅣ2、敞口壶 AV2、AⅥ4、B II 1；硬陶弦纹罐 BⅡ8、BⅢ1、CⅡ1、残弦纹罐 5、纺轮 1	铜盆 1、洗 1、四鹿四乳镜 1、日光镜Ⅱ1、五铢 2 组；铁釜 1、剑 A1、剑 1、鞘挂钩 1、刀 B2、削 1；石玩具 1、黛板 1、研黛器 1；漆勺 1、残漆木器 6；料珠 28、矛 1	
	89龙·仪M35	二A I	高温釉陶瓿 AⅣ1、敞口壶 AV2；硬陶弦纹罐 BⅡ3		被盗

续附表 4-2

期段	墓号	型式	陶瓷器	其他	备注
二期6段	89龙·仪M22	二AI	印纹陶瓿BIV1（硬陶）；高温釉陶敞口壶AVI2，盘口壶AIII1；硬陶弦纹罐BII2，泡菜罐AaIII1，纺轮1	铜五铢1组；铁鼎A1，釜Ba1，剑1，石管1；料珠1串	
	89龙·东M29	二BI	高温釉陶敞口壶AV8，盆AII1；硬陶弦纹罐AIII2	铜日光镜II1，五铢1组；琉璃璧1	
	89龙·仪M24	二AI	印纹陶瓿BIII1（硬陶）；高温釉陶瓿AIV2，敞口壶A1，盘口壶AIII2；硬陶弦纹罐AIII3		
	89龙·仪M27	一A	硬陶盘口壶AIII1，弦纹罐BIII3；泥质陶釜1	铜五铢2组；铁剑1，削1	
	89龙·仪M14	二DI	高温釉陶瓿AIV2，敞口壶AV5；硬陶弦纹罐BIII8，纺轮2	铜镜1，五铢1组；铁器1	
	87龙·东M9	一A	硬陶筒形罐C12	铜簋BI1，日光镜II1，五铢1组；铁镦斗1，矛1，刀3	
	89龙·仪M41	二AI	高温釉陶瓿AV1，盘口壶AIII1；硬陶弦纹罐BIII2	铜五铢1组	被盗
	79龙·东M17	一A	高温釉陶敞口壶AIV3；硬陶弦纹罐BII4		
	07余·义M10	二BI	印纹陶瓿AaII1（高温釉陶）；高温釉陶瓿AVI1，盘口壶AIII5，残壶5，熏C1，纺轮2，麟趾金9；硬陶灶AII1	铜洗1，四鸟四乳镜1	
	07余·义M18	一A	高温釉陶瓿AV5，敞口壶AVI5，盘口壶AIII4，杯BI1，汲水罐（小盘口壶）1，麟趾金1组；硬陶灶AII1，井BII1		
	07余·义M36	二DI	无随葬品		
	07余·义M57	二DI	高温釉陶敞口壶AIV4，盘口壶AIII2，残壶1		
三期7段	86杭·老M81	二C	印纹陶瓿BIV2（高温釉陶）；高温釉陶瓿AVI2，敞口壶AVI8，罐III1，盆AII1；硬陶弦纹罐BIII8；泥质陶灶BII1，井AII1，五铢1组	铜器2，昭明镜1，矛1，五铢1组；铁剑1；石黛板1，绿松石坠1	较M80打破
	86杭·老M80	二C	印纹陶瓿BIV1（高温釉陶）；高温釉陶瓿AVI3，敞口壶AV5，盘口壶A1，井BII1，五铢1组；硬陶弦纹罐BII5；泥质陶灶BII1，井B1	铜釜B1，C1，四鸱四乳镜1，五铢1组；铁釜Aa1；竹笥1	打破M81
	86杭·老M131	二BI	印纹陶瓿BIV2（高温釉陶）；高温釉陶瓿AVI2，敞口壶AVI5，盘口壶AIV1，罐III2，弦纹罐BII7，麟趾金9；泥质陶灶BII1，井B1，五铢1组	铜带钩1，四鸱四乳镜1，日光镜II1，五铢1组，铁釜Bb1，削残盆1；石黛板1，剑B1，研黛器1	

续附表 4－2

期段	墓号	型式	陶瓷器	其他	备注
三期7段	07余·义M46	二D I	印纹陶罍BIV2（硬陶）；高温釉陶盘口壶AIV5；硬陶弦纹罐CII3、CIII4；泥质陶灶B1，残井1	铜半两、五铢1组	
	86杭·老M154	二C	高温釉陶瓿AVI2，盘口壶BII2，弦纹罐CII3	铜洗A1、锥斗1、四虺四乳镜I1、博局镜I1，五铢1组	被M153打破
	86杭·老M139	二C	高温釉陶弦纹罐BII3	铁削1	被M133打破
	86杭·老M133	二C	高温釉陶瓿AVI2，盘口壶AIII2，弦纹罐CII3；泥质陶灶BII1，残井1	铜四虺四乳镜1、五铢1组、铁刀1；石黛板1，研黛器1	打破M139
	86杭·老M79	二B I	高温釉陶瓿AVI2，敞口壶AV3，盘口壶AIII2，弦纹罐CIII6；泥质陶灶BII1	铜昭明镜1、禽兽纹镜1，五铢1组；铁刀2	
	86杭·老M148	二A I	高温釉陶敞口壶AV3，弦纹罐CIII1	铜洗A1	被M129打破
	86杭·老M66	二A I	高温釉陶钵1（硬陶）；高温釉陶瓿AVI1，敞口壶AVI3，盘口壶AIV3，弦纹罐CIII10；泥质陶汲水罐1	铜壶1、碗1、连弧纹镜1，五铢1组；铁釜Aa2、刀1；银指环1	
	86杭·老M129	二A I	印纹陶坛AII1（硬陶），罍BIV3（硬陶）；高温釉陶III1、AIV5，弦纹罐AIV2，瓿式罐BII3，泡茉罐AaI1；泥质陶灶BII1，残井1，汲水罐1	铜碗1、篮1、洗A1、勺1、杯A1、行灯1、锥斗A1、印章1、釜B1、C1、甑2、博局镜II1，五铢1组；铁剑2、刀1、削1；石黛板2，研黛器2	被M128打破；打破M148
	86杭·老M128	二A I	高温釉陶瓿AVI2，敞口壶AVI2，盘口壶AIV2，BII2；泥质陶灶AIV2，并BII1	铁刀1、削1；石黛板1，研黛器1	被M141打破；打破M148
	07余·义M2	二A I	印纹陶罍AbIII1，BIV1（硬陶）；高温釉陶残壶1	铜博局镜I1	
	07余·义M39	二A I	高温釉陶盘口壶AIV1；硬陶弦纹罐BIII1，CIII3	铁鼎B1	
	07余·义M50	二A I	印纹陶罍BIV2（硬陶）；高温釉陶瓿AVII1，盘口壶AIII3、AIV2，残壶1，硬陶弦纹罐AIII4、BIII1、DII，泡茉罐AaIII1；泥质陶残灶B1	铜博局镜I1，五铢1组；铁火盆1、釜Ba1	
	07余·义M59	一A	印纹陶罍BV1（硬陶）；高温釉陶敞口壶AIV2，盘口壶AIV4，小壶1，残壶1	铜釜B1、甑1	

续附表 4-2

期段	墓号	型式	陶瓷器	其他	备注
三期7段	07余·义M19	一A	高温釉陶盘口壶 AⅣ1		
	86杭·老M163	二BI	高温釉陶瓿 AⅥ3, 盘口壶 AⅣ2, 弦纹罐 CⅢ2; 泥质陶灶 C1, 残井 1	铜禽兽管镜 1	
	86杭·老M74	二AI	印纹陶瓿 1 (高温釉陶); 高温釉陶瓿 A2, 敞口壶 5; 硬陶弦纹罐 8; 泥质陶灶 1, 甑 1, 汲水罐 1	铜镜 1	报道不详
	86杭·老M149	二AI	高温釉陶敞口壶 3; 硬陶弦纹罐 5	铜镜 1, 五铢 1组; 铁剑 1, 刀 1, 削 1	
	86杭·老M150	二AI	高温釉陶瓿 A1; 弦纹罐 1		被 M160 打破
	54杭·葛M5	一A	泥质陶灶 1, 釜 1		器物被取出
	89龙·仪M48	二BI	高温釉陶敞口壶 AⅥ6; 硬陶弦纹罐 BⅡ1	铜五铢 1组, 大泉五十 1组; 铁釜 2, 釜附件 1, 刀 Cb1; 料珠 1	
	89龙·东M28	二BI	高温釉陶瓿 AⅥ2, 敞口壶 AⅥ4, 盘口壶 BⅢ8, 素面罐 Ⅱ4; 硬陶素面罐 Ⅱ7	铜带钩 B1, 日光镜Ⅱ1, 五铢 1组, 大布黄千 1组, 大泉五十 1组; 铁釜 Aa1, 刀 1; 玻璃珠 5	
	87龙·东M7	二AI	硬陶盘口壶 BⅢ1; 弦纹罐 BⅢ1	铜五铢 1组, 大泉五十 1组	
	79龙·东M12	二AI	高温釉陶敞口壶 AⅥ1	铜昭明镜 1, 五铢 1组, 货泉 1组; 铁刀 1	报道不详
	87龙·东M4	二AI	印纹陶瓿 BⅣ1 (硬陶); 高温釉陶敞口壶 AⅥ8; 硬陶筒形罐 AbⅠ3	铜洗 1, 日光镜 Ⅱ1, 五铢 1组; 铁釜 Ba1, 锥斗 1, 矛 1, 刀 3	
	89龙·仪M37	二AI	印纹陶瓿 BⅣ1 (硬陶); 高温釉陶盘口壶 AⅢ1; 硬陶弦纹罐 AⅣ4	铜洗 1; 铁釜 1, 剑 B2, 刀 Ab1; 料珠 205, 漆盒 1	被盗
	89龙·仪M32	一A	印纹陶瓿 1 (高温釉陶); 高温釉陶盘口壶 AⅣ2, 弦纹罐 AⅢ8, 纺轮 1	铜洗 1, 弩机 1, 五铢 1组, 货布 1组; 铁釜 1, 矛 1, 刀 1, 削 1, 管 2; 料珠 1, 漆奁 1	被盗
	89龙·仪M38	二AI	高温釉陶瓿 A5, 盘口壶 AⅣ9; 硬陶弦纹罐 CⅢ6, 素面罐 Ⅱ2	铜筐 2; 铁釜 1, 斧 1, 矛 1, 刀 1	
	79龙·东M13	一A	高温釉陶敞口壶 AⅥ1, 盘口壶 BⅢ3		报道不详
	89龙·仪M25	二AI	高温釉陶瓿 AⅥ2; 硬陶弦纹罐 1		

续附表 4－2

期段	墓号	型式	陶瓷器	其他	备注
三期7段	89·龙·东M10	二BI	高温釉陶瓿AVI1，盘口壶AIII2，AIV2；硬陶弦纹罐CIII6	铜矛1；铁矛1，剑B1；石玩具1；料珠2	被M15打破
	87·龙·东M6	二BI	印纹釉陶瓿BIV1（硬陶）；高温釉陶盘口壶BIII1，弦纹罐BII7；盘口壶BIII2；硬陶盘口壶BII7	铜釜1，昭明镜1，五铢1组，大泉五十1组；铁矛1，刀1	
	79·龙·东M15	一A		铁矛A1，削1	
	89·龙·仪M16	一A	印纹陶坛AII1（硬陶），瓿AbII1（硬陶）；高温釉陶盘口壶AIV2；硬陶弦纹罐AIV3	铜带钩B1，博局镜I1；铁剑A1，刀B1；石黛板1，研黛器1	
	89·龙·仪M26	一A	印纹陶瓿AbII1（硬陶）；高温釉陶盘口壶AIV4；硬陶盘口壶AIV7	铁釜1，刀1；料珠1	
	89·龙·仪M31	一A	印纹陶瓿AbII3（硬陶）；高温釉陶盘口壶BII4，弦纹罐CIII5	铜器1；铁器1，釜B1，刀1	
	89·龙·仪M50东穴	二C	印纹陶圜底罐1（泥质陶），瓿BV1（硬陶）；高温釉陶盘口壶AIV5；硬陶盘口壶AIV7，弦纹罐AIV1；井1	铜昭明镜1；铁锥斗1，釜1，削2	被西穴打破
	89·龙·仪M17	二BI	印纹陶瓿CI3（硬陶）；高温釉陶瓶AVI8，盘口壶AIV2；硬陶盘口壶AIV3、BIII7，弦纹罐BIII4；泥质陶素面罐2，灶AIV2；井1	铜镜1，五铢1组；铁釜Aa1，Ba1，残釜1，刀1；料珠1组；漆盒1	
	89·龙·仪M28	二AI	印纹陶瓿1（硬陶）；硬陶盘口壶AIV6，弦纹罐AIV5	铜五铢1；铁釜1，矛A1，刀1	扰乱
	89·龙·仪M18北穴	二C	高温釉陶盘口壶AIV4，BIII1	铁剑1	被南穴打破
	89·龙·仪M18南穴	二C	高温釉陶瓿式罐BII1，盘口壶BIII5	铜镜1	打破北穴
	89·龙·仪M23东穴	二C	印纹陶瓿BIV1（硬陶）；硬陶盘口壶AIII2，弦纹罐AIV8		被西穴打破
	89·龙·仪M23西穴	二C	印纹陶瓿BIV1（硬陶）；高温釉陶盘口壶AIV1；硬陶弦纹罐AIV1		打破东穴
	89·龙·仪M47北穴	二C	印纹陶瓿BIV1（硬陶）；高温釉陶盘口壶BIII5，弦纹罐DII4，筒形罐AbII1	铁釜1，刀1	被南穴打破
	89·龙·仪M47南穴	二C	印纹陶瓿1（硬陶）；硬陶盘口壶BIII6，弦纹罐DII1；泥质陶器1	铜五铢1组；铁器1	打破北穴
	89·龙·仪M45	二AI	硬陶盘口壶BIII1	铜五铢1组；铁鼎1	
	89·龙·仪M29	一A	高温釉陶长颈壶1；硬陶盘口壶BIII7	铜五铢1组；铁釜1	被盗
	89·龙·仪M30	二AI	印纹陶瓿BIV1（硬陶）；高温釉陶长颈壶2，盘口壶BIII14，弦纹罐BIII1	铁釜Ba1；玉饰1	

续附表 4-2

期段	墓号	型式	陶瓷器	其他	备注
	07 余·义 M35	二D I	高温釉陶盘口壶 A V 1, 泡菜罐 Aa I 7	铁釜 1, 刀 1	
	83 杭·古 M51	二B I	高温釉陶瓿 A VI 3, 敞口壶 A VI 2, 盘口壶 A IV 4; 硬陶弦纹罐 A IV 1, B III 1	铜日光镜 II 1; 铁剑 A1, 削 1	
	07 余·义 M17	二A I	印纹陶罍 B IV 1（高温釉陶）; 高温釉陶盘口壶 A IV 7, 残壶 2; 泥质陶残灶 B1	铜昭明镜 1; 琉璃耳珰 1	
	83 杭·古 M47	二A I	高温釉陶盘口壶 A IV 1, 弦纹罐 A III 2, 筒形罐 Aa I 1; 泥质陶灶 B II 1, 甑 1, 井 1	铁釜 Ab1, Bb1	
	83 杭·古 M53	二A I	泥质陶灶 1	铁环首刀 1	被盗
	86 杭·老 M62	二B II		铜五铢 1组; 铁刀 1	
	86 杭·老 M155	二B I		铜带钩 1, 昭明镜 1, 柿蒂纹镜 1, 五铢 1组; 银指环 1; 玛瑙耳珰 1	打破 M156, M157
四期8段	86 杭·老 M153	二C	高温釉陶盘口壶 A IV 3; 硬陶残弦纹罐 2; 泥质陶灶 1	铜禽兽纹镜 1; 铁刀 3	打破 M154
	83 杭·古 M50	二A II		铜剑 1; 银指环 1; 石黛板 1, 研黛器 1	被盗
	86 杭·老 M145	一A	高温釉陶盘口壶 1	铁剑 1, 环首刀 1	报道不详
	83 杭·古 M48	二A I	高温釉陶瓿 A2, 敞口壶 5; 硬陶罐 7	铜五铢 1组	报道不详
	86 杭·老 M85	一A	高温釉陶残盘口壶 2; 硬陶罐 5; 泥质陶灶 1, 井 1, 坠 1	铜四虺四乳镜 1; 铁刀 2	报道不详
	86 杭·老 M161	一A	高温釉陶盘口壶 1; 硬陶罐 4	铜博局镜 I 1, 五铢 1组; 铁剑 1; 石黛板 1, 研黛器 1	报道不详
	86 杭·老 M60	二B II	硬陶罐 1, 钵 1; 泥质陶灶 1	铜器 1; 铁刀 1	被盗; 报道不详
	86 杭·老 M141	一A	高温釉陶盘口壶 A IV 1	铜博局镜 II 1; 铁刀 1	打破 M128
	86 杭·老 M61	二B II	硬陶罐 2, 镶斗 1; 泥质陶灶 1, 残器 1	铜五铢 1组	被盗, 报道不详
	80 金·马 M2	二A I		铜釜 C1	报道不详

续附表 4－2

期段	墓号	型式	陶瓷器	其他	备注
四期8段	89龙·仪M36	一A	高温釉陶盘口壶2；硬陶罐3	铜五铢1组；铁剑1	被盗
	87龙·东M13	一A	高温釉陶盘口壶7，弦纹罐BⅢ1	铜带钩B1，八乳八禽博局镜1；铁锤1，剑2	
	89龙·仪M12	二AⅠ	印纹陶罍BⅣ4（硬陶）；硬陶盘口壶AⅣ8，弦纹罐AⅣ1，筒形罐AbⅠ1	铜五铢1组；铁釜1，剑B2；石玩具1	
	89龙·仪M20	一A	印纹陶罍BⅤ1（硬陶）；硬陶弦纹罐BⅢ4	铁凿1，釜1，矛1，削1	
	89龙·仪M21	二BⅠ	印纹陶罍BⅣ1（硬陶）；高温釉陶盘口壶AⅣ3；硬陶弦纹罐BⅢ4，泡菜罐AaⅡ1；泥质陶釜1	铁釜1，刀1	
	89龙·仪M42	二AⅠ			
	89龙·仪M43	二AⅠ		铜五铢1组；铁刀1	被盗
	89龙·仪M44北穴	二C		铜五铢1组；铁矛A1，刀1	被盗
	89龙·仪M51	二AⅠ	高温釉陶盘口壶1；硬陶弦纹罐AⅣ2	铁剑B4，刀1	被破坏
	80金·马M1	二AⅠ	高温釉陶瓿武罐BⅡ1，碗ⅠⅠ4，盘1，盏1	铜壶1，樽1，碗1，奁AⅡ2，博山炉1，锥斗B1，D1，甂1	
	87龙·东M5	二BⅠ	印纹陶坛AⅡ2（硬陶），罍BⅣ3（硬陶）；高温釉陶盘口壶BⅢ11，瓿武罐BⅡ2，弦纹罐BⅢ2，DⅢ1	铜奁AⅡ1，博局镜ⅠⅠ1，连弧纹镜ⅡⅠ1，弩机1，五铢1组；铁釜1，矛B1，剑1，刀2，削1	
	89龙·仪M34	二BⅠ	印纹陶罍BⅣ1（硬陶）；硬陶弦纹罐BⅢ1，残壶1；泥质陶灶1，甑1	料珠5	
	07余·义M15	二AⅡ	高温釉陶盘口壶AⅣ1，弦纹罐AⅣ1	铜博局镜ⅠⅠ1；琉璃耳珰1	
	89龙·仪M49北穴	二C	高温釉陶瓿武罐BⅢ1，盘口壶BⅢ7	铜鼎A1，五铢1组；铁釜1	打破南穴
	89龙·仪M49南穴	二C	硬陶盘口壶CⅡ2，弦纹罐AⅣ3，钵BⅡ1	铜五铢1组	被北穴打破
	89龙·仪M50西穴	二C	印纹陶罍BⅣ1（硬陶）；硬陶盘口壶BⅢ4，素面罐2	铁刀Ba1；料珠1	打破东穴
	89龙·仪M40	二AⅠ	硬陶盘口壶BⅢ1，弦纹罐BⅢ4	铜四螭四乳镜1；铁矛1	被M39打破
	89龙·仪M15	二BⅠ	印纹陶罍CⅠ2（硬陶）；硬陶盘口壶BⅢ7，弦纹罐AⅣ4，泡菜罐AaⅠ1	铁釜1，矛1，刀A1	打破M10

续附表 4－2

期段	墓号	型式	陶瓷器	其他	备注
四期8段	89 龙·仪 M39	二 A I	硬陶盘口壶 BⅢ3, 弦纹罐 BⅢ1, 筒形罐 AaⅠ2, 钵 1		打破 M40
	86 杭·老 M142	二 A I	泥质陶灶 1	铜镜 1; 铁刀 1	被 M138 打破
	86 杭·老 M168	二 A I	硬陶弦纹罐 3		扰乱; 报道不详
	55 杭·铁 M1	二 A II	高温釉陶瓿式罐 BⅡ1; 硬陶小罐 2	铜神兽镜 1, 戈 1, 镏金刀 1, 五铢 1 组, 布泉 1; 铁器 1; 砺石 1	
	86 杭·老 M162	一 A	印纹陶罍 BⅣ1（高温釉陶）; 高温釉陶鍾 II1; 硬陶瓿式罐 BⅡ1, 泥质陶灶 BⅡ1	铜博局镜 II1; 铁刀 1	严重扰乱
	83 杭·古 M58	三 A I	印纹陶罍 AbⅡ1（高温釉陶）; 硬陶罐 1	铜连弧纹镜 III1	
	86 杭·老 M70	二 B III	印纹陶罍 AbⅡ1（高温釉陶）; 硬陶弦纹罐 AⅣ1		被盗
四期9段	78 杭·后 M1	三 A I	印纹陶罍 BⅣ1（硬陶）; 高温釉陶盘口壶 AⅣ2, 硬陶罐 V1		被盗
	07 余·义 M44	三 A I	硬陶筒形罐 AbⅡ1; 泥质陶残井 1	石黛板 1	
	07 余·义 M14	三 B II	前堂: 高温釉陶弦纹罐 BⅡ1; 泥质陶灶 BⅡ1, 井 AⅢ1; 南室: 高温釉陶罐 AⅥ1; 北室: 高温釉陶盘口壶 AⅥ1	前堂: 铜五铢 1 组	
	07 余·义 M45	三 A I	低温釉陶弦纹罐 CⅢ1		
	07 余·义 M1	三 A I	硬陶残壶 1; 泥质陶灶 BⅡ1		
	07 余·义 M51	三 A I	高温釉陶残壶 1	铜五铢 1 组	
	57 淳·赋 M28	三 A I	印纹陶罍 AaV1（硬陶）; 硬陶盘口壶 BⅥ2, CⅠ8, 罐 V3; 泥质陶灶 1, 井 1, 洗 1		被盗; 建初六年
五期10段	87 龙·东 M2	三 A I	印纹陶罍 AaⅤ1（硬陶）; 硬陶盘口壶 BⅥ2, CⅠ8, 罐 V3; 泥质陶灶 1	铁刀 1, 削 1; 漆器 1	
	07 余·义 M13	三 A I	泥质陶残罐 1; 青瓷钵 AⅢ1		
	07 余·义 M6	三 A I		铜神兽镜 1	
	86 杭·老 M136	三 A I	酱色瓷盘口壶 AⅥ1; 硬陶罐 3; 泥质陶残灶 1		报道不详

续附表 4－2

期段	墓号	型式	陶瓷器	其他	备注
	07余·义M12	三A I		铜五铢1组	
	07余·义M54	三A I	高温釉陶壶残片		
	86杭·老M95	二A I	泥质陶残器1		被M94打破
	86杭·老M134	二A II		铜镜1；银指环1	与M135并列
	07余·义M8	三A I			遭盗扰，随葬品无存
	07余·义M9	三A I			同上
	07余·义M19	三A I			同上
	07余·义M27	三A I			同上
	07余·义M31	三A I			同上
	07余·义M32	三A I			同上
未能分段	07余·义M34	三A I			同上
	07余·义M43	三A I			同上
	07余·义M48	三A I			同上
	07余·义M52	三A I			同上
	07余·义M53	三A I			同上
	86杭·老M63	二A II	弦纹罐碎片		同上
	86杭·老M94	三A I			遭盗扰严重
	86杭·老M135	二D I			遭盗扰，随葬品无存
	86杭·老M157	二A I	印纹陶罍BⅢ6（高温釉陶）；高温釉陶瓿AV2，敞口壶V9，硬陶弦纹罐BⅡ1；泥质陶灶BⅠ1，釜B2，残甑1，井B1，汲水罐1	铜昭明镜1，五铢4组；铁刀1，削1；石黛板1	

附表5-1 宁（波）绍（兴）地区汉墓形制统计表

期段	墓号	型式	墓向（度）	形状	规格（长×宽-深/高[米]）	结构	备注
一期1段	92余·老D1M2	二AI	不明	长方形	3×2.30-1.40	熟土壁	被D1M1封土叠压
	92余·老D1M14	二AI	90	长方形	6.20×3.10-2.40	熟土壁	被D1M10打破；推测木椁长2.40，宽1.10米
	92余·老D1M1	二AI	不明	长方形	3.70×2.75-残1.40	熟土壁	叠压D1M2封土；推测木椁长2.40，宽1.80米
	92余·老D1M12	二AI	不明	长方形	3×3.23-残1.20	熟土壁	椁外南侧和西端堆积大量较为整齐的石块
	82嵊·剡M58	一A	不明	长方形			未报道
	82嵊·剡M56	一A	不明	长方形			未报道
	82嵊·剡M47	一A	不明	长方形			未报道
	82嵊·剡M67	二AI	不明	长方形			未报道
	82嵊·剡M40	一A	不明	长方形			未报道
	82嵊·剡M26	二AI	不明	长方形			未报道
二期2段	92余·老D1M10	二AI	90	长方形	4.72×3.40-2	熟土壁	打破D1M14；木椁板灰长2.50，宽1.20米
	82嵊·剡M35	一A	不明	长方形			报道不详
	82嵊·剡M25	一A	不明	长方形			报道不详
	82嵊·剡M52	二AI	不明	长方形			报道不详
	82嵊·剡M28	一A	不明	长方形			报道不详
二期3段	82嵊·剡M39	一A	17	长方形	2.30×1.68-2.20		骨架显示为仰身直肢葬
	82嵊·剡M37	一A	不明	长方形			报道不详
	82嵊·剡M24	一A	不明	长方形			报道不详
	82嵊·剡M16	二AI	不明	长方形			报道不详
	82嵊·剡M46	一A	不明	长方形			报道不详
	82嵊·剡M70	二AI	不明	长方形			报道不详
	82嵊·剡M69	二AI	不明	长方形	2.90×2-1.60		骨架显示为仰身直肢葬
	82嵊·剡M38	一A	不明	长方形			报道不详
	82嵊·剡M21	一A	不明	长方形			报道不详

续附表 5-1

期段	墓号	型式	墓向（度）	形状	规格（长×宽-深高[米]）	结构	备注
二期4段	82嵊·剡M49	二AⅠ	不明	长方形			报道不详
	82嵊·剡M44	一A	不明	长方形			报道不详
	82嵊·剡M50	一A	不明	长方形			报道不详
	09绍·小M33	一A	不明	不明			报道不详
	82嵊·剡M61	二AⅠ	不明	长方形			报道不详
	82绍·狮M308	一A	87	长方形	2.80×1.35-1.50	生土壁	墓室东部有少量用于防潮的炭渣
	05奉·南M174	二AⅠ	115	近方形	2.96×2.68-残0.36		墓室北半部有木炭；底面垫木沟呈纵轴向，长2.90、宽0.30、深0.10米
	82嵊·剡M72	一B	196	长方形	2.90×2.80-2.0		骨架显示为仰身直肢葬
二期5段	82嵊·剡M41	一A	不明	长方形			报道不详
	05奉·南M175	二AⅠ	40	长方形	3.08×2.50-0.60	生土壁	底面垫木沟呈纵轴走向，长3.08、宽0.20、深0.10米
	82嵊·剡M62	一A	不明	长方形			报道不详
	09绍·大M3	一A	不明	长方形			报道不详
	05绍·小M36	二AⅠ	160	近方形	4.10×3.70-2.70	风化岩壁	垫木沟，长3.70、宽0.20、深0.10米
	09绍·大M2	一A	不明	不明		风化岩壁	报道不详
	09绍·小M39	一A	不明	不明			报道不详
	09绍·小M44	一A	不明	不明		风化岩壁	报道不详
二期6段	05奉·南M111	二BⅠ	320	近方形	3.56×3.10-残0.60	生土壁	据板灰推测木椁长3.10、宽2.70米；垫木沟长3.10、宽0.20、深0.10米
	05奉·南M116	一A	235	长方形	2.76×1.96-0.80	生土壁	报道不详
	05奉·南M103	二AⅠ	115	长方形	3.30×1.90-残0.60	生土壁	墓口略大于墓底

续附表 5－1

期段	墓号	型式	墓向（度）	形状	规格（长×宽－深/高 [米]）	结构	备注
	05奉·南M112	二A I	140	长方形	3.50×2.96－残0.80	生土壁	根据板灰推测木椁长2.6、宽1.3米
	86慈·陈M18	二B I	270	长方形	4.10×3.30－3	风化岩壁	封土直径7、高1.50米，表面覆盖护土石；根据板灰推测木椁长3、宽2.1米，棺木长2.40、宽0.70米
	09绍·小M48	一A	不明	近方形		风化岩壁	报道不详
	82嵊·剡M51	一A	不明	长方形			报道不详
	82嵊·剡M22	一A	不明	长方形			报道不详
	09绍·南M19	一A	不明	不明			报道不详
	09绍·小M1	二A I	220	"凸"字形	墓道1.32×0.74 墓室3.74×2.04－2.60	风化岩壁	总长5.06米
二期6段	09绍·小M26东穴	二D I	200	长方形	3×1.86－1.20	风化岩壁	两穴间有残高0.38米的隔墙，隔墙中间有宽0.4米的方形缺口，可能当时两室相通
	09绍·小M26西穴	二D I	200	长方形	3×1.86－1.20	风化岩壁	
	09绍·小M41	一A		不明			报道不详
	05奉·南M198	二A I	38	近方形	3.55×3.08－残0.70	生土壁	根据木椁推测木椁长2.80、宽2.60米
	82嵊·剡M71	二A I	不明	长方形			报道不详
	82嵊·剡M59	二A I	不明	长方形			报道不详
	82嵊·剡M68	二A I	不明	长方形			报道不详
	05奉·南M205	二A I	20	近方形	3.25×2.96－0.70	生土壁	报道不详
	92上·牛M19	二A I	250	长方形	3.26×2－1.70	生土壁	被破坏；垫木沟长2、宽0.10、深0.10米
	82嵊·剡M48	二A I		长方形	不明	不明	报道不详
	92上·牛M18	一A	265	长方形	1.90×1.60－残0.46	生土壁	西端破晚期墓破坏
	92上·牛M24	二A I	180	长方形	3.60×2.80－1.50	生土壁	
	09绍·大M13	一A		长方形		风化岩壁	报道不详
	09绍·大M10	二B I	50	方形	3.52×3.60－残0.60	风化岩壁	报道不详

续附表 5-1

期段	墓号	型式	墓向（度）	形状	规格（长×宽-深/高［米］）	结构	备注
二期6段	09绍·小M20	一A	不明	不明			报道不详
	05奉·南M107	一A	290	长方形	3×1.98-残0.36	生土壁	墓室不甚规则，四壁垒砌一圈石块
	82嵊·剡M90	二AI	不明	长方形		生土壁	报道不详
	05奉·南M104	二AI	118	长方形	3.50×2.46-0.60	生土壁	墓口略大于墓底
	05奉·南M190	二AI	24	方形	3.40×3.40-残1.10	生土壁	垫木沟长3.20，宽0.20，深0.12米
	05奉·南M200	二AI	120	长方形	2.78×1.70-0.74	生土壁	两条垫木沟呈纵轴向
	05奉·南M199	一A	325	长方形	2.80×1.96-0.60	生土壁	
	09绍·南M1	二AI	330	近方形	3.90×3.60-3.60	风化岩壁	垫木沟，长3.60，宽0.20，深0.10米
	86慈·陈M16	一A	247	长方形	3×1.66-1.60	风化岩壁	封土长12，宽9，高1米，表面覆盖护土石
	86慈·陈M17	二BI	95	长方形	3.58×3.24-1.08	风化岩壁	封土直径11.50，高1.40米，表面覆盖护土石；推测棺木长2.20，宽0.70米，上有棺钉
	86慈·陈M19	二AI	0	长方形	3.90×3.25-3.70	风化岩壁	封土长18.30，宽14.50，高3.50米；内部用石块围砌；推测木椁长2.90，宽2.20米，棺木长2.60×1.20米
三期7段	83萧·城M19西穴	二C	15	长方形	4×1.49-1.40	生土壁	打破东穴；墓底有两条垫木沟，长2，宽0.24，深0.12米
	83萧·城M19东穴	二C	15	长方形	4×2.51-1.40	生土壁	被西穴打破；墓底有两条垫木沟，长2.10，宽0.26，深0.10米
	09绍·大M11	一A	130	长方形	3.30×1.70-2.80	风化岩壁	被盗
	82嵊·剡M15	一A	不明	长方形	3.60×3.20-2.90	风化岩壁	报道不详
	92上·牛M30	二AI	55	长方形	2.90×1.60-0.80	生土壁	墓内有排水沟，由石砌涵洞和筒瓦构成
	92上·牛M33	一A	334	长方形		生土壁	
	83萧·城M18	二BI	120	长方形	3.76×3.30-残1.60	生土壁	推测棺木长2.30，宽0.70米；墓底有两条垫木沟，长2.50，宽0.30，深0.14米

续附表 5－1

期段	墓号	型式	墓向（度）	形状	规格（长×宽－深/高［米］）	结构	备注
三期7段	84 上·严 M253	一A	325	长方形	3.12×1.70－残0.26	生土壁	
	92 上·羊 M2	三A II	180	长方形	2.50×1.22－残0.70	壁：平砌错缝	无底砖；四周两级生土二层台，砖椁壁砌在下层
	05 奉·南 M124	一A	210	不明	2.80×残1.22－0.40	生土壁	东半部已被破坏
	05 奉·南 M192	一A	320	长方形	2.86×1.54－残0.70	生土壁	
	09 绍·小 M19	一A	不明	不明			报道不详
	92 上·后 M18	三A I	186	长方形	3.03×1.50－1.22	生土壁	
	82 嵊·剡 M57	三A I	不明	长方形		生土壁	报道不详
	09 绍·小 M11	一A	不明	不明			报道不详
	09 绍·小 M43	一A	不明	近方形		风化岩壁	
	84 上·严 M153	一A	330	长方形	3.07×1.52－残0.26	生土壁	
	84 上·严 M120	三A I	39	长方形	2.40×1.74－残0.78	生土壁	报道不详
	82 嵊·剡 M55	一A	不明	长方形			
	83 萧 M20	三A I	120	长方形	3.13×1.08－残0.64	生土壁	
	83 萧·城 M21	三B I	120	长方形	3.52×1.86－残0.64	生土壁	推测木椁长2.80，宽2.16米，棺木长2.50，宽0.80米
	82 嵊·剡 M27	三A I	不明	长方形			报道不详
	82 嵊·剡 M33	三A I	不明	长方形			报道不详
	92 上·牛 M35	三A I	55	长方形	3.90×2.90－1.90	生土壁	
	84 上·严 M121	三A I	308	长方形	3.54×2.82－残1.10	生土壁	
	83 萧·城 M23	三A I	120	长方形	3.98×2.08－1.04	生土壁	推测棺木长2.20，宽0.80米，垫木沟长2.08，宽0.20，深0.08米
	83 萧·城 M22	三B I	115	长方形	3.80×2.76－残0.50	生土壁	棺2.30×0.80米，垫木沟2.28×0.30－0.10米
	92 上·羊 M4 西穴	二C	190	长方形	3.10×1.58－1.80	风化岩壁	被东穴打破
	92 上·羊 M4 东穴	二C	190	长方形	3.10×1.73－1.94	风化岩壁	打破西穴

续附表 5 - 1

期段	墓号	型式	墓向（度）	形状	规格（长×宽-深/高［米］）	结构	备注
三期7段	92上·牛M36	三AI	50	长方形	3.50×2.60-1.34	生土壁	
	82嵘·刿M60	一A	不明	长方形		生土壁	报道不详
	84上·严M151	一A	323	长方形	2.90×1.93-残0.26	生土壁	
	84上·严M194	三AI	295	长方形	3.24×2.04-1.28	生土壁	
	84上·严M125	一A	270	长方形	不明	生土壁	墓被严重破坏
	92上·牛M22	三AI	260	长方形	3.40×2.58-1.80	生土壁	
	84上·严M241	三AI	305	长方形	3.10×1.68-残1	生土壁	
	92上·牛M29	三AI	379	长方形	3.37×2.60-2	生土壁	
	83鄣·高M37	三BI	330	"凸"字形	墓道残2.1×1.76-1.52 墓坑3.7×3.38-2.73	生土壁	被M40打破；封土直径10，高2.70米，表面覆盖护土石；墓总长5.75米，推测木椁长3.10，宽2.8米，棺木长2.4，宽0.70米
	83鄣·高M38	三BI		"凸"字形	墓道3.60×1.20-2.10 墓室3.56×3.05-3.14	生土壁	封土与M37并列，直径11，高2.80米；墓总长7.16米
	92上·牛M32	三AI	50	长方形	3.60×2.10-2.06	生土壁	
	82嵘·刿M118	三AI	4	"凸"字形	墓道3.40×1.80-2.40 墓室3.30×3.32-3	生土壁	总长6.70米，墓坑中部有陶质排水管道
	92上·牛M21	三BI	290	"凸"字形	墓道残0.30-1 墓室3.40×2.90-3.90	生土壁	总残长0.70米；墓口中间有一道0.80米的砖墙
	93上·歇M29	三AI	290	长方形	3.50×2.60-5.10	生土壁	坑壁内斜，口长4.40，宽3.60米
	05奉·南M118	一A	80	长方形	2.90×2.20-0.90	生土壁	底面留有棺钉
	92上·牛M14	三AI	140	长方形	2.70×1.50-0.95	生土壁	
	92上·周M27	三BI	355	近方形	3.10×2.92-1.80	生土壁	推测木椁长2.10，宽1.90米

续附表 5－1

期段	墓号	型式	墓向（度）	形状	规格（长×宽-深/高[米]）	结构	备注
四期8段	05奉·南M117	二AII	120	长方形	2.60×1.32-残0.76	壁：平砌错缝编织纹 底：	顶端有四层"咬土砖"
	92上·牛M7	三AI	182	"凸"字形	甬道0.90×1.70-0.88 墓室5.70×2.70-残2.3	壁：平砌错缝 两横两纵 底：	总长6.60米
	82嵊·剡M36	一A		长方形			报道不详
	92上·后M51	二BI	10	方形	3.50×3.50-2.70	生土壁	
	92上·羊M3	二AII	0	长方形	墓坑3.50×2.50-2.64 砖椁2.80×1.72-1.60	壁：两横一纵编织纹 底：	墓室后部有两排垫椁砖
	05奉·南M102	二AII	321	长方形	2.78×1.68-残0.60	壁：平砌错缝"人"字形 底：	
	05奉·南M164	二AII	153	近方形	3.60×3.40-残1.40	壁：平砌错缝"人"字形 底：	前壁中间设有墓门，宽1.52米
	05奉·南M185	一A	300	长方形	2.50×1.40-残0.32	生土壁	
	05奉·南M193	一A	300	长方形	3.20×2.70-残0.48	生土壁	
	05奉·南M108	二BII	215	长方形	砖椁2.64×1.96-残1	壁：平砌错缝编织纹 底：	砖椁壁每层纵横相同，其中横砖一半伸出椁壁，形成"咬土砖"
	05奉·南M109	一A	225	长方形	3.10×1.80-残0.50	生土壁	墓室南端宽与北端，西、南两壁残存少数全砌的石块，其余部分仅零星见于墓底
	05奉·南M114	二AI	108	长方形	2.96×1.80-0.60	生土壁	
	82嵊·剡M64	二AII	不明	长方形			报道不详
	82嵊·剡M23	二AII	不明	长方形			报道不详
	92上·牛M16	二AII	260	长方形	2.92×1.46-残0.80	壁：平砌错缝 两横两纵 底：	
	84上·严M119	一A	304	长方形	3.34×1.78-残0.38	生土壁	
	92上·牛M23	二AI	265	长方形	3.70×2.2-1.30	生土壁	
	05奉·南M115	一A	270	长方形	3.08×2.16-残0.60	生土壁	

续附表 5－1

期段	墓号	型式	墓向（度）	形状	规格（长×宽－深/高[米]）	结构	备注
	05奉·南M194	一A	308	长方形	3.20×2.70－残0.48	生土壁	底面西、北两侧有排列较规则的石块
	84上·严M149	二AI	321	长方形	2.98×1.56－残0.58	生土壁	
	84上·严M154	一A	328	长方形	3.26×1.50－残0.36	生土壁	
	84上·严M138	二AI	308	长方形	3.30×1.66－残0.60	生土壁	
	92·牛M31	二AI	317	长方形	3.90×2.80－1.08	生土壁	
	05奉·南M153	二AII	300	长方形	2.74×2.60－残1.38	底：编织纹	砖椁东西两壁为平砌错缝，南=匕壁为两横两纵
	84上·严M290	一A	308	长方形	1.44×1.36－残0.36	生土壁	
	92·后M1	二AI	182	长方形	3.20×1.72－1.70	生土壁	
	84上·严M150	一A	325	长方形	2.90×2.36－残0.38	生土壁	
	84上·严M117	一A	360	长方形	不明	生土壁	
	92·后M40	二AI	120	长方形	2.84×1.50－1.50	生土壁	
四期8段	83郭·高M43	三AI	不明	刀形	甬道残0.32×0.56－残0.98 墓室3.04×1.42－残1.04	壁：平砌错缝 底：纵横相间	
	84上·严M88	二AII	320	长方形	2.90×2.78－1.04	壁：平砌错缝 底：两横两纵	
	84上·严M159	二AII	300	长方形	2.76×1.25－0.90	壁：平砌错缝 底：两横两纵	
	05奉·南M146	一A	200	长方形	3×2－残0.60	生土壁	
	05奉·南M160	二AII	220	长方形	2.34×1.22－残0.60	壁：平砌错缝 底：编织纹	
	05奉·南M201	二AI	39	长方形	3.10×2.86－0.60	生土壁	底部四周有熟土二层台
	09绍·小M4	一A	不明	不明	不明	不明	报道不详
	92上·周M71	二AII	228	长方形		壁：平砌错缝 底：两横两纵	报道不详

续附表 5-1

期段	墓号	型式	墓向（度）	形状	规格（长×宽-深/高[米]）	结构	备注
四期8段	84上·严 M131	三AⅡ	304	长方形	3×1.30-0.78	壁：平砌错缝 底：两横两纵	墓被破坏
	93上·驮 M28	二BⅡ	300	近方形	砖椁3.60×3.60-1.92	壁：平砌错缝 底：两横两纵	封土直径9，高2.20米，墓壁砌于生土台基上
	92上·周 M53	二BⅠ	68	"凸"字形	墓道长1.56 墓室3.24×2.96-2.86	生土壁	总长4.8米；墓室中部至墓外有块石构筑的有排水暗沟
	92上·后 M34	三AⅡ	225	长方形	3.12×1.68-1.06	壁：平砌错缝 底：两横两纵	墓壁为双重结构
	92上·周 M34	三AⅡ	340	长方形		壁：平砌错缝 底：两横两纵	
	92上·周 M31	三AⅡ	336	近方形	2.80×2.16-0.92	壁：平砌错缝 底：两横两纵	底面有棺漆痕迹
	92上·后 M14	二BⅠ	180	近方形	3.20×2.76-3.40	生土壁	底面有三排呈纵轴向的垫棺石
	92上·牛 M20	三AⅠ	265	长方形	3.54×2.16	壁：平砌错缝 底：两横两纵	
	09绍·小 M30	三AⅠ	不明	不明	不明	不明	未报道
	93上·驮 M13	二BⅢ	22	刀形	甬道1.50×2.3-1.52 椁室3.83×3.39-1.25	壁：平砌错缝 底：两横两纵	总长4.90米，墓壁为双重结构，甬道券顶采用扇形砖
	93上·驮 M18	二BⅡ	150	长方形	3.02×2.05-1.23	壁：平砌错缝 底："人"字形	
	93上·驮 M19	二BⅡ	145	长方形	2.90×1.11-1.16	壁：平砌错缝 底：两横两纵	
	83鄞·高 M28	三AⅠ	不明	"凸"字形	甬道0.70×1.60-残0.50 墓室4.08×2.84-残2.10	壁：平砌错缝 底：不明	墓被盗；总长4.78米

续附表 5－1

期段	墓号	型式	墓向（度）	形状	规格（长×宽－深/高［米］）	结构	备注
四期8段	05奉·南 M133	三A I	253	长方形	3.4×1.88－1.78	壁：平砌错缝编织纹 底：	前壁为双重砖；墓门高1.16，宽0.80米
	05奉·南 M196	二A II	215	长方形	2.80×1.46－残0.56	壁：平砌错缝编织纹 底：	墓门略偏东，封门砖为平砌错缝结构
	05奉·南 M141	三B I	210	长方形	4.44×2.78－1.19	壁：平砌错缝编织纹 底：	双重壁，用两块并列的横砖和一块纵砖前后间隔而成；封门为平砌错缝结构
	05奉·南 M169	三A I	152	"凸"字形	甬道0.56×1.18－残0.75 墓室3.70×2.80－0.96	壁："四顺一丁"编织纹 底：	总长4.26米；墓壁有"咬土脊"
	05奉·南 M170	二B II	60	长方形	2.86×2.06－残0.51	壁：平砌错缝 底："人"字形	
四期9段	84上·严 M124	三A II	325	长方形	3×1.70－1.40	壁：平砌错缝 底：	底部设排水沟
	92上·周 M51	二A II	0	长方形		壁：平砌错缝 底：面无砖	
	92上·周 M60	三A II	282	长方形		壁：平砌错缝 底：两横两纵	
	84上·严 M129	一A	250	长方形	1.64×1.18－残0.31	生土壁	
	84上·严 M91	三A II	136	长方形	槨室2.40×1.30－0.90	壁：平砌错缝 底：两横两纵	
	84上·严 M280	三A II	320	长方形	2.90×1.37－1.12	壁：平砌错缝 底：两横两纵	
	84上·严 M170	三A II	320	长方形	2.76×1.34－残0.70	壁：平砌错缝 底：两横两纵	
	84上·严 M92	三A II	310	长方形	2.60×1.20－0.88	壁：平砌错缝 底：两横两纵	

续附表 5—1

期段	墓号	型式	墓向（度）	形状	规格（长×宽-深/高[米]）	结构	备注
四期9段	92上·牛M27	三AⅡ	240	长方形	3.12×1.92-残0.56	壁：平砌错缝 两横两纵 底：	被盗
	92上·牛M26	三BⅡ	270	长方形	2.80×0.98-1	壁：平砌错缝 两横两纵 底：	
	92上·牛M28	三AⅡ	80	长方形	4×1.80-2.50	壁：平砌错缝 两横两纵 底：	
	92上·牛M45	三AⅡ	63	长方形	2.53×1.92-1	壁：平砌错缝 两横两纵 底：	被盗
	92上·周M21	三AⅡ	335	长方形	3.44×2.01-1.16	壁：平砌错缝 两横两纵 底：	墓门偏北，封门砖呈曲折形结构
	92上·周M65	三AⅡ	71	长方形		壁：平砌错缝 两横两纵 底：	
	92上·后M11	三AⅡ	240	长方形	3.10×1.56-0.90	壁：平砌错缝 两横两纵 底：	
	92上·后M38	三AⅡ	116	长方形	2.55×1.20-0.80	壁：平砌错缝 两横两纵 底：无底砖	
	82嵊·刹M42	三AⅡ	不明	长方形	2.74×1.18-残0.67	壁：平砌错缝 两横两纵 底：	底有四块垫棺砖
	58慈·担M2	三AⅡ	不明	长方形			报道不详
	73上·嵩M54	三AⅠ	10	长方形	3.08×2.08-1.17	壁：平砌错缝 底：平铺错缝	
	73上·嵩M58	三AⅠ	27	刀形	甬道0.66×1.16 墓室4.10×1.96-2.30		总长4.76米
	84上·严M274	三AⅠ	305	刀形	甬道0.80×1-残1.04 墓室3.26×1.6-残1.40	壁：平砌错缝	总长3.34米

续附表 5-1

期段	墓号	型式	墓向（度）	形状	规格（长×宽-深/高[米]）	结构	备注
	82嵊·剡M30	二AⅡ	不明	长方形			报道不详
	82嵊·剡M34	二AⅡ	不明	长方形			报道不详
	82嵊·剡M20	一A	不明	长方形			报道不详
	82嵊·剡M43	一A	不明	长方形			报道不详
	82嵊·剡M45	二AⅠ	不明	长方形			报道不详
	82嵊·剡M17	三BⅡ	21	"中"字形	墓室3.80×1.73-2.05 耳室1.66×0.92-0.90	壁：平砌错缝 底：两横两纵、编织纹	
	56绍·漓M206	二BⅢ	0	"凸"字形	甬道0.92×2.12-2.04 椁室4.12×3.60-1.80	壁：平砌错缝 底：两横两纵	总长5.15米；椁室盖木板，底有两排垫椁砖；椁室两侧各有一条排水沟，甬道内设排水沟
	84上·严M156	三AⅠ	214	长方形	3.10×1.24-残1.10		
四期9段	83鄞·高M36	三BⅠ	30	"凸"字形	甬道1.44×1.28-1.6 墓室3.76×2.32-2.24	壁：平砌错缝 底：两横两纵	被M39叠压；封土直径6，高1.6米；墓总长5.72米；封门砖呈曲折形；墓底有榕钉
	93上·驮M30	三AⅠ	110	"凸"字形	甬道1.59×2.02-1.4 墓室4.75×2.73-2.92	壁：八顺一丁 底：两横两纵	永元八年；总长6.34米；后部设椁床，长3.70，宽2.73，高0.15米
	93上·驮M31	三BⅠ	105	刀形	甬道1.65×2.0-残1.42 墓室4.7×3.03-2.89	壁：平砌错缝 底：两横两纵	永元十二年；总长6.35米；券顶用扇形砖砌筑
	83鄞·高M40	三BⅠ	20	"凸"字形	甬道2.44×2.01-残1.15 墓室4.65×3.24-3.59	壁：平砌错缝 底：两横两纵	打破M37；总长6.8米；封门砖呈曲折形；墓底部设排水系统，中间一条排水沟
	92上·后M16	三AⅠ	270	刀形	墓道6×1.80 甬道1.25×1.36-残1.80 墓室4.58×2.74-3.41	壁：平砌错缝 底：编织纹	永元十三年；总长11.8米；封门砖呈曲折形；墓底部设排水沟
	84上·严M229	三AⅠ	250	长条形	3.75×1.38-残1.46	壁：平砌错缝	永远十五年
	05奉·南M177	三AⅠ	350	"凸"字形	甬道0.45×0.88-残0.60 墓室2.85×1.36-残0.84	壁：平砌错缝 底："人"字形	总长3.30米；封门为平砌错缝结构

续附表 5－1

期段	墓号	型式	墓向（度）	形状	规格（长×宽－深／高［米］）	结构	备注
四期9段	05奉·南M135	砖室类	245	长方形	3.10×1.60－残0.70	生土壁 底：一横两纵	
	09绍·小M25	三AI	35	"凸"字形	甬道1.21×1.20－1.50 墓室4.8×2.02－2.64	壁：三顺一丁 底："人"字形	总长6.01米；棺床位于中间，呈"T"形，长1.86，北宽1.22，南宽0.60，高0.05米
	06奉·石M2	三AI	330	长条形	3.58×0.88－0.90	壁：平砌错缝 底：横排错缝	被盗；封门为四顺一丁结构
	92上·牛M25	三AI	不明	不明	不明	不明	报道不详
五期10段	84上·严M239	三BI	245	"凸"字形	甬道1.30×1.28－残1.65 墓室4.75×2.25－2.65	壁：三顺一丁	
	83鄞·高M42	三AI	43	刀形	甬道0.64×1.1－残0.80 墓室3.2×1.80－残1.16	壁：平砌错缝 底：两横两纵	
	83鄞·高M25	三AI		"凸"字形	甬道1.73×1.46－残1.08 墓室4.06×2.62－2.60	壁：平砌错缝 底：两横两纵	
	92上·后M48	三AI	310	刀形	甬道1.18×1.06－残0.20 墓室3.30×1.92－残2.56	壁：平砌错缝 底：编织纹	
	92上·后M13	三AI	20	刀形	甬道1.55×1.22－1.70 墓室6.05×2.12	壁：七顺一丁 底：两横两纵	
	73上·嵩M57	三AI	19	刀形	墓室？×3.60－残1.10	不明	
	06奉·石M7	三AI	333	"凸"字形	墓室？×2.20－残1.17	不明	甬道不明残
	73上·嵩M52	三AI	270	刀形	甬道1.08×1.28－0.92 墓室4.85×2.4－残1.32	壁：平砌错缝 底：两横两纵	
	84上·严M86	三AI	320	"凸"字形	甬道1.7×1.28－1.84 墓室4.63×2.16－2.54	壁：三顺一丁 底：两横两纵	永初三年
	83鄞·高M39	三AI	不明	"凸"字形	甬道1.27×1.13－残0.60 墓室3.72×1.78－残1.30	壁：平砌错缝 底：两横两纵	

续附表 5-1

期段	墓号	型式	墓向（度）	形状	规格（长×宽-深高 [米]）	结构	备注
	84 上·严 M248	三A I	326	长条形	3.5×1.28-残1.05	壁：平砌错缝	
	93 上·驮 M15	三A I	110	刀形	甬道1.55×1.70-残0.53 墓室4.85×2.18-残1.47	壁：五顺一丁 底：两横两纵	
	84 上·严 M240	三A I	310	长条形	4.82×2.20-残1.30	壁：平砌错缝	
	84 上·严 M155	三A I	308	刀形	甬道0.90×1.28 墓室4.02×1.76-1.94	壁：平砌错缝 底：两横两纵	
	83 鄞·高 M27	三A I	不明	刀形	甬道0.56×0.92-残0.18 墓室3.4×1.72-残1.44	壁：平砌错缝 底：无底砖	
五期10段	83 鄞·高 M29	三A I	不明	不明	3.20×1.92-残1.28	壁：平砌错缝 底：两横两纵	
	83 鄞·高 M41	三A I		长方形	残2.90×1.2-残0.80	壁：平砌错缝 底：两横两纵	
	83 鄞·高 M35	三A I	不明	"凸"字形	甬道1.58×1.35-1.50 墓室3.70×2.42-2.48	壁：平砌错缝 底：无底砖	
	92 上·后 M45	三A I	115	刀形	甬道1.20×1.21-残1.60 墓室4.58×2.24-2.63	壁：平砌错缝 底："人"字形	
	92 上·后 M17	三A I	177	"凸"字形	甬道1.23×1.42-残1.68 墓室3.28×1.84-2.60	壁：平砌错缝 底：两横两纵	
	73 上·高 M50	三A I	90	刀形	甬道长3.78 墓室?×2.48-残1	壁：平砌错缝 底："人"字形	
	05 奉·南 M184	三A II	186	"凸"字形	甬道0.7×1-残0.60 主室3.76×1.82-残0.88 耳室0.79×0.56-残0.66	壁：平砌错缝 底：错缝平铺	
	05 奉·南 M171	三A I	245	"凸"字形	甬道0.76×1.08-残0.88 墓室3.14×1.96-0.88	壁：平砌错缝 底："人"字形	

续附表 5－1

期段	墓号	型式	墓向（度）	形状	规格（长×宽－深/高［米］）	结构	备注
五期10段	73 上·嵩 M51	三AI	92	"凸"字形	甬道 2.11 墓室 2.48×1.77	壁：平砌错缝	
	58 慈·担 M1	三AI	298	长方形	3.28×1.65－2.50	壁：平砌错缝 底：编织纹	
	84 上·严 M89	三AI	303	长方形	3.20×1.84－残1.28	壁：平砌错缝	
	84 上·严 M251	三AI	290	长方形	2.06×1.11－残0.13	壁：平砌错缝	
	84 上·严 M231	三AI	331	长方形	3.82×1.63－残0.76	壁：平砌错缝	
	84 上·严 M242	三AI	212	"凸"字形	甬道 1×1.62－0.72 墓室 4.20×2.36－2.63	壁：平砌错缝	
	84 上·严 M87	三AI	282	长方形	2.90×1.60－0.56	壁：平砌错缝	
	84 上·严 M249	三AI	295	长条形	3.18×1.08－残0.97	壁：平砌错缝 底：两横两纵	
	84 上·严 M258	三AI	305	刀形	甬道 1.02×1.20－残0.72 墓室 3.73×1.50－残1.44	壁：三顺一丁	
	84 上·严 M116	三AI	226	刀形	甬道 0.90×0.90－残0.30 墓室 3.50×1.28－残0.46	壁：平砌错缝	
	84 上·严 M243	三AI	45	长条形	2.93×0.98－1	壁：平砌错缝	
	92 上·周 M50	三AI	63	长条形	3.30×1.48－残1.08	壁：平砌错缝 底：横向平铺	
	92 上·周 M64	三AI	73	刀形	甬道 1.34×1.45－残0.50 墓室 4.56×2.16－残0.92	壁：五顺一丁 底：两横两纵	
	73 上·嵩 M60	三AI	18	"凸"字形	墓室 ×2.04－残0.30	壁：平砌错缝 底："人"字形	
	83 鄞·高 M24	三BI	295	"凸"字形	甬道 1.22×1.55－残0.64 墓室 4.31×2.66－2.44	壁：平砌错缝 底：两横两纵	

续附表 5－1

期段	墓号	型式	墓向（度）	形状	规格（长×宽－深/高［米］）	结构	备注
五期10段	92 上·后 M24	三 A I	110	刀形	甬道 1.30×1.22－残 1.06 墓室 4.28×1.96－残 1.90	壁：平砌错缝 底：横向错缝	
	92 上·周 M14	三 A I	352	长方形			
	05 奉·南 M137	三 A I	170	"凸"字形	甬道 0.88×1.40－残 1.44 墓室 4.20×2.50－1.60	壁：平砌错缝 底：编织纹	
	92 上·后 M15	三 A I	234	刀形	甬道 0.90×1－残 0.54 墓室 3.60×1.16－残 1.15	壁：平砌错缝 底：两横两纵	
	05 奉·南 M159	三 A I	120	长方形	3.34×1.56－残 0.70	壁：平砌错缝 底：编织纹	
五期11段	84 上·严 M93	三 A I	230	"凸"字形	甬道 1.40×1.03－残 0.20 墓室 3.72×1.78－1.76	壁：平砌错缝	被盗；总长 5.12 米
	84 上·严 M230	三 A I	203	刀形	甬道 1.02×1－残 0.56 墓室 3.62×1.46－0.70	壁：平砌错缝	被盗；总长 4.64 米；底部设排水沟
	84 上·严 M250	三 A I	320	"凸"字形	甬道 1.60×1.10－残 1.08 墓室 4.3×1.90－残 1.60	壁：平砌错缝	总长 5.9 米
	84 鄞·宝 M8	三 A I	125	"凸"字形	甬道 1×1－残 0.39 墓室 3.30×1.9－残 1.40		墓已破坏；总长 4.30 米
	78 奉·白 M3	三 B II	5	双"凸"字形	甬道 1.80×0.98－残 1.28， 前室 3.85×2.15－残 1.47 过道 1.40×0.95－残 1.28 中室 4.05×2.05－残 0.50 后室各 2.78×1.35－1.64	壁：四顺一丁 底：后室两横两纵，过道两横纵，其余纵横相间	被盗；熹平四年；总长 13.4 米；前室前壁处设有壁龛，中室底面有棺钉
	84 鄞·宝 M3	三 A I	250	"凸"字形	甬道 0.96×1.14－0.84 墓室? ×2.02－1.50	壁：平砌错缝	墓室底面高于甬道 4.5 厘米，并设有排水沟

续附表 5-1

期段	墓号	型式	墓向(度)	形状	规格（长×宽-深/高[米]）	结构	备注
	84鄞·宝M5	三AI	不明	长条形	4.20×1.70-0.68	不明	墓已破坏
	84上·严M244	三AI	319	长条形	3.78×1.30-残1	壁：平砌错缝	
	84上·严M245	三AI	307	长条形	3.58×1.60-残1.12	壁：平砌错缝	
	92上·周M48	三AI	73	刀形	不明		
五期II段	85绍·马M319	三AI	132	"凸"字形	甬道1.54×1.42-0.95 墓室4.70×2.32-残1.18	壁：平砌错缝 底："人"字形	总长6.2米
	85绍·马M320	三AI	348	长方形	4.46×2.28-残1.44	壁：平砌错缝 底：两横两纵	底部设排水沟
	91上·联M301	三BI	260	"凸"字形	甬道1.96×2.1-2.13 墓室5.75×3.25-4.18	壁：四顺一丁 底："人"字形	总长7.71米；后部设棺床，长3.50、宽2.62米，上有两排垫棺砖
	06奉·石M17	三AI	258	"凸"字形	墓室?×1.76-0.54	不明	被盗；总长4.14米
	06奉·石M13	三AI	235	"凸"字形	墓室?×2.36-残1.18	不明	被盗；总长4.32米
	06奉·石M6	三AI	7	"凸"字形	甬道1.28×1-残0.80 墓室4.16×1.68-残1.02	壁：四顺一丁 底："人"字形	总长5.44米；甬道外有墓道，底面与甬道底持平
	06奉·石M25	三AI	315	"凸"字形	墓室?×1.65-残1.02	不明	被盗；总长3.80米
	06奉·石M24	三AI	320	"凸"字形	墓室?×1.64-残1.14	不明	被盗；总长3.80米
六期12段	83鄞·高M30	三AI	?	不明	残2.24×2.50-残0.80	壁：平砌错缝 编织纹	被盗
	82绍·狮M305	三AI	280	"凸"字形	甬道0.86×0.78-1.52 墓室3.36×1.48	壁：平砌错缝 底："人"字形	总长4.22米；后壁上端放一平砖，左右侧立四砖
	82绍·狮M307	三AI	275	"凸"字形	甬道残5.40 墓室4.09×1.70×-1.74	壁：平砌错缝 底："人"字形	总残长4.63米；后部设棺床
	84上·严M107	三AI	220	刀形	甬道1×1-0.46 墓室3.53×1.2-残0.58	壁：平砌错缝	被盗；总长4.55米

续附表 5－1

期段	墓号	型式	墓向（度）	形状	规格（长×宽－深／高［米］）	结构	备注
六期12段	84 上·严 M105	三 A I	305	刀形	甬道 0.93×1.04－残 0.68 墓室 3.95×1.30－残 0.70		被盗；总长 4.55 米
	05 奉·南 M126	三 A I	290	"凸"字形	甬道 0.58×0.86－残 0.82 墓室 3.08×1.22－1.20	壁：平砌错缝 底：编织纹	总长 3.66 米；封门用砖石混合封堵
未能分段	92 余·老 D1M13	一 A	120	长方形	2.20×0.60－1.50		底面有棺木板灰
	09 绍·南 M4	一 A	不明	不明	不明	风化岩壁	
	09 绍·小 M2	一 A	不明	不明	不明	风化岩壁	
	09 绍·小 M16	三 A I	90	长方形	3.70×1.33－0.83	壁：平砌错缝 底："T"字形	
	09 绍·小 M23	一 A	不明	不明	不明	不明	未报道
	09 绍·小 M39	三 A I	45	长方形	3.80×1.90－残 2	壁：平砌错缝 底：一横两纵	前部有一排垫棺砖
	92 上·牛 M3	三 A II	160	长方形	2.70×1.24－残 0.36	不明	
	92 上·牛 M10	三 A I	150	长方形	3.30×1.40－1.15		墓严重破坏；铁刀 1
	92 上·牛 M17	三 A I	260	刀形	甬道 0.60×1.20 墓室 3.95×1.30－0.70		墓门开于左侧
	92 上·牛 M34	三 A I	98	长方形	3.40×1.98－1.10		
	92 上·牛 M37	三 A I	70	长方形	2.80×1.26－1.08		
	92 上·牛 M38	三 A I	65	不明	2.94×1.28－1		
	92 上·牛 M39	三 A I	65	刀形	4.46×2－0.58		
	92 上·牛 M40	三 A I	75	刀形	3.80×1.86－2.08		
	92 上·牛 M41	三 A I	80	长方形	3.30×1.32－0.76		
	92 上·牛 M42	三 A I	70	长方形	3.78×1.76－2		
	92 上·牛 M43	三 A I	70	长方形	3.28×1.30－0.90		

续附表 5-1

期段	墓号	型式	墓向（度）	形状	规格（长×宽-深/高［米］）	结构	备注
	92 上·牛 M44	三AⅠ	58	长方形	3.54×1.20-0.60		
	92 上·牛 M46	三AⅠ	63	刀形	4.80×2.70-3.48		
	92 上·牛 M47	三AⅠ	70	刀形	不明		
	92 上·牛 M49	三AⅠ	270	长方形	3.30×1.20-残1.16		
	92 上·牛 M50	三AⅠ	80	刀形	3.33×1.22-1.40		
	92 上·牛 M51	三AⅠ	72	刀形	3.50×1.07-0.80		
未能分段	92 上·周 M22	三AⅡ	250	长方形	不明	壁：平砌错缝 两横两纵 底：	
	92 上·周 M46	三AⅠ	355	长方形	不明		
	92 上·周 M57	三AⅠ	78	长方形	不明		
	92 上·周 M72	三AⅠ	70	长方形	不明		
	93 上·驮 M1	三AⅠ	207	长方形	墓室 3.10×0.94-残0.80	壁：平砌错缝 纵横相间 底：	
	93 上·驮 M2	三AⅠ	120	刀形	甬道 1.88×1.28-残0.26 墓室 4.06×2-残1.14	壁：顺丁结构	墓内有砖砌排水沟
	93 上·驮 M3	三AⅠ	100	刀形	甬道 1.55×1.15-1.60 墓室 4.95×2.15-2.94		墓内有砖砌排水沟，并通出墓外
	93 上·驮 M4	三AⅠ	100	刀形	甬道 1.54×1.10-1.40 墓室 4.80×2.10-2.84	壁：丁顺结构 两横两纵 底：	
	93 上·驮 M6	三AⅠ	100	刀形	甬道 0.60×0.94-残0.87 墓室 3.64×1.38-残1.40	壁：平砌错缝 纵横平铺 底：	墓内有排水沟，并通出墓外
	93 上·驮 M8	三AⅠ	115	"凸"字形	甬道 1.46×1.36-残0.42 墓室 4.76×2.56-残1.96	壁：丁顺结构	

续附表 5-1

期段	墓号	型式	墓向（度）	形状	规格（长×宽-深高［米］）	结构	备注
未能分段	93 上·驮 M11	三 A I	115	刀形	甬道 1.32×0.98-残 0.60 墓室 3.78×1.44-残 0.78	壁：丁顺结构 底：两横两纵	
	93 上·驮 M12	二 B II	110	近方形	3×2.80-1.35	壁：平砌错缝 底：两横两纵	
	93 上·驮 M13	二 B II	22	刀形	甬道 1.35×1.53-3.15 砖椁 3.15×3.38-1.23	壁：平砌错缝 底：两横两纵	
	93 上·驮 M14	砖室类	110	不明	墓室 3.20×1.74-残 0.35	壁：不明	
	93 上·驮 M16	三 A I	105	刀形	甬道 1.24×0.98-残 0.68 墓室 4×1.84-残 1.79	壁：平砌错缝 底：平铺	
	93 上·驮 M17	砖室类	147	不明	墓室残 1.30×1.24-残 0.04	壁：平砌错缝 底：平砌错缝	
	93 上·驮 M20	二 A II	140	长方形	椁室 3.80×1.74-1.40	壁：平砌错缝 底：两横两纵	
	93 上·驮 M21	砖室类	165	不明	墓室残 1.30×1.24-1.14	壁：平砌错缝	
	93 上·驮 M24	三 A I	108	"凸"字形	甬道残 0.42×1.20-残 0.14 墓室 4.36×2.04-0.84	壁：平砌错缝 底：两横两纵	
	93 上·驮 M25	二 A II	120	长方形	墓室 3.26×13.6-残 0.68	壁：平砌错缝 "人"字形	
	93 上·驮 M27	三 A I	130	长方形	甬道 0.42×1.20-残 1.68 墓室 3.80×1.84-2.20	壁：丁顺结构 底：两横两纵	
	92 上·后 M3	三 A I	240	刀形	甬道 1.06×0.88-残 1.30 墓室 3.58×1.16-残 1.30	壁：平砌错缝 底：纵横平铺	
	92 上·后 M4	三 A I	240	刀形	甬道 0.60×1 残-0.30 墓室 4.48×1.56-残 0.68	壁：平砌错缝	

续附表 5－1

期段	墓号	型式	墓向（度）	形状	规格（长×宽－深/高［米］）	结构	备注
	92上·后M5	三A I	108	"凸"字形	甬道 0.54×0.84－残0.27 墓室 3.26×1.16－1.20	壁：平砌错缝 底：横向平铺	
	92上·后M10	三A I	199	刀形	甬道 0.86×0.99 墓室 4.33×1.44－1.82	壁：平砌错缝 底：两横两纵	墓内有砖砌排水沟，并通出墓外
	92上·后M12	三A I	50	刀形	甬道 0.90×0.98－残0.90 墓室 4.21×1.66－2.02	壁：平砌错缝 底：纵横平铺	
	92上·后M21	三A I	148	不明	墓室残 3.80×1.36－残1.23	壁：七顺一丁 底：横向平铺	
	92上·后M25	三A I	105	刀形	墓室 3.85×1.54－1.80	壁：平砌错缝	无铺底砖
	92上·后M37	三A I	140	"凸"字形	甬道 1.33×1.15－残1.35 墓室 3.50×2.36－残2.39	壁：平砌错缝 底：两横两纵	甬道下有砖砌排水沟
	92上·后M41	三A I	140	不明	墓室残 1.77×0.70－残0.33	壁：七顺一丁	无铺底砖
	92上·后M49	三A I	108	刀形	甬道 1.58×1.77－1.72 墓室 5.13×2.84－残2.10	壁：三顺一丁	无铺底砖，墓内有砖砌排水沟通向墓外
	92上·后M53	三A I	95	刀形	甬道 1.20×1.20－残0.84 墓室 4.25×1.90－残1.86	壁：平砌错缝 底：两横两纵	
	92上·后M56	三A I	310	刀形	甬道 1.18×1.30－残1.36 墓室 4.39×2.50－残1.36	壁：平砌错缝 底：两横两纵	
未能分段	82嵊·剡M18	一A	不明	长方形			未报道
	82嵊·剡M35	一A	不明	长方形			未报道
	82嵊·剡M54	一A	不明	长方形			未报道
	82嵊·剡M65	二A II	不明	长方形			
	82嵊·剡M73	一A	不明	长方形			未报道
	82嵊·剡M77	一A	不明	长方形			未报道

续附表 5 - 1

期段	墓号	型式	墓向（度）	形状	规格（长×宽-深/高［米］）	结构	备注
未能分段	82 嵊·刡 M78	三A II	不明	长方形			未报道
	82 嵊·刡 M116	一A	不明	长方形			未报道
	82 嵊·刡 M117	一A	不明	长方形			未报道
	05 奉·南 M137	三A I	170	"凸"字形	甬道 0.88×1.40-残 1.44　墓室 4.20×2.50-残 1.60	壁：平砌错缝　底：编织纹	总长 5.08 米；后壁为双重壁，用两块并列的横砖和一块纵砖间隔上砌；封门砖为平砖起错
	05 奉·南 M159	三A I	120	长方形	3.34×1.56-残 0.70	壁：平砌错缝　底：编织纹	封门用石块垒筑
	84 上·严 M266	三A I	318	"凸"字形	甬道 1×1.14-残 1.40　墓室 4×1.93-残 1.18	壁：平砌错缝	被盗；总长 5 米
	06 奉·石 M8	三A I	343	"凸"字形	墓室? ×1.04-残 0.85		总长 3.42 米

附表 5-2　宁（波）绍（兴）地区汉墓随葬器物统计表

期段	墓号	型式	陶瓷器	其他	备注
一期1段	92余·老D1M2	二AI	泥质彩绘陶豆A2，鼎AⅠ1，泥质陶盆1，陶器1		被M1封土叠压
	92余·老D1M14	二AI	泥质彩绘陶豆A6，鼎AⅡ4，纺轮A4，Ⅱ1，熏AⅠ2，A5；高温釉陶鼎BⅠ4，敞口壶AⅠ4，纺轮1，残器3；泥质陶盒AⅠ1，AⅡ3，敞口壶AⅠ4	铜镜1；玉璧1，玦1，剑首1；漆器3	被M10打破
	92余·老D1M1	二AI	泥质彩绘陶纺AⅡ3，鼎AⅠ2，盒AⅡ2，敞口壶AⅠ1，三足盘1	玉璧1；漆器1	叠压M2封土
	92余·老D1M12	二AI	泥质陶素面罐1	水晶环1	
二期2段	82嵊M58	一A	高温釉陶鼎BⅡ1，盒BⅡ1，敞口壶AⅠ1，素面罐1	料珠4	
	82嵊M56	一A	高温釉陶鼎BⅡ1，盒BⅡ1，瓿AⅠ1，敞口壶BⅠ1		
	82嵊M47	一A	高温釉陶鼎BⅡ2，盒BⅠ3，瓿AⅠ1，Ⅱ2，敞口壶AⅠ2		
	82嵊M67	二AI	印纹陶罍AbⅠ1（硬陶）；高温釉陶鼎BⅢ1，盒BⅠ1，瓿AⅡ1，敞口壶AⅠ1，敞口壶BⅠ3		
	82嵊M40	一A	高温釉陶鼎BⅢ1，盒BⅡ1，瓿AⅡ1，敞口壶AⅠ1	铜带钩A1	
	82嵊M26	二AI	高温釉陶鼎BⅢ1，盒BⅠ2，瓿AⅡ1，敞口壶AⅠ2		
	92余·老D1M10	二AI	印纹陶罐AⅠ2（硬陶）；高温釉陶罐AⅠ2（硬陶）	铜戈1，剑1；银器2；玉璧2，配饰1；漆器1	打破M14
二期3段	82嵊M35	一A	高温釉陶鼎BⅡ1，敞口壶AⅠ1；硬陶素面罐1，纺轮1		
	82嵊M25	一A	高温釉陶鼎BⅢ1，瓿AⅢ1；硬陶弦纹罐AⅠ3，素面罐1		
	82嵊M52	一A	高温釉陶鼎BⅡ2，盒BⅡ2，敞口壶AⅡ2，BⅡ1		
	82嵊M28	一A	高温釉陶鼎BⅢ1，盒BⅡ1，瓿AⅡ1，敞口壶AⅡ1		
	82嵊M39	一A	印纹陶罐AⅠ1（硬陶）；高温釉陶鼎BⅡ2，盒BⅠ2，瓿AⅢ4，敞口壶BⅠ2；硬陶弦纹罐AⅡ1	铜洗A1，匜1，蟠螭纹镜Ⅱ1，半两1组；玉璧1	
	82嵊M37	一A	高温釉陶鼎BⅢ1，瓿AⅢ2，敞口壶AⅢ2		
	82嵊M24	一A	高温釉陶鼎BⅢ1，盒BⅠ1，瓿AⅢ1，敞口壶BⅠ1		
	82嵊M16	二AI	高温釉陶鼎BⅡ3，盒BⅠ1，瓿AⅡ1，AⅢ3，敞口壶BⅠ2；硬陶弦纹罐AⅠ1		

续附表 5－2

期段	墓号	型式	陶瓷器	其他	备注
一期3段	82嵊·刳 M46	一A	高温釉陶鼎BⅡ1, 盒AⅢ1		
	82嵊·刳 M70	二AⅠ	印纹硬陶瓿AⅠ1（硬陶）；高温釉陶鼎BⅡ2, 盒BⅡ1, 瓿AⅢ3, 敞口壶BⅠ2	铁刀B1	
	82嵊·刳 M69	二AⅠ	高温釉陶鼎BⅡ2, 盒BⅡ2, 瓿AⅢ2, 敞口壶AⅢ2；硬陶弦纹罐AⅠ1	铜镜1, 半两1组；玉璧2；漆盒1	
一期4段	82嵊·刳 M38	一A	印纹陶坛AⅠ1（硬陶）, 罐AⅠ1（硬陶）；高温釉陶瓿AⅢ1；硬陶弦纹罐AⅠ2		
	82嵊·刳 M21	一A	印纹陶尊1（硬陶）；硬陶弦纹罐AⅠ1		
	82嵊·刳 M49	二AⅠ	印纹陶罍BⅡ2（硬陶）；高温釉陶钫BⅡ2, 鼎BⅢ2, 盒BⅡ4, 瓿AⅢ4, 敞口壶BⅡ1, 罐Ⅲ1；硬陶素面罐3		
	82嵊·刳 M44	一A	硬陶弦纹罐AⅢ2		
一期5段	82嵊·刳 M50	一A	高温釉陶鼎BⅣ1, 盒BⅡ1, 瓿AⅣ1, 敞口壶BⅡ1		
	09绍·小 M33	一A	印纹陶圆底罐ⅠⅠ1（硬陶）；高温釉陶鼎BⅣ2		报道不详
	82嵊·刳 M61	二AⅠ	原始瓷瓿A1；高温釉陶鼎BⅣ2, BⅣ3（硬陶）, 盒BⅢ3, 瓿AⅣ1, 敞口壶BⅡ1；硬陶弦纹罐AⅢ1		
	82绍·狮 M308	一A	印纹陶罍AaⅠ2（硬陶）；高温釉陶敞口壶AⅣ1；硬陶鼎BⅣ1, 盒BⅢ1, 弦纹罐AⅢ5, BⅡ1	铜昭明镜2, 五铢1组；铁剑1, 刀1	
	05奉·南 M174	二AⅠ	印纹陶罍BⅢ2, BⅣ3（硬陶）；高温釉陶瓿B1；硬陶弦纹罐AⅣ4；泥质陶罐5	铜镜1, 五铢1组；砺石1	
	82嵊·刳 M72	一B	印纹陶罍BⅢ3（硬陶）；高温釉陶敞口壶AⅤ3；硬陶弦纹罐BⅡ2, Ⅲ1；泥质陶瓶1	铜洗A1, 矛A1, 五铢1组；铁鼎1, 釜AaⅠ, 矛1	
	82嵊·刳 M41	一A	印纹陶圆底罐ⅡⅠ1（硬陶）；高温釉陶敞口壶AⅤ1；硬陶弦纹罐AⅢ3		
	05奉·南 M175	二AⅠ	印纹陶罍BⅣ2（硬陶）；硬陶弦纹罐BⅢ2, 纺轮1	铁刀1, 剪刀1；砺石1；玻璃珠1	
	82嵊·刳 M62	一A	高温釉陶瓿AⅣ1	铜带钩B1, 赵长贤印章1	

续附表 5-2

期段	墓号	型式	陶瓷器	其他	备注
二期5段	09 绍·大 M3	一 A	硬陶鼎 BIV1		报道不详
	09 绍·小 M36	二 A I	硬陶鼎 BIV1, 盒 CII2, 壶 1, 弦纹罐 8, 筒形罐 B1, 残陶器 1; 泥质陶灶 B1		
	09 绍·大 M2	一 A	硬陶盒 BIII1, 弦纹罐 AIII1		报道不详
	09 绍·小 M39	一 A	印纹陶罍 AaII1 (硬陶); 硬陶弦纹罐 AIII1		报道不详
	09 绍·小 M44	一 A	硬陶鼎 BV1		报道不详
	05 奉·南 M111	二 BI	高温釉陶瓿 AV2, 敞口壶 AIV3, V3; 硬陶鼎 BIV1、BV3, 盒 BIII 2、CII2, 瓿 AIV2, 弦纹罐 AIII4, 残罐 3	铁刀 1	
	05 奉·南 M116	一 A	高温釉陶瓿 AV2, 敞口壶 AV2		
	05 奉·南 M103	二 A I	高温釉陶瓿 AV2, 敞口壶 AV1, 弦纹罐 BII1、BII1; 硬陶弦纹罐 AIII1、BII1, 器盖 2	砺石 1	
	05 奉·南 M112	二 A I	印纹陶罍 BIV3 (硬陶); 高温釉陶瓿 AV4, 敞口壶 AV1; 硬陶敞口壶 AV2, 纺轮 1	铁器 1, 釜 1; 砺石 1	
	86 慈·陈 M18	二 B I	高温釉陶瓿 AV1, 敞口壶 AVI3, 小壶 1, 罐 IV1, 弦纹罐 BII7; 泥质陶灯盏 A1, 灶 B1, 甑 1	铁器 1, 带钩 B1, 矛 1, 五铢 1 组; 铁剑 A1, 刀 1; 石印章 1, 黛板 1	报道不详
二期6段	09 绍·小 M48	一 A	高温釉陶敞口壶 AIV2; 硬陶弦纹罐 AIII1		
	82 嵊 M51	一 A	印纹陶圈底罐 II1 (硬陶), 罍 BII1 (硬陶); 高温釉陶敞口壶 BII 2, 弦纹罐 BII7; 泥质陶灶 B1	铜洗 A1, 带钩 A1, 环 1, 印章 1; 石砚 1, 黛板 1	
	82 嵊 M22	一 A	印纹陶罍 BIII1 (硬陶); 硬陶弦纹罐 AIII1、BII1		
	09 绍·南 M19	一 A	硬陶弦纹罐 BII7		报道不详
	09 绍·小 M1	二 A I	高温釉陶弦纹罐 BII2; 泥质陶灶 B1		报道不详
	09 绍·小 M26 东穴	二 D I	泥质陶釜 1		被破坏
	09 绍·小 M26 西穴	二 D I	硬陶弦纹罐 BII7; 泥质陶灶 B1		被破坏
	09 绍·小 M41	一 A	硬陶弦纹罐 BII1		报道不详

续附表 5-2

期段	墓号	型式	陶瓷器	其他	备注
二期6段	05奉·南M198	二AⅠ	印纹陶罍 AbⅡ1, BⅣ1（硬陶）；硬陶瓿 AV1, 盘口壶 1, 弦纹罐 BⅢ1	铁釜 1	
	82嵊·剡M71	二AⅠ	印纹陶罍 BⅣ1（硬陶）；高温釉陶瓿 AV2, 敞口壶 AV4；硬陶弦纹罐 BⅢ3；泥质陶纺轮 1	铜带钩 A2, 印章 1；铁鼎 A1, 削 1	
	82嵊·剡M59	二AⅠ	印纹陶坛 AⅡ1（硬陶），罍 BⅣ1（硬陶）；高温釉陶敞口壶 AV1；硬陶弦纹罐 BⅢ2, 筒形罐 AbⅡ1	铜带钩 B1, 矛 A1, 印章 2；铁刀 B1；石黛板 1, 研黛器 1	
	82嵊·剡M68	二AⅠ	印纹陶圜底罐Ⅲ1（硬陶），泡菜罐 AVI2；硬陶泡菜罐 AaⅠ1	铜洗 A1, 镰斗 1	
	05奉·南M205	二AⅠ	印纹陶罍 BⅢ1, BⅣ5（高温釉陶 1, 硬陶 5）；高温釉陶瓿 AV2, 敞口壶 AV5；硬陶鼎 BⅣ1, 盒 BⅢ2, 瓿 AV2, 弦纹罐 AⅡ1, AⅢ2, 房屋模型 A1；泥质陶纺轮 1, 灶 BⅡ1, 井 BⅡ1	砺石 1	
	92上·牛M19	二AⅠ	高温釉陶瓿 AV2, 敞口壶 AVI2；硬陶弦纹罐 AⅡ1, AⅢ1, AⅢ3；泥质陶素面罐 1	铜五铢 1组	
	82嵊·剡M48	二AⅠ	印纹陶圜底罐Ⅲ1（硬陶）；高温釉陶鼎 CV2, 盒 CⅡ2, 瓿 AV1, 敞口壶 BⅡ4, 硬陶弦纹罐 CⅡ1；泥质陶瓿 A1		
	92上·牛M18	一A	硬陶弦纹罐 BⅢ3	铁剑 1	被破坏
	92上·牛M24	二AⅠ	印纹陶罍 1（硬陶）；高温釉陶瓿 A2, 硬陶罐 2；泥质陶灶 B1, 泥质陶水罐 1	铜筶 AⅠ1, 五铢 1组；铁釜 1	
	09绍·大M13	一A	高温釉陶罐Ⅲ1；硬陶弦纹罐 AⅢ1		报道不详
	09绍·大M10	二BⅠ	硬陶弦纹罐 2；泥质陶灶 B1	铜禽兽管镜 2, 铁剑 2	报道不详
	09绍·小M20	一A	硬陶弦纹罐 BⅢ1		报道不详
	05奉·南M107	一A	印纹陶罍 1（硬陶）；硬陶弦纹罐 BⅢ4	铁刀 1；石锛 1	
	82嵊·剡M90	二AⅠ	印纹陶圜底罐Ⅲ1（硬陶），罍 BⅢ2（硬陶）；高温釉陶瓿 AV1, 敞口壶 AVI4；硬陶弦纹罐 AⅢ3	铜带钩 B1, 吴子山印章 1	

续附表 5-2

期段	墓号	型式	陶瓷器	其他	备注
三期7段	05奉·南M104	二AI	印纹陶罍BIV6（硬陶）；硬陶敞口壶AVI5，弦纹罐AIV2、BⅢ1，盘口壶AIV1	铜博局镜I1，五铢1组；铁釜Aa2，剑1；石黛板1，研黛器1	
	05奉·南M190	二AI	印纹陶罍BIV4（硬陶）；高温釉陶瓿AV2，敞口壶AV4；硬陶瓶AV2，敞口壶AV1，弦纹罐AⅢ1、BⅡ1；泥质陶器盖1，房屋模型A1，灶BⅡ1	铁釜2，刀1	
	05奉·南M200	二AI	印纹陶罍BIV1（硬陶）；高温釉陶敞口壶AV2，长颈壶1，罐IV1；硬陶弦纹罐AⅡ1	石黛板2，砺石1	
	05奉·南M199	一A	印纹陶罍BIV1（硬陶）		
	09绍·南M1	二AI	高温釉陶瓿AV1，敞口壶AVI2，盘口壶AIV6，罐Ⅲ1，弦纹罐BⅡ9；泥质陶灶B1	铜洗1，五铢1组；铁剑1	
	86慈·陈M16	一A	高温釉陶盘口壶AIV2，弦纹罐BⅡ1；硬陶弦纹罐BⅢ1，瓿式罐BI1	铜四虺四叶镜1，五铢2组；铁刀1	
	86慈·陈M17	二BI	印纹陶罍BIV1（硬陶）；高温釉陶弦纹罐BⅢ2；硬陶盘口壶AⅢ2，AIV1，小壶1，弦纹罐BⅡ1、BⅢ1	铜昭明镜2，五铢1组；铁釜1，削A1，削3；石黛板1，研黛器1；骨饰3	
	86慈·陈M19	二AI	印纹陶罍BIV1（硬陶）；高温釉陶瓿AVI1，盘口壶AⅢ1，AIV1，弦纹罐BⅢ2；硬陶弦纹罐BⅢ2；泥质陶灯盏A1，灶B1，釜C1，水井BⅡ1，汲水罐2	铜簋1，饰件1，镜1，釜B1，瓿1，五铢1组；骨饰1；料珠1；漆器1	
	83萧·城M19西穴	二C	印纹陶罍BⅢ1、BIV3（高温釉陶1，硬陶3）；高温釉陶瓿AVI4，敞口壶V5、VI1，盘口壶AIV1，残壶1，弦纹罐AⅢ3、BⅡ1、BⅢ2；泥质陶五铢1组	铜四虺四乳镜1，五铢2组；铁釜1	被东穴打破
	83萧·城M19东穴	二C	印纹陶罍AaⅡ1、BⅢ3（高温釉陶3、硬陶4）；高温釉陶瓿AVI4，敞口壶AV1，盘口壶AⅢ3、AIV1，弦纹罐AⅢ1、BⅡ2，钵BⅡ2，五铢1组	铜四虺四乳镜1，五铢5组；铁釜Aa2，剑A2，刀1	打破西穴

续附表 5－2

期段	墓号	型式	陶瓷器	其他	备注
三期7段	09绍·大M11	一A	印纹陶罍BIV1（硬陶）; 高温釉陶盘口壶AIV2, 弦纹罐BⅢ2; 硬陶弦纹罐CⅢ3; 泥质陶灶B1	铜器1, 四齣四乳镜1, 瓿1, 五铢1组; 铁剑1; 石黛板1; 研黛器1	被盗
	82嵊·剡M15	一A	印纹陶罍BIV2（硬陶）; 高温釉陶敞口壶AIV1, 盘口壶AⅢ1; 硬陶弦纹罐DI1	铜带钩C1; 铁鼎B1	
	92上·牛M30	二AI	印纹陶罍BIV4（硬陶）; 高温釉陶瓿AVI1, 敞口壶V3、VI7, 弦纹罐BⅡ2	铁剑1	
	92上·牛M33	二BI	印纹陶罍1（硬陶）; 硬陶弦纹罐2, 瓿式罐BⅡ1; 泥质陶素面罐3, 灶B1, 金1		
	83萧·城M18	二BI	印纹陶罍BIV1（硬陶）, 高温釉陶瓿AVI5, 敞口壶AVI6, 弦纹罐BⅢ2, 径A1、B1, 硬陶麟趾金1; 泥质陶灶BⅡ1	铜碗1, 昭明镜2, 五铢1组, 大泉五十1组; 铁刀1	
	84上·严M253	一A	高温釉陶瓿AVI2, 敞口壶AVI2; 硬陶弦纹罐BⅢ1; 泥质陶灶BⅡ1, 釜A1, 纺轮1		
	92上·羊M2	二AII	硬陶盘口壶AIV2, 弦纹罐BⅢ2; 泥质陶灶BⅡ1, 瓿B1	铜剪轮五铢1组; 铁刀Ca1; 石黛板1, 研黛器1, 砺石1	
	05奉·南M124	一A	印纹陶罍4（硬陶）; 高温釉陶瓿A1, 盘口壶AIV2, 弦纹罐AIV2	铜镜1, 五铢1组; 铁削1	
	05奉·南M192	一A	印纹陶罍BIV3（硬陶）; 硬陶盘口壶AIV2, 弦纹罐AIV1, 泡菜罐Ab1	铁釜1, 剑1; 玛瑙珠1	
	09绍·小M19	一A	高温釉陶盘口壶AIV1; 硬陶弦纹罐BⅢ1		报道不详
	92上·后M18	二AI	印纹陶罍1（硬陶）; 高温釉陶瓿AV2, 盘口壶2, 弦纹罐CⅡ3; 泥质陶瓿1	铁剑1	
	82嵊·剡M57	二AI	高温釉陶瓿AVI2, 敞口壶AV3, 盘口壶AⅢ1; 硬陶弦纹罐BⅢ2; 泥质陶灶BⅢ1	铜刷1, 带钩B1; 铁矛A1, 刀B1; 石黛板1	
	09绍·小M11	一A	硬陶瓿AVI1	铜瓿1	报道不详
	09绍·小M43	一A	高温釉陶瓿AVI1, 敞口壶AVI1		报道不详

续附表 5-2

期段	墓号	型式	陶瓷器	其他	备注
三期7段	84上·严 M153	一A	高温釉敞口壶 AVI1；硬陶弦纹罐 BIII1；泥质陶釜 A1，汲水罐 1	铁刀 1	
	84上·严 M120	二AI	高温釉陶瓿 AVI2，盘口壶 AIII2；硬陶弦纹罐 CII1；泥质陶井 BII 1，灯盏 B1		
	82嵊·刽 M55	一A	高温釉陶盘口壶 AIII2，IV1	铜洗 1	
	83萧·城 M20	二AI	高温釉陶瓿 AVI3，盘口壶 AIV2，罐 V3，硬陶弦纹罐 BIII2，泥质陶钵 1	铜镜 1，五铢 1组；铁釜 2	
	83萧·城 M21	二BI	印纹陶罍 BIV2（硬陶），高温釉陶瓿 AVI3，盘口壶 AIV4；硬陶弦纹罐 BII2，CII3；泥质陶灶 BII 1	铜洗 A1，杯 1，昭明镜 1，博局镜 II 1，五铢 1组，大泉五十 1组，货布 1组；铁釜 1，锯 1，矛 B1	
	82嵊·刽 M27	二AI	印纹陶罍 AbII 1，BV2（硬陶）；高温釉陶瓿 AIV1，硬陶弦纹罐 BIII3，纺轮 1；泥质陶灶 BII 1		
	82嵊·刽 M33	二AI	印纹陶坛 AI1（硬陶），圆底罐 III1（硬陶），罍 BV1（硬陶）；高温釉陶盘口壶 AIV2；硬陶纺轮 1	铜带钩 B1，环 2；铁刀 B1	
	92上·牛 M35	二AI	印纹陶罍 BIV2（硬陶）；高温釉陶瓿 AVI2，敞口壶 AVI5；硬陶弦纹罐 AIII1；泥质陶甑 1，汲水罐 1	铁釜 2	
	84上·严 M121	二AI	高温釉陶瓿 AVI2，盘口壶 AIV1；硬陶弦纹罐 AIV2；泥质陶灶 BII 1	铜釜 A1，甑 1；铁剑 1，刀 1；翡翠坠 1；玛瑙耳珰 1	
	83萧·城 M23	二AI	印纹陶罍 AaII 1，BIV4（高温釉陶 3，硬陶 2）；高温釉陶瓿 AVI1，敞口壶 AVI2，盘口壶 AIV2，硬陶弦纹罐 BIII2，DII 1，泡菜罐 Aa II 1	铜禽兽镜 1，五铢 1组；铁釜 Aa1，Bb1，锯 1，环首刀 1，削 1；玛瑙耳珰 1；琉璃珠 1串	
	83萧·城 M22	二BI	印纹陶罍 BIV3（硬陶）；高温釉陶瓿 AVI2，敞口壶 AVI9，弦纹罐 CII2；硬陶弦纹罐 CII2	铜洗 2，昭明镜 2，五铢 2组；铁锸 B1，釜 Bb1，戟 1，剑 1，刀 2；石黛板 1，研黛器 1；玛瑙珠 1	
	92上·羊 M4 西穴	二C	高温釉敞口壶 AVI1；硬陶瓿 AVI2，弦纹罐 BIII2	铁釜 Ab1	被东穴打破

续附表 5-2

期段	墓号	型式	陶瓷器	其他	备注
	92上·羊 M4 东穴				空墓
	92上·牛 M36	二A I	印纹陶罍2（硬陶）；高温釉陶瓿 AVI1，盘口壶 AV2；硬陶弦纹罐 CIII2	铜鼎 A1，盘1，镜1，瓯1，五铢1组；铁剑1，石黛板1	
	82嵊·刘 M60	一A	高温釉陶瓿 AVI2，盘口壶 AV3；硬陶弦纹罐 BIII1		
	84上·严 M151	一A	高温釉陶敞口壶 AVI1；硬陶弦纹罐 BIII1		
	84上·严 M194	二A I	高温釉陶VI瓶 A2，敞口壶 AVI4，盘口壶 AIV4；硬陶盘口壶 AIV1，弦纹罐 BIII1，瓿 BII1，井 AII1	铁釜 Aa1，矛1，刀1	
	84上·严 M125	一A	硬陶弦纹罐 BIII1；泥质陶井 BII1		严重破坏
	92上·牛 M22	二A I	印纹陶罍3（硬陶）；高温釉陶瓿 AVI3，敞口壶 A1；硬陶弦纹罐 A II3，泥质陶素面罐1	铜五铢1组；铁釜1	
	84上·严 M241	二A I	高温釉陶瓿 AVI2，敞口壶 AVI2；硬陶弦纹罐 AIV1；泥质陶灶 BII1，釜 A1，井 BII1，汲水罐1		
三期7段	92上·牛 M29	二A I	印纹陶罐 CII1（硬陶）；高温釉陶盘口壶 A2；硬陶弦纹罐 BII1；泥质陶素面罐2，灶 B1	料珠1	
	83鄞·高 M37	二B I	印纹陶罍 BV2（硬陶），高温釉陶瓿 AVI2，盘口壶 AIV1，筒形罐 Aa I2；泥质陶灯盏 A1，灶 BII1	铜釜 B1，D1，瓿1，日光镜 II2，铁刀1组；石黛板1，研黛器1，五铢1组	被 M40 打破
	83鄞·高 M38	二B I	印纹陶罍 BIV1（硬陶）；高温釉陶盘口壶 AIV1，筒形罐1	铜博局镜 I1，五铢1组；铁釜1，铁刀 Ab1，石研黛器1；玻璃珠1，玻璃耳珰2	
	92上·牛 M32	二A I	印纹陶罍 BIV1（硬陶）；高温釉陶盘口壶 AIV2；硬陶弦纹罐 CIII1；泥质陶灶 B1，釜1，瓿1	铜博局镜 I1；铁釜1	
	82嵊·刘 M118	二A I	印纹陶泡菜罐 B2（硬陶），罍3（硬陶）；高温釉陶盘口壶3；泥质陶缸1	铜洗1，镟斗1；五铢1串，铁釜1组；玉珠1串；料珠1串	

续附表 5-2

期段	墓号	型式	陶瓷器	其他	备注
三期7段	92 上·牛 M21	二 B I	印纹陶罍 1（硬陶）；硬陶弦纹罐 2；泥质陶灶 B1	铜洗 1，瓿 1，博局镜 I 3，镦 1，五铢 1组；铁釜 A1	
	93 上·驭 M29	二 A I	硬陶弦纹罐 1	铜博局镜 I 1，五铢 1组；铁戟 1，剑 2，刀 1；石黛板 1，研黛器 1	被盗
	05 奉·南 M118	一 A	印纹陶罍 B IV2（硬陶）；高温釉陶盘口壶 A IV1，瓿式罐 B II1；硬陶瓿式罐 B II1	铁釜 Aa1	
	92 上·牛 M14	二 A I	硬陶弦纹罐 1	铜镜 1	
	92 上·周 M27	二 B I	高温釉陶盘口壶 A IV2；硬陶弦纹罐 C III1，瓿式罐 BII2；泥质陶瓿 1	铜釜 1；铁釜支架 1	
	05 奉·南 M117	二 A II	印纹陶罍 C I 3（硬陶）；硬陶弦纹罐 A IV2	铜镜 1；铁锥斗 1，刀 1	
	92 上·牛 M7	三 A I	印纹陶罍 3（硬陶）	铜带钩 A1，鎏金环首刀 1，五铢 1组，大布黄千 1组	
	82 嵊·剡 M36	一 A	印纹陶罍 B IV1（硬陶）；高温釉陶瓿式罐 B II 2；硬陶弦纹罐 C III 2		
四期8段	92 上·后 M51	二 B I	印纹陶罍 B V2（硬陶）；高温釉陶敞口壶 A VI1，瓿式罐 B II 2，弦纹罐 A IV2，钟 I 2；泥质陶灶 B1，釜 B1，井 B II 1，汲水罐 1	铜鼎 A1，洗 1，带钩 1，削 1，五铢 1组，神兽镜 1，四乳四螭镜 1；铁剑 2，刀 2；石黛板 1，研黛器 1；料珠 1串，琥珀耳珰 1	
	92 上·羊 M3	二 A II	硬陶瓿式罐 B III2，弦纹罐 B III2，钟 II2；泥质陶素面罐 II 1，灶 B III 1	铜博局镜 I 1，指环 1，大泉五十 1组，货布 1；铁剑 3；石黛板 1，研黛器 1，砺石 1	
	05 奉·南 M102	二 A II	印纹陶罍 B IV3（泥质陶）；硬陶弦纹罐 A IV1，钟 II 1；泥质陶罐 3	铜画像镜 1；铁釜 Aa1，刀 1	
	05 奉·南 M164	二 A II	印纹陶罍 B IV3（硬陶）；高温釉陶钟 II 1；硬陶弦纹罐 A IV2	铁釜	
	05 奉·南 M185	一 A	硬陶弦纹罐 B III1，C III1，泡菜罐 Aa I 1；泥质陶罐 1		
	05 奉·南 M193	一 A	印纹陶罍 2（硬陶）；高温釉陶钟 II 1；硬陶弦纹罐 A IV2	铁器 1，釜 1，剑 A1	

续附表 5－2

期段	墓号	型式	陶瓷器	其他	备注
四期8段	05奉·南M108	二BⅡ	印纹陶罍CⅠ3（泥质陶）；高温釉陶锺Ⅱ1；硬陶盘口壶AV1，弦纹罐AⅣ1；泥质陶罐3	铜博局镜Ⅰ1，神兽镜1；铁釜1，矛2，刀2	
	05奉·南M109	一A	印纹陶罍BⅣ3（硬陶）；硬陶盘口壶AⅣ1，瓿式罐BⅡ2	铜博局镜Ⅰ1，四乳四虺镜1，五铢1组；铁釜1，刀2，砺石1	
	05奉·南M114	二AⅠ	印纹陶罐BⅣ1（硬陶）；高温釉陶罐1，硬陶盘口壶1，弦纹罐BⅢ5，纺轮1		
	82嵊·剡M64	二AⅡ	硬陶锺Ⅱ1	铜带钩B1	
	82嵊·剡M23	二AⅡ	硬陶锺Ⅱ1		
	92上·牛M16	二AⅡ	硬陶弦纹罐2，锺Ⅱ1	铜镜1，五铢1组；铁剑2	
	84上·严M119	一A	硬陶弦纹罐BⅢ2，CⅢ1；泥质陶灶BⅡ1，甑B1	铜昭明镜1	
	92上·牛M23	二AⅠ	印纹陶罍2（硬陶）；高温釉陶盘口壶AⅣ3；硬陶弦纹罐BⅢ4，瓿式罐BⅡ1；泥质陶釜B1	铜洗B1，禽兽镜2，五铢1组；铁釜1，剑3；石黛板1	
	05奉·南M115	一A	印纹陶罍BⅣ2（硬陶）；高温釉陶盘口壶AⅣ2，弦纹罐BⅢ1；硬陶瓿式罐BⅡ2，纺轮1	铜五铢1组；铁釜Aa1	
	05奉·南M194	一A	印纹陶罍BⅣ2（硬陶）；高温釉陶盘口壶AⅣ1；硬陶瓿式罐BⅡ3	铜禽兽镜1；铁釜1；琉璃耳珰1；石刀1	
	84上·严M149	二AⅡ	高温釉陶盘口壶AⅣ1，瓿式罐BⅡ1；硬陶弦纹罐AⅣ1；泥质陶井BⅡ1	铁刀1	
	84上·严M154	一A	高温釉陶盘口壶AⅣ2，硬陶弦纹罐AⅣ2，CⅢ2；瓿式罐BⅡ1	铜博局镜Ⅰ1，五铢1组	
	84上·严M138	二AⅠ	高温釉陶盘口壶AⅣ2，硬陶瓿式罐BⅢ2	铜釜1，甑1，矛1；铁剑2	
	92上·牛M31	二AⅠ	高温釉陶盘口壶AⅣ4；硬陶弦纹罐CⅡ1，瓿式罐BⅡ2	石砚1	
	05奉·南M153	二AⅡ	印纹陶罍BⅣ2（硬陶）；高温釉陶盘口壶AV1	铁器1，釜1，剑1	
	84上·严M290	一A	高温釉陶盘口壶AV1；硬陶瓿式罐BⅡ1	铜博局镜Ⅰ1	
	92上·后M1	二AⅠ	高温釉陶盘口壶A2；硬陶弦纹罐3，瓿式罐BⅡ2；泥质陶灶B1	铜镜1	

续附表 5-2

期段	墓号	型式	陶瓷器	其他	备注
	84 上·严 M150	一 A	高温釉陶盘口壶 AV1；硬陶弦纹罐 AIV1，CⅢ1；泥质陶灶 BⅡ1		
	84 上·严 M117	一 A	高温釉陶盘口壶 AV1；硬陶瓿式罐 BⅡ1		
	92 上·后 M40	二 A I	高温釉陶盘口壶 AV1	铜博局镜 I1，五铢 1 组；铁剑 1	
	83·鄞 M43	三 A I	印纹陶罍 AaⅡ1（硬陶）；硬陶弦纹罐 1；泥质陶汲水罐 1	漆器 1	被盗
	84 上·严 M88	二 A Ⅱ	印纹陶罍 AaⅢ1（高温釉陶）；高温釉陶盘口壶 AV1；硬陶弦纹罐 AIV1，瓿式罐 BⅡ2；泥质陶釜 A1，井 BⅡ1，汲水罐 1	铜镜 1，五铢 1 组；铁鼎 1，釜 Aa1	
	84 上·严 M159	二 A Ⅱ	硬陶弦纹罐 AIV1，瓿式罐 BⅡ1；泥质陶灶 BⅡ1，井 BⅡ1，汲水罐 1；青瓷印纹罍 BIV1	铁凿 1，锛 1，刀 1	
	05 奉·南 M146	一 A	印纹陶罍 BIV4（硬陶）；硬陶弦纹罐 AIV2，瓿式罐 BⅢ1	铜镜 1，五铢 1 组；铁削 1	
	05 奉·南 M160	二 A Ⅱ	高温釉陶盘口壶 AV1；泥质陶釜 1，三足壶 1，罐 1	铜五铢 1 组	
	05 奉·南 M201	二 A I	印纹陶罍 BIV3（硬陶），硬陶瓿式罐 BⅡ1	铜五铢 1 组	
	09 绍·小 M4	一 A	高温釉陶瓿式罐 BⅡ1，锺Ⅱ1		报道不详
	92 上·周 M71	二 A Ⅱ	印纹陶罍 CI1（硬陶）；硬陶弦纹罐 BⅢ1；泥质陶灶 BⅢ1		
	84 上·严 M131	二 A Ⅱ	硬陶瓿式罐 BⅡ1，灯盏 A1		被破坏
四期8段	93 上·驮 M28	二 B Ⅱ	印纹陶罍 CI3（硬陶）；高温釉陶钵 2，瓿式罐 BⅢ2，锺Ⅱ2，泥质陶灶 BⅡ1	铜镶斗 1，博局镜 I2，弩机 1，五铢 1 组，铁剑 1，刀 2，釜 1，玉珠 1 串，玻璃珠 1 串	
	92 上·周 M53	二 B I	印纹陶罍 CI2（硬陶）；硬陶弦纹罐 AIV1，瓿式罐 BⅢ2；泥质陶灶 BⅡ1，釜 1，甑 B1，井 BⅢ1	铜带钩 1，博局镜 I2，五铢 3 组；铁釜 1，刀 2	
	92 上·后 M34	二 A Ⅱ	印纹陶罍 CI3（硬陶）；高温釉陶盘口壶 AV5，硬陶瓿式罐 BⅢ2；泥质陶灶 BⅢ1，井 B1	铜神兽镜 2，刀 1，五铢 1 组；铁刀 2；石黛板 1，砚黛器 1	
	92 上·周 M34	二 A Ⅱ	硬陶弦纹罐 BⅢ1，瓿式罐 BⅢ1	铁刀 1	
	92 上·周 M31	二 A Ⅱ	高温釉陶盘口壶 AIV1，AV1；硬陶弦纹罐 BⅢ2，瓿式罐 BⅢ1；泥质陶灶 B1	铜博局镜 I2，五铢 1 组，铁剑 1，刀 1；漆器 1	

续附表 5-2

期段	墓号	型式	陶瓷器	其他	备注
四期8段	92上·后 M14	二BI	印纹陶罍CI2（硬陶）；高温釉陶盘口壶AV2，弦纹罐BⅢ2，瓿式罐BⅢ1，井BⅡ1，汲水罐1；泥质陶灶B1，釜1，瓿1	铜带钩1，博局镜I2，五铢1组；铁剑1，刀1，釜1	
	92上·牛 M20	三AI	高温釉陶瓿A1，盘口壶1	铁釜1	
	09绍·小 M30	三AI	高温釉陶盘口壶AIV1；硬陶弦纹罐1；泥质陶灶B1	铜五铢1组；铁器2	
	93上·跃 M13	二BⅢ	硬陶弦纹罐2；泥质陶灶B1	铜龙虎镜1，五铢1组	
	93上·跃 M18	二BⅡ	硬陶罍1	铜五铢1组	
	93上·跃 M19	二BⅡ	硬陶罍2	铜五铢1组；铁剑1；砺石1	
	83鄞·高 M28	三AI	硬陶罍I1，弦纹罐1		被盗
	05奉·南 M133	三AI	印纹陶罍AaⅢ2（高温釉陶）；硬陶盘口壶AIV1，弦纹罐AIV5	铜镜1，五铢1组；铁带钩1，刀1	
	05奉·南 M196	二AⅡ	高温釉陶罍Ⅱ1	铁剑B1	
	05奉·南 M141	二BI	印纹陶罍BIV1（硬陶）；硬陶火盆I1	铜博局镜I2，五铢1组	
	05奉·南 M169	三AI	印纹陶罍AaⅢ1（硬陶）	铜镜1；铁刀1	
	05奉·南 M170	二BⅡ	印纹陶罍BIV3（硬陶）；高温釉陶罍Ⅱ1；硬陶罍Ⅱ1，弦纹罐BⅢ2；泥质陶罐1，火盆I1	铜博局镜I1，画像镜1，五铢2组；铁器1，镶斗1，釜Aa1，戟1，刀1	
四期9段	84上·严 M124	二AⅡ	硬陶弦纹罐AIV2，罍Ⅱ2，灶BⅡ1	铜博局镜I1，五铢1组；铁釜Aa1，Ab1，刀2	
	92上·周 M51	二AⅡ	高温釉陶罍Ⅱ1；硬陶弦纹罐AIV1，瓿式罐BⅢ2	铜博局镜I1；砺石1	
	92上·周 M60	二AⅡ	高温釉陶罍Ⅱ2；硬陶弦纹罐BⅢ1，瓿式罐BⅢ2；泥质陶灶BⅡ1，井BⅢ1	铜博局镜I1，禽兽纹镜1；铁刀1	
	84上·严 M129	一A	硬陶罐V1，弦纹罐AIV1，罍Ⅱ2；泥质陶灶BⅡ1，釜B1，井BⅢ1，灯盏BⅡ1	铜鸟纹镜1；铁刀1；玉扣1；玛瑙耳珰1	
	84上·严 M91	二AⅡ	硬陶泡菜罐AIV3，罍Ⅱ1	铜镜1；铁火盆1	
	84上·严 M280	二AⅡ	印纹陶泡菜罐BⅢ2（硬陶），硬陶罍Ⅱ1；泥质陶井BⅢ1	铁剑1，刀2；砺石1	

续附表 5-2

期段	墓号	型式	陶瓷器	其他	备注
	84上·严M170	二AⅡ	硬陶弦纹罐AⅣ4, 瓿式罐BⅡ2; 泥质陶灶BⅡ1, 甑B1	铁釜Aa2, Ab1	
	84上·严M92	二AⅡ	硬陶弦纹罐AⅣ1, 瓿式罐BⅡ2, 锺Ⅱ2	铜镜1, 五铢1组	
	92上·牛M27	二AⅡ	硬陶弦纹罐1		被盗
	92上·牛M26	二BⅡ	高温釉陶瓿式罐BⅢ1; 硬陶弦纹罐AⅣ4, 锺Ⅳ		
	92上·牛M28	二AⅡ	印纹陶罐1(硬陶); 硬陶瓿式罐BⅡ1, 弦纹罐AⅣ2, 锺Ⅲ1; 泥质陶灶B1, 釜1, 甑1, 井B1, 汲水罐1	铜禽兽镜1; 铁鼎1	
	92上·牛M45	二AⅡ	硬陶罐1; 泥质陶灶B1		被盗
	92上·周M21	二AⅡ	高温釉陶锺Ⅲ1; 硬陶弦纹罐CⅢ2; 泥质陶灶BⅡ1, 甑1	铜五铢1组	
	92上·周M65	二AⅡ	印纹陶罐CⅠ1(硬陶); 高温釉陶盘口壶AⅣ1, 锺Ⅲ1; 硬陶瓿式罐BⅡ1	铁釜2; 石黛板1	
四期9段	92上·后M11	二AⅡ	印纹陶罐C2(硬陶); 高温釉陶弦纹罐2, 锺Ⅱ1, 四管瓶1, 汲水罐1; 泥质陶灶B1	铜博局镜Ⅰ1, 禽兽纹镜1; 铁刀1	
	92上·后M38	二AⅡ	高温釉陶锺Ⅲ2	铜博局镜Ⅰ1, 五铢1组; 铁剑1, 刀1	
	82嵊·剡M42	二AⅡ	印纹陶罐BⅣ1, CⅠ1(硬陶); 硬陶弦纹罐AⅣ2, 凹肩罐Ⅱ1	铜五铢1组; 铁器1	
	58慈·担M2	二AⅡ	泥质陶盘1, 釜A1, 甑1	铜博局镜Ⅰ1; 铁釜2	
	73上·嵩M54	三AⅠ	印纹陶罐C1(硬陶); 硬陶弦纹罐AⅣ4, 锺Ⅱ1	铜博局镜Ⅰ1, 五铢1组	
	73上·嵩M58	三AⅠ	印纹陶罐AaⅢ1(硬陶); 硬陶瓿式罐BⅢ1, 锺Ⅱ1, 五管瓶Ⅰ1; 低温釉陶碗Ⅰ1, 泥质陶井A1, 汲水罐1	铜铺首器1, 禽兽镜1; 铁镰斗1; 银指环1; 砺石2	
	84上·严M274	三AⅠ	硬陶瓿式罐BⅢ1, 锺Ⅱ1, 五管瓶Ⅰ1; 泥质陶釜A1, 甑B1, 井BⅡ2, 汲水罐1; 青瓷印纹罍BⅣ1		
	82嵊·剡M30	二AⅡ	印纹陶罍AaⅣ1, BV2(硬陶); 高温釉陶罐VⅠ, 硬陶瓿式罐BⅢ1, 泡菜罐AaⅠ1, 纺轮1	铁镰斗1, 刀AⅠ1, 削1	
	82嵊·剡M34	二AⅡ	印纹陶罍AaⅣ2(硬陶); 低温釉陶弦纹罐VⅠ, 硬陶瓿式罐BⅢ2, 汲水罐1; 泡菜罐AaⅡ1; 泥质陶灶BⅢ1, 井AⅠ1, 甑1	铁釜Aa1, Ba1, 刀B2, 环首刀2; 石黛板1, 研黛器1	

续附表 5－2

期段	墓号	型式	陶瓷器	其他	备注
四期9段	82嵊·剡M20	一A	印纹陶罍 AaIV2（硬陶）；硬陶弦纹罐 AIV1，瓿式罐 BIII1，凹肩罐I1		
	82嵊·剡M43	一A	印纹陶罍 AaIV1（硬陶）；高温釉陶盘口壶 CII1；硬陶瓿式罐 BIII2	铁剑 B1；石黛板 1	
	82嵊·剡M45	二AI	印纹陶罍 AaIV1（硬陶）；硬陶瓿式罐 BIII1，凹肩罐II1，泥质陶釜 B1，纺轮 1；酱色瓷盘口壶 CII1	铁鼎 B1，釜 A1，刀 B1	
	82嵊·剡M17	三BII	印纹陶罍 CI3（硬陶）；高温釉陶盘口壶 AV1；硬陶罐 V2，弦纹罐 CIII1，凹肩罐II1，泡菜罐 AaIII1	铜镜 2，指环 1，五铢 2 组；铁釜 Aa1，锥斗 1，刀 B2，削 1	
	56绍·漓M206	二BIII	印纹陶罍 AbII1（硬陶）；高温釉陶盘口壶 AV1，弦纹罐 AIV4，硬陶五管瓶II1；泥质陶灶 B1	铜尺 1，锥斗 1，博局镜 I2，戟 2，刀 1，镏金铜泡 2，五铢 1 组；铁火盆 1；金手镯 1；玛瑙耳珰 1；石黛板 1，研黛器 1，砺石 4	
	84上·严M156	三AI	印纹陶罍 AbIII1（青瓷）；硬陶罐 V2，钟 II2；泥质陶灶 BIII1，甄 B1	铜五铢 1 组	被 M39 叠压
	83鄞·高M36	三BI	硬陶弦纹罐 BIII7，筒形罐 AaIII2，钟 III1，五管瓶 1，插器 1	铜五铢 1 组；玛瑙耳珰 1	永元八年
	93上·驮M30	三AI	印纹陶罍 AaIV3（硬陶）；高温釉陶筒形罐 AbIII1，五管瓶II1；低温釉陶耳杯 B2，甑 1	铁刀 Ab1	永元十三年
	93上·驮M31	三BI	印纹陶罍 AaIV1（硬陶）；高温釉陶五管瓶II1，低温釉陶罐 V3，汲水罐 1；泥质陶灶 BII1，井 B1，硬陶虎子 A1	铜神兽镜 1，龙虎镜 1；铁镍斗 1，剑 1，削 1；砺石 1	永元十二年
	83鄞·高M40	三BI	印纹陶罍 AaV1（硬陶）；硬陶弦纹罐 1，五管瓶II1		打破 M37
	92上·后M16	三AI	印纹陶罍 1（硬陶）；低温釉陶弦纹罐 1，五管瓶 1		永云十三年
	84上·严M229	三AI	印纹陶罍 CII1（青瓷）；青瓷钟 II1	铁削 1	永远十五年
	05奉·南M177	三AI	高温釉陶罐 II1；硬陶钟 V1		
	05奉·南M135	砖室类	低温釉陶罐 V2	铜禽兽管镜 1，画像镜 1，五铢 1 组；铁剑 1	
	09绍·小M25	三AI	低温釉陶耳杯 B3		被盗
	06奉·石M2	三AI	泥质陶罐 V1		被盗
	92上·牛M25	三AI	硬陶弦纹罐 2；泥质陶灶 B1	铜五铢 1 组	被盗

续附表 5－2

期段	墓号	型式	陶瓷器	其他	备注
	84上·严M239	三BⅠ	印纹陶罍AaⅢ2（青瓷）；硬陶弦纹罐BⅢ3, 锺Ⅲ1, 五管瓶Ⅲ1, 碗ⅠA4, 盆AⅢ2, 火盆Ⅰ1, 耳杯B9；泥质陶釜B1, 瓿B1, 汲水罐2；酱色瓷盘口壶CⅡ2, 杯BⅣ2, 盏2, 小盏2	铜五铢2组；铁削2；砺石4	
	83·鄞高M42	三AⅠ	硬陶弦纹罐2, 锺Ⅲ1, 五管瓶1		被盗
	83·鄞高M25	三AⅠ	印纹陶罍AaⅣ1（硬陶）；硬陶瓿武罐BⅢ3, 锺Ⅳ1, 五管瓶Ⅲ1	铜五铢1组；铁刀1	
	92上·后M48	三AⅠ	印纹陶罍1（硬陶）；低温釉陶罐Ⅴ1, 五管瓶Ⅲ1, 碗1；泥质陶灶B1, 井B1	铁矛1, 剑1	被盗
	92上·后M13	三AⅠ	低温釉陶五管瓶Ⅲ1；青瓷钵AⅢ1	铜尺1, 刀1, 五铢1组；铁釜1, 刀1；银指环1；琥珀耳珰1	
五期10段	73上·嵩M57	三AⅠ	印纹陶罍AaⅣ1（硬陶）；低温釉陶罐Ⅴ1, 硬陶五管瓶Ⅲ1, 碗Ⅲ1		被盗
	06奉·石M7	三AⅠ	印纹陶罍1（硬陶）；硬陶罐Ⅴ1, 五管瓶Ⅲ1；泥质陶弦纹罐BⅢ1, 灶1		
	73上·嵩M52	三AⅠ	印纹陶罍AaⅣ1（硬陶）；硬陶锺Ⅲ1；低温釉陶罐Ⅴ2, 五管瓶Ⅳ1, 弦纹罐DⅢ1, 小罐1, 碗Ⅱ1, 簋B1, 耳杯A13	铁镰斗1, 刀1	永初三年
	84上·严M86	三AⅠ	硬陶锺Ⅳ3；酱色瓷筒形罐AaⅢ3	铁镰斗1	被盗
	83·鄞高M39	三AⅠ	低温釉陶五管瓶Ⅴ1, 托盘1	铜连弧纹镜Ⅲ1	被盗；封土叠压M36
	84上·严M248	三AⅠ	硬陶弦纹罐BⅢ1, 锺Ⅳ1；低温釉陶盆AⅢ1；酱色瓷盘口壶CⅡ1, 耳杯B3, 小盏7, 盏1	铁削1	
	93上·驮M15	三AⅠ	低温釉陶三足罐1, 耳杯B7, 盆1, 虎子BⅡ1；泥质陶釜1, 井BⅢ1	铜带钩B1	永初六年
	84上·羊M240	三AⅠ	低温釉陶五管瓶Ⅳ1, 碗Ⅰ1		
	84上·严M155	三AⅠ	硬陶弦纹罐DⅣ5, 五管瓶Ⅳ1；泥质陶瓶Ⅳ1, 泥质陶甑B1；青瓷印纹罍CⅡ1	残铁器1	被盗
	83·鄞高M27	三AⅠ	印纹陶罍1（硬陶）；硬陶罐Ⅴ2, 锺1；泥质陶汲水罐1	铜货泉1组	被盗

续附表 5－2

期段	墓号	型式	陶瓷器	其他	备注
五期10段	83 鄞·高 M29	三AI	印纹陶罍1（硬陶）；硬陶弦纹罐1		被盗
	83 鄞·高 M41	三AI	印纹陶罍AbⅡ1（硬陶）；硬陶弦纹罐1，锺1		被盗
	83 鄞·高 M35	三AI	低温釉陶耳杯B1	铜五铢1组；银指环1；玛瑙耳珰1，琉璃耳珰1	被盗
	92 上·后 M45	三AI	低温釉陶五管瓶1；泥质陶灶B1		被盗
	92 上·后 M17	三AI	泥质陶灶B1，甑1	铜五铢1组；铁釜2；琥珀耳珰1	被盗
	73 上·嵩 M50	三AI	印纹陶罍AaⅣ1（硬陶）；低温釉陶罐V1		被盗
	05 奉·南 M184	三AII	印纹陶罍AaⅢ1（硬陶）；硬陶罐V1	铁熊斗1，釜1；银指环1	
	05 奉·南 M171	三AI	印纹陶罍AaⅣ1（硬陶）；硬陶罐V1		
	73 上·嵩 M51	三AI	低温釉陶托盘1，耳杯A1		被盗
	58 担 M1	三AI	硬陶盘口壶1，罐3，锺1；泥质陶灶1，甑1，井1，汲水罐1	铜镜1；铁釜1，刀1	
	84 上·严 M89	三AI	泥质陶汲水罐1	铁削1	被盗
	84 上·严 M251	三AI	印纹陶罍AbⅢ1（青瓷）		被盗
	84 上·严 M231	三AI	印纹陶碗ⅠⅢ1（青瓷）	铁刀1	被盗
	84 上·严 M242	三AI	低温釉陶罐V2		被盗
	84 上·严 M87	三AI	硬陶弦纹罐BⅢ2，灯盏B1，纺轮1；泥质陶灶BⅡ1，釜A1，井BⅡ3，汲水罐1		
	84 上·严 M249	三AI	低温釉陶盆AⅢ1，托盘1，耳杯B9；酱色瓷盆AⅡ1，耳杯B3	砺石1	被盗
	84 上·严 M258	三AI	低温釉陶碗ⅠⅢ3		被盗
	84 上·严 M116	三AI	低温釉陶碗ⅠⅢ3		被盗
	84 上·严 M243	三AI	酱色瓷小罐1，盆AⅢ1，小盏4	铜五铢1组	被盗
	92 上·周 M50	三AI	硬陶弦纹罐CⅢ3	铜五铢1组	被盗
	92 上·周 M64	三AI	泥质陶灶BⅢ1；青瓷泡菜罐AaⅠ1		被盗
	73 上·嵩 M60	三AI	低温釉陶小罐1，碗Ⅱ1，钵C1，簋AⅡ1，托盘1，耳杯B9，熏D ⅠⅠ1，镳斗ⅠⅠ1；泥质陶灶B1，釜B1，甑1	铁刀1；砺石4	被盗

续附表 5－2

期段	墓号	型式	陶瓷器	其他	备注
五期10段	83 郭·高 M24	三 B I	硬陶弦纹罐2，筒形罐 AaIV2，凹肩罐 I 1，水盂1	铜博局镜 I 1，神兽镜2，五铢1组；铁环1，戈1，刀 Ab1，削2；石黛板1，研黛器1；玛瑙耳珰2	
	92 上·后 M24	三 A I	印纹陶罍1（硬陶）；泥质釉陶灶 B1；青瓷三足罐1，盘1，耳杯 B2		被盗
	92 上·周 M14	三 A I	硬陶罐 V1；低温釉陶碗 II 1	玻璃耳珰1	
	05 奉·南 M137	三 A I	印纹陶罍 C II 1（硬陶）；硬陶弦纹罐 AIV2	铜五铢1组；铁镳斗1，火盆1，剑1	
	92 上·后 M15	三 A I	泥质陶灶 B1；青瓷耳杯2		
	05 奉·南 M159	三 A I	印纹陶罍 C II 1（硬陶）；硬陶罐 V1	铜镜1	
	84 上·严 M93	三 A I	印纹陶罍 C II 2（青瓷）；酱色瓷五管瓶 V1，盆1，簋 A III 1，托盘1，耳杯 B8	铁镳斗1	被盗
	84 上·严 M230	三 A I	硬陶瓿式罐 B III 1，低温釉陶五管瓶 V1，碗 I 3，灶 B II 2，井 B III 2，汲水罐1；酱色瓷盘口壶 C II 1	铁削1	被盗
	84 上·严 M250	三 A I	硬陶瓿式罐 B III 2，低温釉陶五管瓶 V1，簋 B1，盆 C1，耳杯 B1，熏 F1，火盆 II 1，镳斗 II 1，灶 B II 1，釜 B1；酱色瓷小盂3，耳杯 B4	铁削1	
五期11段	84 郭·宝 M8	三 A I	青瓷五管瓶 VI1		已破坏
	78 奉·白 M3	三 B II	青瓷五管瓶 V1，熏 E1，耳杯 A1，罐 VII 1，碗 III 1，簋 A III 1，井 B III 1，汲水罐1	铜五铢1组；铁器1；金指环1；银指环1；买地券1	被盗，熹平四年
	84 郭·宝 M3	三 A I	青瓷五管瓶 IV1，碗 III 1，簋 A III 1，耳杯 B1，灶 B II 1，釜 B1，甑 B1，井 B III 1，汲水罐1	石黛板1，研黛器1	
	84 郭·宝 M5	三 A I	青瓷罐 VI1		已破坏
	84 上·严 M244	三 A I	印纹陶罍 B V1（硬陶）；低温釉陶三足罐1，簋 B1；酱色瓷筒形罐 Aa III 1	铁削1	
	84 上·严 M245	三 A I	硬陶瓿式罐 B III 1；低温釉陶小罐2；酱色瓷盘口壶 C II 1	铜禽兽镜2；铁刀1；砺石2	

续附表 5-2

期段	墓号	型式	陶瓷器	其他	备注
五期Ⅱ段11段	92 上·周 M48	三 A I	印纹陶罍 AaⅥ1（硬陶）；低温釉陶罐 Ⅴ1, 火盆 Ⅱ1, 锥斗 Ⅱ1；泥质陶灶 BⅡ1, 釜 A1, B1, 瓿 B1, 井 BⅢ, 汲水罐 2；青瓷小罐 2	铜禽兽纹镜 1	
	85 绍·马 M319	三 A I	印纹陶罍 AaⅥ1（青瓷）；青瓷罐 Ⅵ1, 五管瓶 1, 盆 C Ⅰ1, 碗 Ⅰ 1, 耳杯 B8, 熏 DⅡ1, 锥斗 Ⅲ1；泥质陶灶 BⅡ1, 釜 B1	石黛板 1	
	85 绍·马 M320	三 A I	泥质陶釜 B1, 汲水罐 1；酱色瓷盘口壶 AV1；青瓷罐 Ⅶ1, 五管瓶 V1, 熏 DⅢ1, 锥斗 Ⅲ1, Ⅱ2, 碗Ⅰ1, 耳杯 B3, 托盘 1, 灯盏 BⅢ1, 灶 BⅢ		
	91 上·联 M301	三 B I	低温釉陶堆塑器 1；酱色瓷井 AⅣ1；青瓷钟 Ⅳ1, 五管瓶 V1, 碗 Ⅱ 2, 盘 1, 盏 B Ⅱ1, C Ⅱ1, 托盘 2, 耳杯 A7, 勺 B1, 锥斗 1, 井 AⅣ1, 器座足 3, 堆塑器 1, 虎子 B Ⅱ1, 灶 B Ⅱ1, 釜 B2, 青瓷罐 DⅢ	砺石 1	
	06 奉·石 M17	三 A I	印纹陶罍 AaⅣ1（硬陶）；硬陶弦纹罐 BⅢ1, 熏 DⅢ1；青瓷钵 DⅢ	铁矛 1, 剑 1	
	06 奉·石 M13	三 A I	硬陶罐 1；低温釉陶盘；耳杯 A1, 熏 DⅢ1, 火盆 Ⅱ1, 锥斗 1		
	06 奉·石 M6	三 A I	低温釉陶钵 DⅡ3, 锥斗 Ⅱ1, 火盆 Ⅱ1；青瓷甑 A1, 釜 B1		
	06 奉·石 M25	三 A I	泥质陶盆 BⅡ1	铜五铢 1	被盗
	06 奉·石 M24	三 A I	印纹陶罍 AbⅢ1（青瓷），硬陶弦纹罐 BⅢ1, 盆 AⅣ1；泥质陶灶 BⅡ1；青瓷罐 Ⅵ1		
六期12段	83 鄞·高 M30	三 A I	印纹陶罍 1（硬陶）；硬陶弦纹罐 2		被盗
	82 绍·狮 M305	三 A I	青瓷罐 Ⅵ3, 盆 B Ⅰ1	铜龙虎纹镜 1, 神兽纹镜 1；金指环 1；银指环 1	
	82 绍·狮 M307	三 A I	青瓷盘口壶 AⅦ1, 罐 Ⅵ3, 钵 AⅣ2	铜五铢 1组, 延环五铢 1组, 货泉 1组	
	84 上·严 M107	三 A I	青瓷筒形罐 AaⅣ1	铁削 1	被盗
	84 上·严 M105	三 A I	青瓷熏 DⅢ1, 锥斗·火盆 Ⅲ1, 釜 C1, 瓿 1	铁锥斗 1, 釜 1	被盗
	05 奉·南 M126	三 A I	青瓷盘口壶 1, 熏 DⅢ1	铜五铢 1组；铁器 2；砺石 1	

附表 6-1　温（州）丽（水）台（州）地区汉墓形制统计表

期段	墓号	型式	墓向（度）	形状	规格（长×宽-深/高[米]）	结构	备注
二期2段	06温·塘M1	二AI	260	"凸"字形	总残长27.50 墓道残12×3.80 墓坑15.50×7-3.70	风化岩壁	有陪葬坑；覆斗状封土，残长30，宽18，高2米；垫木沟呈纵向，宽0.20，深0.10米，前室沟长5，后室沟长7.60米；推测木椁呈两面坡形，高约1.50米，前室长4.40，宽2.45米，后室长7.10，宽2.90米
	03温·塘M2	土坑类	不明	不明	不明	生土壁	墓已破坏
	09温·元M1	土坑类	不明	不明	不明	生土壁	墓已破坏
	09温·元M2	土坑类	不明	不明	不明	生土壁	墓已破坏
	97乐·四M1	土坑类	不明	不明	不明	生土壁	墓已破坏
	94平·凤M1	土坑类	不明	不明	不明	生土壁	墓已破坏
五期11段	56黄·秀M34	三AI	326	"凸"字形	甬道0.64×1.11 墓室3.52×1.4-1.76	壁：平砌错缝 底：横排错缝	总长4.16米，报道不详
	56黄·秀M35	三AI	339	长方形	2.74×1.11-残1.71	壁：平砌错缝 底：横排错缝	后部设有砖砌棺床，报道不详
	56黄·秀M36	三AI	不明	"凸"字形	不明	不明	前部有棺木漆痕和棺钉，报道不详
	99云·白M1	土坑类	不明	不明	不明	不明	墓被严重破坏
六期12段	86象·矮M1	三AI	90	长条形	残3.06×1.67-1.75	壁：八顺一丁 底："八"字形	底部设有排水沟，自后壁通向墓外
	89临·黄M1	三AII	340	长方形	总长8.5　前室4.76×2.58 后室2.97×2.58　隔墙宽0.77	壁：四顺一丁 底：两横两纵	被盗；后室高于前室0.24米

附表6-2　温（州）丽（水）台（州）地区汉墓随葬器器物统计表

期段	墓号	型式	陶瓷器	其他	备注
一期2段	06温·塘M1	二AI	墓室内：印纹陶瓮1（硬陶），罐BI10（硬陶）；高温釉陶瓿壶1，瓿式罐AI2；硬陶瓿壶4，盖杯1，盖DI型1，纺轮11；夹砂陶鼎D1　陪葬坑内：硬质陶砖1；泥质陶砖4，筈子3，磬18，残器2	墓室内：玉璧1，镰1	陪葬坑位于墓前左侧
	03温·塘M2	土坑类	原始瓷小碗2；印纹陶坛1（硬陶），罍BI（硬陶），罐BI3（硬陶），釜D1（硬陶）；硬陶瓿壶1，瓿式罐II1，钵D3		器物系采集
	09温·元M1	土坑类	印纹陶罐B1（硬陶），高温釉陶熏AIII1；硬陶瓿式罐II1		器物系采集
	09温·元M2	土坑类	印纹陶罐B2（硬陶）；硬陶瓿壶1（硬陶）		器物系采集
	97乐·四M1	土坑类	印纹陶罐AII4，瓿式罐II5，瓮4；泥质陶鼎EI，残豆1		器物系采集
	94平·凤M1	土坑类	印纹陶罐BII1		器物系采集
五期11段	56黄·秀M34	三AI	印纹陶罍1（硬陶）；硬陶弦纹罐4，盆1，盂1	铜五铢1组	报道不详
	56黄·秀M35	三AI		铜带钩1，神兽镜1，货泉1组，剪轮五铢1组；铁刀1	报道不详
	56黄·秀M36	三AI	印纹陶罍2（硬陶）；硬陶弦纹罐1；泥质陶釜1，瓶1	铜五铢1组；铁矛1，刀1	报道不详
	99云·白M1	土坑类	印纹陶罐D3（硬陶），罋C1（硬陶），灶DIII1（硬陶），釜A（硬陶），B1（硬陶），盆2，纺轮1，五管瓶VI1；硬陶瓿菜罐AaIII1（硬陶）；青瓷罐AV1，锺III1	铜神兽镜1，弩机1；铁刀A1	
六期12段	86象·矮M1	三AI	青瓷罐V2	铜神兽镜1，半两，五铢，大泉五十，货泉，无文钱（数量不等）	
	89临·黄M1	三AII	印纹陶罍BV2（硬陶）；硬陶盘口壶1，碗II2；青瓷盘口壶2，罐VI1，VII4，五管瓶VI1，盆AIV1，水盂2	铜五铢1组	被盗

附表 7　浙江汉墓陶瓷器统计表

分期	分段	泥质彩绘陶（1.05%）			泥质软陶（9.54%）			泥质硬陶（27.77%）			印纹陶（11.47%）		高温釉陶（44.13%）			低温釉陶（2.79%）		青瓷（2.17%）		酱色瓷（1.08%）		合计
		礼器	日用器	明器	礼器	日用器	明器	礼器	日用器	明器	日用器	明器	礼器	日用器	明器	日用器	明器	日用器	明器	日用器	明器	
一期	1段	53	4	7	7	6	4						12	3	1							97
二期	2段					3	25		40	1	34	1	90	9								203
	3段						3		27	15	14		169	46	11							285
	4段					9	25	20	70	5	69		199	101	45							543
	5段					27	19	41	102	4	80		214	114	13							614
	6段					11	73	73	310	13	142		419	218	48							1307
三期	7段					29	108	23	457	4	180		333	434	3							1571
四期	8段					17	59	4	216	2	86		22	153								559
	9段					7	43		106	7	37			40	4	16	1			1		262
五期	10段					3	36		78	9	20					86	8	9		29		278
	11段					3	22		60	1	28	3				24	21	53	25	34	2	276
六期	12段					30	15		12		8					10	5	40	6			126
合计		53	4	7	7	145	432	161	1478	61	698	4	1458	1118	125	136	35	102	31	64	2	6121

附表 8　浙江汉墓铜器统计表

分期	分段	礼器 (3.77%)	日用器 (18.35%)	乐器 (0.36%)	兵器 (3.89%)	工具 (3.04%)	铜镜 (27.95%)	钱币 (39.85%)	印章 (0.97%)	其他 (1.82%)	合计
一期	1段		鐎壶 1		戈 1，剑 1		蟠螭纹镜 I 1，镜 1				5
二期	2段		带钩 A1		戈 1，剑 1						3
	3段		洗 A1，匜 1	鼓 1	矛 A2，镦 1		蟠螭纹镜 II 2，日光镜 I 1，镜 1，星云镜 2	半两 6			18
	4段	豆 1，鼎 A2，鼎 B1，壶 3	洗 A1，洗 1，杯 B1，带钩 2，鐎斗 1，釜 1	铎 2	矛 A1，镦 1		连弧纹镜 I 1，草叶纹镜 1，日光镜 I 1，昭明镜 2，星云镜 4，镜 1	五铢 13	印章 1	装饰品 1，残铜器 1	51
	5段	鼎 B1	洗 A1，洗 2，盘 1，勺 1，带钩 B1，带钩 1，釜 A1		矛 A1	削 1，环 1，泡钉 3	蟠螭纹镜 II 1，日光镜 I 4，昭明镜 4，星云镜 1，镜 2	半两 2，五铢 17			47
	6段	豆 1，簋 A I 1，簋 B II 1	洗 A5，洗 6，盘 1，钵 1，耳杯 1，带钩 A3、B5、C1，鐎斗 1，釜 C1		矛 A1，矛 1	镰 1，削 1，环 2，刷 3	蟠螭纹镜 II 1，日光镜 II 10，昭明镜 3，星云镜 3，四虺四乳镜 6，博局镜 I 2，禽兽纹镜 2，镜 7	五铢 48	印章 5	盒附件 1，残器 6	133
三期	7段	鼎 A3，壶 A1，提梁卣 1，簋 4	洗 A10，洗 10，碗 3，盘 2，杯 A2，勺 1，匜 1，灯 1，行灯 1，带钩 B7、C1，鐎斗 A1、3，釜 A1、B6、C5、D1，釜 3，甑 10，瓿 2		矛 B1，矛 3，弩机 1，镞 1	镊 1，刷 1，削 4，环 2	连弧纹镜 II 1，日光镜 II 7，昭明镜 13，四虺四乳镜 12，博局镜 I 15，禽兽纹镜 3，镜 9	半两 1，五铢 97，剪轮五铢 2，大泉五十 20，货布 3，大布黄千 2，货泉 1，小泉直一 1	印章 1	饰件 1，残器 3	290

续附表8

分期	分段	礼器(3.77%)	日用器(18.35%)	乐器(0.36%)	兵器(3.89%)	工具(3.04%)	铜镜(27.95%)	钱币(39.85%)	印章(0.97%)	其他(1.82%)	合计
四期	8段	鼎A1，壶1，簋AⅡ3	洗B2，洗1，碗1，博山炉1，带钩A1，B2，带钩B1，D2，鐎斗B2，鐎斗4，釜B1，D2，釜1，甑2		矛1，刀2，弩机2	削1	连弧纹镜Ⅲ2，日光镜Ⅱ1，昭明镜3，四虺四乳镜3，博局镜Ⅰ26，博局镜Ⅱ1，禽兽纹镜4，龙虎镜6，神兽镜2，镜9，画像镜2，指环1	五铢49，大泉五十1，货布1，大布黄千1		残器2	144
	9段		鸠杖首1，尺1，指环1，鐎斗2		戟2，戈1，刀2	泡钉2	连弧纹镜Ⅲ1，博局镜Ⅰ10，禽兽纹镜6，龙虎镜1，神兽镜2，画像镜1，镜4	五铢20，布泉1			58
五期	10段		尺1，带钩B1		刀1		连弧纹镜Ⅲ1，博局镜Ⅰ1，神兽镜3，镜2	五铢10，货泉1			21
	11段		带钩2		戟1，矛B1，弩机1		博局镜Ⅱ1，禽兽纹镜3，神兽镜4	五铢10，剪轮五铢2，货泉1			26
六期	12段		勺1，指环1			钩1，帽1	龙虎镜1，神兽镜3	半两1，五铢11，剪轮五铢1，延环五铢1，大泉五十1，货泉2，无文钱1	印章1		27
合计		31	151	3	32	25	230	328	8	15	823

附表 9　浙江汉墓铁器统计表

分期	分段	炊器 (29.76%)	工具 (13.43%)	服饰器 (0.18%)	兵器 (52.82%)	其他 (3.81%)	合计
一期	1段						
	2段						
	3段				剑A2, 刀B1, 刀1		4
二期	4段	釜Aa1, Bb2, 釜5, 釜支架1	削3		戟2, 剑A2, B1, 剑2, 刀Aa1, 环首刀1, 刀6	残器1	28
	5段	鼎1, 釜Aa2, Bb2	锸A1, 剪刀1, 锟3, 削4		矛B1, 矛2, 剑A1, 剑2, 刀Ab1, 环首刀2, 刀8		31
三期	6段	鼎A2, 镰斗1, 釜Aa1, Ab4, A1, Ba2, B1, 釜9	锸B1, 削10, 环1		戟2, 矛A1, 矛3, 剑A4, B1, 剑鞘挂钩1, 刀Aa2, Ba1, Bb1, B4, 刀14	残器4	71
	7段	鼎A1, B3, 鼎1, 镰斗2, 火盆1, 釜Aa13, Ab4, Ba7, Bb4, B1, 釜支架1	锸B1, 斧1, 锯2, 环1, 削19		戟2, 矛A6, B1, 矛10, 剑A7, B4, 剑17, 刀Ab4, Ba4, Cb2, A2, B3, 环首刀1, 刀32	瓮附件1, 残器5	194
四期	8段	鼎1, 镰斗4, 釜Aa5, Ab1, Bb1, 釜14	锛1, 锤1, 凿2, 削5, 环1	带钩1	戟1, 矛A1, B1, 矛4, 剑A2, B7, 剑23, 刀Aa1, 环首刀2, 刀38	残器4	121
	9段	鼎B1, 鼎1, 镰斗4, 火盆2, 釜Aa6, Ab3, Ba1, 釜3	削4		剑B1, 剑4, 刀Ab1, A1, B5, 环首刀2, 刀11	残器2	53
五期	10段	镰斗4, 火盆1, 釜3	削6, 环1		戟1, 矛1, 剑2, 刀Ab1, 刀7		27
	11段	镰斗1	削3		矛1, 刀A1, Bb1, 刀4	残器1	12
六期	12段	镰斗2, 釜1	削2		矛1, 剑1	残器3	10
合计		164	74	1	291	21	551

附表 10　浙江汉墓玉料器统计表

分期	分段	服饰器（90.91%）	兵器附件（3.31%）	明器（5.78%）	合计
一期	1段	玉璧 2，玦 1；水晶环 1	玉剑首 1		5
	2段	玉璧 3，玦 1，坠饰 1；料珠 1			6
	3段	玉璧 4			4
二期	4段	玉璧 1，坠 1；水晶珠 1；料珠 3		玉琀 2，鼻塞 2，耳塞 2	12
	5段	玉璧 1；玻璃珠 1；玛瑙管 2；绿松石管 1；料珠 1			6
	6段	玉璧 1，环 2，管 3，珠 3，坠 1；玻璃璧 1；珠 3；料珠 3		水晶琀 1	20
三期	7段	玉璜 2，珠 2，坠 1；玻璃珠 1，耳珰 1；琉璃珠 3，耳珰 2；玛瑙珠 3，耳珰 2；料管 2，珠 14；水晶珠 3；绿松石坠 1；翡翠坠 1；骨坠 4			41
四期	8段	玉珠 1；琉璃耳珰 3；玻璃耳珰 1，珠 2；玛瑙耳珰 1；料珠 2；水晶珠 1；琥珀耳珰 1	玉剑璲 3		15
	9段	玉扣 1；玛瑙耳珰 3			4
五期	10段	玻璃耳珰 1；琉璃耳珰 3；玛瑙耳珰 3；琥珀耳珰 2			7
	11段	玉坠 1			1
六期	12段				
合计		110	4	7	121

附表 11　浙江汉墓石器统计表

分期	分段	日用器（60.36%）	工具（27.44%）	明器（7.93%）	其他（4.27%）	合计
一期	1 段					
二期	2 段					
	3 段	研黛器 2				2
	4 段	滑石器 1，黛板 3				6
	5 段	黛板 4	砺石 4			10
	6 段	研黛器 5，黛板 13，砚 1	铧 1，砺石 6		印章 1，玩具 1	28
三期	7 段	研黛器 16，黛板 23	砺石 3		玩具 1，滑石珠 1	44
四期	8 段	研黛器 4，黛板 9，砚 1	刀 1，砺石 3		玩具 1	19
五期	9 段	研黛器 2，黛板 4	砺石 12			18
	10 段	研黛器 1，黛板 1	砺石 10			12
	11 段	研黛器 1，黛板 3	砺石 4		买地券 1，滑石璧 1	10
六期	12 段	黛板 1	砺石 1	榻 3，榻屏 1，榻案 2，槽 3，狮子 1（对），手握 3		15
合计		99	45	13	7	164

附表 12　浙江汉墓漆木器统计表

分期	分段	日用器（47.44%）	娱乐器（2.56%）	兵器（1.28%）	明器（8.98%）	残器（39.74%）	合计
一期	1段	盒2，奁1，卮1，盘1，案1，凭几1，耳杯9，簏1，虎子1，坐便架1	瑟1，六博1	箭杆1	俑7	4	33
	2段					1	1
二期	3段	盒1，奁1					2
	4段	奁1，盘1				4	6
	5段	奁2				3	5
	6段	奁2，耳杯3，勺1				11	17
三期	7段	盒2，奁1，盘1，耳杯1，				4	9
	8段					2	2
四期	9段						
五期	10段					1	1
	11段						
六期	12段	奁1				1	2
合计		37	2	1	7	31	78

附表 13　浙江汉墓各地区墓葬形制对比表

墓葬形制	湖嘉余地区	杭金衢地区	宁绍地区	温丽台地区
一类 A 型墓	40 座（西汉中期前段至东汉早期前段）	36 座（西汉早期后段至东汉早期前段）	77 座（西汉早期后段至东汉早期后段）	无
一类 B 型墓	无	无	1 座（西汉晚期前段）	无
二类 A 型 I 式墓	78 座（西汉早期前段至东汉早期前段）	68 座（西汉早期前段）	63 座（西汉早期后段至东汉早期后段）	1 座（西汉早期后段）
二类 A 型 II 式墓	7 座（东汉早期前段）	5 座（东汉早期）	41 座（东汉早期）	无
二类 B 型 I 式墓	10 座（西汉中期后段至东汉初期）	23 座（西汉中期后段至东汉早期前段）	14 座（西汉晚期后段至东汉早期前段）	无
二类 B 型 II 式墓	1 座（东汉早期前段）	3 座（东汉早期前段）	8 座（东汉早期）	无
二类 B 型 III 式墓	无	1 座（东汉早期后段）	2 座（东汉早期）	无
二类 C 型墓	4 座（西汉晚期后段至东汉初期）	29 座（西汉中期后段至东汉早期前段）	4 座（王莽至东汉初期）	无
二类 D 型 I 式墓	5 座（西汉晚期后段至东汉初期）	9 座（西汉晚期前段至东汉早期前段）	2 座（西汉晚期后段）	无
二类 D 型 II 式墓	4 座（王莽至东汉中期后段）	无	无	无
三类 A 型 I 式墓	28 座（东汉早期前段至东汉中期后段）	25 座（东汉早期后段至东汉中期）	127 座（东汉早期前段至东汉晚期）	4 座（东汉中期后段至东汉晚期）
三类 A 型 II 式墓	11 座（东汉中期后段）	无	1 座（东汉早期后段）	1 座（东汉晚期）
三类 B 型 I 式墓	1 座（东汉晚期）	无	6 座（东汉早期后段至东汉中期后段）	无
三类 B 型 II 式墓	无	1 座（东汉早期后段）	2 座（东汉早期后段至东汉中期后段）	无
三类 C 型墓	2 座（东汉晚期）	无	无	无
三类 D 型墓	5 座（东汉中期后段至东汉晚期）	无	无	无

后 记

　　两汉时期墓葬在浙江地区分布面积广，保存数量多，汉墓的发掘是浙江历史时期考古的主要工作之一。在"既无千金之家，亦无冻饿之人"的历史背景下，以平民等级为主流的浙江汉墓看似鲜有闪亮之处。但就考古学角度而言，以带封土的竖穴土坑和券顶砖室为主要墓葬形制、以高温釉陶或青瓷为主要随葬品的浙江汉墓，构成了长江下游地区两汉墓葬的鲜明地域特征。

　　1949 年以来，浙江各地发掘了大量的汉墓，但由于材料普遍仅以简报、简讯的形式报道于一些地方专业刊物上，故很难引起业内人士的关注，甚至出现了"浙江有汉墓吗？"的疑问。因此，"浙江有汉墓，浙江有众多的汉墓，浙江的汉墓具有鲜明的地域特色"成为了我编写本书的起因和动力，并期待起到抛砖引玉的作用。

　　1971 年 4 月，我在初中的课堂上，稀里糊涂地被浙江话剧团招生成为演员，次年的 9 月又调入浙江省博物馆担任讲解员。从活泼好动的剧团到伏案学习的博物馆，由动到静的过程令我很不适应。期间，我看到历史部考古组的老师们身背大小两个帆布包，手拿小铲子奔走于浙江各地，好奇之下不禁上前询问他们的工作内容，由此首次听到了"考古"二字。出于新奇，抱着能到处游览的心理，每每听到有老师要下野外，我总是死磨硬泡地要求参加，也因此常常被宣教部主任批评为不务正业。直到 1979 年浙江省考古所成立，我才名正言顺地走上了考古之路，并体会了其中的甜酸苦辣。本书付梓之时，我已退休开始新的生活，这也算是对自己长期从事古墓葬发掘的一个交代吧。

　　如果本书算作一个成果，那么这个成果是属于大家的。在此，要感谢我的家人，尤其是我的妻子沈英娣女士！没有你们的默默支持，我不可能长期坚持田野发掘工作，坚持对汉墓的关注和探索。感谢曹锦炎、李小宁前后两任所长，为本书的顺利完成提供了时间和经费的保障！感谢近九十高龄的汪济英先生为书名题字！

感谢牟永抗先生抱病对本书的悉心指导和修改，并在化疗后坚持为本书撰写序言！感谢在编写过程中浙江省文物考古研究所各位同仁以及杭州、嘉兴、海宁、桐乡、海盐、湖州、安吉、长兴、德清、宁波、余姚、上虞、嵊州、温州、云和、温岭、衢州、龙游等市县考古所、博物馆众多朋友们的鼎力相助，无私地提供所需的各种资料。感谢北京大学考古文博学院王音、浙江省文物考古研究所郑云飞、李晖达同志，分别为本书翻译英、日、韩文提要。感谢文物出版社陈春婷为本书的出版付出的艰辛。

胡继根

2013 年夏天

The Han Dynasty Tombs in Zhejiang Province

(Abstract)

Tombs of the Han Dynasty spread throughout Zhejiang Province, which have the largest number and widest distribution range among local tombs of all historical periods. Therefore, the investigation and excavation of the Han Dynasty tombs have become the main contents of historical archaeology in Zhejiang Province. So far, there are thousands of Han tombs excavated, of which published ones are more than 700. As for these tombs, earlier ones are characterized by vertical earth pits with grave mounds and burial objects dominated by refractory glazed pottery, while the features of later ones are brick vaulted chambers and burial objects mainly celadon. To summarize the development of Han tombs in Zhejiang systematically and comprehensively can not only contribute to the understanding of local burial rituals and ideas in the Han Dynasty, but also be beneficial to the understanding of the process in which Zhejiang gradually integrated into the unified Han culture from its indigenous culture of the pre-Qin period.

Zhejiang lies off the east coast of China, and comprises continuous hills as well as a dense network of rivers, where ancestors of Yue dwelt from very ancient times. At the time when the state of Chu wiped out the state of Yue, the Chu culture came in accordingly. During the Han Dynasty, there was the Han culture sweeping down to the south. As a result, cultures of Yue, Chu and Han integrated in Zhejiang, leading to diverse types of tombs. Through nearly 60 years of archaeological work, we are gradually carrying out comprehensive study of Han tombs based on tomb structures and burial objects.

This book classifies the Han Dynasty tombs of Zhejiang into 3 types as earth pit with timbered coffin, earth pit with timbered outer coffin, and earth pit with brick vaulted chamber, and elaborates comprehensively about the styles of burial objects, time and staging, cultural factors, as well as regionalization. Thereby it comes to the conclusion as below: since the influence of the cultures of Yue, Chu and Han changed respectively from time to time, tombs belonging to the earlier period of early West Han Dynasty manifested a strong feature of the Chu culture. Then, during the time from the later period of early West Han Dynasty to the Wang Mang period, with the Han culture down to the South, the Chu culture weakening and the Yue culture fading, tombs were characterized by the coexistence of multiple cultural factors. When it came to the Eastern Han Dynasty, along with the aggressive advance of the Han culture, the development of the Han tombs in Zhejiang corresponded with other small and medium-sized tombs also distributed in the lower reaches of Yangtze River like Jiangsu, Anhui, and Shanghai, and thus completely integrated into the large party of the Han culture.

浙江漢墓

（要旨）

　　浙江省における両漢の古墳が分布範囲広く、数多く、各地で発見された。従って、漢代古墳の調査および発掘は、浙江省歴史時期考古の重要な考古任務である。全省では、これまで、千基も超える漢代古墳が発掘され、そのなか、700 基以上の古墳発掘資料がすでに公表されている。前期の古墳は、高温の釉陶器を副葬した竪穴土坑墓であり、後期の古墳は、青磁器を副葬品とした券頂磚室が特徴となるものである。浙江における漢代古墳の発展軌跡を明らかにするのは、該地域の漢代葬祭礼儀と観念および浙江先住民文化から漢代の大一統文化への融合プロセス及びそのリズムの理解に対して重要であると考えられる。

　　東海に瀕する浙江省は、山々が連なり、河川が縦横なり、古越族という先住民の生息地であった。越国が楚国に併呑されたと伴い、楚文化が越地に大量流入してきた。漢代に入り、漢文化は、さらに南部を席巻した。従って、両漢の際、浙江は越、楚、漢など3つの文化の共同体であり、古墳の形式及び内包が多様化を呈していた。最近、60 年余りの考古調査及び発掘成果を基づき、古墳の形式および副葬品の種類を手がかりにして、浙江における漢代古墳に関する総合的研究が徐々に展開されてきた。

　　本書では、浙江における漢代古墳を土坑木棺、土坑木槨、土坑券頂磚室などの三種類に分け、それらの副葬品特徴、年代区別、文化要素、地域性などについて、全面的に述べている。また、多分野の考察により、この地域は、越、楚、漢文化の興衰影響で、前漢早期には楚文化が濃く、後期から王莽時代にかけては、漢文化の南下と伴う楚文化が弱り、越文化がさらに衰え、多元文化要素が併存する様子を現れたことが見られる。後漢は、漢文化の急速的進出により、浙江における漢代古墳の発展プロセスが、長江下流域に位置する江蘇、安徽、上海などにある中小型古墳とほぼ一致し、すでに漢文化系統に融合していったことが考られる。

浙江漢墓

(요약)

漢나라시기의 고분은 浙江省 전역에 분포하고 절강지역 역사시기에 양이 가장 많고 범위가 가장 넓은 것이다. 따라서 漢代 무덤에 대한 조사는 절강성 역사고고학의 가장 중요한 내용 중 하나이다. 지금까지 이 지역에서 발굴된 한나라 무덤이 몇 천 기가 있고 그 가운데 700 몇 기의 자료가 이미 발표되었다. 이들 무덤 중에서, 이른 시기의 무덤은 봉토가 있는 수혈토광묘로서 주로 高溫釉陶가 부장된다. 반면에 늦은 시기의 무덤은 터널형 지붕의 벽돌무덤으로서 주로 청자가 부장된다. 절강 전역 한나라 고분 자료에 대한 계통적인 정리는 이 지역 한대의 매장 예의과 관념을 이해하기에 도움될 수 있고 절강 지역 先秦시기의 토착문화가 한나라 통일 문화권에 통합된 과정도 구명할 수 있다.

절강성은 東海 바닷가에 위치하고 대부분 산악지대이고 하천도 많고 오랫동안 고대 越族의 영역이다. 楚나라가 越나라를 멸망시킨 후에 楚문화가 이 지역에 들어와 확산되었다. 그리고 한나라 건국한 후 漢문화도 남쪽으로 내려 이 지역에 유입되었다. 따라서 한나라 시기의 절강 일대는 越, 楚, 그리고 漢의 문화 요소가 융합되고 무덤의 형식과 성격도 다양하게 나타났다. 최근 60 몇 년의 고고학 조사를 통해 무덤의 형식과 유물의 유형을 비롯한 절강성 한대 고분에 대해서 종합 연구를 이루었다.

본고는 절강성 한대 고분을 크게 토광목관, 토광목곽, 그리고 토광 塼室墳 3 가지로 나누어서, 부장품의 성격, 편년, 문화 요소, 지역별의 유형 등 문제를 계통적으로 밝혔다. 한나라 시기에 절강 지역에서 월, 초, 한의 문화가 共存하여 서로 영향을 끼쳤다. 前漢 전기에 초문화가 강세를 보이고, 전한 전기 후반부터 王莽시기까지 한문화가 남부에 내리고 초와 월문화가 점차 쇠퇴하여 다양한 문화 요소가 같은 무던에서 보인다. 그 이후 後漢시기에 한문화가 중국 남방에 최종적으로 정착하며, 절강지역 묘제의 발전 맹락은 같은 시기의 양자강 하류에 있는 강소, 안휘, 상해 등 지역의 한나라 무덤과 일치하고 완전히 漢문화권에 융합되었다.

1. 发掘前（东—西）

2. 发掘后（东—西）

图版一　土墩（高埠）类型11长·夏D10

图版二　土墩（高埠）类型10湖·杨D69全景（南—北）

1. 发掘前（北—南）

2. 发掘中（西—东）

图版三　土墩（高埠）类型06湖·杨D28

图版四　一类A型墓07余·义M38全景（东—西）

1. 05奉·南M174全景
（东—西）

2. 05奉·南M190全景（北—南）

图版五　二类A型Ⅰ式墓

图版六　二类A型Ⅰ式墓06温·塘M1全景（东—西）

1. 06温·塘M1墓外器物坑（西—东）

2. 06湖·杨D28M10全景（北—南）

图版七　二类A型Ⅰ式墓

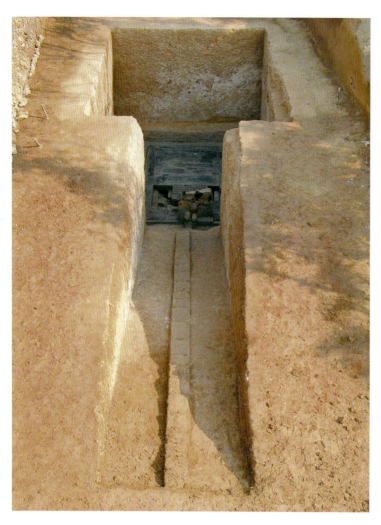

1. 全景（西—东）
 （墓道中的阶梯是发掘过程中为方便出入而留下的，并非原墓
 所有）

2. 墓室（西—东）

图版八　二类A型Ⅰ式墓06安·五M1

2. 木椁前偶人（西—东）

1. 足箱出土器物（北—南）

3. 木椁内部结构（东—西）

图版九　二类A型 I 式墓06安·五M1

1. 07余·义M29全景（西—东）

2. 86杭·老M148全景（南—北）

图版一〇　二类A型Ⅰ式墓

1.92上·后M51墓底（西—东）

2.92上·后M14全景（南—北）

图版一三　二类B型Ⅰ式墓

1. 10长·七M4全景（东—西）

2. 87湖·杨D5M6全景（东—西）

图版一四　二类B型 I 式墓

图版一五　二类B型Ⅱ式墓05奉·南M108全景（北—南）

1.02海·仙M1、M2全景（西—东）

2.86杭·老M118、M121全景
（西—东）

图版一六　二类C型墓

1. 86杭·老M68、M69全景（南—北）

2. 07余·义M56全景（南—北）

图版一七　二类C型墓

1.09绍·小M26全景（D型Ⅰ式，南—北）

2.87湖·杨D8M2中间隔墙（D型Ⅱ式，东—西）

图版一八　二类D型墓

1.05奉·南M133全景（西—东）

2.92上·后M17全景（南—北）

图版一九　三类A型 I 式墓

1. 全景（北—南）

2. 棺床与渗水系统（北—南）

图版二〇　三类A型Ⅰ式墓03长·下M2

1. 全景（南—北）

2. 随葬器物与垫棺砖（南—北）

图版二一　三类A型Ⅰ式墓84上·严M248

1. 全景（东—西）

2. 墓壁结构与砖纹（南—北）

图版二二　三类A型Ⅰ式墓93上·驮M30

1. 全景（南—北）

2. 随葬器物分布状况（南—北）

图版二三　三类A型Ⅰ式墓84上·严M155

图版二四　三类A型Ⅱ式墓08湖・白G4M11全景（南—北）

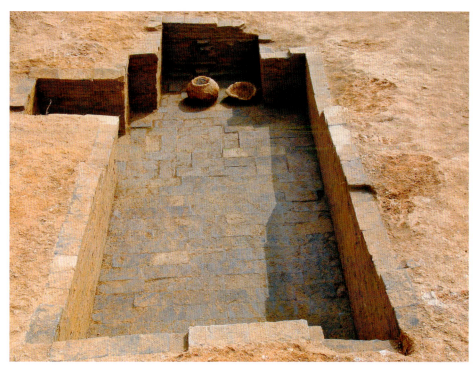

1.05奉·南M184全景（北—南）

2.03长·卞M3全景（北—南）

图版二五　三类A型Ⅱ式墓

1. 全景（东—西）

2. 耳室顶部（南—北）

图版二六　三类A型Ⅱ式墓03长·卞M7

1. 03长·卞M7前堂砖榻与耳室（北—南）

2. 03长·卞M10穹隆顶（南—北）

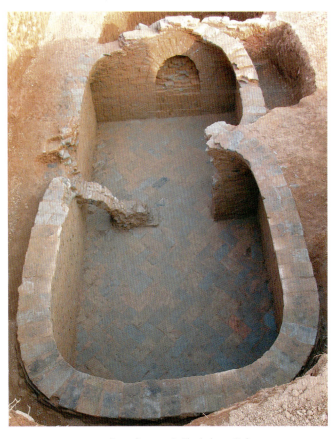

3. 03长·卞M10全景（南—北）

图版二七　三类A型Ⅱ式墓

1.10湖·小M4全景（B型Ⅰ式，西—东）

2.07余·义M14全景（B型Ⅱ式，东—西）

图版二八　三类B型墓

1. 全景（东—西）

2. 两墓之间的"神仙洞"
　（南—北）

图版二九　三类C型墓10湖·小M2、M3

1. 全景（南—北）

2. 后室顶部结构（俯视）

图版三〇　三类D型墓06长·西M1

1.顶部结构（东—西）

2.耳室门楣左侧青龙画像（北—南）

3.耳室门楣右侧白虎画像（北—南）

图版三一　三类D型墓06长·西M1

1.车马出行（东壁画像）

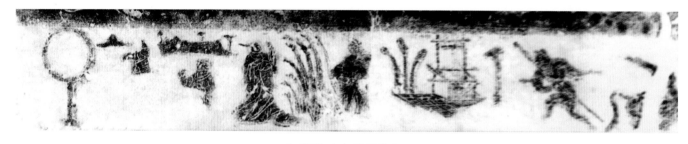

2.狩猎（东壁画像）

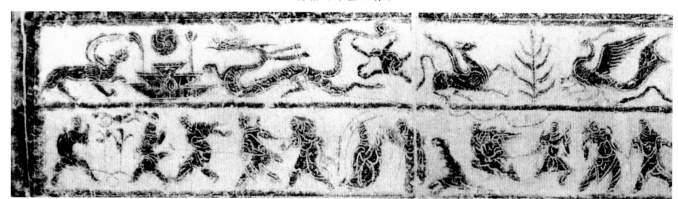

3.瑞兽与人物故事（北壁画像）

4.人物故事（东壁画像）

5.人物故事（西壁画像）

图版三二　三类D型墓73海·长M1部分画像

1. 建筑与人物故事（北壁画像）

2. 人物与马

3. 太阳与飞鸟

图版三三　三类D型墓73海·长M1部分画像

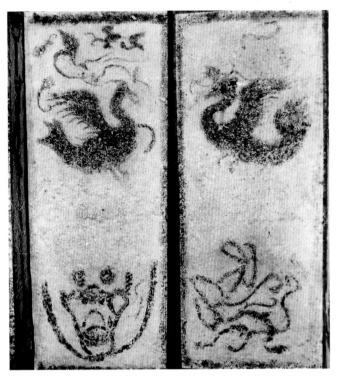

1. 瑞兽祥云

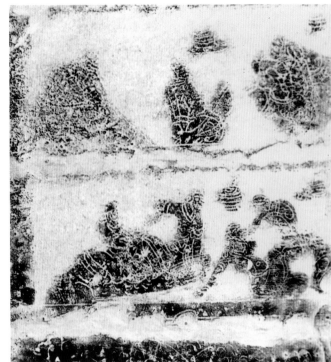

2. 人物故事

3. 人物故事

4. 人物故事

图版三四　三类D型墓73海·长M1部分画像

1. A型豆（06安·五M1：60）　　　　　　2. A型豆（92余·老D1M14：31）

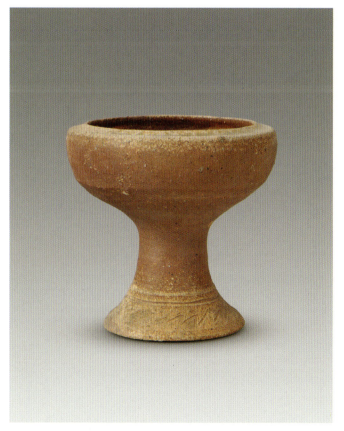
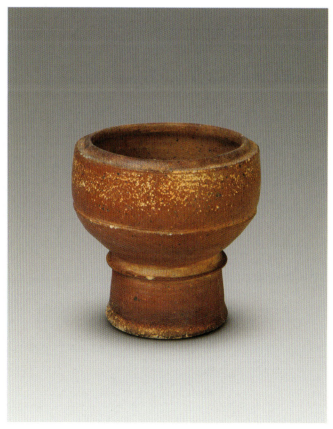

3. B型Ⅰ式豆（89安·上M11：1）　　　　　4. B型Ⅱ式豆（07余·义M47：5）

图版三五　陶豆

1. A型 I 式钫（06安·五M1：45）

2. A型 II 式钫（92余·老D1M1：4）

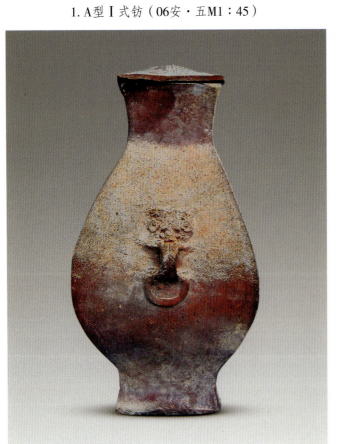

3. B型 I 式钫（07安·上D49M6：13）

4. B型 II 式钫（79龙·东M22：7）

图版三六　陶钫

1. B型Ⅱ式钫（07湖·杨G2M3：9）

3. A型Ⅰ式鼎（06安·五M1：50）

4. A型Ⅰ式鼎（92余·老D1M14：17）

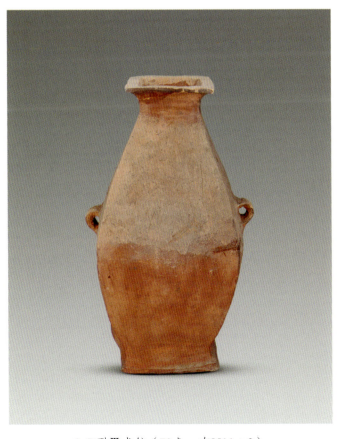

2. B型Ⅲ式钫（79龙·东M11：3）

5. A型Ⅱ式鼎（92余·老D1M14：15）

图版三七　陶钫、鼎

1. B型Ⅰ式鼎（92余·老D1M14：5）

2. B型Ⅱ式鼎（07余·义M28：4）

3. B型Ⅲ式鼎（07余·义M56B：26）

4. B型Ⅳ式鼎（06湖·杨D28M13：13）

5. B型Ⅴ式鼎（87龙·东M11：5）

1. C型Ⅰ式鼎（07湖·杨D33M8：3）

2. C型Ⅱ式鼎（07湖·杨G2M2：6）

3. C型Ⅳ式鼎（88龙·东M27：12）

4. C型Ⅴ式鼎（82嵊·剡M48：9）

5. D型鼎（06温·塘M1：6）

6. E型鼎（97乐·四M1：14）

图版三九　陶鼎

1. A型Ⅰ式盒（06安·五M1：56）

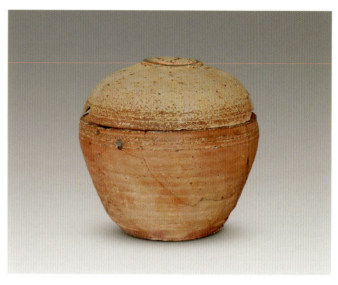

2. B型Ⅰ式盒（07湖·杨G2M3：29）

3. B型Ⅱ式盒（79龙·东M11：23）

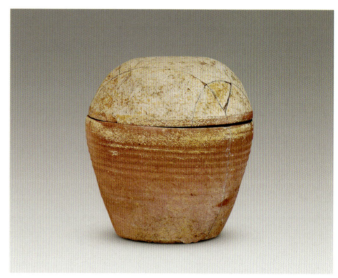

4. B型Ⅲ式盒（06湖·杨D28M13：4）

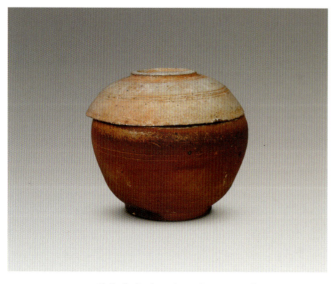

5. C型Ⅰ式盒（07余·义M28：6）

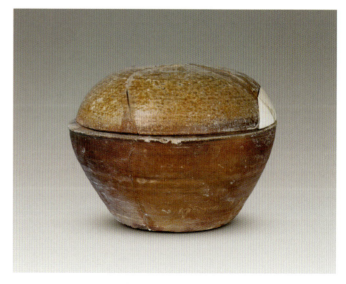

6. C型Ⅱ式盒（07余·义M29：19）

1. A型Ⅰ式瓿（07余·义M28：3）

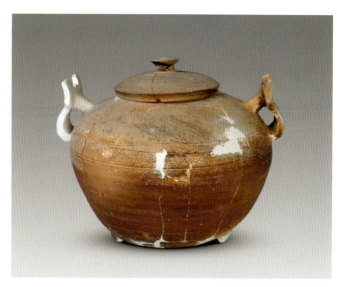

2. A型Ⅱ式瓿（07余·义M38：3）

3. A型Ⅱ式瓿（64义·北M1：5）

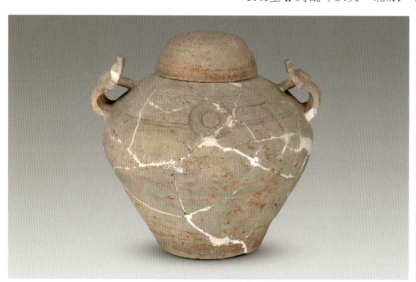

4. A型Ⅱ式瓿（82嵊·剡M70：10）

图版四一　陶瓿

1. A型Ⅱ式瓿（82嵊·剡M39：11）

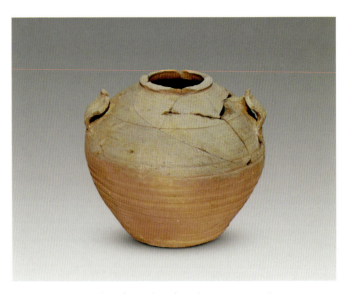

2. A型Ⅲ式瓿（06湖·杨D28M8：7）

3. A型Ⅲ式瓿（79龙·东M22：5）

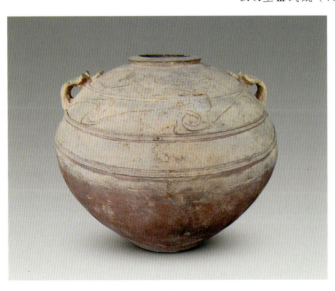

4. A型Ⅳ式瓿（05奉·南M116：2）

图版四二　陶瓿

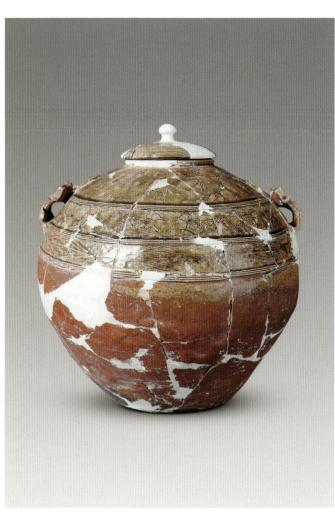

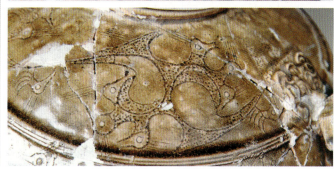

1. A型Ⅳ式瓿（87龙·东M12：8）

2. A型Ⅴ式瓿（87湖·杨D1M6：12）

图版四三　陶瓿

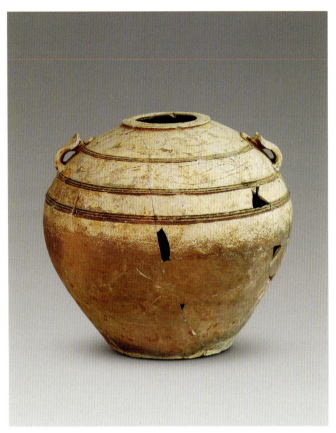

1. A型Ⅴ式瓿（07湖·杨D35M3：6）

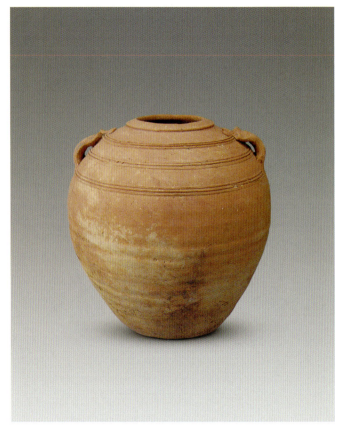

2. A型Ⅵ式瓿（02海·仙M2：3）

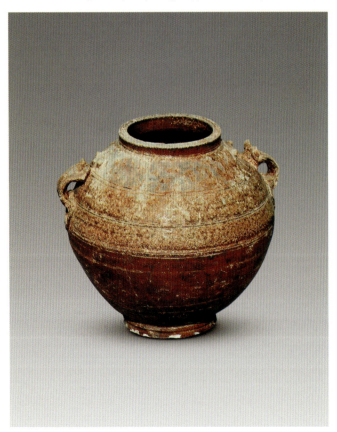

3. B型瓿（06湖·杨D28M8：11）

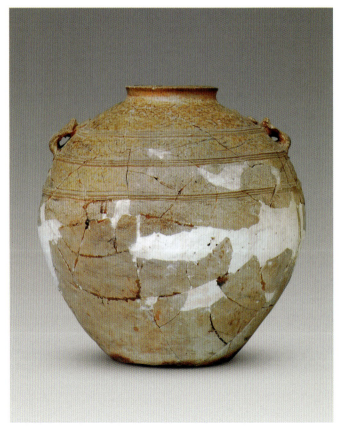

4. C型瓿（87余·果M7：24）

图版四四　陶瓿

1. A型Ⅰ式敞口壶（82嵊·刻M47：8）　　　2. A型Ⅰ式敞口壶（92余·老D1M14：32）

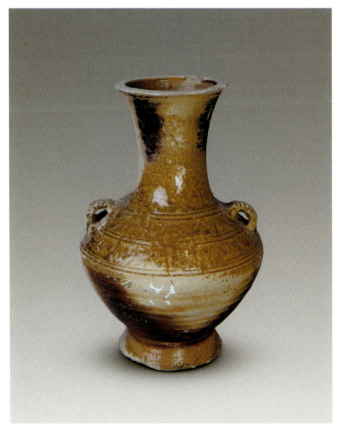

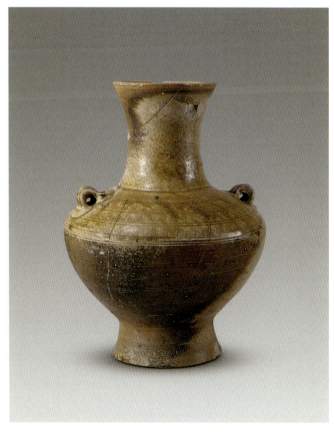

3. A型Ⅱ式敞口壶（07余·义M37：1）　　　4. A型Ⅱ式敞口壶（92余·老D1M10：2）

图版四五　陶敞口壶

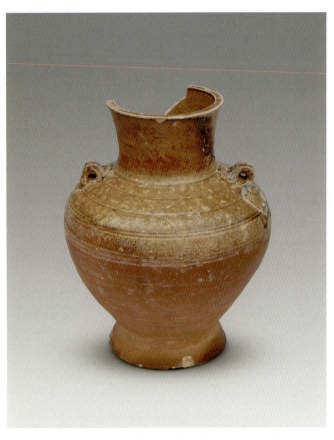

1. A型Ⅱ式敞口壶（08湖・白G4M18：1）

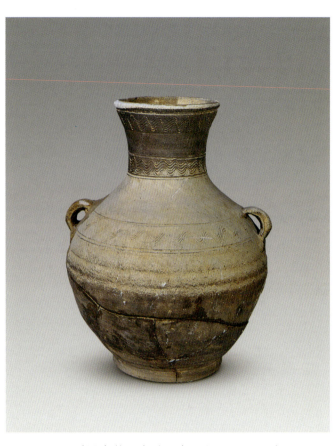

2. A型Ⅲ式敞口壶（07余・义M56C：21）

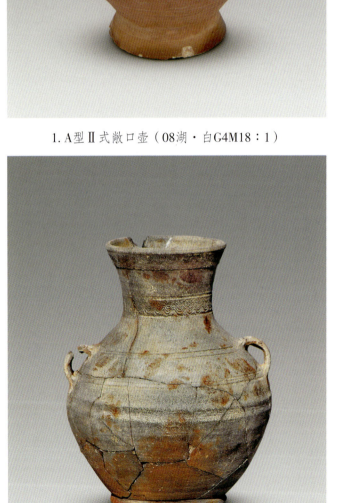

3. A型Ⅳ式敞口壶（06湖・杨D28M6：11）

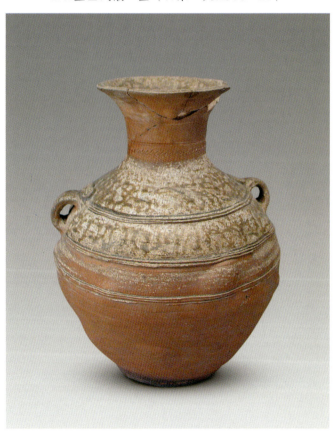

4. A型Ⅴ式敞口壶（02海・仙M1：6）

图版四六　陶敞口壶

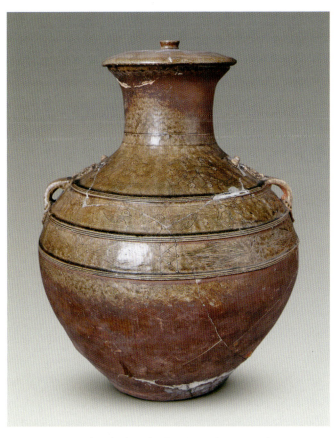

1. A型V式敞口壶（87龙·东M12：9）

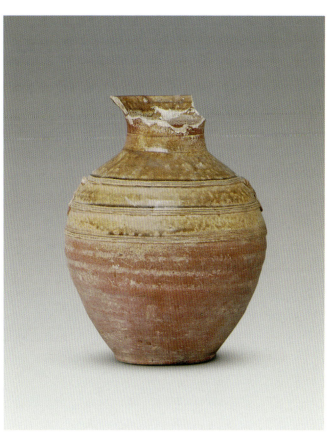

2. A型Ⅵ式敞口壶（87余·果M11：4）

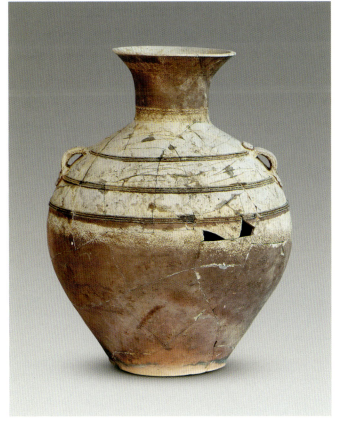

3. A型Ⅵ式敞口壶（07湖·杨D35M3：8）

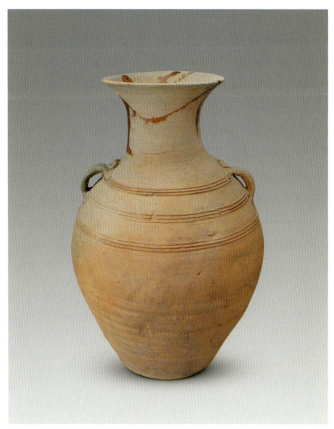

4. A型Ⅵ式敞口壶（02海·仙M2：6）

图版四七　陶敞口壶

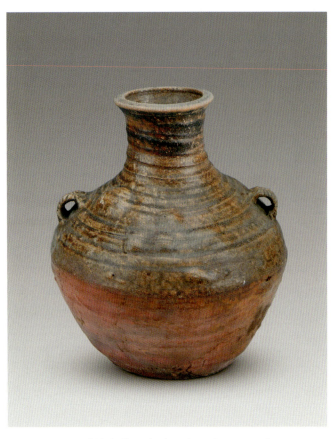

1. B型Ⅰ式敞口壶（87龙·东M3：12）　　　　　2. B型Ⅰ式敞口壶（79龙·东M11：2）

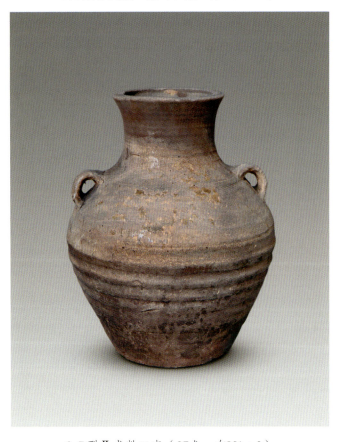
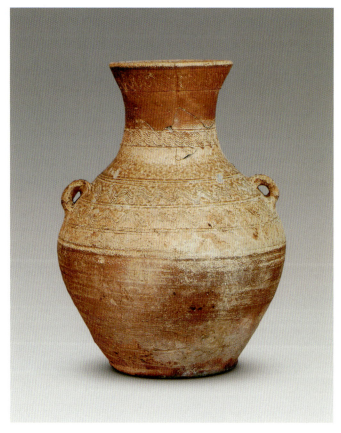

3. B型Ⅱ式敞口壶（87龙·东M1：2）　　　　　4. A型Ⅰ式盘口壶（06湖·杨D28M13：16）

图版四八　陶敞口壶、盘口壶

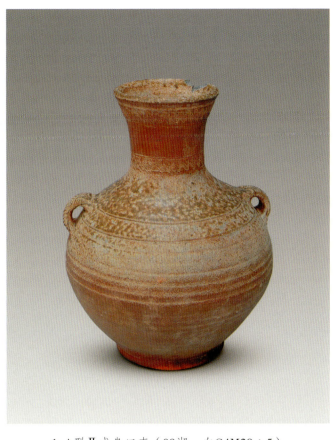

1. A型Ⅱ式盘口壶（08湖·白G4M29∶5）

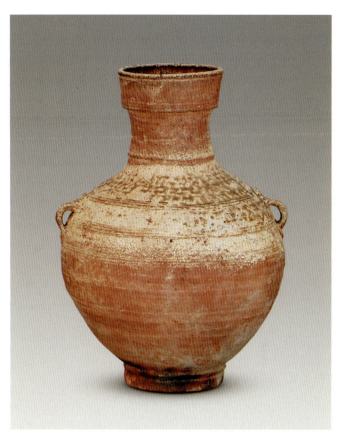

2. A型Ⅲ式盘口壶（06湖·杨D28M11∶14）

3. A型Ⅲ式盘口壶（89龙·仪M24∶2）

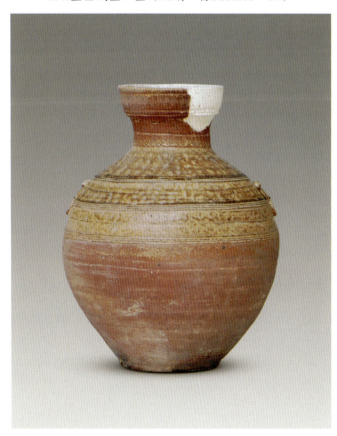

4. A型Ⅲ式盘口壶（87余·果M11∶7）

图版四九　陶盘口壶

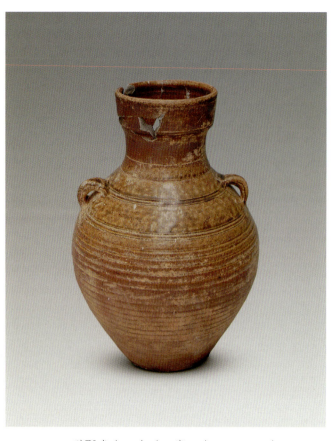

1. A型Ⅳ式盘口壶（08湖·白G4M30：3）

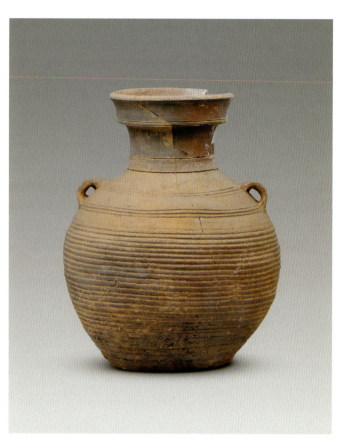

2. A型Ⅴ式盘口壶（84上·严M150：5）

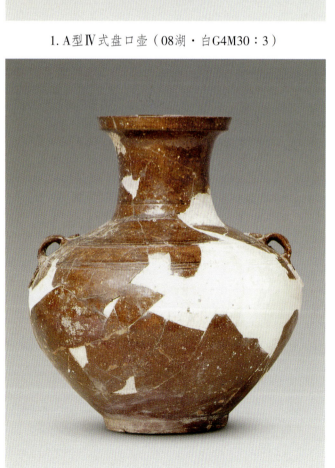

3. A型Ⅵ式盘口壶（87余·果M3：5）

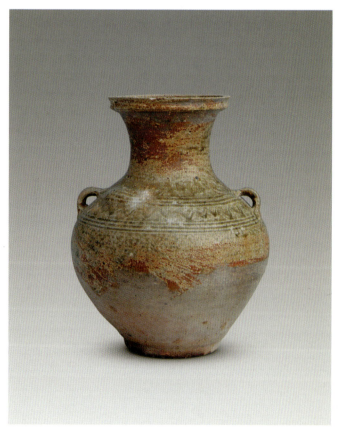

4. A型Ⅵ式盘口壶（10长·七M2：8）

图版五〇　陶瓷盘口壶

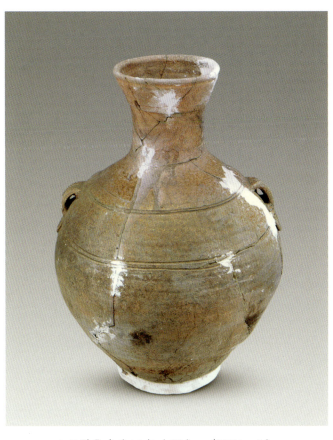

1. B型Ⅰ式盘口壶（87龙·东M11：9）

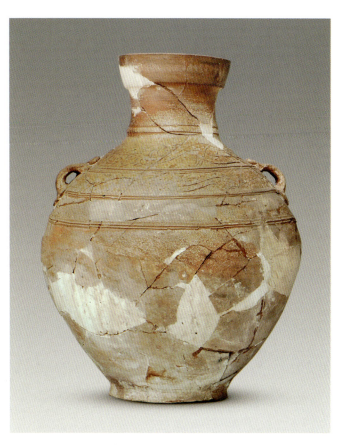

2. B型Ⅱ式盘口壶（87余·果M7：17）

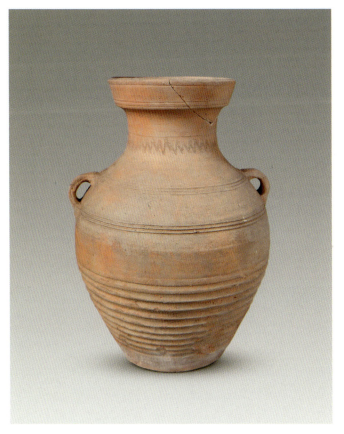

3. B型Ⅲ式盘口壶（88龙·东28：9）

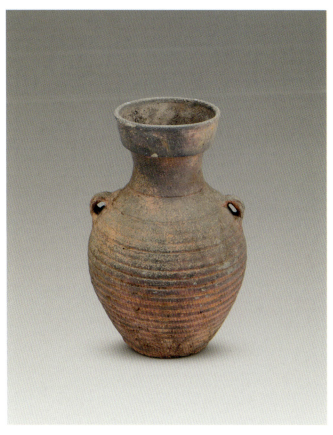

4. B型Ⅲ式盘口壶（87龙·东M13：8）

图版五一　陶盘口壶

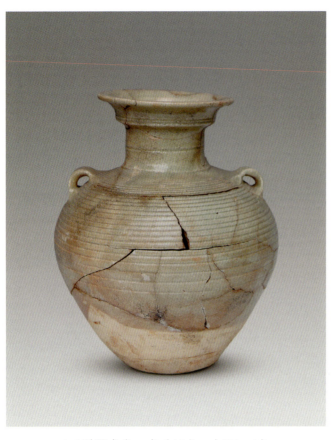

1. B型Ⅳ式盘口壶（10龙·方M1：9）

2. C型Ⅰ式盘口壶（87龙·东M2：11）

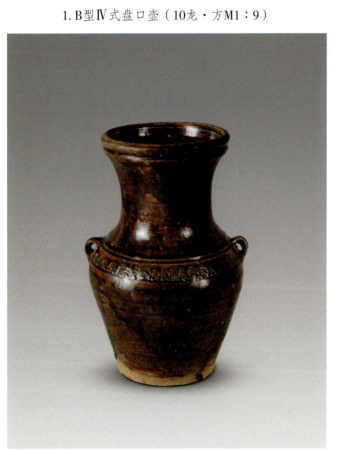

3. C型Ⅱ式盘口壶（84上·严M230：6）

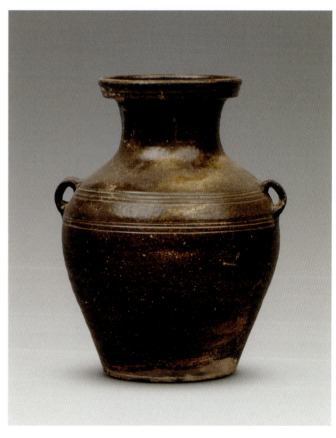

4. C型Ⅱ式盘口壶（84上·严M248：13）

图版五二　陶瓷盘口壶

1. 三足壶（05奉·南M160：3）

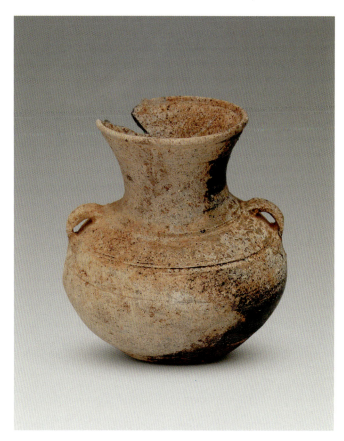

2. 小壶（08湖·白G4M31：4）

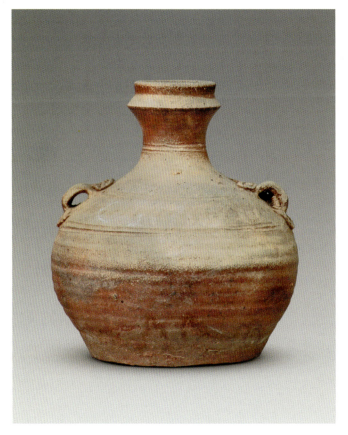

3. 小壶（87余·果M7：1）

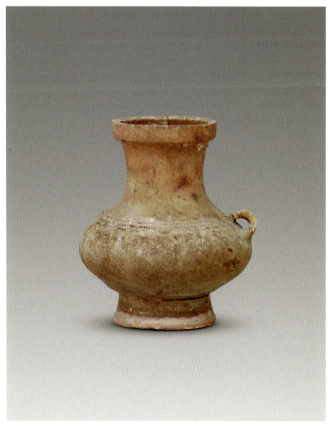

4. 小壶（87余·果M2：1）

图版五三　陶三足壶、小壶

1. 长颈壶（08湖·杨D35M5：6）

2. 匏壶（03温·塘M2：19）

3. 匏壶（06温·塘M1：20）

4. Ⅰ式罐（92余·老D1M14：10）

5. Ⅱ式罐（92余·老D1M14：48）

图版五四　陶长颈壶、匏壶、罐

1. Ⅲ式罐（87湖·杨D1M6：17）

2. Ⅳ式罐（10长·七M2：11）

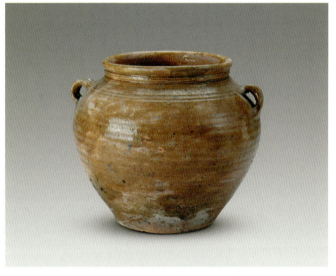

3. Ⅴ式罐（02海·南M2：13）

4. Ⅵ式罐（90湖·窑M1：2）

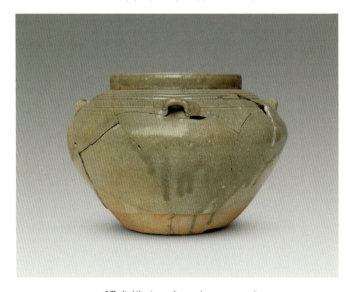

5. Ⅶ式罐（10龙·方M1：23）

6. Ⅷ式罐（10湖·小M4：1）

图版五五　陶瓷罐

1. A型Ⅰ式弦纹罐（07余·义M29：30）

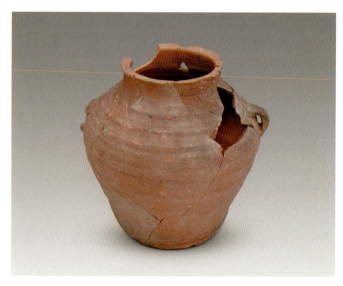

2. A型Ⅰ式弦纹罐（08湖·白G4M18：6）

3. A型Ⅱ式弦纹罐（07湖·杨G2M3：25）

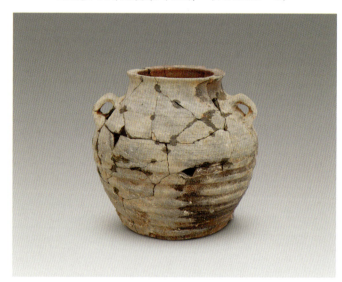

4. A型Ⅲ式弦纹罐（06湖·杨D22M3：6）

5. A型Ⅳ式弦纹罐（08湖·白G4M6：3）

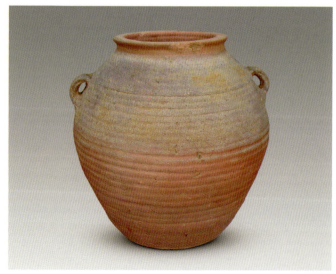

6. A型Ⅳ式弦纹罐（05奉·南M174：5）

图版五六　陶弦纹罐

1. B型Ⅰ式弦纹罐（05奉·南M103：12）

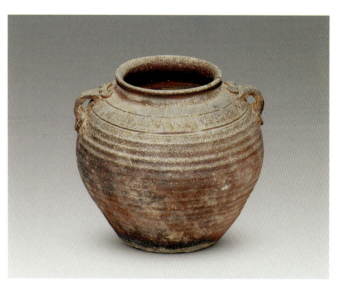

2. B型Ⅱ式弦纹罐（06湖·杨D28M3：1）

3. B型Ⅱ式弦纹罐（09绍·南M1：9）

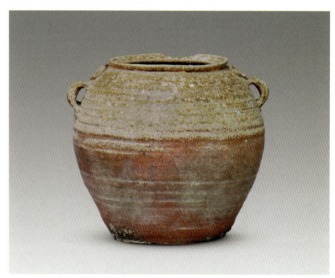

4. B型Ⅲ式弦纹罐（87余·果M9：9）

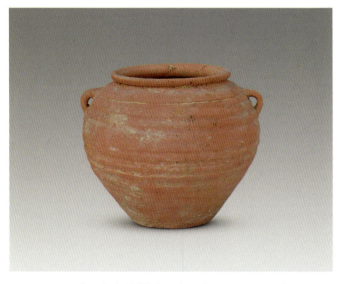

5. B型Ⅲ式弦纹罐（06湖·杨D21M2：11）

6. 三足罐（84上·严M244：1）

图版五七　陶弦纹罐、三足罐

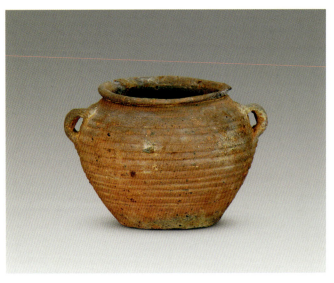

1. C型 I 式弦纹罐（06湖·杨D28M14：15）

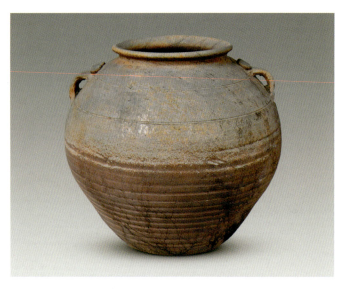

2. C型 II 式弦纹罐（89龙·仪M11：25）

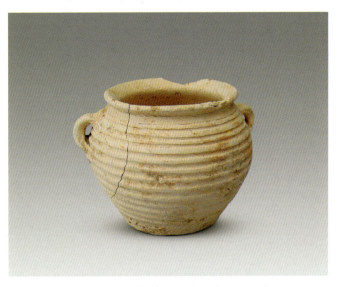

3. C型 II 式弦纹罐（02海·仙M2：4）

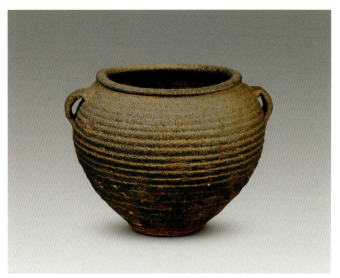

4. C型 III 式弦纹罐（07余·义M39：3）

5. D型 I 式弦纹罐（07余·义M50：11）

6. D型 II 式弦纹罐（89龙·仪M47：12）

1. D型Ⅲ式弦纹罐（73上·蒿M52：5）

2. D型Ⅳ式弦纹罐（84上·严M155：7）

3. A型Ⅰ式瓿式罐（06温·塘M1：34）

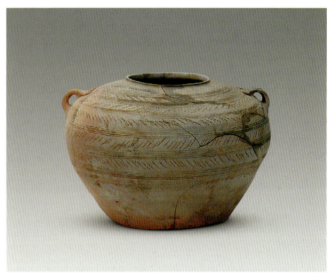

4. A型Ⅱ式瓿式罐（97乐·四M1：3）

5. B型Ⅱ式瓿式罐（05奉·南M115：1）

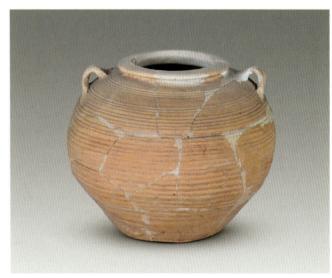

6. B型Ⅲ式瓿式罐（82嵊·剡M34：9）

图版五九　陶弦纹罐、瓿式罐

1. 小罐（73上·蒿M52：4）

2. 小罐（87余·果M2：7）

3. 小罐（87余·果M3：7）

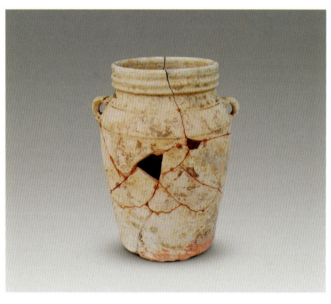

4. Aa型Ⅱ式筒形罐（06湖·杨D23M1：43）

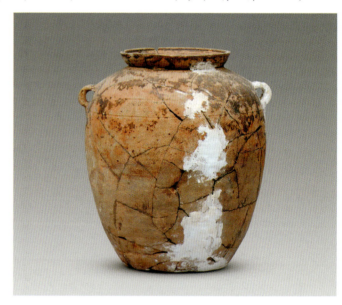

5. Aa型Ⅲ式筒形罐（84上·严M244：2）

6. Aa型Ⅳ式筒形罐（84上·严M107：1）

7. Ab型Ⅰ式筒形罐（89龙·仪M12：9）

图版六〇　陶瓷小罐、筒形罐

1. Ab型Ⅱ式筒形罐（07湖·杨G2M2：57）

2. Ab型Ⅲ式筒形罐（93上·驮M30：5）

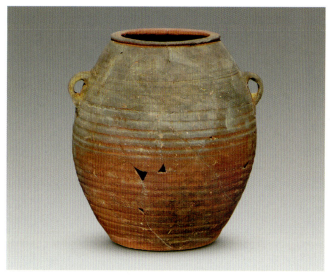

3. B型筒形罐（06湖·杨D28M9：6）

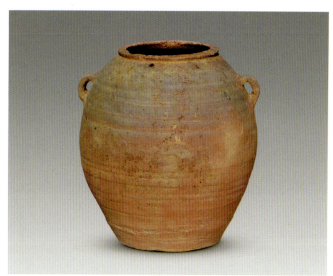

4. B型筒形罐（06湖·杨D28M10：4）

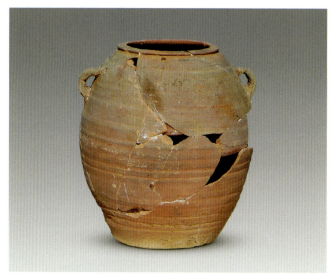

5. B型筒形罐（06湖·杨D28M10：9）

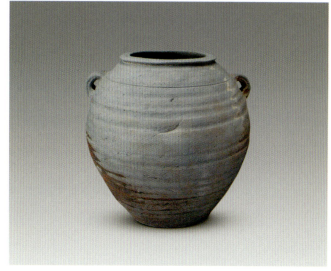

6. B型筒形罐（02海·仙M1：3）

图版六一　陶筒形罐

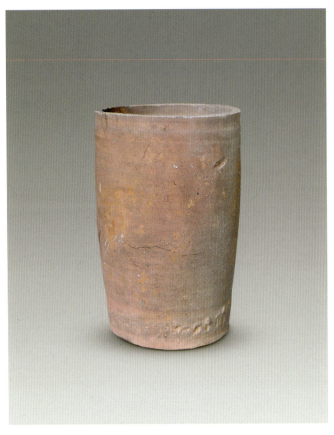

1. C型筒形罐（87龙·东M9：11）

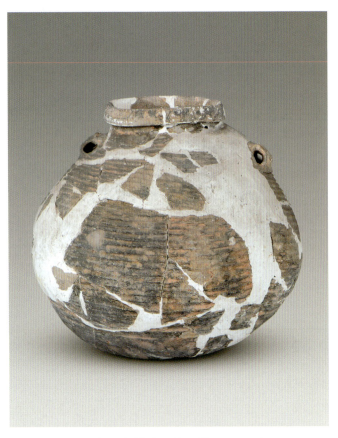

2. Ⅱ式凹肩罐（82嵊·剡M17：19）

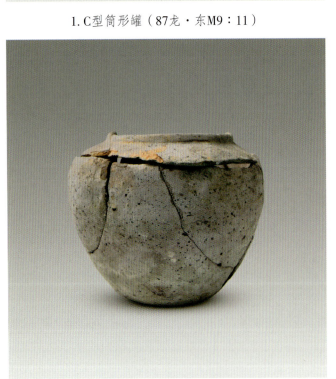

3. Ⅰ式素面罐（89安·上M6：10）

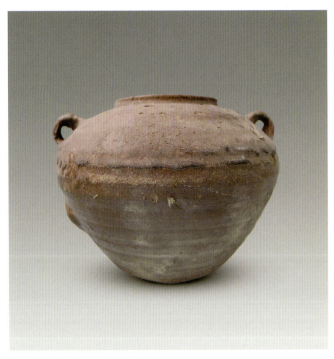

4. Ⅱ式素面罐（89安·上M4：15）

图版六二　陶筒形罐、凹肩罐、素面罐

1. I式圜底罐（09绍・小M33：3）

2. II式圜底罐（82嵊・剡M41：7）

3. II式圜底罐（82嵊・剡M51：6）

4. III式圜底罐（82嵊・剡M33：8）

5. III式圜底罐（82嵊・剡M90：9）

图版六三　陶圜底罐

图版六四　陶鸮形罐（08湖·白G4M6：13）

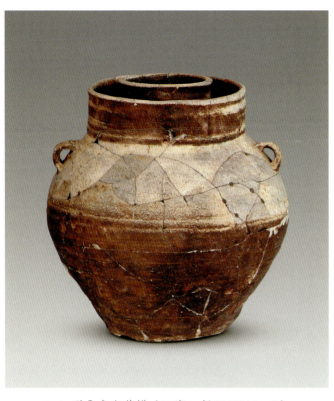

1. Aa型Ⅰ式泡菜罐（07湖·杨D33M11：8）

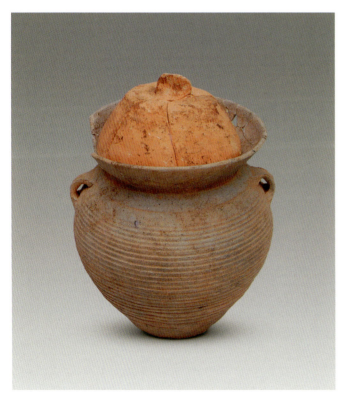

2. Aa型Ⅰ式泡菜罐（08湖·白G4M6：16）

3. Aa型Ⅱ式泡菜罐（89龙·仪M42：6）

4. Ab型泡菜罐（08湖·白G4M7：8）

5. B型Ⅱ式泡菜罐（82嵊·剡M33：10）

图版六五　陶泡菜罐

1. A型Ⅱ式印纹陶罐（97乐·四M1：7）

2. B型Ⅰ式印纹陶罐（06温·塘M1：10）

3. B型Ⅱ式印纹陶罐（94平·风M1：1）

4. C型印纹陶罐（73上·蒿M54：6）

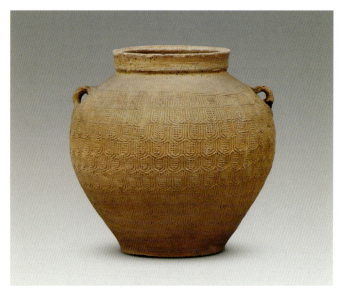

5. C型印纹陶罐（92上·后M11：6）

6. D型印纹陶罐（99云·白M1：13）

图版六六　印纹陶罐

1. A型Ⅰ式坛（82嵊·剡M38：1）

2. A型Ⅱ式坛（87龙·东M5：29）

3. A型Ⅱ式坛（89龙·仪M16：4）

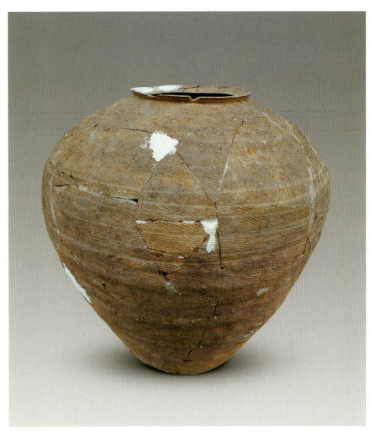

4. 瓮（06温·塘M1：5）

5. 瓮（97乐·四M1：1）

图版六七　印纹陶坛、瓮

1. Aa型Ⅰ式罍（06湖·杨D28M13：28）

2. Aa型Ⅱ式罍（07湖·杨G2M2：41）

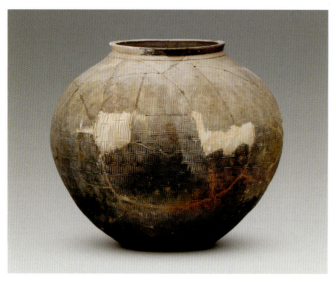

3. Aa型Ⅲ式罍（84上·严M88：14）

4. Aa型Ⅳ式罍（73上·蒿M52：10）

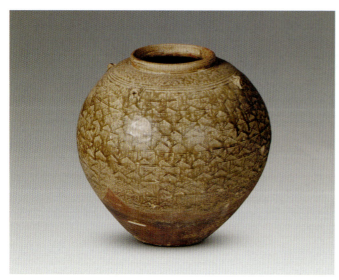

5. Aa型Ⅵ式罍（90湖·窑M1：1）

图版六八　陶瓷罍

1. Ab型Ⅰ式罍（82嵊·剡M67：5）

2. Ab型Ⅱ式罍（82嵊·剡M27：2）

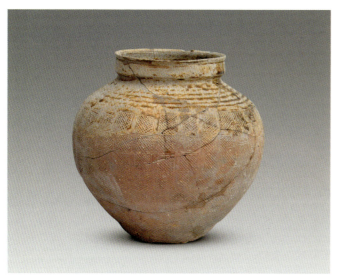

3. Ab型Ⅲ式罍（10长·七M2：2）

4. Ab型Ⅲ式罍（84上·严M239：14）

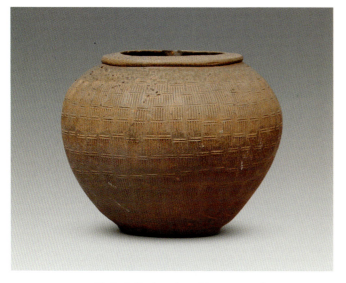

5. C型Ⅰ式罍（84上·严M88：13）

6. C型Ⅱ式罍（05奉·南M137：3）

图版六九　陶瓷罍

1. B型Ⅰ式罍（08湖·白G4M18：3）

2. B型Ⅱ式罍（07湖·杨G2M3：1）

3. B型Ⅲ式罍（06湖·杨D28M6：9）

4. B型Ⅳ式罍（06湖·杨D21M2：15）

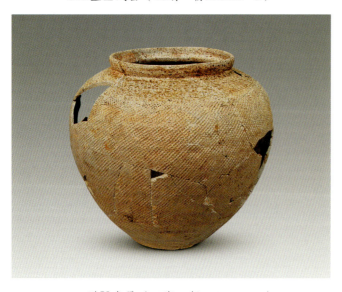

5. B型Ⅴ式罍（06湖·杨D23M1：42）

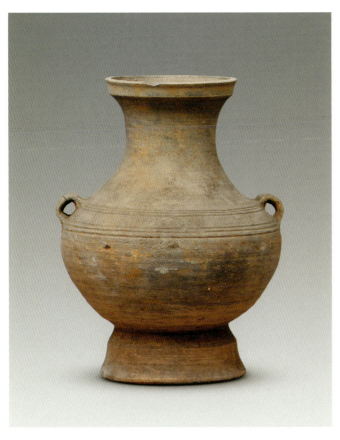

1. Ⅲ式锺（73上·虞M52：2）

3. A型Ⅰ式簋（06湖·杨D28M15：3）

4. A型Ⅲ式簋（84上·严M93：5）

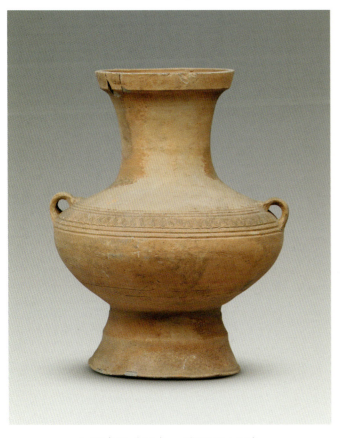

2. Ⅳ式锺（84上·严M248：15）

5. C型簋（99云·白M1：9）

图版七一　陶瓷锺、簋

1. A型 I 式钵（06湖·杨D28M15：1）

2. B型 I 式钵（08湖·白G4M29：3）

3. B型 III 式钵（87余·果M11：27）

4. C型钵（87余·果M11：20）

5. D型 I 式钵（06温·塘M1：30）

6. D型 II 式钵（90湖·窑M1：6）

7. A型 I 式盆（89安·上M11：3）

8. A型 II 式盆（07安·上D49M6：50）

图版七二　陶瓷钵、盆

1. A型Ⅲ式盆（84上·严M248：1）

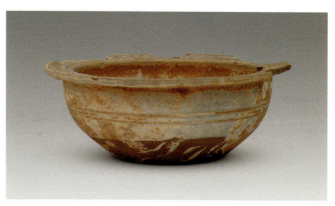

2. A型Ⅳ式盆（90湖·窑M1：12）

3. B型Ⅰ式盆（07湖·杨G2M2：60）

4. B型Ⅱ式盆（91上·联M301：19）

5. B型Ⅲ式盆（73海·长M1：12）

6. C型Ⅰ式盆（84上·严M93：3）

7. C型Ⅲ式盆（73海·长M1：13）

图版七三　陶瓷盆

1. A型杯（06安·五M1：67）　　2. B型Ⅰ式杯（79龙·东M11：34）　　3. B型Ⅲ式杯（87余·果M7：3）

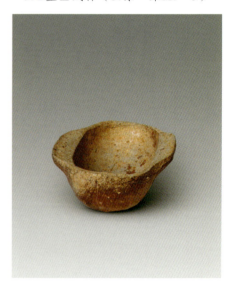

4. B型Ⅳ式杯（84上·严M239：37）　　5. 盖杯（06温·塘M1：25）　　6. A型耳杯（07余·义M29：42）

7. B型耳杯（84上·严M249：9）　　8. 匜（79龙·东M11：35）　　9. 匜（07湖·杨G2M3：37）

图版七四　陶瓷杯、盖杯、耳杯、匜

1. A型奁（79龙·东M22：10）

4. 樽（73海·长M1：8）

2. A型奁（07余·义M30：05）

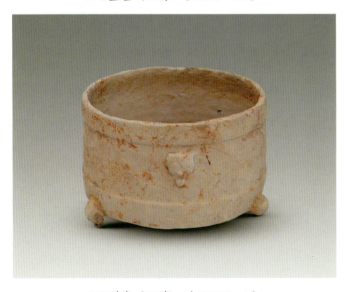

3. B型奁（08湖·白G4M5：1）

5. C型奁（73海·长M1：7）

图版七五　陶奁、樽

1. A型勺（07余·义M29：44）

2. B型勺（79龙·东M22：27）

3. C型勺（79龙·东M22：28）

4. 纺轮（06温·塘M1：23）

5. 纺轮（06温·塘M1：27）

6. 纺轮（82嵊·剡M71：21）

7. 纺轮（99云·白M1：10）

8. 纺轮（06湖·杨D28M10：16）

图版七六　陶勺、纺轮

1. A型Ⅰ式熏（92余·老D1M14：46）

2. A型Ⅰ式熏（07安·上D49M1：17）

3. A型Ⅱ式熏（79龙·东M10：20）

4. A型Ⅱ式熏（09温·元M1：3）

5. A型Ⅱ式熏（07湖·杨D36M3：17）

6. A型Ⅲ式熏（79龙·东M11：33）

图版七七　陶熏

1. B型熏（87余·果M7：12）

2. C型Ⅲ式熏（06湖·杨D23M1：12）

3. D型Ⅰ式熏（73上·蒿M60：7）

4. C型Ⅱ式熏（87余·果M11：14）

5. D型Ⅲ式熏（05奉·南M126：1）

6. E型熏（78奉·白M3：2）

7. F型熏（84上·严M250：16）

图版七八　陶瓷熏

1. A型灯盏（79龙·东M11：55）

2. B型Ⅰ式虎子（93上·驮M15：1）

3. B型Ⅰ式虎子（08湖·杨D46M5：19）

4. B型Ⅱ式虎子（73德·秋M3：15）

5. B型Ⅲ式虎子（91上·联M301：18）

图版七九　陶瓷灯盏、虎子

1. Ⅰ式五管瓶（84上·严M274∶4）

3. 四管瓶（92上·后M11∶11）

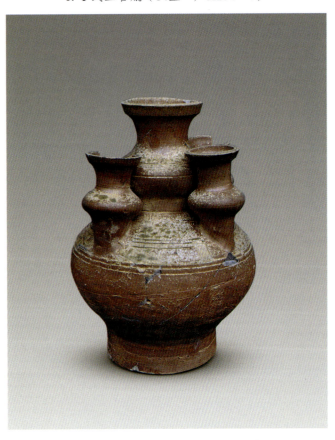

2. Ⅲ式五管瓶（92上·后M10∶1）

4. 堆塑器（91上·联M301∶13）

图版八〇　陶瓷五管瓶、四管瓶、堆塑器

1. Ⅳ式五管瓶（84上·严M240：2）

2. Ⅴ式五管瓶（75嘉·九M1：5）

3. Ⅵ式五管瓶（84鄞·宝M3：8）

4. Ⅵ式五管瓶（73海·南M1：2）

图版八一　陶瓷五管瓶

1. 案与耳杯（73海·南M1：01）

2. Ⅱ式火盆（84上·严M250：11）

3. Ⅰ式镳斗（06长·西M1：3）

4. Ⅱ式镳斗（84上·严M250：10）

5. Ⅱ式镳斗（92上·周M48：1）

图版八二　陶案、火盆、镳斗

1. A型Ⅰ式灶（07湖·杨G2M3：38）

2. A型Ⅰ式灶（79龙·东M11：54）

3. A型Ⅰ式灶（07湖·杨G2M2：35）

4. A型Ⅱ式灶（79龙·东M22：22）

图版八三　陶灶

1. A型Ⅱ式灶（07余·义M18：12）

2. A型Ⅱ式灶（07余·义M10：25）

3. A型Ⅲ式灶（87余·果M7：9）

4. A型Ⅲ式灶（04余·石M3：6）

图版八四　陶灶

1. B型Ⅰ式灶（04余・石M1：2）

2. B型Ⅰ式灶（04余・石M3：5）

3. B型Ⅱ式灶（75嘉・九M1：2）

图版八五　陶灶

1. B型Ⅱ式灶（06长·西M1：4）

2. B型Ⅱ式灶（73上·蒿M60：6）

3. B型Ⅲ式灶（06湖·杨D23M4：5）

图版八六　陶灶

1. B型Ⅲ式灶（92上·羊M3：6）

2. C型灶（86杭·老M121：23）

3. D型灶（99云·白M1：5）

图版八七　陶灶

1. A型Ⅱ式井（87余·果M7：13）

2. A型Ⅱ式井与水桶（07余·义M18：10）

3. A型Ⅱ式井（87余·果M11：21）

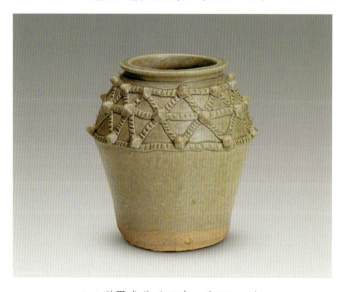

4. A型Ⅲ式井（78奉·白M3：4）

5. A型Ⅳ式井（91上·联M301：2）

图版八八　陶瓷井

1. B型Ⅰ式井（79龙·东M22：21）

2. B型Ⅱ式井（06湖·杨D28M14：8）

3. B型Ⅱ式井（92上·后M14：7）

4. B型Ⅱ式井与汲水罐（04余·石M1：3、21）

5. B型Ⅱ式井（79龙·东M11：48）

6. B型Ⅲ式井（84上·严M230：5）

图版八九　陶井

1. 立俑（06安·五M1：02）　　　2. 立俑（06安·五M1：06）　3. 立俑（06安·五M1：07）

4. 男跪拜俑（73海·长M1：2）　　　　　5. 女舞俑（73海·长M1：18）

图版九〇　陶俑

1. 女抚琴俑（73海·长M1：1）

2. 男抚瑟俑（06长·西M1：5）

图版九一　陶俑

1. 镈（06温·塘M1Q∶9）

2. 镈（06温·塘M1Q∶8）

3. 錞于（06温·塘M1Q∶2）

4. 錞于（06温·塘M1Q∶3）

5. 磬（06温·塘M1Q∶19）

6. 瑟（06长·西M1∶6）

图版九二　陶乐器模型

1. A型房屋模型（07湖·杨G2M3：50）

2. A型房屋模型
（07安·上D49M1：19）

3. A型房屋模型
（07安·上D49M1：18）

4. A型房屋模型
（79龙·东M11：39）

图版九三　陶房屋模型

2. 猪舍（07湖·杨G2M3：48）

1. 猪舍（79龙·东M11：45）

3. 鸡舍（07湖·杨G2M2：48）

4. 狗（06湖·杨D23M1：8）

图版九四　陶猪舍、鸡舍、狗

1. 马（07湖·杨G2M2：52）

2. 牛（07湖·杨G2M2：51）

3. 羊（07湖·杨G2M2：50）

4. 狗（89安·上M7：10）

5. 鸡（89安·上M7：15）

6. 鸟（07余·义M29：43）

图版九五　陶动物模型

1. 麟趾金（08湖·白G4M29：12~21）

2. 麟趾金（87余·果M11：15-4）

3. 麟趾金（87余·果M7：26-1）

4. 麟趾金（87余·果M11：15-2）

5. 麟趾金铭文（87余·果M11：15-1）

6. 钤片（06安·五M1：14）

7. 钤片（07余·义M29：29-30）

8. 泥五铢（07湖·杨G2M2：37）

9. 泥五铢（87余·果M11：16）

图版九六　陶麟趾金、钤片，泥五铢

1. 豆（07湖・杨G2M3：31）

4. 钫（79龙・东M22：17）

2. 豆（89安・上（M7：12）

3. B型鼎（07安・上D49M6：49）

5. A型鼎（79龙・东M22：19）

图版九七　铜豆、鼎、钫

1. 壶（10长·七M3：1）

2. 提梁卣（06湖·杨D27M3：10）

3. A型Ⅱ式簋（87龙·东M5：1）

4. B型Ⅱ式簋（06湖·杨D23M1：34）

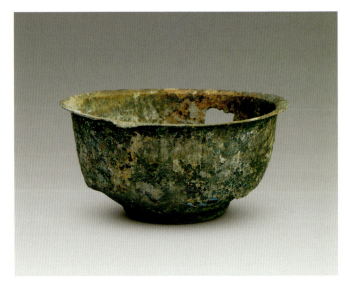

5. 甑（10长·七M4：12）

图版九八　铜壶、提梁卣、簋、甑

1. A型釜（89安·上M4：19）

2. B型釜（07余·义M59：9）

3. B型釜（10长·七M4：22）

4. C型釜（09绍·小M11：7）

5. D型釜（11湖·杨D73M10：4）

6. D型釜（10长·七M4：13）

图版九九　铜釜

1. B型鐎斗（06湖·杨D23M1：32）

4. A型杯（11湖·杨D73M10：2）

2. 鐎盉（07安·上D49M6：23）

5. B型杯（07湖·杨G2M2：28）

6. A型洗（10长·七M4：21）

3. 鐎盉（06安·五M1：41）

7. B型洗（92上·牛M23：10）

图版一〇〇　铜鐎斗、鐎盉、杯、洗

1. A型带钩（82嵊·刿M51：10）

2. A型带钩（82嵊·刿M71：11）

3. A型带钩（07湖·杨D36M3：21）

4. A型带钩（87湖·杨D14M6：17）

5. B型带钩（08湖·杨D46M5：20）

6. B型带钩（82嵊·刿M59：12）

7. B型带钩（09湖·杨D52M4：23）

1. 鸠杖首（08湖・白G4M27：1）

2. 鼓（89安・上M10：32）

3. 铎（08湖・杨D41M5：20）

4. 铎（06湖・杨D28M15：15）

5. A型矛（06湖・杨D22M2：19）

6. A型矛（82嵊・剡M72：1）

7. B型矛（06湖・杨D23M4：13）

图版一○二　铜鸠杖首、鼓、铎、矛

1. 刀（06湖·杨D23M1：16）

2. 剑（06安·五M1：39）

3. 刷（82嵊·刿M57：18）

4. 弩机（87龙·东M5：2）

5. 弩机（99云·白M1：2）

图版一〇三　铜刀、剑、刷、弩机

1. I 式蟠螭纹镜
（06安·五M1：40）

2. 草叶纹镜
（89安·上M9：1）

图版一〇四　铜蟠螭纹镜、草叶纹镜

1. Ⅰ式日光镜
（07湖·杨G2M2：56）

2. Ⅱ式日光镜
（88龙·东M29：14）

图版一〇五　铜日光镜

1. Ⅱ式日光镜
（88龙·东M28：1）

2. 昭明镜
（87龙·东M6：1）

图版一〇六　铜日光镜、昭明镜

1. 星云镜
（07安·上D49M1：10）

2. 星云镜
（79龙·东M11：5）

图版一○七　铜星云镜

1. Ⅰ式连弧纹镜
（89安·上M11：35）

2. Ⅱ式连弧纹镜
（87龙·东M5：5）

图版一〇八　铜连弧纹镜

图版一〇九　铜四虺四乳镜（10长·七M5：1）

1. I 式博局镜
（87龙·东M13∶1）

2. I 式博局镜
（08湖·白G4M7∶5）

图版一一〇　铜博局镜

1. I 式博局镜
（10长・七M4：15）

2. I 式博局镜
（10长・七M6：1）

图版一一一　铜博局镜

1. I 式博局镜
（10长・七M4：16）

2. I 式博局镜
（05奉・南M151：1）

图版一一二　铜博局镜

1. Ⅱ式博局镜

（87湖·杨D8M2C室：2）

2. Ⅱ式博局镜

（08湖·杨D45M3：1）

图版一一三　铜博局镜

1. 禽兽纹镜
（09绍·大M10∶1）

2. 禽兽纹镜
（09绍·大M10∶2）

图版一一四　铜禽兽纹镜

1. 禽兽纹镜
（05奉·南M194：1）

2. 龙虎镜
（08湖·杨D45M3：8）

图版一一五　铜禽兽纹镜、龙虎镜

图版一一六　铜神兽镜（08湖·白G4M12：1）

1. 神兽镜
（05奉·南M108：1）

2. 神兽镜
（99云·白M1：11）

图版一一七　铜神兽镜

1. 画像镜

（05奉・南M102：1）

2. 画像镜

（05奉・南M170：14）

图版一一八　铜画像镜

1. 画像镜
（05奉·南M135：4）

2. 画像镜
（06湖·杨D23M1：19）

图版一一九　铜画像镜

1. 半两（06湖·杨D28M4：2）

2. 五铢（79龙·东M14：15）

3. 货布（06湖·杨D28M14：1-1）

4. 赵长贤印（82嵊·剡M62：1）

5. 吴子山印（82嵊·剡M90：17）

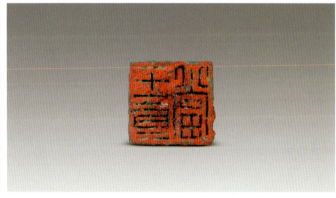

6. 印章（82嵊·剡M71：10）

图版一二〇　铜钱、印章

1. A型鼎（89龙·仪M22：16）

2. B型鼎（07余·义M39：1）

3. Aa型釜（07安·上D49M1：13）

4. Ab型釜（84上·严M124：6）

5. Aa型釜（84上·严M88：3）

图版一二一　铁鼎、釜

1. 镬斗（08湖·杨D52M8：4）

3. A型锸（06湖·杨D28M13：31）

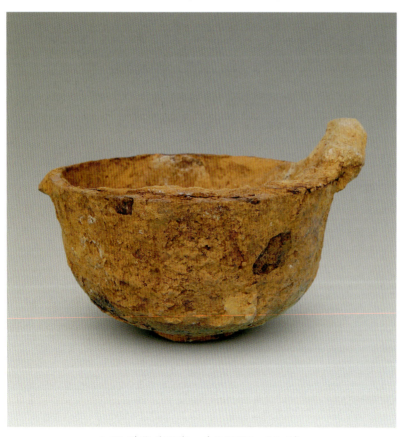

2. Bb型釜（07安·上D49M2：16-2）

4. B型矛（06湖·杨
D28M13：32）

5. Ab型刀（06湖·杨
D21M2：5）

图版一二二　铁镬斗、釜、锸、矛、刀

1. 玉璧（92余·老D1M14：1）

2. 玉璧（92余·老D1M10：12）

3. 琉璃璧（07安·上D49M1：1）

4. 玉璧（08湖·杨D41M5：27）

5. 滑石璧（06长·西M1：8）

图版一二三　玉璧，琉璃璧，滑石璧

1. 水晶环（92余·老D1M12：1）

2. 玉玦（08湖·杨D41M5：23）

3. 玉玦（08湖·杨D41M5：21)

4. 玉璜（08湖·杨D41M5：26）

5. 玉管（08湖·杨D41M5：18）

6. 绞胎玻璃管（89龙·仪M22：1）

图版一二四　水晶环，玉玦、璜、管，玻璃管

1. 玉、料珠（08湖·杨D41M5：24）

2. 玉坠饰（92余·老D1M10：8）

3. 玛瑙耳珰（92上·周M22：1）

4. 玉琀（07湖·杨D33M6：21）

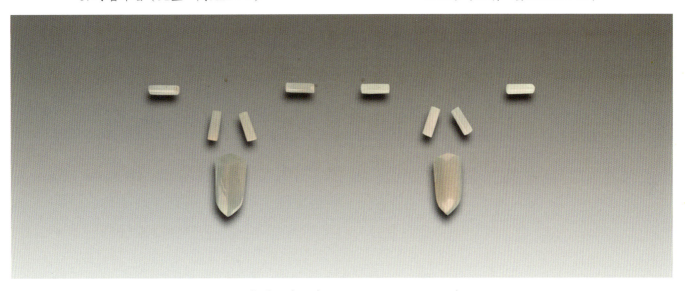

5. 玉塞（07安·上D49M6：2~4、53~55）

图版一二五　玉、料珠，玉坠饰，玛瑙耳珰，玉琀、塞

1. 剑首（92余·老D1M14：2）

2. 剑璏（06湖·杨D23M4：14）

3. 剑璏（08湖·杨D46M5A室：24）

图版一二六　玉剑首、剑璏

1. 滑石鼎（07湖·杨G2M3：8）

3. 石砚与研磨器（82嵊·刘M51：12）

4. 石黛板与研黛器（89龙·仪M11：3、2）

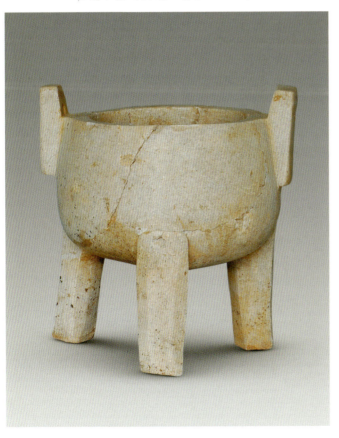

2. 滑石鼎（07湖·杨G2M3：18）

5. 石黛板与研黛器（87龙·东M7：5）

图版一二七　滑石鼎，石砚、黛板、研黛器

1. 砺石（84上·严M124：12）

2. 滑石手握（08湖·杨D45M8：10、11）

3. 石玩具（89龙·仪M11：49）

4. 石玩具（89·仪M12：19）

图版一二八　砺石，滑石手握，石玩具

1. 盒（06安·五M1：23）

2. 奁（06安·五M1：21）

3. 盘（06安·五M1：18）

图版一二九　漆盒、奁、盘

图版一三〇　漆卮（06安・五M1：22）

1. 耳杯（06安·五M1：26）

2. 耳杯（10长·七M4：20）

图版一三一　漆耳杯

图版一三二　漆案（06安·五M1：20）

1. 漆凭几（06安·五M1：17）

2. 木篦（06安·五M1：66）

3. 木虎子（06安·五M1：1）

4. 漆瑟（06安·五M1：19）

图版一三三　漆木凭几、篦、虎子、瑟

1. 六博博局（06安・五M1：16）

2. 博弈棋子（06安・五M1：13）

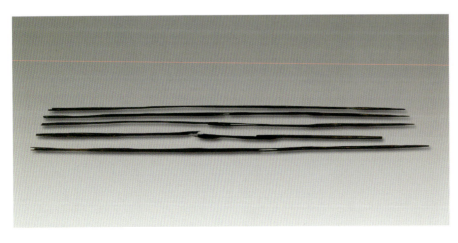

3. 箭杆（06安・五M1：55）

图版一三四　漆木六博、箭杆

1. 长裙立俑（06安·五M1：37）　　　2. 长裙立俑（06安·五M1：05）　　　3. 长袍立俑（06安·五M1：03）

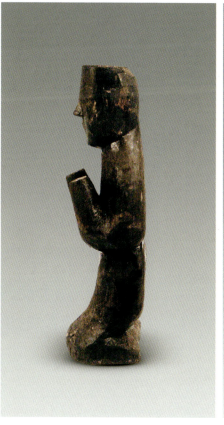

4. 长袍立俑（06安·五M1：04）　　　　　　　5. 跪俑（06安·五M1：38）

图版一三五　漆木俑